Lutz van Dick

Oppositionelles Lehrerverhalten 1933–1945

Veröffentlichungen der Max-Traeger-Stiftung

Herausgegeben von Dieter Wunder

Band 6

Lutz van Dick

Oppositionelles Lehrerverhalten 1933–1945

Biographische Berichte über den aufrechten Gang von Lehrerinnen und Lehrern

Juventa Verlag Weinheim und München 1988

Die vorliegende Arbeit wurde unter dem Titel „Der aufrechte Gang – Oppositionelles Verhalten von Lehrerinnen und Lehrern in Deutschland 1933 – 1945“ vom Fachbereich Erziehungswissenschaft der Universität Hamburg 1987 als Dissertation angenommen.

Über den Autor
Lutz van Dick, Jg. 1955, Dr. phil., ist seit 1979 Sonderschullehrer in Hamburg. Er ist Mitbegründer der bundesweiten Initiative „Pädagoginnen und Pädagogen für den Frieden“ und ist seit 1987 als pädagogischer Mitarbeiter am Institut für Friedensforschung und Sicherheitspolitik an der Universität Hamburg tätig.

CIP-Titelaufnahme der Deutschen Bibliothek

Dick, Lutz van:
Oppositionelles Lehrerverhalten 1933–1945 : biograph. Berichte über d. aufrechten Gang von Lehrerinnen u. Lehrern / Lutz van Dick. – Weinheim ; München : Juventa-Verl., 1988
(Veröffentlichungen der Max-Traeger-Stiftung ; Bd. 6)
ISBN 3-7799-0677-5
NE: Max-Traeger-Stiftung: Veröffentlichungen der Max-Traeger-Stiftung

Umschlaggestaltung: Atelier Warminski, 6470 Büdingen 8
Printed in Germany
ISBN 3-7799-0677-5
Druck: Buch- und Offsetdruckerei Emil Mühl Bayreuth GmbH

Vorwort

Die Zeit der nationalsozialistischen Herrschaft in Deutschland ist für deutsches (Geschichts-)Bewußtsein wie eine schwärende Wunde. Jede Generation von Deutschen muß sich erneut fragen, welche Bedingungen es möglich machten, daß Deutsche sich – direkt oder indirekt – in ein unvorstellbares Maß von Verbrechen verstrickt haben oder verstricken ließen. Die Auseinandersetzung mit dieser Vergangenheit hat sich in den Jahrzehnten seit 1945 verbreitert und vertieft. Wir wissen heute, daß es nicht ausreicht, nach dem Herrschaftssystem und seinen ökonomischen und machtpolitischen Voraussetzungen zu fragen. Wir fragen auch nach dem Verhalten der einzelnen Menschen.

Lehrer sind in einer Diktatur in besonderem Maße dem Herrschaftssystem unterworfen. Sie haben das System ideologisch in der jungen Generation abzusichern. Um so mehr verdient es Beachtung, wie einzelne Lehrer sich den herrschenden Trends entzogen und engegengestellt haben.

Lutz van Dick hat in dieser von der Max-Traeger-Stiftung geförderten Arbeit oppositionelles Lehrerverhalten in überraschender, aber anschaulicher und einleuchtender Weise beschrieben und gedeutet. Ich freue mich für die Max-Traeger-Stiftung, daß wir die Möglichkeit haben, diese Arbeit einer interessierten Öffentlichkeit vorzulegen.

Dr. Dieter Wunder
Vorsitzender der Max-Traeger-Stiftung

Danksagung

Die Gespräche mit jenen alten Lehrerinnen und Lehrern, die damals nicht reibungslos funktionierten, die keine Helden sein wollten und doch ihr Verständnis von Menschlichkeit nicht einfach preiszugeben bereit waren, haben mir in einer Weise bei dieser Arbeit geholfen, die mir zu Beginn nicht vorstellbar war.

Ich habe ihnen mehr zu verdanken als nur Informationen über eine dunkle Zeit.

Ebenso gilt mein Dank all jenen ehemaligen Schülerinnen oder Schülern und Kolleginnen oder Kollegen, die auf Anzeigen oder direkte Anfragen Auskunft gaben und damit halfen, Widersprüche aufzuklären oder bewußt auszuhalten.

Die materielle Grundlage dieser Studie bildete ein zweijähriger Werkvertrag mit der Max-Traeger-Stiftung, Frankfurt/M., ohne den die Arbeit nicht in dieser Konzentration hätte geleistet werden können.

Herzlich danken möchte ich schließlich all jenen, die auf unterschiedliche Weise durch Beratung, durch Kritik und Anregungen, durch Wärme und Vertrauen dazu beigetragen haben, daß diese Arbeit geschrieben wurde.

Hamburg, im August 1987 Lutz van Dick

Inhalt

Teil I: Lebensgeschichten

Einführung I: Was ist aufrechter Gang ? 14

1. Forschungsfrage: Wie war oppositionelles Verhalten von Lehrerinnen und Lehrern an Schulen in Deutschland 1933–1945 möglich ? 26
   1.1. Grundbedingungen historischen Lernens 26
   1.2. Zum Erkenntniswert des Verhaltens von Lehrerinnen und Lehrern im Faschismus 30
   1.3. Definition oppositionellen Lehrerverhaltens an Schulen in Deutschland 1933–1945 35

2. Forschungsmethode: Was ist pädagogische Biographieforschung? 39
   2.1. Pädagogische Biographieforschung – aus dem „anderen" Leben lernen 39
   2.2. Probleme bei der Befragung von Zeugen der NS-Zeit 56
   2.3. Methodische Vorgehensweisen bei dieser Studie 63

3. Forschungsdokumente: Zeitzeugenberichte von Lehrerinnen und Lehrern (Jg. 1895–1915) 85
   3.1. Helene Hedde (Jg. 1895), Ahrensburg bei Hamburg: Als „vierteljüdische" Studienrätin an großstädtischem Gymnasium 86
   3.2. Peter Gillies (Jg. 1912), London: Als jüdischer Volksschullehrer zwischen jüdischer Schule und KZ 100
   3.3. Jizchak Schwersenz (Jg. 1915), Haifa: Als jüdischer Lehrer und Schulleiter an jüdischer Großstadtschule und als Jugendleiter im Untergrund 115
   3.4. Fritz Hirsch (Jg. 1903), Melbourne: Als nichtjüdischer Lehrer und Erzieher in einem jüdischen Jugendwohnheim für erziehungsschwierige Jugendliche 138
   3.5. Elisabeth Flügge (Jg. 1895), Maria Holst (Jg. 1922), Hamburg: Als evangelische Lehrerin an Privatschule und staatlicher Volksschule – Engagement meiner Mutter für jüdische Schülerinnen und Schüler 163
   3.6. Elisabeth Forck (Jg. 1900), Bremen: Als evangelische Studienrätin in der Bekennenden Kirche engagiert 179

3.7. Therese Kurka (Jg. 1909), Düsseldorf:
Als katholische „politisch unzuverlässige“ stellvertretende Schulleiterin an städtischer Berufsschule 201
3.8. Katharina Provinzki (Jg. 1905), Berlin/West:
Als Lehrerin und Kindergartenleiterin an Erzieherschule und an Dorfschule bei den Quäkern engagiert 218
3.9. Hildegard Thate (Jg. 1900), Hamburg:
Als reformpädagogisch engagierte Volksschullehrerin an staatlichen Großstadtschulen 234
3.10. Walther Uhle (Jg. 1902), Hannover:
Als kommunistischer Volksschullehrer an evangelischer Mädchenschule und katholischer Jungenschule 250
3.11. Dietrich Rothenberg (Jg. 1904), Hamburg:
Als kommunistischer Volksschullehrer an staatlichen Großstadtschulen 269
3.12. Ludolf Mevius (Jg. 1908), Hamburg:
Als sozialdemokratischer Volksschullehrer an staatlichen Großstadtschulen 289
3.13. Ludwig de Pellegrini (Jg. 1908), München:
Als sozialdemokratischer Volksschullehrer an staatlichen Dorfschulen 305
3.14. Bruno Laub (Jg. 1902), Berlin/DDR:
Als „politisch belasteter“ Volksschullehrer an staatlichen Großstadtschulen 327

Epilog I 344

Teil II: Geschichte leben

Einführung II: Wie wird Geschichte gelebt ? 348

1. Interpretation der Ursprünge:
Orientierungen bei Lehrerinnen und Lehrern vor 1933 355
1.1. Orientierung am Wirklichen – Norwegische Lehrerinnen und Lehrer 1940–1945 355
1.2. Orientierungen bei deutschen Arbeitern und Angestellten (FROMM-Studie 1929) 363
1.3. Orientierungen bei deutschen Lehrerinnen und Lehrern 1848–1933 371
Zusammenfassung 406

2. Interpretation der NS-Zeit:
Möglichkeiten „anderer“ Orientierungen 1933–1945 409
2.0. Überlegungen zur systematischen Interpretation „anderer“ Orientierungen 409

2.1. Phase der Gleichschaltung 1933–1934: Anpassung und Ausgrenzung 422
2.2. Phase der Gewöhnung 1935–1938: Idyll und Horror 458
2.3. Phase des Größenwahnsinns 1939–1942: Triumphgefühle und Hoffnungslosigkeit 488
2.4. Phase der Gebrochenheit 1942–1945: Glauben und Durchhalten 504
Zusammenfassung 522

3. Interpretation der Folgen: Fragen an uns 525
3.1. Erziehungswissenschaft, Schule und Faschismus: Schwamm drüber? 525
3.2. Gibt es eine Ästhetik des aufrechten Gangs? 545

Epilog II 564

Anhang 567
Literatur 567
Abbildungsnachweis 586
Namensregister 588

Teil I
Lebensgeschichten

„Der Unfähigkeit zu trauern
ist also unsere weniger einfühlende
als auf Selbstwertbestätigung erpichte
Art zu lieben
vorangegangen."

Alexander und Margarete MITSCHERLICH (1967, 79)

Einführung I: Was ist aufrechter Gang?

Können wir das lernen, was Ernst BLOCH[1] den „aufrechten Gang" nannte? Was sind seine Bedingungen?

Können wir heute Ermutigung erfahren durch die aufrechten Anstrengungen jener wenigen, die dies unter den schwierigen Bedingungen der NS-Zeit wagten? Gab es so etwas überhaupt?

Und wenn ja – warum wissen wir darüber nur wenig?

Weil es nur so wenige waren oder weil es auch heute viele gibt, die davon nichts wissen wollen?

Korrespondiert deren Unfähigkeit zu trauern mit unserer Unfähigkeit von jenen wenigen zu lernen? Wie ist dieser Zustand zu überwinden?

Doch zunächst ist zu fragen: Was ist mit dem Begriff des „aufrechten Gangs" gemeint?

BLOCH fragt in seinem Buch „Naturrecht und menschliche Würde" (1961) nach der Entstehung eines Rechts- und Unrechtsbewußtseins in der Menschheitsgeschichte. Dabei weist er auf eine zentrale Unterscheidung hin, die wir der Entwicklung des Naturrechts zu verdanken haben – die Unterscheidung zwischen „norma agendi" und „facultas agendi":

- „norma agendi" ist das von der Obrigkeit gesetzte Recht, das sich zum Zweck der Normenerfüllung im wesentlichen als Strafrecht versteht;
- „facultas agendi" ist das Recht als Einzelner oder auch als Gruppe von der „norma agendi" abweichen zu können, ohne deswegen etwas Unrechtes zu tun. Erste Ansätze dazu macht BLOCH beispielsweise in Form des römischen Koalitions- oder des Streikrechts aus.

Übersetzt man dies für den Sprachgebrauch unserer Tage, so läßt sich das Bewußtsein einer „norma agendi" zum Beispiel in jener bekannten Formulierung von Juristen erkennen, die sich wegen NS-Verbrechen zu verantworten haben und zur Verteidigung anführen: „Was damals Recht war, kann heute nicht Unrecht sein !" Dieser Satz ist zutreffend vom Bewußtsein einer „norma agendi" her.

---

[1] Im Vorwort des Buches „Naturrecht und menschliche Würde" schreibt BLOCH (1961,14): „Vorliegendes Buch möchte ein so historischer wie vor allem eingedenkender Beitrag zu dem sein, was, was rechtens und doch noch offen ist: zu den Problemen des aufrechten Gangs."

Er ist falsch und verhängnisvoll vom Bewußtsein einer „facultas agendi“ her, deren kritische Distanz erst die ebenso bekannte gegensätzliche Formulierung zuläßt: „Wo Recht zu Unrecht wird, wird Widerstand zur Pflicht !“

Um erkennen zu können, was „rechtens“ ist, bedarf es nicht nur der Kenntnis des geschriebenen Rechts („ius scriptum“), sondern der Fähigkeit zu „aufrechtem Gang“ dort, wo Menschlichkeit in Frage gestellt oder bedroht wird.

> BLOCH definiert (in MÜNSTER 1977, 83): „Der Zielinhalt, das Zielbild im Naturrecht ist nicht das menschliche Glück, sondern *aufrechter Gang*, menschliche Würde, Orthopädie des aufrechten Gangs, also kein gekrümmter Rücken vor Königsthronen usw., sondern Entdeckung der menschlichen Würde, die eben gleichwohl zum großen Teil nicht aus den Verhältnissen abgeleitet wird, denen man sich anpaßt, sondern (umso schlimmer für die Tatsachen !) von dem neuen, stolzen Begriff des Menschen als einem nicht kriecherischen, reptilhaften, vielmehr einem mit hocherhobenem Kopf. . .“

Die BLOCH' sche Definition einer „Orthopädie des aufrechten Gangs“ zeigt an, daß es hier um etwas geht, das einem nicht zufällt, sondern das geübt sein will.

Aufrechter Gang ist kein Besitz, der irgendwann selbstzufrieden zu verbuchen ist, sondern eine Haltung, die es lebenslang zu stärken und immer wieder zu überprüfen gilt.

Möglichkeiten der Kritikfähigkeit, Widerständigkeit gegen Unmenschlichkeiten und Solidarität gegenüber Ausgegrenzten – um nur einige Merkmale aufrechten Verhaltens zu nennen – sind nicht zuerst als funktionale Größen geschlossener Theorien, Parteiprogramme oder Glaubensrichtungen einzuklagen, sondern erwachsen aus einem Aushalten, Verstehen von und Verhalten zu widersprüchlicher Wirklichkeit: Den Widersprüchen zwischen gesellschaftlicher Anpassung und individueller Selbstbestimmung, zwischen dem Wunsch nach Dazugehörigkeit und der Angst vor Ausgestoßenwerden und nicht zuletzt einem Begreifen der Tatsache, daß Anteile von beidem in jedem von uns wirken.

Wenn über aufrechten Gang, Zivilcourage oder gar Widerstand heute in unserem Kulturkreis gesprochen wird, dann sind demgegenüber häufig Formen der Darstellung zu beobachten, die durch das gemeinsame Merkmal einer einseitigen Auflösung solcher Widersprüche, einem Nicht-Aushalten-Können von Ambivalenzen gekennzeichnet sind.

Dann wird
- aufrechter Gang an *„Helden“* delegiert, an deren Überhöhung man sich ohne jede eigene praktische Konsequenz „erbauen“ kann;
- aufrechter Gang als *„Opfer“* betrachtet, das zwar moralisch wertvoll

sein mag, aber in aller Regel den so Handelnden selbst nichts „einbringt";

- aufrechter Gang als *„theoretische Herausforderung"* eingeklagt, die von einem idealistischen Menschenbild ausgeht, von dem jeder weiß, zumindest ahnt, daß es niemals gesellschaftliche Realität für viele sein kann;
- aufrechter Gang als *„individuelle Einzelleistung"* prämiert, ohne die gesellschaftlichen Bedingungen anzutasten, die es gerade zu dieser Ausnahme werden ließen;

  und schließlich wird
- aufrechter Gang als *„fertiges Produkt"* gegenüber seiner individuellen wie sozialen Entstehungsgeschichte isoliert dargestellt und durch diese Abgrenzung vor jeder Nachahmung weitgehend abgeschottet.

Was früher als Ungehorsam schlicht verpönt war, wird heute auf eine Weise kultiviert, die das Gegenteil dessen vollzieht, was sie vorgibt: Das angeblich Lobenswerte bleibt unerreichbar.

Da die konkreten Menschen nicht sichtbar werden, die aufrechten Gang übten, kann nicht gelernt werden – nicht aus ihren Erfolgen *und* Niederlagen, nicht aus ihren Erkenntnissen *und* Zweifeln. Der Prozeß ihres „So-Geworden-Seins" verschwindet hinter der Mythologie eines Kampfes zwischen Gut und Böse.

Von den aufrechten Menschen früherer Generationen zu lernen, bedeutet demgegenüber, gerade deren persönliche *und* gesellschaftliche Widersprüche zu begreifen und in Beziehung zum eigenen Leben zu setzen.

Es bedeutet, einige unbequeme Erkenntnisse zuzulassen:
- Nicht weil fast alle so denken oder handeln, bin auch ich entlastet;
- nicht weil fast alle verdrängen, werden uns derlei Mechanismen tatsächlich schützen;
- nicht weil sich fast niemand für zuständig oder kompetent hält, kann auch ich delegieren, und
- nicht weil ich zufällig später oder woanders geboren bin, bin ich bewahrt vor ähnlichen Herausforderungen.

Die Abwehr solcher Erkenntnisse und das Nicht-Aushalten-Können von Widersprüchen beschreiben Alexander und Margarete MITSCHERLICH (1967, 62 f.) als ein für unsere Kultur typisches „Ambivalenzproblem":

> „Dieses deutsche Ambivalenzproblem ist bisher wenig beobachtet und beschrieben worden. Seit langem war jedoch auffallend, daß die Deutschen ein heftiges Bedürfnis nach *Idealisierung* ihrer Vorbilder und ihres nationalen Selbstverständnisses verspürten. ... Bevor eine *Aggression* gezeigt werden durfte, mußte sie als im Dienste eines Ideals geschehen bezeichnet werden können – und wenn es ein noch so verstiegenes Ideal war. Nur eines blieb verpönt, und darüber bestand kollektiver Konsens: die Zivilcourage.

> Der Entscheidung nach dem individuellen Gewissen und der Bereitschaft, persönliche Verantwortung zu übernehmen, haftete das Odium einer unehrbietigen Haltung gegenüber den von Gott stammenden Autoritäten an. Abweichendes Verhalten aufgrund eigener Urteilsfähigkeit, in den meisten Ländern nicht gern gesehen, konnte speziell bei uns nicht auf den Beifall der Vielen rechnen."

Idealisierung statt aufmerksamer Wahrnehmung und *Aggression* statt Verantwortung – so lassen sich Strukturen kennzeichen, die nachhaltig behindern, worauf es ankommt:

Aufrechten Gang als mögliche Qualität einer gesamten gesellschaftlichen Kultur zu erarbeiten und einzufordern.

Vor unserem üblichen Denkhorizont mag diese gesellschaftliche Perspektive ungewöhnlich erscheinen. Und doch ist sie eher nüchtern, weil sie gerade nicht vom überhöhten Anspruch an den Einzelnen oder die Gesellschaft ausgeht, sondern widerstreitende menschliche Bedürfnisse in Rechnung stellt, die gesellschaftliche Realität analysiert und beides immer wieder an das subjektiv Vorstellbare rückkoppelt.

Der Psychotherapeut Jörg BOPP (1986 a, 43) kennzeichnet den fatalen Zusammenhang zwischen Idealisierung und (Selbst-)Aggression sowie Möglichkeiten zur Überwindung so:

> „Oft ist es einfacher, hochgespannten Zielen nachzujagen und sich beim Mißerfolg in Selbstanklagen zu ergeben, als die kränkende Erfahrung der eigenen Unzulänglichkeit und Zwiespältigkeit duldsam zu verarbeiten. Durch die Erziehung werden die Menschen nur schlecht darauf vorbereitet, daß sie zerbrechliche und verführbare Wesen sind.
>
> Deshalb macht ihnen Denken dann viel Angst, wenn sie es unbestechlich gegen sich selbst wenden; unbestechlich heißt:
> weder eingeschüchtert durch äußere Drohungen, noch überflutet durch eigene Gefühle, noch verzerrt durch die Anklagen eines strengen Gewissens.
>
> Die nüchterne Einsicht ist eine Fähigkeit, die der Mensch in seinem Leben wesentlich später und schwerer lernt als die Bindung an Gebote und die Erzeugung von Schuldgefühlen. Deshalb fällt es ihm leichter, sich hohen Forderungen zu unterwerfen oder sich anzuklagen, als über sich nachzudenken."

Vor diesem Hintergrund gewinnt eine Definition von aufrechtem Gang an Bedeutung, wie sie Heinrich BÖLL in einem Gespräch mit Walter JENS formulierte. Walter JENS (1985 b) berichtet:

> „Wir sprachen darüber, woran man wohl einen verläßlichen Menschen erkennen könne – einen *aufrechten* und keinen, der sich, gestern braun, heute schwarz und morgen zumindest wieder hellbraun, zu tarnen verstünde.
>
> Dabei sagte BÖLL zu mir: ‚Wenn ich einen Menschen treffe, dann frage ich mich instinktiv zuallererst: Wird er dich verstecken, wenn du an seine Tür klopfst?'."

Es ist kein Zufall, daß Heinrich BÖLL hier ein Beispiel wählt, daß auf einer eher alltäglichen Ebene angesiedelt ist: Hier geht es um keinerlei Bekenntnisse und (noch) nicht um Widerstand oder Exil. Es geht um die Frage nach einfacher Menschlichkeit dort, wo sie gebraucht wird.

Auf diese Weise erschließt sich eine Definition von aufrechtem Gang, die sich durch zwei Merkmale kennzeichnen läßt:

- *Aufrechter Gang als die Fähigkeit des Einfühlens in die Situation eines anderen (Empathieleistung).*
- *Aufrechter Gang als die Fähigkeit, Verantwortung für das eigene Handeln zu übernehmen trotz möglicher persönlicher Nachteile (Identitätsleistung).*

In bezug auf die *Identitätsleistung* schreibt Lothar KRAPPMANN (1971, 31):

> „Es gibt Gründe anzunehmen, daß eine totale Gesellschaft in einer Welt mit Zeit und Raum und daher letztlich doch begrenztem Terror niemals erreichbar sein wird, so verheerend das erreichbare Ausmaß an Repression auf menschliches Denken und Handeln sich auswirken kann und ausgewirkt hat ... Schon der Versuch einer *Identitätsbalance* ist wegen des kritischen Potentials, das er enthält, ein Angriff auf bestehende Verhältnisse."

Was ist unter *Identitätsbalance* zu verstehen?

Identität erwirbt ein Mensch im Prozeß der Kommunikation mit anderen Menschen dadurch, daß er eine für ihn lebbare Balance („Identitätsbalance") zwischen den an ihn herangetragenen Normen und Erwartungen („soziale Identität") und der für seine persönliche Entwicklung notwendigen Eigenständigkeit („personale Identität") herzustellen lernt und allmählich stabilisiert. Allen Identitätstheorien, die Identität im wesentlichen als Anpassungsleistung des Individuums an die Gesellschaft interpretieren, ist mit ADORNO (1970, 32 f.) entgegenzuhalten, daß dies eine „falsche Versöhnung mit der unversöhnten Welt" wäre.

Empathie (gr.: empatheia = Einfühlungsvermögen) und *Identität* stehen in einem spezifischen Verhältnis zueinander: Nur wer mitfühlen kann, ist sensibel gegenüber Unwahrheiten, Bedrohungen und Ungerechtigkeiten, gerade auch solchen, die mehrheitlich oder gesellschaftlich als akzeptiert gelten – und nur wer über genügende Stabilität der eigenen Persönlichkeit verfügt, wird seinem Empfinden auch Ausdruck zu verleihen suchen. Bis zu einem gewissen Grad gilt auch die Umkehrung: Nur wer über ein gewisses Maß an Stabilität verfügt, wird sensible Gedanken und Empfindungen zulassen, ja überhaupt erst wahrnehmen können.

Die historisch-politische Fragestellung müßte dann lauten: Welche subjektiven und objektiven Bedingungen können eine menschliche Gemeinschaft so sehr ihrer potentiellen Fähigkeit zu *Empathie* und

Identität berauben, daß ihre einzelnen Vertreter im konkreten Handeln nur noch wenig Mitgefühl für andere und wenig verantwortungsvollen Mut aufbringen?

Zu den schrecklichsten Erkenntnissen über den Faschismus zählt gerade, daß sie alle – die Eichmanns ebenso wie der denunzierende Zigarrenhändler an der Ecke – Menschen waren; eben keine Un-Menschen, keine Nicht-mehr-Menschen, sondern daß das schreckliche Potential, die „Banalität des Bösen" (ARENDT 1978[2]), das bei ihnen zur Entfaltung gebracht wurde, prinzipiell in jedem Menschen angelegt ist. Das kollektive Menschheitsgedächtnis hat keinen Grund zur Selbstberuhigung, weil eine barbarische Epoche ein für allemal überwunden wäre oder weil es sich selbstbewußt über individuelle Gedächtnisfehlleistungen erheben könnte.

Die psychische Konstitution des Menschen läßt es offensichtlich nach wie vor zu, von der Existenz von Massenvernichtungsmaschinen Kenntnis zu haben oder an deren Konstruktion oder gar Anwendung beteiligt zu sein (wobei es psychologisch nur ein gradueller Unterschied ist, ob es sich um Gaskammern oder Atombomben handelt) – und gleichzeitig schöne Musik zu hören, einen anderen Menschen zu lieben oder einen Sonnenuntergang zu betrachten. Und die psychische Konstitution des Menschen läßt es auch zu, selbst unter Einsatz des Lebens gegen solche Unwahrheiten, Bedrohungen oder Ungerechtigkeiten zu kämpfen – und ebenfalls zu diesem Leben zu stehen (nichts anderes meinen die Metaphern von schöner Musik, Liebe und Sonnenuntergang).

Jedoch gibt es einen zentralen Unterschied zwischen diesen beiden Polen: Während die erste Konstellation ein Arrangement mit gesellschaftlichen Verhältnissen zuläßt, das bestimmte Mitglieder der menschlichen Gemeinschaft ausschließt, wenn nicht gar deren Vernichtung einkalkuliert und dabei auf die Existenz einer eigenen, wie auch immer gearteten Höherwertigkeit baut, ist in der zweiten Konstellation ein Engagement für gesellschaftliche Verhältnisse angelegt, deren Lösungen sich prinzipiell auf alle Menschen beziehen und von deren Gleichwertigkeit ausgehen (was nicht „Gleichmacherei" bedeutet, sondern im Gegenteil Voraussetzung zur Wahrnehmung und Achtung von Unterschieden und Eigenheiten ist).

Diese Unterscheidung ist deshalb so wichtig, weil „Mut" und „Gefühl" wohl selten so millionenfach strapaziert wurden wie zur Zeit des Nationalsozialismus in Deutschland. Jedoch um den hohen Preis gebrochener *Empathie* und *Identität*: Die Gefühlsbindung an die „Volksgemeinschaft" war auf eine Weise ausgerichtet, die überscharf wahrnahm, was nicht dazugehörte – und der Mut bis hin zur Selbstaufopferung war geprägt durch einen Glauben daran, selbst zu den Guten zu gehören und damit letztlich auch einer guten Sache zu dienen, der jedes kritische

Hinterfragen von Realitäten, aber auch von eigenen widersprüchlichen Empfindungen weithin als Zumutung abgelehnt hätte.

> „Wir haben gehorcht und sind es nicht gewesen", kennzeichnet Erich KÄSTNER (1985[2]) diesen Zustand: „Der Mut, bar des Gefühls der Verantwortung und ohne jede Phantasie, ist unser Laster. Und Courage bleibt ein Fremdwort."

Dazu ist es kein Widerspruch, wenn Gefühlsbindungen und unterschiedliche Mutproben als durchaus „glückliche Zeit" erinnert werden. Das zentrale Verhängnis besteht darin, daß Leidenserfahrungen (gerade auch damaliger "Helden"), wenn sie in der psychischen Konstitution erst zu etwas Positivem umgedeutet wurden, die Fähigkeit zum Mitleid mit anderen Menschen (vor allem jenen, die für das eigene Wohlbefinden unerheblich erscheinen) sukzessive zerstören (vgl. MITSCHERLICH/MITSCHERLICH 1967, 71 ff.).

Das Resultat ist dann die Fähigkeit zum Mitleid nur noch mit sich selbst und der gleichsam umso ungebrochenere Haß auf alles, was vormals ideologisch als feindlich zu betrachten gelernt wurde. Vor diesem Hintergrund hat Ralph GIORDANO die NS-Zeit in Deutschland gekennzeichnet durch einen „*Verlust an humaner Orientierung*", den er vor allem durch zwei Merkmale charakterisiert:

- die *persönlichkeitsspaltenden* (identitätszerstörenden) *Auswirkungen* auf die einzelnen Menschen und die Gesellschaft als Ganzes und
- die *dauerhaften* (psychischen, sozialen und politischen) *Auswirkungen*, eine weitgehend unbewußte Verlängerung selbst unter formal veränderten politischen Bedingungen.

Ralph GIORDANO (1985[2], 259 f.) beschreibt diese beiden Merkmale so:

> *1. Die persönlichkeitsspaltenden Auswirkungen:* „Der Verlust der humanen Orientierung ist gekennzeichnet durch eine ganz unverwechselbare Schizophrenie des agitierten Individuums, nämlich seine Spaltung in eine privat humanitäre und politisch unhumanitäre Hälfte. Väter, Mütter, Eheleute, Eltern, Brüder, Schwestern, Söhne, Töchter, Menschen, denen Hilfe für den Nächsten, für den Nachbarn, denen Aufopferung, Mitleid, Fürsorge selbstverständlich waren – sie alle bekannten sich zur gleichen Zeit fanatisch zu politischen Gewaltideen, wie sie es zuvor noch nie gegeben hatte."
>
> *2. Die dauerhaften Auswirkungen:* „Bis Mai 1945 konnte man sich in Deutschland hinsichtlich der eigenen Haltung gegenüber dem Nationalsozialismus auf den Zwang berufen, den er auf das Individuum ausgeübt hatte – danach nicht mehr. Danach zwang einen niemand mehr, nationalsozialistische Ideen zu konservieren und zu verteidigen.
>
> Genau dies aber geschieht bis in unsere Tage, und nicht vereinzelt, sondern massenhaft, vor allem aber sehr häufig unbewußt . . .

Ob es nun objektiv eine Kollektivschuld gegeben hat oder nicht – die Voraussetzung der Schuldabwehr, nämlich ein subjektiv vorhandenes Schuldgefühl, ist nach 1945 in einer geradezu überwältigenden Kollektivität sichtbar geworden."

Diese kollektiven Affekte der Schuldabwehr nach 1945 belegt Ralph GIORDANO (1985[2], 259 ff.) an einigen Sätzen, die jeder so oder ähnlich schon mal gehört hat:

„‚Es waren ja gar nicht sechs Millionen Juden, die umgebracht worden sind ...' – Der Völkermord an den Juden im deutschbesetzten Europa wird hier also vor allem zu einer Frage der Zahl, der Quantität. Die Logik des Affektes: Je niedriger die Zahl der Ermordeten, desto beruhigter fühlt man sich selbst.

‚Die anderen haben ja auch Verbrechen begangen, nicht nur wir Deutsche ...' – Opfer anderer Unmenschlichkeitssysteme werden zu bloßen Kompensationsobjekten für das eigene schlechte Gewissen. Ermordete entsetzen nicht mehr, sie trösten.

‚Die Konzentrationslager waren gar keine deutsche Erfindung, sondern eine der Briten im Kampf gegen die Buren Südafrikas ...' – Vorgegebene Kenntnis weit zurückliegender Ereignisse in einem fremden Land in zehntausend Kilometer Entfernung, bei gleichzeitiger Beharrung auf der eigenen Unkenntnis im eigenen Land zu seinen Lebzeiten.

‚Hitler hat nicht nur Schlechtes, er hat auch Gutes geschaffen, zum Beispiel die Autobahnen ...' – Noch nach vierzig Jahren völliger Informationsfreiheit über den als System undifferenzierbaren NS-Verbrecherstaat wird geteilt in einen ‚guten' und einen ‚schlechten' Nationalsozialismus."

Erst wenn wir sensibel werden für die psychischen und politischen Strukturen, die unseren heutigen gesellschaftlichen Umgang mit ausländischen Mitbürgern, mit Behinderten, Homosexuellen und anderen gesellschaftlichen Minderheiten, aber auch mit Erscheinungen wie Jugendarbeitslosigkeit oder Berufsverboten prägen, kann der historische Bezug identifiziert werden: Denn zumeist ist die psychische Transferleistung faschistoider Muster auf aktuelle Bedingungen jeweils schon vollbracht, bevor sie als solche erkannt werden könnte.

Als aktuelles Beispiel einer *Enthistorisierung* von gesellschaftlicher Wirklichkeit kann der neonationalistische Gebrauch des Begriffs der „nationalen Identität" im sogenannten „Historikerstreit" in der Bundesrepublik gelten: Der Forderung nach „nationaler Identität" zufolge mangelt es den Deutschen vor allem an Nationalbewußtsein. Besonders junge Menschen sollen wieder stolz darauf sein können, „deutsch zu sein" und nicht weiter durch „Büßergesten" in ihrer freien Entwicklung behindert werden.

Der modernisierte Topos „nationale Identität" beinhaltet dabei das Gegenteil dessen, was er vorgibt: Nicht die Menschen sollen in ihrem Bewußtsein von der eigenen Persönlichkeit, in ihrer Einsicht in psychische Strukturen und gesellschaftliche Bedingungen gestärkt werden, sondern herrschende gesellschaftliche Bedingungen auf dem Weg zu einer „Großmacht Bundesrepublik“ sollen gerade vor solchen Einsichten geschützt werden. Kollektive Unsicherheitsgefühle gegenüber Sozialabbau, Umweltzerstörung und Atomrüstung sollen durch „nationale Identität“ erträglicher werden. Andersdenkende können ebenso wie Ausländer leichter als „die anderen“ identifiziert werden; Aggressionen lassen sich gezielt auf diejenigen lenken, die den idealisierten „nationalen Konsens“ nicht teilen.

Die in sich unlogische sprachliche Neuschöpfung einer „Teilidentität“ der Bundesrepublik erhält zusätzlich eine großdeutsche Fiktion wach, deren Anhänger eine „Vergangenheit“ beklagen, „die nicht vergehen will“ (NOLTE 1986; weitere Literatur sowie eine Darstellung der gegensätzlichen Grundpositionen im „Historikerstreit“ vgl. S. 560).

Der zweiteilige Aufbau der vorliegenden Studie zum aufrechten Gang am Beispiel oppositionellen Verhaltens von Lehrerinnen und Lehrern in Deutschland von 1933 bis 1945 orientiert sich an den vorgestellten zentralen Kategorien „*Empathie*“ und „*Identität*“ (ohne daß diese deshalb für jedes einzelne Dokument als Interpretationsmaßstab gelten). Der Forschungsprozeß selbst wird dabei auf eine Weise präsentiert, die die Erarbeitung von *Empathie* und *Identität* in einzelnen Schritten nachvollziehbar werden läßt – dies sowohl was den Ablauf eines derartigen (Selbst-)Bildungsprozesses angeht als auch bezogen auf eine zwischen Alltagserfahrung und wissenschaftlicher Theoriebildung angesiedelte sprachliche Gestaltung, die bewußt literarische und sozialwissenschaftliche Momente in Beziehung zu setzen versucht.

Der Fähigkeit zum aufmerksamen Zuhören bzw. Lesen als einer Form des Einübens in *Empathie* im Teil I „*Lebensgeschichten*“ entspricht im Teil II „*Geschichte leben*“ die Fähigkeit zum (selbst-)kritischen Bewerten (Interpretieren) unterschiedlicher historischer „Mosaiksteine“ und biographischer Erfahrungen sowie deren systematische Zuordnung vor dem Hintergrund individueller und gesellschaftlicher Möglichkeiten zur Stärkung von *Identität*.

Teil I „*Lebensgeschichten*“ will sensibilisieren für unterschiedliche persönliche Möglichkeiten, sich unter den Bedingungen der NS-Zeit in Deutschland „anders“ zu verhalten: Konkret geht es dabei um Lehrerinnen und Lehrer, die sich keineswegs als Helden fühlten, sondern im wahrsten Sinne des Wortes aufrechten Gang *übten* – sich verweigerten, Kritik äußerten oder konkrete Hilfe für andere waren. Einige agierten aus bewußter Überzeugung gegen die Nazis, andere wurden eher in die Opposition gedrängt oder entzündeten ihren Unmut zunächst an kleinen Erlebnissen des Alltags, die ihnen ungerecht erschienen.

Daß sie dies unter den Bedingungen des aktiven Schuldienstes taten, ist unter zwei Aspekten umso spannender: Zum einen widerlegen die Berichte in unterschiedlicher Weise die These der bruchlos „gleichgeschalteten“ Institutionen, besonders der Schulen, zur NS-Zeit und der in ihnen tätigen Menschen. Daß es sich dabei durchweg um positive Ausnahmen handelte, deren Verhalten in der Tat nur vor dem Hintergrund einer bedrohlichen Mehrheit angemessen interpretierbar ist, bedeutet keinen Gegenbeweis, wohl aber Auftrag zum genaueren Hinschauen.

Die in dieser Studie befragten Lehrerinnen und Lehrer sind zum anderen auch „näher dran“ an unserer heutigen Situation: Die wenigsten von uns sind als Widerstandskämpfer geboren oder können in bezug auf die eigene Familie auf ähnlich gewachsene Traditionen verweisen. Uns ist der Konflikt zwischen Anpassung und Widersprechen, in wenigen Fällen – gar gemeinsamen – Widerhandelns, wie ihn die hier berichtenden Lehrerinnen und Lehrer damals erlebten, vertrauter als die Entscheidung zwischen Exil oder Einsatz der gesamten Existenz, wie sie sich für viele Widerstandskämpfer zwangsläufig stellte. Daß hier zweifelsohne die Grenzen nicht immer klar zu ziehen waren, ist ein spezifisch-bedrohlicher Ausdruck der damaligen Situation.

Einfühlung setzt eine konkrete Situation voraus. So kommen in Teil I die betroffenen Lehrerinnen und Lehrer weitgehend selbst zu Wort. Inwieweit die Leserin bzw. der Leser sich auf die persönlichen Berichte „einlassen“ kann, wird bei den einzelnen Texten unterschiedlich sein. Es ist von daher völlig legitim, ja geradezu notwendig, sich bei der Auswahl der Lektüre von subjektiven Interessen leiten zu lassen und sich andere Zugänge möglicherweise erst später zu erschließen.

Für die Authentizität der Aussagen stehen als Methode die Ansätze der *pädagogischen Biographieforschung*, die vorab in ihren Grenzen und Möglichkeiten vorgestellt werden. Dies ist nicht unbedingt für das Verständnis der Texte erforderlich, aber entspricht dem wissenschaftlichen Anspruch auf Überprüfbarkeit, der an die Erstellung der Dokumente gerichtet werden muß.

Teil II „*Geschichte leben*“ bietet mögliche Bewertungen für Bedingungen an, unter denen damals „andere“ Orientierungen erarbeitet werden konnten. Dabei werden die biographischen Erinnerungen der Lehrerinnen und Lehrer aus Teil I nicht analytisch „zerlegt“, sondern bilden die Folie, vor deren Hintergrund sich eine interpretierende Systematik erst entfalten kann: Wie wird Geschichte nicht nur erlitten, sondern bewußt gelebt?

Das interpretative Vorgehen wird dabei unter Bezug auf Theorien hermeneutisch-lebensgeschichtlicher Forschung einleitend erläutert.

Nach einer sozialgeschichtlichen Befragung der Zeit *vor 1933* im Hinblick auf die Berufsgruppe der Lehrerinnen und Lehrer folgt eine systematische Zuordnung der unterschiedlichen Bedingungen für aufrechten Gang in der Schule zwischen 1933 und 1945 zu einem psychologischen und einem historischen Raster. Abschließend werden Fragen an heutige Erziehungswissenschaft und Pädagogik formuliert, die nicht zuletzt auch als Herausforderung für andere gesellschaftliche Bereiche und schließlich für das konkrete Handeln eines jeden von uns gelesen werden können.

Teil I und II sind so geschrieben, daß sie auch unabhängig voneinander verständlich sind – sie nähern sich der Frage nach aufrechtem Gang aus unterschiedlicher Perspektive. Wichtiger als die Reihenfolge der Lektüre ist der persönliche Zugang, die gefühlsmäßige Spannung oder auch gedankliche Herausforderung, die beim Lesen erlebt und verarbeitet werden können.

Für die gesamte Studie gleichermaßen zentral ist eine Aussage, die der Erziehungswissenschaftler Heinz-Joachim HEYDORN (1980^2, 67) getroffen hat:

„Nach wie vor macht nur der Mensch dem Menschen Hoffnung zu leben. Erkenntnis allein bewirkt Verzweiflung.“

Nicht mehr grau, nicht mehr geduckt . . .

„Berlin 1938.

Die schüchterne Lehrerin, die seit Herbst Englisch unterrichtet, hat Gabriele in der Pause angesprochen, so leise, daß sie es kaum hat verstehen können und zurückgefragt hat: Stuttgarter Straße 12?

Ja, im Hof, und dann vier Treppen hoch. Ich denke mir, du hast was davon, hat sie gesagt und ist dann weitergehuscht, fremd, ängstlich, wie sie auch in die Klasse kommt, den Arm zum befohlenen Gruß flüchtig hebt, den Gruß kaum ausspricht, zu rasch ins Englische überwechselt, graue Maus, graue Röcke, graue Blusen, eine Brosche am Blusenverschluß, ein blasses, schmales Gesicht, kaum Lippen."

Dann beim ersten Treffen: „Die graue Lehrerin spricht bald mit dem einen, bald mit dem anderen, und als sie vor ihr stehenbleibt, fragt sie, ob sie ein Fahrrad hat, weil doch manchmal weite Wege zu machen sind. Sie legt ihr die Hände auf die Schultern. Gut, daß du gekommen bist!

Du hast es doch nach Baumschulenweg nicht weit – sie wartet die Zustimmung gar nicht erst ab – da gebe ich dir zwei Adressen. Das wirst du ja können: Mit niemand davon sprechen?

Wichtig ist Kleidung. Der Mann ist beim Gleisbau eingesetzt, Orchestermusiker, der hat natürlich kein Arbeitszeug.

Und in der Familie ist der Vater weg seit 34: Sachsenhausen. Da sind drei Kinder von sechs bis zehn, denen es immer an Kleidung fehlt.

Sie lächelt jetzt und sieht nicht mehr grau aus, nicht mehr geduckt.

Ich sage dir dann auch, von wem du die Kleidung bekommst. In der Schule bitte kein Wort drüber!"

Ingeborg DREWITZ (1980, 99/102)

1. Forschungsfrage: Wie war oppositionelles Verhalten von Lehrerinnen und Lehrern an Schulen in Deutschland 1933–1945 möglich?

„Der Kampf des Menschen
gegen die Macht
ist der Kampf der Erinnerung
gegen das Vergessen.“

Milan KUNDERA (1981², 7)

1.1. Grundbedingungen historischen Lernens*

Angesichts des heutigen Ausmaßes an Bedrohung durch Umweltzerstörung und Massenvernichtungswaffen, angesichts psychischer Verelendung bei uns und alltäglichem Hungermord in armen Ländern ist die Frage unabweisbar:

Gibt es in bezug auf den Faschismus eigentlich eine wichtigere historische Lehre als die, die Fähigkeit zu Zivilcourage, zu zivilem Ungehorsam und gewaltfreiem Widerstand – zum aufrechten Gang – gerade dann und dort zu üben, wo es noch nicht um Kopf und Kragen geht?

Was haben wir bisher – ernsthaft – von ADORNOS (1982, 88) Imperativ verwirklicht, daß die allererste Forderung an Erziehung die sein müsse, „daß Auschwitz nicht noch einmal sei“? Läßt sich aufrechter Gang überhaupt lernen?

---

* Die folgenden Aussagen zum „historischen Lernen“ berücksichtigen nicht die umfängliche, neuere Diskussion unter *geschichtsdidaktischen* Fragestellungen. Zur Vertiefung sei zumindest verwiesen auf BERGMANN/SCHÖRKEN 1982, von BORRIES 1980/1985, JEISMANN 1985, JUNG/von STAEHR 1983/1985.

Um mit dem Begriff LERNEN nicht falsche Assoziationen zu wecken, müssen mindestens drei Präzisierungen gleich eingangs benannt werden:

Lernen heißt auch Wissen, aber nicht nur:

Spätestens seit Dieter BOSSMANNS erschütternder Studie („Was ich über Adolf Hitler gehört habe . . .“, 1977) über weitgehendes Unwissen unter bundesdeutschen Schülerinnen und Schülern in Bezug auf die Zeit des Nationalsozialismus haben in den letzten zehn Jahren vielfältige unterrichtliche Bemühungen eingesetzt, vor allem den Kenntnisstand zu erhöhen.

Nicht selten begegnet man nun aber Schülerinnen und Schülern, die mehr oder weniger deutlich signalisieren: „Ich kann das nicht mehr hören!“ Die ständig wachsende Ausländerfeindlichkeit, besonders unter jenen Jugendlichen, die selbst benachteiligt sind, läßt nicht darauf hoffen, daß dieser Unterricht allein deutliche Spuren zu hinterlassen in der Lage ist. Andere Faktoren scheinen stark zu wirken und Jugendliche wie Erwachsene gleichermaßen zu betreffen.

Günther ANDERS (1980I, 285 f.) beschreibt die lähmende Wirkung von gesellschaftlichen Bedingungen auf individuelle Handlungsmöglichkeiten in einem historischen Vergleich: Es sei unangemessen zu fragen, wie viele Menschen was genau in Hitlerdeutschland vom Ausmaß der Judenvernichtung gewußt hätten, denn

> „daß sie es gewußt haben, trifft vermutlich zu; aber aufgefaßt haben sie es eben nicht, weil es von vornherein klar war, daß irgendetwas dagegen zu unternehmen, außer Betracht blieb. Also lebten sie weiter, als wüßten sie nicht. Genau was wir tun, obwohl wir von der ‚Bombe‘ wissen.“

Die Theologin Dorothee SÖLLE (1986, 112) geht noch einen Schritt weiter:

> „Wissen bedeutet uns nicht, wie in der Arbeiterbewegung des 19. Jahrhunderts, Macht, sondern tiefe, bittere Ohnmacht. Sich der eigenen Lage bewußt zu sein, national und international, hat bei uns ein Moment verzweifelter Drogenabhängigkeit: Wie überbieten wir einander an Katastrophen-Wissen?“

Lernen benötigt selbstverantwortliches Handeln:

Als junge Menschen in unserem Land auf der Suche nach glaubwürdigen Traditionen auch den Widerstand von einfachen Menschen (und nicht nur weniger Führungseliten) gegen Hitler zu entdecken begannen und dieses Erkennen in der Bezeichnung ihrer Aktionen gegen Umweltzerstörung und Atomrüstung mit dem Wort vom *gewaltfreien* Widerstand ausdrückten, da wurden sie umgehend von höchster Stelle zurechtgewiesen:

> „Wer sich heute gegen die freiheitliche Demokratie unseres Grundgesetzes ein Recht auf Widerstand anmaßt, hat nichts begriffen vom sittlichen Ernst und moralischen Rang des deutschen Widerstandes. ... Wir haben das Glück, in einem Land des Rechts, der Freiheit und des Friedens zu leben. Dieses glückliche Schicksal aber fordert von uns, daß wir den Widerstand gegen die Tyrannei nicht vergessen, daß wir seine Ethik bewahren und seine Lehre beherzigen: Justitia fundamentum regnorum – Gerechtigkeit ist, was die Staaten erhält." (Bundeskanzler KOHL am 20.7.1984, Bulletin Nr. 89/ S. 793).

Die beliebte Formel vom demokratischen Staat, der „mündige Bürger" braucht, gibt sich erst dort als redlich oder nur vorgegeben zu erkennen, wo der mündige Bürger unbequem wird. Der Erziehungswissenschaftler Heinrich KUPFFER (1984, 51) verweist auf die Brüchigkeit dieser Formulierung:

> „Wenn Mündigkeit gebraucht wird, ist sie keine Mündigkeit mehr. Gebrauchte Mündigkeit dient einem politischen System, gehört also ursprünglich nicht zum Menschen und ist im Zweifelsfall entbehrlich. Wenn auf Grund von sozialen, technischen oder arbeitsmarktpoltischen Verschiebungen keine mündigen Bürger mehr ‚gebraucht' werden, dann müßte folgerichtig ‚Mündigkeit' auch als Erziehungsziel verschwinden."

Zum Lernen von aufrechtem Gang gehört ohne Frage die Erfahrung selbstverantworteten – und das heißt auch unbequemen und kritischen – Handelns.

Lernen benötigt Identifikation:

Die Aussage von Heinz-Joachim HEYDORN (1980[2], 67) – „Nach wie vor macht nur der Mensch dem Menschen Hoffnung zu leben. Erkenntnis allein bewirkt Verzweiflung" – gilt sicher zuerst für die unmittelbare Begegnung zwischen Menschen. Sie gilt aber auch für die Begegnung mit Angehörigen jener Gruppen oder Kulturen, die nicht im unmittelbaren Erfahrungshorizont liegen, deren Erfahrungsreichtum erst (wieder) aufgespürt werden muß, um wirksam werden zu können.

Nichts anderes meint Peter WEISS (1978, 37), wenn er in seinem Roman „Die Ästhetik des Widerstands" davon spricht, daß "die Verbindung mit denen, die vor uns am Werk waren, . . .immer gleichbedeutend mit einer Eröffnung des Weges ins Zukünftige (war). ... An nichts Kommendes können wir glauben, wenn wir Vergangenes nicht zu würdigen wissen."

In den letzten Jahren ist der Prozeß der Enteignung von Geschichtsbewußtsein als Erfahrung des Menschen – und nicht als Besitz weniger – jedoch eher fortgeschritten, wie der Soziologe Oskar NEGT (1985, 31/32) analysiert:

> „Zu den bedrückendsten Kennzeichen der industriellen Zivilisation gehört die Zerstörung von geschichtlichem Bewußtsein; mit der Zerfaserung von Traditionen, die dem kollektiven Gedächtnisverlust entspringt, wird nämlich gleichzeitig die Ausbildung von Zeitperspektiven, die nach vorne gehen, verhindert ....
>
> Um die Ohnmacht aufzubrechen, ist es notwendig, Widerstands- und Kampferfahrungen der Vergangenheit aufzubewahren und weiterzuvermitteln, also das kollektive Gedächtnis zu stärken, ohne das auch individuelle Identitätsbildung nicht möglich ist."

Die Eingangsfragestellung nach dem Lernen des aufrechten Ganges kann nun genauer formuliert werden:

Welches *Wissen* über *selbstverantwortliches Handeln* von Menschen, die mir in besonderer Weise *Identifikationsmöglichkeiten* eröffnen, kann mir Mut in meinem heutigen Alltag machen, kann mich stärken in dem Bewußtsein, nicht verloren in der Geschichte zu sein, sondern meine Vorstellungen und Hoffnungen auf ein anderes Leben, Lieben und Arbeiten berechtigt und aufrecht einzuklagen?

1.2. Zum Erkenntniswert des Verhaltens von Lehrerinnen und Lehrern im Faschismus

Warum aber soll dies „wieder“ vor dem Hintergrund der NS-Zeit geschehen – und warum „ausgerechnet“ in bezug auf Lehrerinnen und Lehrer, jenem Berufsstand, der für sein Ausmaß an Anpassungsbereitschaft schon damals bekannt war? [2)]

Zunächst zum Erkenntniswert einer Beschäftigung mit dem Faschismus: Fast ein halbes Jahrhundert nach der von außen erfolgten Befreiung beginnt sich – nicht ohne Widerstände nach wie vor, aber letztlich doch unübersehbar – die Erkenntnis durchzusetzen, daß die NS-Zeit ein geschichtliches Erbe darstellt, das von der „Gnade der späten Geburt“ genausowenig wissen will wie von dem berühmten „Schlußstrich“, der endlich gezogen werden müsse und von manchem seit Herbst 1945 gefordert wird.

In aller Deutlichkeit: Die Zeit heilt hier keine Wunden, aber sie läßt Zeitzeugen sterben und trägt dazu bei, daß historisches Halbwissen sich mit neuen Wunschvorstellungen, wie Geschichte gewesen sein möge, vermengt.

„Diese Vergangenheit wird niemals bewältigt sein“, formulierte der Historiker und ehemalige Hamburger Schulsenator Joist GROLLE (1985a, 25–26). Worauf es ankommt ist, genügend psychische Stabilität und moralische Stärke zu erlangen, um die geschichtliche Wahrheit auszuhalten – eine Aufgabe, die ganz offensichtlich nicht von einer Generation allein zu bewältigen ist – und nur aus dieser Anstrengung der klaren Erkenntnis heraus, die Gegenwart zu beurteilen: „Man lernt aus den Katastrophen der Geschichte, nicht indem man auf ihre Wiederholung wartet, sondern indem man die Masken ihrer Verwandlung studiert.“ (GROLLE 1985 b, o. S.)

---

2) Mehr noch als manche statistischen Erhebungen, die die Nazis über den „Zuspruch“ der Lehrer zur nationalsozialistischen „Bewegung“ erstellen ließen (vgl. GAMM 1984[2], 201f.: 97% der Lehrer im NSLB, 32% in der NSDAP, Stand: 1936) geben zeitgenössische Witze über die Anpassungsbereitschaft Auskunft:
„Lehrer 33: Wie das Fähnchen auf dem Turme, sich beweget von dem Sturme ... – oder:
Wart' mal ab, der nächste Umschwung kommt so schnell, daß sogar die Lehrer ihr Mäntelchen nicht nach dem Winde hängen können.“ (Erinnerung Lehrer E., Jg. 1914 – Q: POPP 1981–83).

Zur Beschreibung des Erkenntniswertes von Lehrerverhalten im Faschismus für heute ist es zunächst erforderlich, vor diesem Hintergrund die pädagogische Geschichtsforschung seit 1945 kritisch zu betrachten.

Denn von einem „Studium der Masken ihrer Verwandlung" ist bei den inzwischen zahlreichen Veröffentlichungen und Untersuchungen zum Gegenstand Erziehung in Deutschland zwischen 1933 und 1945 „wenig festzustellen", wie der Erziehungswissenschaftlicher Hans-Jochen GAMM (1984², 15) konstatiert:

> „... man handelt und schreibt, als ob es über eine in sich mehr oder weniger abgeschlossene Epoche zu forschen gelte, um von ihr ein immer differenzierteres Bild zu gewinnen. Unter solcher Unverbindlichkeit verliert Pädagogik ihren Gegenstand, nämlich den zwischen geschichtlichen Epochen und wechselnden politischen Formationen bestehenden Kontext, der die Tradition zur Einheit verknüpft. In dem Maße, wie Traditionen unreflektiert vermittelt wurden, ... blieb das mörderische faschistische Potential nach wie vor anwesend, ist Vergangenheit auf höchst bedrohliche Weise in der Gegenwart wirksam."

Beispielhaft kann dies verdeutlicht werden anhand der weitgehenden – besonders auch wissenschaftlich ausgewiesenen – Verharmlosung jener pädagogischen Leitfiguren, die noch nach 1933 mit zum Teil beachtlicher publizistischer Tätigkeit zumeist im Rahmen der Lehrerausbildung wirkten, die dann nach 1945 relativ übergangslos wieder Lehrstühle besetzten und über deren – vor allem innere – Konflikte ausführlich in der pädagogischen bundesdeutschen Literatur reflektiert wird. Gleichzeitig wurde es nicht annähernd ähnlichen Interesses erachtet, über jene Minderheit von „einfachen" Lehrerinnen und Lehrern nachzudenken, die nach 1933 für ihr Handeln mit dem NS-Staat in Konflikt gerieten und zum Teil schlimme und schlimmste Folgen zu ertragen hatten.

Warum? Ist der Verdacht von der Hand zu weisen, daß ihr Verhalten auch eine kontrastierende Folie für jene „großen Namen" dargestellt hätte, die sich – wenn auch auf unterschiedliche Weise – doch in der Tendenz zu arrangieren wußten? Ist hier jener Vorgang der so empfundenen „Nestbeschmutzung" wirksam, der von der Beschmutzung des eigenen Nestes redet, „wo es in Wahrheit darum geht, ein schwer beschmutztes Nest zu säubern?" (MITSCHERLICH 1967, 58).

Im Teil II werde ich ausführlicher auf diesen Kontrast eingehen. Hier soll der erhobene Vorwurf zumindest durch ein aktuelles Beispiel verdeutlicht werden, das nicht nur die Grundstruktur dieser problematischen Argumentation aufweist, sondern auch für mich Anlaß war, den – zunächst eher zufällig – aufgefallenen Widersprüchen systematisch nachzugehen:

Da schreibt im Jahr 1985 ein als durchaus fortschrittlich bekannter Professor für Historische Pädagogik, Ulrich HERRMANN (1985, 15), selbst 1939 geboren, als Nachweis für die anti-nationalsozialistische Haltung des damaligen Pädagogik-Professors Eduard SPRANGER:

> Er „reichte aus Protest gegen die Ernennung BAEUMLERS (eines bereits vor 1933 renommierten NS-Professors, LvD) an der Berliner Universität sein Entlassungsgesuch ein (das er dann, als er sich mit diesem Schritt allein auf weiter Flur sah, wieder zurückzog)."

In der bereits „gleichgeschalteten" Ausgabe Nr. 18 der Hamburger Lehrerzeitung vom 6. Mai 1933 (S. 257/258) finde ich zufällig den Abdruck des SPRANGER'schen Abschiedsgesuchs (vgl. auch SPRANGER 1955[2]):

> „In das Glück über das wiedergewonnene Deutschland, das am 21. März (1933) kaum irgendwo so rein und ganz empfunden wurde, wie an den deutschen Hochschulen, fiel für diese bald darauf ein schwerer Schatten. . . .Mich erfüllt ernsteste Sorge um die Kraft des von mir ethisch hoch geachteten Führerprinzips, wenn es weder dem Herrn Rektor noch dem Herrn Minister gelang, einen Aufruf zu beseitigen, der bei aller guten Gesinnung ein paar Sätze enthält, die auch beim nationalsten Leser schwersten Anstoß erregen müssen. . . .
>
> Bestätigt wurde diese Auffassung durch die vor wenigen Tagen empfangene Privatnachricht, daß der Herr Minister ein Ordinariat und ein Institut für politische Pädagogik an der Universität Berlin begründet habe (zu dessen Lehrstuhlinhaber Alfred BAEUMLER ernannt worden war, LvD). Da mir bei einem so hochwichtigen Werk keinerlei Mitwirkung zugedacht ist, muß ich überzeugt sein, daß meine Lehrtätigkeit dem preußischen Staat nichts mehr bedeutet. Dies erfüllt mich um so mehr mit tiefstem Schmerz, als ich jahrelang unter Bedrückungen von links auf die Stunde gehofft habe, in der ich wieder eine mit mir in nationalem Bewußtsein, in Liebe zu Staat und Volk geeinte Hörerschaft auf den Bänken vor mir sehen würde."

Es trifft zu, daß Eduard SPRANGER (1882–1964) als Mitglied der Berliner Mittwochsgesellschaft (3) nach dem 20. Juli 1944 für etwa 2 Monate inhaftiert worden war. Trotzdem bleibt die dringliche Frage, wieso in einem 348 Seiten starken Sammelband über den „‚Erziehungsstaat' des Dritten Reiches", in dem sich durchaus auch ausgezeichnete Aufsätze finden, der oben zitierte Eindruck an keiner Stelle sonst erklärt oder korrigiert wird ?

---

[3] Mittwochsgesellschaft, 1863 als „ Freie Gesellschaft für wissenschaftliche Unterhaltung" gegründet, in der alle Themen „mit Ausnahme der Tagespolitik" diskutiert wurden. Da dieser Kreis wegen seines eher unpolitischen und honorigen Charakters einigen Männern des 20. Juli als Tarnung für zeitweiligen Informationsaustausch gedient hatte, wovon die Mehrheit der anderen Teilnehmer nichts wußte, wurde die Mittwochsgesellschaft nach ihrer 1056. Sitzung am 26.7.1944 verboten (nach ZENTNER/BEDÜRFTIG 1985, 387).

Dagegen heißt es auf derselben Seite 15 des Sammelbandes eher noch verstärkend und jede notwendige Differenzierung einebnend: „Daß, ‚Volk', ‚Gemeinschaft' ‚Führertum' usw. von den Nazis auf ihre Weise exploitiert (= nutzbar gemacht, LvD) wurden, zeigt jede Textanalyse, und gegen Hitlers und seiner Gefolgsleute Barbarisierungsprogramm waren sie allesamt hilflos: Kommunisten, Christen, Humanisten." (HERRMANN 1985, 15)

Daß demgegenüber eine differenzierende Untersuchung über die Situation jener Lehrerinnen und Lehrer in der NS-Zeit, die weder zu denen gehörten, die bewußt im Widerstand arbeiteten, noch zu denen, die sich bruchlos anpaßten, noch ausstehen würde, hat bereits 1974 der Pädagoge und Gewerkschafter Heinrich RODENSTEIN (1974, 314), benannt:

> „Mir ist keine Veröffentlichung bekannt, die versucht hätte, die wahre Gesinnung der deutschen Lehrerschaft auch in ihren eventuellen Wandlungen von 1933–1945 festzustellen. ... Wo physisch-psychischer Terror Angst gebiert, wird Tarnung, Heuchelei zu einer Lebensnotwendigkeit. Wenn man nicht mehr ungestraft frei reden kann – an schreiben ist schon gar nicht zu denken –, dann gibt es kaum noch zuverlässige Zeugnisse über die wahre Gesinnung der Vielen. ... Es bleiben nur noch wenige Jahre, die große Arbeit zu leisten."

1979 bekräftigt dies die Erziehungswissenschaftlerin Hildegard FEIDEL-MERTZ (1979, 46) in ihrer „Anregung zur Reflexion" und noch 1983 konstatiert der Lehrer Hermann SCHNORBACH (1983, 26) in seiner Dokumentation über Zeugnisse des Widerstandes von Pädagogen 1930–1945:

> „Generell steht eine differenzierende Erforschung des Lehrerverhaltens im Faschismus, das sich nicht auf die simple Formel ‚Anpassung oder Widerstand' reduzieren läßt, trotz einiger beachtlicher, aber selektiver Ansätze dazu besonders in der DDR, noch aus."

Zuletzt hat der Erziehungswissenschaftler Wolfgang KEIM (1986, 351) dieses Desiderat präzisiert:

> „Darüberhinaus käme es langfristig darauf an, verschiedene Reaktionsweisen einzelner Lehrer, aber auch Kollegien nach der Machtergreifung zu systematisieren. Wann sollte man von ‚Widerstand', wann dagegen von ‚abweichendem Verhalten', wann von ‚Anpassung' oder sogar ‚Überanpassung' sprechen ? ...
>
> Ebenso wäre noch genauer nach den subjektiven Sichtweisen und Verarbeitungsmechanismen von Lehrern und anderen Pädagogen bei der Konfrontation mit dem Faschismus nach 1930 bzw. 1933 und seiner Okkupation der Schule zu fragen. Reicht ADORNOS Erklärungsmuster des ‚autoritären Charakters' aus? Wenn nicht, wie kann dieses verfeinert oder durch andere Erklärungsansätze ergänzt bzw. ersetzt werden? Ebenso wäre den familialen und gesellschaftlichen Voraussetzungen von Widerstand in seinen ver-

schiedenen Formen nachzugehen . . . In jedem Fall eröffnet sich hier ein ausgedehntes Forschungsfeld für die Erziehungswissenschaft."

Auch hier eine ergänzende Präzisierung: Das Wort von der „notwendigen Differenzierung" wurde nicht selten zur Verharmlosung eines insgesamt schrecklichen Tatbestandes mißbraucht. Darum kann und soll es hier nicht gehen. Differenzierung ist aber in der Tat dort notwendig, wo die These, daß „man nicht anders gekonnt habe", zum einebnenden Stereotyp gerinnt, das weder der Begeisterung (oder auch Not – je nach Perspektive) der Vielen, noch dem Mut der Wenigen gerecht wird – und dadurch sowohl bei den einen wie den anderen ein Verstehen ihrer Bedingungen und Motive verhindert.

1.3. Definition oppositionellen Lehrerverhaltens an Schulen in Deutschland 1933–1945

Unter „oppositionellen Lehrerinnen und Lehrern“ verstehe ich jene Minderheit von Lehrerinnen und Lehrern, die sich vor dem Hintergrund ihres ausgeübten Berufs – in zum Teil auch nur kleinsten Alltagsformen – verweigerten, ihre eigene Meinung zu wahren suchten und Kritik übten oder hilfreich für andere waren – oder auch erst allmählich oder an bestimmten Situationen entzündet, ein Widerdenken, Widersprechen und (unter in der Regel isoliertesten Bedingungen) auch ein Widerhandeln entwickelten. Kriterium der Auswahl ist ein nachweisbarer Konflikt mit NS-Behörden, wobei in Rechnung zu stellen ist, daß vom Ausmaß des Konflikts nur bedingt auf das Ausmaß der oppositionellen Handlung geschlossen werden kann. Willkürmaßnahmen des Systems bzw. seiner Vertreter sowie der konkrete politische Kontext – auch in den verschiedenen Phasen der NS-Diktatur – definieren häufig entscheidender den Verlauf eines Konfliktes.

Der Bereich der „inneren Emigration“ wird ausschließlich im Kontext konkreten Handelns befragt. Eine Bewertung „innerer Emigration“, die in keinem Zusammenhang zu konkretem Handeln oder gar in deutlichem Widerspruch dazu steht, kann vor diesem Hintergrund nicht geleistet werden.

Wenn ich bewußt den inflationären Gebrauch des Wortes „Widerstand“ zu vermeiden suche, so nehme ich andererseits gleichwohl Gerhard HOCHS (1985, 402) Warnung in bezug auf den Bereich „dazwischen“ ernst:

> „Jene unbestimmbare Zone der Zivilcourage – wer möchte sie leichten Herzens betreten und beurteilen? Wer‘s dennoch tut, muß fürchten anzuecken zwischen dem Vorwurf des Rigorismus oder der Sentimentalität, muß gewärtig sein, des Richtens oder aber der Verharmlosung geziehen zu werden.“

Die Frage „Wie war oppositionelles Lehrerverhalten an Schulen in Deutschland noch nach 1933 möglich?“ begrenzt dies auf jene Lehrerinnen und Lehrer, die weiter – oder wieder nach vorübergehender Beurlaubung, Entlassung oder Rückstufung – im Schuldienst tätig sein konnten.

Hierzu werden auch jene jüdischen Lehrerinnen und Lehrer gerechnet, die an jüdischen Schulen in Deutschland noch bis längstens 1942 unterrichten konnten und dort nicht selten – im Gegensatz zu den „revolutionierten deutschen Schulen“ – Elemente fortschrittlicher deutscher Reformpädagogik bewahrten.

Nicht im Mittelpunkt dieser Arbeit stehen die Kolleginnen und Kollegen, die bereits kurz nach der „Machtergreifung" auf Grund des „Gesetzes zur Wiederherstellung des Berufsbeamtentums" vom 7. April 1933 entlassen wurden (deren Zahl insgesamt auf etwa 3000 geschätzt wird, vgl. SCHNORBACH 1983, 19). Durch die pädagogische Exilforschung wurde von ihnen bislang wenigstens der Teil vor dem Vergessen bewahrt, der auswandern bzw. flüchten konnte und wollte und im Ausland durch pädagogische oder bildungspolitische Arbeit Fuß fassen konnte (vgl. FEIDEL-MERTZ/SCHNORBACH 1981; FEIDEL-MERTZ 1983). Eine systematische Untersuchung über Lebensbedingungen jener entlassenen Kolleginnen und Kollegen, die im Ausland in anderen Bereichen tätig wurden oder in Deutschland bleiben mußten oder wollten (und von denen sich einige bewußt im Widerstand engagierten), existiert nicht und kann auch von vorliegender Arbeit nicht erfüllt werden. Es gibt zwar personelle Überschneidungen und auch einige wenige Berührungspunkte, ansonsten sind die Bedingungen bereits entlassener Lehrerinnen und Lehrer mit denen, die (noch) im Schuldienst waren, nicht ohne weiteres zu vergleichen.

Vor diesem Hintergrund werden vor allem zwei Forschungsgebiete berührt: Zum einen die *pädagogische Biographieforschung* – zum anderen die (Schul-)*Alltagsforschung* über den Nationalsozialismus.

So ist zum einen zu fragen:
Mit welchen biographischen Vorerfahrungen, mit welcher Lebensgeschichte trifft die bzw. der Betroffene auf die Herausforderungen des aufkommenden und dann faktischen Faschismus? Welche historisch-politischen Situationen, welche konkreten Bedingungen am Arbeitsplatz und welche persönlichen Motive geben die Möglichkeit zu einer „anderen" Orientierung?

Wie ändern sich Haltungen von Gehorsam zu Widerspruch?
Wie wird aus stummem Unwillen sichtbares Handeln?
Welche Konsequenzen zeitigt dies für die Betroffenen – welche erwarteten und welche unerwarteten – und wie gehen sie damit um?

Zum anderen ist zu fragen:
Wie ist dies unter den Bedingungen von Schule im Nationalsozialismus möglich?
Welche Gesetze, Erlasse oder Dienstanweisungen setzen sich mit „abweichendem" Lehrerverhalten auseinander?
Wie werden diese vor Ort aufgenommen, getragen, verstärkt oder unterlaufen?
Welche Wirkung hat oppositionelles Lehrerverhalten auf Schülerinnen und Schüler, andere Kolleginnen und Kollegen, auf Eltern und Vorgesetzte?

Wie reagieren diese auf – zuweilen nur äußerst gering – „abweichende" Lehrerinnen und Lehrer?
In welcher Abhängigkeit steht dies zu regionalen oder institutionellen Unterschieden, auch zu verschiedenen Phasen während der NS-Diktatur?

„GESETZ ZUR WIEDERHERSTELLUNG DES BERUFSBEAMTENTUMS"

Berlin, den 7. April 1933

§ 1
(1) Zur Wiederherstellung eines nationalen Berufsbeamtentums und zur Vereinfachung der Verwaltung können Beamte nach Maßgabe der folgenden Bestimmungen aus dem Amt entlassen werden, auch wenn die nach dem geltenden Recht hierfür erforderlichen Voraussetzungen nicht vorliegen. (. . .)

§ 2
(1) Beamte, die seit dem 9. November 1918 in das Beamtenverhältnis eingetreten sind, ohne die für ihre Laufbahn vorgeschriebene oder übliche Vorbildung oder sonstige Eignung zu besitzen, sind aus dem Dienst zu entlassen. Auf die Dauer von drei Monaten nach der Entlassung werden ihnen ihre bisherigen Bezüge belassen. (. . .)

§ 3
(1) Beamte, die nicht arischer Abstammung sind, sind in den Ruhestand (§§ 8 ff.) zu versetzen; soweit es sich um Ehrenbeamte handelt, sind sie aus dem Amtsverhältnis zu entlassen. (. . .)

§ 4
Beamte, die nach ihrer bisherigen politischen Betätigung nicht die Gewähr dafür bieten, daß sie jederzeit rückhaltlos für den nationalen Staat eintreten, können aus dem Dienst entlassen werden. Auf die Dauer von drei Monaten nach der Entlassung werden ihnen ihre bisherigen Bezüge belassen. (. . .)

§ 5 – § 7 (. . .)

§ 8
Den nach §§ 3,4 in den Ruhestand versetzten oder entlassenen Beamten wird ein Ruhegeld nicht gewährt, wenn sie nicht mindestens eine zehnjährige Dienstzeit vollendet haben; (. . .)

§ 9 – § 13
Gegen die auf Grund dieses Gesetzes in den Ruhestand versetzten oder entlassenen Beamten ist auch nach ihrer Versetzung in den Ruhestand oder nach ihrer Entlassung die Einleitung eines Dienststrafverfahrens wegen der während des Dienstverhältnisses begangene Verfehlungen mit dem Ziele der Aberkennung des Ruhegeldes, der Hinterbliebenenversorgung, der Amtsbezeichnung, des Titels, der Dienstkleidung und der Dienstabzeichen zulässig. (. . .)

§ 15
Auf Angestellte und Arbeiter finden die Vorschriften dieser Beamten sinngemäße Anwendung. (. . .)

§ 16 – § 18 (. . .)

Q: Reichsgesetzblatt Nr. 34, S.175

2. Forschungsmethode: Was ist pädagogische Biographieforschung?

„Ewig junge
und anklagende Neugeborene.
Von Geständnissen der Alten
immer wieder entsetzt
und gleichermaßen geschmeichelt;...

Sind wir mit 60
noch stolz auf die Eigenschaft,
es nicht fassen zu können?“

Jochen KÖHLER (1981[2], 149)

2.1. Pädagogische Biographieforschung - aus dem „anderen“ Leben lernen

Das historisch, kulturell oder sozial Fremde hat Menschen immer wieder verunsichert, zu Vorurteilen und Feinbildern, zu Abwehr- und Haßreaktionen Anlaß geben. Fremdheit bedeutet den ausschnitthaften Kontrast zum Vertrauen. Etwas Fremdes nehmen wir in der Regel nie als ganzes wahr, dessen Existenz sich gleichsam in einem Entstehungs- oder Sozialzusammenhang „von selbst“ verstehen ließe, sondern als Mosaikstein, an dem man sich stößt. Und diese Berührung (nicht einmal der Mosaikstein selbst) muß dann nicht selten als Charakteristikum für das Ganze herhalten.

Es muß herhalten, weil wir „es nicht fassen“ können (KÖHLER 1981[2], 149), weil verunsicherte Identität der Übertragung der eigenen Ängste auf das Verunsichernde bedarf: Wobei bereits während des Übertragungsvorganges die eigene Verunsicherung zur konstruierten Selbst-Sicherheit gerät, in dem Maße wie sie sich in klarer Abgrenzung gegenüber dem „Anderen“ manifestiert. Je negativer sich das Fremde besetzen läßt, umso positiver hebt sich das Vertraute davon ab.

Es mag auf den ersten Blick als Ungeheuerlichkeit erscheinen, diese Gedankengänge auch auf das Verhältnis jüngerer Generationen gegenüber jenen Generationen anzuwenden, die „unter dem Hakenkreuz" lebten und handelten. Wird damit nicht maßlos verharmlost, gar entschuldigt, wo es doch gerade darum gehen muß, das Schreckliche jener Zeit als Mahnung und Warnung hochzuhalten?

Ich fürchte die gegenteiligen Konsequenzen: In dem Ausmaß, in dem das Urteil, auch die notwendige Verurteilung, eher auf den Mechanismen klassischer Feinbild-Produktion (Abgrenzung, Entlastung, Verdrängung) basiert, ist nur wenig gewonnen. Die Wahrnehmung für das, was faschistische Gefährdungen darstellt, bleibt holzschnittartig, fixiert auf wenige auffällige Symbole und Gesten, während die dahinterstehenden Strukturen und Interessen nach wie vor unbegriffen bleiben und in ihrem Weiterwirken nur schwer zu identifizieren sind.

Das moralische Urteil ist dann zwar berechtigt, aber ohne Substanz. Es bleibt ein Konstrukt. Ein ziemlich einsturzgefährdetes dazu, weil es nicht auf einem Verstehen des „Anderen", einer kritischen und selbstkritischen Analyse sowie der nur daraus möglichen Freiheit der Entscheidung basiert, sondern zuerst auf der Funktion, die es für die eigene Stabilität, für unsere „auf Selbstwertbestätigung erpichte Art zu lieben" (MITSCHERLICH/MITSCHERLICH 1967, 79) hat.

Biographieforschung versteht sich dazu als eine Art „Gegenbewegung, besser: eine Ergänzungsbewegung zum normalen sozialen Gedächtnis" (FUCHS 1979, 78).

Die Wahrnehmung des Fremden oder Anderen soll aus den Zwängen der eigenen Verunsicherung befreit werden. Damit soll die Wahrnehmungsfähigkeit gegenüber den Ursachen dieser Verunsicherungen, gegenüber unterdrückenden, lähmenden oder verwirrenden Bedingungen oder Traditionen gestärkt werden und dadurch andererseits das durch diese Zwänge Ausgegrenzte gerade auch in der Unterschiedlichkeit, in der Vielfalt, in der Abweichung als Möglichkeit zum Verstehen, zur Orientierung, zum kulturellen Reichtum erschlossen werden.

Und dies nicht allein aus sozialem oder politischem Engagement gegen unterschiedliche Ausgrenzungen oder Diskriminierungen des Anderen, sondern weil die Bedeutung für die eigene Lebensorientierung und -gestaltung zunehmend empfunden wird.

Denn die Möglichkeit zu der historisch für weite Bevölkerungskreise noch relativ neuen Frage „Wieso lebe ich eigentlich so, wie ich lebe?", korrespondiert mit einer ambivalenten Aufspaltung: Einerseits bedeutet diese „sozio-kulturelle Freisetzung" (ZIEHE/STUBENRAUCH 1982, 32) von Lebensentwürfen ein mehr an persönlicher Freiheit, an Spielraum und Entscheidungsalternativen; andererseits bedeutet der Verlust vorgegebener Normen und Verhaltensmaßregeln auch eine gestiegene Orientierungslosigkeit und damit vermehrte Fragen nach Identität und Sinn des Lebens.

Diese Notwendigkeit zur „biographischen Selbstreflexion" (GUDJONS/PIEPER/WAGENER 1986, 24 f.), ist nicht gleichbedeutend mit einem „Rückzug ins Private", so als wäre nun – nachdem sich die gesellschaftlichen Bedingungen als nachhaltig resistent und verwirrend gegenüber Veränderungsbemühungen erwiesen hätten – der „bescheidenere Weg" über die Veränderung des einzelnen Menschen geboten. Im Gegenteil ist gerade ein sensibles Bewußtsein für den Zusammenhang zwischen der Ermutigung zum konkreten Handeln einzelner Menschen und den gesellschaftlichen Bedingungen, die dies fördern oder behindern können, Voraussetzung für historische Veränderungen überhaupt.

Im Teil II dieser Studie wird näher auf diesen Zusammenhang einzugehen sein.

Hier soll zunächst eine Definition des Begriffs der „pädagogischen Biographieforschung" erfolgen:

Unter *Biographieforschung* „werden alle Forschungsansätze und -wege der Sozialwissenschaften verstanden, die als Datengrundlage (oder als Daten neben anderen) Lebensgeschichten haben, erzählte bzw. berichtete Darstellungen der Lebensführungen und der Lebenserfahrung aus dem Blickwinkel desjenigen, der sein Leben lebt." (FUCHS 1984, 9).

Die Idee ist einfach und kompliziert zugleich:
Es ist nicht ungewöhnlich, im Alltag über biographische Erfahrungen zu sprechen, sich auszutauschen, wenn auch die jeweilige Funktion des Rückgriffs auf persönlich Erlebtes unterschiedlich sein mag.

So gibt es in der alltäglichen biographischen Kommunikation zum Beispiel die Funktion

- des Kennlernens („Und wie war das bei Ihnen?"),
- der Bestätigung („Genau wie bei mir!"),
- der Abgrenzung („Das hast du nicht miterlebt, da kannst du nicht mitreden!"),
- des Widerspruchs („Das war bei mir völlig anders!"),
- der Aufarbeitung („Wie ist es nur soweit gekommen?"),
- der Unterhaltung („Ach, erzähl' doch noch mal, wie das war!"),
- der Belehrung („Wenn du wüßtest ...!"),
- der Erklärung („Nur weil meine Eltern damals ...") oder
- der Verklärung („Heute ist eben alles anders!").

Hinzu kommen unterschiedliche schriftliche oder dokumentarische Formen biographischen Erlebens (wie Briefe, Tagebücher, Autobiographien, aber auch Fotoalben, Poesiealben, Gästebücher u. a.) sowie zahlreiche formalisierte Anlässe, biographische Angaben festzuhalten:

über die Gesundheitsgeschichte beim ärztlichen Anamnese-Gespräch, über Schul- und Ausbildungsweg in Form des Lebenslaufes bei Bewerbungen bis hin zu Angaben über Gehalts- und Kontoentwicklungen gegenüber dem Kreditinstitut.

Dieser Erfahrungshintergrund ist nicht unbedeutend:

„Wären es die Menschen nicht gewohnt, aus Lebensgeschichten zu erzählen, hätten sie nicht schon autobiographische Texte gelesen, wüßten sie nicht, wie man im Sinnhorizont der Biographie denkt, spricht und handelt, ginge biographische Forschung ins Leere." (FUCHS 1984, 15)

Soweit das Einfache. Komplizierter ist die Frage, was für wissenschaftliche Erkenntnisse aus biographischer Forschung auf welche Weise gezogen werden können, was – und hier deutet sich bereits die pädagogische Schwerpunktsetzung an – Menschen aus den Erfahrungen anderer Menschen lernen können? Wie lernen Menschen zunächst selbst im Verlauf ihrer Lebensgeschichte?

Als „Leitfrage biographischer Forschung in pädagogischer Perspektive" formuliert Wolfgang KLAFKI (1983, 585; vgl. auch 1985, 49 f.):

> „Wie geht der Prozeß der Identitätsbildung, der als historisch-gesellschaftlich vermittelter zugleich ein individueller Aneignungs- und Auseinandersetzungsprozeß ist, vor sich? . . .
>
> Lassen sich in diesem Prozeß wirkende ‚Faktoren' genauer bestimmen, gibt es typische Verlaufsstrukturen, mehr oder weniger verallgemeinerbare „Gesetzmäßigkeiten"? Mit welchen Modellen und Kategorien lassen sich ‚Faktoren', ‚Verlaufsstrukturen', etwaige ‚Gesetzmäßigkeiten' beschreiben und verstehen?"

Aber geht das überhaupt? Ist nicht jede Biographie einzigartig, ja sperrt sich geradezu jeder Form der Verallgemeinerung je sensibler die Darstellung und damit die Möglichkeit des Verstehens?

Oder wie Dieter BAACKE (1979, 28) zugespitzt fragt: „Kann man überhaupt aus (biographischen, LvD) Geschichten etwas lernen, das darüber hinausgeht, sie zu *verstehen*?"

Die Entwicklung biographischer Forschung ist bestimmt von der Kontroverse um diesen Gegensatz zwischen *Einzelfall und Verallgemeinerung*, *Subjetivem und Objektivem* oder *Qualität und Quantität* je nach Perspektive.

Als „Klassiker" der Biographieforschung und gleichzeitig deren Wegbereiter gilt heute die Studie von William I. THOMAS und Florian ZNANIECKI (1928, 1958^{2}) über die Situation des polnischen Bauern Wladek, der in den Jahren 1919–21 als Emigrant in die USA kommt und dort viele Erfahrungen durchlebt, wie sie beispielhaft auch für die kulturelle Entwurzelung und Neuorientierung anderer Nationalitäten im „American melting pot" jener Tage waren (vgl. auch SZCZEPANSKI 1974[3], 226–252).

Zur Begründung ihres „qualitativen Ansatzes" schreiben die beiden Forscher (THOMAS/ZNANIECKI 1958[2], II, 1834 f.):

> „Und da das konkrete soziale Leben nur konkret ist, wenn es zusammen genommen wird mit dem individuellen Leben, das dem sozialen Geschehen zugrunde liegt, da das persönliche Element ein konstitutiver Faktor von allem sozialen Geschehen ist, sollte die Sozialwissenschaft nicht an der Oberfläche des sozialen Prozesses bleiben, wo sie nach Meinung einiger Schulen schwimmen soll, sondern muß die wirklichen menschlichen Erfahrungen und Einstellungen erreichen, die die volle und aktive soziale Wirklichkeit unterhalb der formalen Organisation der sozialen Institutionen und hinter den statistisch tabellierten Massenphänomenen erreichen."

Sie begründen damit eine sozialwissenschaftliche Forschung, die sich ausdrücklich um den Zusammenhang, auch die Widersprüche zwischen Einzelfall und Verallgemeinerung, zwischen Subjektivem und Objektivem bemüht und zu erklären sucht. Wie, so ihre Argumentation, solle man sich sonst erklären können, daß verschiedene Menschen sich angesichts einer gemeinsam erlebten (familiären, gesellschaftlichen oder internationalen) Situation doch sehr unterschiedlich verhalten können?

Die Bedeutung dieser subjektiven Wahrnehmungs-, Verarbeitungs- und Handlungsformen objektiver Wirklichkeit ist später als „THOMAS-THEOREM" in die sozialwissenschaftliche Forschung eingegangen. Es lautet: „Wenn Menschen eine Situation als real definieren, dann hat sie reale Konsequenzen" (ZNANIECKI 1969, 139).

Für das neuerwachte Interesse an Biographieforschung in den 70er Jahren, zunächst in den USA und Großbritannien, bald aber auch in anderen Ländern (vgl. NIETHAMMER 1985[2]), so auch in der Bundesrepublik, macht Oskar NEGT (1978, X) eine ähnliche Argumentation der Hinwendung zur konkreten, subjektiven, auch widersprüchlichen Wirklichkeit geltend:

> „Es ist nicht zufällig, daß gegenüber dem Abstrakt-Allgemeinen der politischen Ideengeschichte und der organisationspolitischen Schattenkämpfe auf der Bühne bürgerlicher Öffentlichkeit die biographische Methode an Bedeutung gewinnt; sie ist Ausdruck eines tiefen Unbehagens an der Art und Weise, wie Vergangenheit zur Legitimation verwertet wird.
>
> Sie stellt den faden Objektivismus in Frage, in dem die komplexen, widersprüchlichen Handlungsstrukturen wirklicher Menschen, die ihren Kopf hinhalten, die zweifeln oder Partei ergreifen, in der Regel ausgegrenzt sind."

Und Martin KOHLI (1978, 24) verstärkt dies noch in Abgrenzung zu jenen theoretischen Konzepten, die den Menschen weitgehend als „Spielball“ gesellschaftlicher Entwicklungen beschreiben:

> „Gegenüber den verbreiteten Spielballmodellen wird in handlungstheoretischer Sicht festgehalten, daß das Subjekt selber aktiv an der Gestaltung seiner Lebensverhältnisse beteiligt ist.“

Nun gibt es in der Pädagogik zwar seit jeher einen gewissen Anteil an Aufmerksamkeit gegenüber Einzelfallschilderungen, biographischen Lernentwicklungen und Bildungsprozessen. Erste Ansätze zu einer erziehungswissenschaftlichen Systematik in den 60er Jahren (vgl. HENNINGSEN 1962, GAMM 1967) wurden dann jedoch erst einmal überrannt von der raschen Übernahme soziologisch orientierter Methoden der empirischen Sozialforschung, vor allem quantitativer Erhebungsverfahren, und ließen qualitative Verfahren eher als „Anhängsel“ oder „Vorstufe“, zum Beispiel zur Erkundung eines unbekannten Forschungsfeldes, dem dann die „eigentliche“ Untersuchung folgte, in der Wertschätzung herabsinken.

Die Wiederentdeckung des „subjetiven Faktors“ auch in der Pädagogik und Erziehungswissenschaft begründen Dieter BAACKE und Theodor SCHULZE (1979, 7) so:

> „Die grundlegende Idee verdankt sich einer Einsicht, die gerade um Reform bemühte Pädagogen, gerade Anhänger der Kritischen Theorie, Vertreter der Studentenbewegung machen mußten:
> daß eine umfassende gesellschaftskritische Programmatik fehlgeht, wenn sie nicht den Anschluß im Subjekt sucht.“

Es scheint mir jedoch nicht ausreichend, wenn Pädagogen und Erziehungswissenschaftler sich vor diesem zutreffenden Hintergrund erneut in erster Linie als die Fachleute dafür verstehen, wie man „etwas“ vermittelt, woran es liegt, wenn andere „etwas“ nicht kapieren und wie dies effektiver vermieden werden könnte – zum Beispiel gar durch pädagogische Biographieforschung, die die Widerstände und Möglichkeiten menschlichen Lernens biographisch erschließen hilft.

Worauf es ankommt ist, das „etwas“ zunächst zu hinterfragen, die Richtung dessen, was gelehrt werden soll zu benennen, einen inhaltlichen Bildungsbegriff zu entwickeln, der die wichtigsten Probleme am Ende dieses Jahrtausends – Krieg, Hunger, Umweltzerstörung – nicht nur zur Kenntnis nimmt, sondern zum Gegenstand seiner Konstitution macht (vgl. PREUSS-LAUSITZ 1986, 15 ff.).

Dazu gehört auch die Wiederherstellung eines Zusammenhanges mit jenen (fast) verlorenen aufrechten pädagogischen Traditionen, die Pädagogik im Konflikt zwischen Anpassung und Widerspruch, zwischen Instrumentalisierung und Parteilichkeit eindeutig den Auftrag der Emanzipation, der seit KANT (W VI, 51 ff.) so formulierten Befreiung „des Menschen aus seiner selbst verschuldeten Unmündigkeit" zuordnen.

„Was vielfach nur als dumpfes Unbehagen an den ständig wachsenden Widersprüchen empfunden wird, ist auf den Begriff zu bringen", fordert Hans-Jochen GAMM (1983 a, 123):

> „Fertigkeit und Ermächtigung für diese Notwendigkeit kommt durch die Wiederherstellung eines Traditionszusammenhanges zustande, dessen gesellschaftspolitische Relevanz von der pädagogischen Theorie unserer Zeit zumeist verschwiegen wird, weil die ausgeübte Pädagogik sich selbst nicht als eine der wichtigsten Kräfte im politischen Befreiungsprozeß der Gattung zu identifizieren vermag und aus dieser selbstverordneten Abstinenz immer erneut in den Sog herrschaftlicher Formation gerät, sich ihr kritisches Vermögen abhandeln läßt."

Doch zurück zu der methodologischen Kontroverse um Biographieforschung als sozialwissenschaftlicher Methode (vgl. FUCHS 1984, 154 ff.; SCHULZE 1985, 57 ff.). Folgende Fragen sollen – auch im Hinblick auf die spätere Konzeption der eigenen Studie über oppositionelle Lehrerinnen und Lehrer an Schulen in Deutschland 1933–45 – gezielt erörtert werden:

1. Was läßt sich aus Einzelfällen verallgemeinern?
   (Problem der Generalisierung)
2. Welche Anteile biographischer Erinnerung sind objektiv und welche subjektiv?
   (Problem der Objektivität)
3. Wie wird erinnert?
   (Problem der Retrospektive)
4. Was wird erinnert?
   (Problem der Selektivität)
5. Welches Verhältnis besteht zwischen qualitativer und quantitativer Forschung?
   (Problem der Qualität/Quantität)
6. Welches Verhältnis besteht zwischen Forscher und Zeitzeugen?
   (Problem der kommunikativen Forschungssituation)
7. Welcher theoretische Bezugsrahmen steht zur Verfügung?
   (Problem der theoretischen Orientierung)
8. In welchem Verwendungszusammenhang ist die Studie angesiedelt?
   (Problem der Anwendbarkeit)

1. Was läßt sich aus Einzelfällen verallgemeinern?

(Problem der Generalisierung)

Günther BITTNER (1979, 126) hat einmal die Behauptung aufgestellt: „Wenn es gelänge, einen einzigen Lebenslauf in seinem ‚so und nicht anders‘ durchsichtig zu machen, wüßten wir zugleich alles Wissenswerte über alle erdenklichen Lebensläufe."

Er fügt dann hinzu: „Natürlich gelingt das nicht und wird niemals gelingen." Aber die einzig mögliche Richtung der Generalisierung biographischer Forschungsergebnisse ist damit beschrieben:

„Es geht hier im Grunde weniger um Verallgemeinerungen als um Differenzierungen von Verallgemeinerungen", folgert Theodor SCHULZE (1985, 61): „. . und dies ist meines Erachtens eine ebenso wichtige Aufgabe der Wissenschaft wie die Erzeugung allgemeiner Sätze, jedenfalls in Wissenschaften, die sich auf individuelle Menschen beziehen."

Es ist eine bedeutsame Information zu wissen, wieviele Menschen zu welchem Zeitpunkt Widerstand gegen das NS-Regime geleistet haben. Und doch liefert sie nicht von selbst die Information mit, warum diese es getan haben und andere nicht.

Um hier zu verstehen, muß ich einzelne biographische Schilderungen betrachten: Dann wird es vielleicht Ähnlichkeiten in der Motivation, den Lebensbedingungen oder Handlungsformen geben, vielleicht aber auch nicht. Der Impuls für mein eigenes Leben wird dadurch durchaus nicht geschmälert: Im Gegenteil kann mir eine überzeugende Lebensgeschichte, mag sie auch noch so „abweichend" gegenüber ihrem eigenen historischen oder kulturellen Kontext sein, möglicherweise mehr Information bzw. Orientierung für mein Handeln geben als das Wissen über statistisch abgesicherte Mehrheiten, die ich aber nicht in Beziehung zu meiner Fragestellung zu setzen vermag, und mit denen ich mich nicht identifizieren kann.

Hinzu kommt, daß bestimmte – vor allem historische – Forschungsfelder gesicherten statistischen Erhebungen nicht oder nur unzureichend zugänglich sind: Sei es, weil die Zeitzeugen bereits verstorben sind oder weil die historischen Bedingungen die Erhaltung von dokumentierbaren Zeugnissen eingeschränkt oder verunmöglicht haben.

Fazit 1: Pädagogische Biographieforschung ist besonders geeignet, notwendige Differenzierungen von Verallgemeinerungen zu leisten, auch aufmerksam zu sein gegenüber Abweichungen und damit gegenüber vorschnellen Generalisierungen.

2. Welche Anteile biographischer Erinnerung sind objektiv und welche subjektiv?

(Problem der Objektivität)

Eine einfache Antwort wäre, daß alle Informationen, die nachprüfbar sind (wie z. B. persönliche Daten des Lebenslaufes, historische Ereignisse oder die Begegnung mit anderen Zeitgenossen) als objektiv gewertet werden können und solche, über die letztlich nur der Zeitzeuge selbst urteilen kann (wie z. B. seine Empfindungen zu bestimmten Ereignissen), zu den subjektiven zu zählen sind.

Die Frage, welche Bedeutung dem jeweiligen Anteil beigemessen wird, kann nicht generell entschieden werden, sondern – wie Werner FUCHS (1984, 156 ff.) vorschlägt – nur danach, was das jeweilige Projekt erforschen will:

- Studien, die sich darauf konzentrieren, die individuellen Deutungsmuster oder Verarbeitungsformen von Menschen, z. B. im familiären Kontext, darzustellen, sind nicht unbedingt auf objektive biographische Daten angewiesen (das Datum einer Hochzeit sagt z. B. in der Regel nichts über mögliche Konflikte aus).
- Studien, die biographische Berichte vor allem als Dokumente erinnerter Historie zusammentragen, sind demgegenüber von Anfang an und in größerem Umfang auf die präzise Korrelation mit faktischen Ereignissen sowie möglicherweise kontrastierenden anderen Erinnerungen angewiesen (die Umstände, wie z. B. der Tag der „Machtergreifung“ Hitlers erinnert wird, können wichtige Informationen über einen bestimmten lokalen Kontext enthalten, ändern aber an den Fakten des historischen Ereignisses nichts).
- Studien schließlich, die sich für biographische Entwicklungslinien im Kontext gesellschaftlicher Entwicklungen interessieren, die untersuchen wollen, warum die einen so und die anderen ganz anders geworden sind im Laufe der Zeit, bedürfen ebenfalls eines „Gerüsts“ objektiver Daten sowie einer Anreicherung durch vielfältige Zeugnisse (Dienstvorschriften, Beurteilungen, Briefe, Fotos u. a.), um die lebensgeschichtliche Schilderung möglichst ganzheitlich erfassen zu können (es gibt zwar „objektive“ Erlasse, die nachweisbar die Schulwirklichkeit der NS-Zeit zu beeinflussen suchten; inwieweit dies gelungen ist, wird sich nur durch eine Befragung von Schülern und Lehrern erschließen lassen).

Fazit 2: Pädagogische Biographieforschung sollte objektive und subjektive Anteile biographischer Erinnerungen gemäß der zu erforschenden Fragestellung bestimmen. Eine prinzipielle Bewertung in „bloß subjektiv“ oder „nichtssagend objektiv“ verbietet sich von daher.

3. Wie wird erinnert?

(Problem der Retrospektive)

Alle biographischen Erinnerungen werden in einem Heute über ein Gestern artikuliert. Unabhängig davon, wie der Lebensbericht aufgebaut ist (z. B. eher chronologisch oder eher assoziativ), ist die Perspektive der Betrachtung festgelegt. Dies bedeutet – genau genommen – für den sich Erinnernden: Er bzw. sie kann nicht sagen, wie es war, sondern wie er oder sie heute meint, daß es damals war.

Diese Unterscheidung ist bedeutsam, weil sie unterschiedliche Spielräume sowohl der Darstellung als auch der späteren Interpretation durch den Forscher eröffnet. Auch im Alltag bekannte Phänomene dafür sind u. a. die der Beschönigung („Früher war alles besser!“), die der Rechtfertigung oder Entlastung („Da konnte man nichts machen!“), des Weglassens oder Verdrängens („Das gab's bei uns nicht!“) oder des Hinzufügens oder Übertreibens („Da war ich immer dabei – Tag und Nacht!“), deren gemeinsames Merkmal in der Bedeutung besteht, die sie für die heutige Situation des Berichtenden haben (und damals unmöglich haben konnten). Der Schriftsteller Max FRISCH (1964, 45) spitzt dies zu in seiner Aussage: „Jeder Mensch erfindet sich früher oder später eine Geschichte, die er für sein Leben hält.“

Das Wissen um dieses Problem entkräftet jedoch nicht prinzipiell den Wert erinnerter biographischer Aussagen: Zum einen gibt es inhaltliche Zusammenhänge, die es bestimmten Zeitzeugen schwerer machen als anderen, nicht der Versuchung zu erliegen (und dies weiß der Fragende in der Regel auch). Zum anderen ist es durchaus bedeutsam, diesen Prozeß der Rekonstruktion von Erlebnissen – die Erinnerung – besser zu verstehen, anstatt ihn von vornherein zu disqualifizieren.

Fazit 3: Pädagogische Biographieforschung sollte das Problem der Retrospektive als Herausforderung begreifen, menschliches Erinnerungsvermögen und -verhalten zu verstehen und in ihrer Bedeutung für die Betroffenen zu klären.

4. Was wird erinnert?

(Problem der Selektivität)

Erinnerung bedeutet immer Auswahl. Sie bedeutet, eine Auswahl zu treffen – bewußt oder unbewußt – aus einer Fülle von Eindrücken, die – sollten sie in der Vollständigkeit des ersten Erlebens dargestellt werden – erneut die Zeit des bis dahin gelebten Lebens erfordern würden. Daran wird gleichzeitig deutlich, daß dies nicht nur aus zeitökonomischen Gründen unmöglich ist, sondern daß jede Erinnerung auch bereits neu gelebtes Leben ist.

So kann es sein, daß ein Mensch ein Kindheitserlebnis mit 25 anders erinnert als mit 60 Jahren, ja daß er es vielleicht mit 60 sogar völlig vergessen hat und dafür etwas anderes erinnert, was ihm nun bedeutsam erscheint.

Hinzu kommt, daß das Problem der Selektivität genau genommen in doppelter Weise in Erscheinung tritt: Denn auch im Alltag ist es ein bekanntes Phänomen, daß Menschen nur das sehen, was sie sehen wollen, also bereits eine Form *selektiver Wahrnehmung* in der Gegenwart existiert. Hinzu kommt nun das geschilderte Problem der *selektiven Erinnerung*.

Dies alles ist kein Problem, wenn bewußt ausgewählt wird, z. B. der sich Erinnernde sich dafür entscheidet, diese oder jene Geschichte wegzulassen, weil er sie für nebensächlich hält und darüber auch argumentativ Auskunft geben kann. Schwieriger ist die verheimlichte Auswahl (z. B. weil eine Geschichte den Erzählenden herabsetzen würde) oder die unbewußte Auswahl (z. B. weil die Verdrängung bereits so wirksam geworden ist, daß sich der Betroffene „wirklich" nicht mehr erinnern kann, obwohl er nachweislich, z. B. bei einem bestimmten Ereignis, dabei gewesen ist).

Theodor SCHULZE (1985, 58) deutet die Richtung an, in der Biographieforschung trotzdem zu Erkenntnissen gelangen kann: „. . . nichts wird ohne Grund erinnert – das ist in Kürze meine Antwort auf das Selektivitätsproblem."

Es ginge dann in sozialwissenschaftlicher Forschung nicht zuerst darum, z. B. einem Zeitzeugen des Nationalsozialismus nachzuweisen, daß er doch unmöglich nichts von der Deportation der Juden aus Deutschland bemerkt haben könne, sondern welche psychische Disposition es ihm gestattet, möglicherweise bereits damals dies in einer Weise aufgenommen zu haben, die ein späteres Verdrängen beförderte – oder inwieweit andererseits die aktuelle Situation ihm verleugnende

Antworten nahelegt, obwohl er sich durchaus präzise an Einzelheiten erinnern kann.

Fazit 4: Pädagogische Biographieforschung sollte daran interessiert sein zu verstehen, warum bestimmte Erlebnisse erinnert werden und andere nicht. Und auch: In welcher Weise die konkrete Verschränkung von Gegenwart und Vergangenheit dem Erinnernden eine ganz bestimmte Auswahl nahelegte.

5. Welches Verhältnis besteht zwischen qualitativer und quantitativer Forschung?

(Problem der Qualität/Quantität)

1984 schrieb Werner FUCHS (1984, 161): „So ist die Verbindung von quantitativer und qualitativer biographischer Befragung noch immer ohne Klarheit."

Meines Erachtens ist diese Unsicherheit jedoch weniger auf Unvereinbarkeit in der sachlichen Argumentation zurückzuführen, sondern liegt mehr in Selbstbehauptungstendenzen begründet, die beide Richtungen sozialwissenschaftlicher Forschung miteinander austragen.

Denn was nützt es, wenn Dieter BAACKE (1979, 23) mahnend erinnert, daß „jede Situation . . . komplexer (ist), als daß sie auszählbar gemacht werden könnte"?

Dahinter schimmert die Kritik am sogenannten „desinfiziert-neutralen Interesse von Fliegenbeinzählern" durch, ebenso wie diese sich umgekehrt mit dem Vorwurf der „Willkür subjektiver Interpretation von Einzelfällen" zur Wehr setzen.

Gordon ALLPORT (1947[2], 146 ff.) hat bereits vor Jahrzehnten die unterschiedliche Bedeutung und damit auch Berechtigung von quantitativer und qualitativer Forschung an einem Beispiel erläutert:

Bei quantitativer Forschung geht es darum, aus möglichst vielen Einzelfällen die *Gemeinsamkeiten* als „kleinsten gemeinsamen Nenner" herauszufiltern. Ergebnis wäre dann eine statistische Aussage über eine ausgewählte Gruppe – z. B. 80% ehemaliger Straftäter werden rückfällig, 20% nicht. Diese Erkenntnis könnte als Argument für eine Veränderung bisherigen Strafvollzugs verwandt werden.

Wenn ich aber nun wissen will, warum die einen rückfällig geworden sind und die anderen nicht, dann muß ich die *Unterschiede* in den einzelnen Biographien genau untersuchen. Daraus folgt: auch hier entscheidet die Fragestellung über die Auswahl der Methode, die, wie das

Beispiel zeigt, auch eine Kombination beider Methoden sein kann – und nicht eine prinzipiell festlegbare Glaubensentscheidung.

Zudem ist unübersehbar, daß auch qualitative Forschung angewiesen ist auf Kriterien der Auswahl bestimmter Einzelfälle, die sich nur aus einem Gesamt möglicher Fälle bzw. daraus vermuteter oder ableitbarer Grundmuster begründen lassen.

Fazit 5: Pädagogische Biographieforschung bestimmt die Anteile qualitativer und quantitativer Methoden bzw. eine Kombination beider Anteile nach ihrer Fragestellung. Zwar wird das pädagogische Erkenntnisinteresse auch quantitative Forschungsergebnisse immer wieder auf den Einzelfall „rückzuübersetzen" haben – sie ist deshalb aber nicht auf Abgrenzungen gegenüber statistischen Verfahren angewiesen und sollte sich dahin auch nicht aus Selbstbehauptungsgründen drängen lassen.

6. Welches Verhältnis besteht zwischen Forscher und Zeitzeugen?

(Problem der kommunikativen Situation)

Wird der Zeitzeuge an der Produktion und Interpretation des biographischen Materials – seiner Aussagen – beteiligt oder bewußt davon ausgeschlossen? Ist er eher „Partner oder Objekt" (FUCHS 1984, 215 ff.)?

In einer Resolution der Deutschen Gesellschaft für Erziehungswissenschaften (DGfE, o.J. –1986–, 4 f.) über „Standards erziehungswissenschaftlicher Forschung" wird unter § 3 ausführlich festgelegt:

> „Gerade der Erziehungswissenschaftler muß . . . die Würde sowie die freie Persönlichkeitsentfaltung des Menschen achten, die sich seiner wissenschaftlichen Kompetenz anvertrauen. Die abwägende Entscheidung ist ein konflikthaltiger Vorgang, wie die Diskussion um Persönlichkeitsschutz und Forschungsfreiheit zeigt."

Diese Konflikthaftigkeit soll von zwei Polen her erläutert werden: Zum einen ist es problematisch, wenn unter dem Deckmantel des Persönlichkeits- bzw. Datenschutzes Wissenschaftlern z. B. wichtige Dokumente aus der NS-Zeit nicht zugänglich gemacht werden, um damalige Täter und deren Angehörige zu schützen, aber berechtigte Ansprüche von Opfern (und sei es auf Klärung bestimmter Zusammenhänge) zu verhindern. Konkrete Beispiele zu solchen Vorgängen werde ich in Teil II vorstellen.

Zum anderen hat eine historisch-faktische Urteils-„Gewalt" nicht wenige Zeitzeugen-Befragungen in einer Weise belastet, die eher zum Verstummen und damit zur Verhinderung jeder Erkenntnis führte. Dies gilt übrigens nicht nur in Bezug auf NS-Verantwortliche, sondern auch für die Befragung anderer bis hin zu Widerstandskämpfern. Ich werde im folgenden Kapitel auf diese Problematik ausführlich eingehen.

Hier ist festzuhalten, daß die Frage „Partner oder Objekt?" sich auch in anderen sozialwissenschaftlichen Studien, die nicht als historische Befragung über die NS-Zeit angelegt sind, in gleicher Schärfe stellt:

Es kann Studien geben, die es „leichter" haben, den zu Befragenden von Anfang an als Partner zu betrachten, ja wo diese Einstellung auch aus erkenntnistheoretischer Sicht eher ein Gewinn ist, weil sie den Zeitzeugen durch bewußte Mitverantwortung zusätzlich zu möglichst genauen Angaben motiviert.

Es kann jedoch auch Studien geben, die nur durch Ausschluß des zu Befragenden von Konzeption und Interpretation oder gar durch bewußte Falschinformation zu Ergebnissen kommen können. Als klassisches Bespiel sei hier an das MILGRAM-Experiment (MILGRAM 1982[2]) erinnert, in dem die Gehorsamsbereitschaft von Menschen gegenüber Autoritäten getestet wurde: In einer als „wissenschaftlicher Versuch" getarnten Testreihe wurden Personen dazu veranlaßt, einzig aufgrund der Anweisungen des „wissenschaftlichen Leiters" einen fiktiven „Schüler" mit Stromschlägen zu quälen bis hin zur vergegebenen Tötung. Nur 25 % der Versuchspersonen, die einen Bevölkerungsdurchschnitt der amerikanischen Stadt New Haven Anfang der 60er Jahre darstellten, verweigerten in unterschiedlichen Phasen des Versuchs diesen unmenschlichen Gehorsam.

Für den Wissenschaftler ist damit das forschungsethische Problem nicht gelöst: Er hat fraglos Menschen „benutzt", die über die Inhalte der Studie nicht bzw. bewußt falsch informiert waren und die mit den Folgen der Erkenntnisse des Experiments immerhin auch selbst fertig werden müssen. Stanley MILGRAM (1982[2], 221) verweist mehrfach darauf, daß alle Versuchspersonen nach Aufklärung über die tatsächlichen Zusammenhänge zwar verständlicherweise bewegt waren, aber doch das Experiment selbst als berechtigt, z. T. als wichtige Erfahrung für ihr eigenes Leben ansahen. Wäre die Reaktion anders gewesen, so MILGRAM, hätte er das Experiment abgebrochen. Das ist eine gerade vor dem Hintergrund dieser Studie keineswegs unproblematische Einschätzung.

In anderen Studien versucht man eine längere psychologische Begleitung für diejenigen sicherzustellen, die es wünschen oder regt Gesprächs- oder Selbsthilfegruppen an, die eine weitere Bearbeitung des angesprochenen Themenkomplexes ermöglichen. In Veröffentlichungen wird der mögliche Wunsch nach Anonymisierung aller Angaben durch die Betroffenen streng berücksichtigt.

Fazit 6: Pädagogische Biographieforschung trägt eine besondere Verantwortung gegenüber den auf unterschiedliche Weise Befragten. Die konkrete Form der Befragung sollte nach der Prämisse arbeiten, daß jeweils soviel Partnerschaft angestrebt werden sollte, wie möglich ist, ohne das Forschungsergebnis wissentlich zu verfälschen. In jedem Fall bleibt die Verantwortung gegenüber allen Folgen unabweislich, die für die Betroffenen entstehen oder entstehen könnten.

7. Welcher theoretische Bezugsrahmen steht zur Verfügung?

(Problem der theoretischen Orientierung)

Theodor SCHULZE (1985, 60) umreißt das Problem folgendermaßen:

> „Man hat beispielsweise eine Reihe von vergleichbaren Szenen, Geschichten, Motiven oder bedeutungsvollen Aussagen entdeckt, aber man weiß nicht, wie sie zusammen passen. Man steht gleichsam vor einem Haufen Scherben, die man ausgegraben hat, aber man weiß nicht, wie das Gefäß aussieht, von dem sie stammen, ja nicht einmal, ob sie zu demselben Gefäß gehören und vielleicht hat man nur eine einzige Scherbe gefunden.
>
> Man braucht Umrißskizzen, um sie versuchsweise ordnen oder einordnen zu können. Welche Umrißskizzen, welche theoretischen Bezugsrahmen stehen zur Verfügung und sind geeignet?“

Und er antwortet: „Im Prinzip alle möglichen.“

Es gibt in der Tat keine für die Biographieforschung verbindliche theoretische Orientierung, sondern handlungs- wie systemtheoretische, individuen- wie strukturzentrierte Ansätze befinden sich gleichermaßen auf der Suche nach einer erklärenden „Brücke“ (FUCHS 1984, 197) zwischen gesellschaftlichen Bedingungen und individuellem Handeln, zwischen der „Kraft der sozialen Struktur“ und der „Kraft des selbstbestimmten Handelns des Einzelnen“ (THOMPSON 1981, 304; SCHÜTZE 1982, 568 f.).

Fazit 7: Pädagogische Biographieforschung verfügt nicht über einen einheitlichen theoretischen Bezugsrahmen. Um so notwendiger ist es, in einer Studie die eigenen theoretischen Prämissen – wenn vielleicht zunächst auch unzulänglich – darzustellen und dadurch der Kritik und Weiterentwicklung zugänglich zu machen.

8. In welchem Verwendungszusammenhang ist die Studie angesiedelt?

(Problem der Anwendbarkeit)

Zunächst ist hier noch einmal die besondere Verantwortung auch des Sozialwissenschaftlers – und nicht nur des Naturwissenschaftlers! – für die Konsequenzen, die aus seinen Forschungsergebnissen gezogen werden können, zu betonen.

Es gibt auch sozialwissenschaftliche „Bomben", die befreiende Gedanken und notwendiges Handeln – von der Selbstbehauptung eines diskriminierten Bevölkerungsteils bis zum gemeinsamen Bewußtsein für weltweite Ungerechtigkeiten oder Bedrohungen – nachhaltig zerstören, zumindest verletzen können – oder aber sich auch als Beitrag zu deren Stärkung verstehen.

Dabei ist es nicht mit einer möglichst unbefangenen Parteinahme für die „Subjekte" getan, sondern der Gewissenhaftigkeit in Konzeption, Durchführung und Interpretation einer Studie entspricht das reflektierte Engagement für deren Verwendungszusammenhänge, das niemals neutral sein kann, will es sich nicht schlicht den jeweils vorherrschenden wissenschaftlichen und politischen Strömungen sowie den dahinter versteckt bleibenden Interessen unterordnen.

Das beginnt mit der Angabe über die finanziellen Bedingungen eines Projektes und der möglichen Verpflichtungen, die der Forscher damit eingegangen ist. Hinzu kommen Momente beruflicher Fortbildung oder persönlicher Motivationen, die nicht unbedingt in sachbezogenem Zusammenhang zur Studie stehen müssen, aber deren Angabe, zumindest deren selbstkritische Reflexion durch den Forscher, minimale Bedingung sein sollte, um holzschnittartige Wertungen zwischen den Polen „selbstlos" und „karrieresüchtig" einer realistischen Einschätzung zugänglich zu machen.

Die besondere Verantwortung gegenüber den zu Befragenden ist bereits in Bezug auf die Folgen, die diese möglicherweise zu tragen haben, angesprochen worden. Sie gilt nicht zuletzt auch für Mitarbeiterinnen und Mitarbeiter, die durch Biographieforschung nicht selten erstmalig mit sozialen Realitäten konfrontiert werden, die ihnen bislang eher unbekannt waren.

Sie gilt weiterhin für die Erstellung des Abschlußberichts einer Studie. Dabei sollte nicht nur die besondere Chance biographischer Forschung genutzt werden, nicht allein und in erster Linie „über" andere Menschen zu schreiben, sondern diese selbst zu Wort kommen zu lassen. So gilt es weiterhin, eine Form der Sprache zu finden, die den im weitesten Sinne an der Thematik Interessierten einen Zugang zu den Quellen wie ihrer Interpretation gleichzeitig ermöglicht.

Werner FUCHS (1984, 305 f.) fragt zu Recht:

> „Warum sollten sich sozialwissenschaftliche Fachleute nicht daran gewöhnen können, daß die Güte einer Studie nicht von der Anzahl der Anmerkungen pro Seite abhängt?
> Warum sollten sich ‚Laien' nicht daran gewöhnen, daß Forschungsergebnisse auch Perspektiven enthalten, die ihren Alltagstheorien fremd sind?
>
> Anders als die englische oder amerikanische Sozialwissenschaft hat die deutsche kaum Tradition und Vorgaben für solche Lösungen. In unserem Lande haben Sozialwissenschaftler wenig Energie darauf verwendet, ihre Arbeitsergebnisse lesbar *und* fundiert, spannend *und* gehaltvoll zu präsentieren."

Fazit 8: Pädagogische Biographieforschung hat besondere Verantwortung für die Verwendung ihrer Forschungsergebnisse nicht nur in Bezug auf die unmittelbar betroffenen Menschen, sondern auch im Hinblick auf die wissenschaftliche *und* gesellschaftliche Diskussion und Entwicklung: Präzision der Erkenntnis und bewußtes Engagement bilden keinen Gegensatz, sondern sind die Konsequenz einer gemeinsamen forschungsethischen Haltung.

2.2. Probleme bei der Befragung von Zeugen der NS-Zeit

Das sind also die Methoden der pädagogischen Biographieforschung, ihr Für und Wider, ihre Grenzen und Möglichkeiten. Wenigstens im Überblick. Eigentlich könnte es jetzt losgehen mit der konkreten Planung der Studie.

Weit gefehlt. Oder besser – es fehlt das Wesentliche:

Die Phase des Annäherns und Einfühlens gegenüber denjenigen, die befragt werden sollen.

Wo und wie leben sie heute? Wie ist ihr Verhältnis zu der Zeit und zu dem Gegenstand, über den sie befragt werden sollen? Wie war dieses Verhältnis damals?

Welches Wissen über die Zeit, den Gegenstand und sie selbst kann ich mir bereits vorher aneignen? Welches Wissen *muß* ich mir mindestens aneignen, um nicht zu kränken, zu verletzen, zu blockieren, um nicht als ignorant oder gar desinteressiert zu erscheinen, um nicht – im harmlosesten Fall – wertvolle Gesprächszeit zu vergeuden?

Welches Interesse könnten die Befragten an meiner Studie haben? Kann ich dieses Interesse teilen – voll oder teilweise? Welche eigenen Interessen könnten möglicherweise kollidieren? Welches Interesse von Dritten gibt es an der Studie? Arbeite ich möglicherweise Gruppen oder Institutionen in die Hände, die den Befragten schaden könnten?

Wie begegne ich den zu Befragenden? Als Kollege, als Wissenschaftler, als Frau oder Mann, als Jüngerer oder als Älterer, als Angehöriger der gleichen oder einer anderen sozialen Schicht? Muß ich vor einer Kontaktaufnahme das alltägliche Umfeld des zu Befragenden erst kennenlernen oder fühle ich mich bereits vertraut und sicher genug, um mich dort einfach bewegen zu können? Wie nehme ich den ersten Kontakt auf?

Diese Phase der konkreten Annäherung sollte in ihrer eigenständigen Bedeutung nicht unterschätzt werden: Selbst uneingeschränkt solidarische Motive können sich in der konkreten Handlung in ihr Gegenteil verkehren, wenn nicht die geduldige Bereitschaft zur differenzierenden Übersetzungsarbeit zwischen Theorie und Praxis, zwischen Forschungsvorhaben und Alltag besteht.

Denn was Lutz NIETHAMMER (1983, 11; vgl auch KERSTING 1985, 45) als „Enttypisierungsschock“ des Forschers bei der ersten Realbegegnung mit dem zu Befragenden als eine charakteristische Phase innerhalb einer Studie kennzeichnet, in der „Annahmen und strukturierende Begriffe ... in der Alltagserfahrung zu zerbröseln (scheinen)", ist keinesfalls zwingend notwendig.

Es ist weder ein sachlogischer noch gar selbstverständlicher Ablauf, sondern eher Ausdruck von einigen hundert Jahren Wissenschaftsgeschichte: Einer vorherrschenden Wissenschaft, die sich – zum Teil aus erklärlichen (aber nicht immer entschuldbaren) Gründen – seit den ersten Ansätzen ihrer bewußten Konstitution „nach oben" hin orientierte, um nicht zu sagen: sich zunächst kirchlicher, später staatlicher bzw. wirtschaftlicher Obrigkeit andiente.

Dies ist zweifellos nicht ohne Folgen für ihr Selbstverständnis geblieben. Bei aller Sympathie für Benachteiligte oder Diskriminierte, bei aller moralischen Aufwertung, die solch bekundetes Engagement für das eigene Selbstwertgefühl mit sich bringen mag, wäre als Maßstab doch anderes anzulegen: Nicht die bekundete Absicht, nicht die Beschäftigung mit den Betroffenen „an sich" ist bedeutsam, sondern inwieweit diese selbst von den Forschungsergebnissen profitieren können. Ich benutze absichtlich diesen ökonomischen Begriff des „profits", denn für die finanziellen Auftraggeber einer sozialwissenschaftlichen Studie, hat die Frage, was für sie dabei herauskommt, ebenfalls nichts Anstößiges. Sie wird auch nicht als Einschränkung in bezug auf die Qualität oder Präzision einer durchzuführenden Studie verstanden – „wahr" soll sie schließlich sein, da hat das Zeitalter der Aufklärung immerhin Spuren hinterlassen gegenüber jenem der Glaubenskriege.

Es bleibt jedoch ein bedrückendes Indiz für die Richtung der mehrheitlichen Verpflichtetheit von Wissenschaft, daß z. B. die individuelle wie kollektive Energie, die Wissenschaftler zum Erlernen eigener Sprachcodes und Verhaltensregeln aufbringen, in keinem Verhältnis zur Bereitschaft steht, sich auch auf Sprachcodes und Verhaltensregeln jener einzulassen, zu deren Besten angeblich ein Großteil des Aufwands getrieben wird.

Es entspricht diesem Mißverhältnis, daß zwar ausführlich die Frage nach der „Wahrheit" von Zeitzeugen-Aussagen theoretisch reflektiert wird, gleichwohl dagegen kaum über deren subjektives Empfinden in Befragungssituationen nachgedacht, geschweige denn, die Betroffenen selbst danach gefragt werden.

Eine häufiger in Universitätsseminaren eingeladene Zeitzeugin, Anna Sabine HALLE, Jg. 1921, die während der NS-Zeit sich im Rahmen der Quäker gemeinsam mit ihrer Mutter besonders für diskriminierte und verfolgte Mitbürger einsetzte (vgl. HALLE 1982[2], 1984, 1985 a), berichtete mir, wie sehr es ihr zu schaffen mache, daß man immer nur „ganz Bestimmtes" von ihr hören wolle, sie dafür auch mit größter Bereitwilligkeit sofort zur Widerstandskämpferin erklären würde, jedoch bei vielen differenzierenden Aussagen, die ihr notwendig erschienen, häufig abblockte und zuweilen gar in offene Ablehnung überginge.

In einem bislang unveröffentlichten Manuskript schildert sie diese Entwicklung so (HALLE, o.J. (1985 b), 4 ff.):

„Dabei sind doch alle Beteiligten so ehrlich bemüht, fängt der Dialog harmonisch an: Ich selbst möchte zum wissenschaftlichen Diskurs Faktenwissen (oder was ich dafür halte) beitragen, denn der Dozent begrüßt ja (zunächst) ausdrücklich meine Mitarbeit . . ."

Und doch: „Von vornherein ist diese Einzelperson im wahrsten Sinne des Wortes ein Fremdkörper im gewohnten Kommunikationssystem. Unwillkürlich – so ‚locker' oder ‚progressiv' man sich auch gibt – wird wahrgenommen, wie sich der ältere Mensch von den jüngeren unterscheidet; in der Kleidung, den Gesten, vor allem der Sprache . . .

Jedenfalls ist manches gute Seminargespräch plötzlich gestört, wenn ich Worte wie ‚Ehre', ‚Vaterland', ‚Nation' gebrauche; mit Begriffen wie ‚Eidesbindung', ‚Held', ‚Verantwortung' werde ich meist gar nicht verstanden. Ein Student: ‚Ich weiß nicht, die Leute damals fühlten sich immer so verpflichtet für irgendwas.' Ich selbst wiederum verstehe oft nicht, wie inflationistisch die Studenten Begriffe wie ‚Getto' und ‚faschistisch' gebrauchen, und daß sie . . . meist negativ die Begriffe ‚Disziplin', ‚Sauberkeit' und ‚Ordnung' verwenden, die für uns damals Grundforderungen von Widerstandsarbeit und Überleben in Vernichtungslagern waren.

Schließlich das Problem der Personalisierung, d. h. konkret, alle Vorwürfe etwa gegen das Großkapital, Militär oder Kirchen werden bei *mir* abgeladen, von *mir* Antworten erwartet. Unter solcher Belastung wird mir deutlich, wie ich doch, ständig allein, ausschließlich auf meine eigenen Erfahrungen und Urteile angewiesen bin, ohne Möglichkeit, sie mit denen anderer zu vergleichen . . .

Absolute Objektivität (wenn es sie überhaupt gibt) gelingt dem Zeitzeugen am allerschwersten, ist er doch ständig seinen eigenen, äußerst gemischten Gefühlen von Rechtfertigungsdruck, Scham und Trauer ausgesetzt, der Fragen nämlich an sich selbst: ‚Wann habe ich das Rechte getan, wann das Falsche, wann das Mögliche, wann das Sinnlose?' . . .

Hinzu kommt, daß der Zeitzeuge ständig eine mühsame Balance halten muß zwischen Distanz . . . und der Notwendigkeit rücksichtsloser Offenheit, d. h. Persönlichstes einzubringen und preiszugeben.

Distanz fällt natürlich besonders schwer, wenn man sich provoziert fühlt durch Vorwürfe: ‚Ihr hättet doch können . . . sollen . . . müssen', ‚Alles nur Rechtfertigungsversuche, emotional gefärbt!', ‚Sie mit Ihrer Angst, war doch damals alles nicht so gefährlich!', ‚Falsches Bewußtsein!'

Hierauf etwas gelassener zu reagieren, lernte ich mit der wachsenden Einsicht, daß meine Gesprächspartner meist nicht ahnen *können*, was für Assoziationen sie bei mir bewirken."

Und was lernen *wir*?
Zunächst eine Lektion über den eigenen Hochmut, über die abgrundtiefe Unsicherheit darüber, wie wir uns letztlich in ähnlichen Situatio-

nen verhalten hätten – und das faktische Wissen darüber, wie wir uns heute verhalten.

Dann über eine wissenschaftliche Brillianz, die bei aller intellektuellen Präzision mit gleicher Messerschärfe am wesentlichen vorbeidefiniert, nicht wahrnimmt, was wahr ist, weil Wahrheit nur mit allen Sinnen erkannt werden kann.

Und doch hat eine selbstkritische Reflexion über den Zusammenhang von der „Unfähigkeit zu trauern" mit der „Unfähigkeit sich einzufühlen" zwischen den Generationen begonnen.

Die Herausgeber des Buches „Terror und Hoffnung in Deutschland 1933–1945" (BECK/BOEHNCKE/HEINZ/VINNAI 1980, 11/13) schreiben über ihr Verhältnis zu ihrer Elterngeneration, der „Generation unterm Hakenkreuz":

> „Dabei hätten sie die Geschichte des Faschismus in ihren Lebensgeschichten erst begreifen und verarbeiten können, wenn sie von sich hätten erzählen dürfen und wenn sie Zuhörer gehabt hätten, die wirklich zur Auseinandersetzung mit ihnen bereit gewesen wären. Angesichts des kollektiven Versagens war das gewiß nahezu unmöglich. Statt dessen sich der Zumutung zu erwehren, einen Platz einzunehmen in Konstruktionen einer Vergangenheit, die *so* die ihre nicht gewesen war.
>
> Was ihnen wichtig und wertvoll gewesen war am eigenen lieben Leben, darüber sollten sie schweigen, weil es verbunden war mit dem Nationalsozialismus. Von ihren Hoffnungen, Faszinationen, also der Aufbruchsstimmung *ihrer* Jugend nur sprechen zu dürfen, um im gleichen Atemzuge abzuschwören: Alles sei nur Verführung gewesen, Verblendung, unvernünftige Hoffnung nach so viel Not und Arbeitslosigkeit . . .
>
> Welchen Weg zur Überwindung solcher Lernunfähigkeit aber sollte es geben, wenn nicht den über die Erfahrung der Betroffenen, daß ihnen wenigstens von ihren Kritikern Menschenmaß zugebilligt wird?
>
> Müssen wir betonen, daß wir nicht von billiger voreiliger Versöhnung mit Denkmustern und einer Wahrnehmungspraxis reden, die die Nahwelt der Individuen gegen die Monstrositäten der Gewaltherrschaft abschirmte?
>
> Sich einzulassen auf die kleinen Faschisten, die Zuschauer, Gleichgültigen, Taktiker des Überlebens und auf die Nischen und Schatten, in denen sie überlebt haben, kann nicht bedeuten, den Faschismus in der Summe ihrer Alltags- und Überlebensminiaturen aufgehen zu lassen. Vielmehr sollte uns, wenn wir lernen zu differenzieren zwischen den faschistischen Monstrositäten und dem unangemessen gewöhnlichen Weiterleben so vieler Beteiligter, gerade diese Differenz das Fürchten lernen.
>
> Die Frage nämlich, ob die Muster und Gewohnheiten des Alltagslebens bei all ihrer scheinbaren Vertrautheit nicht Kältezellen sind, Verhaltenskäfige, aus denen heraus gesellschaftliche Wirklichkeit und die Leiden der anderen gar nicht mehr oder nur ungenau wahrzunehmen sind, diese Frage führt über den Faschismus hinaus – in die Gegenwart und zu uns selber."

Seit Anfang der 80er Jahre ist eine „zweite Phase der Elternbefragung“ spürbar, die allmählich die eigene Identität, auch das eigene Handeln, in Beziehung zu setzen vermag.

Gert LOSCHÜTZ, Jg. 1946, (1982, 13 f.) schildert diese ersten Annäherungsversuche in literarischer Form:

> „Wenn ich versuche, mir jemanden vorzustellen, der 1933 so alt war, wie ich jetzt bin, und – ohne Nazi zu sein – NSDAP gewählt hat, versagt meine Vorstellungskraft.
>
> Da steht einer, aber ich erkenne bloß seine Umrisse. Es ist, als hätte ich einen blinden Fleck auf der Netzhaut. Je genauer ich ihn fixiere, um so mehr verwischt sich sein Bild. Ich will ihn mit in meine Zeit nehmen, aber er wehrt sich. Er kommt nicht herüber, und ich schaffe den Weg nicht zu ihm.
>
> Und dennoch wissen wir, daß wir untrennbar miteinander verbunden sind. Ich will ihn, weil er mich belastet, loswerden. Ich sage: Geh da lang! Aber wenn ich mich umwende, merke ich, daß er mir folgt.
>
> Ich weiß alles über dich, sage ich. Aber das schreckt ihn nicht. Er bleibt, während er mir nachgeht, immer in der gleichen Entfernung zu mir.
>
> Hau ab, rufe ich, und sehe ihn, ehe ich ankomme, schon in der Tür stehen und winken.“

Die Beunruhigung, die von diesem Thema für ihn ausgeht, faßt er in der Frage zusammen (LOSCHÜTZ 1982, 13):

> „Inwiefern sind wir, die Spätergeborenen, selber noch von diesem komplexen, lange vor den Nazis vorhandenen und unbewußt weitergegebenen Wertesystem geprägt, das so schwer zu fassen ist, weil es beiläufig und möglicherweise ungewollt vermittelt wird?“

Im gleichen Jahr erscheint in der renommierten „Zeitschrift für Pädagogik“ (ZfP 28/1982, 341–354) ein Aufsatz des Erziehungswissenschaftlers Jürgen HENNINGSEN (1985^2, 333), in dem er die gleiche Frage in bezug auf seine eigene Kindheit unter dem Nationalsozialismus formuliert:

> „Ich möchte dabei die erziehungswissenschaftliche Frage mitlaufen lassen, wo denn nun diese NS-Sozialisation geblieben ist, als was sie sich heute darstellt. Wie alle meine Altersgenossen in Deutschland habe ich damals etwas gelernt. Diese alten Erfahrungen sitzen tief.
>
> Ich glaube nicht, daß diese NS-Sozialisation einfach verdampft ist – weder bei mir noch bei meinen Altersgenossen.“

Pädagogische Biographieforschung kann hier einen wichtigen Beitrag zur Selbstverständigung der Generationen, aber auch zur Verständigung untereinander leisten.

Dabei wird es im Sinne der methodischen Diskussion weniger um neue Verallgemeinerungen bezüglich des Verhaltens des Einzelnen in der

NS-Zeit gehen, als um differenzierende Nachdenklichkeiten. In bezug auf politisch-gesellschaftliche Bedingungen dürfte es dagegen zu ersten auch subjektiv nachfühlbaren Verallgemeinerungen kommen. Dies vor allem hinsichtlich der Frage, welche politischen, sozialen, wirtschaftlichen und kulturellen Bedingungen eher die Anpassung, das Mitmachen, die unkritische Begeisterung förderten und welche dagegen eher die Nachdenklichkeit, die Selbstverantwortung, schließlich auch das selbstbestimmte Handeln.

Eine Zeitzeugin, Anneliese REINELT, Jg. 1919, Kindergärtnerin und später Lehrerin an einer Mütterschule, die sich selbst in bezug auf die NS-Zeit als „eher angepaßt“ charakterisiert, beschreibt ihre eigene biographische Entwicklung und das Zulassen von neuen Fragestellungen bei sich selbst erst in den letzten Jahren:

> „Es ist für mich eine ganz erstaunliche Erfahrung, daß manche Fragen erst heute, nach so vielen Jahren und wo ich selbst pensioniert bin, hochkommen.
>
> Ich frage mich erst heute als älterer Mensch manchmal, warum haben wir denn nicht wenigstens mehr gefragt, uns selbst Fragen gestellt. Wir haben es einfach nicht getan.
>
> Heute, wirklich erst heute nach fast einem halben Jahrhundert, empfinde ich da auch so etwas wie Schuld. Man hätte sich doch wenigstens mehr Gedanken machen können.
>
> Ich erinnere mich zum Beispiel, wie nach dem 20. Juli 1944 plötzlich mehrere Kinder zu uns in den Kindergarten gebracht wurden mit der Anweisung: So – die müssen jetzt versorgt werden. Die Eltern sind weg.
>
> Nun hatte es so etwas auch schon gegeben nach Bombenangriffen und so weiter, aber heute ist mir völlig klar, daß das Kinder von Verhafteten gewesen sein müssen, die in Zusammenhang mit dem Hitler-Attentat ergriffen worden waren.
>
> Damals habe ich darüber nicht nachgedacht, sondern die Kinder halt betreut wie alle anderen auch – keine besondere *Nachdenklichkeit*.“ (Gesprächsprotokoll vom 25.9.1985).

Pädagogische Biographieforschung kann nicht nur ein Schlüssel zum Verstehen anderer Generationen oder Kulturen sein, sondern – und dafür steht die Aussage von Anneliese REINELT – auch Impulse zum (Weiter-)Lernen der unmittelbar Betroffenen geben.

Inwieweit diese Impulse wirksam werden, hängt in hohem Maße vom Forscher selbst ab und von seiner Fähigkeit, sich in die zu Befragenden einzufühlen, ohne den eigenen Standpunkt bzw. die eigene Perspektive zu verlieren.

Ein anschauliches Beispiel für entsprechendes gegenseitiges Kennenlernen schildert Jochen KÖHLER (1981[2], 28 f.):

„Am Beispiel von Frau Graßmann will ich zeigen, wie ich sie kennenlernte.

Frau Elisabeth Graßmann wohnt mit ihrem Freund Paul Tietz in einer ‚2 ½-Zi., Zhg. Bad-Whg‘, (Berlin-)Marienfelde. Ich kenne Herrn Tietz‘ jüngsten Sohn U., er hat mich mit seinem Vater zusammengebracht.

Von Frau Graßmann war nicht die Rede, von ihrer Geschichte nichts bekannt. Bei den ersten stundenlangen Gesprächen zwischen ihrem Freund und mir kochte sie Kaffee, reichte Plätzchen . . .

Ich suchte, was ich mir unter ‚alltäglichem‘, ‚kleinem‘ Widerstand gegen die Nazis vorstellte, war auf einfallsreiche Versuche, sich einen individuellen Spielraum zu verschaffen, eingestellt, nicht auf das Leben problematisierende Geschichten oder Erinnerungen. Als aber Paul Tietz die Möglichkeit, ‚kleinen‘ Widerstand zu praktizieren, in Frage stellte, als wir, gemeinsam im Album blätternd, das Foto mit dem Hitlerbild hinterm Sofa entdeckten (‚Was ist denn das da? Ich denke, Sie waren gegen die Nazis?‘), als ich ihn eines Tages fragte: Rundheraus, Herr Tietz, waren Sie vielleicht zu feige, um Ihrer inneren Einstellung auch Taten folgen zu lassen? – und als er dann sogar was von ‚Feigheit‘ zu ‚gestehen‘ begann, da hat Frau Graßmann unterbrochen.

‚Sie können sich das ja gar nicht vorstellen! Mein damaliger Mann und ich haben einem Freund, der aus dem Zuchthaus ausgebrochen war, monatelang heimlich geholfen und dabei das Leben riskiert. Das Leben der ganzen Familie. Und wir haben unvorstellbare Angst dabei gehabt!‘

Sie erzählte. Nach ein paar Wochen meinte ich, ich hätte nun zwei Texte, die Feigheit und Tapferkeit illustrieren, ‚im Kasten‘ und ging, freundlich beiden gegenüber.

Monate später kam ich wieder und fing von vorne an. Ich hatte in anderen Gesprächen gelernt: mit dieser Schablone komme ich dem verzweifelten Leben anständiger Menschen während der Nazidiktatur nicht auf den Grund. Auch mit der Frage nach der ‚Einstellung‘, mit der Frau Graßmann die Angst vorm Nazistaat überwunden hätte, kam ich nicht weiter. Wieso hat diese heute ‚unpolitische‘ Frau ein lebensgefährliches Unternehmen gegen das staatlich organisierte Verbrechertum gewagt?

Mehr aus ‚persönlichem Interesse‘ denn im Hinblick auf ein späteres Buch, befragte ich sie nach ihrem Leben vor ’33 und nach ’45. Und je mehr ich von den individuellen und subjektiven Zusammenhängen erfuhr, begriff ich nicht nur die lebendigen Übergänge zwischen Mut und Angst, Anpassung und Widerstand, sondern auch, daß sich das reale Leben gar nicht in solchen Mustern beschreiben läßt und sich infolgedessen auch die volkstümlichen, weisen Überlieferungen gegen abstraktes Kennenlernen und unpersönliche Bekanntschaft sperren.“

2.3. Methodische Vorgehensweisen bei dieser Studie

1. Problem der Generalisierung

(Was läßt sich aus Einzelfällen verallgemeinern?)

„An der Verseuchung der Jugend mit nationalsozialistischem Gewaltgeiste tragen die Hauptschuld die von der deutschen Republik bezahlten Lehrer. Die Geschichte wird ein hartes Urteil über sie fällen". (Nach SCHNORBACH 1983, 81.)

Diese Sätze sind im Mai 1933 in der „Neuen Erziehung" (Nr. 5/1933, 73 f.) zu lesen, der Zeitschrift der „Reichsvereinigung deutscher sozialdemokratischer Lehrer in der CSR", einem Zusammenschluß von etwa 300 Lehreremigranten in der Tschechoslowakei.

Was damals mit großer Betroffenheit über die eindeutige Mehrheit der eigenen Kolleginnen und Kollegen formuliert wurde, kann und will von dieser Studie nicht relativiert, geschweige denn geleugnet werden. Es kann keine Verallgemeinerung dergestalt geben, daß es eben „so schlimm" vielleicht doch nicht gewesen war.

Die Suche richtet sich vielmehr auf jene Minderheit, die sich nicht durchgängig anpaßte, die an bestimmten Stellen bereit war, auch mögliche Konflikte einzugehen oder sich erzwungenen Konflikten zu stellen, anstatt mit verstärkter Anpassung zu reagieren. Ihre Existenz, ihre unterschiedlichen Denk- und Handlungsformen sind nicht „von selbst" die menschlicheren, sondern nur vor dem Hintergrund der bedrohlichen Mehrheit angemessen verstehbar.

Wir würden ihnen und uns nicht gerecht, wenn wir ihr Verhalten einfach aus heutiger Sicht und Urteilsfähigkeit heraus belobigen. Ihre Anstrengung der eigenständigen Orientierung verdient wenigstens unsere Bereitschaft, uns auf die damalige Zeit, ihre Atmosphäre, ihre Werte und ideologischen Prägungen einzulassen.

Das heißt zunächst, daß es nicht ausreichen kann, nur offizielle Dokumente zu studieren – z. B. Erlasse gegen oppositionelle (oder dazu erklärte) Lehrerinnen und Lehrer einerseits mit statistischen Zahlen aufgrund dieser Bestimmungen Entlassener oder disziplinarisch Verfolgter andererseits zu konfrontieren.

Zum einen sind diesbezügliche Statistiken in hohem Maße unvollständig, unter Verschluß oder so wenig aufgearbeitet, daß allein dieser Aufgabe sich mehrere Forscherteams monatelang widmen müßten. Ich werde diese Behauptung im Teil II an ausgewählten Beispielen belegen. Diese Problematik – der vernachlässigte bzw. ungeheuer erschwerte Zugang zu historischen Dokumenten der NS-Zeit – weist fraglos über die Berufsgruppe der Lehrerinnen und Lehrer hinaus. Welche Bedeutung dieser Mangel bzw. deren anstehende Aufarbeitung für die heutige Identität auch anderer Berufsgruppen (z. B. der Ärzte, Richter, Naturwissenschaftler, Psychologen, Künstler, Sportler) hat bzw. haben könnte, hat bereits Horst-Eberhard RICHTER (1986a, 182 f.) ausführlich dargelegt.

Zum anderen läßt eine Gegenüberstellung offizieller Dokumente nur höchst eingeschränkte oder gar keine Schlüsse auf die Motive und Bedingungen des Einzelnen zu. In nur wenigen Fällen ist eine Rückkopplung zu dokumentierten Gerichts- oder Personalakten möglich, die aber wiederum geprägt sind von der Definitionsgewalt der NS-Behörden bzw. einzelner ihrer Vertreter und ebenfalls wenig oder keine Rückschlüsse auf die wahren Beweggründe des Einzelnen zulassen.

Damit ist nichts gesagt gegen die wichtige Bedeutung, die zeitgenössische Dokumente als Mosaikstein zur späteren Interpretation haben können; jedoch ist deren Zuordnung auf die Aussagen der unmittelbar Betroffenen, ihre Erinnerungen und Wertungen, als dem wesentlichen Schlüssel zum Verstehen angewiesen.

So stand die besondere Bedeutung, die einer Zeitzeugenbefragung zu diesem Themenkomplex zukommen würde, bald fest.

Doch würde es überhaupt noch Menschen geben, die bereits während der NS-Zeit im Schuldienst waren und noch heute für Gespräche zur Verfügung stehen würden?

Würde es zumindest noch so viele Zeitzeugen geben, damit wenigstens ein minimales Spektrum unterschiedlicher politischer, sozialer, regionaler und familiärer Bedingungen Berücksichtigung finden könnte?

Dies war in der Tat eine zeitlang eine bange Frage, die nicht zuletzt auch von Fachleuten unterschiedlicher Richtungen als bedenklich eingeschätzt wurde.

So schrieb z. B. der langjährige Bundesgeschäftsführer der Gewerkschaft Erziehung und Wissenschaft (GEW), Erwin WALZ:

> „Ich war zwar ab 1946 bei den Neugründungen der Lehrervereine dabei und habe zahlreiche Kollegen des früheren Deutschen Lehrervereins und der früheren Freien Lehrergewerkschaft noch kennengelernt.
>
> Aber selbst von den nach 1945 aktiv tätigen Kollegen leben nur noch ganz, ganz wenige, für die Ihre Kriterien jedoch nicht zutreffen . . . Es tut mir sehr leid, daß ich Ihnen nicht helfen kann“ (Schreiben vom 30.1.1986).

Die Bundesvorsitzende des „Vereins katholischer deutscher Lehrerinnen“ (VkdL), Marilone EMMERICH schrieb:

„Meine Nachforschungen, um Ihnen für Ihr Projekt behilflich zu sein, haben bestätigt, wie bedauerlich es ist, daß die ganze Arbeit nicht etliche Jahre früher in Angriff genommen wurde. Die Kollegin, die ich ursprünglich ins Auge gefaßt hatte, ist gesundheitlich nicht mehr in der Lage ein Interview zu geben“ (Schreiben vom 10.1.1986).

Parallel dazu wird während des Literaturstudiums trotzdem immer deutlicher, daß die einzig zulässige Form einer Generalisierung späterer Aussagen dieser Studie – nämlich hinsichtlich der Bedeutung unterschiedlicher gesellschaftlicher und persönlicher Bedingungen für die Möglichkeit aufrechten Handelns – geradezu angewiesen ist auf Zeitzeugen mit entsprechend unterschiedlichem Hintergrund. Eine deutliche Einschränkung bisheriger Forschung, die sich zumindest in Ansätzen ähnlichen Fragestellungen näherte, besteht nämlich vor allem darin, ausschließlich die der eigenen politischen, religiösen oder weltanschaulichen Richtung Nahestehenden als positive Beispiele hervorzuheben und andere so von vornherein nicht oder nur am Rande wahrzunehmen.

So gibt es beispielsweise in der DDR fundierte Würdigungen politisch bewußter – kommunistischer und sozialdemokratischer – Pädagoginnen und Pädagogen (vgl. Antifaschistische Lehrer im Widerstandskampf 1967; HOHENDORF 1974), die jedoch religiös (jüdische wie christliche) oder gar konservativ orientierte Pädagogen weitgehend ignorieren. Außerdem fehlt nach meiner Kenntnis bislang eine Aufarbeitung der hier zentralen Frage, was an Opposition nach 1933 *innerhalb* der Schulen noch möglich war. Erst in allerjüngster Zeit wird diese Thematik in autobiographischen Schilderungen ehemaliger Lehrerinnen und Lehrer mit erwähnt (BECKER 1985, TORHORST 1986).

Umgekehrt ist die menschliche Haltung jüdischer Lehrerinnen und Lehrer bzw. nichtjüdischer Kolleginnen und Kollegen, die sich beispielsweise für jüdische Kinder und Jugendliche engagierten, zwar im Ausland (vor allem in Israel, England, den USA, selbst in Australien) kommentiert und anerkannt worden (vgl. GROSSMANN 1961² [zuerst New York], 85 f.; KEIM 1983, [zuerst: Jerusalem] 15/49), jedoch gab es bisher diesbezüglich weder in der DDR noch in der BRD eine gründliche pädagogische bzw. erziehungswissenschaftliche Aufarbeitung.

In der BRD waren darüberhinaus die ersten beiden Jahrzehnte nach 1945 – wenn man sich überhaupt der ansonsten weitgehend verdrängten NS-Zeit stellte – im wesentlichen durch zwei Tendenzen geprägt: Von Versuchen der Selbstrechtfertigung von während der NS-Zeit tätiger und nun wieder im Dienst befindlicher Hochschullehrer einerseits (vgl. KUPFFER 1984, HOHMANN 1985) und scharfem Antikommunismus andererseits. Im Teil II dieser Studie werde ich hierauf ebenfalls ausführlicher eingehen.

Hier mag als Beispiel der Hinweis auf die in der BRD erste wirklich gründliche Studie von Rolf EILERS (1963) über „Die nationalsozialistische Schulpolitik" genügen, die bei aller Präzision und Differenziertheit sich trotzdem nicht des damals geradezu üblichen Vergleichs der „diktatorischen Struktur" von NS-Regime und „SBZ" enthalten konnte, sondern die historisch unverantwortliche Gleichsetzung verstärkte, indem er der Schulpolitik der DDR – wenn auch nur in einem sonst nirgendwo weiter ausgeführten Nebensatz – noch schlimmeres Verhalten vorwarf:

> „Der Nationalsozialismus sah sich nach der ersten Phase der Gleichschaltung, die eine weitgehende Umbesetzung aller Schlüsselstellungen in der Schulverwaltung gebracht hatte, einer zum größten Teil aus der Weimarer Republik stammenden Lehrerschaft gegenüber.
>
> Der Versuch, auch große Teile der Lehrerschaft auszuwechseln, ist – anders als in der Sowjetischen Besatzungszone – von den nationalsozialistischen Behörden nicht gemacht worden" (EILERS 1963, 3).

War dies möglicherweise die Eintrittskarte, das ideologische Zugeständnis in Form scharfer Distanzierung, das dem Autor notwendig erschien, um seiner Studie zeitgenössische bundesdeutsche Akzeptanz und Aufmerksamkeit zu sichern?

Schließlich wurde von allen Richtungen gleichermaßen vermieden, sich auf jene „Kleingruppen" einzulassen, die ohnehin über keine besondere Lobby verfügen (z. B. kleinere Glaubensgemeinschaften wie etwa die Quäker oder solche, die in Opposition zur „Hauptrichtung" standen wie etwa Pädagogen, die in der Bekennenden Kirche engagiert waren). Durch alle Maschen fielen schließlich solche, die sich gar keiner Richtung oder Gruppierung zugehörig fühlten, die aus spontaner pädagogischer oder einfach menschlicher Verantwortung handelten, die sie selbst ausschließlich auf Konflikte mit ihrem eigenen Gewissen zurückführten, ohne – zumindest bewußt – dies im Hinblick auf eine politische, religiöse oder weltanschauliche Tradition beziehen zu können.

Nun gab es allerdings demgegenüber in den letzten beiden Jahrzehnten eine Reihe zunehmend differenzierter Studien zu Teilaspekten der Erziehung im Nationalsozialismus wie u. a.

- zur „Schulmusikerziehung" (GÜNTHER 1967),
- zur „politischen Erziehung" (ASSEL 1969, HOHMANN 1985, ROSSMEISSL 1985),
- zur „Kunsterziehung" (DIEL 1969),
- zum „Biologieunterricht" (ZMARZLIK 1970),
- zu den „Erziehungstheorien" (LINGELBACH 1970/1987^2, WEBER 1979),
- zur „Systemanalyse nationalsozialistischer Erziehung" (DICKOPP 1971),
- zu den „NS-Ausleseschulen" (SCHOLTZ 1973),
- zu den „Lehrplänen und Schulbüchern" (FLESSAU 1977),

- zur „Berufserziehung" (SEUBERT 1977, WOLSING 1977),
- zur „NS-Hochschulreform" (MÜLLER 1978, WENNING 1984),
- zu den „Volksschullehrern" (BÖLLING 1978) und der „Volksschule" (OTTWEILER 1979),
- zu „soziologischen Funktionen der NS-Schule" (NYSSEN 1979),
- zum „Deutschunterricht" (FRANK 1975, BEHR 1980),
- zum „Physikunterricht" (BRÄMER/KREMER 1980),
- zum „Geschichtsunterricht" (SELMEIER 1970, GENSCHEL 1980),
- zu „Hitlers pädagogischen Maximen" (STEINHAUS 1981),
- zum „Nationalsozialistischen Lehrerbund/NSLB" (FEITEN 1981),
- zur „Erwachsenenbildung" (KEIM/URBACH 1976, FISCHER 1981),
- zu den „Volksbibliothekaren" (KETTEL 1981),
- zur „Kinderlandverschickung" (DABEL 1981, LARASS 1983),
- zur „Waldorfpädagogik" (LESCHINSKY 1983, LEBER/LEIST 1983),
- zur „Literaturpädagogik" (HASUBEK 1972, HOPSTER/NASSEN 1983, POPP 1984),
- zur „Hilfsschule" (HÖCK 1979) und zur „Behindertenpädagogik" (BERNER 1984/85, RUDNICK 1985),
- zum „Sportunterricht" (FRIESE 1973, BERNETT 1985),
- zur „Hitlerjugend" und „betrogenen Jugend" insgesamt (u.a. KLAUS 1980, KLÖNNE 1982, von HELLFELD/KLÖNNE 1985),
- zur „NS-Vorschulerziehung" (BERGER 1986),
- zum „Englischunterricht" (LEHBERGER 1986).

Dokumentierende und kommentierende Sammelbände reichen von GAMMS Standardwerk „Führung und Verführung" (GAMM 1964, 1984[2]) über eine zweibändige Ausgabe, die im Auftrag der „Deutschen Gesellschaft für Erziehungswissenschaft" herausgegeben wurde (HEINEMANN 1980) bis zur bereits erwähnten jüngsten Veröffentlichung von Ulrich HERRMANN (1985, vgl. auch die Gesamtdarstellung von SCHOLTZ 1985).

Wolfgang KEIM (1986, 345) faßt seinen Eindruck einer Literaturübersicht zur „Pädagogik des Nationalsozialismus" so zusammen: „Die auf-

---

4) REICHWEIN, Adolf (1898–1944), aus der „Wandervogel"-Bewegung kommend war zunächst führend am Aufbau der Thüringer Volkshochschule beteiligt, ab 1929 persönlicher Referent des preußischen Ministers für Wissenschaft, Kunst und Volksbildung, Carl Heinrich BECKER, ab 1930 Professor für Geschichte und Staatsbürgerkunde an der Pädagogischen Akademie in Halle, 1930 Eintritt in die SPD, 1933 zunächst Beurlaubung und dann Versetzung in das Amt eines Dorfschullehrers nach Tiefensee (Kreis Freienwalde), ab 1939 Leiter der Abt. „Schule und Museum" im Museum für deutsche Volkskunde in Berlin, ab 1938 Kontakte zum Widerstand (Kreisauer Kreis), für den er schulpolitische Konzepte „nach Hitler" entwarf und selbst als möglicher Kultusminister vorgesehen war, ab 1944 auch Kontakte zum kommunistischen Widerstand (Gruppe SAEFKOW-JACOB-BÄSTLEIN), am 4.7.1944 Verhaftung und am 20.10.1944 in Berlin-Plötzensee hingerichtet.

gezählten Titel ... beschränken sich weitgehend auf die Untersuchung des *erfolgreich* verlaufenen nationalsozialistischen Anpassungs- und Unterwerfungsprozesses."

Als Ausnahmen nennt er die Arbeiten zur Exilforschung und verdrängten Reformpädagogik bzw. zur Situation emigrierter Lehrerinnen und Lehrer in anderen Ländern von Hildegard FEIDEL-MERTZ und ihren Mitarbeitern (FEIDEL-MERTZ/SCHNORBACH 1981, FEIDEL-MERTZ 1983, SCHNORBACH 1983) sowie die „relativ gut in Gang" gekommene Adolf-REICHWEIN-Forschung[4)] (HENDERSON 1958, FRICKE 1974, REICHWEIN 1974/1978, HUBER/KREBS 1981, MAX-TRAEGER-STIFTUNG (Hrsg.) 1985).

Erst in allerjüngster Zeit erscheinen - in der Regel als regionale Studien (z.T. über einzelne Schulen) angelegt - Berichte und Dokumentationen über die konkrete Alltagssituation von Lehrern und Schülern „unterm Hakenkreuz", die auch erstmalig durchscheinen lassen, von welcher Widersprüchlichkeit dieser Alltag geprägt war und wie zunehmend auch Lehrerinnen und Lehrer erinnert werden, die „auffielen, weil sie anders waren" (POPPLOW 1980, van EICKELS 1982, UNVERHAU 1983, LEBER/LEIST 1983, LESCHINSKY 1983, ANDRICH/MARTIN 1983, HEITHER/MATTHÄUS/PIEPER 1984, RANDT 1984, EGGERT 1984, WALK 1984, HOCHHUTH 1985, HOCHMUTH/de LORENT 1985, GEUDTNER/HENGSBACH/WESTERKAMP 1985, HORNUNG 1985, KÖHLER 1985, KLATTENHOFF/WISSMANN 1985, LIETZ 1985, PAUL 1985, LEHBERGER/de LORENT 1986, FLESSAU/NYSSEN/PÄTZOLD 1987; vgl. auch die Kapitel „Jugend" und „Schule" in: FOCKE/REIMER 1979).

Hinzu kommen biographische bzw. autobiographische Einzeldarstellungen, die dem Lehrerverhalten während der NS-Zeit besondere Aufmerksamkeit zuwenden, so. z. B. über Kurt ADAMS (BOHN 1982), über Clara GRUNWALD (LARSEN 1985), über Wilhelm HAMMANN (DKP 1984), über Rudolf KLUG (BURGARD/DIERCKS/ZAHRNDT 1982), über Hans LIEBER (HOCH 1982) oder von Elisabeth SIEGEL (1981).

Eine eigene Stellung nehmen hierbei vier weitere Veröffentlichungen ein:

- Zum großen Teil bisher unveröffentlichtes Fotomaterial wurde in dem Bildband „Heil Hitler, Herr Lehrer" über die Berliner Volksschule 1933-1945 zusammengetragen (ARBEITSGRUPPE PÄDAGOGISCHES MUSEUM 1983).
- Eine literarische Alltagsdarstellung der „Schulzeit im Dritten Reich" findet sich in einem Band mit den Erinnerungen deutscher Schriftsteller u. a. von Heinrich BÖLL, Walter JENS, Günter KUNERT, Siegfried LENZ, Wolf-

dietrich SCHNURRE, Carola STERN, die sich – wie keineswegs verwunderlich – häufig auf die Darstellung ihrer „alten Lehrer" konzentrieren (REICH-RANICKI 1982, vgl. auch BRÜCKNER 1980, von der GRÜN 1981 sowie die Literaturauswahl über „Das Dritte Reich im Jugendbuch" von CLOER 1983).

- Schließlich ergaben sich aus dem „Schülerwettbewerb Deutsche Geschichte" über Alltag im Nationalsozialismus zwei Bände, die vor allem dadurch faszinieren, daß die fragenden Schülerinnen und Schüler jeweils die heutige Situation mitreflektieren und auf vielfach überzeugende und keineswegs unhistorische Weise Konsequenzen bedenken (GALINSKI/HERBERT/LACHAUER 1982, PLATNER 1983).
- Es steht zu erwarten, daß die von einzelnen Erziehungswissenschaftlern und Pädagogen erfolgten biographischen Selbstreflexionen über ihre Kindheit und Jugend im Nationalsozialismus (vgl. z. B. HENNINGSEN 1982; von HENTIG 1983; KLAFKI 1983; SCHULZE 1985; EVERS 1984/1987) nicht ohne Folgen für die Diskussion bleiben und sowohl Altersgenossen als auch später Geborene (vgl.BASTIAN 1983) zu ähnlichen Reflexionen anregen werden[5].

Dieser gewissenhafte Exkurs in zugängliche Literatur löst jedoch nicht die eingangs bewußt gewordene Problematik: Würde es für diese Studie noch genügend ehemalige Lehrerinnen und Lehrer geben, die bereits während der NS-Zeit im Schuldienst waren und heute noch für Gespräche zur Verfügung stehen würden?

Die Fülle der aus der Literatur auffindbaren Hinweise auf einzelne Lehrerinnen und Lehrer, die jeweils nach Namen, Ort, Zeit und konkretem Verhalten aufgeschlüsselt auf mehr als 800 Karteikarten archiviert werden, ergeben in ihrer Gesamtheit eher eine Bestätigung der anfänglichen Befürchtung: Entweder sind heutige Anschriften erst gar nicht mehr zu ermitteln oder die Betreffenden sind bereits verstorben.

---

5) Nach Abschluß meines Manuskripts erscheint von Marion KLEWITZ (1987) eine Veröffentlichung unter dem Titel „Lehrersein im Dritten Reich. Analysen lebensgeschichtlicher Erzählungen zum beruflichen Selbstverständnis", die besonders unter dem Aspekt pädagogischer Biographieforschung ein wichtiges „Gegenstück" zu der vorliegenden Studie darstellt: „Das inhaltliche Interesse richtet sich auf das berufliche Selbstverständnis von Lehrerinnen und Lehrer, die im Dritten Reich unterrichtet haben und die weder eine auffallende Karriere aufweisen noch existentiell gefährdet oder nachdrücklich diszipliniert wurden." (KLEWITZ 1987,11). Auch methodisch wird unter dem Focus „berufliches Selbstverständnis" ein anderer Weg pädagogischer Biographieforschung beschritten, der vor allem weitergehende interpretative Zugänge weist.

So gehe ich in einem zweiten Schritt daran, bisher unveröffentlichte Quellen zu erforschen: Zum einen erkundige ich mich an anderen Universitäten bzw. Instituten und Archiven, ob dort möglicherweise Befragungen mit Lehrerinnen und Lehrern in bezug auf ihren Schuldienst nach 1933 durchgeführt wurden oder zur Zeit werden. Dabei stoße ich auf die Projekte dreier Kollegen, die ich daraufhin um nähere Auskunft bitte:

- Der erste Kollege antwortet nach mehreren Wochen, daß er zwar bereits seit längerem ein Gespäch mit einer älteren Lehrerin führt, die sich in der NS-Zeit oppositionell verhalten habe, daß er es aber ablehne, vor Veröffentlichung seiner eigenen Texte Dritten Einblick zu gewähren. Da habe er schlechte Erfahrungen gemacht, und ich müsse Verständnis haben. Ich habe es nicht, erfahre aber trotzdem nichts Näheres und warte seitdem auf seine Veröffentlichung. Dieses Verhalten sei eher normal im Wissenschaftsbetrieb, sagen mir andere. Oppositionell ist es sicher nicht.

Ganz anders verhalten sich die beiden anderen Kollegen:
- Zum einen handelt es sich um das Projekt „Lehrerlebensläufe" von Bruno SCHONIG u. a. an der PH (später TU) Berlin aus den Jahren 1979–82, die im Rahmen einer Projektgruppe „Lebensgeschichten" von alten Berliner Lehrerinnen und Lehrern mit diesen gemeinsam erstellten und bearbeiteten, wobei jeweils auch die Phase der NS-Zeit thematisiert wird, jedoch nicht als Schwerpunkt.

- Zum anderen handelt es sich um das Projekt „Lehrerbefragung zur NS-Zeit" von Wolfgang POPP und seinen Mitarbeitern der Universität/Gesamthochschule Siegen aus den Jahren 1981–83, das sich zwar schwerpunktmäßig dem NS-Schulalltag widmet (ohne besondere Berücksichtigung oppositionellen Verhaltens), aber dabei nur wenig biographische Akzente setzt, die Auskunft über die Lebensgeschichte des Einzelnen geben könnten. Zudem sind alle transkribierten Interviews anonymisiert.

---

[6] SCHONIG, Bruno u. a.:Projekt Lehrerlebensläufe an der PH Berlin bzw. am Institut für Sozialpädagogik/TU Berlin, Berlin 1979–82. Vgl. auch: Berliner Projektgruppe „Lehrerlebensgeschichten" (Hrsg.): Lehrerlebensgeschichten 1–6, Berlin 1981–83; über GEW Berlin, Ahornstr.5, 1000 Berlin 30. Sowie: du BOIS-REYMOND/SCHONIG 1982.

POPP, Wolfgang u. a.: Lehrerbefragung zur NS-Zeit – Projekt am FB Sprach- und Literaturwissenschaften der Universität/Gesamthochschule Siegen 1981–83.

Insgesamt handelt es sich bei beiden Projekten um 35 interviewte Lehrerinnen und Lehrer, von denen allerdings nur wenige als oppositionell im hier definierten Sinne charakterisiert werden können. Trotzdem ist die Lektüre ungemein hilfreich, was das Gewöhnen an bestimmtes Vokabular, gewisse wiederkehrende Argumentationsmuster, nicht zuletzt auch die Gesprächsatmosphäre und das Interviewerverhalten angeht. Beiden Kollegen verdanke ich viel[6]. In Teil II werden mit freundlicher Genehmigung bestimmte Gesprächsausschnitte ausführlicher dokumentiert werden, wenn es darum geht, aus unterschiedlichen Mosaiksteinen gleichsam eine „atmosphärische Zeitleiste" der Jahre 1933–45 zu legen.

Nach diesen Vorarbeiten entschließe ich mich zu einer gezielten Anzeigenaktion, mit der vor allem bislang nicht bekannte Lehrerinnen und Lehrer ausfindig gemacht werden sollen. Ich stelle mir vor, daß es sinnvoll sein müsse, mindestens in vier Feldern mir bekannt gewordenen oppositionellen Verhaltens nachzuforschen, um zu notwendig differenzierenden Aussagen kommen zu können:

- das Feld der jüdischen Lehrerinnen und Lehrer, auch derer, die durch NS-Rassengesetze erst dazu „gemacht" wurden;
- das Feld der christlichen Lehrerinnen und Lehrer, unabhängig davon, ob sie sich einer der beiden großen Kirchen zugehörig fühlten oder eher in einer kleinen Gruppe oder individuell in ihrer Art des Glaubens Orientierung für oppositionelles Verhalten fanden;
- das Feld der eher aus pädagogischer Verantwortung motivierten Lehrerinnen und Lehrer, die sonst – zumindest bewußt – keine politische, weltanschauliche oder religiöse Orientierung für ihr Handeln nennen konnten;
- das Feld der sich politisch verstehenden Lehrerinnen und Lehrer, unabhängig davon, ob sie selbst vor 1933 in Parteien oder Gewerkschaften engagiert waren oder eher aus der Ferne mit ihnen sympathisiert hatten.

Für diese Suchaktion werden zwei Anzeigentexte entworfen.
Text A lautet:

LEHRERINNEN UND LEHRER IM NATIONALSOZIALISMUS

Der aufrechte Gang – Oppositionelles Verhalten von Lehrerinnen und Lehrern in Deutschland von 1933 bis 1945 – so heißt ein von der Max-Traeger-Stiftung gefördertes 2jähriges Forschungs- und Buchprojekt. Es werden dringend bisher nicht oder nur unvollständig veröffentlichte Erfahrungsberichte ehemaliger Lehrer, Schüler oder Eltern aus jener Zeit benötigt, die Zeugnis von jenen wenigen- und nicht selten vergessenen-Kolleginnen und Kollegen ablegen können, die damals widerstanden, sich im Schulalltag verweigerten oder Hilfe für andere waren.

Bitte helfen Sie mit und schreiben Sie so kurz oder ausführlich, wie Sie es für angemessen halten:

1. *Woher kennen Sie den betreffenden Lehrer bzw. die Lehrerin ?*
2. *Wann und wo handelte der Lehrer bzw. die Lehrerin in positiv-oppositioneller Weise ?*
3. *Was tat der Lehrer bzw. die Lehrerin und welche Konsequenzen – soweit bekannt – resultierten daraus ?*
4. *Wie beurteilen Sie heute dieses Handeln von damals ?*

Auch wenn Sie selbst keine positiven Ausnahmen erinnern, sich aber als jemand, der die Zeit als Schüler oder Lehrer miterlebt hat, äußern wollen, ist dies willkommen.

Für Rückfragen steht Ihnen gern zur Verfügung: (Anschrift).

Die Anzeige A erscheint im Herbst 1985 in mehreren bundesdeutschen pädagogischen Fachzeitschriften, dem Bundesorgan sowie den Landeszeitungen der Gewerkschaft Erziehung und Wissenschaft (GEW), den Informationsblättern der „Arbeitsgemeinschaft verfolgter Sozialdemokraten" (AVS) und des „Studienkreises zur Erforschung und Vermittlung der Geschichte des deutschen Widerstandes 1933–1945 e.V.".

Text B lautet:

GAB ES AUSNAHMEN AN DEUTSCHEN SCHULEN?

Für eine erziehungswissenschaftliche Forschungsarbeit werden Erfahrungsberichte ehemaliger Schüler oder Eltern gesucht, die nach 1933 an Schulen in Deutschland Lehrer erlebten, die sich nicht dem Strom entsetzlicher Einigkeit anpaßten, sondern widerstanden und sich gegenüber jüdischen Schülern hilfreich verhielten. Diese wenigen Kolleginnen und Kollegen sind nicht selten vergessen , und doch könnten wir gerade von ihnen lernen.

Bitte schreiben Sie – möglichst unter genauer Angabe von Namen, Ort und Zeit – an: (Anschrift)

Die Anzeige B erscheint in deutscher bzw. englischer Sprache in Jerusalem/Israel (MITTEILUNGSBLATT 9/1985), in London/England (Association of Jewish Refugees in Great Britain – AJR-INFORMATION 9/1985), in New York/USA (AUFBAU vom 27.9.1985) sowie in der bundesdeutschen „ALLGEMEINEN JÜDISCHEN WOCHENZEITUNG" (vom 4.10.1985).

Zusätzlich werden ca. 100 Anzeigentexte mit persönlichem Anschreiben an an der Thematik im weitesten Sinne nahestehende Institute und Archive sowie einzelne Kolleginnen und Kollegen im In- und Ausland gesandt.

Aufgrund der Anzeigenaktion gehen innerhalb von sechs Monaten insgesamt 42 Hinweise auf Text A und 128 Hinweise auf Text B ein. Unter „Hinweis“ wird dabei in der Regel ein Schreiben verstanden, durch das in den meisten Fällen bei Text A jüngere Kolleginnen und Kollegen oder Familienangehörige auf zumeist bereits verstorbene Lehrerinnen und Lehrer aufmerksam machen, die einer Erwähnung in dieser Arbeit wert wären; bei Text B sind dies zumeist Menschen, die während der NS-Zeit in Deutschland Schülerinnen oder Schüler waren und sich dankbar an jene „Ausnahmen“ erinnerten. In keinem Fall meldete sich eine Lehrerin oder ein Lehrer auf eine der Anzeigen, um von sich aus von eigenem positiven Verhalten zu berichten.

Fünf Schreiben hatten eindeutig denunziatorischen Charakter, der sich aber eher auf das Forschungsprojekt selbst bezog, das – wie ein Schreiber formulierte – „einzureihen (sei) in jene Vorhaben, ehemalige Verräter zu Helden zu stilisieren.“

Alle Briefeschreiber erhielten eine persönliche Antwort. In 102 Fällen wurden nötige Rückfragen ausführlich, zum Teil mehrmals und mit Dokumenten versehen, beantwortet.

Damit ist die Materialbasis insgesamt beschrieben, aufgrund derer die für diese Studie ausführlich interviewten ehemaligen Lehrerinnen und Lehrer schließlich doch gefunden und für eine Mitarbeit gewonnen werden konnten. Auf welche Weise konkret eine Kontaktaufnahme erfolgte, ist jeweils den Auszügen aus dem Forschungstagebuch im reflektorischen Anhang eines jeden Gesprächs zu entnehmen.

Es gab rückblickend dabei nicht einen Weg, der sich generell als der zuverlässigste oder sicherste herausstellte, sondern alle Wege – vom ersten Literaturstudium bis zur Suchanzeige – waren notwendig, um zumindest so viele Zeitzeugen zu finden, die notwendig waren, um Differenzierungen leisten zu können und aufmerksam zu sein gegenüber Abweichungen und vorschnellen Generalisierungen.

2. Problem der Objektivität

(Welche Anteile biographischer Erinnerung sind objektiv und welche subjektiv ?)

Zunächst ist vor dem Hintergrund der Forschungsfrage zu bestimmen, welche objektiven und welche subjektiven Anteile biographischer Erinnerung zur Klärung beitragen können.

Der Schwerpunkt subjektiver Erinnerung sollte auf Fragen liegen, die die damalige „Einstellung“ des Zeitzeugen in die Erinnerung zurückholen und die dies zunächst möglichst unabhängig von der heutigen persönlichen Bewertung zu betrachten erlauben:

In welcher beruflichen und privaten Situation befand ich mich damals? Welche Sorgen bedrückten mich – welche Hoffnungen erfüllten mich? Wie war mein Verhältnis zu Freunden und Kollegen, zur Familie und zu Nachbarn? Worin war ich der Mehrheit von ihnen ähnlich – worin unterschied ich mich?

Es ist in der Regel hilfreich, dabei von objektiven Daten – als dem „Gerüst" der Befragung – auszugehen und soweit eine Annäherung an subjektive Einschätzungen und Gefühle zu versuchen, wie es dem Zeitzeugen möglich ist. Dabei ist zu bedenken, daß es gerade ältere Menschen weniger oder gar nicht gewohnt sind, (auch) über Gefühle zu sprechen. Dies erfordert einige Geduld, und zuweilen ist es unvermeidlich, daß sich der Interviewer zwischendurch auch immer wieder allgemeine Bekundungen (z. B. die offizielle Meinung einer Partei oder religiösen Gruppierung) anhört, die aber – nicht selten als Rückversicherung genutzt – dann schließlich doch auch sehr persönliche Aussagen ermöglichen.

Ein alter Kommunist berichtete z. B. nach der ersten Begegnung mit mir einem anderen Genossen erstaunt, daß ich gar nicht nur „Politisches" wissen wollte, sondern auch nach seinen „Gefühlen" gefragt hätte. Das sei ihm im Grunde nicht unangenehm gewesen, zumal er diesbezüglich sich in einem privaten Tagebuch viele Aufzeichnungen gemacht hätte, aber „öffentlich" dazu nie befragt worden sei.

Eine jüdische ehemalige Lehrerin sprach andererseits einmal mehr als zwei Stunden hintereinander nur in Zahlen und Daten von der Vernichtung in Auschwitz, dabei besonders ausführlich, aber gleichsam ohne sichtbare Gefühlsregung von der Situation der Kinder und Jugendlichen im KZ, ihrem Hunger, ihren Krankheiten, ihren Bildern, die sie dort gemalt hatten und unterbrach sich nur einmal während der ganzen Zeit mit der an mich gerichteten Zwischenbemerkung: „Entweder ich spreche so darüber oder gar nicht. Es geht nicht anders. Bitte fragen Sie nicht, was ich dabei fühle."

Der Rückzug auf objektive Daten hat nicht selten eine Schutz- oder Rückzugsfunktion für die Berichtenden, die es in aller Regel zu respektieren gilt.

Hinzu kommt als wesentlicher Umstand, daß die Gruppe der für diese Studie befragten Lehrerinnen und Lehrer selbst ein hohes Interesse an der Aufklärung über die damalige Situation für heutige Generationen hat: „Wenn Sie – die kommende Generation – die Fackel nicht weitertragen, wer soll es dann tun? Auf die Vertreter meiner eigenen Generation hoffe ich nicht mehr!", so formulierten sinngemäß mehrere Gesprächspartner.

Ihr im Laufe des Kennenlernens wachsendes Vertrauen und Bemühen, alle – selbst scheinbar nebensächlichsten – Fakten zu klären, war von größtmöglicher Unterstützung geprägt: Kellerräume wurden nach vor Jahrzehnten weggelegten Dokumenten durchsucht, alte Bücher oder Aufzeichnungen neu gelesen und in keinem Fall wurde die Einsicht in die Personalakte, die nur mit Einwilligung der Betreffenden zulässig ist, bei den zuständigen Schul- oder Kultusbehörden verwehrt.

Es war bzw. wurde zunehmend gemeinsames Interesse, Aussagen und Dokumente zusammenzustellen, die nicht allein durch emotionale Betroffenheit überzeugen, sondern gleichermaßen durch historische Korrektheit und Überprüfbarkeit.

Insgesamt mußte es darum gehen, die lebensgeschichtliche Schilderung so umfassend, vielfältig und ganzheitlich wie möglich darzustellen – objektive und subjektive Anteile biographischer Erinnerung beständig gegeneinander zu „reiben" und aufeinander zu beziehen, ohne daß ihre unterschiedliche Bedeutung und Qualität verschwimmt.

3. Problem der Retrospektive

(Wie wird erinnert?)

Schlüssel zum Lösen des retrospektiven Problems ist die Frage nach der Funktion, die die Erinnerung an damals für heute hat. Damit ist nicht die Motivation gemeint, wie z. B. das eben beschriebene Interesse eines Weitergebens von Erfahrungen an die nachfolgende Generation. Die Funktion, die Erinnerung für die Identität des heute Berichtenden haben kann, umfaßt auch unbewußte Anteile, die nicht ohne weiteres im Dialog zu erschließen sind.

Eine gewisse Annäherung kann trotzdem durch aufmerksames Beobachten bzw. Zuhören erzielt werden:

Spricht der Zeitzeuge eher im „Dienste einer höheren Sache" (wie einer politischen Überzeugung oder eines religiösen Glaubens), um für diese ungelöste Aufgaben voranzutreiben oder ist er eher mit persönlichen Problemen befaßt, die ihn bis heute beschäftigen oder ihm erst heute klar geworden sind? Steht wirklich die NS-Zeit, die zwar für den Interviewer und seine Studie wichtig ist, auch zentral für sein eigenes Leben?

Ist es darin wiederum die Schuldienst-Zeit, die ihn beschäftigt oder möchte er eigentlich über andere nach wie vor stärker belastende Erinnerungen (z. B. aus dem Kriege) berichten?

Wie bedeutsam – auch für spätere Interpretationen – die Beurteilung des Berichts aus der Sicht des Zeitzeugen selbst, aus dem Kontext seines gesamten Lebens, ist, hat mir besonders eindringlich eine ausführliche Schilderung von Hanna SOHST, Jg. 1915, vor Augen geführt, die als jüdische Schülerin am Tag ihrer mündlichen Abiturprüfung erfährt, daß sie nicht zugelassen wird, die noch am selben Tag von SA-Männern bespuckt wird, die dann jahrelang schrecklichste Diskriminierung und Verfolgung bis hin zum Aufenthalt im KZ Ravensbrück durchzustehen hat und die am Ende ihres langen und ausführlichen Berichts mit wenigen Sätzen über die Schrecken einer Ehe schließt, die sie nach 1945 mit großer Hoffnung auf ein neues Leben begonnen hatte:

> „Jetzt ist es so schwer, weiterzuerzählen. Weil ich die geistigen und seelischen Vorgänge bei meinem Mann so schwer zurückverfolgen kann. Weil es auch so absolut unverständlich bleibt, daß nicht in Ravensbrück, sondern in meiner Ehe meine Zerstörung bis zu einem gewissen Punkt gelungen ist.
>
> Das Kapitel Ravensbrück ist abgeschlossen und vorbei. Man hatte es mit einem verbrecherischen System und einer Menge von Verbrechern zu tun. Gegen so etwas konnte man Stellung beziehen und zu überleben versuchen. Ich hatte damals immer gesagt, ich hasse diesen Hitler. Aber heute stellt es sich so dar: ich hasse diesen ... So kann man es doch nicht gleichsetzen!
>
> Was nach 1945 bis zur Scheidung 1974 geschah, worunter ich noch heute leide, wem soll ich das erzählen? Wie soll ich das mit den anderen Teilen der Geschichte meines Lebens zusammenbringen, daß ich sagen kann, das ist die Geschichte?“ (nach KÖHLER 1981^{2}, 262).

Das Problem der Retrospektive besteht genau darin: Raum zu haben und zu geben für die Bedeutung, die Erinnerung für die Betroffenen hat. Nur so ist auch eine Annäherung an ein Verstehen ihrer Funktionen zu erreichen.

4. Problem der Selektivität

(Was wird erinnert?)

Werner FUCHS konstatiert in bezug auf Zeitzeugen-Befragungen zur NS-Zeit (FUCHS 1984, 59 f.):

> „Die Zeit des Nationalsozialismus und die Reeducation ab 1945 haben in Deutschland derart weitreichende Brüche der historischen Kontinuität und der lebensgeschichtlichen Erinnerung bewirkt, daß hier besonders komplizierte Bedingungen der biographischen und historischen Rekonstruktionsfähigkeit vorliegen.
>
> Es ist bekannt, wieviele sich heute kaum an bestimmte Vorgänge erinnern können. Ehemalige Nationalsozialisten können sich z. B. nicht erinnern, was aus jüdischen Mitbewohnern im Mietshaus geworden ist ...
>
> Vergleichbare Probleme der Erinnerung und des Gesprächs gibt es aber auch auf der ‚anderen Seite‘: Gegner des nationalsozialistischen Regimes erinnern sich gut an Widerstand und Unterdrückung, kaum aber an die Kompromisse, die sie eingegangen sind.“

Diese Einschätzung in bezug auf Widerstandskämpfer kann weder durch die Vorarbeiten noch die späteren ersten Befragungseindrücke dieser Studie bestätigt werden. Im Gegenteil fällt auf, wie sehr (selbst gesetzlich anerkannte) Widerstandskämpfer immer wieder die Relativität ihres Handelns betonen:

„Andere haben viel mehr getan!“ – „Ich mußte dann doch in die Partei, weil meine Frau solche Angst hatte ...“ – „Bei dem Kollegen, das war ein Spitzel, da habe ich auch nichts gesagt ...“ – „Ich verdanke mein Leben dem Schweigen einiger Freunde ...“

Auch wird von vielen der Begriff „Widerstand“ immer wieder problematisiert.

Mir scheint beim Problem der Selektivität des Erinnernden in der sozialwissenschaftlichen Forschung nicht selten das der Selektivität des Forschenden selbst hinzuzukommen: Die schroffe Einteilung in Anpassung und Widerstand beispielsweise, das Nicht-Hinhören auf Zwischentöne bzw. das mangelnde Interesse daran, produzierte vermutlich einen gewissen Anteil der von Werner FUCHS benannten Problematik mit.

Zum andern wird hier jedoch auch ein in der Tat psychologisches Problem des Erinnerns berührt: Erinnerungen sind nicht einfach deponiert und abrufbereit, systematisch geordnet und chronologisch darstellbar. Die Regel wird vielmehr durch das Wort vom „Wachrufen“ von Erinnerungen treffend beschrieben.

Zunächst erinnert man sich an ein hervorstechendes Detail, dann an die Umgebung, weitere Personen, die Vorgeschichte und die Folgen, schließlich an ein ähnliches oder ganz anderes Erlebnis viele Jahre davor oder später, das aber doch irgendwie mit dem ersten in Beziehung steht.

Es gibt eine Kontroverse darüber, ob erstmalig und gewissermaßen spontan geäußerte Aussagen von größerem Wahrheitsgehalt seien als solche, die bereits bearbeitet, korrigiert und dann mit heutiger Überlegung neu formuliert wurden. So schwer sich dies generell beantworten lassen mag, so sehr ist es doch auch ein Gradmesser für die Achtung, die ein Interviewer dem Zeitzeugen entgegenbringt, daß er ihm das Recht des Irrtums, der Reflexion, der möglichen Bestätigung oder Korrektur einräumt, anstatt mit der Moral eines Detektivs jeden Fehler sofort als „aufschlußreiche Irreführung“ zu entlarven. Nicht wenige Befragungstechniken, wegen der Effekte auch gern in Fernsehinterviews genutzt, bauen auf diesem Moment auf, erscheinen mir aber für eine gewissenhafte historische Befragung zumeist höchst fragwürdig. Oft wird dann den Befragten gern und schnell Anonymisierung ihrer Aussagen zugesichert, jedoch in vielen Fällen – wie mein Eindruck ist – eher um die gelungenen Effekte zu erhalten anstatt das Problem des

Widerspruchs beispielsweise mit den Betroffenen zu klären, was in der Regel anstrengender und manchmal in der Tat konflikthaltig ist.

Das muß keineswegs heißen, daß zum Schluß eine bereinigte Fassung allein das Ergebnis ist, das veröffentlicht werden darf. Es kann durchaus auch bedeutend sein, diesen Prozeß einer Klärung bzw. seine Grenzen zwischen Interviewer und Zeitzeugen darzustellen. Sicher gibt es Ausnahmen, wo ein solcher Prozeß schwer oder gar unmöglich erscheint, aber im Grunde kann das Problem der Selektivität nur auf diese Weise durchsichtig und auch für eine spätere Interpretation bearbeitbar gemacht werden.

5. Problem der Qualität und Quantität

(Welches Verhältnis besteht zwischen qualitativer und quantitativer Forschung?)

Die wesentlichen Aussagen hierzu sind bereits unter Punkt 1 „Problem der Generalisierung" mitbehandelt worden:

Es ist von vornherein klar, daß zum heutigen Zeitpunkt eine quantitative, gar repräsentative Erhebung unter Lehrerinnen und Lehrern, die während der NS-Zeit im Schuldienst oppositionell handelten, nicht mehr möglich ist, weil die meisten von ihnen bereits verstorben sind.

Gleichwohl ist einsichtig, daß es umgekehrt nicht ausreicht, dann eben nur noch „das zu befragen, was man kriegen kann", sondern selbst bei einer kleinen oder kleinsten Auswahl, dieselbe doch begründbar sein muß, will man zu irgendwelchen Aussagen kommen, die über das möglicherweise originelle Erzählen von Geschichten hinausgehen. Eine Auswahl der „Grundmuster" habe ich unter Punkt 1 anhand der subjektiven Motivation der Betroffenen in vier Feldern dargestellt und begründet.

Zwar wäre auch die ausführliche Befragung eines einzelnen Lehrers bzw. einer einzelnen Lehrerin für die historische Forschung bedeutsam. Ein solches Vorgehen kann aber nicht die Möglichkeit einer vergleichenden Studie ersetzen, zumal – und dies ist im vorliegenden Projekt der entscheidende Grund – man davon ausgehen muß, daß eine vergleichende Fragestellung auch unterschiedlicher Bedingungen in wenigen Jahren nicht mehr möglich ist, weil dann alle Vertreter dieser Generation der zwischen 1895 und 1915 Geborenen verstorben sein werden.

6. Problem der kommunikativen Forschungssituation

(Welches Verhältnis besteht zwischen Forscher und Zeitzeugen?)

Die formulierte Prämisse, daß „so viel Partnerschaft angestrebt werden sollte, wie möglich ist, ohne das Forschungsergebnis wissentlich zu verfälschen", wird vor allem auf zwei Ebenen bedeutsam: die der Befragungssituation selbst sowie die der Erstellung der schriftlichen bzw. zu veröffentlichenden Fassung des Interviews.

Für die Befragungssituation erscheint mir die Methode des teilstrukturierten „narrativen (= erzählenden) Interviews" am besten geeignet, um eine möglichst wenig künstliche oder gar hierarchische Gesprächssituation herzustellen. Unter Berufung auf Fritz SCHÜTZE (1977, 1982) definiert Werner FUCHS (1984, 182) dieses Verfahren in drei Punkten:

„– Der Befragte erhält Gelegenheit, seine Lebensgeschichte so vorzustellen, wie er dies auch im Alltag tun würde – als Erzählung.
– Der Interviewer respektiert die Höflichkeitsregel, die in vielen Fällen biographische Kommunikation des Alltags bestimmt: Er nimmt den Befragten als Experten in der Sache an; er verletzt nicht die Vorschrift, daß niemand besser über seine Lebensgeschichte Bescheid weiß als derjenige, der sie erlebt hat.
– Auch in der anschließenden Nachfragephase des Interviews hält sich der Interviewer an Alltagsregeln: Daß Fragen an die lebensgeschichtliche Erzählung eines anderen vorsichtig, immanent, ohne gewaltsamen Interpretationsvorschlag von außen gestellt werden sollte(n), soll nicht eine Kommunikationskrise riskiert werden."

Gemäß dieser Vorgabe sind einige weitere Schritte im Interviewerverhalten vorab zu bedenken:

- Ich war in der Lage, als Kollege den Zeitzeugen begegnen zu können. Nicht selten vereinfachten so allgemeinpädagogische Gespräche das erste Kennenlernen, und viele hatten den Eindruck, mich schon ein Stück besser zu kennen, wenn ich etwas von meiner eigenen Schularbeit berichtet hatte.

- Die Wahl des Ortes der Begegnung überließ ich grundsätzlich den Zeitzeugen. Ich bot immer an, selbstverständlich zu ihnen nach Hause zu kommen, signalisierte aber auch Bereitschaft mich an einem neutralen Ort (z. B. einem Restaurant) oder bei mir zu Hause oder in der Universität zu treffen. Die meisten luden mich zu sich nach Hause ein, einigen war ein neutraler Ort für die erste Begegnung wichtig. Bei späteren Begegnungen nahmen auch einige Einladungen zu mir nach Hause ein. In der Universität wollte sich keiner treffen.

- Fragen nach der Finanzierung des Projektes beantwortete ich stets wahrheitsgemäß, zumal bei der Information über meine zweijährige

Beurlaubung vom Schuldienst „ohne Bezüge" stets die Frage kam: „Und wovon leben Sie jetzt?"

Die Auskunft über den zweijährigen Werkvertrag mit der gewerkschaftsnahen Max-Traeger-Stiftung löste bei manchen kollegiale Zustimmung und Anerkennung aus, daß die Lehrergewerkschaft GEW solche Aufgaben unterstützen würde, bei anderen keine sichtbare Reaktion, bei wenigen eine Spur von Mißtrauen, ob einer möglichen „politischen Färbung" des Forschungsprojektes. In der Regel kommentierte ich keine der Reaktionen, sondern beantwortete weiter alle Fragen zur Entstehung und zum Inhalt des Projektes, vor allem die häufig gestellte Frage, wer noch alles interviewt werden würde, soweit dies vom Zeitzeugen gewünscht wurde.

Es erfolgte an dieser Stelle häufig eine Information darüber, daß ich (leider) keine Mitarbeiter hätte, sondern dieses Projekt allein durchführen würde. Für manche der Zeitzeugen schien die Tatsache, daß zunächst keine Dritten beteiligt seien, eher angenehm und erleichternd zu sein.

- Von mir aus wurde allen Gesprächen die Information vorangestellt, daß nichts veröffentlicht werden würde, wozu der Betreffende nicht seine schriftliche Einverständniserklärung gegeben habe. Dies wäre dadurch sichergestellt, daß ich nach jedem Gespräch eine schriftliche Fassung von den mir wichtigsten Auszügen des Gesprächs erstellen und dem Zeitzeugen zusenden würde. Dann könne man sich selbstverständlich erneut treffen zum Ergänzen und Überarbeiten, bis beide Seiten meinen würden, daß der Text „reif" für eine Veröffentlichung sei.
- Für die Aufzeichnung eines Gesprächs war ich stets mit Tonband und Schreibblock präpariert, wobei die Wahl letztlich der Zeitzeuge selbst hatte: Einige lehnten eine Tonband-Aufzeichnung ab, was ich zwar bedauerte, aber stets respektierte.
- Da in der Regel bereits bei der ersten Kontaktaufnahme das Kriterium des „oppositionellen Verhaltens" angesprochen worden war, fing ich die Gespräche nach der „Anwärmphase" zumeist mit Fragen nach einfachen biographischen Daten an, die dann später zu einem lückenlosen Lebenslauf ergänzt werden konnten.
- Sodann hatte ich eine Auswahl von Leitfragen vorbereitet, die in beliebiger Reihenfolge gestellt werden konnten, aber immer folgende Schwerpunkte abdecken sollten:
  - Eigene Schulzeit,
  - Lehrerausbildung,
  - Lehrererfahrungen vor 1933,
  - Lehrererfahrungen 1933–45,
  - Die Zeit nach 1945.

Schwerpunkt war der Bereich „Lehrererfahrungen 1933–45", bei dem ich in der Regel von allgemeinpolitischen Ecksteinen (z. B. „Machtergreifung", Rassengesetze, Olympische Spiele, Reichspogrom-Nacht, Kriegsbeginn, Stalingrad, Kriegsende) über schulpolitische Ecksteine (z. B. Gesetz zur Wiederherstellung des Berufsbeamtentums, Hitlergruß, Rassenkunde, Hitlerjugend, Schulungen für Lehrer, Schulverbot für jüdische Schüler, Schule im Krieg) bis hin zu persönlichen Ecksteinen (Examen, erste Anstellung, das Kollegium, der Schulleiter, eigene Familie, Freunde, konkrete Konflikte) fragend vorging.

Diese Leitfragen wurden in allen Gesprächen ähnlich gestellt: Möglichst kurz und präzise und ohne besondere Wertung, eher als Impuls statt als bohrende Frage formuliert.

- Die Gespräche waren dann zu Ende, wenn der Zeitzeuge erschöpft war oder nichts mehr zu erzählen wußte. Keinesfalls wurde ein Gespräch abgebrochen, weil ich meinte, nun „genug" zu wissen. Bei wenigen Treffen, wo ich terminlich gebunden war, gab ich dies von vornherein bekannt, um spätere Kränkungen wegen eines möglicherweise unerwarteten Abbruchs des Gesprächs zu vermeiden.

7. Problem der theoretischen Orientierung

(Welcher theoretische Bezugsrahmen steht zur Verfügung?)

An dieser Stelle kann noch nicht ein vollständiger theoretischer Bezugsrahmen gegeben werden, sondern eher die Richtung und der Prozeß seines Entstehens:

Die Kenntnis faschismustheoretischer Texte bzw. ihrer Diskussion (vgl. KÜHNL 1977/1979) schien mir ein zunächst unangemessenes Instrumentarium zu sein. Ich empfand eine latente Versuchung, die gesellschaftlichen Auswirkungen ökonomischer Interessen gleichsam bis zu den Individuen durchzudeklinieren, sozusagen nur noch nach Bestätigungen der „verführten Subjekte" in diesen selbst und in ihren Aussagen zu suchen. Im Gegenteil war ich jedoch neugierig auf die Unterschiedlichkeit von einzelnen Menschen in einem „gleichgeschalteten" System, ohne deshalb auf besonders skurrile oder originelle Geschichten aus zu sein.

Einfache und zugleich fundamentale Bedingung meiner „kritischen Theorie" war die Möglichkeit des Nachvollziehen-Könnens des mir Geschilderten. Dafür war ich zu einigem bereit, aber ich wollte keinesfalls irgendetwas glauben müssen oder als unverständlich hinnehmen.

So lernte ich den Mut zu achten, den die Studienrätin Helene HEDDE aufbrachte, als sie sich – eher konservativ und weitgehend unpolitisch erzogen – dazu entschloß, vor ihr Kollegium zu treten und die drohende Entlassung als „vierteljüdische“ Lehrerin nicht einfach hinzunehmen. Und mein Herz ist schwer, als ich sehe, wie sie Tränen in den Augen hat, als sie nicht weiß, bis heute nicht weiß, wie sie das Schicksal der jüdischen Schülerinnen ihrer Klasse hätte ändern können.

Und ich entschließe mich andererseits dazu, einen 85jährigen ehemaligen Studiendirektor, der nachweislich einem jüdischen Schüler noch 1938 zum Abitur verholfen hat, nicht mit in diese Dokumentation aufzunehmen, weil ich das Opportunistische dieser Verhaltensweise angesichts der Bedingungen in seiner Schule damals und bei einem ansonsten bis heute nicht abgelegten Rassismus nicht übersehen kann. Wenn eine menschliche Haltung zuerst der eigenen Absicherung dient, dann ist sie glücklicher Zufall, aber kein aufrechter Gang, den es zu lernen gilt.

Solche und andere subjektive Wertungen meinerseits fließen zweifellos in die gesamte Studie mit ein. Um sie auf einem möglichst durchschaubaren Maß zu halten, entschließe ich mich, das Problem der theoretischen Orientierung ein Stück weit „veröffentlichungstechnisch“ zu lösen:

Meine Vorannahmen fließen in Teil I nur insoweit ein, wie sie notwendig sind, um die Auswahl und Form der Befragung sowie die Entstehung der Dokumente zu begründen und zu veranschaulichen. Ich bemühe mich dabei um eine möglichst authentische und zusammenhängende Darstellung, die jeweils ergänzt wird durch deutlich davon getrennte subjektive Wahrnehmungen („Reflexionen“) über Kontaktaufnahme, Gesprächsverlauf und weitere Entwicklung im persönlichen Verhältnis zu den Befragten.

Diese Dokumente bilden dann die Folie, vor deren Hintergrund erst in Teil II weitere historische Dokumente zu einem deutenden („interpretierenden“) Raster geordnet werden. Davon erhoffe ich mir eine größere Offenheit in der Aufnahme der Zeitzeugen-Berichte, als wenn sie erst – sozusagen nach erkenntnistheoretischer Schulung durch den Autor – gelesen werden dürften.

Dieses Vorgehen entspricht auch meinem eigenen Bemühen, so offen und aufmerksam wie möglich den Berichten der Zeitzeugen zuzuhören – und auf das zu achten, was sie bei mir auslösen.

8. Problem der Anwendbarkeit

(In welchem Verwendungszusammenhang ist die Studie angesiedelt?)

Bei der Erstellung der schriftlichen Fassung der Gespräche experimentierte ich anfänglich mit unterschiedlichen Verfahren der Transkription:

Unter großem Aufwand tippte ich zunächst wörtlich stundenlange Bänder ab, war mir aber bald klar, daß ich zu solchen Texten nie die Zustimmung der Betroffenen erhalten würde, unabhängig davon, ob sie so je von einem Dritten gelesen, geschweige denn verstanden werden könnten.

Es ist ein Faktum, daß gesprochene Sprache, wenn sie wörtlich niedergeschrieben wird, eine gänzlich andere Qualität erhält: Sie wirkt zerhackt, langatmig, wiederholend, verstümmelt, nur in Ausnahmefällen lebendig. Es handelt sich bei Gesprächen mit Zeitzeugen eben in aller Regel nicht um das Abfragen von Politikerstatements (wobei selbst solche professionellen Interviews nicht selten eine redaktionelle Überarbeitung erfahren).

Um die wichtigsten Aussagen und die Gesprächsatmosphäre gleichermaßen zu erhalten, bedarf es nicht eines schlichten Übertragungsvorganges, sondern eines Übersetzungsprozesses:

So schrieb ich die mir wichtigsten Aussagen der befragten Lehrerinnen und Lehrer in einer von groben Sprachunebenheiten und -mißverständlichkeiten bereinigten Fassung auf einen lesbaren Umfang zusammen und sandte diesen Text den Betreffenden zu. In der Regel waren dann zumindest ein weiteres, in einigen Fällen auch mehrere ausführliche Treffen erforderlich, in denen noch immer bestehende Mißverständnisse geklärt, inzwischen neu Eingefallenes ergänzt und „allzu Privates“ wieder gestrichen wurde.

Auch war hier noch einmal Raum, jene Fragen zu stellen, die mit einer Veröffentlichung zu tun haben:

Wer liest das Buch später vermutlich? Habe ich durch meine Aussagen jemanden unnötig verletzt oder kann ich selbst angegriffen und verletzt werden? Traue ich mir solche möglichen Folgen zu oder wäre es eine Überforderung?

Diese „redaktionellen Sitzungen“ hatten keineswegs nur Korrekturfunktion für den Text: Das Kennenlernen hatte plötzlich auch faktisch die Ebene von zwei Kollegen, die um einen Text, ja manchmal um einzelne Wörter miteinander ringen. Dabei war immer klar, daß das letzte Wort der Zeitzeuge haben solle – aber wieviel an Hintergründen, an möglichen Interpretationen wurde in diesen Gesprächen deutlich! Wenn dann tatsächlich ein Absatz, der mir wichtig gewesen war, nach gründlicher Diskussion gestrichen werden mußte, dann hatte ich dafür doch viel in der Diskussion gelernt.

Damit dieser wichtige Prozeß für die Dokumentation selbst nicht verloren geht, entschloß ich mich schließlich dazu, Auszüge aus meinem von Anfang an geführten Forschungstagebuch, in das ich alles, was mir irgendwie während des Projektes auf- oder einfiel, eintrug, im Anhang eines jeden Gesprächs zu veröffentlichen. Dadurch konnte ich auch meine in der Regel ähnlichen und wiederkehrenden Fragen während der Interviews in der schriftlichen Fassung letztlich weglassen und dadurch die Texte noch geschlossener wiedergeben.

So gliedert sich schließlich jeder Bericht der interviewten Lehrerinnen und Lehrer in sechs Teile:

1. Lebenslaufdaten.
2. Text des Zeitzeugen.
3. Anmerkungen zum Text, die sich ausschließlich auf Informationen über historisch überprüfte Tatbestände oder Zeitgenossen beziehen.
4. Fotos des Zeitzeugen von damals und heute.
5. Dokumente aus der Zeit 1933–45.
6. Reflexion des Interviewers zum Gespräch: Übersicht über Art und Umfang der Begegnungen, Kontaktaufnahme, erste Begegnung, Gesprächseindrücke, weitere Entwicklung.

Der Erhebungszeitraum für alle Texte erstreckte sich von März 1985 bis März 1987. Damit ist der Zeitraum von der ersten Kontaktaufnahme bis zum Abschluß der gemeinsamen Textarbeit gemeint.[7)]

[7)] Sämtliche Rohmaterialien (Tonbandaufzeichnungen, Korrespondenzen usw.) sind für weitere Forschungszwecke prinzipiell zugänglich über den Autor Lutz van Dick, Universität Hamburg, FB Erziehungswissenschaft, c/o Prof. Dr. Herbert Gudjons, von-Melle-Park 8, 2000 Hamburg 13).
Ausnahmen bilden lediglich jene Materialien, bei denen einzelne Zeitzeuginnen bzw. -zeugen dies ausdrücklich nicht wünschten.

3. Forschungsdokumente: Zeitzeugenberichte von Lehrerinnen und Lehrern (Jg. 1895–1915)

„Wie werden die 'versunkenen Erfahrungen'
bewußt?
Indem wir lernen,
die Rätsel unserer Lebensgeschichte
im Kontext
der Geschichte unserer Gesellschaft
zu lösen, und zwar im Detail
und indem wir der Reflexion vertrauen,
solange sie
Erfahrung und Objektivität fühlbar vermittelt.
Das, vor allem, ist kritische Theorie.“

Peter BRÜCKNER (1980, 88)

3.1 Helene Hedde (Jg. 1895), Ahrensburg bei Hamburg: Als „vierteljüdische“ Studienrätin an großstädtischem Gymnasium (bis 1937)

1895:	Geboren in Hamburg-Harvestehude
1916:	Abitur an der Klosterschule Hamburg
1916–1923:	Studium von Erdkunde, Geschichte und Deutsch in Marburg, Jena und Hamburg
1926–1933:	Studienrätin p.a. an der Klosterschule Hamburg
1933–1937:	Studienrätin p.a. an der Helene-Lange-Oberrealschule/ Hamburg
Dez. 1937:	Entlassung als „Vierteljüdin“ (jüdischer Großvater)
1938:	Vier Monate Besuch der Handelsschule als Schülerin, Arbeit als Buchhalterin in einer Buchhandlung
1938–1945:	Verwaltungs- und Fürsorgearbeiten in der Anstalt des Diakonischen Werkes für behinderte Menschen Anscharhöhe/Hamburg
1946–1957:	Studienrätin an der Charlotte-Paulsen-Schule in Wandsbek/Hamburg bis zur Pensionierung mit 62 Jahren
1960–1966:	Bildungs- und Sozialarbeit im Rahmen des Müttergenesungswerkes

Elternhaus

Mein Vater (Jahrgang 1851) war ein angesehener Arzt in Hamburg. Er kümmerte sich sehr um die Ausbildung seiner fünf Kinder: zwei Söhne und drei Töchter.

Ich gehörte 1916 zum 1. Abiturientinnen-Jahrgang an der Klosterschule. Meine Brüder sind beide im 1. Weltkrieg gefallen, nachdem sie gerade ihre Ausbildung als Jurist und Mediziner beendet hatten. Meine beiden Schwestern und ich wurden allesamt Lehrerinnen.

Über Politik wurde bei uns zu Hause nicht geredet. Während der Weimarer Republik wählten wir alle die Deutsche Volkspartei (DVP)[1]. Die Deutschnationalen waren uns dann doch zu nationalistisch, da war die DVP liberaler. SPD kam aber nicht in Frage.

Mein Vater hatte selbst an keinem Krieg teilgenommen: 1870/71 hatte er sich freiwillig gemeldet, war aber abgelehnt worden, weil er so schmächtig war. Später war er dann schon zu alt, um noch eingezogen zu werden. Wir Kinder hatten eine schöne Kindheit. Wir lebten am

Grindelberg in eigenem Haus mit Garten und wunderschönen Bäumen in guten Verhältnissen. Eine Mitschülerin von mir an der Klosterschule war übrigens Elisabeth FLÜGGE[2)], die während der Nazizeit ja vielen jüdischen Kindern hat helfen können. Wir haben sie damals aus den Augen verloren, aber als sie dann nach dem Kriege für ihr Verhalten vom israelischen Staat geehrt worden ist, und alle Zeitungen davon berichteten, da habe ich mich gefreut von ganzem Herzen und ihr sofort geschrieben. Wir waren dann noch befreundet bis zu ihrem Tode 1983.

Noch vor 1933 war ich mit meinem Freund auf Nazi-Versammlungen gewesen, weil ich mir ein eigenes Urteil bilden wollte. Ich weiß noch, wie ich da zu meinem Freund gesagt habe: „Du – läuft das nicht alles auf Krieg hinaus? Er will doch den Versailler Vertrag beseitigen!". Daß mich persönlich der Nationalsozialismus bald ungeheuer betreffen sollte, das ahnte ich damals noch nicht.

Nie vergessen werde ich dann den Schock an jenem Abend des 12. April 1933 – wir hatten da eine kleine Feier im Hause – als ich in der Zeitung las, was das überhaupt sein sollte: Vollarisch! Es war eine furchtbare Erkenntnis, als mir klar wurde, daß dies auf uns, auf unsere Familie zutraf: Der Vater meiner Mutter, mein Großvater, war ein Jude – somit war meine Mutter eine „Halbjüdin" und wir Kinder „Vierteljuden" im Nazi-Sprachgebrauch.

Ich war so erschrocken, daß ich an jenem Abend kein Wort der Familie sagen konnte. Erst am nächsten Morgen haben wir dann alle darüber gesprochen und gesagt: Das müssen wir klären! Da gibt's kein Verschweigen, da stehen wir zu!! Ich sehe noch meine arme Mutter vor mir, die immer wieder sagte: „Von meinem Vater könnt ihr gar keine schlechten Eigenschaften haben, denn er hatte keine!" Für sie war das alles am schlimmsten. Sie hat diese Kränkung und Entehrung nicht verwinden können. Es hat sie wirklich umgebracht. Mutter bekam schwere Herzkrämpfe und starb am 23. Dezember 1933, einen Tag vor Weihnachten . . .

Aber sie war doch beruhigt über unser Schicksal, weil sie noch nicht wußte, was vier Jahre später geschah. Unser Vater war bereits 1927 gestorben.

[1)] DVP (Deutsche Volkspartei), gegründet 1918 von Gustav STRESEMANN (1878–1929), Zusammensetzung: besitzendes, national gesonnenes Bürgertum (vor 1918 Nationalliberale Partei), unter STRESEMANN als Parteivorsitzendem (von 1923–1929 Außenminister) positive Einstellung zum Staat, nach seinem Tode deutliche antidemokratische Tendenzen, bald darauf Zerfall und Übergang der Mehrheit der Mitglieder zu den Rechtsparteien DNVP und NSDAP (nach GÖBEL 1984, 31–32).

[2)] FLÜGGE, Elisabeth (1895–1983)f., vgl. Kapitel I 3.5.

Erfahrungen als Lehrerin in der Schule (bis 1937)

Ich selbst war seit 1926, also seit meinem 31. Lebensjahr als außerplanmäßige Studienrätin an der Schule tätig, an der ich 10 Jahre vorher selbst als Schülerin mein Abitur abgelegt hatte.

Ich war glücklich dort als Lehrerin in einem wunderbaren Kollegium. Es waren meine schönsten Lehrerjahre. Als Klassenlehrerin hatte ich zumeist die 12–14jährigen Mädchen. Ganz reizende Kinder. Noch heutzutage haben wir „Klassentage“ mit meiner ersten Klasse, die Mädchen waren damals 10 Jahre alt. Vor einigen Jahren haben wir 50jähriges Jubiläum gefeiert. Stellen Sie sich mal vor, die Schülerinnen sind heute alle über 60 Jahre alt . . .

Als ich dann also in der Zeitung gelesen hatte, daß ich nicht „vollarisch“ wäre, da bin ich dann – bevor irgendein Schreiben gekommen war – auf der nächsten Konferenz, die wir im April 1933 hatten, aufgestanden und habe das Kollegium gefragt: „Es herrscht ja jetzt in Deutschland eine neue Einstellung. Und bei mir ist das nun so und so. Darf ist jetzt eigentlich noch kommen – oder wie ist das?“

Da war eine ganz klare Meinung im Kollegium: „Ja, wieso denn nicht? Das gibt es nicht an unserer Schule!“ Und dann sind mehrere Kollegen höchstpersönlich und sofort zur Schulbehörde gegangen und sind für mich eingetreten. Auch meine Mutter, meine Schwestern und ich machten Eingaben an die Behörde, in denen wir erwähnten, daß unser Vater 50 Jahre ein anerkannter Arzt in Hamburg gewesen wäre und daß unsere beiden Brüder im 1. Weltkrieg für Deutschland gefallen seien. Das könne deshalb ja wohl auf meine Schwestern und mich nicht zutreffen.

Auf diese Eingaben hin kam dann ein paar Tage später der zuständige Oberschulrat Dr. MÜHE[3] zu meiner Mutter nach Hause – er kannte unsere Familie gut, meine beiden Schwestern waren, wie gesagt, auch Lehrerinnen geworden – und sagte zu meiner Mutter: „Wissen Sie, verehrte Frau Doktor, an uns liegt es nicht. Das kommt alles aus Berlin!“ Und dann fügte er hinzu, daß wir vorläufig im Amt bleiben könnten, aber mit einigen Änderungen rechnen müßten. Das hieß für mich und meine Schwestern, daß wir nicht mehr fest angestellt werden würden, aber das war uns eher egal.

---

[3] MÜHE, Theodor (1875–1962), Prof. Dr., ab 1904 Studienrat in Hamburg, ab 1919 Schulleiter, 1932 Verleihung der Amtsbezeichnung „Professor“, ab 13.3.1933 Ernennung zum Oberschulrat, am 1.5.1937 Eintritt in die NSDAP, am 25.6.1945 Entlassung auf Anordnung der Militärregierung, am 27.9.1945 Versetzung in den Ruhestand mit geregeltem Pensionsanspruch (nach schriftl. Auskunft des Staatsarchivs Hamburg vom 10.2.1986).

Dann, im Herbst 1933 wurde ich versetzt an die Helene-Lange-Oberrealschule. Das war dann doch ein schwerer Abschied von meinem alten Kollegium, denn an der neuen Schule wehte ein anderer Wind.

Das waren auch dort nicht einmal die Mehrheit der Kollegen, sondern vor allem der Nazi-Schulleiter G. sowie zwei fanatische Kolleginnen. Die beiden gingen immer zu allen möglichen Versammlungen und waren dauernd aktiv. Als ich gerade an die Schule gekommen war, fragte mich eine von beiden auch, ob ich nicht der NS-Frauenschaft beitreten wollte. Da wußte sie noch nicht, wieso ich versetzt worden war. Es waren halt so richtige Aufsteigerinnen. Eine sagte auch öfter: „Ich sterbe nicht als Studienrätin." Sie rechnete sich noch eine größere Parteikarriere aus.

Wenn Sie mich jetzt nach Namen fragen, dann möchte ich die nicht nennen. Wissen Sie, die waren damals eben so ergriffen von der Zeit. Sie konnten privat sogar manchmal ganz nett sein. Eine von den beiden fanatischen Nazi-Anhängerinnen ist auch später noch ein ganzes Stück auf Distanz gegangen zum Nationalsozialismus.

Sehen Sie mal, auch der Schulleiter: Das war im Grunde ein einfältiger Mensch. Er baute zum Beispiel im Schulkorridor ein Hitlerbild auf mit Fahnen dran, und jeder, der nun auf dem Flur vorbeiging, mußte also vor dem Hitlerbild den Hitlergruß erweisen. Also sowas!

Jedenfalls war das gar nicht durchführbar. Stellen Sie sich mal vor, wie viele Menschen da jeden Tag vorbeiströmten, die nun alle den Hitlergruß erweisen sollten. Das machte jedenfalls auch kaum einer, und irgendwann hat der Schulleiter die Anweisung dann auch wieder aufgehoben, glaube ich.

Ich war an der Helene-Lange-Oberrealschule für Mädchen vom Herbst 1933 bis zum Dezember 1937. In dieser Zeit starb unser Schulleiter unerwartet, und dann hieß es bei der Trauerfeier: „Ein großer Nationalsozialist ist gestorben ..." Ich hätte nie gedacht, daß er mit solchen Worten gemeint sein könnte. Sein Nachfolger wurde dann Schulleiter L., leider wieder so ein strammer Nazi, aber dieser war einflußreicher.

Ich hatte damals in meiner Klasse drei jüdische Mädchen, die dann aber im Laufe der Zeit alle emigrieren konnten: Die Inge[4], von der Sie

[4] FISHER, Inge (Jg. 1922), Schülerin von Helene HEDDE an der Helene-Lange-Oberrealschule, die sie von 1932–1936 besuchte. Mit 17 Jahren, im August 1939, konnte sie Hamburg mit einem Schiff nach England verlassen. An diesem Tag sah sie auch ihre beiden Eltern zum letzten Mal, die 1942 nach Theresienstadt deportiert wurden, wo sich ihre Spur verlor. Inge FISHER lebt heute mit ihrer Familie in Glasgow/Schottland (nach mündlicher Auskunft von Inge FISHER vom 3.11.1985).

meine Anschrift haben, konnte nach England. Die Eva, ein bildhübsches blondes Mädchen, ging in die Schweiz und die Gabriele ... ach, mein Gott, ich weiß ja gar nicht, was aus der Gabriele geworden ist.

Das war nämlich so: Die Gabriele hat damals in der Klasse so einen Kinderscherz gemacht. Sie hat beim Hitlergruß nicht den Arm gehoben, sondern das Bein. Nicht in meinem Unterricht, sondern zur Begrüßung des Referendaren, der zu seinem Unterricht die Klasse betrat. Wissen Sie, das Mädchen war damals höchstens 12 oder 13 Jahre alt, mein Gott, das war doch nichts als eine Kinderei! Dieser Referendar, also noch nicht einmal ein richtiger Lehrer war das, hat das Kind angezeigt, stellen Sie sich das mal vor!! Und Gabriele ist dann offiziell der Schule verwiesen worden, da konnte ich gar nichts machen. Ist das nicht furchtbar?? Nein, also ... ich sehe das Kind noch heute vor mir ...

Da fällt mir noch etwas anderes Extremes ein: Eines Tages erfuhr ich, daß meine Mädchenklasse zum Singen im Rundfunk ausersehen war. Da waren die jüdischen Schülerinnen auch noch bei uns. Wir konnten wirklich schön singen, einige hatte so bezaubernde helle Kinderstimmen.

Na, wir also hin zum Funkhaus am Rotherbaum, wo heute auch der NDR ist, und da stehen wir schön aufgebaut im Studio, und es soll losgehen, und da sagt plötzlich der Aufnahmeleiter: „Sind hier jüdische Schülerinnen dabei?"

„Ja, sage ich, „die drei hier. " – Da sagt er doch: „Ja, die sollen mal raustreten, die haben hier nicht mitzusingen!" Ach, das wurde immer schlimmer ...

Die durften da nicht mit und dort nicht mit dabei sein. Furchtbar! Zum Beispiel auf Ausflügen konnten sie nicht mit, weil sie ja nicht mehr in Jugendherbergen essen oder übernachten durften. Mein Gott, alles Kinder! Ich weiß noch, wie ich einmal meine zwölfjährigen Mädchen trösten wollte, weil mir selbst das Herz so schwer war, und wissen Sie, was die eine – also ein 12jähriges Kind! – da zu mir sagt? Sie guckt mich ganz ruhig an und sagt:

„Ach lassen sie mal, liebes Fräulein Hedde, es gibt Schlimmeres!"

Im September 1937 muß es etwa gewesen sein, als meine Schwestern und ich wieder dran waren: Da kam eine neue Bestimmung heraus[5)], nach der auch „Mischlinge", wie das damals hieß, nicht mehr an Schulen als Lehrer sein durften. Die jüdischen Schülerinnen waren zu diesem Zeitpunkt alle schon weg von der Schule.

Uns wurde mitgeteilt, daß unsere Beschäftigungen mit dem Ablauf des Jahres endgültig aufhören würden. Es hieß: „Ihre gefallenen Brüder zählen jetzt nicht mehr!"

Meine Schülerinnen waren sehr traurig, auch einige Kollegen äußerten sich empört mir gegenüber und traten auch wieder für mich ein. Sie sagten, daß dies ein Unrecht sei. Es war ja nicht nur die Stellung verloren, sondern der ganze Beruf.

Am 20. Dezember 1937 wurde ich dann auf der Weihnachtsfeier vor dem Kollegium verabschiedet. Als es da unter den Kollegen noch einmal zum Protest darüber kam, daß ich nun gehen müsse, sagte der Schulleiter: Nun wäre es aber genug, denn es bestünde faktisch kein Grund zum Bedauern, denn mir wäre ja kein finanzieller Nachteil entstanden. Das stimmte natürlich nicht, denn ich erhielt nur noch den Bruchteil meines Gehaltes – im Gegensatz zu meinen Schwestern, die gar nichts bekamen.

1938 bis 1945

Ich wollte mich aber nicht unterkriegen lassen. Wissen Sie, was ich als Nächstes tat? Bereits am 3. Januar 1938 saß ich in einer privaten Handelsschule zwischen 14–18jährigen Schülerinnen und machte dort einen viermonatigen Bürokurs mit. Leicht war das natürlich nicht – ich war ja immerhin schon eine 42jährige Frau.

Als nächstes bewarb ich mich bei einer uns seit Jahren vertrauten Buchhandlung am Grindelberg. Ich hätte dort gern im Antiquariat oder in der Leihbücherei gearbeitet – und der Buchhändler, der mich gut kannte, wollte auch gern helfen. Er war zu der Zeit als Vertreter für andere Buchhandlungen tätig und in so einer NS-Gemeinschaft für Buchhändler. Als die davon Wind bekamen, daß er mich einstellen wollte, wurde ihm mitgeteilt, daß er mich nur beschäftigen dürfe, wenn er darauf achten würde, daß ich keine Bücher anfasse. Ist das nicht unglaublich?

Er war dann so anständig und hat mich eingestellt, aber nur in der Buchhaltung, wo ich tatsächlich kein Buch in die Hand bekam. Da wurde ich natürlich auch nicht froh.

---

[5] Vermutlich ist damit der Erlaß Nr. 378 „Auswirkungen des Reichsbürgergesetzes auf das Schulwesen“ vom 2.7.1937 gemeint, in dem es u. a. heißt: „Auch jüdische Mischlinge sind künftig für den Beruf eines deutschen Jugenderziehers ungeeignet.“ (Amtsblatt 1937, 346). Es ist vorstellbar, daß einzelne „Auswirkungen“ des Gesetzes bereits vor dem Juli 1937 zur Anwendung kamen. Vermutlich irrt sich Helene HEDDE in der Monatsangabe September des Jahres 1937, denn auch die Benachrichtigung über die bevorstehende Entlassung erhielt sie bereits Anfang Juni 1937 (vgl. Dokument II). Es ist allerdings korrekt, daß der Entlassungstermin erst zum 31.12.1937 verfügt wurde.

Dann ergab sich schließlich eine neue Möglichkeit: Meine Schwester hatte am Sozialpädagogischen Institut Hamburg bei Gertrud BÄUMER[6] studiert und wollte danach eigentlich zu Pastor BODELSCHWINGH[7] nach Bethel gehen. Wir wollten sie aber gern in Hamburg behalten, und so entschied sie sich schließlich, später zu Pastor ROTHE[8] zur evangelischen Anscharhöhe in Hamburg-Eppendorf zu gehen – „Bethel in klein" nannten wir das damals. Als ich noch in der Buchhandlung tätig war, arbeitete meine Schwester also bereits im Kinderkrankenhaus der Anscharhöhe als Sozialpädagogin. Und sie fragte nun Pastor ROTHE, ob ich auch dort anfangen könnte.

Es war dann eine Stelle frei im Bereich der Verwaltung sowie der Altenfürsorge, und mit Hilfe des Pastors habe ich die dann bekommen. Dieser Pastor ROTHE war überhaupt ein ganz feiner Mensch, der mich auch einige Zeit später noch fragte, ob ich nicht als Berufsschullehrerin in einem Heim für gefallene Mädchen – so hieß das damals – tätig werden wolle. Das hätte ich schon gern getan, aber die leitende Diakonisse befürchtete Schwierigkeiten mit der Schulbehörde. Da konnte der Pastor, obwohl er der Leiter war, leider auch nichts gegen machen. Aber ich konnte doch immerhin dort in Anscharhöhe arbeiten bis zum Ende des Krieges. Dadurch war ich nicht nur praktisch gerettet, sondern ich war auch sehr gern dort.

Der Krieg, das war so schrecklich ... Gleich beim ersten Angriff auf Hamburg verloren wir unser Zuhause und wohnten ab da in einem Wochenendhäuschen in Ahrensburg vor Hamburg.

---

6) BÄUMER, Gertrud (1873–1954), Frauenrechtlerin und Schriftstellerin, begründete 1916 in Hamburg das Sozialpädagogische Institut mit (vgl. SIEGEL 1981, 23–33); 1919–1933 als DDP-Mitglied Reichstagsabgeordnete, 1920–1933 Ministerialrätin im Innenministerium, 1933 aller Ämter enthoben.

7) BODELSCHWINGH, Friedrich von (1877–1946), jüngster Sohn des Gründers der Bethel-Anstalten für Behinderte bei Bielefeld und später selbst dessen Leiter; 1933 von den Vertretern der evangelischen Landeskirchen zum Reichsbischof designiert, konnte das Amt jedoch nicht ausüben, da das NS-Regime Ludwig MÜLLER zum Reichsbischof durchsetzte; gemeinsam mit dem katholischen Bischof von Münster C.A. von GALEN engagierte er sich gegen die Tötung des „lebensunwerten Lebens" (Euthanasie).

8) ROTHE, Rudolf (1879–1951), 1905–1912 evangelischer Pastor in Anscharhöhe/Hamburg, 1919–1941 dessen Leiter, auch im Ruhestand noch weiter seelsorgerisch tätig (nach mündlicher Auskunft des Historikers Harald JENNER/Hamburg vom 4.12.1985, der z.Zt. eine Dokumentation über die Anscharhöhe erstellt).

Nach 1945

Als dann alles vorbei war, war ich wie die meisten Menschen voll in Anspruch genommen vom schweren täglichen Leben nach dem Krieg. Aber wir waren auch erleichtert, daß die Nazi-Herrschaft vorbei war und unsere Ehre wieder hergestellt war.

Ich hätte eigentlich gleich nach 1945 wieder mit dem Dienst als Lehrerin anfangen können, solche wie ich, die wurden ja gesucht, aber ich hatte erst ab Ostern 1946 dafür wieder die Kraft. Von da an bis zu meiner Pensionierung 1957 blieb ich dann an der Wandsbeker Charlotte-Paulsen-Schule. Aber, wissen Sie, um ehrlich zu sein, ich bin nie wieder richtig froh in meinem Lehrerberuf geworden: Alle meine Bücher, alle meine Unterrichtsvorbereitungen, alle Kollegheft von der Universität, alles war ja im Krieg verloren – und so war es schwer, mit 50 Jahren noch einmal von vorn anzufangen.

Eine für mich wertvolle Aufgabe habe ich noch nach meiner Pensionierung gefunden: Ab 1960 bin ich für 6 Jahre als freiwillige zweite Leiterin aktiv fürs Müttergenesungswerk gewesen. Da habe ich Vorträge gehalten, auch viel über Schule – ja, das war noch einmal eine beglückende Zeit in meinem Leben.

Abb. 2: Helene Hedde (90) im Jahre 1985 in Hamburg-Ahrensburg.

Abb. 1: Zwei entlassene Lehrerinnen – Helene Hedde (49, rechts) mit ihrer Zwillingsschwester Marina im Jahre 1944 in Hamburg-Ahrensburg.

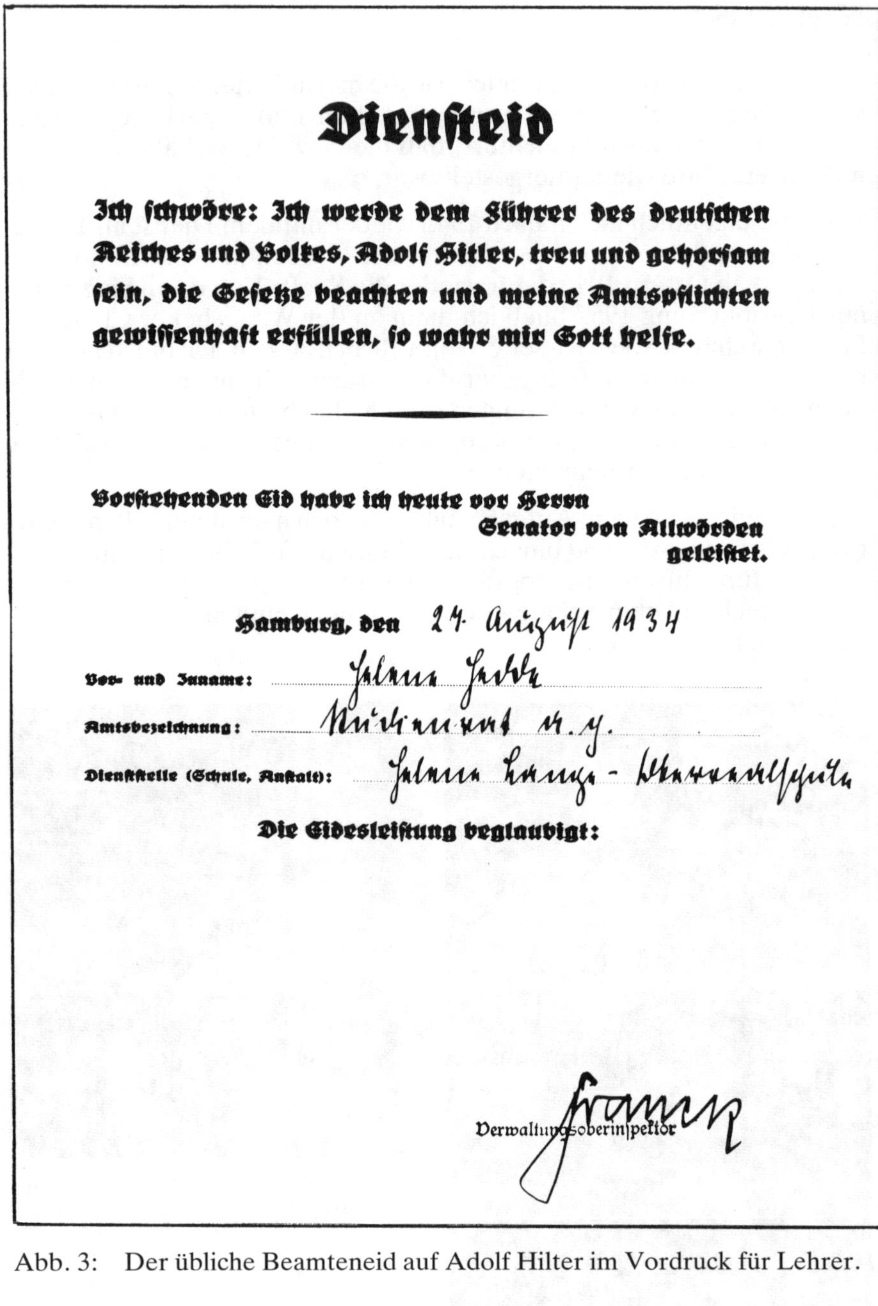

Diensteid

Ich schwöre: Ich werde dem Führer des deutschen Reiches und Volkes, Adolf Hitler, treu und gehorsam sein, die Gesetze beachten und meine Amtspflichten gewissenhaft erfüllen, so wahr mir Gott helfe.

Vorstehenden Eid habe ich heute vor Herrn
Senator von Allwörden
geleistet.

Hamburg, den 24. August 1934

Vor- und Zuname: Helene [illegible]

Amtsbezeichnung: Studienrat a.p.

Dienststelle (Schule, Anstalt): Helene Lange-Oberrealschule

Die Eidesleistung beglaubigt:

Verwaltungsoberinspektor

Abb. 3: Der übliche Beamteneid auf Adolf Hilter im Vordruck für Lehrer.

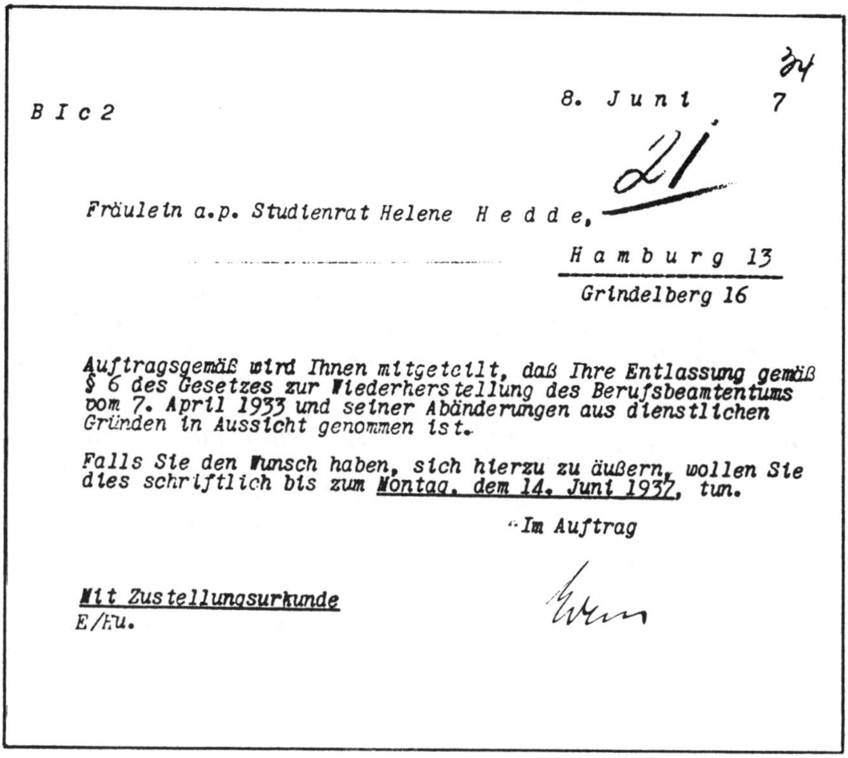

B I c 2 — 8. Juni 7 — 34

21

Fräulein a.p. Studienrat Helene H e d d e,

H a m b u r g 13

Grindelberg 16

Auftragsgemäß wird Ihnen mitgeteilt, daß Ihre Entlassung gemäß § 6 des Gesetzes zur Wiederherstellung des Berufsbeamtentums vom 7. April 1933 und seiner Abänderungen aus dienstlichen Gründen in Aussicht genommen ist.

Falls Sie den Wunsch haben, sich hierzu zu äußern, wollen Sie dies schriftlich bis zum Montag, dem 14. Juni 1937, tun.

Im Auftrag

Mit Zustellungsurkunde
E/Ku.

Abb. 4: Brief der Landesunterrichtsbehörde Hamburg vom 8. Juni 1937 an Helene Hedde.

Reflexion zur Begegnung mit Helene Hedde

Persönliche Begegnungen: 8 1/2 Stunden (bei 3 Treffen)
Ort der Begegnung: Im Einfamilienhaus von Helene Hedde
Telefonate: 3
Briefe: 5

1. Kontaktaufnahme

In der September-Ausgabe 1985 der AJR-Information (Assocation of Jewish Refugees in Great Britain), der Monatszeitschrift ehemaliger deutscher Juden in England (Auflage 5000 Ex.), erscheint eine Suchanzeige des Forschungsprojekts, auf die hin u. a. sich Mrs. Inge FISHER aus Glasgow mit einem kurzen englischsprachigen Schreiben meldet: „Komme Anfang November nach Hamburg und kann Ihnen vielleicht helfen."

Wir verabreden uns in ihrem Hamburger Hotel. Dort begegnet mir eine vorsichtige, fast ängstliche Frau, die sich über die mitgebrachte Blume sehr freut, jedoch darum bittet, keine Tonbandaufnahmen zu machen. Wir reden ca. 2 Stunden konzentriert zusammen. Sie berichtet von ihren Eltern, die 1942 nach Theresienstadt deportiert wurden und die sie nie wiedersah, von ihren Erfahrungen als junges Mädchen in Deutschland bis 1939 und gibt mir schließlich die Anschriften einer Lehrerin und eines Lehrers, die sie in guter Erinnerung hat. Von ihrem Bericht fertige ich ein schriftliches Protokoll an, das ich ihr am nächsten Tag ins Hotel bringe und das sie mir mit einigen Korrekturen noch vor ihrer Abreise unterschrieben zurücksendet. Einziger deutscher Satz in ihrem englischen Begleitbrief „Ihre Rose blüht noch!" Ihr Gesprächsprotokoll schließt mit den Worten:

„Ich hatte jahrelang einen großen Haß auf Deutschland. Als ich viele Jahre nach 1945 das erste Mal wieder in Hamburg war, habe ich nur geweint. Noch das letzte Mal als ich hier war, habe ich keinem Menschen, den ich nicht persönlich kannte, die Hand gegeben: Ich dachte immer, vielleicht ist er ja ein Nazi gewesen – oder seine Eltern. Diesmal geht es schon. Aber es ist ja auch schon 50 Jahre her. Ihnen konnte ich heute schon die Hand geben. Aber meine Heimat ist dies nicht mehr. Nie mehr." Den genauen Grund ihrer Reisen nach Deutschland kann ich nicht herausbekommen. Sie hat – zumindest in Hamburg – keine Familienangehörigen mehr. An einem Tag will sie den bereits genannten ehemaligen Lehrer besuchen.

Auf die Frage hin, wodurch sich dieser Lehrer von anderen unterschied, sagt Mrs. FISHER: „Noch 1938, als es den Deutschen schon verboten war, mit uns Juden überhaupt noch zu sprechen – und für einen Beamten galt dies natürlich ganz besonders – da trafen meine Mutter und ich ihn eines Tages auf der Straße. Ich hatte die Schule zu dieser Zeit bereits verlassen. Und dieser Lehrer in seiner Nazi-Uniform grüßte mich und meine Mutter. Das habe ich ihm nie vergessen."

Sie gibt mir die Anschrift dieses Lehrers sowie den Namen der Lehrerin, über die sie nicht mehr sagen möchte, als daß diese Lehrerin in einer ähnlichen Situation wie sie selbst gewesen sein muß. Ich schreibe beide an.

Der Lehrer meldet sich nach wenigen Tagen bereits telefonisch. Wir sprechen fast eine Stunde am Telefon. Er ist 79 Jahre alt, hat eine energische klare Stimme und scheint nicht zum ersten Mal über seine Erfahrungen während der NS-Zeit zu sprechen. Er verneint jede eigene oppositionelle Haltung damals, war in der SA und Partei und erklärt an einigen Beispielen die damals so völlig andere „Stimmung" unter den Menschen. Er sieht zum Beispiel noch eine Szene vor sich, wie ein junger Referendar auf dem Schulflur sein Parteiabzeichen verliert und sich gleichzeitig zwei wesentlich ältere Studienräte bemühen, ihm dies eifrigst aufzuheben. Er hätte sich wohl immer um Gerechtigkeit bemüht und jüdische oder halb-

jüdische Schülerinnen nicht über die angeordneten Maßnahmen hinaus benachteiligt, aber oppositionell wäre er nicht gewesen. Das wäre so gut wie niemand gewesen. Er wüßte deshalb auch eigentlich nicht, was er mir noch erzählen solle.

Nun haben das Letztere auch selbst jene geäußert, die nachher durchaus viel zu erzählen hatten, dies aber u. a. aus Bescheidenheit nicht einfach äußern konnten; bei diesem Lehrer bin ich mir aber selbst unsicher. Da er persönlich während der Nazizeit auch in keinerlei Konflikte kam, sondern bis zum Kriegsanfang, als er zur Wehrmacht eingezogen wurde, eher Karriere in der Schule machte, danke ich ihm erstmal für das Telefonat, verabrede aber keinen Gesprächstermin. Er sichert mir zu, daß ich bei weiteren Fragen gern auf ihn zurückkommen dürfte.

Die angeschriebene Lehrerin heißt Helene HEDDE und antwortet mit einem kurzen Brief, daß sie sich sehr freue, wieder einmal etwas von ihrer ehemaligen Schülerin Inge gehört zu haben und gern für ein Gespräch zur Verfügung stehe. Im daraufhin aufgenommenen Telefonat erfahre ich, daß sie Ende 1937 als „Vierteljüdin" aus dem Schuldienst entlassen wurde. Sie hätte bereits 1933 gegen die sogenannten Rassegesetze protestiert, aber oppositionell sei sie selbst in dem Sinne nie gewesen, eher „empört" über bestimmte Dinge, aber sonst doch eher konservativ und auch vaterlandsliebend. Wir verabreden einen Gesprächstermin bei ihr zu Hause.

2. Erste Begegnung

Helene Hedde wohnt mit ihren 90 Jahren in einem kleinen Einfamilienhaus in einem Vorort von Hamburg seit dem Tod ihrer Zwillingsschwester Marina vor einigen Jahren allein. Warmes Essen wird ihr einmal in der Woche gebracht, so vorgekocht, daß sie es an den anderen Wochentagen selbst aufwärmen kann. Einmal in der Woche geht sie in ein nahegelegenes Kaufhaus zum Essen. Sie benutzt nur zum Lesen eine Brille und geht ohne Stock. Nur den Garten würde nun seit einiger Zeit ein bezahlter Gärtner in Ordnung halten. Sie hat sich auf das Gespräch gut vorbereitet. Vor ihrem Platz liegt ein Zettel mit Notizen, sogar mir hat sie einige leere Blatt Schreibpapier hingelegt. Sie bittet darum, daß ich kein Tonband benutze und mir stattdessen schriftliche Aufzeichnungen machen möge. Hintergründe zum Forschungsprojekt interessieren sie weniger als persönliche Informationen zu meinen eigenen Lehrererfahrungen. Darauf steigt sie auch sofort ein mit eigenen Gedanken zu Sonderschülern. Darüber hinaus ist sie sehr interessiert daran, Näheres über ihre ehemalige Schülerin Inge zu hören. Ich berichte ihr ausführlich, bevor ich zu meinen Fragen komme.

3. Gesprächseindrücke

Helene HEDDE berichtet ohne viele Nachfragen. Ich habe nicht den Eindruck, daß sie je nach ihren Erinnerungen gefragt worden ist. Sie betont selbst mehrmals: „Daß das überhaupt noch jemanden interessiert!" Aber sie ist geübt im Artikulieren ihrer Gedanken und erzählt konzentriert und zusammenhängend. Auf Zwischenfragen antwortet sie manchmal: „Darauf komme ich noch." Es sind nicht die politischen Bedingungen, die sie in ihrer Erinnerung an die Nazizeit direkt bedrücken, sondern die persönlichen Erfahrungen – von sich, ihren Schwestern, der Mutter und immer wieder auch ihren Schülerinnen. Da stockt sie auch, hat Tränen in den Augen und sucht meine Zustimmung: „Ist das nicht furchtbar?"

Sie zeigt viel Verständnis für diejenigen, die ihr und anderen damals Unrecht taten und möchte heute auch niemanden – schon gar nicht namentlich – beschuldigen: „Es war doch alles so anders damals."

Im Laufe des Gesprächs röten sich ihre Wangen, sie wechselt mehrmals vom Imperfekt ins Präsens, manche Situationen (z. B. der Radio-Auftritt) werden sichtlich noch einmal „gelebt". Erst nach fast 3 Stunden tritt Erschöpfung ein. Manchmal habe ich wohl länger als 10 Minuten ohne jeden Impuls oder Nachfrage zugehört.

Sie freut sich auf den niedergeschriebenen Text ihrer Aussagen und entläßt mich nicht, ohne mir in der Küche noch Tee und bereits am Morgen zubereitete Brötchen zu reichen.

Sie stimmt auch der Anfertigung eines Fotos sofort zu und ist mit besorgt um angemessene Lichtverhältnisse.

4. Weitere Entwicklung

Einige Tage, nachdem ich ihr den niedergeschriebenen Text zugesandt habe, ruft sie mich an: „So kann das aber unmöglich bleiben. Sie müssen sofort wieder herkommen."

Beim zweiten Besuchstermin ist ihr kleines Haus am Morgen noch völlig eingeschneit, der Gärtner wird für diesen Tag nicht erwartet. So beginnt der Besuch mit Schneeschieben, was sowohl ihren Ärger über den „unmöglichen Text", als auch meine Sorge, daß sie vielleicht ihre Gesprächsbereitschaft zurückziehen würde, spürbar „schmelzen" läßt. Dann erfahre ich auch, daß es vor allem die Form der weitgehend mündlichen Rede ist, die sie stört, weniger einzelne Inhalte.

Sie hat sich auch dieses Mal gewissenhaft vorbereitet, und viele, viele kleine Korrekturen auf jede Seite des Manuskriptes notiert, die wir nun Zeile für Zeile durchgehen. Einige Passagen, die sich nicht so direkt auf die Nazi-Zeit beziehen, werden ganz gestrichen.

Während dieser wiederum fast dreistündigen Korrektur sagt sie einmal glücklich und entspannt: „Wissen Sie, das ist wie früher in der Schule!" Einige Stellen werden von ihr dahingehend geglättet, daß vorher artikulierter Zorn oder Schmerz abgeschwächt oder „versachlicht" werden, was ich bedaure. Für sie scheint sich so etwas für einen schriftlichen Text nicht „zu gehören".

Vor Weihnachten lädt sie mich noch einmal mit einem kurzen Brief ein, in dem sie eine „kleine Überraschung" ankündigt. Sie zeigt mir bei diesem dritten Besuch ihre Weihnachtsfiguren und liest mir eine Geschichte über die erste Nachkriegszeit auf ihrem Grundstück in Ahrensburg vor, die sie vor vielen Jahren einmal auf Bitte des Gemeindepfarrers verfaßt hatte. Sie schenkt mir hinterher eine Durchschrift dieser Geschichte: „Aber nur für Sie! Auf keinen Fall veröffentlichen!"

Ihr Foto findet sie gut getroffen „und alle, denen ich es zeigte, fanden es auch."

Als ich einige Wochen später wegen der näheren Umstände ihrer Entlassung Einblick in ihre Personalakte nehmen möchte, erteilt sie mir diese Erlaubnis schriftlich noch am selben Tag. Nach längerer Pause versuche ich sie Anfang 1987 wieder einmal anzurufen. Es antwortet die automatische Ansage, daß der Anschluß nicht mehr existiert. Über den Gemeindepastor erfahre ich schließlich, daß sie inzwischen in ein Altersheim umziehen mußte. Auf mein dorthin gerichtetes Anschreiben reagiert sie umgehend mit einer Einladung: „Was ist denn aus Ihrer Arbeit geworden?"

3.2 Peter Gillies (geb. Fritz Ollendorff), Jg. 1912, London: Als jüdischer Volksschullehrer zwischen jüdischer Schule und KZ (bis 1939)

1912:	Geboren in Neumarkt/Schlesien
1922–1933:	Reform-Realgymnasium in Neumarkt/Schlesien, Abitur März 1933
1934:	Jüdisch-Theologisches Seminar/Breslau (1 Jahr)
1935–1938:	Jüdische Lehrerbildungsanstalt/Berlin
1938–1939:	Volksschullehrer an der jüdischen Schule in Schneidemühl/Westpreußen. Dazwischen von November 1938 bis Januar 1939 im KZ Sachsenhausen
1939:	Im Mai Emigration nach England
1945:	Als englischer Sergeant Interpreter stationiert in Münster, danach in England weitere Lehrerausbildung
1950–1959:	Lehrer und Schulleiter in Israel
1959–1977:	Lehrer in England (London) bis zur Pensionierung mit 65 Jahren

Elternhaus

Mein Vater war ein angesehener Kaufmann (Getreidehändler) in unserer Stadt Neumarkt. Unsere Familie hatte Umgang mit allen Persönlichkeiten der Stadt. Wir wurden zu allen größeren Festen eingeladen. Als Frontkämpfer des 1. Weltkrieges wählte mein Vater während der Weimarer Republik deutschnational[1], wie seine meisten Freunde.

[1] DNVP (Deutschnationale Volkspartei), gegründet als Sammlungspartei der im Kaiserreich rechtsstehenden Kräfte, wobei die ostdeutschen Großagrarier und die westdeutschen Industriellen die entscheidende Rolle spielen, hinzu kommen nationalistisch eingestellte Angehörige der ländlichen und städtischen Mittelschicht; ihr Ziel ist die Wiederherstellung der Monarchie und einer Großmachtspolitik unter der Vorherrschaft Preußens; für den größeren Teil der Mitglieder um den Großindustriellen Alfred HUGENBERG (1865 - 1951) gab es zur „Bekämpfung des Systems bis aufs Messer" keine Alternative, durch das enge Zusammengehen mit der NSDAP 1932/1933 trug die DNVP direkt zum Untergang der Weimarer Republik bei (nach GÖBEL 1984, 32).

Diese sagten noch 1932 zu meinem Vater: „Du mußt für uns stimmen – wir werden zu Euch halten, egal was kommt!" Für einige wenige traf dies auch später noch zu – als wir dann aber nach 1933 nirgendwohin mehr eingeladen wurden, war dies ein schwerer Schock.

Mein Vater starb 1934. Meine Mutter wurde um 1941 abgeholt. Genau weiß ich es ja nicht. Ich war zu dieser Zeit bereits in England und erhielt nur noch wenig Nachricht von ihr. Ab dann habe ich nie wieder etwas von ihr gehört.

Als ich 1938/39 selbst im KZ Sachsenhausen saß, sagten die Kommunisten dort zu uns: „Ihr blöden Juden, das habt Ihr nun davon, daß Ihr zu den Deutschnationalen gehalten habt, jedenfalls so viele von Euch!" Was soll ich sagen, da hatten sie ja gar nicht Unrecht mit . . .

Eigene Schulzeit

Meine Lehrer haben mich immer korrekt behandelt. Es gab zwar mal eine Ohrfeige, aber das war üblich damals. Es wurde viel Sport getrieben, das war schlecht für mich, weil ich nie ein großer Sportler war. Mein damaliger Sportlehrer, Herr D., sagte oft zu mir: „Ollendorff, aus Ihnen wird nie was!"

Als ich ihn nach dem Krieg besuchte, sagte er nur: „Ach, vergessen Sie das bloß, vergessen Sie es!".

Ich habe die deutsche Literatur geliebt, da war ich gut. Vieles, sehr vieles weiß ich heute noch auswendig.

Lehrausbildung

Nach meinem Abitur ging ich für ein Jahr an das Jüdisch-Theologische Seminar nach Breslau. Viele Möglichkeiten hatten wir ja damals nicht, um den Lehrerberuf zu erlernen. Und ich wollte doch so gern Lehrer werden. Es war wirklich mein Traumberuf.

Neben meinem Studium war ich in Breslau bei der wohlhabenden jüdischen Familie F. als Hauslehrer angestellt für die beiden Kinder. Dafür durfte ich umsonst im Hause wohnen. Da ging es mir sehr gut: Ich wurde überall hin mitgenommen, die Familie machte damals auch noch Erholungsreisen nach Karlsbad und anderswohin. Es wurde natürlich schon schwieriger zu der Zeit, aber daß es einmal so schlimm kommen würde, nein, das konnten wir uns nicht vorstellen, nicht in diesem kultivierten Land.

Im April 1935 erhielt ich dann die Möglichkeit, eine richtige dreijährige Volksschullehrerausbildung an der Berliner Jüdischen Lehrerbildungsanstalt in der Lützowstraße zu absolvieren, da bin ich sofort hin. Berlin war für mich damals ein ganz großes Erlebnis. Du mußt Dir vorstellen: Ich war doch damals so jung wie Du heute. Wir wollten leben und erleben, und haben dabei sicher manches nicht gesehen.

Volksschullehrer an der jüdischen Schule in Schneidemühl

Im Frühjahr 1938 habe ich meine Prüfung als Volksschullehrer in Berlin bestanden und gleich darauf, Ostern 1938, eine Stelle an der zweiklassigen jüdischen Schule in Schneidemühl erhalten. Ich war damals 25 Jahre alt. Schneidemühl war ein Ort nahe der damaligen polnischen Grenze. Die Kinder unserer Schule kamen aus einem recht großen Umkreis. Viele kamen täglich mit der Bahn angefahren, weil wir die einzige jüdische Schule in der Gegend waren.

An unserer Schule waren zwei Lehrer: Mein Kollege R. unterrichtete in einem Klassenraum die größeren Schüler von etwa 12 Jahren aufwärts. Er war damals bereits weit über 50 Jahre alt. Ich hatte die jüngeren Schüler etwa von 11 Jahren abwärts in einem zweiten Klassenzimmer zu unterrichten. Zusammen hatten wir immer etwa so 50 Schüler, aber das schwankte auch sehr. Zur Schule gehörte noch ein Schuldiener, wie man früher sagte, sowie ein junger Mann, der die Kinder im Zug begleitete und zur Schule brachte.

Dies war also meine erste Lehrerstelle. Und ich war froh, dort arbeiten zu dürfen, wenn es auch eine schwere Zeit war. Aber ich hatte ein gutes Verhältnis zu meinen Schülern: Wir haben oft Unterrichtsgespräche geführt, also nicht nur stur Zettel ausfüllen oder nach Lehrplan.

Die Kinder haben, schon mehr als wir Erwachsenen vielleicht, die Not der Zeit gespürt. Am schlimmsten war die sogenannte „Polen-Aktion“ im Oktober 1938[2)], als alle polnischen Familien in unserer Gegend, die nicht die deutsche Staatsangehörigkeit nachweisen konnten, abgeholt und hinter der Grenze einfach ausgesetzt wurden und nicht mehr heimkehren durften. Sie hatten den sogenannten Volksdeutschen Platz zu machen, die dafür aus Polen ins Reich kommen durften. Schrecklich war das, in Polen wollte die armen Menschen ja auch niemand. Es half nur, die ohnehin bestehenden Grenzkonflikte weiter anzuheizen.

In meiner Klasse bei den Kleinen betraf das fast die Hälfte der Kinder. Die waren also von einem auf den anderen Tag plötzlich weg. Und man konnte nichts machen. Das war am schlimmsten. Und ich kannte doch alle Eltern meiner Schüler, bei vielen war ich zum Abendessen eingeladen gewesen. Es gab auch einige, die legal auswandern konnten. Aber das waren doch wenige, weil es zu dieser Zeit nur noch wenige Länder gab, die zur Aufnahme von Juden bereit waren. Meine Mutter bemühte sich auch für mich um eine Einwanderungs-Erlaubnis für England, da hatte man als junger Mann zuweilen noch eine Chance. Ich wollte erst gar nicht weg aus Deutschland. Erst nach meiner Verhaftung in Zusammenhang mit der sogenannten Reichs-Kristallnacht war klar, daß ich weg mußte, wenn ich am Leben bleiben wollte.

Ich werde diesen Abend am 9. November 1938 nie vergessen. Ich wohnte oben im Schulhaus in einem kleinen Zimmer und hörte dort, wie sich die Nazi-Gruppen in der Nähe zusammenrotteten. Unserem Schulhaus gegenüber lag die Synagoge, und da zogen die nun gröhlend hin. Ich war allein im Schulhaus und hatte eine Heidenangst, daß die nun auch zur Schule kommen und mich rausholen würden.

Sie zerschmissen aber erst einmal in der Synagoge die Scheiben und steckten dort alles in Brand. Du wirst nicht glauben, was ich damals tat: Ich ging zuerst zu dem Telefon, das wir im Schulhaus hatten und rief bei der Feuerwehr an, daß sie sofort kommen müßten, weil unsere Synagoge angesteckt würde. Die kamen natürlich nicht, ich weiß auch nicht mehr, was die damals geantwortet haben – aber solch einen Glauben hatte ich damals immer noch! Dann rief ich den Leiter der Jüdischen Gemeinde an und bat ihn, mir zu helfen, weil ich allein nichts gegen die Randalierer machen könne. Er sagte aber nur, daß ich gern zu ihm kommen könne, er aber unmöglich auf die Straße könne und schon gar

---

[2] „Polen-Aktion": Im September 1938 beabsichtigte die polnische Regierung ein Gesetz zu erlassen, durch das Juden, die länger als 5 Jahre im Ausland lebten, die polnische Staatsangehörigkeit entzogen werden sollte. Dadurch wären die in Deutschland lebenden Juden staatenlos geworden und hätten nicht mehr „legal" ausgewiesen werden können. Dies nahm die deutsche Regierung zum Vorwand für die „Polen-Aktion": Am Abend des 27.10. und am frühen Morgen des 28.10.1938 wurden im gesamten Reich sowohl alle polnischen als auch ein Teil der staatenlosen Juden zusammengetrieben und in Zügen an die polnische Grenze transportiert. Während in Berlin überwiegend Männer von der Aktion betroffen waren, wurden im Reich ganze Familien deportiert. Die Zahl der betroffenen Menschen wird auf etwa 18.000 geschätzt. Da sich die polnischen Grenzbehörden weigerten, die Juden auf polnisches Staatsgebiet zu lassen, wurden die Menschen regelrecht „rübergeprügelt", wo sie gleich hinter der Grenze in ein Lager gesperrt wurden und dort monatelang von jüdischen Organisationen versorgt werden mußten. Einem Teil von ihnen gelang später die Ein- bzw. Rückwanderung nach Polen, wenige durften legal zur Auflösung ihres Haushaltes noch einmal nach Deutschland zurückkehren (nach BALL-KADURI 1967, 143–150; ADLER 1974, 91 ff.; BRANDT 1984, 20–38.
Vgl. auch Anm. 8 bei Jizchak SCHWERSENZ und Anm. 13 bei Walther UHLE).

nicht zur Synagoge. So saß ich also da zitternd nun im leeren Schulhaus und wartete, was weiter passieren würde.

Gegenüber brannte die Synagoge mittlerweile lichterloh – und zu meinem großen Glück zog das wohl auch alle Aufmerksamkeit auf sich. Jedenfalls wurde das Schulhaus weitgehend verschont, und die ersten Randalierer begannen abzuziehen. Nach einer Weile schloß unten der Schuldiener die Schultür auf, und ich lief ihm erleichtert entgegen, weil ich dachte, der würde nun nach dem Rechten sehen kommen. Aber er war in Begleitung zweier Gestapo-Männer, die sofort auf mich zukamen, mich festhielten und ansprachen: „Du bist also die Judensau, die hier die Kinder unterrichtet?“

Ich sagte „Ja.“ Und dann fragten sie: „Wo sind die Waffen versteckt?“ Ich hatte nie in meinem Leben Waffen besessen. Es war eine makabre, so absolut unangemessene Situation, daß wir uns einen Moment anlächeln mußten. Ich und Waffen? Ich bin sicher, die Gestapo-Männer spürten, was sie da für einen Unsinn redeten.

Dann wurden sie aber sofort wieder formal: „Sie sind ab sofort politischer Gefangener. Kommen Sie mit!“

Ich kam zuerst ins Gefängnis in Schneidemühl und von dort ohne Verhöre oder ähnliches in das KZ Sachsenhausen. Zu der Zeit war auch Pastor Martin NIEMÖLLER[3] dort und Lagerkommandant war Rudolf HÖSS[4], der spätere Kommandant von Auschwitz.

Als wir dort ankamen, mußten wir erst einmal stundenlang auf dem Platz stehen. Das war der Anfang, stundenlang im Regen, Hundekälte, es war ja November. Das hat schon die ersten umgehauen. Später bekamen wir dann die Häftlingskleidung, und ich erhielt einen roten Winkel für politische Gefangene und einen gelben als Jude. Wofür ich den roten verdient hatte, weiß ich bis heute nicht.

Ich wurde zu einem Arbeitskommando in ein Klinkerwerk eingeteilt, vor allem zum Zementschleppen. Das Schlimmste dabei war die Kälte.

---

[3] NIEMÖLLER, Martin (1892 - 1984), Pastor in Berlin-Dahlem, ab 1932 Mitbegründer des Pfarrer-Notbundes (der späteren BEKENNENDEN KIRCHE im Gegensatz zu den „Deutschen Christen“); 1937–1945 im Konzentrationslager Sachsenhausen als „persönlicher Gefangener des Führers“ (vgl. auch Anm. 10 bei Elisabeth FORCK).

[4] HÖSS, Rudolf (1900–1947), ab 1934 in der SS als Mitglied der Totenkopfverbände im KZ Sachsenhausen, 1940–1943 Kommandant des KZ Auschwitz und dort (nach eigenen Angaben) für die Vergasung von mindestens 2,5 Millionen Menschen verantwortlich, 1943–1945 als Obersturmbannführer Amtschef bei der Inspektion von KZ‘s. 1947 in Polen zum Tode verurteilt und hingerichtet (vgl. BROSZAT 1963).

Die Häftlingskleidung war erbärmlich schäbig, und wer sich zum Schutz gegen die Kälte Papier unter die Jacke steckte und dabei erwischt wurde, bekam Prügel. Dann der Zementstaub überall auf der feuchten Haut – furchtbar. Außerdem mußten wir natürlich mit bloßen Händen arbeiten. Da waren bei einigen schon Finger abgefroren, abgefault muß man sagen, das sah schrecklich aus.

Nach ein paar Tagen verlor auch ich jedes Gefühl in den Fingern. Sie schwollen entsetzlich an, und ich durfte am Abend zum Sanitäter. Dieser Sanitäter, ein Kommunist, hat mir dann sehr geholfen. Er hat gesagt: „Du bist doch Lehrer, da kannst Du mir hier gut helfen, ich brauche noch jemanden. Bleib mal hier!" Da war ich erst mal vor diesem Klinkerwerk gerettet. Aber nach ein paar Tagen kam dann so ein SS-Aufseher vorbei und bekam einen Wutanfall, als er mich bei dem Sanitäter sah. Er schlug mich sofort zu Boden und schrie: „Was macht der denn hier? Der ist doch wohl kräftig genug zum draußen arbeiten? Mach, daß du nach draußen kommst!"

Als er weg war, sagte der Sanitäter zu mir: „Halb so schlimm. Bleib ruhig hier. Der kommt nur ganz selten hier her!" Ich bin dann wirklich bei dem Sani geblieben, hatte aber immer große Angst, daß der SS-Mann wiederkommen würde.

Mit mir aus Schneidemühl war jener junge Mann verhaftet und nach Sachsenhausen gekommen, der immer unsere Schulkinder auf dem täglichen Schulweg und bei der Bahnfahrt begleitet hatte. Er hieß Bubi H. und war damals höchstens 20 Jahre alt. Ihm ist es dort um vieles schlimmer ergangen als mir: Er hatte damals eine Geschichte mit einem Kapo, also einem Häftling mit Aufseherfunktion, angefangen. Die mochten sich gern, und der Kapo hat daher für den Bubi gesorgt. Irgendwie sind die beiden aber erwischt worden. Der Kapo hat sich sofort aufgehängt, und der Bubi mußte über den Bock gehen[5)]. Weißt Du, was das ist? Die haben ihn angeschnallt und so den Rücken zerschlagen, bis überall die Haut aufplatzte.

Als ich später wieder draußen war aus dem KZ, weil es meiner Mutter gelungen war, diese Einreise-Erlaubnis für England zu erhalten für mich, da kam in Schneidemühl sofort Bubis Mutter auf mich zu und fragte: „Was ist mit meinem Jungen? Warum kommt mein Junge nicht?"

Kurze Zeit später ist es uns dann sogar noch gelungen, auch für den Bubi so eine Erlaubnis für England zu erhalten, aber es hat ihm dann nicht helfen können. Später freigekommene Häftlinge haben mir erzählt, was aus ihm geworden war:

---

5) „Über den Bock gehen" hieß in der Regel, daß ein Häftling mit 25 Stockhieben bestraft wurde (nach KOGON 1983, 128–129).

An dem Tag, an dem Bubi entlassen werden sollte, war wie üblich Appell und meistens hielt der Kommandant HÖSS dann noch eine Rede vor den zu Entlassenen. Als endlich die Reihe an Bubi war, und er vortreten mußte, da soll HÖSS geschrien haben:

„Was – die schwule Sau soll raus? Du Schwein bleibst hier!“ und damit mußte Bubi wieder zurück in die Reihe. Ich habe nie wieder etwas von ihm gehört.

Meine eigene Entlassung aus Sachsenhausen werde ich ebenfalls nie vergessen: Auch wir waren angetreten und mußten HÖSS zuhören. Der schrie also über den Platz: „Wenn auch nur einer von Euch draußen erzählt, was ihr hier erlebt habt, dann kommt ihr ganz schnell wieder hierher zurück! Egal wo ihr seid in der Welt“ – und dabei breitete er so die Arme weit aus – „wir kriegen jeden von Euch, der Lügen über Deutschland verbreitet!“. Als ich dann aus der Reihe treten mußte, sagte er: „Du siehst ja richtig erholt aus. Du hast wohl nicht richtig bei uns gearbeitet ?“

Ich erstarrte und antwortete im Befehlsempfängerton: „Habe immer meine Pflicht getan, Herr Kommandant!“ Da grinste der Mann und schrie den anderen Armen zu: „Da könnt ihr mal sehen, wie gut sich der Herr Lehrer bei uns erholt hat. So gut geht es einem bei uns!“ Dann durfte ich aber doch gehen.

Ich mußte aber noch eine ganze Weile bis zur Ausreise im Mai 1939 warten. Ich ging also erst einmal wieder zurück an die Schule, und unterrichtete weiter meine Klasse, die so lange mein Kollege mit übernommen hatte. Da kamen dann auch Deutsche zu mir und fragten: „Was ist denn bei Ihnen los gewesen ? Was war denn da in Sachsenhausen?“ Ich weiß nicht, ob es vielleicht oppositionelle Deutsche waren, war ja an sich unüblich sowas überhaupt anzusprechen, vielleicht wollten die wirklich was wissen. Ich habe mich jedenfalls nicht getraut, irgendetwas über das KZ zu sagen. Nichts. Ich sah immer nur den HÖSS vor mir, wie der gesagt hatte: „... und dann kommt ihr ganz schnell wieder hierher zurück!“

Eines Tages hatte sich dann auch noch ein Gestapo-Mann für den Unterricht angesagt, der da so eine Kontrolle durchführen wollte. Ich wußte es einen Tag vorher und war sehr aufgeregt, hatte mit den Kindern alles geübt, so richtig schön zackig-deutsch, wo ich dachte, das will der so sehen.

Der kam dann auch am nächsten Morgen, in Uniform. Ich zu den Kindern: „Aufstehen!“ Und die sprangen nur so. Wir wußten, daß wir zusammenhalten mußten, aber die Kinder waren ja auch noch sehr klein. Der Mann setzte sich dann also hinten in die Klasse, schlug eine Zeitung auf, die er mithatte und begann zu lesen. Ich erzählte den Kindern das Märchen vom „Fischer und seiner Frau“, und es gelang, die Kinder für die Geschichte so zu begeistern, daß sie wohl fast den Mann hinten vergaßen. Es war eine richtige Bilderbuchstunde. Aus den Augenwinkeln bemerkte ich irgendwann, daß der Mann seine Zeitung zusammengefaltet hatte und selbst gespannt dem Unterricht lauschte. Er war selbst noch ein junger Mann, hochgewachsen, blond, blaue Augen, alles, und der hörte ganz interessiert, gelöst und freundlich meinem Märchen zu.

Am Ende der Stunde sah er mich aufmerksam an, sagte kein Wort und pfiff den Anfang einer Melodie, die damals jeder kannte: „Behüt Dich Gott, es wär zu schön gewesen, behüt Dich Gott, es hat nicht sollen sein ...“

Kannst Du Dir vorstellen, daß ich da Tränen in den Augen hatte ?Ich glaube, ich habe die Geschichte seitdem noch nie jemandem erzählt. Das versteht doch niemand, weißt Du, diese Situation zwischen einem jungen Deutschen und einem jungen Juden in einem Klassenzimmer in Deutschland im Frühjahr 1939.

Ich habe später in Israel noch einmal so eine mich bewegende Schulstunde erlebt, als eine Dame von der Schulbehörde dort meinen Unterricht begutachtete und mich hinterher fragte, ob ich bereit wäre, die Leitung einer Schule in Israel zu übernehmen. Aber heute in der Rückschau als alter Mann, denke ich, war jene Schulstunde 1939 in meinem Leben die schönste Stunde in meinem Beruf als Lehrer, den ich immerhin in England bis zur Pensionierung mit 65 Jahren Ende Dezember 1977 ausüben durfte. Nein, das war die schönste Stunde.

In England kam ich 1939 zuerst in ein Flüchtlingslager in der Nähe von Ramsgate, wurde dann aber bald im Militär aufgenommen. Ich wollte in England noch oft von meinen Erlebnissen in Deutschland sprechen, aber meine Erfahrung war, daß viele Engländer eigentlich nichts davon wissen wollten. Sie sagten dann: „Vergiß es! Du bist jetzt ein freier Mann in einem freien Land!“ Aber das alles kann man nicht vergessen.

Abb.5: Der kleine Fritz (3) mit seinem älteren Bruder Adolf in Neumarkt/ Schlesien im Jahr 1915. Adolf lebt heute in Kolumbien.

Abb.6: Fritz Ollendorff (31) als Peter Gillies in der Uniform eines britischen Sergeant-Interpreter im Jahre 1943.

Abb.7: Peter Gillies (73) im Dezember 1985 in seiner Wohnung in London.

Unterrichtserlaubnisschein.

Dem jüdischen Privatlehrer Fritz Ollendorf in Schneidemühl, geb. am 29.12.1912 zu Neumarkt, wird unter Vorbehalt jederzeitigen Widerrufs für die Dauer eines Jahres die Erlaubnis erteilt, Unterricht an der privaten jüdischen Volksschule in Schneidemühl zu erteilen.

Er Ist verpflichtet, sich bei dem zuständigen Kreisschulrat schriftlich oder persönlich zu melden und ggf. die Verlängerung dieses Erlaubnisscheines rechtzeitig zu beantragen.

Schneidemühl, den 21.Juni 1938.

Der Kreisschulrat in Schneidemühl

Kreisschulrat.

Verwaltungsgebühr: 3,- (drei) Reichsmark.

Tagebuch-Nr. I 376/38.

Abb.8: „Unterrichtserlaubnisschein" des zuständigen NS-Kreisschulrats für den Lehrer Fritz OLLENDORFF (Peter GILLIES) vom 21.6.1938.

Vorstand
der jüdischen Gemeinde
Schneidemühl

Schneidemühl, den 28. März 1939
Wilhelmsplatz 4

Zeugnis!

Herr Lehrer Fritz O l l e n d o r f war von Ostern 1938 bis Ostern 1939 an unserer privaten jüdischen Volksschule tätig.

Herr O. hat es verstanden, sich in liebevoller Art bei seinen Schülern Autorität zu verschaffen, die es ihm ermöglichte, selbst schwer erziehbare Kinder mit Erfolg zu unterrichten.

Herr O. hat in allen Fächern unterrichtet, und wir konnten beobachten,dass seine Lehrmethode, bei allen Kindern grösste Aufmerksamkeit hervorrief.

Sein Benehmen mit der Schulleitung war vorbildlich. Unsere Glückwünsche begleiten ihn deshalb auf seinem ferneren Lebensweg.

Der Schulvorstand.

Abb.9: Zeugnis der jüdischen Gemeinde in Schneidemühl für den Lehrer Fritz OLLENDORFF (Peter GILLIES) vom 28.3.1939.

Reflexion zur Begegnung mit Peter Gillies

Persönliche Begegnungen: 15 Stunden (bei 4 Treffen)
Ort der Begegnung: Hotel sowie Restaurants in Hamburg
Telefonate: 2
Briefe: 12

1. Kontaktaufnahme

Auf die bereits erwähnte Anzeige in der englischen Monatszeitung AJR-Information schreibt Anfang September 1985 Peter GILLIES in englisch einige Angaben zu seinem Lebenslauf und weist darauf hin, daß er noch manchmal geschäftlich für seine Frau in der Bundesrepublik und der Schweiz zu tun hat und sich von daher ein Besuch in Hamburg einrichten ließe. Er fügt noch den Hinweis hinzu, daß er in einem 1963 erschienenen Buch über das „Breslauer Seminar“[1] bereits für tot erklärt worden ist. Er würde sich wieder melden, wenn ich Interesse hätte und eine Geschäftsreise anstünde.

Bereits wenige Tage nach meinem Antwortschreiben ruft Peter GILLIES aus London an. Bevor ein Termin vereinbart wird, stellt Peter GILLIES drei Fragen: „Sind Sie auch Jude ?“ Als ich verneine, fragt er weiter: „ Welches Interesse verfolgen Sie mit der Arbeit ?“ Obwohl er mit meiner Erklärung bereits zufrieden zu sein scheint, fragt er nach kurzer Pause noch: „Wie alt sind Sie ?“ Dann gibt er mir seine Aufenthaltszeit für Hamburg bekannt. Den Treffpunkt will er mir in Kürze schriftlich mitteilen. Eine Woche später lädt er mich zum Abendessen in ein bekanntes Hamburger Restaurant ein. Der Brief schließt mit den Worten: „Werde Material mitbringen, und da ich ein gutes Gedächtnis habe, werde ich hoffentlich alle ihre Fragen beantworten können. Sie werden mich leicht erkennen, ich bin alt, sehe jüdisch aus, trage meistens graue Anzüge und habe graue Haare.“

2. Erste Begegnung

Wir erkennen uns vor dem Restaurant sofort. Meinen Dank für die Einladung sowie mein Angebot, auch ihn gern einzuladen, lehnt er fast brüsk ab: „Sie machen eine wichtige Arbeit. Konzentrieren Sie sich darauf.“ Noch bevor wir eine Bestellung aufgegeben haben, holt er einen ganzen Stapel Fotokopien von Zeugnissen, Aufsätzen und anderen Do-

[1] KISCH, Guido (Hg.): Das Breslauer Seminar – Jüdisch-Theologisches Seminar in Breslau 1854–1938, Tübingen 1963; auf Seite 428 findet sich unter „Ollendorf, Fritz“ die Angabe: Neumarkt, Silesia, 1912. S: 1934. Teacher, Schneidemühl; imprisoned in concentration camp Sachsenhausen 1939. D? (D = dead)

kumenten hervor und breitet sie vor mir aus. „Ich kann Ihnen alles belegen. Aber für mich brauche ich das gelegentlich gar nicht, denn ich habe ein sehr präzises Gedächtnis, wie ich schon erwähnte."

Ich kann alle Kopien mitnehmen, um sie später in Ruhe durchsehen zu können. Während des Essens redet er von vielen verschiedenen Begebenheiten, die ich anfänglich schwer einander zuordnen kann. Zwischendurch unterbricht er seinen Redefluß immer wieder durch Rückfragen an mich: „Kennen Sie den Namen?" – „Haben Sie davon schon mal gehört?" Bis jetzt haben wir englisch geredet. Gegen Ende des Essens beginnt er sich etwas zu entspannen, wechselt manchmal in deutsch, fragt mich, ob ich auch französisch oder hebräisch sprechen würde. Dann bietet er mir das Du an. Er fragt noch einige Details nach zum Stand meiner Arbeit und zu meiner eigenen Biographie. Dann müssen wir das Restaurant verlassen, und er schlägt vor, daß wir nun das Gespräch in seinem Hotelzimmer fortsetzen könnten.

3. Gesprächseindrücke

Erst hier im Hotelzimmer wird ein konzentiertes Gespräch möglich. Auch er bittet mich, von Tonbandaufzeichnungen abzusehen. Schriftliche Notizen gestattet er mir eher notgedrungen, es kommt dann trotzdem auch später im Gespräch immer wieder zu Schilderungen, bei denen er plötzlich unterbricht und mich direkt anweist: „Das jetzt nicht aufschreiben!" Oder: „Das jetzt erzähl ich nur Dir, das darfst Du nicht aufschreiben!"

Er quillt förmlich über vor Erinnerungen an einzelne Menschen, an einzelne Situationen. Er wechselt je nach geschilderter Szene mehrfach die Sprache. Zwischendurch zitiert er immer wieder einzelne Strophen deutscher Lieder oder Gedichte, die er „so sehr liebt", aber doch sonst nie jemandem erzählen kann. Da es mir zunehmend schwer wird, den Verästelungen seiner Berichte zu folgen, unterbreche ich nun meinerseits recht entschieden und bitte mit Nachdruck darum, mir doch bitte erst die eine Geschichte zu Ende zu erzählen oder den Inhalt wieder auf seine Person zurückzubeziehen. Er akzeptiert diese „Zurechtweisungen" meinerseits ohne in der Erzählenergie nachzulassen, fast scheint er für meine „Lenkungen" dankbar zu sein. Er entgegnet dann zuweilen: „Ja, richtig, Du mußt alles fragen. Darum sind wir hier, ich will Dir doch alles sagen, was ich weiß."

Besonders ausführlich stellt er mir neben den im Text nachlesbaren Schulerinnerungen einzelne Personen seiner großen und weitverzweigten Familie vor, die aber später alle wieder gestrichen werden müssen. Einen weiteren ausführlichen Bericht stellen Erinnerungen aus der KZ-Haft dar, die ebenfalls nicht im Text in vollem Umfang erscheinen dürfen. Diese Szenen während seiner Erzählungen sind es, die mir besonders eindringlich in Erinnerung haften bleiben: Er springt während des

Berichtens mehrfach vom Stuhl auf, läuft im Zimmer auf und ab, bewegt sich dabei wie ein junger Mann, spielt sogar einige Szenen direkt vor, um sie mir besser zu erklären: „Sieh mal, so eng mußten wir da schlafen, drei Mann in einer Koje, die für einen bestimmt war." Dabei legt er sich auf den Boden, preßt sich an die Wand. Dann springt er wieder auf: „Und diese Kälte, immer diese Kälte – die Häftlingskleidung war doch so erbärmlich schäbig, und wer sich zum Schutz gegen die Kälte Papier unter die Jacke steckte und dabei erwischt wurde, bekam Prügel." Dieser Satz durfte dann später stehen bleiben. Er schien beim Erzählen die Prügel noch einmal zu spüren.

Wie um sich zu sammeln, fragt er dann plötzlich wieder, ob ich dieses oder jenes deutsche Gesicht (GOETHE, SCHILLER, WASSERMANN, RINGELNATZ u. a.) kennen würde. Da ich in der Regel verneinen muß, beginnt er dann sofort zu zitieren. Er freut sich, wie gut das noch geht. Plötzlich sagt er traurig: „Ich bin ein so schlechter Engländer."

Erst nach über vier Stunden versiegt der Erzählfluß. Er ist zwar des Redens müde, aber doch sichtlich angeregt von all den wieder lebendig gewordenen Erinnerungen. Während er noch von seiner Jugend in Berlin, den Abenteuererfahrungen in der Großstadt berichtet, unterbricht er sich plötzlich: „Mensch, da war ich doch so jung wie Du heute ... komm, zeig' mir, wohin Ihr jungen Leute heute in so einer Nacht in Hamburg gehen würdet, komm', laß uns diesen Abend feiern."

Daraufhin gehen wir noch bis lange nach Mitternacht in ein kleines Lokal, er sagt dort fast kein Wort mehr, saugt alles in sich auf, beobachtet genau. Danach fahre ich ihn zum Hotel zurück. Wir verabreden für den folgenden Abend eine Fortsetzung des Gespräches.

4. Weitere Enwicklung

Während des Tages habe ich mich darum bemüht, meine Notizen in eine erste schriftliche Fassung zu bringen. Die lege ich ihm am Abend vor. Wir arbeiten sie gründlich durch, ergänzen einige biographische Lükken, sehr viel muß auf seine Bitten hin gestrichen werden (wie erwähnt: alle Familienbezüge, viele KZ-Erinnerungen). Danach gibt es noch ein entspanntes Gespräch über deutsche und englische Literatur. Er ist heute wesentlich „aufgeräumter" als am Vortag. Schließlich lädt er mich zum nächstmöglichen Zeitpunkt nach London ein, wo er noch weitere Dokumente und alte Bücher hätte, die er mir zeigen könnte.

Wenige Monate später ist er noch einmal in Hamburg auf Geschäftsreise. Dieses Mal hat er auf meine Bitte hin Fotos mitgebracht, von denen ich drei zum Abdruck haben darf.

Wieder verbringen wir zwei Abende, an denen er mir dieses Mal auch einiges aus seinem heutigen Leben berichtet. Er freut sich, daß ich daran gedacht habe, ihm zu seinem Geburtstag zu gratulieren. Wieder werde ich herzlichst für ein Wochenende nach London eingeladen.

Es besteht weiter unregelmäßige Korrespodenz, trotz allem bleibt immer wieder ein Rest Unsicherheit, ob es richtig war, soviel Auskunft zu geben. Auf meine Frage, ob er das Buch, in dem sein Text abgedruckt wird, auch seinen Freunden schenken bzw. übersetzen wird, sagt er vorsichtig: „Na, ich will es erst einmal selber lesen – auch, wer dabei noch alles berichtet hat.“

3.3 Jizchak Schwersenz (Jg. 1915), Haifa: Als jüdischer Lehrer und Schulleiter an jüdischer Großstadtschule (bis 1942) und als Jugendleiter im Untergrund (bis 1944)

1915:	Geboren in Berlin
1921–1925:	Volksschule Spreestraße in Berlin
1925–1933:	Schiller-Realgymnasium in Berlin
1933–1935:	Kurz vor dem Abitur Emigration nach Holland, dort Teilnahme an einem Vorbereitungslager für Palästina
1935–1937:	Rückkehr nach Berlin, nach kurzer Zeit von dort nach Köln als Leiter eines jüdischen Jugendheimes, nebenbei Studium und Prüfung als jüdischer Religionslehrer und Prediger
1937:	Lehrer am jüdischen Landschulheim Herrlingen bei Ulm
1937–1938:	Abitur am jüdischen Gymnasium in Berlin
1938–1939:	Studium und Examen als Volksschullehrer an der jüdischen Lehrerbildungsanstalt in Berlin
1939–1941:	Volksschullehrer und ab Winter 1939/40 Schulleiter der Jual-Schule in Berlin
1942–1944:	Jugendleiter einer Gruppe jüdischer Jugendlicher, die vor der Deportation geflohen waren und im Untergrund lebten
1944–1952:	Flucht in die Schweiz und dort nach dem Kriege Beginn eines Universitätsstudiums
1952–1980:	Einwanderung nach Israel und ab dann Lehrer an einem Gymnasium in Haifa (bis zur Pensionierung mit 65 Jahren)

Elternhaus

Mein Vater, Jahrgang 1886, war von Beruf Kaufmann und hatte mit Begeisterung sowohl an der West- als auch an der Ostfront im 1. Weltkrieg für „Kaiser und Reich“ gekämpft. Er fühlte sich den preußischen Tugenden in besonderer Weise verpflichtet. Ich erinnere mich noch an eine Begebenheit, als ich einmal als kleiner Junge an der Hand meines Vaters auf der Charlottenburger Chaussee im Berliner Tiergarten spazierte und uns auf der Straße der Wagen des Reichspräsidenten von HINDENBURG begegnete: Mein Vater nahm augenblicklich Haltung an, schlug die Hacken zusammen und verbeugte sich mit gezogenem Hut tief vor seinem Generalfeldmarschall.

Meine Eltern wählten während der Weimarer Zeit aber doch überwiegend die SPD, zuweilen auch die Deutsche Demokratische Partei[1], eine Partei der Mitte, da sie sich hiervon die größte innenpolitische Sicherheit versprachen. So wie sich mein Vater dem Kaiser in Treue verbunden gefühlt hatte, und nie vergaß, daß Kaiser WILHELM II. 1913 nach der Einweihung der großen Synagoge in der Fasanenstraße einen Besuch abgestattet hatte, so wurde er nun ein getreuer Republikaner mit großem Vertrauen auf den deutschen Rechtsstaat. Die Deutschnationalen wurden in ihrem von Anfang an deutlichen Antisemitismus erkannt und abgelehnt. Meine Eltern und Großeltern väterlicherseits waren bereits in Berlin ansässig.

Eigene Schulzeit

Ich besuchte zunächst von meinem 6.–10. Lebensjahr die öffentliche Volksschule der Stadt Berlin in der Spreestraße in Charlottenburg. Das war von 1921 bis 1925.

Bereits in dieser Zeit machte ich – gemeinsam mit dem einzigen weiteren jüdischen Jungen in einer Klasse von 40 Schülern – fast täglich diskriminierende Erfahrungen: So wurden auf dem Schulhof Spottlieder auf uns gesungen oder uns wurde „Jude Itzig“ hinterhergerufen. Zuweilen wurden wir auf dem Schulweg auch mit Steinen beworfen.

Eines Tages nahm ich all meinen Mut zusammen und beschwerte mich bei meinem damaligen Klassenlehrer Herrn RICHTER. Dieser Lehrer stellte sich dann in einer der nächsten Stunden vor die ganze Klasse und sagte einen Satz, der mir noch heute im Ohr ist: „Liebe Kinder – auch die Juden sind gute und treue deutsche Staatsbürger!“

Daß dies überhaupt gesagt werden mußte, wirft natürlich ein Licht bereits auf jene Jahre lange vor 1933.

Von 1925 bis zum Juni 1933 besuchte ich dann das Schiller-Realgymnasium. Hier war ich fast immer der einzige Jude in der Klasse. Sowohl unter Mitschülern als auch unter den Lehrern gab es viele Mitglieder

[1] DDP (Deutsche Demokratische Partei), gegründet von liberalem Bürgertum und anderen staatsbejahenden, demokratischen Gruppen, jedoch im wesentlichen eine Honoratiorenpartei; ihre Ziele waren Schutz und Durchführung der Verfassung und Erziehung des Volkes zu staatsbürgerlicher Gesinnung; 1919 ist sie die drittgrößte Fraktion, verliert jedoch ihr Wählerpotential durch die Verarmung des Mittelstandes vor allem in den Jahren 1923 und 1929–1933; gegen Ende der Weimarer Republik ist sie nur noch eine bedeutungslose Splitterpartei.

deutschnationaler und antisemitischer Organisationen. So kam es auch dort fast alltäglich zu antisemitischen Bekundungen.

Mein Ordinarius – oder Klassenlehrer, wie man heute sagt – war in den ersten Jahren der spätere Nazi-Stadtschulrat Dr. MEINSHAUSEN[2)].

MEINSHAUSEN unterrichtete unter anderem auch Geschichte bei uns, und obwohl er sich zum Beispiel im persönlichen Umgang mit mir immer korrekt verhielt, predigte er doch von Anfang an gegen das „System" der Weimarer Republik und gründete auch gleichzeitig eine Nazi-Zelle von Schülern an der Schule.

Ein ganz großes Problem jedes demokratischen Systems: Wie lange dürfen Menschen geduldet werden, die sich offen gegen die Demokratie stellen? Wo hört Kritik auf, und wo fängt Zerstörung an? Diese Frage hat mich, der ich selbst als Lehrer später Geschichte zu meinem Hauptfach wählte, mein ganzes Leben beschäftigt.

Trotz allem hatte ich in meiner eigenen Klasse keine schlechte Position unter den Mitschülern. Ich war, das darf ich heute als alter Mann sagen, ein guter Schüler und galt als kameradschaftlich. Ich verleugnete mein Judentum nie, und das nötigte wohl auch einen gewissen Respekt ab. Dabei half mir sicher in erster Linie meine Mitgliedschaft in einer jüdischen Jugendorganisation mit ihren ausgezeichneten Jugendführern, in die ich bereits im Alter von 9 Jahren eingetreten war. Auch die zwei Nachmittage in der Religionsschule halfen mir sehr.

So schrieb mir zum Beispiel mein Mitschüler STOLL noch in die Emigration nach Holland im Sommer 1933, daß er mich achten würde, weil auch ich ein national denkender Mensch, ein Zionist, sei.

[2)] MEINSHAUSEN, Johannes (1889–1948), Dr., ab 1914 Studienreferendar, Kriegsfreiwilliger, 1926–1930 Studienrat für Geschichte, Deutsch und Religion am Schiller-Gymnasium in Berlin, ab 1929 NSDAP-Mitglied, 1930 bis Herbst 1932 wegen NS-Propaganda aus dem Schuldienst entlassen, Mitbegründer des NSLB in Berlin, NSDAP-Reichstagsabgeordneter, ab 1933 zunächst kommissarisch und ab 1934 ernannt zum Stadtschulrat von Berlin, gleichzeitig NSLB-Gauamtsleiter von Berlin, Sommer 1944 Ernennung zum Oberbürgermeister von Görlitz (Niederschlesien), im Februar 1945 ordnet er die Zwangsevakuierung von 42.000 Frauen und Kindern an, von denen viele in der Kälte erfrieren, „nicht evakuierungsfähige" Häftlinge des nahen KZ's „Biesnitzer Grund" läßt er erschießen (173 Ermordungen werden im späteren Prozeß nachgewiesen). Bei dem Versuch sich abzusetzen, wird er von der Görlitzer Bevölkerung festgehalten und der Roten Armee übergeben, wegen Verbrechen gegen die Menschlichkeit wird er im April 1948 vom Landgericht Bautzen zum Tode verurteilt und am 19.10.1948 hingerichtet (nach schriftl. Auskunft des Pädagogischen Zentrums Berlin vom 24.2.1986; vgl. auch ARBEITSGRUPPE PÄDAGOGISCHES MUSEUM 1982, 47).

Es gab aber mehrheitlich doch auch andere Erfahrungen, die sich zuspitzten, je mehr Schüler in die HJ eintraten. Einer dieser Jungen, mein Mitschüler STÖCKER, mit dem ich jahrelang Schulaufgaben gemeinsam gemacht hatte, erklärte mir bereits 1931 in bösem Ton: „Ich komme zu keinem Juden mehr!“ Er grüßte von da ab nicht einmal mehr. Solche Erfahrungen nahmen zu, auch außerhalb der Schule, zum Beispiel im Wohnhaus, wo ebenfalls ein Freund jeden Kontakt abbrach.

Dann kam der 30. Januar 1933: Als ich am Morgen zur Schule fuhr, sah ich am Zeitungskiosk am S-Bahnhof Charlottenburg die Schlagzeile „HITLER WIRD REICHSKANZLER“ – und erschrak tief. Ich denke, ich ahnte damals als Jugendlicher weit mehr als meine Eltern, was dies bedeutete. Meine Eltern gehörten zu jenen, die anfänglich noch meinten, daß der „Spuk“ doch wohl bald vorüber sei. Aus der Schule erinnere ich nichts mehr von diesem Tag. Ich weiß nur noch, wie wir, als wir am Nachmittag in unserer jüdischen Pfadfinder-Kluft zum Treffen gehen wollten, dazu angehalten wurden, unsere Kluft unter einem Mantel zu verstecken, da es schon zu Verhaftungen gekommen sei. Das war eine ungeheuer elektrifizierte Stimmung an jenem Nachmittag, an dem zur gleichen Zeit die großen Aufmärsche durch das Brandenburger Tor vorbereitet wurden. Ich weiß noch, wie meine jugendliche Kameradin Ruth WOLFSBERG an jenem Nachmittag traurig zu mir sagte: „Wer weiß, ob wir in unserer Gruppe noch gemeinsam auf Fahrt werden gehen können . . .“

In der ersten Zeit nach der Machtergreifung erschütterte mich ein Erlebnis besonders, das einen Lehrer betrifft – und zwar den von mir sehr geschätzten Dr. MEYER, meinen Lateinlehrer. Dieser Dr. MEYER war bekannt als aufrechter Republikaner. Er hatte mir und meiner Mutter noch in den Oberklassen der Schule geholfen, eine Beihilfe der Stadt Berlin für begabte, aber finanziell minderbemittelte Schüler zu erhalten. Er sagte damals zu meiner Mutter jenen Satz, der sie so erfreut hatte: „Frau SCHWERSENZ, unsere Republik kennt keinen Unterschied zwischen Juden und Christen!“

1932 ging Dr. MEYER für ein Jahr nach Japan. Als er nach seiner Heimkehr 1933 das erste Mal wieder vor der Klasse stand, hob er als erstes die Hand zum Hitlergruß und sagte wörtlich – ich werde das nie vergessen: „Danken wir Gott, liebe Schüler, daß er uns solch einen Führer geschickt hat!“

Das war Ostern 1933 – ich war zutiefst erschüttert, wie schnell ein Mensch umfallen kann. Wir haben bis zu meinem Schulabgang, der ja bald darauf erfolgte, kein persönliches Wort mehr gesprochen. Aber bis heute beschäftigt mich die Frage: Hat er es getan, weil er seinen Posten retten wollte – oder hat er wirklich daran geglaubt? Oder ist gar beides möglich? Ich weiß es nicht . . . Er ist immerhin weggegangen in einem schlimmen Jahr der Arbeitslosigkeit, des Chaos, der Unordnung, der fast lächerlich gewordenen Republik – und ist wiedergekommen in einen ganz anderen Zustand: Keine Arbeitslosen mehr auf den Straßen, keine Bettler mehr, ein geeintes Reich – das ist so gefährlich, so hat es doch von außen erstmal ausgesehen. Das mag doch ungeheuer beeindruckend gewesen sein.

Im April 1933 kam es zu einem schlimmen Ereignis, das unmittelbar auch mich betraf: Ein Freund aus meiner Jugendgruppe, Jakob EHRENFREUND, hatte in seiner Erregung vor einem SA-Lokal die Nazi-Fahne heruntergerissen und in den Straßendreck getreten. Er ist gefaßt worden, wurde entsetzlich zusammengeschlagen und dann verhaftet. Er endete in einem Irrenhaus, in dem ich ihn noch besuchte – ein Junge in meinem Alter. Später kam er dann in ein KZ, wo sich seine Spur verlor[3)].

Emigration nach Holland

Dieses Ereignis hatte zur Folge, daß die Nervosität in meinem Elternhaus außerordentlich groß war, weil man befürchtete, daß man nun auch zu mir kommen könne, um mich als seinen Freund abzuholen. In der gemeinsamen Jugendgruppe hatte ich zu der Zeit eine „Große Fahrt", wie wir das damals nannten, vorbereitet, die in den Sommerferien nach Holland führen sollte.

In Holland erreichte mich dann ein Telegramm meiner Mutter, dessen Text lediglich lautete: „Nicht zurückkommen!" Ich konnte mir denken, was dies bedeutete. Später erfuhr ich dann, daß tatsächlich eine Hausdurchsuchung auf den Spuren von Jakob EHRENFREUND stattgefunden hatte. Dabei war aber nichts herausgekommen, denn ich hatte natürlich sofort nach der Machtergreifung die Schriften, die sich

---

3) Über die besonderen Schwierigkeiten den Protest jüdischer Jugendlicher, die zionistisch orientiert waren, in politisch bedachte Formen, auch in Beziehung zum deutschen Widerstand zu lenken, schreibt der israelische Historiker Shaul ESH:
„Die zionistische Jugend, die fast ausnahmslos das Nazi-Regime, auch abgesehen vom Antisemitismus, verabscheute, wurde gegenüber dem, was sich in Deutschland und dem deutschen Volk abspielte, gleichgültig. Ihr ganzes Interesse konzentrierte sich auf Erez Israel. Widerstand gegen die Nazis betrachtete sie als rein deutsche Angelegenheit. Wer sich demnach als Jude im Untergrund außerhalb des spezifisch jüdischen Bereichs betätigte, identifizierte sich in ihren Augen durch seine Haltung mit dem deutschen Volk."
(ESH 1969, 19).

zum Beispiel mit dem Sozialismus beschäftigten, über den wir in unserem Jugendbund auch gesprochen hatten, sämtlichst weggebracht.

Trotzdem nahm ich die Nachricht meiner Mutter ernst und beschloß, aus den Sommerferien nicht nach Haus zu kommen, sondern in Holland zu bleiben.

Als meine Mutter nach den Schulferien dies meinem damaligen Klassenlehrer in der Oberstufe, Studienrat Dr. Roland SPRAGUE, mitteilte, reagierte dieser auch vorher immer gute und feine Pädagoge mit den Worten: „Ich bedaure sehr den Entschluß Ihres Jungen."

Er hielt es für grundfalsch, die Schule so kurz vor dem Abitur zu verlassen und bat meine Mutter inständig, mich doch wieder zurückzuholen und in seine Klasse zu schicken. Er würde persönlich dafür sorgen, daß mir während der Zeit auf der Schule nichts geschehen würde. Dies war ohne Frage ehrlich von ihm gemeint.

Viele Jahre später, als ich wieder in Deutschland war, und wir Juden schon den Judenstern tragen mußten[4)], da war er immer noch einer der wenigen, die sich als Nichtjuden mit mir auch auf der Straße offen unterhielt. Und noch einmal später, als ich mit Freunden schon in der Illegalität lebte, und wir auf der Suche nach Quartiergebern waren, also Menschen, die bereit waren, uns zu verstecken, da wandte ich mich noch einmal an ihn. Er lehnte dann aber ab, indem er zu mir sagte: „Lieber SCHWERSENZ, ich würde Ihnen gern helfen. Ich glaube aber, ich habe nicht das Recht, das Leben meiner Frau aufs Spiel zu setzen." Was wir natürlich akzeptierten. Ein ganz feiner Mann war das!

Ich blieb in Holland für zwei Jahre von 1933 bis 1935. Meine Jugendgruppe, die ja alle jünger waren als ich, schickte ich mit der zweiten Leiterin, Ruth WOLFSBERG, zurück nach Berlin. Mit mir blieb lediglich der jüngere Bruder von Jakob EHRENFREUND, Max, der dann in Holland eine Malerlehre begann. Ich selbst lernte im Gemüse-Anbau, alles natürlich in Vorbereitung auf die erhoffte Auswanderung nach Palästina.

Pädagogische Ausbildung

1935 schrieb mir die Bundesleitung der „Zionistischen Vereinigung in Deutschland", daß für mich ein Einwanderungszertifikat für Palästina vorläge, das jedoch zur Bedingung hätte, daß ich noch ein Jahr in

---

[4)] „Polizeiverordnung über die Kennzeichnung der Juden", die das Tragen des gelben Sterns zur Pflicht machte (vom 1.9.1941).

Deutschland leben und arbeiten müßte. Ich hatte große Furcht davor, nach Deutschland zurückzugehen, aber die Bundesleitung bestand auf der Bedingung. Und ich wollte natürlich das Zertifikat. Außerdem war mir eine Arbeit in der Jugendhilfe angeboten worden, die ich schon gern tun wollte. Ich fuhr also mit großer Furcht im Zug zurück nach Deutschland.

Als ich mich in Berlin bei Dr. Benno COHN[5], dem Vorsitzenden der „Zionistischen Vereinigung", in seinem Büro in der Meinekestraße 10 meldete, sagte er: „Ich muß Ihnen die Mitteilung machen, daß gerade ein neues Gesetz[6] herausgekommen ist, nach dem jüdische Rückwanderer verhaftet und in ‚Schulungslager' verbracht werden können." Das sagte der einfach so zu mir!!

Er versuchte mich zwar sofort zu beruhigen und meinte: „Sollte Ihnen dies zustoßen, dann holen wir Sie wieder raus. Das wird gehen, weil Sie doch für die Einwanderungsarbeit nach Palästina vorgesehen sind."

Trotzdem versteckte ich mich erst einmal vier Wochen, was sicher sehr vernünftig war, denn als ich nach einem Monat wieder vor Dr. COHN stand, sagte der zuversichtlich: „Sie sind durch die Maschen der Bürokratie gerutscht."

Ich wurde dann sofort nach Köln geschickt, um dort den Aufbau und die Leitung eines Heimes für die Jugend-Alijah zu übernehmen.

Mit dem Wort „Jugend-Alijah" wurde die organisierte Auswanderung jüdischer Jugendlicher nach Palästina in den 30er Jahren aus Deutschland bezeichnet. Zu diesem Zweck wurden besondere Vorbereitungsstätten und Schulen geschaffen. In unserem Kölner Heim erlernten 40 Jungen und Mädchen ein Handwerk und wurden die andere Hälfte des Tages unterrichtet. Nebenbei studierte ich an der jüdischen Religionslehrer-Akademie. Nach Auflösung des Jugendheims in Köln und mei-

---

5) COHN, Benno (1894–1975), Dr., einer der führenden deutschen Zionisten, seit 1933 Mitglied der Geschäftsführung der Zionistischen Vereinigung für Deutschland (ZVfD) und deren letzter Vorsitzender (1937–1939), konnte noch nach Palästina emigrieren (nach LOWENTHAL 1981, 43).

6) Die „Schulungslager" waren gleichbedeutend mit Konzentrationslagern. Mit dem neuen „Gesetz" ist lediglich eine Anweisung des Berliner Polizeipräsidenten vom 16.4.1935 (Akt. Z.H. 40/35 Stapo u. Emigr.) gemeint, nach der ab Frühjahr 1935 diejenigen Juden in Haft verbracht werden konnten, die sich nach ihrer Auswanderung besuchsweise in Deutschland aufhielten. Über die Flut diskriminierender Maßnahmen gegen Juden vgl. besonders WALK 1981.

6a) Über das jüdische Landschulheim Herrlingen ist eine ausführliche Darstellung von Lucie SCHACHNE erschienen (SCHACHNE 1986). Darin auch eine kurze Erinnerung von Jizchak SCHWERSENZ (S. 119/120).

nem dortigen Studienabschluß als Religionslehrer und Prediger ging ich Anfang 1937 als Lehrer nach Herrlingen bei Ulm an das jüdische Landschulheim (Oberrealschule) – dies war eine paradiesische Stätte in jener wirren Zeit[6a)].

Weil ich doch aber gern noch ein richtiges Lehrerexamen machen wollte, entschloß ich mich, auch auf den Rat des pädagogischen Leiters in Herrlingen Hugo ROSENTHAL hin, in einem Jahr am Berliner Jüdischen Gymnasium das Abitur zu machen. Da war ich 22 Jahre alt. Anschließend besuchte ich bis zum Abschluß 1939, also nach der entsetzlichen Reichspogromnacht vom November 1938, wo natürlich jeder Unterricht ausgefallen war, die Jüdische Lehrerbildungsanstalt in Berlin.

Am Morgen nach jener schrecklichen Nacht im November 1938 lief ich von der Lehrerbildungsanstalt in die Kantstraße, wo die Büros der „Reichsvertretung der Juden in Deutschland" waren – einschließlich der Schulabteilung. Ich war eigentlich gekommen, um mich mit der Leiterin der Schulabteilung, Frau Paula FÜRST[7)], zu unterhalten, was nun werden solle, aber dann standen wir nur schweigend in ihrem Büro, und sie zeigte sprachlos mit der Hand hinaus aus ihrem Fenster, hin zu den noch immer brennenden Mauern der Synagoge in der Fasanenstraße. Wir standen da und sprachen kein Wort . . . so war das . . .

Ich eilte von da aus zu mir nach Hause, Holsteiner Ufer 17. Als ich gerade um die Ecke zu meiner Straße biegen wollte, hielt mich der Sohn des Reformrabbiners ROSENTHAL am Ärmel fest und sagte: „Geh' jetzt bloß nicht nach Hause, vor Eurer Tür steht der Lastwagen der Gestapo!"

Er zeigte mir den Lastwagen aus der Entfernung, und ich beschloß, zu einem entfernten Verwandten zu gehen, um mich dort erst einmal zu verstecken. Das war der schwerbehinderte Julius FLEISCHMANN, der im Rollstuhl saß, und wo ich dachte, bei ihm suchen sie zuletzt.

Und nach 3 Tagen war der Spuk ja auch wieder vorbei, auf den Straßen beruhigte es sich, und ich verließ wieder das Versteck. Alle jüdischen

---

7) FÜRST, Paula (1896–1942), zunächst Lehrerin in Berlin, die sich nach Kursen in Rom besonders einer Pädagogik im Sinne Maria MONTESSORIS (1870–1952) widmete; 1933–1939 war sie Schulleiterin der bekannten THEODOR-HERZL-Schule in Berlin bis zu deren Schließung am 31.5.1939. Im August 1939 begleitete sie einen Kindertransport nach England, wo Freunde sie beschworen, nicht mehr nach Deutschland zurückzukehren. Sie entschloß sich jedoch zurückzufahren, um in dem ihr inzwischen übertragenen Erziehungsdezernat der „Reichsvereinigung der Juden in Deutschland" weiterzuarbeiten. Im Juni 1942 wurde sie aus Berlin deportiert, über ihr weiteres Schicksal ist nichts bekannt (nach LOWENTHAL 1966, 57–58).

Schulen öffneten wieder, es mußten sogar neue eröffnet werden, weil noch viele Schüler von anderen Schulen, von denen sie verwiesen waren, hinzukamen[8]. Ich arbeitete zu der Zeit in der Leitung der Jüdischen Jugendhilfe, wo noch einmal alles richtig aufblühte: Wir hatten 30–40 Vorbereitungslager für Palästina zu der Zeit nach 1938 in Deutschland. 1940 war in diesem Sinne das „Blütejahr“, der Höhepunkt der jüdischen Kulturarbeit in Deutschland. Ist das nicht unglaublich – 1940 – zweites Kriegsjahr! Was hatten wir für hervorragende Schulen[9], für Ausbildungslager[10], für Jugendbünde zu dieser Zeit! Der Berliner Rabbiner Leo BAECK[11] prägte damals das später umstrittene, aber dennoch berühmt gewordene Wort vom „Aufbau im Abbau“.

Ob das richtig war, ist, wie gesagt, bei uns höchst umstritten. So kritisiert zum Beispiel Hannah ARENDT[12] diese Haltung, indem sie sagt: „Nein, man hätte alles, alles tun müssen, um die Menschen aus Deutschland herauszubekommen!“

---

[8] Der Erlaß 558 des Reichsministers für Wissenschaft, Erziehung und Bildung vom 15.11.1938 (Amtsblatt) 1938, S. 520, lautet:
„Nach der ruchlosen Mordtat von Paris kann es keinem deutschen Lehrer und keiner deutschen Lehrerin mehr zugemutet werden, an jüdische Schulkinder Unterricht zu erteilen. Auch versteht es sich von selbst, daß es für deutsche Schüler und Schülerinnen unerträglich ist, mit Juden in einem Raum zu sitzen ...“
Mit der Mordtat war das Attentat des 17jährigen Herschel GRYNSZPAN auf den Legationsrat und SA-Mann Ernst vom RATH in der deutschen Botschaft von Paris am 7.11.1938 gemeint, das die Nazis zum Anlaß für die Reichspogromnacht („Kristallnacht“) am 9.11.1938 nahmen (vgl. auch Anm. 2 bei Peter GILLIES und Anm. 13 bei Walther UHLE).

[9] Vgl. GÄRTNER, Hans: Probleme jüdischer Schulen in Deutschland während des Hitler-Regimes, in: SCHNORBACH 1983, 147–156; GAERTNER 1956, 123–141; SCHIRATZKI 1960, 299–307.

[10] Die Arbeit des jüdischen Auswandererlehrgutes Groß-Breesen/Schlesien wird ausführlich dargestellt in: ANGRESS 1985.

[11] BAECK, Leo (1873–1956), Religionsphilosoph und liberaler Rabbiner, 1933–1943 Präsident der „Reichsvertretung der deutschen Juden“ (1939 in „Reichsvereinigung der Juden in Deutschland“ umbenannt), 1943–1945 im KZ Theresienstadt, wanderte nach 1945 nach London aus, dort Mitbegründer des „Council of Jews from Germany“ (durch den später das LEO-BECK-INSTITUT gegründet wurde), zeitweise auch Gastprofessor in USA (nach LOWENTHAL 1981, 22–23).

[12] ARENDT, Hannah (1906–1975), Prof. Dr., emigrierte 1933 nach Paris und 1940 in die USA, wo sie als Schriftstellerin und Professorin bekannt wurde. Ihr Buch „Eichmann in Jerusalem“, das die Prozeßberichte enthält, die sie für eine amerikanische Zeitung verfaßt hatte, löste leidenschaftliche Diskussionen – nicht nur in Israel – aus (ARENDT dt. 1964; in dieser Arbeit zitiert nach der Ausgabe von 1978).

Aber haben wir das nicht getan? War wirklich – nach damaligem Erkenntnisstand – mehr möglich? Ich denke, wir haben alles getan, um die Menschen zu stärken, um ihnen Mut zu machen ...

Als Lehrer und Schulleiter (bis 1942)

Nach meiner Abschlußprüfung als jüdischer Volksschullehrer ging ich im Mai 1939 zunächst als Lehrer an die Jugend-Alijah-Schule (kurz: Jual-Schule), die bis 1938 im Hauptgebäude der Jüdischen Gemeinde in der Oranienburger Straße untergebracht war.

Die Klassen waren nicht nach Alter, sondern nach dem Gesichtspunkt der Vorbildung der Schüler gruppiert. In den obersten Klassen war bereits Hebräisch die Unterrichtssprache. Die Schule war vom Geist der Jugendbewegung geprägt, das Lehrer-Schüler-Verhältnis ein völlig kameradschaftliches. Der Unterricht fand im Halbrund an Tischen statt, also ohne Schulbänke.

Nach der sogenannten „Kristallnacht" im November 1938 war die Schule zunächst monatelang geschlossen. Die Wiedereröffnung, jetzt im Mai 1939, stellte die Schule vor gesteigerte Ansprüche: Nach dem Schulverbot für jüdische Schüler an deutschen Schulen (vgl. Anm. 8), drängten nun viele neue Jugendliche nach. So tat sich dann die „Jüdische Jugendhilfe" mit der Berliner Jüdischen Gemeinde zusammen und eröffnete zwei Jugend-Alijah-Schulen. Die Gemeinde machte die erforderlichen Räume verfügbar und kam für die Lehrergehälter auf.

Der Schulbetrieb fand zunächst in zwei Häusern statt mit 15 Lehrern und 280 Schülern (für den Westen im Gebäude des Adass-Jisroel-Realgymnasiums am Siegmundshof 11 und für den Osten im Gebäude der 6. Volksschule der Jüdischen Gemeinde in der Chorinerstr. 74). Nach Kriegsausbruch gab es eine Phase, in der durch Auswanderungen die Schülerzahl vorübergehend gesunken war, so daß wir in ein Haus in der Chorinerstraße zusammenzogen. Die „Jüdische Jugendhilfe" übertrug mir die Leitung dieses Hauses mit 11 Lehrern und 160 Schülern.

Um einen Begriff vom Umfang der Ausbildung zu geben, deren die Zöglinge der Jual-Schule teilhaftig wurden, lese ich hier den Lehrplan vor, wie er für die zwei Kriegsjahre, bis zur Schließung der Schule, gültig blieb:

1. *JÜDISCHE FÄCHER:*
   Hebräisch (Sprachunterricht) 5 Wochenstunden
   Lehrer: Hilde-Laubhardt-Rosenthal, Eli Heimann.
   Bibel 4 Wochenstunden. Lehrer: Jizchak Schwersenz
   Jüdische Geschichte 2 Wochenstunden

Lehrer: Rektor Wolff.
Zionistische Geschichte 3 Wochenstunden
Lehrer: Schwersenz.
Palästinakunde 2 Wochenstunden
Lehrer: Schwersenz

2. *ALLGEMEINE FÄCHER:*
Erdkunde 2 Wochenstunden
Naturkunde, Physik, Chemie 4 Wochenstunden
Lehrer: Studienrat Neufeldt
Allgemeine Literaturgeschichte 2 Wochenstunden
Lehrerin: Hilde Laubhardt-Rosenthal
Gegenwartskunde (Geschichte der Umwelt)
2 Wochenstunden, Lehrer: Schwersenz.
Musik und Gesang 2 Wochenstunden
Lehrer: Kurt Messerschmidt
Sport und Werkunterricht 3 Wochenstunden
Lehrer: Rudi Sonnenfeld

In freiwilligen Arbeitsgemeinschaften konnten die Schüler zusätzlich Unterricht im Englischen sowie in Psychologie und Astronomie erhalten. Unsere Schüler entstammten anfangs überwiegend den Schulentlassenen der Altersgruppen von 14 bis 16 Jahren. Ab Ostern 1940 trat erneut an uns die Verpflichtung heran, weitere Ausbildungsmöglichkeiten zu schaffen, da uns 80 Schulkinder anvertraut wurden, die zwar noch die Volksschule besuchten, sich aber zur Jugend-Alijah gemeldet hatten. Ihnen gaben wir in der sogenannten „Nachmittagsgruppe" an zwei Nachmittagen der Woche Stunden in Palästinakunde und zionistischer Geschichte, ließen die Kinder aber auch an den wöchentlichen Schabbath-Feiern teilnehmen. Als 1942 mit dem Verbot der jüdischen Schulen[14)] auch unsere Einrichtung aufzulösen war, blieben nur noch diejenigen Jugendlichen vor einer Rückweisung in ihre Elternhäuser und somit Deportation bewahrt[15)], die bereits in Hachscharah-Kibuz-

---

13) Die beiden folgenden Textabschnitte sind eine Überarbeitung von Aussagen, die – in Absprache und mit freundlicher Genehmigung des Autors – dem inzwischen vergriffenen Buch entnommen sind: SCHWERSENZ/WOLFF 1969. Über diese Thematik, leider bisher nicht im pädagogischen Kontext, sind in den letzten Jahren erschienen: SCHWERSENZ/WOLFF 1981, 16–38; BRANDT 1984.

14) Am 30.6.1942 wurden die jüdischen Schulen Deutschlands und Österreichs nach einer Anordnung des „Büros EICHMANN" vom 20.6.1942 geschlossen (vgl. SCHWERSENZ/WOLFF 1981, 20).

15) Die erste Deportation erfolgte in Berlin am 10.10.1941 in das Ghetto Lodz (Litzmannstadt) und umfaßte 1013 Menschen (vgl. SCHWERSENZ/WOLFF 1981, 20).

zim eingeordnet waren. Dies waren landwirtschaftliche Ausbildungsstätten zur Vorbereitung auf Palästina, die von den Nazis zunehmend zur Zwangsarbeit in der Industrie, beim Straßenbau usw. verpflichtet wurden.

Mit der Schließung der Berliner Jual-Schule war auch meine Lehrertätigkeit beendet. Ich hatte fortan Dienst als Küchenhelfer in der jüdischen Volksküche zu tun. Lediglich für eine kleine Schulgruppe, die als einzige noch bestehen durfte, weil sie unentgeltliche Gartenarbeiten (Gemüsebau und Bienenzucht) machte in einem großen, von der SS beschlagnahmten Villen-Grundstück in Wannsee, das dem Justizrat OPPENHEIMER gehört hatte, durfte ich noch bis zur Auflösung im August 1942 die pädagogische Betreuung übernehmen.

Als Jugendleiter im Untergrund (bis 1944)

Der Gedanke an ein Untertauchen in Nazi-Deutschland, um so der Deportation zu entgehen, kam mir erstmalig im Winter 1941. Im Oktober hatten die Judenabtransporte aus Berlin begonnen (vgl. Anm. 15). Daß sie in den Tod führen würden, ahnten wir trotz aller schlimmen Erfahrungen nicht, zumal diese Transporte von den Nazis in Form einer „geregelten Umsiedlung“ nach dem Osten organisiert wurden. Erst gegen Jahresende 1942 erreichten uns die ersten Gerüchte, die dann im Juli 1943 durch direkte Nachrichten, die uns aus den Vernichtungslagern zugespielt wurden, zur Gewißheit wurden. Es begannen jetzt auch aus ausländischen Sendern Nachrichten über die Massenvernichtung von Juden und anderen Bevölkerungsgruppen in Polen durchzusikkern.

Du weißt ja, daß das Abhören ausländischer Sender im Krieg bei hohen Strafen verboten war für alle Deutschen, für uns Juden war dies umso schwerer, da wir bereits 1939 alle Radioapparate hatten abgeben müssen. Im Sommer 1942 begann ich selbst an „Untertauchen“ zu denken. Dazu bewog mich besonders das schockierende Erlebnis des Abtransportes meines Vaters, der im Juli 1942 die Aufforderung erhielt, sich im Sammellager in der Synagoge Levetzowstraße einzufinden. Ich suchte ihn zu überreden, in den Untergrund zu gehen, anstatt sich fortschleppen zu lassen, doch der Vater wies solche Gedanken weit von sich. In seinem Weltbild war kein Raum für die Vorstellung, daß das „Deutsche Vaterland“, für das er sein Leben eingesetzt hatte, ihm dies Leben nun nehmen wolle. Solche Haltung war unter den Juden Deutschlands weit verbreitet.

Der Gedanke an ein Dasein in der Illegalität mit den dazu erforderlichen gefälschten Papieren erschien mir als einem zu preußischer Korrektheit erzogenem Juden Deutschlands zunächst selbst unmöglich.

Aber meine Kameradin Edith WOLFF[16], die in der Kulturabteilung der „Jüdischen Jugendhilfe" tätig gewesen war, hatte bereits einige Zeit zuvor Pläne gemacht, wie man sich der Deportation entziehen und im Versteck das Ende des „Dritten Reiches" abwarten könne.

Auf welchen Wegen der Übergang von der legalen, aber bedrohten Existenz im August 1942 hin zum illegalen Kampf ums Überleben im Untergrund sich im Einzelnen vollzog, ist an anderen Stellen bereits ausführlich beschrieben worden (vgl. Anm. 13). Ich will Dir hier vor allem von zwei Dingen berichten: Wie wir auch im Untergrund unsere Jugendarbeit weiterführten, und wie hilfreich uns dabei einzelne, nichtjüdische Menschen waren.

Die Jugendlichen, die nach und nach zu uns stießen, waren vor allem solche, die sich kurz vor der drohenden Deportation von der Familie getrennt und versteckt hatten, zuweilen auch solche, die erst von Deportationszügen hatten abspringen und flüchten können. Natürlicherweise vermehrte sich mit der Verschärfung der Judenverfolgung die Schar der Illegalen. Von etwa vierzig jungen Menschen, die in der Folgezeit durch unseren illegalen Kreis hindurchgingen, gehörten jedoch nur elf vom Anfang bis zum Ende unserer Gruppe an. Für uns alle kam es nun darauf an, unser Untergrunddasein so zu organisieren, daß wir uns nicht nur physisch durchbringen, sondern in der Illegalität weiter gemeinsam arbeiten konnten. Zunächst hatten wir jedem, der untertauchte, die äußeren Erfordernisse illegaler Existenz zu sichern. Dabei stand die Sorge um Unterkunft an erster Stelle. Wer versteckt leben wollte, brauchte einen sicheren Ruheplatz. Wohnungen von Juden kamen dafür nicht mehr in Betracht. Denn waren die Wohnungsinhaber mit ihren Familien erst einmal deportiert, versiegelte die Polizei die Türen. Es gehörte Tollkühnheit dazu, wenn Poldi und Zwi, seit der Verschleppung ihrer Eltern auf der Flucht vor der Gestapo, dennoch wochenlang nächtlich zur elterlichen Wohnung zurückschlichen – und Glück – nicht gefaßt zu werden. Da sie noch keine andere Bleibe hatten, wiederholten sie Nacht für Nacht das lebensgefährliche Abenteuer, zu später Stunde behutsam die Siegel von der Wohnungstür abzulösen, unter Meidung jeden Geräusches und im Dunkeln zu übernach-

---

[16] WOLFF, Edith (Jg. 1904), Schulbesuch und Studium in Berlin, obwohl christlich getauft, hat sie seit ihrer Jugend jüdische Freunde und arbeitet auch in jüdischen Jugendorganisationen mit, wegen ihres jüdischen Vaters gilt sie nach der „Machtergreifung" als „halbjüdisch"; noch im selben Jahr 1933 konvertiert sie zum jüdischen Glauben; in den folgenden Jahren hilft sie als „privilegierte Halbjüdin" vielen jüdischen Freunden, später organisiert sie auch Papiere, Lebensmittel und Unterkünfte für im Untergrund lebende Juden; 1943 Verhaftung und bis zur Befreiung im Zuchthaus in Lippstadt; sie lebt seit 1954 in Haifa/Israel.

ten, frühmorgens dann die Marken genau an ihren Platz auf die Wohnungstür zurückzuheften und sich unbemerkt davonzumachen!

Nächst der Quartier-Beschaffung ging die Sorge um die Verpflegung (Mahlzeiten oder Lebensmittel), die Beschaffung von Personalausweisen zur Legitimierung nach außen und um genügende Geldmittel.

Ohne eine ausreichende Anzahl von Helfern, die bei all diesen riskanten und schwierigen Vorhaben Unterstützung gewährten, war es undenkbar, all das zu besorgen. Wir konnten, um ganz sicher zu gehen, solche Hilfe eigentlich nur bei Nichtjuden suchen. Doch stand uns wenigstens anfangs auch der Weg zu gewissen Adressen von „Halbjuden" und von Juden, die in Mischehe lebten, offen.

Der fatale Schwund zuverlässiger Verstecke trieb uns nachher nicht selten dazu, es darauf ankommen zu lassen, beim Klopfen an eine Tür abgewiesen zu werden. Wir hatten gelernt, auch mit Nachtlagern auf Dachböden zufrieden zu sein. Das wurde uns bei der zunehmenden Angst der Bevölkerung vor den Folgen von Hilfsleistungen noch am ehesten gestattet. Denn bei eventueller Entdeckung auf solchen, meist unverschlossenen Böden, ließ sich immer behaupten, man sei ohne Wissen der Hausbewohner hinaufgeschlichen. Glückte aber einem von uns – was nun immer häufiger geschah – bis in den späten Abend nicht, einen Schlafplatz zu entdecken, blieb nichts anderes übrig, als eine „Straßen-Nacht" zu planen, d. h. danach zu trachten, wie man schlaflos, aber auch gefahrlos die Nacht im Freien zubrächte. In Sommernächten gelang das noch relativ leicht, sogar mehreren von uns gemeinsam.

Grimmig wurde die Situation bei Schneefall, Frost und eisigem Winde. Scheußlich war es, sich in menschenleeren Straßen stundenlang auf den Füßen zu halten und die Schläge der Kirchturm-Uhren zu zählen. Am schwersten erträglich erschienen uns immer die vier Stunden zwischen 1 Uhr und 5 Uhr morgens, die Zeit ohne alle Verkehrsmittel zwischen dem letzten Stadtbahn-Zug und der frühesten Untergrundbahn-Verbindung. Zu unserem Glück unterhielt die Berliner Straßenbahn in den Kriegsjahren einige sogenannte „Nachtlinien", die in einstündigen Abständen bis in den Morgen von einem Stadtende zum anderen verkehrten. Damals arbeiteten Munitions- und andere kriegswichtige Betriebe in drei Schichten zu jeweils acht Stunden, also auch die Nacht hindurch. Die Arbeiter solcher Betriebe waren dementsprechend des Nachts vom und zum Schichtwechsel zu befördern. Die dauernden Bewegungen von Nachtarbeiter-Kolonnen verhinderten das Auffallen von uns illegalen Nachtwandlern. Da das jedoch nur für ganz bestimmte Stadtviertel zutraf, mußten wir sehr genau Bescheid wissen, wo wir uns sehen lassen durften. Manches, was wir einst zu harmlosesten Zwecken als Pfadpfinder gelernt hatten, wurde uns nun nützlich.

Von besonderem Wert für Inhalt wie Form der Arbeitszusammenkünfte unseres illegalen „Chug Chaluzi" (Chug Chaluzi = Pionier-Gruppe) erwies sich unsere bündische Tradition vergangener „normaler" Jahre.

Der Bund hatte in der Jugendbewegung nie einen Selbstzweck gesehen, sondern eine Vorbereitung auf das Leben. Diese Erziehung bewährte sich nun im Untergrund-Dasein der Jugendlichen. Selbst wenn man jedoch sagen könnte, wir hätten damals in längst vertrautem Rahmen, mit gleichem Programm und gleichen Formen die „gewohnte Arbeit" des Bundes fortgesetzt – unter welch schweren Bedingungen hatte das nun zu geschehen. Für jede Woche war das Aktionsprogramm im voraus bis ins Kleinste genau festzulegen, wobei neben das Lernpensum, einschließlich pfadfinderischer Übungen als Erfordernis der prekären Lebenslage jedes Einzelnen von uns, eine detaillierte Planung der Quartiere und Regelung der physischen Versorgung zu treten hatte. Die Zusammenkünfte waren zu fest verabredeten Zeiten an vorausbestimmten Plätzen abzuhalten, denn nur durch präzise Festlegung im vorhinein bot sich dem Gruppenmitglied die Gewähr, den Anschluß an die nächste Veranstaltung zu finden, falls er irgendwann einmal zu einem Treffen nicht erscheinen konnte. Pünktliche Teilnahme an diesen Gruppen-Begegnungen wurde schon deshalb jedem zur Pflicht gemacht, weil Ausbleiben ohne Nachricht über seine Ursache uns ja zu Nachforschungen veranlassen mußte, die unter den gegebenen Verhältnissen immer riskant blieben. Es hat aber nie jemand ohne guten Grund eine Zusammenkunft versäumt, die doch für jeden Teilnehmer die Erholung von der Isoliertheit und Ermutigung angesichts eines immer ungewissen Morgens bedeutete.

Die zunehmende Intensität der Luftangriffe auf Berlin und die Verkehrsunterbrechungen durch Fliegeralarme erschwerten unsere Verabredungen. So machten wir miteinander aus, daß bei eventuellem Zusammenfallen eines Alarms mit einem unserer Verabredungstermine automatisch unser Treffen eine Stunde nach der Entwarnung am vorbestimmten Orte stattfinden sollte. Trotzdem wurde auch das Leben in der Illegalität mit der Zeit immer schwieriger. Immer wieder wurden Jugendliche von der Gestapo ergriffen und der Deportation zugeführt.

Besonders schrecklich erging es dabei dem vorhin schon erwähnten Poldi. Die Frau, die Poldi zuletzt Unterschlupf gewährt hatte, berichtete mir nachher die Einzelheiten: Die Gestapo habe sich bereits am Tage davor bei ihr nach einem von Nachbarn beobachteten jüdischen Flüchtling erkundigt, dann an dem Schicksalsabend darauf bestanden, in ihrer Wohnung auf ihn zu warten. Beim Öffnen der Wohnungstür packten sie den Jungen. Der Fünfzehnjährige wehrte sich so wild, daß er in dem Handgemenge einen der Gestapoleute schwer verletzte, bevor sie ihn niederschlagen und fortschleppen konnten. Man transportierte den übel Zugerichteten zunächst in das Juden-Sammellager in der Großen Hamburger Straße, dann aber unter Bewachung in ein Lazarett. Nach Ausheilung seiner Wunden in das Sammellager zurückgeschafft, setzte man ihn dort wochenlangen Verhören aus. Denn die Gestapo wußte zu diesem Zeitpunkt bereits von der Existenz unserer illegalen Gruppe und wollte den Jungen durch Folterung zwingen, unsere Verstecke, Treffpunkte, Mitglieder und Helfer preiszugeben. Als nichts aus ihm herauszubringen war, deportierte man ihn. In sinnloser Hoffnung, dem Jungen irgendwie helfen zu können, strich ich oft um das Haus, dessen Scheinwerferbestrahlung jeden Fluchtversuch der Insassen aussichtslos machte. Ein als Aufseher im Sammellager verpflichteter „Mischling" berichtete uns von dem heldenhaften Durchhalten des Jungen. Durch diesen Mittelsmann erreichte mich nach einiger Zeit Poldis letzter, handschriftlicher Gruß, datiert vom 21. Oktober 1943, mit den wenigen Zeilen „Ich habe mich gewehrt und geschwiegen. Sucht keinen Platz mehr auf, den Hallermann[17)] kennt! Macht Euch um mich keine Sorgen . . . wir werden uns, so Gott will, wiedersehen. Dir, mein Lieber, danke ich für alles, was Du mir gegeben hast." So ging er von uns, ohne, allen Quälereien zum Trotz, über uns etwas ausgesagt zu haben. Er ging ohne Klage und gab uns die letzte Warnung noch, die wir auch beherzigten.

Zwei nichtjüdische Lehrerinnen möchte ich noch besonders erwähnen, die uns in der Zeit der Illegalität besonders halfen: Es war einmal Elisabeth ABEGG[18)], die für ihr Verhalten später in Israel noch geehrt worden ist. Und dann die evangelische Theologin Berta GERHARDT[19)], die bereits 1933 ihr Amt als Direktorin eines Berliner Mädchen-Gymnasiums aus Widerwillen gegen das Nazi-Regime niedergelegt hatte.

Einem Chawer (= Kameraden) half Frau GERHARDT aus schier ausswegloser Notlage. Einer der Jungen, die zu unserem späteren Zuwachs

17) „Hallermann": Das war der Name, den Jizchak SCHWERSENZ aufgrund gefälschter Papiere während der Illegalität führte. Der 15jährige Poldi (Leopold CHONES) wollte damit sagen, daß einige der gemeinsamen Treffpunkte mit dem Lehrer aus ihm „gepreßt" worden waren, die nun der Gestapo bekannt waren, und deshalb nicht mehr benutzt werden konnten.

18) ABEGG, Elisabeth (1882–1974), Dr., Studienrätin an der Luisenschule in Berlin, wegen „antinationalsozialistischer Äußerungen" in ihrem Geschichtsunterricht zunächst (1935?) strafversetzt, 1940 aus dem Schuldienst entlassen; danach widmete sie sich der Hilfe für verfolgte jüdische Menschen; darunter auch ehemalige Schülerinnen; Jizchak SCHWERSENZ verhalf sie durch den Verkauf ihres Schmucks zu nötigen Geldmitteln für die Flucht in die Schweiz. Sie wurde in Yad Vashem/Jerusalem als „Gerechte unter den Völkern" sowie in der Bundesrepublik mit dem Bundesverdienstkreuz geehrt (vgl. auch GROSSMANN 1961^{2}, 85–93; SCHWERSENZ/WOLFF 1969, 79–80; KEIM 1983, 15 sowie den Bericht von Katharina PROVINZKI).

gehörten, bestellte mich eines Tages zu einer dringenden Besprechung in den Untergrundbahnhof am Hausvogteiplatz. Dort eröffnete er mir, daß das Mädchen, mit dem er seit gemeinsamer Jugend-Alijah-Schulzeit befreundet und nun zwangsläufig in illegaler Ehe lebe, ein Kind erwarte. Sie wüßten sich keinen Rat, wie und wo die junge Frau das Kind zur Welt bringen könne. Ich verständigte Frau GERHARDT, die sofort den Jungen zu sich einlud und dann, mit Unterstützung eingeweihter vertrauenswürdiger Ärzte, alle praktischen Vorkehrungen für das Mädchen traf. Der so in der Illegalität im Hitlerreich geborene Sohn im Untergrund verbundener Eltern lebt heute mit ihnen als freier Bürger in Israel.

Auch mich beherbergte Frau GERHARDT über Wochen, als ich krank geworden war. Meinen zwangsläufigen Abschied aus Heim und Schutz der Frau Gerhardt brachte ein regnerischer, kalter Novembertag von 1943. Gestapo-Beamte erschienen bei ihr in meiner Abwesenheit und suchten sie nach mir auszufragen. Die Geistesgegenwart und der entschiedene Mut, mit denen sie den Beamten begegnete, veranlaßte die ungemütlichen Gäste zwar zum Fortgehen, doch fand die Frau, es sei nun doch nicht mehr ratsam für mich, bei ihr länger zu verbleiben.

Heute weiß ich, daß der für mich so bestürzende Abschied von Frau GERHARDT zu meinem Guten gewesen ist, weil er in jener Nacht den Entschluß reifen ließ, die Flucht über die deutsche Grenze zu versuchen.

Nach 1945

Die abenteuerliche Flucht in die Schweiz gelang erst im Februar 1944. Nach dem Krieg blieb ich zunächst noch einige Jahre in der Schweiz, weil ich dort die Möglichkeit zu einem gründlichen Universitätsstudium erhielt. Von 1953 bis zu meiner Pensionierung 1980 mit 65 Jahren arbeitete ich als Gymnasiallehrer in Haifa. Auch heute bin ich an dieser Schule noch mit teilweisem Amt tätig. Besonders freue ich mich über viele intensive Kontakte zu damaligen und jüngeren Schülern in aller Welt.

---

19) GERHARDT, Berta (1879–19 ?) Studienrätin für Griechisch, Religion, Französisch, seit 1921 Studiendirektorin in der Aufbauschule Frankfurter Allee in Berlin; 1933 Rückstufung als Studienrätin und Strafversetzung am 1.10.1933 an die Dorotheenschule in Berlin-Köpenick; ab 1938 erneute Versetzung an die Oberschule für Mädchen in Berlin-Pankow; vermutlich nach 1940 Versetzung in den Ruhestand. Anlässe bzw. Ursachen für die Rückstufung bzw. die Versetzungen sind aus ihrer Personalakte nicht ersichtlich (nach schriftl. Auskunft des Archivs des Pädagogischen Zentrums in Berlin vom 7.4.1986).

Abb. 10: Der Schüler Jizchak, 10 (2. Reihe v. unten, 1. v. rechts) des Berliner Schiller-Realgymnasiums mit dem Klassenlehrer Dr. Meinshausen, dem späteren NS-Stadtschulrat von Berlin, im Schuljahr 1926/27.

Abb. 11: Als Lehrer und Schulleiter (25) an der Jual-Schule in Berlin im Sommer 1940.

Abb. 12: Jizchak SCHWERSENZ (28) in der Illegalität bei einem geheimen Treffen mit Edith WOLFF, genannt Ewo (39), in Berlin im Frühjahr 1943.

Abb. 13: Jizchak SCHWERSENZ (71) und „Ewo“ (82) in Haifa/Israel im Februar 1987.

Reflexion zur Begegnung mit Jizchak Schwersenz

Persönliche Begegnungen: 26 Stunden (bei 4 Treffen)
Orte der Begegnungen: Privatwohnung seines Hamburger Bekannten, meine Wohnung, Restaurant, seine Privatwohnung in Haifa
Telefonate: 8
Briefe: 10

1. Kontaktaufnahme

Der Name des jüdischen Lehrers Jizchak SCHWERSENZ ist unter Historikern, die sich mit der Lebenssituation jüdischer Menschen während der Nazizeit in Deutschland beschäftigt haben, spätestens seit der Veröffentlichung eines Auszuges seiner Erinnerungen in der Beilage der Wochenzeit „das parlament – aus politik und zeitgeschichte“ unter dem Titel: „Jüdische Jugend im Untergrund“ (Bonn 1981) sowie der ausführlichen Reportage von Ferdinand KROH in der Wochenzeitung DIE ZEIT (Nr. 48 vom 23.11.1984, 17 ff.) kein Unbekannter mehr. Im pädagogischen Kontext der Bundesrepublik dagegen gibt es bislang keine mir bekannte Veröffentlichung (ausgenommen eine kurze Erinnerung in: SCHACHNE 1986, 119–120).

Auf die bislang ausführlichste Veröffentlichung seiner Erinnerungen in deutscher Sprache (aufgezeichnet von seiner Gefährtin Edith WOLFF), die 1969 in Tel Aviv erschienen ist, wurde ich bereits im Sommer 1982 bei allerersten Nachfragen vom damaligen Direktor des Jerusalemer LEO-BAECK-Institutes, Prof. Dr. Joseph WALK aufmerksam gemacht. Im Spätsommer 1985 erhielt ich dann von der Bibliothekarin dieses Instituts, Frau Tamar LAAKMANN, die diese Arbeit immer wieder durch wichtige Anregungen unterstützte, den wertvollen Hinweis, daß Herr SCHWERSENZ im Herbst 1985 eine mehrwöchige Vortragsreise durch die Bundesrepublik plane, die er u. a. auf Einladung des Berliner Senats sowie verschiedener jüdischer und christlicher Gemeinden durchführe. Daraufhin schrieb ich umgehend an die beigefügte Anschrift in Haifa und fragte wegen einer Gesprächsmöglichkeit an. Zwei Wochen später erhielt ich eine freundliche Antwortkarte mit der Anschrift eines Hamburger Freundes, bei dem Herr SCHWERSENZ während seines Aufenthaltes in Norddeutschland zu wohnen beabsichtigte. Dort sollte unsere erste Begegnung stattfinden.

2. Erste Begegnung

Jizchak SCHWERSENZ empfängt mich zunächst als „Mann der Universität“. Er ist den akademischen Umgang ohne Frage gewohnt und wohl auch ein bißchen stolz darauf. Er hat nichts gegen eine Tonbandaufzeichnung, dies wäre ja heute so üblich. Er ist freundlich, weltgewandt, in der Fülle der Termine seiner Vortragsreise bereit, sich auf jede

Begegnung menschlich einzulassen, was ihn, wie er sagt, natürlich auch immense Kräfte koste. Bevor wir beginnen können, wird er zweimal ans Telefon gerufen, dies geschieht auch während des folgenden Gesprächs noch mehrfach. Er scheint wenig Informationen über die Arbeit oder meine Person zu benötigen, so daß ich bald meine Fragen zu stellen beginne.

3. Gesprächseindrücke

Er ist sicher in der Vortragsweise, redet fast durchweg in zusammenhängend präzis formulierten Sätzen, die später fast wörtlich vom Band abgeschrieben werden können. Ich befrage ihn vor allem über seine Jugend und seine Lehrerausbildung, da die späteren Phasen mir aus der Literatur eher bekannt sind.

Er antwortet auf jede Frage ausnehmend vollständig, sich manchmal fast in mit Zeit und Ort belegte Details verlierend, dann zuweilen innehaltend: „Paßt das denn überhaupt in Ihre Arbeit?" Manchmal auch ungeduldig und fordernd: „Sie müssen nur das fragen, was Sie wirklich brauchen, sonst kommen wir nie durch!"

Im Laufe des Gesprächs nehme ich immer weniger das gekonnt Professionelle wahr, als zunehmend eine Form der inneren Getriebenheit, die kaum mit den eigenen Kräften hauszuhalten weiß. Als ich ihn darauf vorsichtig anspreche, antwortet er freundlich und anscheind angenehm berührt, daß er in der Tat auf seiner letzten Vortragsreise einen schweren körperlichen Zusammenbruch erlitten habe. – Wir kommen uns spürbar näher, und er bietet mir spontan das Du an. Neben seiner inhaltlichen Aussage beginne ich eine Ahnung davon zu bekommen, welche Spuren jahrelange Verfolgung und Bedrohung in einem Leben auch noch nach Jahren hinterlassen können. Aber dies nur durch sehr genaues Hinhören zwischen den Zeilen, die Worte sind alle belegbar und genau durchformuliert. Nach etwa zwei Stunden stellt sich eine gewisse Erschöpfung ein, aber die wichtigsten Fragen sind auch erst einmal besprochen. Wir gehen gemeinsam in ein nahegelegenes Restaurant essen. Auf dem Weg dorthin begegnet uns eine Gruppe junger, arabisch aussehender Männer, die er genau beobachtet. Als er meine Wahrnehmung dieses Verhaltens sieht, meint er achselzuckend, fast entschuldigend: „Das ist so bei Juden meiner Generation, ich kann nicht anders." Nach dem Essen verabreden wir ein neues Treffen zum Durchsprechen des niedergeschriebenen Textes. Er nimmt eine Einladung zum Shabbat-Abend bei mir zu Hause an.

4. Weitere Entwicklung

Jizchak SCHWERSENZ kommt am Freitagabend mit zwei Freunden zu uns zum Essen. Mein Freund, der sich in der Zubereitung jüdischer Gerichte auskennt, richtet ein koscheres Mahl, zwei Kerzen werden auf den

Tisch gestellt. Unser Gast ist tief berührt, nach einem hebräischen Tischgebet verstummt er für lange Zeit, genießt sichtlich selbst kleinste Aufmerksamkeiten.

Einige Zeit nach dem Essen ziehe ich mich mit ihm in ein Zimmer zurück, wo wir uns noch einmal an die Textarbeit machen, da seine baldige Weiterfahrt bevorsteht. Es herrscht jetzt eine freundschaftliche und herzliche Atmosphäre, die von keinerlei Getriebenheit mehr belastet ist. Mit großer Geduld und Konzentration achtet er in der Niederschrift auf alle erwähnten Fakten, bei einzelnen Formulierungen ist er eher großzügig im Vergleich zu meinen anderen Gesprächspartnern. „Es muß stimmen", sagt er, „das ist das Wichtigste." So arbeiten wir noch einmal beinahe zwei Stunden Zeile für Zeile den Text durch, vergleichen mit Angaben in bereits erschienenen Veröffentlichungen, ergänzen noch an wenigen Stellen. Über die Zeit als Lehrer und Schulleiter (bis 1942) sowie die Jugendarbeit im Untergrund (bis 1944) verspreche ich ihm einen Auszug aus den vergriffenen Buch (Tel Aviv 1969) zu fertigen und zur Korrektur bzw. zum Autorisieren nachzusenden. Vor seiner Weiterfahrt sehen wir uns dann nur noch einmal kurz zum Essen in einem Restaurant.

Bevor er von Frankfurt aus einige Wochen später die Bundesrepublik wieder verläßt, schickt er mir noch den korrigierten und autorisierten Textauszug, verbunden mit einer herzlichen Einladung nach Haifa. Im ausführlichen Begleitbrief berichtet er: „Ich bin am 58. Reisetag in 16 Städten mit 41 Vorträgen gewesen und auch darüber so dankbar, daß alles gut ging. Fünf Tageszeitungen berichteten über die Aktivitäten sehr positiv."

Im Oktober 1986 besucht Jizchak SCHWERSENZ erneut die Bundesrepublik. Dieses Mal konnte auch in der Stadt Hamburg eine größere Vortragsveranstaltung organisiert werden. Unser Wiedersehen ist zutiefst herzlich. In großer Konzentration und Gründlichkeit wird gemeinsam sein Vortrag in der Evangelischen Akademie in Hamburg vorbereitet. Vorankündigungen in Presse und Rundfunk erscheinen. Der Abend selbst wird für viele zu einem bewegenden Erlebnis: Vor über 250 Zuhörern berichtet er schwerpunktmäßig über die Jahre 1942–44 mit den jüdischen Jugendlichen im Untergrund in Berlin. Es gibt sogar ein Wiedersehen mit einer seiner ehemaligen Schülerinnen von der Berliner Jual-Schule, der bekannten Hamburger Sängerin Esther BEJERANO, die von ihm mit ihrem damaligen Spitznamen begrüßt wird: „Shalom, Krümel!"

Nach der Veranstaltung wird er von mehreren Kolleginnen und Kollegen gebeten, auch einmal an ihrer Schule vor ihren Schülerinnen und Schülern zu sprechen. Der Abend reicht nicht aus, um alle Pläne konkret zu besprechen. Doch Gelegenheit wird sein. Eine nächste Reise in die Bundesrepublik ist ins Auge gefaßt.

Zuvor besuche ich ihn jedoch Anfang Februar 1987 in Haifa, wo er mir nicht nur bis dahin unbekannte Dokumente und Fotos zeigt, sondern es auch zu einer herzlichen Begegnung mit Edith WOLFF („Ewo“) kommt (siehe auch Abb. 13).

3.4. Fritz Hirsch (Jg. 1903), Melbourne: Als nichtjüdischer Lehrer und Erzieher in einem jüdischen Jugendwohnheim für erziehungsschwierige Jugendliche (bis Juni 1933)

1903:	Geboren in Bromberg/Westpreußen
1909–1912:	Grundschule
1912–1917:	Volksschule in Berlin
1917–1921:	Lehre als Tischler mit Gesellenprüfung in Berlin
1921–1928:	Mit zwei weiteren Tischlergesellen auf Wanderschaft
1928:	Praktikum als Erzieher im Landes-Aufnahmeheim für Jugendliche in Heiligenstedten bei Itzehoe
1928–1930:	Leiter eines städtischen Tagesheimes für erwerbslose Jugendliche in Berlin-Kreuzberg; gleichzeitig Abendstudium der Wohlfahrtspflege an der staatlichen Wohlfahrtsschule des Sozialpolitischen Seminars der Deutschen Hochschule für Politik, Schinkelplatz 6, in Berlin
1930:	Staatliche Abschlußprüfung als Wohlfahrtspfleger (Hauptfach: Jugendwohlfahrtspflege) sowie als Schwimmlehrer an der Deutschen Turnschule für Leibesübungen
1930–1933:	Lehrer und Erzieher am jüdischen Jugendwohnheim für erziehungsschwierige schulentlassene männliche Jugendliche in Wolzig bei Königswusterhausen/Brandenburg-Ost
1933–1934:	Nach viermonatiger Haft (Juni bis September 1933) zunächst Gestapo-Hauptquartier, Prinz-Albrecht-Straße, dann im Gefängnis Spandau; von Oktober 1933–Dezember 1933 Betreuung der jüdischen Jugendlichen aus Wolzig im Jüdischen Krankenhaus in Berlin; von Dezember 1933–Februar 1934 Leitung eines handwerklichen Umschulungslehrgangs für Erwachsene der jüdischen Gemeinde in Berlin; im Februar Flucht nach Holland
1934–1941:	Lehrer und Erzieher im Werkdorf für Jugendliche zur Palästina-Vorbereitungsarbeit in Wieringermeer/Holland
1941–1944:	Nach Einmarsch der deutschen Wehrmacht in Holland Einberufung als Soldat; Kontakte zum holländischen Widerstand; nach deren Aufdeckung 1944 Verurteilung zum Tode durch ein deutsches Kriegsgericht

1944–1945: Flucht und Versteck in Blarium und Amsterdam/Holland bis Kriegsende

1949: Auswanderung nach Melbourne/Australien; in Melbourne tätig als Tischler bis zur Pensionierung im Jahre 1968 (mit 65 Jahren)

1978: Gemeinsame Ehrung mit seiner Frau Charlotte HIRSCH als „Gerechte unter den Völkern" in der Jerusalemer Gedenkstätte Yad Vashem (die höchste Auszeichnung, die der israelische Staat an Nichtjuden verleiht)

1982: Gestorben in Melbourne/Australien

Elternhaus

Charlotte HIRSCH (Jg. 1907) berichtet[1]:

„Mein Mann stammte aus einer Arbeiterfamilie mit neun Kindern: sechs Jungen und drei Mädel. Die leben heute alle nicht mehr. Der Vater meines Mannes war Tischler, ein politisch bewußter Arbeiter, der auch seine Kinder in diesem Sinne erzog. So war auch Fritz schon als Junge aktiv in der Arbeiter-Jugendbewegung, vor allem in sportlichen und politischen Arbeitsgruppen. Am 1. Mai gab's dann in Berlin immer die großen Arbeiter-Aufmärsche – Fritz demonstrierte da immer mit seinen Kameraden aus der Arbeiter-Sportbewegung, alle in Turnerkleidung dann.

Ausbildung und Jugendzeit

Ich habe meinen Mann auch auf einem Turnlehrgang kennengelernt. Und dann sind wir halt immer viel gemeinsam gewandert, vor allem in der Umgebung von Berlin. Das war richtig jugendbewegt, mit Gitarre und jeder einen kleinen Rucksack, Pfingsten 1926 sind wir einmal gemeinsam im Thüringerwald gewandert: da war ich 18 Jahre alt, Fritz schon 23 (vgl. Abb. 14). Durch die gemeinsame Arbeit in der Arbeiter-Jugendbewegung haben wir uns schon früh auch für pädagogische Fragen interessiert. So hatte Fritz schon Kontakt zum Bund der entschiedenen Schulreformer[10], bevor er selbst als Lehrer tätig war. Aber es war mehr dieses politische Bewußtsein, daß für eine neue Gesellschaft auch eine andere Erziehung notwendig wäre.

---

[1] Alle Angaben von Charlotte HIRSCH sind eine Zusammenstellung schriftlicher Aussagen in Briefen an den Autor im Zeitraum von Oktober 1985 bis März 1986, ergänzt durch mehrere telefonische Nachfragen.

Als in der zweiten Hälfte der zwanziger Jahre das Buch und Theaterstück „Revolte im Erziehungshaus“ von Peter Martin LAMPEL[2] herauskam, da haben wir von nichts anderem mehr gesprochen: Schluß mit diesen unmodernen, strengen Erziehungsheimen, wo es nur Strafen gibt! Es muß grundlegend reformiert werden!

Mein Mann arbeitete dann ab 1928 in Einrichtungen des Staates für arbeitslose Jugendliche und konnte dort bereits einen Teil unserer freiheitlichen Erziehungsvorstellungen verwirklichen. Nebenher besuchte er die Abendschule, um sich auch pädagogisch fortzubilden.

Der Kontakt zu jüdischen Kollegen und Freunden stellte sich eher zufällig her. Auch daß mein Mann die Stelle in Wolzig bekam, und wir dann im Juni 1930 gemeinsam dorthin gingen – im März desselben Jahres hatten wir gerade geheiratet – hat sich eher so ergeben: Ein jüdischer Freund von uns hatte in diesem Jugendwohnheim, das ja gerade neu eröffnet worden war und nach modernster Art arbeiten sollte, bereits eine Stelle – und als nun noch dringend weitere aufgeschlossene und qualifizierte Pädagogen gesucht wurden, da schlug er dem Heimleiter meinen Mann vor. Der Wolziger Heimleiter besuchte daraufhin meinen Mann in seiner bisherigen Arbeitsstätte, einem städtischen Tagesheim für erwerbslose Jugendliche und was er sah, machte wohl großen Eindruck auf ihn. Vor dem jüdischen Komitee, das über die Einstellungen zu entscheiden hatte, sagte er: „HIRSCH ist nicht jüdisch, aber der beste Mann, den sie für die Arbeit bekommen können!“ – Wir fuhren dann ein Wochenende selbst nach Wolzig und hatten spontan Kontakt zu den Jugendlichen. Hier wollten wir arbeiten.“

---

[2] LAMPEL, Martin (1894–1965), Schriftsteller, Maler, Jugendleiter, 1914–1918 Kriegsteilnehmer, danach aktiv in der Jugendbewegung und außerschulischen Reformpädagogik, 1929 großer Erfolg mit dem Theaterstück „Revolte im Erziehungshaus“, 1930–31 aktiv im freiwilligen Arbeitsdienst und dadurch auch vorübergehend Nähe zu nationalsozialistischem Gedankengut, wegen kritischer Äußerungen 1936 Verhaftung und nach Freilassung im selben Jahr Emigration über die Schweiz, dann über Indonesien und Australien in die USA, 1949 Rückkehr in die Bundesrepublik und dort bis zu seinem Tode als Schriftsteller tätig (nach: STRAUSS/RÖDER 1983 II, 685; vgl. auch ITALIAANDER 1964).

Lehrererfahrungen

Fritz HIRSCH, der ab 1. Juni 1930 im Jüdischen Jugendwohnheim Wolzig für erziehungsschwierige Jugendliche[3] als Erzieher und Sportlehrer angestellt war, berichtet[4]:

„... Das Erziehungsheim Wolzig war in Deutschland eines der wenigen fortschrittlichen Institute in der Fürsorgeerziehung. Die uns anvertrauten Jungen zwischen 14 und 21 Jahren kamen meistens aus bürgerlichem Hause. Sie hatten zum Teil eine gute Schulbildung. Viele wurden durch das Jugendgericht überwiesen, die Mehrzahl ist aber über die Jugendämter zu uns gekommen.

Wir hatten es mit den verschiedensten Formen der Verwahrlosung im jugendlichen Alter zu tun. Für den Erzieher ist es sehr oft schwierig gewesen, in ein Vertrauensverhältnis zu den Jungen zu kommen. Lehrer, Erzieher und Handwerksmeister kamen aus der Jugendbewegung. Es war unser Bestreben, das Zusammenleben im Heim so zu formen, daß das jugendbewegte Leben im Vordergrund der Erziehungsarbeit stehen sollte.

Das Lehrheim hatte 4 Gruppen bis zu je 20 Jungen mit einem Erzieher. Jede Gruppe war in sich abgeschlossen, hatte 4 Einzelzimmer und 2 gemeinsame Schlafräume mit je 8 Betten. Die Jungen im Einzelzimmer blieben im allgemeinen bis zur Beendigung ihrer Lehrzeit.

Jede Gruppe hatte Duschräume und 2 Badewannen. Der Aufenthaltsraum war sehr geräumig, er war Eß- und Unterrichtsraum und stand auch der Freizeitgestaltung zur Verfügung. Die Ausstattung dieses Gruppenzimmers ist der damaligen Zeit entsprechend sehr fortschrittlich gewesen.

Die Berufsausbildung ist wohl das Wesentlichste der Erziehungsarbeit gewesen. Wir hatten 5 verschiedene Möglichkeiten der Ausbildung. Es gab die Tischler-, Schuhmacher- und Schneiderwerkstatt mit einem

[3] Das „Jüdische Jugendwohnheim Wolzig" wurde am 29.11.1929 mit 33 Jugendlichen im Alter von 14–21 Jahren (Durchschnittsalter: 18 Jahre) eröffnet. Anfang 1933 zählte das „zur Aufnahme erziehungsschwieriger schulentlassener männlicher Jugendlicher zum Zwecke der Ausbildung und Anlernung für einen Beruf" bestimmte Heim 68 Zöglinge, 11 Erzieher, 5 Hauswirtschafts- und Pflegepersonalmitarbeiter und 1 Praktikanten (nach WALK 1983, 4).

[4] Alle Angaben von Fritz HIRSCH sind einem vollständig bislang unveröffentlichten Manuskript (29 Seiten) entnommen, das er am 8.11.1978 auf Bitte des damaligen Direktors des Jerusalemer LEO-BEACK-INSTITUTES, Prof. Dr. Joseph WALK, anfertigte.

Meister, der 10 bis 12 Lehrlinge ausbildete. Die große Gärtnerei für Gemüse, Erdbeeren, Himbeeren und Blumenzucht beschäftigte 15 Lehrlinge, und die aus ungefähr 100 Hektar bestehende Landwirtschaft pflegte den Anbau von Hafer, Gerste und Weizen, auch Zuckerrüben, Kartoffeln und Kohl wurden angepflanzt. Auf dem Weideland grasten Kühe und Pferde. Die Jungen lernten Melken und waren verantwortlich für die Versorgung der Pferde. Auf dem Gutshof, in der Mitte der Misthaufen, liefen Hühner, Enten und Gänse herum. Man sah hier nicht nur die Landbau-Lehrlinge arbeiten, viele aus den Handwerksbetrieben kamen in ihrer Freizeit auf den Gutshof und interessierten sich für alles, was hier vor sich ging.

Die Erträgnisse von Landwirtschaft und Garten waren für das Heim bestimmt, der Überschuß wurde verkauft. Die Tischler fertigten Möbel an und alle Holzarbeiten, die für den Garten und Landbau benötigt wurden. Man konnte sich in der Schneiderei Hose oder Anzug machen lassen und in der Schuhmacherei wurden Schuhe repariert und auch neue angefertigt.

Jeder erhielt ein wöchentliches Taschengeld, darüber konnte er frei verfügen. Für die geleistete Arbeit erhielt er eine sogenannte Leistungsprämie, die auf sein Konto eingetragen wurde. Nach Bedarf war es möglich, sich Hemden, Schuhe oder einen Anzug zu kaufen. So lernte er den Wert seiner Arbeit kennen und war bestrebt, eine gute Leistungsprämie zu bekommen.

Das Dorf Wolzig liegt 60 Kilometer südlich von Berlin in einer typisch märkischen Landschaft, viele Seen und Kiefernwaldungen umgeben dieses Dorf, das von ungefähr 1000 Einwohnern, meist Bauern, bewohnt wird.

Ein verlassenes Kutscherhaus, das am See lag und zur Villa gehörte, bauten unsere Tischlerlehrlinge zu einer Jugendherberge um. Jugendgruppen, die uns besuchten, blieben oft tagelang hier und wurden unbewußt Helfer in der Erziehungsarbeit. Die schöne landschaftliche Umgebung machte es mir leicht, allen in der Freizeit eine vielseitige sportliche Ausbildung zu geben. Wir trainierten in den verschiedensten Formen der Leichtathletik. Mit den Vereinen der Umgebung spielten Mannschaften Handball, Korbball und Fußball. Im Sommer wurde täglich und bei jedem Wetter geschwommen. Unser Segelboot überließen wir den Älteren bei besonderen Anlässen für Tagestouren. Der See war im Winter 3 Monate zugefroren, das Schlittschuhlaufen war für alle eine Selbstverständlichkeit, und am Wochenende liefen wir lange Strecken über Flüsse und Seen. Einige bauten sich Segelschlitten und verbrachten glückliche Stunden auf dem Eis.

Von großem erzieherischen Einfluß waren die Wanderungen durch die märkische Heide. Der Erzieher war mit seiner Gruppe im Monat 3 Tage und einmal im Jahr 2 oder 3 Wochen auf großer Fahrt. Fanden wir keine Jugendherberge, schliefen wir in der Scheune, manchesmal unter der Decke im Walde. Diese Form des Zusammenseins, den Jungen bisher unbekannt, wurde allen ein Erlebnis. So entwickelte sich ein kameradschaftliches Verhältnis zum Erzieher, dem selbst der Schwierigste sich nicht entziehen wollte.

Nicht immer verlief alles ohne Zwischenfälle, es gab auch Rückfälle. So ist es vorgekommen, daß der eine oder der andere, der zum Einkaufen geschickt wurde, einiges im Laden gestohlen hatte. Es war nur eine Kleinigkeit, aber er mußte es zurückbringen und sich in meinem Beisein entschuldigen.

Einmal schleppten 8 Jungen meiner Gruppe während einer Wanderung einen Schokoladenautomaten in den Wald und plünderten ihn aus. Sie kamen wegen Bandendiebstahls vor das Jugendgericht und kamen mit einer Bewährungsfrist davon.

Mit dieser Art von Jugendführung, die in der Fürsorgeerziehung neu war, sind wir auf dem richtigen Weg gewesen. Es ist uns nie einer davongelaufen. Allerdings sind wir von 6 Uhr morgens bis zum Schlafengehen mit der Gruppe zusammengeblieben, es ist für den Erzieher oft entnervend gewesen, er mußte nicht nur eine gute körperliche Verfassung haben, sondern auch eine gehörige Portion Idealismus und seelisches Einfühlungsvermögen, um der Problematik jedes Jungen gerecht zu werden . . .

Die Dorfbevölkerung stand uns zum Teil skeptisch gegenüber. Sie konnte unsere kameradschaftliche Haltung zu den Jugendlichen nicht begreifen, sie legte es als eine Schwäche unsererseits aus und glaubte, wir könnten uns aus Mangel an Autorität nicht durchsetzen. In ihrem Unterbewußtsein waren sie uns fast alle feindlich gesonnen, weil ein jüdisches Heim sich am Rande ihrer Dorfgemeinschaft kulturell anders entwickelte als es ihrer Vorstellung entsprach; als sie aber in Erfahrung brachten, daß ich kein Jude bin, versuchten sie, mit mir Kontakt zu bekommmen.

Die Annäherung nutzte ich aus, um die Dorfjugend an unserem Sport und den Ballspielen teilnehmen zu lassen. Sehr oft saßen wir abends am See und sangen gemeinsam Wanderlieder, die die Jungen und Mädels des Dorfes von uns lernten.

Leider wirkten sich die politischen Spannungen des Jahres 1932 auch auf das friedliche Leben in Wolzig aus. Der Nationalsozialismus fand im Dorf seine Mitläufer und bald ging uns der größte Teil der Bevölkerung aus dem Weg. In kurzer Zeit waren wir vom Dorf isoliert. Häufig rief man uns zu: „Judenschweine, Juden raus!“

Auf dem Acker konnten die Jungen nicht mehr allein sein, sie wurden überfallen und zusammengeschlagen. Es war nur noch möglich, in Gruppen zu arbeiten."

Doch erst nach der „Machtergreifung" setzte der staatlich organisierte Terror ein. Fritz HIRSCH beschreibt den ersten Überfall:

„In der Nacht des Reichtagsbrandes, am 27. Januar 1933, erschien eine bewaffnete SS-Gruppe, um Dr. LUBINSKI[5], den damaligen Leiter (von Wolzig) und mich zu verhaften. Sie gaben bekannt, wir hätten den Reichstag in Brand gesteckt[6]. Dr. LUBINSKI befand sich aber seit Monaten in Berlin, während ich meinen Urlaub beim Skilaufen im Riesengebirge verbrachte.

Meine Frau teilte mir telefonisch mit, daß ich den Urlaub verlängern sollte, da mein Leben in Gefahr sei. Bald wagte ich mich zurück nach Wolzig und schlich in der Nacht am See entlang in unsere Wohnung. Einige Tage hielt ich mich im Haus versteckt, nahm aber bald meine Tätigkeit im Heim wieder auf. Scheinbar war die erste Verhaftungswelle vorüber, man ließ uns in Ruhe.

Eines Nachts dann im April wurden wir aus dem Schlaf geschreckt. Mehrere SS-Männer mit umgehängtem Gewehr standen im Schlafzimmer und jagten uns aus dem Bett. Alle Wohnräume wurden durchsucht, der Oberlandjäger . . . war als Polizeiorgan dabei. Aus dem Bücherschrank holten sie alle Bücher heraus, offenbar wollte man verbotene Schriften finden.

---

5) LUBINSKI, Georg (1902–1974), Dr., Mitbegründer des „Reichsausschusses der jüdischen Jugendverbände", Leiter der Abteilung für Berufsausbildung in der Reichsvertretung, konnte 1938 nach Palästina emigrieren; im späteren Israel wurde er unter dem Namen Giora LOTAN Generaldirektor des Wohlfahrts- und Arbeitsministeriums.

6) In seinem Aufsatz über „Das Ende des jüdischen Jugend- und Lehrheims Wolzig (1933)" weist Joseph WALK auf einen bedeutsamen Widerspruch hin: „Für die Geschichte des Reichstagsbrandes sind, über das persönliche Schicksal von Fritz HIRSCH hinaus, folgende Tatsachen von Bedeutung. Die SA- und SS-Gruppen erschienen in Wolzig zwischen 22.00 und 22.30, wie von mehreren Augenzeugen bestätigt wird. Der Brand des Reichstagsgebäudes wurde etwa 10 Minuten nach 21.00 Uhr entdeckt. Die Entfernung vom Alexanderplatz nach Wolzig beträgt ungefähr 70 km. Demnach begann die Razzia nach Verdächtigen – in Berlin und anderwärts – sofort nach der „Entdeckung" des Brandes. Es steht also außer Zweifel, daß die Liste der zu Verhaftenden von langer Hand vorbereitet war, ein weiterer Beweis für die heute allgemein als glaubwürdig angenommene These, daß die Nazis den Reichstag selbst angezündet haben, um einen Vorwand für die Verhaftung von wirklichen oder angeblichen Gegnern des neuen Regimes zu haben." (WALK 1983, 8–9).

Plötzlich sah ich in der Glasspiegelung des Bücherschranks, daß einer der Männer auf den gegenüberliegenden Schrank eine dicke Aktentasche legte. Er ging dann sofort in das Schlafzimmer und suchte dort herum. Ein anderer SS-Mann kam, nahm die Tasche vom Schrank und rief: „Was ist denn in dieser Tasche?" – „Die Tasche gehört mir nicht!" sagte ich. Sie öffneten die Tasche im Beisein des Oberlandjägers und legten drei Revolver und kommunistische Broschüren auf den Tisch.

„Ne, ne," sagte ganz ruhig der Polizist, „nehmt mal die Sachen wieder mit. Euer Kamerad, der jetzt im Schlafzimmer sucht, hat die Tasche auf den Schrank gelegt!".

Diese Situation verlief noch einmal zu meinen Gunsten. Unter diesen Umständen und im Beisein der Polizei wollte man mich nicht mitnehmen. Die SS zog wieder ab. Der Polizist zwinkerte mir zu.

Es war zwei Uhr nachts, als wir endlich wieder allein waren. Nach reiflicher Überlegung beschlossen wir, nicht nach Berlin zu gehen, um unterzutauchen, sondern hierzubleiben und am Schicksal der Jungen teilzunehmen.

Die Arbeit ging weiter. Die Jungen ahnten, was uns allen bevorstand. Es gab unter uns weniger Schwierigkeiten. Sie klammerten sich an uns und waren dankbar, daß wir sie nicht verließen.

Eines Tages kam ein Schreiben vom Leiter des Landesjugendamtes Berlin. Darin hieß es unter anderem: ‚Deutschland ist erwacht. Wir gehen mit dem Führer einer neuen Zeit entgegen. Die Jugend muß zum Wehrsport herangezogen werden, um den inneren und äußeren Feind zu vernichten!'

Das galt für alle Schulen und Erziehungsinstitute mit Jungen über 14 Jahren. An zwei Nachmittagen mußte marschiert und exerziert werden. Einmal die Woche eine Nachtübung, die vier Stunden dauerte. Es waren fast 80 Jungen, die ich anführte. Das sind 20 Viererreihen, also ein ganz schöner ‚Judenhaufen', der durch die Gegend marschierte. Oft wurde dabei gesungen, die Teilnehmer bekamen Freude an der Sache. Aber die Bauern beobachteten die ‚Judenmarschiererei' mit gemischten Gefühlen, denn jetzt paßte es ihnen nicht, daß Disziplin in den Haufen gekommen war. Wieder wurden einige Jungen auf dem Feld bei der Arbeit überfallen und kamen übel zugerichtet in das Heim zurück. Ich meldete mich bei dem Bürgermeister MÜLLER und bat, daß etwas getan werden müsse, um mit der Unsicherheit fertig zu werden. MÜLLER, bis 1933 Mitglied der SPD, war uns stets gut gesonnen gewesen, aber nun sah ich auf seinem Rockaufschlag das Parteiabzeichen der Nazis. Das Gespräch war kurz und eisig. Es fand stehend statt und endete ungefähr mit den Worten: ‚In wenigen Wochen wird Deutschland vom Internationalen Judentum befreit sein, dann werden auch Sie Ihre Rolle als Judenknecht ausgespielt haben . . .' Er hat Recht behalten, der Herr Bürgermeister Müller."

Am 6. Juni 1933 fuhren gegen vier Uhr früh zuerst einer, später mehrere Lastwagen der SA in Wolzig vor[7]. Fritz HIRSCH wurde festgenommen und zunächst in ein Zimmer im 2. Stock des Heims gesperrt. Er fährt fort:

„Im Zimmer war alles durcheinander geworfen. Die Matratze lag auf der Erde, aus dem Schrank war die Wäsche herausgerissen. Vom Hof hörte ich Kommandostimmen. Ich ging zum Fenster und sah, daß alle Jungen im Schlafanzug angetreten waren. Sie standen gut ausgerichtet, das hatten sie ja in den letzten Wochen beim ‚Wehrsport' gelernt. Ein Sturmführer kommandierte und jagte den ‚Judenhaufen' auf dem mit Kies bestreuten Hof hin und her. Alle waren barfuß.

Es war der 3. Pfingsttag. Ein sonniger Sommermorgen, Lerchen und Drosseln jubelten in der Luft. Die ersten Ruderer und Motorboote fuhren über den spiegelglatten See nach Berlin zurück.

Zwei Stunden mußten wohl dahin gegangen sein. Immer noch jagte man die Jungen auf den Hof herum. Einige brachen zusammen. Sie hatten sich wahrscheinlich auf den spitzen Kieselsteinen die Fußsohlen verletzt. Weder mit Fußtritten noch mit Drohungen konnte man sie zum ‚Weitermachen' bewegen. Selbst die Kräftigsten schienen am Ende zu sein, fast allen hing die Zunge heraus. Einige verloren die Pyjamahose, was sehr zur Belustigung der SA beitrug.

---

[7] Fritz HIRSCH, der die Ankunft der SA nicht selbst miterlebte, zitiert in seinem Manuskript (S. 6) den jüdischen Gärtner Richard GOLDSCHMIDT, der nach seiner Freilassung aus der Haft nach Südamerika emigrieren konnte, als Augenzeugen: „Um 4 Uhr früh erschien ein Lastwagen mit SA. Die Männer waren bewaffnet, eine Gruppe umstellte das Heim, andere verschafften sich gewaltsam Zutritt und mit Gebrüll jagte man die Erschrockenen mit Hilfe des Gewehrkolbens aus den Betten zum Hof. Es gab Fußtritte, und Gummiknüppel traten in Aktion, bis die Aufstellung in Marschordnung vollzogen war. Zur gleichen Zeit ging eine andere Gruppe ins Heim und versteckte unter Matratzen, Schränken und Schreibtischen Revolver, Seitengewehre, Totschläger, kommunistische Flugblätter, Broschüren und Bildmaterial gegen das Dritte Reich. Gegen 5 Uhr kamen in Privatwagen der Standartenführer SÜSS mit dem Oberlandjägermeister MÜLLER sowie 2 Mann von der Gestapo. Eine gründliche Haussuchung brachte das Gewünschte an das Tageslicht."
Zum Datum des SA-Überfalls selbst gibt es unterschiedliche Angaben: Während der SA-Bericht (s. Abb. 19) den 7.6.1933 angibt, sprechen Fritz HIRSCH und ein weiterer Zeuge Max COHN (s. WALK 1983, 21, Anm. 35) vom 6.6.1933.

Auf dem Gang hörte ich Schritte, die Tür wurde aufgeschlossen. Im Türrahmen stand der Standartenführer SÜSS, der diese Aktion leitete. Er musterte mich einen Moment: ‚So, das ist also der Judenknecht!‘ Darauf sagte der Landjäger (der auch dieses Mal dabei war): ‚Ja, es ist Sportlehrer HIRSCH.‘

SÜSS drehte sich zum Landjäger und schrie: ‚Wir haben bei der Durchsuchung dieses Judentempels Revolver, Seitengewehre, Totschläger und einen Sack mit kommunistischen Flugblättern ans Tageslicht gebracht. Dieses Schwein von einem Judenknecht weiß natürlich nichts davon, aber bis zum Hauptquartier der Geheimen Staatspolizei wird es ihm eingefallen sein, was er mit seiner Judenbande vorgehabt hat!‘ Er brüllte sich in Wut. ‚Los, runter mit ihm auf den Wagen!‘

Unten angekommen, wurde ich durch eine Gasse von SA-Männern zum vorderen Wagen gebracht. Meine Kollegen waren hier schon aufgeladen. Auf den beiden hinteren Lastwagen standen dicht zusammengedrängt die Jungen.

Standartenführer SÜSS begab sich vor die Wagenkolonne. Er ließ die Anzahl der Gefangenen notieren und brüllte: ‚Wer von Euch den Versuch macht, vom Wagen zu springen, der wird erschossen!‘

Meine Frau stand in der Nähe. Sie trug die zweijährige Sonja auf dem Arm. Es gab kein Abschiednehmen, nur ein Zunicken, aber Sonja schrie: ‚Mein Papa, mein Papa, mein Papa!‘

An der Stadtgrenze Berlins bogen die hinteren Wagen mit den Jungen in Richtung Oranienburg[8)] ein. Wir fuhren zum Potsdamer Platz, kamen in die Prinz-Albrecht-Straße und hielten vor dem Hauptquartier der Gestapo. Als wir vom Wagen sprangen, wurde jeder von zwei SA-Männern in die Mitte genommen und in die 3. Etage gebracht. Sofort mußten alle an der Wand gegenüber der Fensterfront antreten. Noch mehr Gefangene kamen dazu.

Ein Gestapo-Mann, der bei der Haussuchung in Wolzig dabei war, machte eine Meldung über das Ergebnis im ‚Judenheim‘[9)]. Er sprach seinen Vorgesetzten mit Gruppenführer ERNST an. Als ich diesen Namen hörte, gab ich jede Hoffnung auf, hier lebend rauszukommen. ERNST war der Befehlshaber der SA von Berlin-Brandenburg und

---

8) Die Wolziger Jugendlichen wurden ohne Gerichtsbeschluß zur „Schutzhaft“ in das KZ Oranienburg überführt, wo sie bis zum Oktober 1933 verbleiben mußten. Danach wurden sie nach Berlin in die Obhut der jüdischen Gemeinde entlassen.

9) Vgl. auch den offiziellen Bericht des SA-Sturmbannführers über die „Durchsuchung des jüdischen Erziehungsheims Wolzig“ am 7.6.1933 als Abb. 19.

wurde wegen seiner Brutalität gegenüber Andersdenkenden sehr gefürchtet.

Der erste, der neben mir stand, war Lehrer an einer sozialistischen Schule in Berlin-Neukölln gewesen. Ich kannte ihn vom Bund der Schulreformer[10] unter Professor OESTREICH[11]. Vor einem Jahr hatte er geheiratet, seine Frau erwartete ein Baby.

ERNST stellte ihm die Frage: ‚Warum bist Du hier?'

Der Lehrer, in lässiger Haltung mit verschränkten Armen, antwortete: ‚Das wollte ich Sie fragen!' – Der arme Kerl hatte seine Lage hier völlig unterschätzt. Der Gruppenführer war einen Moment sprachlos. Dann schrie er: ‚Du elende Kommunistensau!' Mit seiner Reitpeitsche schlug er zu und brüllte die SA-Männer an: ‚Raus mit diesem Hund!'

Was nun geschah, ist kaum zu glauben. Vier SA-Männer sprangen den Lehrer an, warfen ihn zu Boden, packten Hände und Füße und schleuderten den Mann durch das große Fenster aus dem 3. Stock. Ein gellender Schrei – und man hörte das Aufschlagen des Körpers. Das ist geschehen am 6. Juni 1933 gegen 12 Uhr mittags in unmittelbarer Nähe zum Potsdamer Platz[12].

Als ich die Schrecksekunde überwunden hatte, wurde mir klar, daß alles vermieden werden mußte, was die Kerle reizen konnte. Als nächster wurde ich gefragt: ‚Und warum bist Du hier?'

Aus meiner Ruhestellung ging ich in die militärische Haltung und sagte laut: ‚Gruppenführer, ich bin der Judenknecht HIRSCH aus dem Jugendheim Wolzig!'

Er verbesserte mich: ‚Du meinst doch das Judenheim!'

Woraufhin ich sagte: ‚Jawohl, Gruppenführer, Judenheim!'

Dann fragte er: ‚Wie kamen denn die Waffen und die Kommunistenflugblätter in das Judenheim? Natürlich hast Du keine Ahnung, wie das reingekommen ist?' – Ich sagte: ‚Nein, Gruppenführer!'

‚Bringt den Judenknecht in Raum 6. Heute abend Sonderbehandlung!' Zwei Mann führten mich ab . . . Ich wurde in einen Raum gebracht, der

---

10) Bund der entschiedenen Schulreformer (1919–1933), Vereinigung republikanisch gesonnener Pädagogen, die aus einer Reformergruppe des Berliner Philologenvereins entstanden war und mit den Arbeiterparteien sympatisierte.

11) OESTREICH, Paul (1878–1955), Prof. Dr., Mitbegründer des Bundes entschiedener Schulreformer und einer ihrer aktivsten Vertreter.

12) Trotz gründlicher Recherchen konnte der Name des ermordeten Lehrers bis heute nicht ermittelt werden.

vielleicht 15 Meter lang und 10 Meter breit war. Die halbe Seite wurde eingenommen von ungefähr 50 Gefangenen. Alle standen in strammer Haltung und sahen verkommen, schmutzig und zerrissen aus. Mein erster Eindruck war, daß das kriminelle, aber keine politischen Gefangenen waren. Der SA-Mann stellte mich in die vordere Reihe und machte mich darauf aufmerksam, daß sprechen verboten sei.

In diesem Raum mußte Fritz HIRSCH, ohne auch nur Wasser trinken zu dürfen, in stehender Haltung den Abend abwarten. Nach 17 Uhr wurde er von zwei Wachposten abgeholt und „zur Sonderbehandlung in ein großes, hell erleuchtetes Zimmer" gebracht:

„In der Mitte sah ich einen langen Tisch. Von dort rief Gruppenführer ERNST mit leiser Stimme: ‚Der Herr Sportlehrer wird gebeten, sich auszuziehen!' Unschlüssig stand ich an der Tür. Hinter mir waren immer noch die beiden SS-Männer. Alle Blicke waren jetzt drohend auf mich gerichtet. Es wurde unheimlich still im Zimmer.

‚Ausziehen, Du Judenknecht!' Brüllend und drohend schwang der Gruppenführer seine Peitsche. Ich stand da wie gelähmt. Da rissen mir die beiden Männer von hinten die Oberkleidung runter. Ich sackte zusammen, wurde aber sofort wieder auf die Beine gestellt. Nun rissen sie mir das Unterhemd vom Leibe. Meine Hose war unter dem Knie befestigt, der obere Teil fiel runter. So stand ich nackt mit herunterhängender Hose vor diesen Schlägern. Die beiden, die mir alles vom Leibe gerissen hatten, zerrten mich zum Tisch.

Ich stand jetzt in der Gasse und von oben sausten die ersten Peitschenhiebe auf mich nieder. Das Gebrüll und Getrampel gab anscheinend den Takt zu den Schlägen, die nun von allen Seiten auf mich kamen. Ich sollte um den Tisch laufen, aber die herunterhängende Hose hinderte mich an einem schnellen Laufen. Erbarmungslos schlugen sie auf mich ein. Ich hörte bald weder das Brüllen der Schläger noch meine eigenen Schmerzensschreie. ‚Sie schlagen mich tot!', war mein letzter Gedanke. Nach drei Runden um den Tisch, schien das Ende für mich gekommen. Alles drehte sich in mir, Schmerzen spürte ich nicht mehr. Ich brach zusammen und schlug mit dem Kopf auf die Erde. Auch das war peinlos, ich hatte das Bewußtsein verloren . . .

Als ich wach wurde, fühlte ich am Körper verkrustetes Blut. Mit viel Mühe richtete ich mich auf und zog unter großer Anstrengung die Hose hoch. Unterhemd sowie das Sporthemd waren zerrissen. Gerade als ich mein Jackett vom Fußboden aufheben wollte, kamen meine Begleiter aus dem Folterraum und brüllten: ‚Bist Du noch nicht weg!' Ich konnte mich kaum aufrecht halten, gehen war unmöglich. Ich wurde den Gang bis zum Raum 6 gezogen und dem Wachhabenden übergeben.

Die Gefangenen dort lagen auf dem Bauch. Niemand rührte sich oder hob den Kopf. Die Begleiter ließen mich los. Ich sackte zusammen, machte auch nicht den Versuch, mich zu erheben. Es war mir gleichgültig, ob sie noch mehr mit mir anstellen würden. Man legte mich zu den anderen auf den Bauch, was mir sehr recht war, denn auf dem Rücken zu liegen, wäre furchtbar gewesen. Der Körper brannte, aber ich begann zu frieren und fieberte. Der Durst quälte mich fürchterlich. Der Wassereimer war in meiner Nähe, aber ich hatte nicht die Kraft, mich aufzurichten und um Wasser zu bitten. So dämmerte ich dahin und sah nicht, daß in kurzen Abständen Männer geholt wurden und zerschlagen zurückkamen. Es war nur das Atmen und Stöhnen im Raum zu hören. Das grelle Licht brannte, alle lagen auf dem Bauch. ... Wer auf Toilette mußte, konnte sich jetzt vorschriftsmäßig melden. Bei diesem Hin- und Hergehen sah ich die Gesichter meiner Mitgefangenen. Jeder war zerschlagen, zerrissen und verdreckt. Vor 24 Stunden hatte ich sie alle abstoßend gefunden. Nun sah ich genauso aus und vielleicht noch schlimmer ... Meine Gedanken waren ausgeschaltet. Weder erinnerte ich mich an Frau und Tochter noch an die Jungen, die jetzt im KZ Oranienburg saßen.

Wieder wurden in Abständen Leute geholt, manche kamen nicht zurück. Einer kam weinend in den Raum gehumpelt. Für uns war dieser Anblick furchtbar. Nach einigen Minuten verlor er seine Beherrschung und rief: ‚Ihr Sadisten, Ihr Mörder! Bluthunde, an den Galgen mit Euch!‘ Ein SA-Mann entsicherte seinen Revolver, ging zu ihm und schlug dem Mann mit einem Gummiknüppel in das blutende Gesicht. Der Gefangene fiel zu Boden und wurde still.

Gleich darauf erschienen zwei Posten und fragten: ‚Wo ist der Judenknecht?‘ Sie nahmen mich in die Mitte und mit den Worten: ‚Los, aber schnell!‘ zogen sie mit mir den Gang entlang. ...

An einem Raum klopften sie. Wir traten ein. Es war ein fensterloses, aber gut eingerichtetes Zimmer. Hinter dem großen Schreibtisch saß ein junger SA-Führer. Meine Begleiter klappten die Hacken zusammen, salutierten mit ‚Heil Hitler!‘ und sagten: ‚Das ist er!‘

‚Ich rufe, wenn es soweit ist!‘, hörte ich die Stimme vom Schreibtisch. Der junge Mann hinter dem Schreibtisch sah sympathisch aus, seine braune Uniform war auf Taille gearbeitet. ... Er hielt in seiner Hand ein mit Schreibmaschine geschriebenes Papier. Es war eine Erklärung, in der stand, daß ich die Judenjungen in Wolzig zu einem bewaffneten Aufstand gegen das ‚3. Reich‘ ausgebildet hätte und mit illegalen kommunistischen Gruppen mehrmals den Versuch gemacht hätte, die Eisenbahnlinie Berlin–Königswusterhausen zu sprengen. Zu diesem Zweck hätte ich Waffen und Sprengkörper von illegalen Organisationen erhalten. Er reichte mir die Erklärung mit den Worten: ‚Das hast Du zu unterschreiben!‘ ... Ohne unterschrieben zu haben, legte ich das Papier zurück. Im selben Augenblick bekam ich einen Peitschenschlag mitten ins Gesicht. Ganz ruhig sagte er, nachdem ich über den Schock hinweg war: ‚Unterschreiben! Oder?‘ Er nahm die Armeepistole vom Schreibtisch und entsicherte.

Ich unterschrieb.“

Nach einem weiteren Tag im Gestapo-Hauptquartier wurde Fritz HIRSCH in das Polizei-Präsidium transportiert, wo er eine oberflächliche Versorgung seiner Verletzungen erfuhr. Der körperliche Zustand besserte sich zwar etwas, aber der psychische Schock wirkte um so schwerer:

„Am schlimmsten wurden die Nächte. Kaum war ich eingeschlafen, erlebte ich erneut die Prügelszene bei der Gestapo. Mein Schreien weckte 2–3mal die Mitgefangenen. Ich bekam Angst vor dem Einschlafen und lief den Rest der Nacht in der Zelle umher.

Noch heute (im Jahre 1978, da ich diese Zeilen niederschreibe) bin ich von diesen Träumen nicht befreit. Wegen der Angstträume finde ich nie mehr als 3–4 Stunden Schlaf in der Nacht. ...

Am 5. Tag der Haft, es war der 14. Juni 1933, kam der Beamte und sagte: ‚HIRSCH, kommen Sie zur Vernehmung!‘

Ich stand vor ihm und konnte mich nicht rühren. Ich ahnte nichts Gutes. Recht freundlich sagte er: ‚Also, kommen Sie schon!‘ ... Vor dem Büro nahmen mich zwei SA-Männer in Empfang. Wortlos brachten sie mich auf den Hof. Ein Auto kam vorgefahren. ... Allzu schnell hielten wir vor dem Horst-Wessel-Haus. Vor einigen Monaten hatte es noch Karl-Liebknecht-Haus gehießen. Hier war der Verlag und die Druckerei der kommunistischen Zeitung ‚Die Rote Fahne‘ untergebracht gewesen. Die beiden brachten mich in ein Zimmer zu ebener Erde. Mehrere SA-Männer standen herum. Einer kam auf mich zu und fragte: ‚Wer waren die Leute, von denen Du die Waffen und Flugblätter bekommen hast? Du bist in der Prinz-Albrecht-Straße verhört worden. Deine Erklärung befindet sich hier!‘ Darauf war ich nicht gefaßt. Nach langem Zögern antwortete ich: ‚Das Dokument habe ich in der Prinz-Albrecht-Straße unterschrieben, weil ich glaubte, mein Leben damit zu retten. Es ist mir nicht bekannt, wie die Waffen und Flugblätter in das Heim gekommen sind!‘ Für einen Moment war es ganz still. Ich glaubte, mein Herz klopfen zu hören. Dann vernahm ich seine Worte: ‚Bringt ihn rüber!‘

Zwei Mann zerrten mich in ein gegenüberliegendes Zimmer. An einem schmalen Tisch standen drei junge Burschen in Hemdsärmeln. Sie hatten eine Peitsche in der Hand.

‚Jacke und Hemd runter!‘, rief einer vom Tisch. Nachdem ich auf dem Tisch lag, wurden Arme und Beine festgeschnallt. Jemand rief: ‚Eins – zwei!‘ Im selben Moment schlugen sie von links und rechts auf mich ein. Es war entsetzlich, als die ersten Peitschenhiebe auf die wunden

Stellen niedergingen.... Bevor sie mich losschnallten, bekam ich einen Eimer Wasser über den Rücken. Sie führten mich ins Vernehmungszimmer. Man betrachtete mich höhnisch. Einer sagte: ‚Wir sehen uns jeden 2. Tag, bis wir die Namen wissen!‘ Sie brachten mich im Wagen zurück in das Polizei-Präsidium....

In der Nacht lag ich auf dem Bauch. Schlief ich ein, kamen die Angstträume. Ich begann zu schreien und zu weinen, stand dann auf und wartete auf den anbrechenden Tag, um den Traumzuständen zu entgehen. Obwohl ich heftige Schmerzen im Rücken und im Magen hatte, nahm ich am Hofrundgang teil. Die frische Luft tat mir gut.

Am 2. Tag, wir waren bei der Nachmittagsrunde, holte mich der Beamte vom Hof. ‚Seien Sie ruhig, man holt Sie wieder‘, war seine Antwort auf mein entsetztes Gesicht.

Die beiden SA-Männer brachten mich zur Vernehmung.“

Noch zweimal mußte Fritz HIRSCH die Folter über sich ergehen lassen, ohne jedoch irgendwelche ihm unbekannte Menschen, deren Namen ihm vorgelegt wurden, zu denunzieren. Nach insgesamt etwa vier Wochen wurde er ohne Angabe von Gründen vom Polizei-Präsidium in das Gefängnis Berlin-Spandau verlegt:

„In der Aufnahme bekam ich eine Decke, Handtuch und Seife. Ein Aufseher brachte mich in die Zelle. Als die Tür hinter mir ins Schloß fiel, wurde ich von allen Seiten umringt. Alle wollten wissen, was die Berliner zum Terror der Nazis sagen....

Aus der hinteren Reihe der Umstehenden kam jemand auf mich zu: Es war der bekannte Stadtarzt vom Wedding – Dr. Max HODANN[13)]. Unsere Begrüßung war nicht allzu freudig, aber dafür herzlich. Der Zellenälteste wies mir ein Bett an, und Dr. HODANN gab mir sofort ärztliche Hilfe. Soweit es ihm möglich war, untersuchte er mich, konnte aber ohne Hilfe von Instrumenten keine Diagnose stellen. Das rechte Schlüsselbein war gebrochen, die Nieren verletzt und der Rücken von den Schultern bis zum Becken aufgeplatzt.

---

13) HODANN, Max Julius (1894–1946), Dr. med., bis 1933 Stadtarzt in Berlin als Leiter des Gesundheitsamtes Reinickendorf, Mitarbeiter am Institut für Sexualwissenschaft von Magnus HIRSCHFELD sowie sexualwissenschaftliche Aufklärungsarbeit in Gewerkschaft und Arbeiterjugend, nach „Machtergreifung“ Hitlers in Berlin in „Schutzhaft“, im Sommer 1933 Flucht über Schweiz und Frankreich nach Norwegen, 1937–1938 als Arzt Teilnahme am spanischen Bürgerkrieg gegen die Faschisten, 1939–1940 in Norwegen, 1940–1946 Arzt in Schweden; er stirbt am 17.12.1946 in Stockholm/Schweden (vgl. auch: HERZER 1985, 5–15; sowie die literarische Schilderung des bereits todkranken HODANN im Stockholmer Exil in Peter WEISS’ „Ästhetik des Widerstands“, Frankfurt/M. 1975–81).

‚Die äußeren Verletzungen werden wir in 6–8 Wochen geheilt haben', so versicherte er mir. ‚Alle, die hier sind, haben bei der Ankunft ähnliche Spuren der Mißhandlung gehabt. Doch die inneren Schäden werden erst nach Wochen oder Monaten sich bemerkbar machen.' ...

Dr. HODANN bemühte sich, die Männer zu beschäftigen. ... Es wurden vier Arbeitsgruppen zu je 10 Mann gebildet. Am Vor- und Nachmittag kamen die Gruppen zwei Stunden zusammen. ... Jeder sollte aus seinem Fachgebiet Wissenswertes vortragen. Auf diese Weise war jeder beschäftigt und etwas von der Gefängnispsychose abgelenkt. ... Dr. HODANN machte mir den Vorschlag, mit Gymnastikunterricht für alle zu beginnen. Ich sollte selber noch nicht mitmachen, aber die Idee, etwas Nützliches zu tun, würde beitragen, mein Selbstbewußtsein zu fördern. ... Wäre nicht die dauernde Angst vor dem Transport in ein Konzentrationslager gewesen, hätte man die Situation als erträglich ansehen können. Leider verging kein Tag, an dem nicht einer abgeholt wurde. Wer ging, kam nicht wieder.

Eines Tages war es der Schriftsteller Erich MÜHSAM[14)]. Meistens saß er auf dem Bett und starrte zur Tür. Wurde sie geöffnet, zuckte er zusammen und stand auf. ‚Jetzt kommen sie', sagte er und zitterte. Auch er war in viehischer Weise zugerichtet worden. Sein Lebensmut war gebrochen, sein Glaube an Deutschland ausgeprügelt. Zum letzten Mal gaben wir ihm die Hand. Jeder ahnte: Es ist sein Ende. Drei Wochen später sickerte durch die Mauer die Nachricht, daß er noch am selben Tag umgebracht worden war. ...

An einem Nachmittag, es war Ende September 1933, wurde ich abgeholt. Ich bekam Herzklopfen, und mein bekanntes Angstgefühl kam in mir auf. Alle bedauerten mein Weggehen, weil die frohe Gymnastikstunde nicht mehr sein würde. ... In der Aufnahme legte man mir ein Schriftstück zur Unterschrift vor. In dieser vorgedruckten Erklärung der Gestapo stand, daß ich während der Schutzhaft nicht mißhandelt worden sei, und die Haftzeit vom 6. Juni 1933 bis Oktober 1933 nicht im Strafregister eingetragen sei. Ich hatte mich zu verpflichten, in Zukunft an keinerlei Aktionen, die gegen das ‚3. Reich' gerichtet sind, teilzunehmen. ... Meine Unterschrift war vollzogen. Ich stand bewegungslos vor dem Tisch und starrte auf die Unterschrift. Ich wagte es nicht mehr, mich umzudrehen. Ein SS-Mann nahm das Schreiben. Der andere packte mich am Arm und sagte: ‚Raus!'"

---

14) MÜHSAM, Erich (1878–1934), Lyriker und Dramatiker, Anarchist, Mitglied der Bayerischen Räterepublik, nach dem Reichstagsbrand im Februar 1933 verhaftet und am 10.7.1934 unter widersprüchlichen Umständen im KZ Oranienburg erhängt aufgefunden.

Fritz HIRSCH kehrte nach Wolzig zurück, um seine Familie zu treffen. Wolzig war jedoch inzwischen zur SA-Kaserne umgewandelt worden. Er wurde erneut von Wachposten ergriffen und festgenommen. Nach 24 Stunden wurde er mit der Auflage, sich nie wieder in Wolzig blicken zu lassen, nach Berlin entlassen. Dort gelang es ihm, mit seiner Frau und Tochter bei einem befreundeten Ehepaar unterzukommen. Dann begann er, für die angekündigte Rückkehr der Wolziger Jugendlichen aus dem KZ Oranienburg im Jüdischen Krankenhaus Berlin Räume herzurichten:

„An einem sonnigen Oktobertag trafen die Jungen von Oranienburg in zwei Lastwagen auf dem Hof des Krankenhauses ein. Ein freudiges Wiedersehen nach fünf Monaten Konzentrationslager war es nicht. Kahlgeschoren, blaß, abgemagert und eingeschüchtert standen sie um uns herum. ... Ich hoffte, der eine oder andere käme mit seinen alten faulen Witzen und der großen Klappe zum Vorschein. Aber die größten ‚Rabauken' ließen die Köpfe hängen. Sie fühlten sich in ihrer Haut nicht mehr wohl.

Sie bekamen die Betten angewiesen und mußten sich gründlich duschen, bevor sie vollständig neu eingekleidet wurden.

Ein sehr ernstes Problem tauchte auf. Denn die Jungen hatten das Bedürfnis, sich mit den Erziehern auszusprechen und wollten die unerfreulichen Ereignisse mit ihnen teilen, wie sie es vielleicht mit Mutter oder Vater getan hätten. Aber es wurde uns zur Qual, zumal wir selber mit den eigenen furchtbaren Erlebnissen während der Haftzeit nicht fertig werden konnten.

Auf unseren täglichen Spaziergängen begegneten wir ständig SA-Männern, die üble Erinnerungen in uns wachriefen. Einmal, an einem Sonntagnachmittag, ging ich mit einer kleinen Gruppe durch die Brunnenstraße, als eine Marschkolonne der SA mit Fahnen und Musik aus einer Seitenstraße eingebogen kam. Die Spaziergänger standen mit erhobenem Arm am Straßenrand. Während die Jungen in einem Hausflur verschwanden, stellte ich mich vor ein Schaufenster und beobachtete, ob alle in Sicherheit waren. Durch das Glas sah ich, wie aus der Kolonne zwei SA-Männer in meine Richtung liefen. Nichts Gutes ahnend wollte ich mich gerade zum Straßenrand begeben. Aber schon schlugen sie mit ihren Koppelriemen auf mich ein. Sie zerrten mich zu den anderen, wo ich mit erhobenem Arm am Rinnstein stehen mußte, bis die Kolonne vorbei war. Derartige Zwischenfälle nahmen uns den Mut, auf die Straße zu gehen. Die Jungen wurden allmählich verteilt: Einige zu den Eltern, der Rest ging in Lehrlingsheime, andere konnten noch rechtzeitig nach Palästina auswandern.

Wenig später suchte ich den Leiter vom Jugendamt Berlin auf. Er erklärte mir rundheraus: ‚Sie können als Jugenderzieher arbeiten, wenn sie Mitglied der NSDAP werden. Tun Sie es nicht, dann sind Sie für uns ein toter Mann.' Auch das noch, dachte ich, erst zum Verbrecher erklärt und dann deren Hitlerjugend organisieren. Ich verzichtete.

Eine Zeit leitete ich einen Umschulungskurs der Jüdischen Gemeinde: Akademiker, Bankbeamte und kaufmännische Angestellte, die auswandern wollten, versuchten, sich handwerklich umzuschulen. Im Beginn war ich nicht sehr optimistisch über den Erfolg der Ausbildung. Die meisten ‚Lehrlinge' waren Familienväter, einige über 40 Jahre alt, die außerhalb Deutschlands noch einmal beginnen wollten. Ihr Lerneifer sowie die Konzentration auf die Arbeit machten jedoch den Unterricht leicht. Mein Interesse an der Arbeit wuchs mit den Fortschritten, die gemacht wurden. ... Der Betrieb vergrößerte sich. Es kamen täglich fast 50 Männer. Vier gelernte Tischler hatte ich als Ausbilder zur Hilfe.

Anfang Januar kam Gestapo in die Werkstatt. Ich lief den Leuten in die Arme, zum Verschwinden war es zu spät. Ich mußte eine Reihe von Fragen beantworten. Am liebsten wäre ich losgerannt, denn ich hatte Angst, meine Beherrschung zu verlieren. Sie verlangten die Liste aller Kursusteilnehmer und machten höhnische Bemerkungen über die Juden an der Hobelbank. Nachdem sie die gewünschten Unterlagen hatten, gaben sie mir zu verstehen, daß sie ‚den ganzen Rummel hier' mehr oder weniger für ‚Tarnung' hielten.

Die Fortsetzung der Ausbildung schien mir auf die Dauer gefährdet. Ich fürchtete, in eine ähnliche Situation zu kommen, wie vor 6 Monaten in Wolzig. Die Bemerkung über ‚Tarnung' hatte mich hellhörig gemacht. Zu meinem Glück besaß ich noch einen gültigen Reisepaß. Damit hatte ich Gelegenheit ins Ausland zu kommen, bevor ich wieder in die Hände der Gestapo fallen würde."

Mit Hilfe eines ehemaligen Dozenten[15)] der Deutschen Hochschule für Politik, die Fritz HIRSCH von 1928 bis 1930 besucht hatte und durch die Vermittlung des holländischen Professors Georg van den BERG, der einen Lehrer für den Aufbau einer Ausbildungsstätte für jüdische Flüchtlinge suchte, kann er im Februar 1934 schließlich nach Holland entkom-

---

15) MENNICKE, August Carl (1887–1959), Prof. Dr., Dozent für Soziologie an der Hochschule für Politik und Leiter des Sozialpolitischen Seminars in Berlin 1920–1930; Professor am Pädagogischen Institut in Frankfurt; gehörte zum Kreis führender Intellektueller um den religiösen Sozialisten Paul TILLICH; 1934 Emigration nach Holland; 1941–1943 im KZ interniert; ab 1952 erneut Professor in Frankfurt/M. (nach STRAUSS/RÖDER 1983; sowie einem freundlichen Hinweis von Herrn Reinhard TGAHRT, Deutsches Literaturarchiv Marbach vom 9.2.1987).

men. Über seine Arbeit in Holland[16] berichtet Fritz HIRSCH nur mit wenigen Worten:

„Nach meiner geglückten Ankunft in Amsterdam beauftragte mich das 'Jüdische Flüchtlingskommitee', an einer Umschichtungs- und Vorbereitungsarbeit für Palästina mitzuarbeiten. Wir errichteten auf einem trockengelegten Teil der Zuider-See das Werkdorp[17]. Aber ähnlich wie in Wolzig wurde 1941 das Werkdorp nach 7jähriger Arbeit von der Gestapo besetzt und 200 Insassen kamen in das KZ Mauthausen. In kurzer Zeit wurden alle in grausamer Weise liquidiert. ..."

Fritz HIRSCH wurde hiervon verschont, jedoch als Soldat der deutschen Wehrmacht rekrutiert. Von dort hielt er Kontakt zum holländischen Widerstand und konnte auch Waffen für die Resistance schmuggeln. Hierbei wurde er erwischt und 1944 von einem deutschen Kriegsgericht in Utrecht zum Tode verurteilt. Durch Flucht hatte er sich jedoch der Vollstreckung entziehen können und lebte mit Hilfe holländischer Freunde bis zum Kriegsende im Versteck in Holland.

Nach 1945

Charlotte HIRSCH fährt fort[1]:

„Nach Kriegsende blieben wir zunächst in Holland, dort waren doch die meisten unserer Freunde. Fritz hatte durch sein Handwerk immer Möglichkeiten, Geld zu verdienen.

Mit der Hilfe holländischer Freunde konnten wir Ende 1949 nach Australien auswandern – am 21. Dezember 1949 fuhr unser Schiff in Holland ab, am 26. Januar 1950 kamen wir in Australien an.

Bis zu seiner Pensionierung mit 65 Jahren war mein Mann als Tischler tätig.

Aber auch nach der Pensionierung waren wir noch aktiv: So haben wir zum Beispiel über viele Jahre Sportkurse für ältere Menschen hier in Melbourne geleitet, ja so wie wir uns einmal kennengelernt haben. Der Sport ist unsere Leidenschaft geblieben.

Am 21. September 1982, das war der Tag vor seinem Tod – ein herrlicher, sonniger australischer Frühlingstag – da habe ich ihn am Nachmittag noch im Garten im Liegestuhl unser schönes Wanderlied singen hören: 'Hoch auf dem gelben Wagen ... aber der Wagen, der rollt ...' Da war er schon körperlich sehr schwach. In der Nacht darauf ist er dann für immer eingeschlafen, ganz friedlich ..."

---

[16] Über die Arbeit von Fritz HIRSCH im Werkdorf gibt es einen beglaubigten Bericht des ehemaligen Leiters Dr. Abel HERZBERG vom 11.4.1946; siehe Abb. 20.

[17] Vgl. den ausführlichen Bericht über das Werkdorf von Gertrude van TIJN (1969), in dem auch Fritz HIRSCH (S. 183, Anm. 4) lobend erwähnt ist.

Abb. 15.: Jugendliche des Jüdischen Jugendwohnheims Wolzig im Jahre 1931.

Abb. 14: Fritz HIRSCH (23, erster vorn) und Charlotte (18, ganz links) auf einer Wanderung im Thüringer Wald zu Pfingsten 1926.

Abb. 17: Fritz (78) und Charlotte HIRSCH (74) bei einem Wiedersehen in Holland 1981.

Abb. 16: Fritz HIRSCH (30) mit Tochter Sonja (2) in Wolzig im Frühjahr 1933.

Stadt Berlin
Bezirksamt Kreuzberg

Geschäftszeichen: Kreuzb. 1 IIIa/30
Es wird ersucht, bei Beantwortung dieses Zeichen anzugeben.

Zahlungen
an die Bezirkskasse Kreuzberg:
Girokonto 5666 bei der Girokasse 1
der Berliner Stadtbank
Postscheckkonto: Berlin Nr. 44264.

Berlin SW 61, den 13. Juni 1930.
Yorckstraße 11.
Fernruf:
F. 5 Bergmann ~~4630—4037.~~ 8650
Magistrat 352, 479, 600, 632, 633, 783, 864, 865.
Hausanschluß Nr. 221.

Z e u g n i s.

Herr Fritz H i r s c h, geboren 29.April 1903 in Bromberg, war vom 14. Dezember 1928 bis 31.Mai 1930 in unserem Jugendamt als Leiter eines Tagesheimes für erwerbslose Jugendliche tätig.

Es war seine Aufgabe, die erwerbslosen männlichen Jugendlichen in dem Tagesheim zusammenzufassen und zu betreuen. Herr Hirsch hatte die Jugendlichen ausser in besonderen Werkstattkursen durch Lesestunden, Singstunden, Vorträge der verschiedensten Art, Brett - andere Unterhaltungsspiele zu beschäftigen. Ferner veranstaltete er Führungen durch verschiedene Bildungseinrichtungen und Besichtigungen moderner Grossbetriebe usw. In sportlicher Hinsicht wurden die Jugendlichen in Turn- und Schwimmhalle sowie auf Sportplätzen beschäftigt. Zur Förderung der Gesundheit und heimatkundlichen Belehrung unternahm Herr Hirsch ausserdem fast allmonatlich Wanderfahrten.

Weiterhin war es Aufgabe des Herrn Hirsch, sich persönlich über die Verhältnisse der einzelnen Jugendlichen zu informieren und gegebenenfalls durch Inanspruchnahme der Arbeitsvermittler oder Familienfürsorgestellen helfend einzugreifen.

Bei der Durchführung dieser Arbeit, die in den Heimen für erwerbslose Jugendliche als besonders schwierig anzusehen ist, hat sich Herr Hirsch als Erzieher und Führer der Jugendlichen sehr gut bewährt. Er hat sich seinen Aufgaben mit viel Hingabe und Sorge für die Jugendlichen zugewandt. Seine ausgezeichnete sportliche Ausbildung kam ihm dabei sehr zustatten.

Führung und Fleiss waren gut.

Stadt Berlin ... Kreuzberg

I.A.

Abb. 18: Zeugnis der Stadt Berlin (Bezirksamt Kreuzberg) für den Erzieher Fritz HIRSCH (27) vom 13.6.1930.

Sturmbann II/205 Untergruppe Brandenburg Ost
Berlin-Brandenburg, den 7.6.1933

Betrifft: Durchsuchung des jüdischen Erziehungsheims in Wolzig.

Auf Anordnung des Landrats Lindig in Breeskow fand heute vormittag eine Durchsuchung des jüdischen Erziehungsheims in Wolzig durch die Landjägerei-Abteilung Storkow, zusammen mit der SA, statt. Die Durchsuchung wurde veranlaßt durch Betätigung der Zöglinge in kommunistischer Propaganda. Aus den beschlagnahmten Personalakten geht hervor, daß alle mehr oder weniger wegen politischer sowie krimineller Verbrechen vorbestraft sind. Die Bevölkerung von Wolzig und Umgebung war der dauernden Belästigung durch die Judenjungen ausgesetzt. Diebstähle und andere Delikte waren an der Tagesordnung.
Die Durchsuchung förderte
- zwei geladene Armeepistolen
- einen Trommelrevolver
- ein Seitengewehr und
- zwölf Totschläger aus Holz mit Stahleinlage

und eine Menge kommunistisches Propagandamaterial zutage.
In Zusammenhang mit dem Ergebnis der Durchsuchung ordnete der Oberlandjägermeister Müller mit dem Einverständnis des Sonderkommissars in Beeskow, Standartenführer Süss, die Überführung sämtlicher Insassen nach dem Konzentrationslager in Oranienburg an. Diejenigen, die als die Verantwortlichen bzw. Rädelsführer anzusehen sind, wurden nach dem Polizeipräsidium Berlin eingeliefert.
Bei dem Heimleiter Oskar Friedmann wurden die Totschläger und das Seitengewehr gefunden. Nach seiner Angabe hat er diese Instrumente einzelnen Zöglingen im Laufe der Zeit weggenommen und in seinem Schreibtisch aufgewahrt. Je eine Pistole wurde in den Sachen des Werner Treuherz und der Betty Armer gefunden. Beide behaupten, von dem Vorhandensein nichts gewußt zu haben. Besonders zu erwähnen ist der Sportlehrer Fritz Hirsch, der Überfälle und andere kommunistische Aktionen veranlaßte und mit seinen Horden durchführte. Der Ausgangspunkt war hierbei stets das Judenheim selbst.
Für das Unwesen der Judenjungen zeugen eine Unmenge Akten bei den zuständigen Landjägern sowie die Landjäger selbst und die geschlossene Einwohnerschaft von Wolzig. Letztere hat auf dem amtlichen Beschwerdeweg mehrere Male versucht, die Zustände zu unterbinden. Jedoch in jedem Falle vergeblich.
Außer den genannten Personen wurden noch der Erzieher Max Gebhardt (ein chinesischer Jude) und der Richard Goldschmidt nach dem Polizeipräsidium Berlin eingeliefert.
Die Zöglinge des jüdischen "Erziehungsheims" trafen in einem Sammeltransport ein. Die Akten, die mit eingeliefert wurden, zeigten, in welchem erschreckenden Umfang diese degenerierten, ausgesprochen asozial veranlagten Juden kriminell und politisch vorbestraft waren.
Da die meisten von ihnen noch im jugendlichen Alter standen und daher für unsere körperlichen Arbeiten nicht zu verwenden waren, stellte ich eine besondere Abteilung auf. Nur leichte Hofarbeiten wurden ihnen zugewiesen und einige ältere Juden, die wegen politischer Vergehen bereits einsaßen, als ihre Zugführer ernannt.

Abb. 19: (Abschrift)

B E S C H E I N I G U N G

Ich, der Unterzeichnete, wurde im Juli 1940 Leiter des Jüdischen Arbeitsdorfes in Wieringermeer, welches der Stiftung für Jüdische Arbeit (Stichting Joodse Arbeid') in Amsterdam unterstand. In diesem Arbeitsdorf erhielten junge jüdische Menschen beider Geschlechter eine Ausbildung in allen möglichen Berufen und Handwerkszweigen.

Der von mir dort angetroffene Leiter der Tischlerei- und Möbelwerkstatt war der am 29. April 1904 in Bromberg geborene Fritz HIRSCH, der schon seit der Gründung des Arbeitsdorfes dort tätig war. Neben seiner Funktion als Leiter der Tischlerei- und Möbelwerkstatt war Herr HIRSCH auch noch der Sport- und Allgemeine Jugendleiter.

Herr HIRSCH erledigte seine Aufgaben in jeder Weise vorbildlich. Er ist ein ausgezeichneter Fachmann auf seinem Gebiet und versteht es, sehr gut mit jungen Menschen auszukommen. Er erfreute sich der Achtung und des Vertrauens aller. Jeder konnte sich stets mit Schwierigkeiten und Problemen aller Art an ihn wenden.

Herr HIRSCH, der nicht Jude ist, ist Deutscher. Er hat für die Jungen und Mädchen von Wieringermeer alles getan, was in seiner Macht lag. In den schwersten Zeiten versah er sie mit Papieren, beschaffte ihnen eine Anstellung und wachte bei drohender Gefahr einer Razzia jedesmal vor dem Heim der jungen Leute auf der Plantage Fransenlaan (bei Amsterdam). Er errichtete Verstecke, unter anderem auch für meine Familie. Mit einem Wort war er ein wahrer Freund vom ersten bis zum letzten Augenblick.

Da ich mich mit ihm unterhielt, kenne ich seine politischen Ansichten genau. Er ist ein überzeugter Gegner des Nationalsozialismus, der sein Leben lang gegen die nazistische Doktrin gekämpft hat.

Es ist mir ferner bekannt, daß er im Interesse des jüdischen Volkes beim Jüdischen Rat ('Joodsche Raad') in Amsterdam mitgearbeitet hat. Die teuren Holzbearbeitungsmaschinen, die wir in Wieringermeer hatten, versuchte er dadurch für die Stiftung zu retten, daß er sie auf seinen Namen registrieren ließ.

Herr HIRSCH sagte mir damals, daß er eingezogen worden sei und deswegen in die Armee gehen wolle, um für die gute Sache tätig sein zu können.

gez. Dr.jur. Abel J. HERZBERG

Beglaubigte Übersetzung des Originals - Amsterdam, den 1. Okt. 1949

Abb. 20: (Abschrift)
Die Angabe des Geburtsdatums ist ein offensichtlicher Irrtum. Es muß 1903 heißen.

Reflexion zur Kommunikation mit Charlotte Hirsch

Persönliche Begegnungen: keine
Telefonate: 4 (mit einer Gesamtgesprächsdauer von ca. 1 Stunde)
Briefe: 5

1. Kontaktaufnahme

Bereits im Oktober 1983 machte mich der damalige Direktor des Jerusalemer LEO-BAECK-Institutes, Prof. Dr. Joseph WALK, auf seinen gerade verfaßten Aufsatz „Das Ende des Jüdischen Jugend- und Lehrheims Wolzig (1933)" (LBI Bulletin 66/1983, 3–22) aufmerksam und verwies dabei besonders auf das Verhalten des Lehrers und Erziehers Fritz HIRSCH.

Jedoch erst im Frühjahr 1985 durfte ich im Archiv des Leo-Baeck-Institutes in Jerusalem Einblick nehmen in einen 29seitigen schriftlichen Bericht, den Fritz HIRSCH auf Bitte des Institutes im Jahre 1978 angefertigt hatte. Dieser Bericht konnte zwar weitgehend als Grundlage für die in diesem Buch zitierten Aussagen von Fritz HIRSCH dienen, er ließ jedoch persönliche Daten aus der Zeit vor 1933 sowie nach 1945 weitgehend aus. Da Fritz HIRSCH nicht mehr selbst zu befragen war, stellte mir das Institut freundlicherweise die Anschrift seiner Witwe, Charlotte HIRSCH, in Australien zur Verfügung, an die ich mich umgehend schriftlich wandte.

Es vergingen dann mehrere Monate ohne Antwort. Bemühungen, die Anschriften weiterer Verwandter (z. B. der Tochter Sonja) herauszubekommen, blieben erfolglos. Am 6. Oktober 1985, einem Sonntagmorgen gegen 8 Uhr, klingelte dann bei mir das Telefon: Eine freundliche und überaus lebendige Stimme forderte mich auf, umgehend nach Australien zu kommen, da es soviel zu berichten gäbe, was unmöglich alles brieflich ausgetauscht werden könne. Frau HIRSCH zeigte sich sehr erfreut über mein Anliegen, über die pädagogische Arbeit von ihrem Mann und ihr zu berichten: „Wissen Sie, in Deutschland hat sich dafür bis heute doch nie jemand interessiert. Das waren Menschen in Holland, in den USA, in Israel, in Australien – aber in Deutschland hat das nie mehr jemanden interessiert."

Da es ihr körperlich schwer fällt, länger zu schreiben, verabreden wir zunächst, daß ich ihr eine Kassette und die mir wichtigsten Fragen zusende. Sie würde dann auf die Tonband-Kassette sprechen und mir ihre Antworten zusenden.

2. Weitere Entwicklung

Bereits zwei Wochen später erhalte ich einen großen Umschlag mit über 20 Fotos und etwa 10 Originaldokumenten aus dem Leben von Fritz und

Charlotte HIRSCH, die ich umgehend ablichten lasse, um sie Frau HIRSCH bald wieder zurücksenden zu können. Ich freue mich über ihr Vertrauen und möchte es keinesfalls enttäuschen.

Wieder einige Wochen später erhalte ich einen vierseitigen Brief, indem sie von den letzten gemeinsamen Jahren mit ihrem Mann und von seinem Tod berichtet. Bis zuletzt war der Sport ihre große gemeinsame Leidenschaft, bis vor wenigen Jahren gaben sie noch selbst Turnlektionen in einem nahegelegenen Altersheim. Sie kündigt die Zusendung des Tonbands an, es werde jedoch noch eine Weile dauern, da ihr die Konzentration schwerfalle. Vielleicht wolle sie es auch gemeinsam mit einem alten Freund der Familie tun.

Sie schließt mit einem P.S.: „Hoffentlich können Sie überhaupt meine Schrift lesen. Das Schreiben fällt mir sehr schwer, ich habe kein Gefühl in meiner rechten Hand."

Als ich dann bis Weihnachten nichts mehr von ihr höre, auch zwei nachgesandte Briefe unbeantwortet bleiben, rufe ich sie an. Sie berichtet, daß sie es mit dem Tonband versucht hätte, aber noch nichts Richtiges „drauf" wäre. Ich spüre, daß es ihr möglicherweise unangenehm ist, auf eine unpersönliche Kassette zu sprechen, ohne ein richtiges Gegenüber. Wenige Tage später bekomme ich noch einmal zwei pädagogische Bücher aus der Weimarer Republik („Die waren uns damals wichtig!") und einige Zeitungsausschnitte aus Australien, die von Ehrungen berichten, die ihrem Mann von der Melbourner Jüdischen Gemeinde zuteil wurden.

Dann sende ich ihr eine Aufstellung aller Daten, die ich bisher aus Jerusalem über ihren Mann habe zusammentragen können und bitte sie, die bestehenden Lücken zu ergänzen. Nach vier Wochen erhalte ich eine sorgfältig ausgefüllte Liste sowie eine fünfseitige schriftliche Ergänzung. Die Kassette erwähnen wir nun beide nicht mehr. Da ich dieses Mal wirklich einige Stellen nur schwer entziffern bzw. einige Angaben nur ungenügend verstehe, rufe ich sie noch einmal an und frage sie nach verschiedenen Einzelheiten. Wieder sagt sie: „Ach, wenn Sie doch einmal hierher nach Australien kommen könnten, es gäbe noch soviel zu erzählen!" Dann unterbricht sie das Gespräch: „Wer bezahlt Ihnen das bloß? Das können Sie doch nicht alles selbst bezahlen? Wen interessiert das denn in Deutschland?"

Sie berichtet mir noch, daß ihre wenig ältere Schwester heute noch in Berlin-Lichtenrade wohnt und sie sie gern noch einmal besuchen möchte. „Vielleicht 1987," sagt sie, „dann werde ich doch 80!"

Im Frühjahr 1987 erhalte ich ein Schreiben von ihrer Tochter Sonja. Sie teilt mir darin mit, daß ihre Mutter am 7. April 1987 „friedlich eingeschlafen" sei.

3.5 Elisabeth Flügge (Jg. 1895), Maria Holst (Jg. 1922), Hamburg: Als evangelische Lehrerin an Privatschule (bis 1938) und staatlicher Volksschule (bis 1942) – Engagement meiner Mutter für jüdische Schülerinnen und Schüler

1895:	Geboren in Hamburg
1916:	Lehramtsprüfung an der Klosterschule
1916–1919:	Lehrerin an der Privat-Vorschule für Knaben Sierichstraße in Hamburg (bis zur Heirat 1919)
1926–1938:	Lehrerin an der Privaten Realschule für Mädchen (Ria WIRTH) Mittelweg in Hamburg (1927 Scheidung, 1930 zweite Lehrerprüfung für das höhere Lehramt)
193–1942:	Lehrerin an der öffentlichen Mädchen-Volksschule Große Freiheit 63 in Hamburg-St. Pauli (nach Auflösung der privaten Realschule; 1940 Verbeamtung auf Lebenszeit)
1942–1944:	Wegen Ablehnung der KLV-Arbeit Einsatz als Sachbearbeiterin in einer Dienststelle des Hauptернährungsamtes
1944–1946:	Lehrerin an der Volksschule Hamburg-Sasel (mit kriegsbedingten Unterbrechungen)
1946–1947:	Schulleiterin der Volksschule Bäckerbreitergang in Hamburg
1947–1958:	Schulleiterin der Volksschule Erikastraße (heutige Wolfgang-Borchert-Schule) in Hamburg bis zu ihrer Pensionierung mit 63 Jahren (in den Jahren 1953–1955 mehrere Auslandsreisen nach England, USA und Südamerika)
1976:	Ehrung als „Gerechte unter den Völkern" in der Jerusalemer Gedenkstätte Yad Vashem (höchste Auszeichnung, die der israelische Staat an Nichtjuden verleiht)
1981:	Verleihung des Bundesverdienstkreuzes
1983:	Gestorben in Hamburg

Maria Holst (geb. Flügge), Jg. 1922, Tochter von Elisabeth Flügge, berichtet:

Elternhaus meiner Mutter

Mein Großvater sollte eigentlich nach alter Handwerkstradition der Familie Schmied werden. Da er aber körperlich nicht stabil genug dafür war, wurde er Kaufmann. Ebenfalls wie seine Vorfahren war er aber in der Freimaurer-Loge engagiert.

Später war er als Vertreter der Nationalliberalen Partei[1)] als Abgeordneter in der Hamburger Bürgerschaft. Wobei die Betonung aber nie auf dem Nationalen lag – im Gegenteil: Großvater war ein kosmopolitischer Mensch, bei dem immer das Menschliche, das Liberale im Vordergrund stand.

In diesem Geiste erzog er auch seine drei Töchter, die – obwohl finanziell nicht notwendig – alle eine gute Ausbildung erhalten sollten. Seine besondere Aufmerksamkeit lag dabei auf Elisabeth, der mittleren Tochter, die von Kindheit an ein fröhlicher, umkomplizierter Mensch war, während die beiden anderen Töchter eher Problemkinder waren, wie man heute sagen würde.

Es wurde über Jahre in der Familie eine Geschichte erzählt, die dieses Vater-Tochter-Verhältnis gut beleuchtet: Als jugendliche Klosterschülerin hatte meine Mutter einmal mit einer anderen Schülerin ausgelassen aus dem Schulflur getanzt. Wegen dieses unerhörten Geschehens wurde der Vater zur Schulleitung zitiert, wo ihm der Vorwurf gemacht wurde, daß es seiner Tochter augenscheinlich an sittlicher Reife mangeln würde. Woraufhin der Vater freundlich erwiderte: „Ja, das könnte sein, daß die Tochter gar nicht weiß, was sittlich ist."

Schule und Lehrerausbildung meiner Mutter

An der Klosterschule teilte sich die Ausbildung in den letzten Klassen: Der eine Zweig führte in zwei Jahren zum Abitur, der andere Zweig bildete die jungen Mädchen zu Lehrerinnen aus. Mutter entschied sich für den zweiten Weg.

In den Schulferien war sie ein aktiver Wandervogel und lernte auf einer dieser Wanderungen auch meinen Vater kennen. Er war enger und na-

---

[1)] Nationalliberale Partei, gegründet 1866, ging 1918 weitgehend in der Deutschen Volkspartei (DVP) auf; zur DVP vgl. Anm. 1 bei Helene HEDDE.

tionaler im Denken, als dies im Hause meiner Mutter üblich war. Großvater lehnte diese Verbindung von Anfang an ab. Der Freund meiner Mutter grenzte sich zum Beispiel auch gegen Juden ab, so etwas hatte es bei Großvater nie gegeben.

1918 zog sich Großvater bei einem Unfall schwere Verletzungen zu, an denen er kurz darauf starb. Ein Jahr später heirateten meine Eltern.

Mutter hatte kurz nach ihrem Lehrerexamen an der Klosterschule 1916 begonnen, als Lehrerin in einer privaten Vorschule zu arbeiten. Dies gab sie nun auf, um für die Ehe und die zwei Kinder, die geboren wurden – meinen Bruder und mich – mehr da sein zu können.

Obwohl meine Mutter wohl nie eine Frauenrechtlerin gewesen ist, war sie von früh an eine weltzugewandte, auch politisch interessierte Frau. Emanzipation – das lebte sie!

Und das stieß sich eigentlich von Anfang an mit der eher gefügten und ordentlichen Weltsicht meines Vaters. 1924 trennten sich meine Eltern. Wir Kinder blieben bei der Mutter, die ab 1926 in der Privaten Realschule von Frau WIRTH[2)] wieder als Lehrerin zu arbeiten begann.

Erfahrungen mit der Lehrerin und Mutter

In der Privatschule von Frau WIRTH am Mittelweg arbeitete meine Mutter von 1926 bis zur Auflösung der Schule 1938. Ich selbst wurde als Kind in dieser Schule Ostern 1929 eingeschult, hatte aber nie meine Mutter als Klassenlehrerin. 1938 erhielt ich dort noch meine mittlere Reife und ging dann für ein Jahr an die Schule Heilwigstraße. Mutter ging in den öffentlichen Schuldienst und wurde nach St. Pauli geschickt. Aber davon später mehr.

Es ist mir eingangs wichtig zu sagen, daß meine Mutter in keiner Weise Widerstandskämpferin war. Ich würde sogar sagen, daß sie, obwohl politisch interessiert, kein politischer Mensch war, aber sie hatte eben Zivilcourage. Es passiert leicht, daß Menschen in der Geschichtsschreibung zu Helden gemacht werden. Das möchte ich nicht in bezug auf meine Mutter, das würde ihr auch in keiner Weise gerecht werden.

[2)] Der Alltag in der Privatschule Ria WIRTH wird anschaulich beschrieben von Ingeborg HECHT (Jg. 1921), die als „halbjüdische“ Schülerin von 1927–1937 bis zum Realschulabschluß diese Schule besuchte. Darin findet auch Elisabeth FLÜGGE ausführlich lobende Erwähnung (vgl. HECHT 1984, 53–62 sowie im Vorwort von Ralph GIORDANO, 12; KEIM 1983, 49).

Es gab sicher unterschiedliche Haltungen, die Eltern, die selbst distanziert oder oppositionell gegenüber dem Nationalsozialismus eingestellt waren, gegenüber ihren Kindern an den Tag legten: Manche sagten nichts, um sich und die Kinder nicht zu gefährden; andere gaben versteckte Hinweise, damit die Kinder selber entdecken konnten, was wirklich passierte. Nicht so unsere Mutter: Bereits vor 1933, als die Nazis an Macht gewannen, sagte sie: „Wie schrecklich! Hitler bedeutet Krieg!"

Nun muß man dazu sagen, daß bei uns zu Hause, auch wenn kein Reichtum herrschte, keiner arbeitslos gewesen ist. Aber Mutter ließ sich auch nicht von den anderen „Errungenschaften" wie Autobahnbau oder „Kraft durch Freude" später beeinflussen. Sie meinte, dies sei alles sekundär in bezug auf das, was mit dem Nationalsozialismus an Schrecklichem geschähe.

Viele ihrer Freunde kippten nach 1933 um und sagten: „Nun gib' ihm doch mal eine Chance!" Aber sie blieb konsequent: „Das kann ich nicht! Ich habe gelesen und gehört, wie die im Reichstag ihre Gegner niedergeschrien haben. Und wer jetzt nicht schon alles verhaftet ist. Nein! Der Zweck heiligt niemals die Mittel!" Diesen Satz hat sie noch oft gesagt.

Ich sehe noch vor mir, wie wir – so im Sommer 1934 muß das gewesen sein – alle im Garten saßen, Großmutter strickte, wir Kinder spielten und Mutter übersetzte uns einen Artikel aus der Londoner TIMES, in dem ein entkommener KZ-Häftling von den Zuständen in Deutschland berichtete. Sie versuchte uns ständig zu impfen gegen die Versuchungen der Nazis. Sie hat mir zum Beispiel auch verboten, zum BDM zu gehen.

Aber wissen Sie, wie wir Kinder damals oft dachten? Zum BDM wäre ich auch liebend gern hingegangen, hätte gern die Wanderungen und Zeltfahrten mitgemacht. Ich weiß noch genau, wie ich damals als Kind mir wünschte: Einmal aufwachen und auch Nazi sein können wie alle anderen ... das wäre schön! Mein Bruder durfte auch zur HJ später. Abends hörte Mutter immer „Onkel Max", so nannten wir den englischen Sender. Auch später im Krieg noch, als das ja streng verboten war. Wenn wir dann abends zu der Zeit gerade nach Hause kamen und ihr etwas erzählen wollten, hieß es immer: „Pst – seid ruhig, ich muß Onkel Max hören!"

In der Schule war meine Mutter eine beliebte Lehrerin. Sie hatte eine fröhliche, leichte Art des Unterrichtens, und ich war traurig, daß ich sie nicht als Klassenlehrerin haben konnte.

Im Laufe der Zeit wurden mehr und mehr jüdische Kinder auf der Privatschule von Frau WIRTH angemeldet, die auf öffentlichen Schulen ja zunehmend Schwierigkeiten bekamen. Meine Mutter liebte diese

Kinder und zeigte dies auch bei jeder Gelegenheit. Die jüdischen Kinder waren „hübsch, wohlerzogen und intelligent". Was war ich oft eifersüchtig, denn ich war demgegenüber natürlich nur mittelmäßig. Eine ehemalige Schülerin meiner Mutter aus jener Zeit, sagte später einmal zu mir: „Daß Du damals nicht antisemitisch geworden bist, Maria, das ist wirklich großartig – bei dieser Mutter!".

In jenen Jahren mietete meine Mutter oft eine Ferienwohnung in dem Dorf Ollsen in der Lüneburger Heide. Mit uns fuhr auch regelmäßig ein Junge mit in die Ferien, den meine Mutter nachmittags mit beaufsichtigte, auch um noch ein wenig Geld dazuzuverdienen. Der schwärmte dann immer, wie toll das da in den Ferien bei uns wäre. Eines Tages beichtete dann ein anderes Mädchen aus der Schule ihren Herzenswunsch: „Einmal mit Tüggi in die Ferien!" Tüggi war der Name meiner Mutter in der Schule, die – damals gar nicht selbstverständlich – auch von allen Schülern geduzt wurde. Überhaupt herrschte ja an dieser Schule ein fortschrittliches offenes Klima.

Sie ahnen schon, was dann kam? In den Sommerferien fuhren dann bereits drei andere Kinder mit uns in die Heide, in den Herbstferien waren es 16 Kinder – und so blieb es dann einige Jahre. Da waren natürlich auch jedes Mal viele jüdische Kinder dabei, die ja bald sonst nicht mehr verreisen durften.

Besonders beliebt waren die großen Osterfeuer in Ollsen. Im Jahre 1935 entdeckte meine Mutter am Tage, bevor das Feuer abgebrannt werden sollte, daß dort ein Schild „Juden unerwünscht!" aufgestellt worden war. Sie war darüber ungeheuer erbost und ging sofort zum Bürgermeister und wies den zurecht: „Sagen Sie mal, wissen Sie eigentlich gar nicht, daß Einzelaktionen verboten sind?"

Der Bürgermeister rief daraufhin eine Versammlung ein, auf der ein Bauer für meine Mutter mit den Worten sprach: „Das mit dem Schild laß' man lieber bleiben. Die Cissi geht bis zum Kaiser, ich kenn' die!"

Das Schild wurde dann tatsächlich entfernt, aber meine Mutter hatte das dann nicht rechtzeitig erfahren, so daß wir an dem Abend alle zu Hause geblieben waren und Ostereier anmalten.

1937 fanden das letzte Mal solche gemeinsamen großen Ferien in der Heide statt, denn Anfang 1938 mußte Frau WIRTH ihre Schule auflösen, weil doch viele jüdische Schüler in dieser Zeit noch auswandern konnten. Außerdem waren die Privatschulen den Nazis ohnehin ein Dorn im Auge, und es war absehbar, daß die Schule sich nicht mehr lange würde halten können.

Ostern 1938 bewarb sich Mutter für den öffentlichen Schuldienst und wurde an die Mädchen-Volksschule in Hamburg-St. Pauli geschickt. Das war nun natürlich etwas ganz anderes als an der Privatschule. Die

Familien der Schüler meiner Mutter lebten in unvorstellbarer Not. Viele Eltern waren kommunistische oder sozialdemokratische Arbeiter, und wenn Mutter fragte: „Wo ist denn Dein Vater?“, dann hieß es ganz oft: „Der sitzt!“ Meine Mutter war zutiefst erschüttert, so ein Elend hatte sie noch nie gesehen. Ich weiß noch, wie sie eines Tages, als sie aus der Schule gekommen war, mit uns zu Tisch saß und plötzlich über einen ganz nichtigen Anlaß zu weinen anfing, sich dann in ihr Zimmer einschloß und einen richtigen Zusammenbruch erlitt. So hatte sie das erschüttert.

Aber dann kniete sie sich nur um so mehr rein. Sie traf sich regelmäßig mit anderen Kollegen der Schule in einem „Meckerkreis“, wie das damals hieß und wo alle Sorgen und Nöte besprochen wurden. Als sie dort einmal Zweifel äußerte, ob sie diese Arbeit unter so sozial schwierigen Bedingungen überhaupt vernünftig machen könne, da sagte jemand: „Wenn nicht Sie, wer denn dann!“ Das hat ihr dann wieder Mut gemacht.

Noch im Jahr 1938 zitierte Mutter uns Kinder eines Tages mit ernstem Gesicht ins Wohnzimmer. Sie berichtete, daß sie eine Aufforderung erhalten habe, in die Partei einzutreten und sie anderenfalls mit Entlassung rechnen müßte. Sie besprach dies mit uns, weil dies uns dann ebenfalls materiell betreffen würde und sie diese Entscheidung nicht allein treffen wolle. Wir waren nun schon älter und konnten verstehen, was dieser Schritt für sie bedeutet hätte. So sagten wir beide: „Das machst Du nicht!“ Da war sie erleichtert und ist dann auch nicht eingetreten[3)]. Es ist schon ein Ding, daß sie trotzdem dann 1940 sogar noch verbeamtet worden ist, obwohl sie die ganze Zeit bei ihrer Entscheidung geblieben ist.

Mutter fühlte sich ohne Frage als evangelische Christin, aber sie war entsetzt über das Gebaren der „DEUTSCHEN CHRISTEN“. Sie hielt sich alle Zeitschriften der BEKENNENDEN KIRCHE, obwohl sie praktisch nie aktiv war. Weil sie wußte, daß der Schulhausmeister in der Großen-Freiheit-Schule ein Schnüffler war und regelmäßig morgens bei ihr durchs Schlüsselloch der Klassenzimmertür guckte, ließ sie möglichst immer dann die Klasse einen lauten Choral aus Protest singen.

[3)] Auch in den folgenden Jahren mußte Elisabeth FLÜGGE sich immer wieder rechtfertigen, warum sie nicht Mitglied der NSDAP geworden sei (vgl. Abb. 24/25). Schließlich mußte sie gegenüber der Personalabteilung der Schulverwaltung auch Erklärungen in Bezug auf den „mangelnden nationalen Einsatz“ ihrer Tochter Maria abgeben (vgl. Abb. 26). Die in der Personalakte von Elisabeth FLÜGGE dokumentierten Antwortschreiben können auch darüber Auskunft geben, zu welchen Formen der „Erklärung“ sie sich genötigt sah.

Und doch muß in diesem Zusammenhang von einer Erfahrung berichtet werden, die meine Mutter nach dem Kriege erschüttert hatte: Sie traf nach 1945 eine ihrer besten Schülerinnen aus St. Pauli wieder, die ihr sagte: „Frau FLÜGGE, die ganzen Verbrechen des Nationalsozialismus – das haben wir ja alles nicht gewußt! Warum habt Ihr Erwachsenen uns denn bloß nie ein Wort darüber gesagt?" Mutter sagte dann nur tief traurig: „Aber, Else, mein Gott, hast Du denn wirklich nicht gemerkt, daß ich mit meiner ganzen Seele dagegen war all die Jahre?"

Das hatte das Mädchen nicht. Denn meine Mutter war als Lehrerin natürlich auch eine Repräsentantin jener Zeit. Ich finde es wichtig, auch diese Grenzen zu sehen und zu verstehen.

Als dann 1942 die Kinderland-Verschickungen (KLV) begannen, weigerte sich Mutter, da mitzufahren. Diesen NS-Alltag von morgens bis abends glaubte sie nicht ertragen zu können und war dann für zwei Jahre als Sachbearbeiterin im Bezirksamt tätig. Noch im Kriege konnte sie dann aber wieder in der Volksschule in Hamburg-Sasel anfangen, weil dort dringend eine Lehrkraft benötigt wurde.

Auch nach der Auflösung der Privatschule am Mittelweg blieb der Kontakt zu jüdischen Freunden bestehen. Als im gleichen Jahr im November die Reichspogromnacht durchgeführt wurde, sagte meine Mutter zu uns: „Seht mal, wie sie lügen! Das nennen sie spontanen Volkszorn! Ich habe gesehen, wie die SA gezielt Geschäfte angezündet und Menschen geschlagen hat! Merkt Euch das gut!"

Es war auch wirklich schrecklich, daß nun immer mehr jüdische Menschen aus den windigsten Gründen einfach abgeholt wurden. Ich erinnere noch, wie der Vater der Familie LÖSER aus dem KZ zurückkam, mit kahlrasiertem Schädel und furchtbar elend. Das war eine nicht besonders wohlhabende jüdische Familie, deren zwei Kinder zwar schon mit einem Kindertransport nach England gekommen waren, die aber für sich keinen „Bürgen" im Ausland gefunden hatte, ohne den eine Auswanderung nicht möglich war. Das ist überhaupt ein ganz dunkles Kapitel, die vielen jüdischen Familien der Unterschicht und ärmeren Mittelschicht, die keine Mittel für die Auswanderung hatten. Da hatte Mutter die Idee, die englische Familie OLDFIELD, bei der ich als Gastschülerin in den Sommerferien 1938 gewesen war, um eine Bürgschaft für LÖSERS zu bitten. So ist es gelungen, daß diese Familie noch nach England entkommen konnte. Aber für die meisten war es dann doch zu spät.

Im Oktober 1941 traf die Deportation dann zwei befreundete Ehepaare JILOWSKY und LEOPOLD, denen Mutter noch beim Packen half und mit ihnen zum „Juden-Sammelplatz" an der Moorweide ging. Auch half sie auf diese Weise im Dezember desselben Jahres den drei Schwestern BESCHÜTZ, die ebenfalls später umkamen.

Für die Mutter einer Schülerin ging sie einmal zur Gestapo, um eine Rückstellung von der Deportation zu erreichen. Dies gelang auch zunächst, aber die Frau wurde dann mit einem späteren Zug abtransportiert. Nachdem der ehemalige Leiter des Jüdischen Krankenhauses, Dr. Berthold HANNES, der mit einer nichtjüdischen Frau in sogenannter „Mischehe" lebte und von daher noch relativ geschützt war, ausgebombt war, bot ihm Mutter zwei kleine Zimmer bei uns an, wo er dann mit seiner Frau und später auch seinem Sohn bis zum Kriegsende wohnte.

Ich selbst war 1938 nach der Auflösung der Privatschule auf das Gymnasium Heilwigstraße gekommen. Da fühlte ich mich aber ziemlich boykottiert von den anderen Schülerinnen, wußte aber lange nicht warum. Bis ich dann schließlich erfuhr, daß man mich mied, weil ich mich von selber meldete und deshalb für eine Streberin gehalten wurde. Dabei war ich es von der Privatschule her gewohnt, daß Schüler auch selbständig arbeiten und nicht nur auf Befehl. Dann kam noch hinzu, daß im Geschichtsunterricht, nachdem der HITLER-STALIN-PAKT[4)] geschlossen worden war, von einem Tag auf den anderen was ganz anderes erzählt wurde.

Da wurde ich bockig und bekam auch dementsprechend ein ganz mieses Zeugnis. Mutter verstand meine Schulschwierigkeiten nicht, jedenfalls half sie mir nicht dabei, und so ging ich nach einem Jahr dort ab und auf das FRÖBEL-Seminar, wo ich 1941 mein Kindergärtnerinnen-Examen machte. Ich arbeitete dann an verschiedenen Einrichtungen als Erzieherin, später auch im Landerziehungsheim Marienau. Dort war die Frau des Leiters die Schwester von Christoph PROBST[5)], der bei der WEISSEN ROSE in München mitgemacht hatte. Als ich im

---

[4)] Der HITLER-STALIN-PAKT wurde am 23.8.1939 in Moskau unterzeichnet. Vier Wochen nach Kriegsbeginn reiste der deutsche Außenminister RIBBENTROP erneut nach Moskau und erklärte bei seiner Abreise am 29.9.1939:
„Folgende Punkte wurden geklärt:
– 1. Die deutsch-sowjetische Freundschaft ist nunmehr etabliert.
– 2. In die osteuropäischen Fragen werden sich die beiden Nationen niemals mehr dreinreden lassen.
– 3. Beide Partner wünschen, daß der Frieden wiederhergestellt wird und daß England und Frankreich den völlig sinnlosen und aussichtslosen Kampf gegen Deutschland einstellen.
– 4. Sollten die Kriegshetzer in diesen Ländern aber die Oberhand behalten, so werden Deutschland und Sowjetrußland dem zu begegnen wissen."
Zwei Jahre später, am 22.6.1941, auf den Tag genau 129 Jahre nach dem Einfall Napoleons in Rußland und ein Jahr nach der Kapitulation Frankreichs, überfällt Hitlers Wehrmacht die Sowjetunion (nach MATT 1980, 77–78).

Landerziehungsheim arbeitete, sind in München gerade die Verhaftungen gewesen, und die Frau mußte auch hin, war ebenfalls kurz in Haft und kam nach den Hinrichtungen nun wieder zu uns zurück. Kurz darauf erschienen bei ihr unangemeldet drei GESTAPO-Männer und forderten sie auf, einen Text zu unterschreiben, nach dessen Aussage die Hinrichtung ihres Bruders rechtens gewesen sei.

Sie war danach völlig gebrochen, es war furchtbar . . . ich blieb den ganzen Tag an ihrer Seite und brachte sie noch abends zum Zug, wo sie in die Obhut der restlichen Familie nach München zurückfuhr.

Mein Bruder, der zwei Jahre älter war als ich, hatte inzwischen in Potsdam eine Kriegsschule besucht. Gegen Ende der Ausbildungszeit 1944, er war da 24 Jahre alt, wurde ihm klar, daß er nach Beendigung der Ausbildung unweigerlich Offizier werden müßte. Da hat er von einem zum anderen Tage die anstehende Beförderung abgelehnt, und ich weiß nicht, was er sonst noch für Äußerungen machte, jedenfalls erfuhren meine Eltern, daß er zum Tode verurteilt worden sei. Vater war zu der Zeit Oberstleutnant in Norwegen und argumentierte sofort, daß der Junge eine psychische Störung haben müsse, denn er sei doch bisher ein tapferer Soldat gewesen; er hätte doch sogar schon ein Eisernes Kreuz erworben. Davon wußten Mutter und ich nichts. Aber so war mein Bruder zuweilen: Er war diplomatischer als ich oder konnte sich auch besser anpassen!

Mutter schrieb mir nun nach Marienau, daß ich zu meinem Bruder sofort hinfahren sollte, um ihn von seinem Entschluß abzubringen und ihn zur Offizierslaufbahn zu überreden, um die Hinrichtung zu verhindern. Bitte überlegen Sie einmal, was hätten Sie als junger Mensch wohl damals an meiner Stelle getan?

Auch gerade nachdem dieses Schreckliche mit den Geschwistern SCHOLL[6] passiert war, habe ich gedacht: Mein Bruder hat recht! Ich

---

5) PROBST, Christoph (1919–1943), Medizinstudent in München, Mitglied der Widerstandsgruppe „WEISSE ROSE“, am 18.2.1943 verhaftet und am 22.2.1943 hingerichtet.

6) SCHOLL, Hans (1918–1943) und Sophie (1921–1943): Hans war Medizinstudent in München, seine Schwester Sophie absolvierte zunächst eine Ausbildung zur Kindergärtnerin und studierte ab 1942 Biologie und Philosophie. Als Mitglieder der Widerstandsgruppe „WEISSE ROSE“ wurden beide bei einer Flugblatt-Aktion in der Universität München am 18.2.1943 verhaftet und am 22.2.1943 hingerichtet.
Einziger Hochschullehrer in der Widerstandsgruppe „WEISSE ROSE“ war der Professor für Psychologie, Dr. Kurt HUBER (1893–1943), der ab 1938 an der Münchner Universität lehrte und in den ersten Kriegsjahren Kontakt zu Mitgliedern der Widerstandsgruppe fand. Er wurde am 13.7.1943 hingerichtet.

finde es richtig, was er macht! Und ich bin dann nicht hingefahren. Meine Mutter hat mir das noch lange sehr übel genommen. Heute wäre ich sicher auch gefahren, zumindest um bei ihm zu sein, aber damals konnte ich das nicht so sehen.

Vor allem wohl durch die Intervention meines Vaters ist mein Bruder dann noch begnadigt worden, aber direkt an die Front geschickt worden. Dort ist er dann noch im Januar 1945 gefallen ...

Nach dem Krieg habe ich dann mein Abitur nachmachen können und dann ab 1947 ein Theologie-Studium begonnen, das ich mit einem Lehramts-Examen abgeschlossen habe. Ich arbeitete dann einige Jahre in der Schule Weg beim Jäger in Hamburg bis zur Heirat und Geburt meiner eigenen beiden Kinder. Nachdem die Kinder groß waren, habe ich dann von 1968 bis 1984 noch einmal als Lehrerin gearbeitet. Die ganzen Jahre wohnte auch meine Mutter, die nun Großmutter geworden war, mit uns in dem Haus, in dem sie selbst aufgewachsen ist. Mein Sohn ist heute in der Entwicklungshilfe in Afrika tätig, und meine Tochter arbeitet als Lehrerin in Niedersachsen. Sie ist auch wieder eine begeisterte Lehrerin wie ihre Großmutter, aber ein anderer Typ. Meine Mutter starb am 2. Februar 1983. Das war der Tag, an dem unsere Tochter nach einer kurzen Zeit der Arbeitslosigkeit ihre erste Stelle als Lehrerin antreten durfte. Ich weiß noch, da haben wir gesagt: „Jetzt ist die Fackel weitergegeben ...“

Abb. 21: Die Lehrerin Elisabeth FLÜGGE (41) 1936 in Hamburg.

Abb. 22: Die Schulleiterin Elisabeth FLÜGGE (54) und Tochter Maria (27) 1949 in Hamburg.

Abb. 23: Elisabeth FLÜGGE (87) und Maria HOLST (60) 1983 in Hamburg.

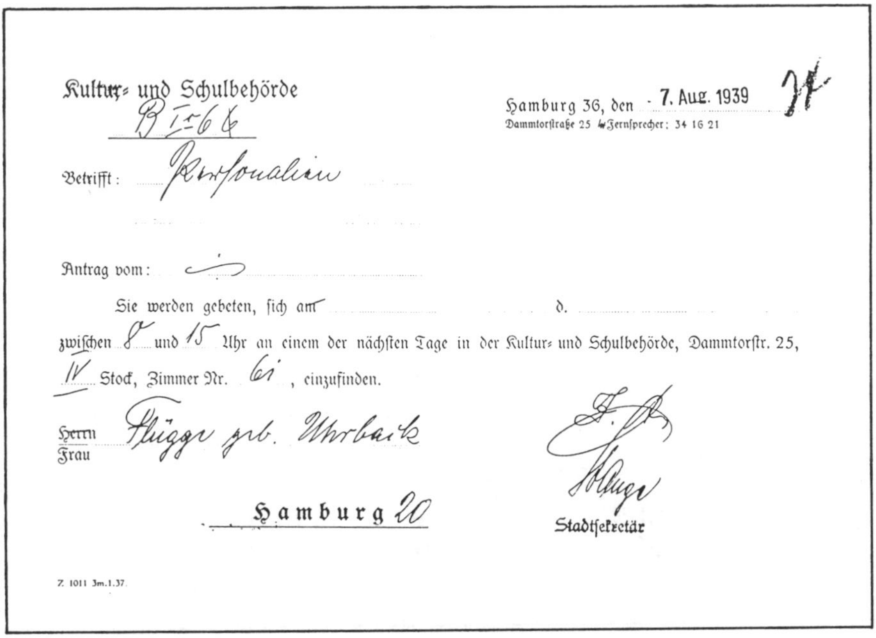

Kultur- und Schulbehörde
B I-6 b

Hamburg 36, den 7. Aug. 1939
Dammtorstraße 25 Fernsprecher: 34 16 21

Betrifft: Personalien

Antrag vom: —

Sie werden gebeten, sich am ... d. ...
zwischen 8 und 15 Uhr an einem der nächsten Tage in der Kultur- und Schulbehörde, Dammtorstr. 25, IV Stock, Zimmer Nr. 61, einzufinden.

Herrn
Frau Flügge geb. Uhrbach

Hamburg 20

Stadtsekretär

Z. 1011 3m.1.37.

Abb. 24: Eine von mehreren Aufforderungen der Personalabteilung der Schulverwaltung zu einem „klärenden Gespräch" über den „mangelnden nationalen Einsatz" von Elisabeth FLÜGGE, hier: Vorladungsschreiben vom 7.8.1939.

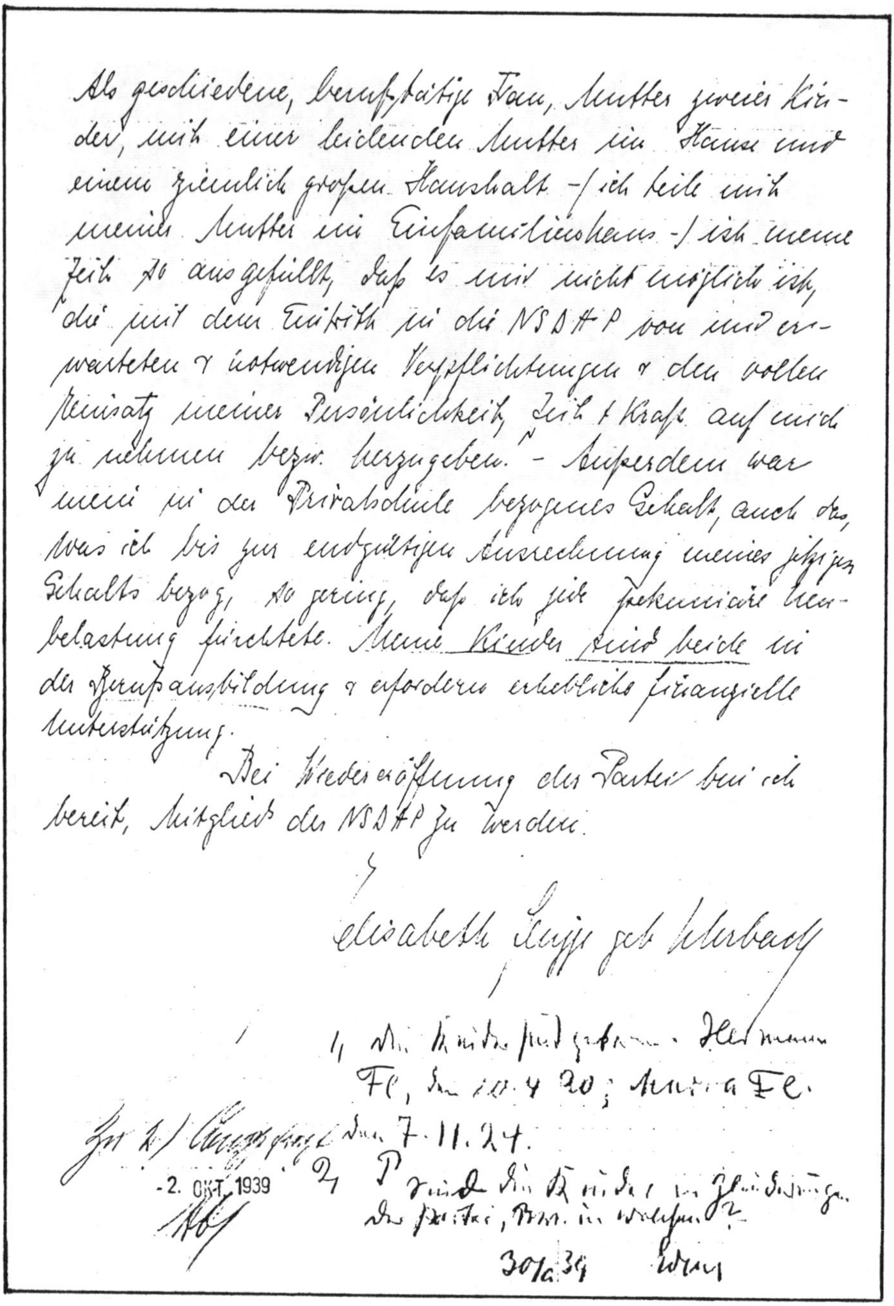

Als geschiedene, berufstätige Frau, Mutter zweier Kinder, mit einer leidenden Mutter im Hause und einem ziemlich großen Haushalt – (ich teile mit meiner Mutter ein Einfamilienhaus –) ist meine Zeit so ausgefüllt, daß es mir nicht möglich ist, die mit dem Eintritt in die NSDAP von mir erwarteten & notwendigen Verpflichtungen & den vollen Einsatz meiner Persönlichkeit, Zeit & Kraft auf mich zu nehmen bezw. herzugeben. – Außerdem war mein in der Privatschule bezogenes Gehalt, auch das, was ich bis zur endgültigen Ausrechnung meines jetzigen Gehalts bezog, so gering, daß ich eine pekuniäre Überbelastung fürchtete. Meine Kinder sind beide in der Berufsausbildung & erfordern erhebliche finanzielle Unterstützung.

Bei Wiedereröffnung der Partei bin ich bereit, Mitglied der NSDAP zu werden.

Elisabeth Flügge geb. [illegible]

1) Die Kinder sind geboren: Hermann Fl. am 10.4.20; Maria Fl. am 7.11.24.

Zur 1) [illegible]

-2. OKT. 1939

2) [illegible] sind die Kinder in Gliederungen der Partei, bzw. in welchen?

30/10.39 [illegible]

Abb. 25: Schriftliche Erklärung von Elisabeth FLÜGGE zum bisher nicht erfolgten Eintritt in die NSDAP vom 2.10.1939 (Eingang Schulverwaltung).

- B I c 6 -

Hamburg, den 4. Okt. 1939

Schulverwaltung der Hansestadt Hamburg
- 4. OKT. 1939
B I c 6

An die S c u l v e r w a l t u n g ,
Personalabteilung.

In Beantwortung Ihres Schreibens vom 2. Okt. teile ich Ihnen folgendes mit.

Mein Sohn H e r m a n n ist seit Dez. 1933 Mitglied der H.-J.

Meine Tochter M a r i a konnte bisher aus Gesundheitsgründen nicht in den B.D.M. eintreten. Sie hat im Jahre 1933 einen schweren Paratyphus überstanden und leidet seitdem an Drüsenstörungen und Herzbeschwerden. Das Kind steht noch heute unter dauernder ärztlicher Aufsicht und ist grösseren körperlichen Anstrengungen nicht gewachsen. - Nach Rücksprache mit ihrer Schulvorsteherin, Fräulein Barrelet, soll Maria , wenn sie das 18. Lebensjahr erreicht hat, in "Glaube und Schönheit" eintreten.

Ich bitte höflichst, dies zur Kenntnis nehmen zu wollen.

Heil Hitler!

Elisabeth Flügge
geb. [illegible]

Abb. 26: Schriftliche Erklärung von Elisabeth FLÜGGE zum bisher nicht erfolgten Eintritt der Tochter Maria in den BDM vom 4.10.1939.

Reflexion zur Begegnung mit Maria Holst

Persönliche Begegnungen: 3 Stunden (bei 1 Treffen)
Ort der Begegnung: Eltern- und heutiges Wohnhaus von Maria Holst
Telefonate: 2
Briefe: 4

1. *Kontaktaufnahme*

Auf den Namen der Lehrerin Elisabeth FLÜGGE stieß ich zum ersten Mal im Herbst 1983 während der Archivarbeiten in der Jerusalemer Gedenkstätte Yad Vashem in Israel. Unter der Dossier Nr. 986 wird sie als eine der „Gerechten der Völker" geführt und von ihrer Ehrung im Jahre 1976, die ihr Enkel in Israel entgegennahm, berichtet.

Im deutschsprachigen Führer von KEIM (1983, S. 49) heißt es: „Elisabeth Fluegge, Einwohnerin von Hamburg, war Lehrerin in einer Privatschule, in der auch jüdische Schüler lernten. Weil sie den deutschen Schülern predigte, daß sie sich den Juden gegenüber wohlwollend benehmen sollen, haben sie die Nazis an eine Schule der niedrigeren Stufe in einem Armenviertel versetzt." Eine Rückfrage bei der Hamburger Schulbehörde ergibt, daß Elisabeth FLÜGGE gerade Anfang 1983 verstorben ist. Ich gehe dieser Spur zunächst nicht weiter nach.

Während der Gespräche mit Helene HEDDE berichtet diese mehrfach von ihrer Schulfreundin Elisabeth FLÜGGE, mit der sie gemeinsam einige Klassen an der Klosterschule in Hamburg besucht hatte. Von ihr erhalte ich auch die Anschrift der Tochter Maria, die noch im gleichen Haus in Hamburg-Eppendorf wohnt, in dem schon ihre Mutter Elisabeth FLÜGGE sowie deren Eltern UHRBACH lebten. Weil ich mich zuerst auf Gespräche mit Kolleginnen und Kollegen konzentriere, die selbst in der Nazizeit bereits im Schuldienst waren, nehme ich den Kontakt mit der Tochter Maria HOLST zunächst eher aus Gewissenhaftigkeit statt aus zentralem Interesse auf.

2. *Erste Begegnung*

Maria HOLST lebt heute, nach dem Tod ihres Mannes und dem Auszug der beiden erwachsenen Kinder, allein in der unteren Etage des Hauses, in dem sie wie auch ihre Mutter aufwuchsen. Wie bereits am Telefon stellt sie auch zu Beginn des Gespräches noch einmal klar, daß sie keine Heldenverehrung ihrer Mutter wünscht. Man müsse mit dem Wort Widerstand sehr vorsichtig umgehen, sonst würde man weder den unterschiedlichen Menschen gerecht, noch etwas über die Zeitumstände begreifen. Dies sei bereits in einigen Formen der Veröffentlichung geschehen, und dies wolle sie nicht unterstützen. Ich denke an die gutgemeinte, aber schlicht nicht korrekte Darstellung von KEIM und stimme ihr zu. Ich be-

richte ihr dann ausführlicher über meinen Wunsch, vor allem das Feld zwischen Widerstand und Anpassung erforschen zu wollen und über bisherige Schwierigkeiten, aber auch Ergebnisse der Arbeit. Sie ist daran sehr interessiert, und so unterhalten wir uns zuerst längere Zeit über meine Arbeit, auch meine vorherige Tätigkeit als Sonderschullehrer. Sie öffnet sich spürbar meinem Anliegen und signalisiert deutliche Bereitschaft, kritisch, aber auch selbstkritisch die damalige Zeit zu beschreiben. Diese konzentrierte Form des sich Erinnerns, immer wieder unterbrochen von Einschüben der kritischen Selbstreflexion, schafft eine ungemein nahe, fast elektrisierte Form des Erzählens, die von ihr während der gesamten Gesprächsdauer durchgehalten wird. Sie hat nicht prinzipiell etwas gegen eine Tonbandaufzeichnung, aber mir scheint, daß es ihr lieber wäre, wenn ich schriftliche Aufzeichnungen machen würde. So bleibt das Tonband in der Tasche.

3. Gesprächseindrücke

Der Ort der Begegnung ist während des Gesprächs mehrmals bedeutsam, weil sich bestimmte Erinnerungen jeweils direkt lokalisieren lassen und zur emotionalen Verdichtung des Erzählten beitragen: „Dort – so im Sommer 1934 muß das gewesen sein – saßen wir alle im Garten und . . .“ – „Da saßen wir am Tisch, als Mutter mit der Nachricht kam . . .“ – „Hier hörte Mutter immer ‚Onkel Max‘.“

Maria HOLST berichtet auf alle Fragen präzise und ohne Abschweifungen. Sie scheint fast überrascht über mein Interesse auch an ihrer Person, da sie in diesem Kontext wohl bislang ausschließlich über ihre Mutter befragt wurde, ohne daß dabei eigene Gedanken und Gefühle eine Rolle spielen durften. Dann geht sie jedoch auch hierauf ein und hilft mir durch die Darstellung der Perspektive der Tochter damals und heute auch die Persönlichkeit der Mutter vielschichtiger zu sehen.

Gerade Schilderungen damaliger Konflikte, die sie bis heute beschäftigen (z. B. das Verhalten gegenüber dem zum Tode verurteilten Bruder), stellt sie ohne Beschönigung oder Verharmlosung dar. Manchmal herrscht bedächtiges oder betroffenes kurzes Schweigen während des Gesprächs, das sich auch auf mich überträgt und jedes Dazwischen-Fragen verbietet. Einzig bei der Erstellung der Lebensdaten der Mutter ist sie bei einigen Jahreszahlen unsicher, die sie mich bittet, später noch einmal zu überprüfen.

Nach etwa 2 1/2 Stunden sind alle meine Fragen beantwortet und auch von ihrer Seite scheint alles Bedeutsame berichtet. Wir sind jedoch noch so gefangen von der intensiven Gesprächsatmosphäre, daß wir uns noch eine halbe Stunde über berufliche und private Aspekte unseres Lebens austauschen, bevor dann andere Verpflichtungen auf beiden Seiten zum Aufbruch zwingen.

4. Weitere Entwicklung

Bereits kurz nachdem ich ihr die Niederschrift des Textes zugesandt habe, schickt mir Frau HOLST noch einige Fotos von ihrer Mutter und sich, die ich für die Veröffentlichung benutzen darf. Den Text kommentiert sie im Begleitbrief mit den Worten: „Es brauchte in der Niederschrift bis auf Kleinigkeiten nichts verbessert werden. Nicht gern korrigierte ich Ihren Text, aber Sie haben ja darum gebeten, und um der Richtigkeit willen, ist es dann wohl auch gut so.“

Als ich sie einige Wochen später um die Erlaubnis zur Einsichtnahme in die Personalakte ihrer Mutter bitte, gewährt sie dies umgehend. Im Begleitschreiben erkundigt sie sich ausführlich nach dem Fortgang der Arbeit und weiteren Einzelheiten.

Als ich ihr kurz darauf Kopien von „Erklärungsschreiben“ (Abb. 25/26) ihrer Mutter, die ich in der Personalakte fand, zusende, beschreibt sie ihre Empfindungen so: „Ich selber war – offen gestanden – etwas erschrokken über den Inhalt des Schreibens. Es liegt mir fern, meine Mutter kritisieren zu wollen – und wir alle wissen ja überhaupt nicht, wie wir in einer solchen Situation handeln würden. Und dennoch: man wünscht sich, es wäre nicht geschehen – diese unwahren Begründungen für Haltungen, die ein anderes Motiv hatten.“

3.6 Elisabeth Forck (Jg. 1900), Bremen: Als evangelische Studienrätin in der Bekennenden Kirche engagiert (bis 1945)

1900:	Geboren in Seehausen bei Bremen (heute Bremen)
1905–1912:	Mädchenschule „Kriebisch“ in Bremen
1912–1918:	„Neues Gymnasium“ für Jungen (1918 Abitur)
1918–1923:	Studium von ev. Theologie, Alten Sprachen und Philosophie in Göttingen und Marburg (1 Semester)
1923–1924:	Studienreferendarin am Lyzeum und am Gymnasium für alte Sprachen in Göttingen (1 Jahr)
1924–1925:	Studienreferendarin am Realgymnasium für Mädchen und am Gymnasium für Jungen in Hannover (1 Jahr)
1926–1949:	Studienrätin am Städtischen Lyzeum mit Studienanstalt an der Kleinen Helle in Bremen
1949–1963:	Oberstudiendirektorin (Schulleiterin) am Gymnasium „Kleine Helle“ in Bremen (bis zur Pensionierung mit 63 Jahren)

Elternhaus

Ich habe eine glückliche Kindheit in nüchterner, christlicher Atmosphäre verbringen dürfen. Mein Vater (Jg. 1861) war Pastor, von 1902 bis 1918 Anstaltsgeistlicher des „Großen Krankenhauses“ in Bremen. Meine Mutter (Jg. 1867) stammte als Pastorentochter aus einem fröhlichen schwäbischen Elternhaus, mein Vater aus einem ernsten pietistischen Pfarrhaus. Diese beiden Strömungen hatten durch die Hochzeit meiner Eltern im Jahre 1888 glücklich zusammengefunden.

Ich war im Aussehen und Wesen meiner Mutter sehr ähnlich. Sie war die beste Lehrerin meines Lebens bis zu ihrem Tode im Jahre 1929. Vater war bereits 1918 an Tuberkulose gestorben.

Wir waren zehn Geschwister zu Hause – ich war das 7. Kind. Ich habe viele schöne Kindheitserinnerungen, an das Geschichten-Erzählen mit meinen Geschwistern vor dem Schlafengehen oder unsere Spiele in der Eßstube unseres bescheidenen eigenen Hauses in der Hildesheimer Straße (1902–1943) in Bremen. Meine Eltern mußten immer mit dem Groschen rechnen, denn mein Vater, der als Anstaltsgeistlicher nicht der Kirchenbehörde, sondern dem Senat unterstellt war, erhielt ein Beamtengehalt mit der damaligen knappen Kinderzulage.

Eigene Schulzeit

Ich kam bereits mit 5 1/2 Jahren in die Schule – wo ich in meiner Klasse immer die Jüngste und Kleinste blieb. Mit 12 Jahren durfte ich zum „Neuen Gymnasium“ für Jungen überwechseln, worüber ich sehr glücklich war, denn ab nun durfte ich mit meinem geliebten, ein Jahr älterem Bruder die gleiche Klasse besuchen.

Es war eine schöne Zeit auf dieser Schule, wo die Lehrer uns in Plato, Sophokles, Herodot und natürlich immer wieder Homer einführten. Im Gymnasium für Jungen waren wir zuerst 2, später 5 Mädchen mit etwa 20 Jungen in einer Klasse.

1917 wurden alle bis auf 3 Jungen zum Krieg eingezogen – auch mein Bruder. Er fiel bereits wenige Tage danach noch im Sommer 1917 ebenso wie ein zweiter Bruder (1914). Zwei weitere Brüder kamen schwerverwundet aus dem Felde zurück.

Dies erschütterte mich sehr und hat meine Einstellung zum Krieg wesentlich geprägt.

Lehrerausbildung

Noch in einem Gespräch mit meinem Vater hatte ich mich bewußt und freudig für den Lehrerberuf entschieden. Nach seinem Tode erhielt Mutter nur eine kleine Pension. Zum Glück bekam ich ein gutes Stipendium, das allerdings durch die Inflation gleich Null wurde. Ich empfand immer die Verpflichtung, mich mit dem Studium zu beeilen.

Da auch das Studium selbst sehr arbeitsintensiv war, habe ich in der Zeit meines Studiums von den brennenden politischen Problemen der Zeit wenig mitbekommen. Es kam wohl zu einer Konfrontation von links- und rechtsgerichteten Studenten, die sich in einigen turbulenten Studentenversammlungen niederschlug, aber selten zu sachlicher Diskussion. Da auch die Dozenten überwiegend deutschnational waren, bekam an den Universitäten die „Rechte“ das Übergewicht.

Aus heutiger Sicht muß ich mir selber auch den Vorwurf machen, daß ich mich auf die Information aus den Überschriften der sowohl in Göttingen wie in Marburg extrem rechten Tageszeitungen beschränkte. Erst in meinem 2. Ausbildungsjahr an der Sophienschule in Hannover (1924/25), als ich in ein kritisches, liberales Kollegium kam, wurde mir deutlich, was ich in den vergangenen Jahren versäumt hatte. Aber es läßt sich schlecht wiedergutmachen, wenn man seine Zeitgeschichte nur vom Rande her wahrnimmt – man macht es sich bequem und „heult mit den Wölfen“ oder schweigt sich aus.

In Göttingen hatte ich beispielsweise noch miterlebt, wie der derzeitige Rektor eine Hindenburg-Büste in der Universität errichtet hatte, die HINDENBURG dann während einer Feier geschmackloserweise selbst enthüllen mußte. In Hannover erlebte ich nun, wie sich mein verehrter Ausbildungsleiter Professor HEYN kritisch zur Wahl HINDENBURGS zum Reichspräsidenten 1925 äußerte. Dieser Professor HEYN, der Fachbücher zum Religionsunterricht geschrieben hatte, wurde mein Vorbild in jeder Beziehung. Erst durch ihn und andere Kollegen in Hannover wurde ich auch in politisch-kritische Gedankengänge eingeführt.

Lehrererfahrungen

Nach acht Lehr- und Wanderjahren war ich 1926 froh, wieder zu meiner Mutter und meinen Geschwistern heimkehren zu können.

Ich trat im gleichen Jahr in das Kollegium des „Städtischen Lyzeums mit Studienanstalt an der Kleinen Helle“ ein – ein freundliches Kollegium von etwa 25 Personen, dabei mehr Lehrerinnen als Lehrer.

Die Schulleiterin Frau P. war deutschnationale Bürgerschaftsabgeordnete. Auch sonst herrschte in der Schule eine deutschnationale Aura (zum Beispiel durch den „Verein für das Deutschtum im Ausland“ – VDA, 1), aber es war trotzdem ein tolerantes Klima, auch nicht antisemitisch. Die Schulleiterin verstand es, die unterschiedlichen „Typen“ im Kollegium zusammenzuführen. Jeder hatte große Freiheit in der Gestaltung seines Unterrichts, was ganz im Sinne der liberalen Bremer Behörden war.

Mit dem aufkommenden Nationalsozialismus wurde ich 1928 das erste Mal in bedrückender Weise konfrontiert. Mit meiner Mutter sowie zwei Schwestern war ich Anfang September 1928 zu einer Matinee in das damalige Schauspielhaus (das heutige Goethetheater) gegangen, um der Feier zu Leo TOLSTOIS 100. Geburtstag beizuwohnen. Den Festvortrag sollte der jüdische Professor Theodor LESSING aus Hannover halten. Es herrschte feierliche Stille, als er ans Rednerpult trat.

[1] Verein für das Deutschtum im Ausland (VDA); gegründet 1881 als Deutscher Schulverein zur Pflege des kulturellen Lebens der Auslands- und ‚Volksdeutschen‘; 1933 unterhielt der VDA u. a. bereits 9200 deutsche Schulen im Ausland, förderte „volksdeutsche“ Literatur und richtete Büchereien ein; nach 1933 (unbenannt in: „Volksbund für das . . .“) spielte er in der NS-Propaganda an Schulen (mit Veranstaltungen, Geldsammlungen, Brief-partnerschaften u. a.) eine erhebliche Rolle (nach ZENTNER/BEDÜRFTIG 1985, 610).

Doch kaum hatte er die ersten Worte gesprochen, als von der Empore Sprechchöre zu brüllen begannen: „Juda verrecke!" und „Deutschland erwache!". Die Mehrheit des Publikums war empört. Man rief nach der Polizei, die die Schreier hinauswies, aber die meist jugendlichen Nazis setzten ihre Sprechchöre dann vor dem Theater fort. Erst nach dem Kriege erfuhren wir, daß Professor LESSING gleich nach 1933 einer der ersten war, der von Nazibanden ermordet worden war[2)].

Als wir nach der Veranstaltung aus dem Schauspielhaus kamen, begegneten uns Mutter und Tante einer guten Freundin meiner Schwester und riefen aus: „Ist sie nicht herrlich, unsere deutsche Jugend?" Sie meinten das ernst. Wort- und grußlos, maßlos entsetzt wandten wir uns ab, vor Erregung waren wir alle vier den Tränen nahe. „Was wird nur aus uns ..." war alles, was meine Mutter sagte. Sie starb wenige Monate später ...

Ich war froh, in meiner Schwester Beate jemanden zu haben, der politisch wesentlich mehr Verständnis und Kenntnis hatte als ich. Sie beschäftigte sich mit der Frauenbewegung und war der Deutschen Demokratischen Partei[3)] nahe. Durch sie lernte ich Helene LANGE[4)] und Gertrud BÄUMER[5)] in ihren Artikeln in der Zeitschrift „Die Frau" kennen, auch im Blatt des „Allgemeinen Deutschen Lehrerinnenvereins"[6)], das ich mir nun hielt.

---

2) Theodor LESSING wurde am 30.8.1933 in seinem tschechoslowakischen Exil in Marienbad von zwei von den Nazis gekauften Attentätern ermordet (nach STRÖBINGER 1984).

3) DDP – Deutsche Demokratische Partei – vgl. Anm. 1 bei J. SCHWERSENZ.

4) LANGE, Helene (1848–1930), gründete 1889 das erste deutsche Gymnasium für Mädchen, 1894 den „Allgemeinen Deutschen Frauenverein", gemeinsam mit Gertrud BÄUMER führend in der Frauenbewegung engagiert.

5) BÄUMER, Gertrud (1873–1954), vgl. Anmerkung 6 bei H. HEDDE.

6) Allgemeiner Deutscher Lehrerinnenverein (ADLV), zunächst auf lokaler Ebene gegründete Lehrerinnenvereine von zumeist evangelischen Lehrerinnen schlossen sich 1890 unter der 1. Vorsitzenden Helene LANGE zum ADLV zusammen; anders als die Verbände der männlichen Kollegen umfaßte der ADLV zunächst Lehrerinnen aller Schularten, es kam jedoch immer wieder zu fach- oder schulspezifischen Verselbständigungen: 1921 waren 164 Einzelvereine im Dachverband des ADLV zusammengefaßt. Nach 1918 schlossen sich zunehmend nichtkatholische Lehrerinnen dem „Deutschen Lehrerverein" (DLV) an; Nachfolgerin der 1. Vorsitzenden Helene LANGE (1890–1921) war von 1921–1933 die Hamburger Oberlehrerin Emmy BECKMANN (nach BÖLLING 1978, 38–39).

An den Tag der Machtergreifung, jenen Montag, den 30. Januar 1933, erinnere ich mich noch genau: Die bisherigen Senatoren der Deutschen Volkspartei und der SPD mußten das Rathaus verlassen – und neuer Nazi-Schulsenator wurde Dr. v. H.[7]. Im Kollegium herrschte am nächsten Tag große Bestürzung.

An unserer Schule wurde niemand versetzt oder entlassen. Sicher traten nun die fünf Nazi-Lehrer im Kollegium offensiver auf, aber trotz entgegengesetzter Meinungen blieb es doch menschlich anständig, was ohne Frage der Schulleiterin zu verdanken war.

Ich will Ihnen dafür einige Beispiele geben: Als 1935 der 3. Parteitag in Nürnberg anstand, gab es darüber ein Gespräch im Kollegium. Der 1. hatte geheißen „Sieg des Glaubens", der 2. „Triumpf des Willens" und da rutschte mir raus: „Der 3. heißt sicher ‚Die Macht der Gewohnheit'!" Eine unserer Nazi-Lehrerinnen meinte da zu mir: „Dafür müßte ich Sie jetzt anzeigen!" Worauf ich ohne Angst sagen konnte: „Was Sie natürlich nicht tun!"

Während unser Musiklehrer sogar eine nationalsozialistische Hymne komponiert und mit Schülern einstudiert hatte, ein anderer offen von seiner Zeit als „alter Kämpfer" der Nazis schwärmte mit dem Satz „Das Schönste waren die Saalschlachten!", war es auch möglich, daß ein Kollege von mir offen im Lehrerzimmer am Morgen nach der entsetzlichen „Kristallnacht" voller Betroffenheit sagte: „Heute nacht haben wir einen Krieg begonnen und verloren!". Solche Gegensätze waren in unserem Kollegium nebeneinander.

Aber nun der Reihe nach: Schon in der „Kampfzeit" vor 1933 erfuhr ich es als bedrückend, daß der Pastor der Gemeinde, zu der ich mich bis dahin zugehörig gefühlt hatte, sich nun ausgesprochen antisemitisch äußerte. Er wurde 1933 auch „Deutscher Christ".

Antisemitismus hatte es in meinem Elternhaus nie gegeben. Mein Vater hatte uns bewußt ins Alte Testament eingeführt – für ihn gab es nur eine Bibel. Daß das Alte Testament nun plötzlich ein „abgelegtes Judenbuch mit Zuhältergeschichten" sein sollte, das stieß mich ab.

---

[7] von HOFF, Richard (1880–1945) Dr., ab 1931 Mitglied der NSDAP, 18.3.1933–26.4.1945 Senator für das Bildungswesen in Bremen, ab 1934 Herausgeber der Zeitschrift „Die Rasse-Monatsschrift der Nordischen Bewegung", 1934 Eintritt in die SS, 1939 Aufstieg zum SS-Oberführer, an den Verletzungen aufgrund eines häuslichen Bombentreffers am 7.5.1945 verstorben (nach: MEYER-ZOLLITSCH 1984, 37).

Durch einen Zufall kam ich zur Bremer Stephani-Gemeinde. In einem Kirchenzettel hatte ich den Namen des Pastors GREIFFENHAGEN[8)] gelesen, mit dem ich gleichzeitig in Göttingen studiert, aber keine Fühlung gehabt hatte. Zu ihm ging ich Ostern 1933 in die Stephani-Gemeinde – und ich werde nie vergessen, wie ich ihn dort das erste Mal predigen hörte. Der Predigttext lautete: „Gott aber sei Dank, der uns den Sieg gegeben hat durch unseren Herrn Jesus Christus." (1. Kr. 15, 57)

Pastor GREIFFENHAGEN begann zu meiner großen Freude mit den Worten: „Heute wird weithin in Deutschland dieser Text im Sinne des Nationalsozialismus ausgelegt. Das gedenke ich nicht zu tun!" Von da an sind meine beiden Schwestern und ich in diese Gemeinde gegangen. Hier wurde nicht in die allgemeine Hitlerseligkeit eingestimmt. Dadurch, daß einige Gemeindemitglieder weggingen, denen solche Haltung nicht paßte, andere aber bewußt hinzukamen, wurde dies eine besondere Gemeinde.

1934 wurden die Verfassungen der bremischen Gemeinden aufgehoben: Bauherrn, Diakone und Gemeindekonvente mußten einem „Gemeindeführer" weichen, der dem selbsternannten Landesbischof verantwortlich war. Unsere Gemeinde erhob gegen diese gewaltsame und widerrechtliche Maßnahme Protest und erkannte weder den „Landesbischof" noch den „Gemeindeführer" an.

Das Blatt „Junge Kirche" gab uns Informationen, und wir verfolgten in unserer Gemeinde das Entstehen der „BEKENNENDEN KIRCHE"[9)] mit besonderem Interesse: So fuhr auch unser Pastor GREIFFENHAGEN im Mai 1934 zur ersten Synode der „BEKENNENDEN KIRCHE" nach Barmen. Als er begeistert zurückgekehrt war, bildeten auch wir nach dem Modell der „BEKENNENDEN KIRCHE" in unsere Gemeinde einen „Bruderrat", der getreu der „Barmer Erklärung"[10)] die Dinge der Gemeinde zu regeln hatte. Auch ich wurde in diesen „Bruderrat" gewählt, der sich nachher eine Verfassung gab und sich „Gemeindeleitung" nannte.

1934 war die erste „bischöfliche" Maßnahme, daß Pastor GREIFFENHAGEN suspendiert wurde. Da zu diesem Zeitpunkt bereits gedruckte Gemeindeblätter nicht mehr erlaubt waren, schrieben wir daraufhin vom „Bruderrat" aus an alle Gemeindemitglieder klärende „persönli-

---

8) GREIFFENHAGEN, Gustav (1902–1968), 1931–1967 Pastor der Stephani-Gemeinde in Bremen, 1933 Mitglied des Pfarrernotbundes, 1934 Mitglied der BEKENNENDEN KIRCHE, 1934–1936 Mitglied des Landesbruderrates, 1934–1945 durch den Landesbischof vom Dienst suspendiert (nach: MEYER-ZOLLITSCH 1984, 49–50).

che Briefe“, die in einem Privathaus geschrieben, vervielfältigt und dann ausgetragen wurden. Wir hatten für diese Arbeiten in unserer Gemeinde ohne Aufforderung eine große Schar junger und alter Menschen, die halfen.

Irgendein Gemeindemitglied mag nun aber mit dem Inhalt des Briefes nicht einverstanden gewesen sein. Kurz darauf klingelte morgens um 7 Uhr bei mir die Gestapo und führte eine gründliche Haussuchung durch – bis 8.30 Uhr. Es wurde eine fast skurrile Angelegenheit: So wurden zum Beispiel meine Unterrichtsvorbereitungen für Griechisch beschlagnahmt, weil „Geheimschrift“ verboten wäre!

---

[9] BEKENNENDE KIRCHE – Zusammenschluß evangelischer Geistlicher und Laien gegen die Gleichschaltungsmaßnahmen des vom NS-Regime gestützten Reichskirchenregiments unter Reichsbischof MÜLLER und im weiteren Sinn der evangelische Widerstand gegen die NS-Kirchenpolitik überhaupt. Zunächst hatte sich am 21.9.1933 der PFARRERNOTBUND um Martin NIEMÖLLER gegründet, der – angeregt durch eine Schrift von Karl BARTH – sich gegen die Übernahme von „Arierparagraphen“ und für ein evangelisches Bekenntnis aussprach. Als die „Deutschen Christen“ am 13.11.1933 bei einer Massenkundgebung im Berliner Sportpalast die Lösung vom Alten Testament und den Ausschluß der „Nicht-Arier“ vom Dienst in der Kirche forderten, kam es zu Protesten in mehreren Gemeinden. Dieser Protest wurde von wenigen noch „intakten“ Landeskirchen sowie dem PFARRERNOTBUND im März 1934 gebündelt und im Mai 1934 auf der Bekenntnissynode in Barmen von Vertretern aus 19 Landeskirchen in der BARMER ERKLÄRUNG (vgl. Anm. 10) formuliert. Ab dann herrschte ein kirchenpolitischer „Schwebezustand“ zwischen „Deutsch-Christlichen“ Kirchenbehörden und der „Vorläufigen Kirchenleitung“ (VKL), die sich formal auf der 2. Bekenntnissynode in Berlin-Dahlem im Oktober 1934 konstituierte. Eine letzte (4.) Bekenntnissynode fand im Februar 1936 statt, die jedoch auch bereits von inneren Auseinandersetzungen geprägt war. Die BEKENNENDE KIRCHE blieb jedoch weiter in vielen Gemeinden Sammlungspunkt für evangelische Christen, die sich NS-Bevormundung in Teilaspekten verweigerten. Aus theologischem Widerspruch wurde so nicht selten offene Opposition, wenn auch aktive Verschwörer wie Dietrich BONHOEFFER (1906–1945) die Ausnahme blieben (nach ZENTNER/BEDÜRFTIG 1985, 65–66).

[10] BARMER ERKLÄRUNG, von der 1. Bekenntnissynode der Deutschen Evangelischen Kirche am 31.5.1934 verkündet, wurde sie fortan zum „Grundgesetz“ der BEKENNENDEN KIRCHE. Sie beginnt mit den Worten: „Wir bekennen uns angesichts der die Kirche verwüstenden und damit auch die Einheit der Deutschen Evangelischen Kirche sprengenden Irrtümer der 'Deutschen Christen' und der gegenwärtigen Reichskirchenregierung zu folgenden evangelischen Wahrheiten . . .“ Dann folgten 6 Paragraphen, die sich im wesentlichen gegen „andere Wahrheiten“ als das Wort Gottes, gegen staatliche Anpassung oder Bevormundung sowie gegen das „Führerprinzip“ im kirchlichen Leben aussprechen.

Heikel wurde es dann, als die beiden Gestapo-Beamten im Ofen ein Blatt des NS-Lehrerbundes fanden, das für alle Lehrer, ob Mitglied oder nicht, im Lehrerzimmer ausgelegt zu werden pflegte. Auf die Frage, was dieses Blatt im Ofen zu suchen habe, sagte ich: „Da habe ich Kirschkerne draufgespuckt ...“ Ich war ab 1934 nominelles Mitglied im NSLB, um eine soziale Hilfskasse des Allgemeinen Deutschen Lehrerinnen-Vereins weiter betreuen zu können.

Versammlungen des NSLB habe ich freiwillig nie besucht. Exemplare des gesuchten Briefes fanden sie keine. Das konnten sie auch nicht, denn ich hatte keine mehr. Zum Glück fanden sie auch ein anderes verfängliches Blatt Papier nicht: Eine Einladung an GREIFFENHAGEN zu einem „Gebietstreffen konfessioneller Wühlmäuse“ (so hatte kurz zuvor GOEBBELS in einer Kundgebung die Mitglieder der „BEKENNENDEN KIRCHE“ genannt), die ich zwischen einem Stapel gesammelter Briefe versteckt hatte. Darauf war auch der Text eines Liedes: „Liebe Wühlmaus, laß dir raten, sage nur nicht piep, Joseph nimmt statt Gänsebraten, sonst mit dir vorlieb.“ GREIFFENHAGEN hatte mir die Einladung zurückgegeben, weil er bei sich eine Haussuchung befürchtet hatte. Ich blieb bei dieser Angelegenheit aber das einzige Mitglied des „Bruderrates“, dem die Ehre einer Haussuchung zuteil wurde.

Als die Gestapo-Beamten verschwunden waren, kam noch ein „Kollege“ von der Post, der mein Telefon „reparierte“ – nun hatte ich auch noch ein Abhörgerät am Hals. Dies erschwerte doch manche Kontakte. So später vor allem zu meinem Bruder Bernhard Heinrich FORCK (1893–1963), der Pastor in Hamburg war und seit 1936 der „Vorläufigen Leitung“ der bekennenden Kirche angehörte – einem Gremium von fünf Männern, die eng mit Martin NIEMÖLLER[11)] verbunden waren, der auch unsere Gemeinde einmal besuchte. NIEMÖLLER kam 1937 als „persönlicher Gefangener des Führers“ ins KZ Sachsenhausen. Mein Bruder kam 1938 mit einem Rede- und Reiseverbot relativ glimpflich davon. Aber auch sein Telefon wurde abgehört. Der für ihn zuständige Gauleiter in Hamburg hatte ihm gegenüber gemeint, daß er nicht beabsichtige, in seinem Gau weitere Märtyrer zu schaffen.

Doch zurück zur Schule: Auch wenn nach dieser Haussuchung keine weiteren Schritte der Gestapo erfolgten, so wurde ich doch mehrfach zum Schulsenator zitiert, wo ich mich für dieses und jenes, was ich im Unterricht gesagt hatte, zu rechtfertigen hatte. Der Senator war ein gebildeter, aber borniert-rassistischer Mann, der es liebte, seine Ansichten in Vortragstourneen in vielen deutschen Städten zu verbreiten.

---

11) NIEMÖLLER, Martin (1892–1984), vgl. Anmerkung 2 bei P. GILLIES.

Nun hatte seine Tochter Almuth bei mir in drei Fächern Unterricht. Sie war meine Schülerin von 1933 bis 1939 und mir sehr zugetan. Das hat mich sicher vor vielem gerettet.

Ich erinnere mich noch, wie ich einmal zum Senator zitiert wurde, weil ich mich kritisch gegenüber einem „nationalsozialistischen Führer" geäußert hätte im Unterricht. Vorgefallen war folgendes:
Eine Schülerin hatte mich gefragt, ob der Ausspruch des Reichsarbeitsführers LEY[12]: „Ich glaube an Deutschland wie an Gott!" denn mit „positivem Christentum" vereinbar sei. Ich hatte auf diese Schülerfrage geantwortet: „Ich kann niemandem ins Herz schauen. Aber Deutschland und Gott auf eine Stufe zu stellen, das läßt sich wohl schwer vereinbaren."

Zum Schulsenator sagte ich nun: „Sie sind doch selbst Lehrer gewesen – und wissen, daß ein Pädagoge auf Fragen von Kindern und Jugendlichen antworten muß, will er glaubwürdig bleiben."

Woraufhin er meinte: „Ihre Äußerungen bringen meine Tochter in Konflikte. Dann werde ich sie von Ihrem Religionsunterricht abmelden."

Aber ich hatte seine Tochter doch auch in Philosophie und Griechisch. Daran erinnerte ich ihn. Er meldete Almuth tatsächliche vom Religionsunterricht ab. Die anderen Fächer, in denen ich natürlich ebenfalls zu meiner Gesinnung stand, durfte sie aber bei mir bleiben.

Im Sommer 1936 wurden alle Lehrer verpflichtet an einem dreiwöchigen Schulungslager des NSLB teilzunehmen. Dazu war es gekommen, weil wegen einer Kinderlähmungsepidemie die Schulen nach den Sommerferien hatten geschlossen bleiben müssen.

---

12) LEY, Robert (1890–1945), ab 1923 NSDAP-Mitglied, ab Juni 1925 NSDAP-Gauleiter in Rheinland-Süd; 1928 verlor er seine Anstellung bei IG Farben wegen politscher Agitation und Alkoholismus; ab 1930 Mitglied des Reichstags; nach der „Machtergreifung" von Hitler zum Leiter des „Aktionskomitees zum Schutz der deutschen Arbeit" ernannt, mit dem er am 2.5.1933 die Gewerkschaften zerschlug und an ihre Stelle die DEUTSCHE ARBEITSFRONT (DAF) setzte, die Arbeitnehmer und -geber in der größten Massenorganisation des „3. Reiches" (1942: rund 25 Mio. Mitglieder) zusammenfaßte. Er baute seine Machtfülle noch durch spektakuläre DAF-Gründungen aus, wie z. B. die Freizeitorganisation „Kraft durch Freude", oder die sogenannten Ordensburgen und als deren Vorstufe die „Adolf-Hitler-Schulen" zur „Auslese" des Führungsnachwuchses der Partei; nach Kriegsende von US-Truppen verhaftet, erhängte er sich noch vor Prozeßbeginn in seiner Zelle (nach ZENTNER/BEDÜRFTIG 1985, 352).

In Leuchtenburg bei Bremen versammelten sich an einem Sonntagnachmittag im August in einem dieser Lager nun also 30 Lehrerinnen verschiedener Schulgattungen. Die an sich schüchterne Lagerleiterin machte sich „stark“, um uns sofort mit unseren Pflichten vertraut zu machen: Wir hatten zueinander alle „Du“ zu sagen. Jede mußte sich erheben und laut ihren Vornamen sagen. Dann wurden die verschiedenen Aufgaben benannt, vom Frühsport im Trainingsanzug, Bettenbauen, Waschen in festgelegter Reihenfolge, Antreten zum Flaggenhissen bis hin zum Reinigen der Stuben und besonders der Bretterbude neben dem Hause, deren Zweck durch Herzenstüren eindeutig kenntlich gemacht war. Wir sprachen entsprechend ihrer Ausstattung mit fünf primitiven Holz-„Sitzgelegenheiten“ vornehm von den „olympischen Ringen“.

Schlimmer waren aber die Vorträge, die vormittags und nachmittags gehalten wurden, und sich im wesentlichen um Juden, Freimaurer, reaktionäre Kirchenchristen, besonders Katholiken, drehten. Die Kenntnisse der jeweils Vortragenden waren mehr als dürftig und forderten unentwegt meinen Widerspruch.

Wir durften ja nicht kritisieren, aber doch Fragen stellen und mit denen fing dann meistens doch eine Diskussion an. Bei all dem wurde mir doch sehr schwer ums Herz. Nicht einmal so sehr wegen der Fantastereien der Vortragenden, sondern wegen meiner Kolleginnen, die nicht selten nach einer Diskussion zu mir kamen und mir zustimmten, aber während der Diskussion kein Wort sagten und mich allein ließen. Als sie mich wieder einmal bewunderten und beglückwünschten zu meinem Mut, da entgegnete ich: „Hättet Ihr doch lieber eben beim Vortrag etwas gesagt!“ Worauf sie mir entgegneten: „Uns steht das Wort nicht so zur Verfügung wie Dir!“. Aber hätten sie nicht doch wenigstens sagen können: „Das sehe ich auch so!“

Ach, das alles machte mich ganz traurig und krank.

Ich mußte wegen einer „Magenschleimhautentzündung“ und „unstillbarem Erbrechen“ direkt nach dem Lager ins Krankenhaus, aber unter Pflege der „braunen Schwestern“ und einem Chefarzt, der demonstrativ sein Parteizeichen am Kittel trug, sowie einer unablässigen „Heil-Hitler!“-Begrüßung konnte ich mich nur schwer erholen. Wie froh war ich, als ich endlich in die Obhut meiner Schwestern nach Hause zurückkehren und mich auskurieren konnte. Erst Ende November konnte ich meinen Schuldienst wieder aufnehmen.

Auch in der Gemeinde hatte sich in den letzten Jahren einiges getan: Kurz vor Weihnachten 1937 war der Amtsbruder von Pastor GREIFFENHAGEN, Pastor ROSENBOOM, gestorben. Die verwaiste Gemeinde wählte und besoldete nun zunächst für ein Jahr gegen den Willen des Landesbischofs WEIDEMANN, den jungen Pastor FRIESE, der eng mit unserem „Bruderrat“ zusammenarbeitete.

Schließlich setzte Bischof WEIDEMANN gegen den Willen der Gemeinde aber doch durch, daß am 15. Januar 1939 der „Deutsche Christen"-Pastor FISCHER seinen Dienst bei uns begann. Er predigte fortan nur vor „DEUTSCHEN CHRISTEN", die zum Teil aus anderen Gemeinden kamen. Es gelang aber dem verwaisten Gemeindeteil doch, die zweite Pfarrstelle mit Pastor Fritz SCHIPPER zu besetzen – der als „illegaler" Pastor nur die Rückendeckung einer kleinen, aber opferbereiten Gemeinde hatte. Er mußte ohne Pfarrhaus, ohne Kirche, ohne Gemeindeblatt wirken – seine Wohnung befand sich in einem Privathaus. Ein kleines Gehalt konnte mit Unterstützung der BEKENNENDEN KIRCHE in Oldenburg aufgebracht werden.

Bei Kriegsausbruch wurde der vom Dienst suspendierte Pastor GREIFFENHAGEN sofort zur Wehrmacht eingezogen und an den Westwall geschickt.

Als Motor der Gemeindearbeit des „Bruderrates" wirkte seit 1934 die Kollegin der Kippenbergschule Magdalene THIMME[13)], eine Studienrätin, die als „politisch unzuverlässig" bereits 1935 vorzeitig in Ruhestand versetzt worden war, und seitdem alle Kraft der Gemeinde widmete.

Im Herbst 1941 begannen für unsere Stephani-Gemeinde die schwersten Zeiten: Zur Gemeinde gehörten schon seit langem einige getaufte Juden, die die Gottesdienste regelmäßig besuchten. Einige von ihnen lebten in „Mischehe" mit „arischen" Männern oder Frauen. Als am 1. September 1941 die Anordnung erlassen wurde, nach der alle Juden, die das 6. Lebensjahr vollendet hatten, ab jetzt in der Öffentlichkeit den „Judenstern" tragen mußten, bedeutete dies auch für uns, daß wir uns von ihnen fernzuhalten hätten, wenn wir nicht der „Rassenschande" beschuldigt werden wollten.

Ich erinnere mich noch genau der Bibelstunde, die diesem Erlaß folgte. Unsere „nichtarischen" Gemeindemitglieder fehlten. Wie sollten wir uns ihnen gegenüber verhalten? Gehörten sie nicht nach wie vor zur Gemeinde?

Die junge Gemeindehelferin Maria KÖPPEN übernahm es, die jüdischen Gemeindemitglieder darüber zu informieren, daß wir weiter zu ihnen halten wollten. Das war sehr mutig von ihr. Tatsächlich kamen die armen Gebrandmarkten auch wieder zu uns – häufig allerdings nur

[13)] THIMME; Magdalene (1880–1951), Studienrätin, 1934–1936 Mitglied des Landesbruderrates, 1935 als „politisch unzuverlässig" vorzeitig in den Ruhestand versetzt, ab 1945 bis zu ihrem Tode 1951 Mitglied des Stephani-Gemeindevorstandes.

im Schutz der Dunkelheit, nur wenige wagten den Besuch am Sonntagmorgen.

In der letzten Oktoberwoche erhielten die jüdischen Gemeindemitglieder ihre Aufforderung zum „Arbeitseinsatz im Osten" – die Deportation stand bevor. In der Gemeinde beschlossen wir, Kleider und andere notwendige Dinge für die Betroffenen zu sammeln. Durch einen Zufall war Pastor GREIFFENHAGEN zu dieser Zeit auf Wehrmachts-Urlaub in Bremen, und so sollte am Sonntag, dem 31. Oktober 1941, ein Abschiedsgottesdienst mit gemeinsamem Abendmahl stattfinden. Am Ende des Gottesdienstes wurde in einer Kollekte Geld für unsere jüdischen Gemeindemitglieder gesammelt – und es kam zu bewegenden Szenen des Abschieds. Der „DEUTSCHE CHRISTEN"-Pastor FISCHER meldete die „unerhörten Ovationen" für Juden umgehend der Gestapo, die nicht lange auf sich warten ließ (vgl. Abb. 29a).

14 nichtjüdische Gemeindemitglieder – darunter drei Lehrerinnen – wurden verhaftet und brachten einige Tage und Nächte im Gefängnis zu, mehrere auch länger. Wegen einer Familienfeier außerhalb von Bremen war ich nicht beim Abschiedsgottesdienst gewesen und entging durch diesen Zufall der Verhaftung. Die Lehrerinnen, dazu meine Schwester Tusnelde, wurden aufgrund eines Dienststrafverfahrens 1942 vom Dienst suspendiert[14)].

Um etwas für die Verhafteten zu tun und auch gegen die Deportation zu protestieren, hatte sich Frau THIMME entschlossen, einen Brief an den Bremer Bürgermeister BÖHMCKER zu schreiben. Sie teilte mir ihre Idee mit, und bat mich zum Unterschreiben ins Pfarrhaus zu kommen. Ich weiß noch, wie ich spontan dachte, was soll ein Brief an den fanatischsten aller Judenhasser, der stolz darauf war, in der „Kristallnacht" selbst die Fackel an die Synagoge gelegt zu haben.

Aber ich fand den Inhalt richtig, wenn mir auch etwas an der Ausdrucksweise nicht ganz geglückt schien, aber was, das war mir im Augenblick nicht klar. Ich unterschrieb also. Auf dem Weg zum Briefka-

---

14) Gegen die Lehrerinnen Hedwig BAUDERT, Anneliese DITTRICH und Maria SCHRÖDER sowie Tusnelde FORCK wurde am 18.3.1942 vor der Dienststrafkammer Oldenburg ein förmliches Dienststrafverfahren eröffnet, das am 28.5.1942 mit einer Geldstrafe in Höhe eines Monatsgehaltes für Tusnelde FORCK und mit der Entlassung aus dem Dienst für die anderen drei Lehrerinnen endete. In der Urteilsbegründung wurde ausführlich dargestellt, wieso „der Umgang mit Juden ein schweres Vergehen darstelle, das die Beamtenwürde und Treue zum Führer verletzen würde".
Bei der Revision vor dem Berliner Reichsverwaltungsgericht wurde dies ein halbes Jahr später dahingehend abgemildert, daß die Lehrerinnen mit einer mehrjährigen Gehaltskürzung in den Dienst zurückkehren konnten (nach MEYER-ZOLLITSCH 1984, 280–281).

sten habe ich noch schwer mit mir gerungen, weil ich der Form wegen meiner Sache nicht sicher war. Dann steckte ich den Brief aber ein und dachte: „Nun komme, was kommen soll.“ (vgl. Abb. 29b).

Das war Montag. Freitag darauf kam prompt die Vorladung zum Verhör beim Senator des Inneren, der den erkrankten Bürgermeister in dieser Sache zu vertreten hatte. Die Nacht davor hatte ich eine der üblichen Nachtwachen wegen der Bombennächte in der Schule abgeleistet und ging nun um 8 Uhr morgens ohne Frühstück direkt zum Verhör. Mit mir geladen waren noch Frau THIMME und in Vertretung eines anderen Gemeindemitglieds kam Herr SCHERF.

Als wären die beiden anderen nicht da, wandte sich der Senator nur an mich. In bezug auf eine Stelle im Brief, die etwa lautete: „Die Gemeindeleitung erhebt Einspruch gegen die Verhaftung ihrer Gemeindeglieder, jüdischer und anderer Staatsbürger . . .“, wurde gefragt: „Sie wissen wohl gar nicht, daß Juden keine Staatsbürger sind?“ Da sprach leider Frau THIMME, die in politischen Dingen wenig bewandert war, dazwischen mit der Frage: „Ja, sind denn die Juden keine Staatsbürger?“

Dies löste einen Wutanfall des vernehmenden Beamten sowie das schlimme Ende des Verhörs aus. Er schrie mich an: „Die Juden sind unser Volksfeind Nr. 1! Wenn Sie als Lehrerin dies nicht einmal im Kriege wissen, dann haben Sie sich des ‚Landesverrats im Kriege‘ schuldig gemacht! Vielleicht wissen Sie wenigstens, was einen Landesverräter erwartet. Ihre Akte liegt bei der Gestapo – Sie hören von uns.“ Damit wurden wir entlassen.

Als ich in meiner Schule ankam, hatte es noch nicht zur Pause geläutet. Eine liebe Kollegin, die von den Vorgängen in der Gemeinde wußte, trat auf mich zu mit den Worten: „Ich wünsche Dir viel Kraft!“

Nun mußte ich nur noch ruhig für den Unterricht werden. „Nur die Schülerinnen nichts merken lassen!“, dachte ich. Aber es half mir, jetzt in der Klasse zu sein. Ich weiß noch, wie sich meine Anspannung in einem herzlichen Lachen lösen konnte, als eine Schülerin den Satz „Fama crescit eundo“ (Das Gerücht wächst im Umlauf) übersetzte mit: „Der Hunger wächst beim Essen“ (Fames crescit edendo). Und dies, wo ich doch ohne Frühstück tatsächlich Magenknurren hatte . . .

So suchte ich am gleichen Tage meinen Vorgesetzten Landesschulrat Dr. KURZ auf, der mir sehr geneigt war. Auf dessen Rat entschloß ich mich, am Montag darauf beim Schulsenator vorzusprechen und ihm die Ereignisse aus meiner Sicht zu schildern.

Der Schulsenator sagte mir in diesem Gespräch, daß er in der Bezeichnung „Staatsbürger“ für einen Juden keinen Landesverrat sehen könne. Ich fragte ihn daraufhin, ob ich von seiner Äußerung Gebrauch machen dürfe. Er stimmte zu.

Dies berichtete ich nun am folgenden Tage beim Verhör der Gestapo. Der zuständige Beamte ließ beim Senator zurückfragen, wo diese Äußerung bestätigt wurde. Damit war mein Kopf für diese Situation gerettet.

Beim folgenden von mir diktierten Protokoll formulierte ich dann: „Ich verbitte mir den Vorwurf des Landesverrats. Ich habe immer in Treue zu meinem Volk gestanden." Als ich den Text dann unterschreiben sollte, glaubte ich, meinen Augen nicht zu trauen. Die Sekretärin hatte eigenmächtig nach „meinem Volk" noch hinzugesetzt „. . . und meinem Führer". Ich bat sie, das wieder zu löschen. Sie kam dieser Bitte nach vielen Bedenken auch nach, und ich unterschrieb.

Diese ganze Angelegenheit endete glücklich mit einem zweimonatigen Gehaltsabzug. Ganz beendet war sie damit aber noch nicht, denn der Senator bat mich im März 1942 erneut zu einem Gespräch. Er warf mir nun doch vor, daß ich ihm große Unannehmlichkeiten im Senat bereitet hätte, indem ich mich auf ihn während der Vernehmung berufen hätte.

Aber da das ja nun nicht mehr zu ändern sei, hätte er sich entschlossen, mir wegen der Angelegenheit eine zusätzliche Dienststrafe aufzuerlegen. Zum einen wäre ich ab sofort von meiner Tätigkeit als Fachleiterin für Latein und Religion entbunden. Zum anderen forderte er mich auf, meine leitende Tätigkeit in einer Gemeinde der BEKENNENDEN KIRCHE umgehend einzustellen, da beides für einen Beamten nicht zu vereinbaren wäre.

Das brachte mich nun wirklich in einen schweren Konflikt. Wo war ich nötiger – in der Gemeinde oder in der Schularbeit?

Nicht allein, daß ich meinen Beruf glühend liebte und mir nicht vorstellen konnte, wie ich ohne ihn leben sollte. Ich wußte auch, daß ich gerade auf ethischem und politischem Gebiet und in dem mir noch verbliebenen Religionsunterricht der Unterstufe eine ganz wichtige Aufgabe an der Jugend zu erfüllen hatte und daß sie meinem Einfluß aufgeschlossen war.

Der Behörde teilte ich mit: „Ich habe meine Mitarbeit in der Gemeindeleitung von St. Stephani aufgegeben." Ein schwerer Entschluß. Ich blieb Lehrerin.

Ich möchte Ihnen nun noch von einer Schülerin berichten, deren Schicksal mich damals besonders betroffen gemacht hat:

Es war an einem dunklen Winterabend, Anfang Februar 1942, als es bei uns klingelte. Es war Verdunkelung – wer mochte uns jetzt noch besuchen? Als ich öffnete, fiel mir meine ehemalige jüdische Schülerin G. weinend um den Hals. G. hatte 1941 die Schule verlassen müssen, weil sie als „halbjüdisches“ Mädchen nicht mehr die Oberstufe unserer Schule hatte besuchen dürfen.

Nun sah ich, daß sie den „Judenstern“ trug. Mühsam konnte sie sich nur fassen und berichtete: „Heute mittag, wie ich nach Hause kam, stand ein SS-Mann vor der Tür unserer Wohnung. Als ich ihn frage, wo meine Eltern seien, antwortete er: ‚Da, wo das Judenpack hingehört! Dein Vater nach Auschwitz, Deine Mutter nach Ravensbrück. Du hast Dich in der Juden-Sammelstelle zu melden und kommst morgen nach Theresienstadt!‘“

Und dann sagte sie das, was mich am meisten erschütterte: „Liebe Frau FORCK, ich weiß, daß ich nicht bei Ihnen bleiben kann. Bei Ihnen würde man mich ja zuerst suchen. Aber wissen Sie, ich wollte doch einmal noch einen Menschen sehen!“

Sie ging dann in der Nacht noch zum Sammel-Lager. Sie erkrankte in der gleichen Nacht schwer an Scharlach und wurde ins Krankenhaus gebracht. Dadurch wurde ihr Abtransport um einige Zeit verzögert. Sie kam dann aber schließlich doch nach Theresienstadt.

Nach 1945

Im Juni 1945, als wir in unserer „Bombenwohnung“ in Oberneuland wohnten, ging eines Tages die Tür auf – und da stand G.: schmal, aber unversehrt! Wir haben uns alle nicht der Tränen geschämt, so eine Freude war das! – Dann erzählte sie von Theresienstadt, wo sie sich vor allem um die Kinder gekümmert hatte, nur die Ratten und Wanzen seien schrecklich gewesen. Und die Eltern? Die Mutter hatte mit schwerer Krankheit Ravensbrück überlebt, der Vater war in der Hölle von Auschwitz umgekommen.

Wir verloren uns dann einige Jahre aus den Augen, aber beim 26jährigen Abiturjubiläum, unserem „Klassentag“, war auch plötzlich G. wieder dabei und seitdem bekomme ich jedes Jahr zu Weihnachten ausführliche und liebe Post von ihr. Sie ist heute Ärztin, mit einem Pfarrer verheiratet und hat drei Töchter.

Einen guten Kontakt habe ich auch heute noch zu Almuth, der Tochter des ehemaligen Schulsenators. Er war beim letzten Luftangriff auf Bremen schwer verletzt worden, als er sich im Keller seines Hauses schützend über Frau und Tochter geworfen hatte. Wenige Tage später verstarb er im Krankenhaus. Dadurch ist ihm sicher viel Bitteres erspart geblieben, was ihn sonst als SS-Oberführer von Seiten der Siegermächte erwartet hätte. Ich kann ihm auch heute meine Achtung nicht versagen, daß er als Schulsenator trotz enger Bindung an die nationalsozialistische Ideologie immer bereit war, Andersdenkende anzuhören und sie vor Unrecht und Gewalt zu schützen.

1949 wurde ich dann Nachfolgerin von Frau P., die ihren Dienst als Schulleiterin bis zu ihrem 71. Lebensjahr versehen hat. Ich muß aber sagen, daß ich wegen des persönlicheren Umgangs mit Kindern immer am liebsten Lehrerin gewesen bin.

Abb. 27: Elisabeth FORCK als 36jährige Studienrätin 1936 in Bremen.

Abb. 28: Elisabeth FORCK kurz vor ihrem 86. Geburtstag Ende 1985 in Bremen.

Bremen, den 2.11.1941

Sehr geehrter Herr Regierender Bürgermeister und Parteigenosse!

Während in Bremen die Kirchenregierung unter der Führung des Landesbischofs durch illegale Beschlüsse machtlos geworden ist und die Bekenntnisfront sich zu konsolidieren anschickt, kann in unserer Stadt in einer Kirche folgendes sich ereignen:

Der Pastor an St. Stephani Lic. G. GREIFFENHAGEN gewährte in seinem Gottesdienst *3 Juden*, gekennzeichnet durch den Judenstern – 1 Mann und 2 Frauen – das Gastrecht. Aber nicht nur dies! Er feierte mit ca. 25 Personen seiner Gemeinde mit diesen Juden das *Abendmahl* im Anschluß an den Gottesdienst in einem öffentlichen Kirchenraum. Aber nicht nur dies! Nach der Feier wurden diese Juden draußen vor der Kapelle derart provozierend beglückwünscht, als wenn es sich um Abschied von lieben Menschen handele.

Aber nicht nur dies! Zwei deutsche Frauen vergaßen derart ihre Ehre, daß sie die Jüdin einhakten und mit ihr Arm in Arm über den Kirchhof nach Hause gingen. Dies geschehen am 2.11.1941[1)] in einer deutschen Kirche. Dies geschehen unter Mithilfe eines Pastors, der sogar den grauen Ehrenrock des deutschen Soldaten trägt! Dies geschah, während draußen im Osten deutsche Soldaten und Volksgenossen ihr Leben und Blut hergeben, gemordet von jüdisch-bolschewistischen Bestien. Als deutscher Mann, als *alter Parteigenosse* fühle ich mich durch ein derartiges Verhalten beleidigt in meinem deutschen Ehrgefühl und bitte daher die Staats- und politischen Stellen um weitere Veranlassung und Ahndung.

Heil Hitler! gez. Fischer

Abb. 29a Brief des „Deutsche Christen“-Pastors FISCHER an den Regierenden Bürgermeister von Bremen und SA-Obergruppenführer BÖHMCKER vom 2.11.1941 im Wortlaut. Alle Hervorhebungen nach dem Originalbrief.

1) Elisabeth Forck gab als Datum den 31.10.1941 an. Hier irrte sie, da der Sonntag tatsächlich am 2.11. lag.

Bremen, den 7.11.1941

An dem Reformationsgottesdienst mit anschließendem Abendmahl, den Herr Pastor Greiffenhagen hielt, haben drei nichtarische Gemeindemitglieder (mit Stern) teilgenommen.

Herr Fischer, der durch Herrn „Landesbischof" Weidemann gegen den Willen der Gemeinde eingesetzte D.C.-„Pastor", hat das von seiner Wohnung aus beobachtet und der Gestapo angezeigt. Die Gestapo hat Herrn Pastor Greiffenhagen und der Gemeinde vorgeworfen, daß sie die Teilnahme der Nichtarier geduldet haben. Unsere Gemeindehelferin und acht Gemeindeglieder sind in Haft genommen, von denen inzwischen vier wieder entlassen sind. Ihnen wird außer der Duldung der Nichtarier im Gottesdienst vorgeworfen, daß sie der armen nichtarischen Arbeiterfamilie, die zur Evakuierung vorgesehen war, geholfen haben, die ihnen fehlende Ausrüstung zu beschaffen. ...

Gegen den schweren Eingriff in unser Gemeindeleben erheben wir Anklage. Es ist nicht recht, daß man Gemeindegliedern ihre selbstverständlichen Pflichten als Christen zum Vorwurf macht und zum Anlaß nimmt, sie ihrer Freiheit zu berauben.

Es dürfen unsere nichtarischen Gemeindeglieder nicht bestraft werden, weil sie einen Gottesdienst besuchten und am heiligen Abendmahl teilnahmen, oder sich helfen ließen. Es dürfen unsere arischen Gemeindeglieder nicht bestraft werden, weil sie ihrer selbstverständlichen Christenpflicht genügten und keinen Anstoß an ihren sterntragenden Mitchristen im Gottesdienst nahmen oder ihnen die Hilfe nicht schuldig blieben.

Wir fordern darum, daß allen unseren Gemeindegliedern die Freiheit wiedergegeben wird, und daß die beleidigenden Drohungen gegen unsere Lehrerinnen und ihre Amtstüchtigkeit zurückgenommen werden ...

Die Gemeindeleitung
gez. im Auftrag ...

Abb. 29b Brief der Gemeindeleitung Alt-Stephani-Süd vom 7.11.1941, der sowohl an das Reichskirchenministerium, die DEK-Kirchenkanzlei, drei Landesbischöfe als auch – in leicht geänderter Fassung – an den Bürgermeister BÖHMCKER gesandt und u. a. auch von Elisabeth FORCK unterzeichnet worden war (die Fassung an die Kirchenstelle ist auch abgedruckt in MEIER 1968, 114–115).

Reflexion zur Begegnung mit Elisabeth Forck

Persönliche Begegnungen: 2 1/2 Stunden (bei 1 Treffen)
Ort der Begegnung: Privatwohnung von Elisabeth FORCK
Telefonate: 6
Briefe: 3

1. Kontaktaufnahme

Während ich noch auf der Suche nach evangelischen Lehrerinnen oder Lehrern bin, die im Rahmen der BEKENNENDEN KIRCHE engagiert waren und darüber noch Auskunft geben können, erreicht mich von der Bibliothekarin des Jerusalemer LEO-BAECK-Instituts, Frau Tamar LAAKMANN, der wertvolle Hinweis auf eine jüngst in Bremen erschienene Dissertation mit dem Titel „Nationalsozialismus und Evangelische Kirche in Bremen" (MEYER-ZOLLITSCH 1985), in der im Anhang als Zeitzeuginnen auch zwei Oberstudiendirektorinnen i.R. genannt werden.

Über die Telefonauskunft erhalte ich beide Rufnummern: Während die eine Pädagogin damals noch nicht selbst im Schuldienst war, hat die andere bereits ab 1932 als Lehrerin in Bremen gearbeitet. Zwei weitere mir benannte Zeitzeugen, die sich selbst als damals in keiner Weise oppositionell bezeichnen, weisen mich mit Nachdruck auf diese „mutige Frau" hin, die unbedingt in meine Arbeit gehöre: Elisabeth FORCK.

Da mir gesagt wurde, daß Frau FORCK am Telefon Hörprobleme hätte, schreibe ich ihr und schildere meine Arbeit. Sie antwortet bereits zwei Tage später: „Ich weiß nicht, ob ich Ihnen für Ihr Projekt wirklich einen nennenswerten Beitrag leisten kann. Ich habe das Glück gehabt, einem Kollegium anzugehören, das sich kühl distanziert verhielt gegenüber der Zeitströmung." Sie schließt mit der Empfehlung, mich telefonisch zu melden, wenn ich meinte, daß ein Gespräch etwas bringen könne.

Als ich sie anrufe, berichtet sie mir zuerst von zwei Studentinnen, die sie gerade besucht hätten und leider schlecht vorbereitet gewesen wären, so daß diese Begegnung eher anstrengend als ergiebig gewesen sei. Sie freut sich, daß ich bereits die benannte Dissertation kenne und meine Stimme klar und deutlich am Telefon zu verstehen sei. Obwohl sie ursprünglich nicht so bald wieder Gäste zu einem Gespräch empfangen möchte, ist sie dann am Ende des Telefonats doch bereit, mir bereits in der folgenden Woche zu berichten. Wir verabreden ein auf zwei Stunden begrenztes Gespräch, und sie gibt mir eine ausführliche Wegbeschreibung vom Bremer Bahnhof zu ihrer Wohnung.

2. Erste Begegnung

Elisabeth FORCK begrüßt mich an einem Morgen in ihrer Wohnung, die sie gemeinsam mit einer Freundin bewohnt, die noch im Schuldienst tätig ist. „Wir müssen auf alle Fälle rechtzeitig vor dem Mittagessen fertig sein, weil ich für meine Freundin das Essen bereite, wenn sie aus der Schule kommt“, sagt sie, „aber heute habe ich schon vorgekocht.“

Sie hat auch für uns beide bereits Tee gekocht und Kekse hingestellt. Dann macht sie es sich auf dem Sofa bequem, legt die Füße auf ein kleines Bänkchen und schaut mich freundlich an: „So, jetzt kann es losgehen!“ Zunächst sprechen wir noch über meine Arbeit als Sonderschullehrer, und sie erzählt mir von ihrer Schwester, die früher auch mit „Sorgenkindern“ zu tun gehabt habe. Dann mahnt sie aber angesichts der begrenzten Zeit zum Beginn der „Befragung“. Sie findet eine schriftliche Aufzeichnung besser als das Tonbandgerät.

3. Gesprächseindrücke

Elisabeth FORCK antwortet auf alle Fragen mit ungewöhnlicher Präzision, sowohl was die Inhalte einschließlich Ort und Zeit als auch die Formulierungen angeht. Es ist zu spüren, daß sie sich bereits gedanklich ausführlich mit der Zeit des Nationalsozialismus auseinandergesetzt hat. Als ich sie darauf anspreche, teilt sie mir mit, daß sie in ihrem achten Lebensjahrzehnt begonnen hätte, für die jüngeren Mitglieder ihrer Familie ihre Lebenserinnerungen aufzuzeichnen. Diese Arbeit mit einem Gesamtumfang von mehreren hundert Seiten hätte sie 1978 abgeschlossen und privat in einer kleinen Auflage drucken lassen, allerdings auf keinen Fall für eine Veröffentlichung vorgesehen. Ein Exemplar hätte sie dem Bremer Staatsarchiv übereignet mit der Maßgabe, es nach ihrem Tode für wissenschaftliche Zwecke nutzen zu dürfen.

Etwas später im Gespräch sagt sie dann noch: „Wissen Sie, es ist merkwürdig, aber ich erinnere die Zeit damals wesentlich genauer als Ereignisse der jüngeren Vergangenheit.“

Alle Nachfragen beantwortet sie kurz und präzise, um dann im chronologisch strukturierten Bericht fortzufahren. Bei aller Nüchternheit in der Schilderung der Fakten kommt immer wieder ein sensibler Humor zum Tragen, in dem z. B. die Haussuchung durch die Gestapo in einer Weise geschildert wird, in der zwar die damalige Angst spürbar ist, aber aus der heutigen Distanz nun auch fröhliche Erleichterung darüber zum Ausdruck kommt, von all der demonstrierten Macht und Herrschaft nicht zermalmt worden zu sein. „Dabei war ich schon immer so eine kleine Person“, schmunzelt sie.

Aber auch Selbstkritik ist an manchen Stellen unüberhörbar, z. B. daß sie sich erst so spät, zu spät, wie sie heute sagt, für Politik zu interessieren begann oder daß es nicht gelungen sei, gemeinsam etwas gegen die Barbarei zu tun: „Es waren doch immer nur Einzelne."

Als ich frage, ob ich sie fotografieren darf, hat sie zunächst Bedenken, ob so etwas überhaupt in eine wissenschaftliche Arbeit gehöre, willigt dann aber ein.

Die zwei Stunden sind bereits weit überschritten, als ich sie schließlich an unsere Terminierung erinnere und ihre Freundlichkeit keinesfalls ausnutzen möchte. Als ich im Flur schon meine Jacke angezogen habe, geht sie noch einmal an einen Schrank, aus dem sie einen mit Band verschnürten großen Stapel gedruckter Blätter herausholt. „Das sind meine Aufzeichnungen", sagt sie, „ich möchte Ihnen gern ein Exemplar schenken. Es war ein schönes Gespräch, und darin werden Sie noch manches finden, zu dem wir jetzt nicht gekommen sind. Aber geben Sie es bitte auf keinen Fall weiter!"

4. Weitere Entwicklung

Nachdem ich ihr die Niederschrift ihrer Aussagen zugesandt habe, antwortet sie kurz darauf in einem vierseitigen Schreiben mit großen Sorgen: „Ich erkenne die sorgfältige Arbeit, die Sie so schnell geleistet haben, hoch an, habe aber doch einige Bedenken, ob ich meine Unterschrift unter den Text, der für eine etwaige Veröffentlichung vorgesehen ist, setze. ... Ich habe Angst vor einer nach meiner Auffassung und Selbsteinschätzung unangebrachten publicity. ... Verstehen Sie bitte meine Bedenken.

Ich will Ihnen Ihre Arbeit damit nicht erschweren. Aber ich habe keine Kraft mehr dafür, mich mit Mißhelligkeiten z. B. betr. Nennung von Namen von Persönlichkeiten auseinanderzusetzen, deren Angehörige noch leben. Meine persönlichen Aufzeichnungen sind ebenfalls nur für meine Familie und für solche, denen ich persönlich damit Freude und Hilfe bereiten kann."

Ich antworte ihr ebenso ausführlich, daß ich ihre Bedenken selbstverständlich ernstnehme und daß sie ohne Frage das letzte Wort hat, ob es zu einer Veröffentlichung kommen darf oder nicht. Ich schlage ihr zwei Vorgehensweisen vor, die ermöglichen würden, daß sie geschützt wäre, aber eventuell doch ein Auszug ihrer Aussagen abgedruckt werden könne:

1. *Alle Namen der in ihrem Text erwähnten Personen werden gestrichen oder auf den Anfangsbuchstaben reduziert.*
2. *Der Text insgesamt wird anonymisiert, d. h. sowohl ihr Name als auch sämtliche anderen Personen- und Ortsnamen werden gestrichen.*

Als ich auf diesen Brief zunächst keine Antwort erhalte, rufe ich schließlich besorgt an und erfahre von ihr am Telefon, daß sie gegenwärtig an einer Augenerkrankung litte, deshalb den Brief auch noch nicht habe lesen können, aber dies in einiger Zeit nachholen wolle. Sie muß schließlich sogar einen operativen Eingriff vornehmen lassen, der aber gut abläuft, wie sie mir bald darauf froh und erleichtert berichtet.

Sie schickt mir schließlich ein sorgfältig korrigiertes Exemplar der Niederschrift, in der alle erwähnten Personen anonymisiert sind (außer den eigenen Familienmitgliedern sowie einigen „positiven" Persönlichkeiten, von denen nichts zu befürchen ist). Sie entschließt sich dazu, daß ihr Name genannt und auch zwei Fotos abgedruckt werden dürfen.

Als ich ihr zum Geburtstag gratuliere, reden wir noch einmal sehr ausführlich über einzelne Aspekte jener Zeit, die ihr sehr am Herzen liegen und ihr für das Verständnis jener Zeit bedeutsam sind, so vor allem Verhaltensweisen einzelner anderer Kolleginnen und Kollegen. Sie lädt mich herzlich nach Bremen ein, wenn ich einmal wieder in der Stadt sein sollte.

3.7. Therese Kurka (Jg. 1909), Düsseldorf: Als katholische „politisch unzuverlässige" stellvertretende Schulleiterin an städtischer Berufsschule (bis 1945)

1909:	Geboren in Osterfeld Kreis Oberhausen/Rheinland
1915–1919:	Volksschule in Gleiwitz/Oberschlesien
1919–1925:	Städtische Mittelschule in Gleiwitz/Oberschlesien
1925–1926:	Katholische Frauenschule der „Armen Schulschwestern" in Gleiwitz/Oberschlesien
1926–1928:	Technisches (Lehrerinnen-)Seminar in Gleiwitz/Oberschlesien; 1928 Abschluß mit der Lehrbefähigung in Nadelarbeit und Hauswirtschaft für Volks-, Mittel- und Oberschulen
1928–1929:	Vertretungslehrerin mit voller Stundenzahl am Staatlichen Reitzenstein-Gymnasium in Hindenburg/Oberschlesien
1929–1930:	Praktikum in Hauswirtschaft in Gleiwitz/Oberschlesien als Voraussetzung für das Studium
1930–1932:	Studium der Hauswirtschaft am Gewerbeseminar in Breslau; Examen als Gewerbelehrerin
1932–1939:	Gewerbelehrerin an der Gewerblichen Berufsschule (später Bildungsanstalt für Frauenberufe) in Gleiwitz/Oberschlesien
1939–1945:	Direktor-Stellvertreterin auf Probe an der Bildungsanstalt für Frauenberufe in Gleiwitz/Oberschlesien
1946–1947:	Schulleiterin der Berufsschule in Falkenberg Kreis Torgau/Sachsen
1948–1955:	Gewerbeoberlehrerin an der hauswirtschaftlichen Mädchen-Berufsschule in Düsseldorf
1955–1973:	Direktor-Stellvertreterin mit gelegentlicher selbständiger Leitung der Berufsschule Mettmannerstraße und Siegburger Straße (Elly-Heuss-Knapp-Schule) in Düsseldorf (bis zur Pensionierung mit 64 Jahren)

Elternhaus

Meine Eltern stammten beide aus Schlesien. Mein Vater (Jg. 1881) war als Beamter bei der Reichsbahn beschäftigt. Dies war der Grund, weswegen wir je nach Arbeitsstelle meines Vaters umziehen mußten. Ich wurde in Osterfeld bei Oberhausen geboren, aber schon einige Zeit später wurde mein Vater nach Schlesien versetzt. Auf Drängen meiner Mutter ließ sich mein Vater 1912 nach Gleiwitz in Oberschlesien zurückversetzen, und dort bin ich dann eigentlich aufgewachsen.

Gleiwitz war damals eine Stadt mit etwa 120.000 überwiegend deutschen Einwohnern. Die Mehrheit der Bevölkerung war katholisch. Auf dem Lande, auf den Gleiwitz umgebenden Dörfern, wurde dagegen polnisch gesprochen. Dies galt zum Beispiel auch für meine Großeltern, die wir manchmal am Wochenende auf dem Lande besuchten, und wo ich außer wenigen Brocken nie etwas von der Unterhaltung verstand. Ich habe nie polnisch gelernt, in der Schule schon gar nicht.

Meine Eltern gingen jeden Sonntag in die Kirche. Als wir Kinder, meine beiden Brüder, meine Schwester und ich, noch klein waren, bestellte meine Mutter jeden Sonntagmorgen ein Kindermädchen, damit sie ebenfalls am Kirchgang teilnehmen konnte. Sie war immer eine sehr gute Mutter zu uns. 1914 mußte mein Vater in den Krieg und kam auch erst zum Kriegsende, zum Glück ohne schwere Verwundungen, wieder heim. Ich erinnere noch, wie wir davor, also noch im Krieg, als Vater nicht bei uns war, mit meiner Mutter in der Küche saßen, wir Kinder alle dicht bei meiner Mutter, weil wir große Angst hatten, daß die Russen vom Norden her über die Oder kommen und in Gleiwitz einmarschieren würden. Dazu ist es ja dann nicht gekommen, aber diese Szene sehe ich noch heute vor mir. Da war ich noch ein kleines Kind, gerade in die Schule gekommen.

Über Politik redeten meine Eltern nach meiner Erinnerung zu Hause nicht. Während der Weimarer Republik wurde bei uns ZENTRUM[1)] gewählt. Nach dem frühen Tode meines Vaters 1924 interessierte sich Mutter mehr für öffentliche Dinge; so bestellte sie zum Beispiel eine Tageszeitung, aus der sie uns Kindern dann manchmal vorlas.

Durch die Pension meines Vaters und dadurch, daß meine Eltern ein Mietshaus für 14 Parteien erworben hatten, mußte meine Mutter nach Vaters Tod keine Not leiden.

[1)] Das ZENTRUM (auch: Deutsche Zentrumspartei), 1870 gegründet als politische Interessenvertretung des Katholizismus; ihre Wähler entstammen allen Schichten, wobei nach 1919 sich der Arbeitnehmerflügel verstärkt. Aufgrund der antikapitalistischen und antisozialistischen Grundeinstellung wird das Zentrum zu einem ausgleichenden Faktor, obwohl ab 1925 ein Trend nach rechts deutlich wird; es weist von 1918 bis 1932 annähernd konstante Wahlergebnisse auf und ist bis 1932 an allen Regierungen beteiligt; das Zentrum stellt auch neun der achtzehn Kanzler der Weimarer Republik (u. a. WIRTH, BRÜNING); 1933 ebenfalls aufgelöst (nach GÖBEL 1984, 29–30; vgl. auch Anm. 5 bei L. de PELLEGRINI).

Auch konnte sie sich weiter um uns Kinder kümmern, denn die Hausverwaltung konnte sie so nebenbei machen. Gegenüber dem aufkommenden Nationalsozialismus war Mutter von Anfang an kritisch eingestellt und zeigte dies auch uns gegenüber. Ich werde nie vergessen, wie sie immer rief, wenn GOEBBELS im Volksempfänger zu hören war: „Stellt ihm die Stimme ab!“ Aber das war dann schon später.

Eigene Schulzeit

An meine Volksschulzeit habe ich keine besondere Erinnerung mehr. In den Klassenräumen hing immer ein Kreuz neben dem Kaiserbild, und ich weiß noch heute, wie wunderschön das Kleid aussah, das ich tragen durfte, als Kaisers Geburtstag in der Kirche gefeiert wurde. Ein Kleid mit großen Karos und einer herrlichen Schleife.

Ich ging als Kind gern in die Schule, auch später auf die Mittelschule. Dort hatte ich eine ausgezeichnete, weltoffene Lehrerin, die ich sehr bewunderte. Sie berichtete vor der Klasse von ihren Reisen und war uns Kindern gegenüber immer freundlich und zugewandt. Wir hatten auch drei oder vier jüdische Schülerinnen in der Klasse, aber so etwas wie Antisemitismus gab es bei dieser Frau nicht.

Mein Wunsch Lehrerin zu werden, war schon sehr früh entstanden. Ich weiß noch, wie ich das erste Mal in der Volksschule sah, wie die Lehrerin an der Tafel die Kreide führte – das gefiel mir so gut, daß ich zu gern auch Lehrerin werden wollte. Als die nette Lehrerin eines Tages von meinem Wunsch erfuhr, bestärkte sie mich darin und half mir, die weiteren Wege zu ebnen.

Zunächst besuchte ich die Katholische Frauenschule der „Armen Schulschwestern“ in Gleiwitz, um eine Grundausbildung in den hauswirtschaftlichen Fächern zu erhalten. Diese Schule kannte damals jeder in Gleiwitz. Dort entstand auch mein Plan, später einmal ein „richtiges“ Gewerbelehrerinnen-Studium in Breslau zu absolvieren.

Da ein Studium damals eine teure Angelegenheit war, trat ich 1926 schon mit 17 Jahren auf Anraten einer älteren Mitschülerin in den „Verein katholischer deutscher Lehrerinnen“[2], der damals schon den

---

[2] Verein katholischer deutscher Lehrerinnen (VkdL), 1885 als religiös orientierte Berufsorganisation gegründet, bis 1933 etwa 20.000 Mitglieder; nach 1933 zunächst unter dem Schutz des Reichskonkordats, 1937 jedoch Zwangsauflösung; 1946 Neugründung mit Sitz in Essen (vgl. die Dokumentation: VkdL (Hrsg.): Der Zeit gestellt – 100 Jahre Verein katholischer deutscher Lehrerinnen, Essen 1985. Vgl. auch BÖLLING 1978, 39).

in der Ausbildung Stehenden ein Darlehen gewährte, das später zurückgezahlt wurde. Mit einer Mitschülerin ging ich ab und zu mal zu einer Versammlung des Vereins oder zu Weihnachtsfeiern, die uns sehr beeindruckten.

Lehrerausbildung

Den ersten Teil meiner Ausbildung absolvierte ich von 1926 bis 1928 am Technischen Seminar in Gleiwitz und zwar für die Fächer Nadelarbeit und Hauswirtschaft. Das war eine ganz solide Ausbildung.

Da ich nun für das geplante Studium in Breslau nicht nur vom Darlehen leben konnte und auch meiner Mutter nicht zur Last fallen wollte, die noch meine drei jüngeren Geschwister zu versorgen hatte, entschloß ich mich nun erst einmal dazu, ein Jahr Geld zu verdienen. Ich ging zum Arbeitsamt und erklärte: „Ich mache alles! Ich kann auch im Hotel oder Restaurant arbeiten." Da hatte ich aber das große Glück, daß an der angesehenen Reitzenstein-Schule, einem Gymnasium im benachbarten Hindenburg, gerade eine Hauswirtschaftslehrerin gesucht wurde, und so konnte ich dort ein Jahr als Vertretung arbeiten. Der Oberstudiendirektor, ein respektabler gütiger Herr, der jeden Morgen mit seiner Taschenuhr am Schulportal stand und die Pünktlichkeit persönlich kontrollierte, sagte nachher noch zu mir: „Wenn Sie nun schon die fertige Ausbildung hätten, könnten Sie hierbleiben!" Aber ich wollte ja nach Breslau zum Studium.

Und das Kollegium dieser Schule? Eigentlich war es ein nettes Kollegium. Über Politik wurde in der Schule wenig geredet. Die meisten Lehrkräfte waren katholisch, der Direktor bestimmt ein ZENTRUMS-Mann. Ob es auch Sozialdemokraten unter den Kollegen gegeben hat? Nein, das glaube ich eigentlich kaum. Die Schule galt als „richtig vornehme" Schule. Der Direktor hatte noch uneingeschränkte Macht und nahm natürlich nicht jeden – also nicht jeden Lehrer, auch nicht jeden Schüler. Wir hatten aber zum Beispiel viele jüdische Kinder in der Schule.

Während meines Studiums in Breslau von 1930 bis 1932 war dann doch schon viel vom drohenden Nationalsozialismus zu spüren. Wir hatten zum Beispiel bei einem Regierungsrat Staatsbürgerkunde. Dort sollte eines Tages ein Referat zum Thema „Katholizismus und Nationalsozialismus" gehalten werden. „Kritisch" wollte es der Regierungsrat. Gemeint war natürlich: Kritisch gegenüber dem Katholizismus – und aufgeschlossen gegenüber dem jungen Nationalsozialismus. Ich meldete mich für das Referat, und er gab mir ein Büchlein zur Vorbereitung, daß ich „kritisch" vortragen sollte. Ich konnte daraus entnehmen, daß nach Alfred ROSENBERGS „Mythus“[3] die Kirche vernichtet werden sollte. Dies trug ich dann während des Referats ausführlich vor. Der Regierungsrat stand am Fenster, war sichtlich enttäuscht, die Mehrheit der Mitschülerinnen freute sich. Aber er ließ mich das so machen.

Unter den Studenten der Universität war eine ganz andere Stimmung: Die malten während der Vorlesung Hakenkreuze auf die Tische und waren schon 1930/31 vom Nationalsozialismus „ergriffen“. Eine unangenehme Stimmung!

1931 trat Hitler einmal in der Jahrhunderthalle in Breslau auf. Da ging ich hin, weil ich mich in meiner Ahnung bestärken wollte. Die Halle war brechend voll, großer Jubel überall. Was er geredet hat, weiß ich nicht mehr. Er schrie, und ich weiß noch, wie ich damals dachte, ein Ungeist schwebt um diesen Mann. Ich blieb aber dann doch bis zum Ende der Veranstaltung. Ein Kontra-Zeigen hätte ich mich da nicht getraut.

Als Hitler 1932 bei den Wahlen vorübergehend wieder verloren hatte[4], sagte die Klassenlehrerin zu uns: „Schade, man hätte ihn doch wenigstens probieren lassen können.“ Über sie dachte ich dann: Wie kannst Du nur . . .? Die Arme ist später selbst von den Nazis verhaftet worden.

Lehrererfahrungen

Im Herbst 1932 war ich mit der Ausbildung fertig und stellte mich beim Direktor der Gewerblichen Berufsschule in Gleiwitz vor. Diese Schule war nun im modernisierten Gebäude jener alten Volksschule untergebracht, die ich als Kind selbst einmal besucht hatte. Das ist schon ein Ding, da habe ich in einem Schulhaus mein halbes Leben verbracht . . .

---

[3] ROSENBERG, Alfred (1893–1946), seit 1921 Hauptschriftleiter der NSDAP-Partei-Zeitung „Völkischer Beobachter“; 1930 erschien sein Buch „Der Mythus des 20. Jahrhunderts“ (zuletzt fast 1 Million Auflage), das zu Empörung vor allem in Kreisen der katholischen Kirche führte; ab 1941 Reichsminister für die besetzten Ostgebiete; außerdem war er von Hitler mit dem Aufbau einer „Hohen Schule der Partei“ beauftragt, die aber erst nach dem „Endsieg“ verwirklicht werden sollte; 1946 in Nürnberg als Kriegsverbrecher hingerichtet (nach GAMM 1984, 62 ff.).

[4] Gemeint sind die Wahlen zum Reichstag vom 6.11.1932, bei denen die NSDAP 196 Sitze erhalten hatte, nachdem sie bei den vorangegangenen Wahlen am 31.7.1932 bereits 230 Sitze bekommen hatte. Dies war bereits als „grandioser Erfolg“ gefeiert worden im Gegensatz zu den beiden vorhergehenden Wahlen (14.9.1930: 107 Sitze – 20.5.1928: 12 Sitze).

Es fing aber schwer an: Der Direktor sagte mir erst einmal, daß er nun leider keine Stelle mehr frei habe, ließ sich aber dann schließlich noch dazu bewegen, mir sechs Stunden Unterricht pro Woche zu ermöglichen. Aber davon konnte ich natürlich nicht leben. Also ging ich wieder zum Arbeitsamt.

Dort erhielt ich das Angebot, hauswirtschaftliche Kurse für junge arbeitslose Männer im Gebäude unserer Berufsschule durchzuführen. Die jungen Leute sollten eben nicht den ganzen Tag auf der Straße zubringen müssen, da wurde durchaus auch schon damals etwas dafür getan. Aber gerade ich mit meinen 23 Jahren sollte einer Gruppe von jungen Männern Kochen beibringen? Na, ich hab's gemacht. Wie, weiß ich heute nicht mehr. Ich seh's noch vor mir, wie die Stadt uns für den Kochunterricht irgendwelche Fässer mit Salzheringen anlieferte. Es war sicher gut gemeint, aber die jungen Kerle zogen natürlich erstmal lachend und jeder einen baumelnden Salzhering in der Hand durch das ganze Schulhaus. So fing das an.

Im Januar 1933 war dann die „Machtergreifung“. Ich kann mich nicht mehr erinnern, was ich da persönlich gefühlt habe. Ich weiß nur noch, wie wir am nächsten Morgen alle auf dem Schulhof antreten mußten, alle Lehrerinnen und Lehrer und alle Schüler. Da wurde dann die Hakenkreuzfahne gehißt, Lieder gesungen und immer wieder „Heil Hitler!“ Am verrücktesten gebärdeten sich die Männer, bestimmt ein Drittel hatte sofort ein Parteiabzeichen, viele kamen auch in Uniform.

Die Frauen waren viel zurückhaltender. Aber an irgendwelche Opposition erinnere ich mich nicht. Alle, die nicht dafür waren, hielten sich wohl eher zurück.

Zum Beispiel unser Schulleiter. Vor den Osterferien 1933 machte er mir noch die erfreuliche Mitteilung, daß ich nach den Ferien ein Deputat von insgesamt 13 Stunden erhalten würde. Daraufhin machte ich mit meiner Freundin den ersten kleinen Urlaub meines Lebens. Als ich aus den Ferien zurückkam, erfuhr ich in der Schule, daß unser Direktor als politisch unzuverlässig aus dem Dienst entlassen wäre. Er war ein ZENTRUMS-Mann, ich weiß nicht, warum der gehen mußte. Ich habe ihn später noch einmal besucht in seiner Privatwohnung, denn er durfte auch nicht als Lehrer weiterarbeiten – und da fragte er nur, ob ich keine Angst hätte, ihn in aller Öffentlichkeit zu besuchen.

Er war auch nicht deshalb entlassen worden, weil die Nazis einen der ihren auf die Stelle hieven wollten. Die hatten dafür gar keinen. Nein, seine Stelle blieb zunächst unbesetzt. Der Direktor-Stellvertreter, ein zaghafter Lehrer aus dem Kollegium, der mehrfach recht überfordert war von dieser Aufgabe, eröffnete mir als erstes, daß ich die versprochenen Mehrstunden nicht erhalten könne, weil er diese inzwischen einer anderen Kollegin zugesagt hätte. Darüber war ich natürlich wütend, und wie ich erfuhr, war der anderen Kollegin mit den paar Stunden auch gar nicht geholfen. Das sagte sie selbst zu mir. Ich denke, die Nazis haben diesen Herrn deshalb nie zum Direktor befördert, weil sie ihn durchschaut hatten. Aber sonst riß sich aus dem Kollegium auch niemand um den Posten, weil eben auch viel Arbeit daran hing.

Im gleichen Jahr 1933 wurden wir dann natürlich mehrfach aufgefordert, dem NSLB beizutreten. In unserem Kollegium von etwa 30 Personen waren es nur drei bis vier Frauen, die nicht eintraten. Durch das Reichskonkordat[5)] war unser „Verein katholischer deutscher Lehrerinnen" bis 1937 noch einigermaßen geschützt, wenn auch nicht wenige Kolleginnen vieles auszuhalten hatten, schikaniert, zum Teil auch strafversetzt und nicht befördert wurden. Bis 1936 war noch eine Doppelmitgliedschaft im NSLB und VkdL möglich, danach bis zur Zwangsauflösung[6)] nur ein Entweder-Oder. Ich ging nicht in den NSLB. Bis Ende 1933 waren alle Lehrer unserer Schule auch in der Partei, von den Frauen etwa die Hälfte. Aber obwohl meine Haltung bekannt war, wurde ich 1934 mit einer vollen Stelle eingestellt. Ich hatte Glück – viele andere in gleicher Situation erhielten keine Anstellung.

Inzwischen war die Schulleitung einem Herrn aus „dem Westen", Parteigenosse natürlich, übertragen worden, der aber wie 1938 sein Nachfolger, ebenfalls aus „dem Westen", auf politischem Gebiet dem Kollegium gegenüber ziemlich zurückhaltend blieb.

Wie es nun kam, daß ich mich nicht begeistern konnte an der „neuen Zeit"? Von der Einstellung meiner Mutter hatte ich schon berichtet. Dies war sicher nicht ohne Bedeutung. Wichtiger wurden im Laufe der Zeit die Schulungen durch unseren Verein, die etwa einmal im Monat stattfanden. Dort wurde klar ausgesprochen: Der Nationalsozialismus macht die katholische Kirche kaputt. Hinzu kam, daß die jeweils Vortragenden doch überwiegend kluge und feine Menschen waren, die uns differenziert informierten, was wohltuend abstach von der sonst üblichen Propaganda. Jedenfalls hatten wir keine Illusionen mehr, daß der Nationalsozialismus unseren Verband weiter bestehen lassen würde.

Als der „Verein kaltholischer deutscher Lehrerinnen" 1937 per Erlaß aufgelöst wurde, bin ich eines Tages von unserer Diözesan-Vertreterin

---

5) Am 20.7.1933 wird das REICHSKONKORDAT zwischen der deutschen Regierung und dem Vatikanstaat geschlossen: Darin erkennt der Papst als erster internationaler Vertreter die Hitler-Regierung an, Hitler hingegen sichert den Schutz der katholischen Kirche und ihrer Einrichtungen in Deutschland zu.

6) Nach der Zwangsauflösung des VkdL am 23.8.1937 erfolgte in vielen Landesteilen neuerlicher Druck zum Eintritt in den NSLB (vgl. Abb. 33).

und Landesvorsitzenden von Schlesien, Frau Maria LABRYGA zu einem Gespräch eingeladen worden, bei dem auch unsere 1. Vorsitzende Maria SCHMITZ[7] aus Berlin anwesend war. Ich weiß noch, wie ich bei mir dachte: „Die wollen was aus dir machen!"

Frau LABRYGA war ehemaliges Mitglied des Provinzial-Landtags und wurde wegen ihrer antinationalsozialistischen Einstellung von der Mittelschulrektorin zur Lehrerin degradiert. Die gesundheitlichen Folgeschäden führten zur vorzeitigen Pensionierung. Sie informierten mich nun über die neue Situation nach der Zwangsauflösung unseres Vereins, und Frau SCHMITZ ermutigte uns, in unserer Arbeit nicht nachzulassen.

Wir, d. h. unser Verein, hielten dann unter anderem Schwestern-Arbeitskreise im Gebäude der ehemaligen Katholischen Frauenschule ab. Da es in anderen Kreisen zu vereinzelten Verhaftungen gekommen war, paßte unsere Pförtnerin immer am Schultor auf, wenn wir beisammen waren, um uns notfalls zu warnen, wenn die Gestapo käme.

Wir hatten für diesen Fall einen Fluchtweg aus dem Zeichensaal über den Speicher vereinbart. Aber zum Glück wurden wir verschont. Ich hatte bei diesen Treffen eine besondere Funktion, weil ich als inzwischen beförderte Direktor-Stellvertreterin Zugang zu allen neuen Erlassen und Bestimmungen hatte und zuweilen dadurch die Schwestern informieren konnte, was demnächst wieder auf sie zukäme.

Aber jetzt muß ich noch einmal zurück in der Geschichte, um zu erzählen, wie ich denn nun auch noch zur Schulleitung kam.Im Jahre 1939 war unsere Schule so gewachsen, daß die Behörde beschloß zu teilen in eine Jungen- und eine Mädchen-Abteilung von je mehreren hundert Jugendlichen im Alter von 14 bis 18 Jahren. Obwohl ich mich überhaupt nicht beworben hatte, teilte mir eines Tages der zuständige Oberregierungsrat mit, daß ich zum nächsten Termin die Leitung der Mädchen-Abteilung zu übernehmen hätte – zunächst für ein halbes Jahr als Direktor-Stellvertreter auf Probe. Ich freute mich darüber gar nicht besonders, denn es war mit ungeheuer viel Mehrarbeit verbunden. Ich bin sicher, daß dies keine der anderen Kolleginnen machen wollte. Nach einem halben Jahr mußte ich wieder zum Oberregierungsrat. Meine Beförderung auf Probe wurde um ein weiteres halbes Jahr verlängert. Ich weiß noch, wie mir da rausrutschte: „Leider!" Ich blieb bis zum Schluß auf Probe – a. Pr. wie es hieß –, weil ich mich weigerte,

[7] SCHMITZ, Maria (1875–1962), 1916–1953 erste Vorsitzende des Vereins katholischer deutscher Lehrerinnen (mit offiziell ruhender Geschäftstätigkeit von 1937–1945), 1919 als ZENTRUMS-Abgeordnete Mitglied der Nationalversammlung in Weimar.

in die Partei einzutreten. Deshalb wurde ich eines Tages schließlich zum NSDAP-Kreisleiter von Gleiwitz bestellt, der mir eröffnete: „Es geht doch nicht, daß jemand Schulleiter ist, der nicht in der Partei ist!" Ich sagte, daß ich auch bereit wäre, wieder als Lehrerin zu arbeiten. Als er darauf nicht einging, sondern mir nahelegte, dann doch wenigstens nicht soviel „in die Kirche zu rennen", da platzte mir der Kragen und ich sagte zu ihm: „Ich denke, Sie brauchen jeden Mann für den Krieg! Können Sie mir mal erklären, wer denn da soviel Zeit hat, mir hinterher zu schnüffeln?"

Das sagte er mir natürlich nicht, im Grunde wollte ich es auch gar nicht wissen. Das Denunziantentum war etwas Schlimmes geworden.

Es gab halt auch unter unseren Glaubensbrüdern und -schwestern einige, die dem Druck nicht stand hielten, sicher noch andere, die aus freien Stücken zum Nationalsozialismus überliefen. Das ist bekannt. Aber wenn Sie mich fragen, warum, dann kann ich nur sagen, daß ich denke, daß diese Menschen einfach nicht genügend Vertrauen hatten in ihren Glauben, die waren nicht genügend verwurzelt und fielen dann eben um ... Viele hatten große Angst ...

Sie fragen, was aus den jüdischen Schülerinnen und Schülern geworden ist? Ich muß ehrlich sagen, ich weiß es nicht. Sie verschwanden eher still, es waren ohnehin nur wenige. Man fragte nicht nach. Ich weiß, daß wir noch bei einem Juden kauften, nachdem dies schon verboten war. Aber auch nicht mehr offen im Laden. Dieser Händler war dann auch bald weg, ebenso eine jüdische Familie in der Straße, die Tochter war bis zu ihrem Schulabschluß bei mir in der Klasse gewesen. Ich glaube, diese Familie konnte noch auswandern.

Am Tag nach der „Kristallnacht" kam meine Mutter aufgeregt und empört vom Wochenmarkt heim, dem gegenüber in Gleiwitz die Synagoge gestanden hat, die nun ebenfalls in Brand gesteckt worden war. Wir sind da aber nicht mit reingezogen worden. Auch später, als die wenigen noch verbliebenen Juden den gelben Stern tragen mußten, so ab 1941, da hat mir das leid getan. Aber wir haben nichts gemacht ...

Persönlich besonders empört war ich über das, was einer meiner Schülerinnen sozusagen vor meinen Augen zustieß. Es handelte sich um die Nichte von Frau LABRYGA, Bärbel, die ich in Geschichte und Staatsbürgerkunde unterrichtete. Ja, diese Fächer habe ich unterrichtet. Bärbel war eine kluge und engagierte Schülerin und hatte auf Grund ihrer Klassenarbeiten und nach der Zensurenkonferenz in beiden Fächern eine 1 erhalten. Daraufhin erhielt ich einen Anruf von dem schon erwähnten Oberregierungsrat, der wissen wollte, ob die Zensuren so wirklich gerechtfertigt wären. Offensichtlich hatte sich jemand beschwert. Ich sagte: „Ja, das hat sie verdient!" Kurz darauf erhielt ich eine Vorladung zum Ministerialrat nach Kattowitz. Dort führte wieder mein Oberregierungsrat das Gespräch. Als ich ihn fragte, wie er denn Zensuren, die von der Konferenz verabschiedet worden seien, weiter anzweifeln könne, meinte er in Beziehung auf die 1 in Betragen: „Würden Sie auch einer Schülerin, die sechs silberne Löffel gestohlen hat, eine 1 geben?“ Damit spielte er wohl auf die Gesinnung von Bärbel an, die eben auch ihre eigene Meinung hatte. Es kam bei diesem Gespräch aber gar nichts raus, die Zensuren blieben so auf dem Zeugnis. Es war offenbar, daß die Partei auf alle Angehörigen politisch „verdächtiger“ Personen ein wachsames Auge hatte.

Das schlimmste kam nun aber im Jahre 1944: In einem Pausengespräch mit anderen Schülerinnen, in dem das Thema „Polnische Partisanen“ war, von denen einige in der Gegend verschiedentlich aufgespürt worden waren, hatte Bärbel gesagt:

„Was wollt ihr eigentlich? Das sind doch im Grunde auch Vaterlandsverteidiger!“ Daraufhin waren zwei Mädchen, wie mir eine Kollegin später berichtete, aus der Pause verschwunden und erst später wieder im Unterricht erschienen. Noch am gleichen Vormittag kam diese Kollegin plötzlich in meinen Unterricht in einer anderen Klasse und erzählte aufgeregt, daß gerade die Gestapo dagewesen wäre und Bärbel abgeholt hätte. Ich war außer mir und wies sie empört zurecht, wieso sie dies zugelassen hätte, denn die Gestapo hätte sich zumindest erst bei der Schulleitung anmelden müssen. Ich weiß noch, wie ich sagte: „Das durften Sie nicht, das Mädchen einfach rausgeben!“ Die Schülerinnen jener Klasse waren damals so um die 18 Jahre alt.

Am Abend waren die Eltern bei mir in der Wohnung, und wir bemühten uns gemeinsam am Telefon, Bärbel freizubekommen. Der Vater war ein bekannter Mann, der Direktor eines Bergwerks, aber alles, was wir versuchten, war vergeblich. Erst nach elf Tagen wurde sie aus der Gestapo-Haft entlassen. Sie kam von da an nicht mehr in die Schule. Die Eltern erzählten mir später, daß sie nach „modernen“ Methoden – mit Lautsprechern und Scheinwerferblendungen Tag und Nacht – verhört worden war, aber offensichtlich zum großen Glück nicht viel herausgekommen war.

Die Schule lief dann auch nicht mehr lange. Ich werde nie den letzten Schultag vergessen: Das war der 19. Januar 1945. Die Russen schossen schon in den Straßen von Gleiwitz – und ich rannte mit der Kochgeldkasse der Schule zur Sparkasse, weil ich das ganze Geld wenigstens noch ordentlich abliefern wollte. Die Sparkasse war aber längst zu. Später ist das ganze Geld in einem Koffer verbrannt. Unser Wohnhaus wurde von den Russen damals auch in Brand gesteckt. Wir konnten aber woanders unterkommen. Im Februar brach ich mir nun auch noch ein Bein, wodurch alle Fluchtpläne erstmal durchkreuzt waren, weil ich nicht transportfähig war.So blieb ich mit meiner Schwester in einem Zimmer einer bereits verlassenen Wohnung. In all der Zeit haben die

Russen uns nichts getan. Wenn mal einer in unser Zimmer kam und mich dort mit meinem geschwollenen Bein liegen sah, verschwand der gleich wieder, weil die Russen natürlich auch Angst vor Krankheiten hatten.

Am 8. Mai 1945 lag ich wegen meiner Gehunfähigkeit auf dem Balkon in der Sonne und schaute den sowjetischen Soldaten zu, die den Sieg über Nazi-Deutschland feierten. Meine Schwester jammerte damals noch: „Ach, die haben unser Haus angesteckt, jetzt sind wir arm und haben nichts mehr, ist das schrecklich!“ Aber ich sagte schon damals zu ihr: „Aber wir sind doch jung – und wir leben! Und endlich, endlich ist der Nazi-Schrecken vorbei!“

Im Oktober konnte ich immer noch keinen Schuh anziehen, ich hatte ja nie einen ordentlichen Gips-Verband erhalten. Eines Tages kam ein freundlicher russischer Offizier zu uns und warnte uns, daß am nächsten Morgen die Polen kommen würden und die Erlaubnis zu plündern hätten. Wir sollten nun doch lieber sehen, daß wir davonkämen und uns wenigstens noch wichtige Dinge für die Reise mitnehmen. Ich packte also einen kleinen Rucksack mit Lebensmitteln und ein kleines Köfferchen mit allen wichtigen Papieren und Dokumenten. Nachdem ich fertig gepackt hatte, wurde mir klar, daß ich wegen eines kranken Fußes und einer Armverletzung vom Vorjahr doch nur eines von beidem würde mitnehmen können. Ich entschied mich für den Rucksack.

Nach 1945

Den ersten Teil unserer Vertreibung durch die Polen legten wir auf einem Eisenbahn-Viehwagen zurück. Ich sehe noch heute das Schild vor mir: Zugelassen für 10 Rinder oder 30 Schweine. Wir waren genau abgezählt 113 Menschen.

Über einige Umwege kam ich schließlich mit meiner Schwester bis Torgau an die Elbe. Noch immer wegen meines Beines in Hausschuhen meldete ich mich dort bei der zuständigen Stelle Anfang 1946 und fragte nach Arbeit als Lehrerin. Da ich weder im NSLB noch in der Partei gewesen war, wurde ich sofort der Gewerblichen Berufsschule in Torgau zugeteilt. Dort angekommen, teilte mir der Schulleiter mit, daß er bereits genug Lehrkräfte habe. Auch der schriftliche Bescheid der zuständigen Behörde nutzte nichts. So wurde ich schließlich beauftragt, im Nachbarort Falkenberg die dortige Berufschule zu eröffnen. An diese Aufgabe machte ich mich mit großer Freude und wurde dort die Schulleiterin.

1947 erhielt ich von Maria SCHMITZ, die beim Wiederaufbau des VkdL erneut zur 1. Vorsitzenden gewählt worden war, einen Brief, in dem sie mir vorschlug, Direktorin einer großen Schule in Düsseldorf zu werden, weil die amtierende Direktorin eine Nachfolgerin suchte. Ich weiß noch, wie ich als erstes dachte: In den Westen – mit einem Mantel und einem Paar Schuhen? Nein, das kannst du nicht! Ich schrieb also erst einmal ab und nahm mir vor, in einer der nächsten Ferien nach Düsseldorf zu fahren, um mir die Schule anzuschauen.

Dazu hatte ich dann in den folgenden Sommerferien Gelegenheit. Die Schulleiterin, die dort inzwischen eingesetzt worden war, begrüßte mich und meinte, daß noch jederzeit eine Stelle als Lehrerin für mich an der Schule frei wäre. Als sie dann aber meinte: „Bleiben Sie doch einfach gleich hier!“, da habe ich gesagt: „Aber ich habe doch nichts verbrochen in Falkenberg! Außerdem habe ich den Schulschlüssel und wenn, dann kündige ich ordentlich!“ Sie wollte aber inzwischen schon den notwendigen Antrag auf Entnazifizierung stellen.

So ganz ordnungsgemäß ging es dann aber doch nicht, wie ich es mir gewünscht hatte. Ende 1947 erhielten eines Tages der Zahnarzt, der Pfarrer und ich plötzlich Vorladungen von den damaligen Sicherheitsbehörden. Ich weiß gar nicht mehr genau, wie die hießen, aber eben so etwas wie politische Polizei. Da der Pfarrer gerade im Begriff war, zu einer Tagung in den Harz aufzubrechen, schloß ich mich ihm an, ohne der Vorladung Folge zu leisten und meldete mich dann einige Tage später in Düsseldorf. Zum 1. Januar 1948 fing ich dann offiziell als Lehrerin an der Mädchen-Berufsschule in Düsseldorf an. 1955 wurde ich dort zur Direktor-Stellvertreterin befördert, übrigens wiederum ohne mich zunächst selbst dafür beworben zu haben. Diese Tätigkeit übte ich bis zu meiner Pensionierung im Jahre 1973 mit 64 Jahren aus.

Nach meiner Pensionierung widmete ich mich dann noch einmal der Arbeit in unserem Verein: Von 1975 bis 1985 war ich Vorsitzende der Abteilung für Berufsbildende Schulen, und noch heute gehöre ich dem Hauptverband im „Verein katholischer deutscher Lehrerinnen“ an.

Abb. 30: Die „große“ Schwester Therese (9) mit Eltern und Geschwistern auf einem Sonntagsausflug in der Nähe von Gleiwitz im Jahre 1918.

Abb. 31: Die Lehrerin Therese KURKA (23) Weihnachten 1932 in Gleiwitz (vorne neben der Mutter).

Abb. 32: Therese KURKA (76) in Düsseldorf Anfang 1986.

Nationalsozialistische Deutsche Arbeiterpartei

Gau: Bayerische Ostmark — **Kreisleitung Kronach**

Amt für Erzieher
NS.-Lehrerbund
Kreisamtsleitung Kronach

Fernruf Nr. 355
Bankkonto:
Bezirkssparkasse Kronach Nr. 1168 u. Nr. 1446

Abtl. Weibl. Erziehung

Kronach, den 19.Hornung 1938

Liebe Berufskameradin!

Laut Erlaß des Reichsministers Rust wurde dem NSLB die gesamte weltanschauliche und fachliche Schulung der gesamten Erzieherschaft übertragen. Alle Erzieher und Erzieherinnen ,also auch die Nichtmitglieder des NSLB haben sämtliche Schulungsveranstaltungen des NSLB zu besuchen. Auf diesen Erlaß hin hat nun der Reichswalter des NSLB, Gauleiter Wächtler angeordnet,daß all jenen Erziehern und Erzieherinnen ,die wegen Zugehörigkeit zu konfessionellen Lehrer-und Lehrerinnenverbänden aus dem NSLB ausgetreten sind,nunmehr die Möglichkeit gegeben werden soll,freiwillig dem NSLB neu beitreten zu können. Ich setze Sie von dieser Anordnung in Kenntnis mit dem Beifügen,bei mir bis 1.März 1938 einen Aufnahmeschein anzufordern. Sollte dies bis zu diesem Tag nicht geschehen sein,so muß ich melden,daß Sie von der Möglichkeit der Aufnahme in den NSLB keinen Gebrauch machen wollen.

Den Erhalt dieses Schreibens möchten Sie mir bitte umgehend bestätigen.

Heil Hitler!

Kreisref.f.weibl.Erziehung.

Abb. 33: Nach Auflösung des VkdL am 23. August 1937 erfolgte in vielen Landesteilen neuerlicher Druck zum Eintritt in den NSLB.

Reflexion zur Begegnung mit Therese Kurka

Persönliche Begegnungen: 3 Stunden (bei 1 Treffen)
Ort der Begegnung: Restaurant in Düsseldorf
Telefonate: 2
Briefe: 3

1. Kontaktaufnahme

Aus der Literatur war mir die Opposition katholischer Lehrerinnen und Lehrer vor allem im Zusammenhang mit Protesten gegen die Anordnung auf Entfernung der Kreuze aus den Klassenzimmern aus dem Jahre 1936 bekannt geworden (vgl. Dokument 29 im Teil II dieses Buches). Besonders Walther UHLE wies mich auf die Veröffentlichung seines inzwischen verstorbenen Freundes Johannes GÖKEN hin (GÖKEN 1948) mit den Worten: „Von den katholischen Lehrern wollten sich viele nicht beugen damals, ganz feine Menschen darunter, müßte auch noch viel bekannter werden.“

Die wenigen in der Literatur benannten Namen führen jedoch zu keinen Gesprächsmöglichkeiten – sofern sie bis zu einer konkreten Anschrift verfolgt werden können, enden alle mit dem Hinweis der Angehörigen, daß der bzw. die Betreffende bereits verstorben sei.

So wandte ich mich schließlich an den Pressereferenten der Deutschen Bischofskonferenz, der mich an die Kommission für Zeitgeschichte in Bonn weiterverwies. Dort erhielt ich den Hinweis, mich an den „Verein katholischer deutscher Lehrerinnen“ zu wenden, der im Rahmen seines 100jährigen Jubiläums im Jahr 1985 gerade eine ausführliche Dokumentation vorgelegt habe.

Die Bundesvorsitzende des VkdL, Frau Marilone EMMERICH, die mir umgehend ausführliches Material zur Verfügung stellte und sich hilfreich um die Vermittlung eines Gesprächskontaktes bemühte, mußte zunächst schreiben: „Meine Nachforschungen, um Ihnen für Ihr Projekt behilflich zu sein, haben bestätigt, wie bedauerlich es ist, daß die ganze Arbeit nicht etliche Jahre früher in Angriff genommen wurde. Auch die Kollegin, die ich ursprünglich ins Auge gefaßt hatte, ist gesundheitlich nicht mehr in der Lage, ein Interview zu geben.“ Schließlich kann sie mir nach vorheriger Rücksprache die Bereitschaft von Therese KURKA übermitteln.

Bei meinem ersten Anruf ist Frau KURKA bereits weitgehend über mein Anliegen vorinformiert. Sie ist zunächst unsicher, ob das, was sie zu berichten in der Lage ist, überhaupt zu meinem Thema paßt: Sie habe zwar die Verhaftung einer ihrer Schülerinnen miterleben müssen und dagegen protestiert und sei selbst wegen des verweigerten Eintritts in NSLB und Partei nie zur Schulleiterin ernannt worden, aber dies sei ja doch noch lange kein Widerstand. Da stimme ich ihr zu, erkläre ihr jedoch mein besonderes Interesse an jenem Bereich zwischen Widerstand und Anpassung. Nun glaubt sie schon, mir einiges berichten zu können. Da sie etwas außerhalb von Düsseldorf wohnt, und dies ihrer Meinung nach schwer zu erreichen sei, schlägt sie vor, daß wir uns in einem Restaurant in der Nähe des Düsseldorfer Hauptbahnhofs treffen sollten. Sie kenne dieses Restaurant, und dort könne man ungestört in einem Hinterzimmer reden.

2. Erste Begegnung

Als ich zur verabredeten Zeit im Restaurant eintreffe, ist Frau KURKA bereits dort und hat uns auch eine ungestörte Ecke reserviert. Sie habe sich extra ein Taxi genommen, damit sie auch sicher pünktlich sei.

Sie ist sehr zugewandt und interessiert, erzählt zunächst von ihren Aktivitäten für den VkdL. Dann möchte sie wissen, wer denn die Forschungsarbeit finanzieren würde und ob ich denn von so einer Summe überhaupt leben könne. Sie wirkt selbstbewußt und engagiert, ohne dabei bestimmend zu erscheinen.

Sie hat nicht prinzipiell etwas gegen eine Tonband-Aufnahme, mir scheint jedoch, daß es ihr lieber wäre, wenn ich erstmal nur schriftliche Aufzeichnungen anfertigen würde. Ich bohre nicht nach und beginne meine Notizen.

3. Gesprächseindrücke

Sie erzählt ruhig und frei, antwortet auf alle Fragen ausführlich, ohne abzuschweifen. Bei vielen Jahreszahlen ist sie unsicher, dies solle später noch einmal überprüft werden. Während des Erzählens fallen ihr zunehmend weitere Einzelheiten ein, die dadurch das Berichtete weiter präzisieren. Sie findet sich mehr und mehr ein in die damalige Zeit, die Stimmung jener Zeit, das Erzählen beginnt ihr sichtlich Freude zu machen. An bestimmten Stellen entwickelt sie ansteckenden Humor, nicht selten an Stellen, die in bezug auf ihre eigene Situation eher ernst oder gar bedrohlich sind (z. B. der Beinbruch bei Kriegsende). Durchweg ernst berichtet sie dagegen von Ereignissen, die für andere Menschen schlimm waren (z. B. die Verhaftung der Schülerin). Sie bleibt während des gesamten Gesprächs nah an ihren eigenen Gedanken und Gefühlen. Nachfragen, z. B. in bezug auf das weitere Schicksal jüdischer Schülerinnen, beantwortet sie kurz, jedoch ohne spürbare emotionale Beteiligung.

Während des gesamten Gesprächs trinkt sie ein kleines Kännchen Tee, sämtliche Einladungen für weiteres schlägt sie dankend ab. Trotz einer gewissen Erschöpfung nach fast drei Stunden Gespräch fallen ihr immer noch neue Einzelheiten ein, dann auch zunehmend aus der Nachkriegszeit. Obwohl wir beide den Eindruck äußern, daß das Wichtigste berich-

tet sei, zögern wir den Abschied so lange hinaus, bis wir das Hinterzimmer, das nun von anderen benötigt wird, schließlich verlassen müssen. Sie zahlt ihren Tee mit den Worten: „Ich zahle als Frau selbst!" Bei meiner Frage, ob ich sie fotografieren dürfte, sichert sie mir zu, daß sie lieber in Ruhe ein Foto machen lassen möchte und mir dies dann zusenden würde, ebenso Fotos von früher, nach denen sie suchen werde. Als ich ihr anbiete, sie zur Straßenbahn zu begleiten, mit der sie heimfahren will, lehnt sie dies dankend ab: „Laufen Sie man lieber zu, damit Sie Ihre Bahn nach Hamburg noch bekommen."

4. Weitere Entwicklung

Wenige Tage, nachdem ich ihr die Niederschrift unseres Gesprächs zugesandt habe, schickt sie eine gewissenhaft korrigierte und um alle Jahreszahlen ergänzte Fassung unterschrieben zurück. Einige Stellen, wo wörtliche Rede spürbar ist, werden von ihr in „richtiges Deutsch" verändert, ebenso einige, ihr möglicherweise im Nachhinein zu persönlich wirkende Anmerkungen zum VkdL, eine Stelle dazu ist ganz gestrichen.

Im Begleitbrief schreibt sie, daß sie sich auf das versprochene Belegexemplar der Arbeit freue.

3.8. Katharina Provinzki (Jg. 1905) Berlin/ West:

Als Lehrerin und Kindergartenleiterin an Erzieherschule (bis 1942) und an Dorfschule (bis 1945) bei den Quäkern engagiert.

1905:	Geboren in einer Kleinstadt in der Provinz Posen
1911–1921:	Höhere Augusta-Mädchenschule (später Lyzeum) in Gleiwitz/Oberschlesien
1921–1922:	Lehrerinnenseminar am Oberlyzeum in Berlin-Pankow (1 Jahr)
1922–1923:	Kindergärtnerinnen-Seminar am PESTALOZZI-FRÖBEL-Haus in Berlin (mit Abschluß)
1923–1925:	Als Kindergärtnerin bei der Familie HALLE in Berlin (2 Jahre)
1925:	Praktikantin am PESTALOZZI-FRÖBEL-Haus in Berlin (1/2 Jahr)
1925–1929:	Als Kindergärtnerin in mehreren Kindererholungsheimen an verschiedenen Stellen in Deutschland
1929–1930:	Als Erzieherin am Fabrik-Kindertagesheim der Jute-Heimstätte in Harburg an der Elbe (1 Jahr)
1930–1931:	Praxis-Anleiterin an der Kinderpflegerinnen-Schule in Harburg (2 Jahre)
1931–1932:	Als Kindergärtnerin in einer amerikanischen Familie in Berlin (1 Jahr)
1932–1933:	Zweite Ausbildung als Jugendleiterin (heute Sozialpädagogin) am PESTALOZZI-FRÖBEL-Haus in Berlin (Examen: Herbst 1933)
1934–1942:	Leiterin eines Seminarkindergartens sowie (ab 1937) Lehrkraft am PESTALOZZI-FRÖBEL-Haus in Berlin
1943–1945:	Volksschullehrerin in Maifritzdorf/Schlesien
1946:	Lehrkraft am PESTALOZZI-FRÖBEL-Haus in Berlin
1947–1949:	Pädagogische Leiterin in einem Nachbarschaftsheim der Quäker in Berlin-Nikolassee
1950–1965:	Nach einem Lehrgang am Institut für Psychotherapie Tätigkeit in einer Erziehungsberatungsstelle in Berlin-Kreuzberg
1965–1967:	Aufbau und Leitung einer Kindertagesstätte in Berlin-Kreuzberg bis zur Pensionierung (mit 62 Jahren)

Elternhaus

Mein Vater war Prokurist, aber ich habe ihn nie kennengelernt, da sich meine Eltern nach meiner Geburt scheiden ließen. Als ich vier Jahre alt war, heiratete meine Mutter erneut, und dieser zweite Mann wurde mein eigentlicher Vater. Wir wohnten ab dann in Gleiwitz, wo er Ingenieur bei den oberschlesischen Hüttenwerken war. Dies war ein großes Glück, denn dies galt als ein kriegswichtiger Betrieb, so daß Vater nicht zum 1. Weltkrieg eingezogen wurde.

Obwohl die Bevölkerung in Gleiwitz überwiegend katholisch war, gehörten meine Eltern zum evangelischen Glauben. Sie waren beide politisch sehr interessiert, verstanden sich als Demokraten und wählten später in der Weimarer Republik auch Deutsche Demokratische Partei[1]. Es gab politische Gespräche bei Tisch, und oft hörte ich meine Eltern sich am Abend noch über politische Dinge unterhalten, wenn ich schon im Bett lag. Mutter erzählte manchmal von ihrem Großvater, der bei den „48ern" engagiert gewesen war: Der hatte ein Großbauunternehmen, und als die Revolution dann nach 1848/49 gescheitert war, bekam er keine Aufträge mehr vom Staat. Da ist er dann nach Rußland gegangen, nach Russisch-Polen, wie es damals hieß und baute Brücken über die Weichsel. Nein, Mutter war schon stolz auf diesen Großvater.

Eigene Schulzeit

Ich muß Ihnen ehrlich sagen: Ich bin immer gern in die Schule gegangen. Wir hatten auf dieser Höheren Mädchenschule in Gleiwitz auch mehrere Lehrkräfte, die es verstanden, einen spannenden Unterricht zu machen. Als ich später in Berlin auf dem Oberlyzeum war, da war es im Vergleich zu Gleiwitz richtig langweilig, das erstaunt Sie, nicht? Aber es war so . . .

Natürlich war alles kaisertreu und vaterlandsliebend. Was mußten wir da aber auch für von Patriotismus nur so strotzende Gedichte auswendig lernen. Also, die kann ich heute noch. Darf ich Ihnen nur mal eine Strophe sagen? Das ging so:

> Heil Dir, WILHELM, mächt'ger Kaiser
> ahnenvererbte Lorbeer-Reiser
> kränzen Schlachtschwert Dir und Thron.
> Doch nicht nach dem Ruhm der Schlachten
> nach dem Ölzweig wollt'st Du trachten,
> Frieden war Dein Ziel und Lohn.

---

[1] DDP (Deutsche Demokratische Partei) vgl. Anm. 1 bei Jizchak SCHWERSENZ.

Das hieß natürlich früher „Frieden *ist* Dein Ziel ...“, aber es war doch nun schon 1. Weltkrieg, und so hatten unsere Lehrer das einfach geändert. Im Schulbuch stand's noch im Präsens.

Ich weiß noch, wie wir Schülerinnen unseren Schuldirektor nach dem Ende des Weltkrieges fragten, was die ganzen neuen Parteien denn nun bedeuten würden. Und das hat er uns dann alles genau erklärt: Wie die alle heißen – also Deutschnationale, Demokraten usw. – und was die wollten. Bei uns zu Hause wurde natürlich auch wieder viel von Politik geredet, so Namen wie LIEBKNECHT, EBERT, SCHEIDEMANN[2)], die waren mir geläufig durch die Gespräche meiner Eltern.

Pädagogische Ausbildung

Zunächst wollte ich nun Lehrerin werden, d. h. nicht unbedingt Lehrerin, aber es sollte eine Arbeit mit Lebendigem sein. Das hätten damals auch gern Tiere sein können. Es war dann ein Vorschlag meiner Mutter, Lehrerin zu werden, und da ich Onkel und Tante in Berlin-Pankow in der Nähe des Oberlyzeums hatte, wo man eine Lehrerinnen-Ausbildung absolvieren konnte, ging ich 1921 mit 16 Jahren nach Berlin.

Diese Großstadt allein war natürlich ein Erlebnis – was hatte ich am Anfang für eine Angst vor dem U-Bahn fahren! – aber nach einem Jahr Ausbildung erklärte uns das Arbeitsamt, wir würden wohl kaum noch eine spätere Einstellung als Lehrerinnen bekommen, sondern müßten zum Beispiel dann eher zur Bank, doch das hatte ich nun gerade nicht gewollt. So brach ich diese Ausbildung ab und ging an das PESTALOZZI-FRÖBEL-Haus in Berlin, um dort eine Ausbildung als Kindergärtnerin zu absolvieren. Und das war genau richtig: Dort war es interessant und lebendig! Einmal das Fachliche: Wir haben sowohl Texte von PESTALOZZI, FRÖBEL oder COMENIUS[3)] gelesen, als dies auch immer an konkreten Fallbeispielen anzuwenden gelernt. Na, und dann die Zusammensetzung der Seminarklasse selbst: Da waren junge Kommunistinnen, aber auch konservative Mädels, was gab es da für lebendige Diskussionen!

---

2) LIEBKNECHT, Karl (1871–1919) wurde als Führer des Spartakusbundes am 15.1.1919 von Freikorps-Offizieren ermordet (vgl. Walter UHLE, Anm. 6);
EBERT, Friedrich (1871–1925), ab 1913 SPD-Vorsitzender, 1919–1925 Reichskanzler (vgl. Walther UHLE, Anm. 4);
SCHEIDEMANN, Philipp (1865–1939), SPD-Politiker, rief am 9.11.1918 die deutsche Republik aus, wurde 1919 Ministerpräsident, mußte 1933 emigrieren.

Nach meinem Examen als Kindergärtnerin ging ich für zwei Jahre in die Familie HALLE. Dort habe ich noch einmal ungeheuer viel lernen dürfen. Dort war auch mein erster Kontakt mit den Anschauungen der Quäker überhaupt. Aber das wußte ich zunächst gar nicht. Ich weiß noch, wie ich manchmal gedacht habe: Was mag die Familie HALLE eigentlich sein? Evangelisch sind sie nicht, katholisch nicht, jüdisch auch nicht. Bis ich dann eines Tages beim Staubwischen einmal eines der „Monatshefte der deutschen Freunde", also die Quäkerzeitung fand, und was dort stand, hat mich beeindruckt. Da las ich dann: „Die Wahrheiten Gottes sind größer als alle menschlichen Erklärungen. Deswegen haben wir kein Glaubensbekenntnis." Der Glauben von uns Quäkern wird deshalb auch „Religion ohne Dogma" genannt, weil wir meinen, daß kein Mensch etwas glauben *muß*, sondern wichtiger ist, daß er sich darum bemüht, das zu leben, woran er glaubt[4].

HALLES waren damals selbst noch keine Quäker, sie sind erst 1925 der Gemeinschaft beigetreten, bei mir selbst hat es sogar noch bis 1937 gedauert.

---

3) PESTALOZZI, Johann Heinrich (1746–1827), schweizerischer Pädagoge und Sozialreformer, dessen Erziehungsideal einer „Menschenbildung von Kopf, Herz und Hand" auf die Entwicklung der Volksschule in vielen Ländern großen Einfluß hatte;
FRÖBEL, Friedrich W. A. (1782–1852), deutscher Pädagoge, der nach gemeinsamer Arbeit mit PESTALOZZI die Kindergartenbewegung gründete, die besonderen Wert auf die Entwicklung der Kreativität bei Kindern legte;
COMENIUS, Johann Amos (1592–1670), tschechischer Gelehrter, Bischof und Pädagoge, der durch die Religionskriege in Böhmen und Polen zweimal Familie und Besitz verlor; mit der 1632 (zunächst in tschechischer Sprache) erschienenen „Didacta Magna" (Große Unterrichtslehre) schuf er ein Werk, in dem er durch Vernunft die Friedensfähigkeit des Menschen stärken wollte.

4) Die Zahl der deutschen Quäker wird für 1933 mit 230 Mitgliedern angegeben (zum Vergleich: in den USA 100.000 Mitglieder), davon gehören allein 50 Menschen zur Berliner Gruppe der Quäker. Von den deutschen Quäkern sind während der NS-Zeit 19 in KZ, Zuchthaus oder Gefängnis gewesen, 10 verloren ihren Arbeitsplatz, weitere 13 wurden von der Gestapo verhört, 5 versteckten über längere Zeiträume Verfolgte, ein Quäker verweigerte den Wehrdienst, ein jüdisches Mitglied wurde umgebracht. 1947 erhielten die internationalen Quäker den Friedensnobelpreis (nach HALLE 1984, 164).

Gerhard HALLE[5], der Vater der Familie, ist ein gutes Beispiel dafür, wie man seinen Glauben leben kann. Er war noch im 1. Weltkrieg Berufs-Offizier gewesen und kam dann erschüttert und als überzeugter Kriegsgegner 1918 zurück. Er hat während der Weimarer Republik mehrfach seine Stelle aus eigenen Stücken gewechselt, als er feststellte, daß seine Fabrik oder Firma in irgendeinem Zusammenhang mit der Rüstungsindustrie stand. Das war für die Familie nicht immer leicht. Noch 1931 ist Herr HALLE als überzeugter Pazifist mit einem befreundeten englischen Quäker in Frankreich auf einer Vortragsreise gewesen und hat sich dort bei den Franzosen für seine Tätigkeit als Offizier im 1. Weltkrieg entschuldigt. Er war da an irgendwelchen Sprengungen beteiligt gewesen. Und später, noch während der Nazizeit, da hat er als einer der ganz wenigen den Wehrdienst verweigert. Ich weiß nicht mehr genau, wann das war, es muß noch vor Kriegsbeginn gewesen sein, da wurde er zur Musterung bestellt und hat dort gesagt: „Ich war im 1. Weltkrieg Offizier, ich kann das nicht noch mal machen. Wenn Sie mich einziehen, werde ich Selbstmord begehen, denn Folterungen bin ich nicht gewachsen." Die ganze Familie hatte dann natürlich immer große Angst, wenn es irgendwann klingelte, besonders nachts, weil sie immer dachten: Jetzt wird Vater abgeholt. Als Staatsfeinde waren sie wegen des Engagements bei den Quäkern ohnehin schon eingestuft. Aber darauf komme ich später noch mal, da ich von Juni 1938 bis 1941 noch einmal bei den HALLES wohnte, und so alles hautnah mitbekam.

Nun, im Jahre 1925, ging ich aber zunächst noch einmal als Praktikantin ans geliebte PESTALOZZI-FRÖBEL-Haus und arbeitete danach einige Jahre als Erzieherin und Kindergärtnerin in mehreren Kindererholungsheimen in landschaftlich schön gelegenen Orten in Deutschland. 1929 verschlug es mich dann nach Harburg an die Elbe, das gehörte damals noch nicht zu Hamburg, sondern zu Preußen, wo ich später meine erste Lehrtätigkeit an einer Kinderpflegerinnen-Schule ausübte. 1931 arbeitete ich für ein Jahr in der Familie eines amerikanischen Quäkers, der – von Beruf Journalist – damals im Berliner Quäkerbüro tätig war. Da war von Hitler und den Nazis schon einiges in Berlin zu spüren. In der Familie lief jeden Abend das Radio, und alle Nachrichten wurden aufmerksam verfolgt, natürlich auch in Sorge über die sich abzeichnende Entwicklung. Von 1932 bis Herbst 1933

---

[5] HALLE, Gerhard (1893–1966), ab 1912 Berufsoffizier, ab 1918 Student des Ingenieurwesens, 1920–1923 Gründung und Mitarbeit in einer sozialistisch-reformierten Landsiedlung in Bayern, 1925 Gründungsmitglied der deutschen Quäker, nach Arbeitslosigkeit ab 1927 Beamter bei einer Berufsgenossenschaft, 1933 als Pazifist entlassen, nach 1945 leitender Angestellter der Stadtverwaltung in Berlin (nach schriftlicher Auskunft der Tochter Anna Sabine HALLE vom 22.2.1986).

machte ich eine zweite Ausbildung als Jugendleiterin – heute würde man sagen als Sozialpädagogin – am PESTALOZZI-FRÖBEL-Haus. Und das fiel nun bereits mitten in die „neue Zeit“.

Am 30. Januar, als die Nachricht von Hitlers großem Triumph kam, habe ich gedacht: Das darf nicht wahr sein! Auch an unserer Schule, dem Pestalozzi-Fröbel-Haus, war keine begeisterte Stimmung. Dadurch und eben auch durch die Kontakte zu den Quäkern hatte ich schon früh andere Wegweiser. Ich denke manchmal, daß ich es deshalb möglicherweise auch leichter hatte als viele andere damals, die solche Wegweiser nicht hatten. Hitler, wissen Sie, das kam für mich nie in Frage. Ich habe damals immer SPD gewählt, noch im März 1933. Bei den späteren Wahlen gab's nur noch ja und nein. Da hab' ich dann wenigstens immer nein angekreuzt. Heute wähle ich die Grünen, das ist unter 80jährigen auch nicht so häufig, nicht?

Ich will Ihnen aber noch ein konkretes Beispiel aus der Schule berichten: Wir hatten bei uns eine sehr geachtete Lehrerin, eine Doktorin, so zwischen 40 und 50 Jahre alt, der wurde nun bald nach der Machtergreifung mitgeteilt, daß sie demnächst zur Entlassung käme. Sie teilte uns Schülerinnen der Jugendleiterinnen-Klasse dies auch offen mit und sagte dabei zu uns: „Ich werde in den verbleibenden Wochen nun ausschließlich noch Themen unterrichten, von denen Sie danach nie wieder etwas hören werden!“ Als sie dann im April 1933 die Schule verlassen mußte, wurde ich von der gesamten Klasse beauftragt, ihr einen Abschiedsbrief zu schreiben, wie sehr wir ihr Fortgehen bedauern würden. Wir haben sogar noch einen Antwortbrief bekommen. Im Juni 1933 hat sie Deutschland verlassen, ich weiß aber nicht, was weiter aus ihr geworden ist.

Ich erhielt nach abgeschlossener zweiter Ausbildung von der Direktorin des Hauses, Frau Dr. Hedwig KOCH, die Anfrage, ob ich bereit sei, die Leitung eines Seminarkindergartens zu übernehmen. Da habe ich sofort zugesagt.

Erfahrungen als Lehrerin

Es ist bezeichnend für diese Frau, aber auch für die Atmosphäre des gesamten Hauses, daß Frau Dr. KOCH nie in die Partei eingetreten ist. Sie durfte dann auch nach 1945 weiter die Leitung des Hauses behalten, das war doch schon sehr selten.

Der Vorsitzende des „Berliner Vereins für Volkserziehung“, der Träger des PESTALOZZI-FRÖBEL-Hauses war, war dagegen der Pg (Parteigenosse) S., der gleichzeitig Gauleiter der NSV (Nationalsozialistische Volkswohlfahrt) von Groß-Berlin war. Mit dem gab es ab und zu mal Auseinandersetzungen, aber das Heft hatte doch Frau Dr. KOCH in der Hand. Ich erinnere zum Beispiel, wie er eines Tages Frau Dr. KOCH Vorhaltungen machte, weil sie den STÜRMER, dieses Hetzblatt der Nazis, nicht in der Schule aufhängte. Sie sagte daraufhin: „Ich kann den jungen Mädchen doch nicht diese Zeitung hinhängen!" Schließlich erhielt sie dann aber eine Dienstanweisung, die sie zum Aushang dieses Blattes verpflichtete, und wissen Sie, wo das dann hing? Im Treppengang zum Keller, wo ohnehin niemand hinsah. Aber auch die Kolleginnen im Lehrkörper, die in die Partei eintraten, sind nicht alle über einen Kamm zu scheren. Wir hatten zum Beispiel ein Fräulein B., also sowas von Pg konnte man sich nur wünschen! Die war eher ein Schutz für unsere Einrichtung. Wenn sie zum Beispiel die Leitung unserer Konferenz hatte, dann wurde da nicht anders verfahren als sonst auch und das hieß, *nicht* nach dem Führerprinzip! Bei uns wurde auch nach 1933 demokratisch abgestimmt. Sie sagte dann manchmal freundlich: „Wir kommen vom Liberalismus nicht los!" Wenn das Hitler gewußt hätte ...

Dieses Fräulein B. wurde nach Kriegsende nicht wieder eingestellt, sondern suchte sich dann eine andere Tätigkeit. Das war im Grunde nicht richtig, sie war ein feiner Mensch. Viele andere, die nach 1945 entlassen waren, kamen nach einigen Jahren wieder zurück an unser Haus.

Mich fragte unsere Direktorin auch eines Tages schließlich, ob ich nicht wenigstens in das Frauenwerk, den Zusammenschluß aller Frauenverbände, eintreten könne. Die NS-Frauenschaft wollte sie mir schon gar nicht zumuten. Aber ich konnte das nicht, und sie hat das auch akzeptiert. Das wäre wohl woanders nicht möglich gewesen.

1937 bin ich stattdessen in die Gemeinschaft der Quäker eingetreten. Da war ich 32 Jahre alt. Zu dieser Zeit existierte bereits seit zwei Jahren bei den Berliner Quäkern eine Jugendgruppe[6)], die sich vor allem aus

---

[6)] Die Zusammensetzung der Jugendgruppe der Berliner Quäker wird von dem ehemaligen Mitglied Anna Sabine HALLE (Jg. 1921) mit „8 Quäkerkindern, 13 kamen aus SPD-Kreisen, und 25 waren ‚rasseverfolgt'" – insgesamt also mit 46 Jugendlichen angegeben. Erwähnenswert ist auch, daß das Projekt einer Jugendgruppe vom obersten Entscheidungsgremium der Quäker, dem Arbeitsausschuß der deutschen Jahresversammlung, in bezug auf ideelle und finanzielle Förderung abgelehnt worden war, so daß dies die Berliner Quäker in eigener Verantwortung durchführen mußten. Gemäß den Quäkerüberzeugungen – Toleranz gegenüber jedermann, Abbau von Rassen- und Klassenunterschieden, vor allem aber die Ablehnung der Todesstrafe und des Krieges – hatte die Berliner Monatsversammlung der Quäker bereits am 2.2.1933 eine Spende für das soeben von der SA demolierte Antikriegsmuseum des revolutionären Pazifisten Ernst FRIEDRICH in der Parochialstraße in Berlin beschlossen (nach HALLE 1982, 2–6).

Jugendlichen zusammensetzte, die aus politisch oder „rassisch“ gefährdeten Elternhäusern kamen. Nur ein Jugendlicher war meines Wissens nicht unmittelbar bedroht. Es war zum Beispiel auch Hella REUTER, die Tochter des späteren Regierenden Bürgermeisters Ernst REUTER[7], in unserer Gruppe. 1938 wurde ich vom Quäkerbüro dann gefragt, ob ich als Ältere bereit wäre, die Leitung unserer Gruppe zu übernehmen, nachdem der bisherige Leiter Willy WOHLRABE nicht mehr zur Verfügung stand. Zu der Zeit bestand bereits die Quäkerschule Eerde[8] in Holland, die dort 1934 unter der Leitung der Frankfurter Schulrätin Katharina PETERSEN[9], die 1933 beurlaubt worden war, weil sie den Eid auf das NS-Regime verweigert hatte, eröffnet worden. Auch dort wurden in erster Linie wieder gefährdete, vor allem jüdische Kinder und Jugendliche aufgenommen.

Ich übernahm dann die Gruppe, die zu diesem Zeitpunkt aus etwa 20 Jugendlichen bestand und sich jeden Montagabend 2–3 Stunden traf.

---

7) REUTER, Ernst (1889–1953), Dr., nach zweimaliger Verhaftung durch die Gestapo Annahme einer Professur für Kommunalwissenschaften in Ankara/Türkei; als SPD-Politiker ab 1948 Oberbürgermeister und 1951–1953 Regierender Bürgermeister von Berlin (West).

8) Reformpädagogische Quäkerschule Eerde (1934–1942) für politisch und rassisch verfolgte Kinder und Jugendliche, untergebracht im Schloß Eerde des holländischen Barons van PALLANDT in Ommen/Holland. In einem Text der Schule aus jener Zeit heißt es: „Aufbauend auf dem deutschen Geistesgut und anknüpfend an die Erfahrungen der besten deutschen Landerziehungsheime, wollen wir erziehen zu freien, aufrechten Menschen voll Verantwortungsgefühl und Gemeinschaftssinn.“ Nach der Besetzung Hollands durch die Wehrmacht 1940 ist es nicht mehr gelungen, alle bedrohten Schüler vor dem Zugriff der Gestapo zu retten, nur einige konnten von holländischen Freunden versteckt werden (vgl. FEIDEL-MERTZ 1983, 151–167; HALLE 1984, 165; BUDDE 1986, 50–55).

9) PETERSEN, Katharina (1889–1970), Lehrerin, ab 1922 Schulleiterin in Kiel, ab 1932 Regierungs- und Schulrätin in Frankfurt/Oder, 1933 Verweigerung des NS-Amtseides, statt daraus resultierender Rückstufung im Amt Wahl einer Beurlaubung bis 1938, 1934–1938 Aufbau und Leitung der Quäkerschule in Eerde/Holland, danach Rückkehr nach Deutschland und Leitung eines Internates in Hamburg bis zur Evakuierung nach Schlesien; nach 1945 von Kultusminister Adolf GRIMME als Ministerialrätin ins Kultusministerium nach Hannover berufen, 1954 Pensionierung, weiter Mitarbeit bei UNICEF und UNESCO sowie in Frauenverbänden und der SPD, Ehrung durch „Order of British Empire“ und „Großes Bundesverdienstkreuz“ (nach FEIDEL-MERTZ 1983, 155/246).

Wir haben dort zusammen gelesen, gespielt, gesungen. Über Politik wurde bei uns nicht geredet [10]. Die Sorgen der Jugendlichen waren übergroß, so kam es uns darauf an, wenigstens einmal in der Woche unbeschwert zusammen sein zu können. Immer öfter mußten wir ohnehin Abschied feiern. Allerdings konnten zumindest für alle jüdischen Jugendlichen nach und nach Auswanderungen nach Holland oder England erreicht werden. Das heißt für alle bis auf ein Mädchen, die Lore TROPLOWITZ. Da sagten die Eltern: Nein, wir bleiben zusammen! Da ist dann später die ganze Familie deportiert worden und umgekommen.

Sie fragen, was wir gelesen haben? Wir haben zum Beispiel von Albert SCHWEITZER gelesen "Aus meiner Kindheit und Jugend" (1924), das hat die Jugendlichen angesprochen [11]. Ich weiß noch, wie wir mal einen Abend heiß über die Frage diskutiert haben: Muß man seinen Eltern dankbar sein? Es waren Themen, die die jungen Menschen, wie andere in dem Alter auch, bewegten. Wenn Sie jetzt fragen, ob wir

[10] In den Rundbriefen der Quäker-Jugendgruppe sind Aussagen dokumentiert, die die positive Stimmung der Gruppe, aber auch deren Not beschreiben: „Ich bin dankbar für jeden Tag, an dem ich mich noch in Ruhe meiner Arbeit, meinen nächsten Menschen und mir selbst widmen kann" (1941); „Wir können es oft nicht mit ansehen, daß wir zur Passivität verurteilt sein sollen. Und so müssen wir an uns selbst, als der kleinsten Zelle der Gemeinschaft arbeiten, damit ein neuer Geist in die Welt kommt" (1941).
Das ehemalige Mitglied der Jugendgruppe, Anna Sabine HALLE (1982², 9–10) erinnert auch einen direkten Zusammenstoß mit einer HJ-Gruppe. Zu Pfingsten 1937 hatte die Gruppe aus zumeist 16jährigen Jugendlichen, zu denen damals auch ein gelähmtes Mädchen gehörte, die in einem Handwagen gezogen wurde, einen Ausflug zum Grundstück einer verfolgten Pädagogin nach Finkenkrug bei Berlin gemacht. Dort wurde die Gruppe von einer HJ-Abteilung überfallen, die danach die SA rief. Frau HALLE berichtet weiter: (Ein SA-Führer) „... ließ uns mehrere Stunden lang durch die Straßen bis zum Polizeirevier in Spandau marschieren. Unterwegs zogen sie einem Mitglied von uns unter Gebrüll ‚das braune Ehrenkleid' aus (gemeint war das HJ-Hemd, das er bei uns ohne Abzeichen trug). Die Polizisten waren nicht unfreundlich, zogen die Liederbücher, das Braunhemd sowie das Quäkerbuch ‚Christliches Glauben und Denken' ein und entließen uns dann nachts. Wie wir mit dem gelähmten Mädchen im Handwagen in die Stadt zurückkehren sollten, kümmerte sie nicht."

[11] Frau HALLE erinnert nach über 50 Jahren vor allem noch die folgende Stelle aus Albert SCHWEITZERS „Aus meiner Kindheit und Jugend" (1924, S. 63):
„Das Wissen vom Leben, das wir Erwachsenen den Jugendlichen mitzuteilen haben, lautet also nicht: ‚Die Wirklichkeit wird schon unter euren Idealen aufräumen', sondern: ‚Wachset in eure Ideale hinein, daß das Leben sie euch nicht nehmen kann'."

nach der sogenannten Reichs-Kristallnacht über diese Ereignisse sprachen, dann kann ich mich daran nicht erinnern. Ich weiß es einfach nicht mehr, glaube aber fast nicht. Sehen Sie, diese Zusammenkünfte zwischen „Ariern“ und „Nichtariern“ waren doch damals ohnehin schon verboten. Diese Jugendlichen waren so belastet, daß es uns freute, ihnen wenigstens einmal in der Woche etwas Entspannung zu ermöglichen. Das ist auch zumeist gelungen. Manchmal fast „zu gut“: Ich sehe noch vor mir, wie die Jugendlichen nach den Abenden manchmal an der Straßenlaterne, die vor dem Hofeingang stand, die zu unserem Quäkerbüro führte, noch fröhlich zusammen waren, lachten und sich gar nicht trennen konnten. Ich dachte dann oft mit bebendem Herzen: Kinder, Ihr seht doch so jüdisch aus, wenn Euch nun jemand zusammenstehen sieht und anzeigt, geht doch bloß nach Hause! Ich habe aber nichts gesagt, das habe ich nicht übers Herz gebracht.

Zuletzt, das war im Frühjahr 1942, waren wir nur noch 5 oder 6 Jugendliche, alle jüdischen Jugendlichen hatten bereits auswandern können. Da wurde ich sehr krank und konnte die Gruppe nicht weiter leiten. Zum Glück hatten die wenigen Verbliebenen fast alle das Alter erreicht, um in die Gruppe der 20- bis 25jährigen „Quäkerjungfreunde“ aufgenommen zu werden.

Wir Älteren vor allem hatten natürlich doch große Sorgen, daß uns die Gestapo eines Tages verhaften würde, zumal sie am Tage zuweilen im Büro auftauchte, um alles mögliche zu kontrollieren. Aber auf unseren abendlichen Treffen sind wir in all der Zeit verschont geblieben.

Dagegen fallen mir noch zwei Geschichten aus dem PESTALOZZI-FRÖBEL-Haus ein, die ich Ihnen noch gern berichten möchte. Von der positiven Atmosphäre in dieser Schule habe ich ja schon berichtet. Zum Beispiel wurde bei uns auch nicht – einzige Ausnahme war der Beginn des Unterrichts – mit „Heil Hitler!“ gegrüßt. Weder wenn sich Schülerinnen noch Lehrkräfte auf dem Flur begegneten, das gab es nicht. Aber zweimal erlebte ich doch Konflikte.

Das erste Ereignis muß etwa um die Zeit 1935/36 gewesen sein. Da hing in meinem großen Kindergartenraum noch von meiner Vorgängerin so eine kleine Postkarte mit einem Foto von Hitler. Außerdem hing ein großes Madonnenbild an der Wand. Bei einer Hospitation durch den schon erwähnten NSV-Gauleiter wurde ich daraufhin gefragt, ob ich katholisch sei. Ich antwortete: „Nein, aber das Madonnenbild verbreitet eine angenehme, andächtige Atmosphäre.“ Er teilte mir dann mit, daß das Madonnenbild zu entfernen sei und dafür ein angemessenes Hitlerbild aufgehängt werden müsse. Als ich dies unserer Pg, Fräulein B., berichtete, beschlossen wir: Das wollen wir gern schriftlich von dem haben! Zu mir sagte sie ausdrücklich: „Ich stehe hinter Ihnen, wenn es Schwierigkeiten gibt.“ Das hat er dann aber nicht gemacht. Schließlich bekam ich die Auflage, ein Hitlerbild anzuschaffen, das genauso groß war wie das Madonnenbild. Da bin ich dann los und habe für 25 Mark – eine Menge Geld damals – so eins mit Silberrahmen gekauft. Darauf war Hitler aber kaum zu sehen, weil im Vordergrund ein Kind abgebildet war, zu dem er sich herunterbeugte. Das hing nun im Klassenzimmer.

Der zweite Konflikt hingegen war ernster: Ich erhielt eines Tages, so um 1941 muß das gewesen sein, eine Vorladung zum Gau-Hauptpersonalamt. Dort wurde mir eröffnet: „In Ihren Akten taucht immer wieder der Vermerk auf, daß Sie mit Staatsfeinden verkehren!" Ich wohnte doch ab Juni 1938 wieder zur Untermiete bei den HALLES. Dann fuhr er fort: „Ziehen Sie dort aus, oder Sie verlieren Ihre Stellung!" Da habe ich geantwortet: „Wenn Sie nun einmal einen Freund haben, dann lassen Sie den doch auch nicht im Stich?" Ich durfte dann wieder abziehen. Wenn der gewußt hätte, daß ich diese Jugendgruppe leite, dann wäre ich sicher dran gewesen. Aber da bin ich mir sicher, das haben die auf dem Amt nicht gewußt. Das kann ich mir nicht vorstellen. Wenn ich heute daran denke, dann habe ich manchmal Angst, was da alles hätte passieren können. Damals nicht, da habe ich gedacht: Das ist nun meine Aufgabe ...

Als ich nun im Frühjahr 1942 so krank geworden war, da riet mir die Kollegin Fräulein B. noch: „Lassen Sie sich ohne Gehalt beurlauben, und kommen Sie erst einmal wieder zu Kräften." Das habe ich dann auch gemacht. Ich bin zu meinen Eltern nach Schlesien gefahren, die hatten in der Stadt Reichenstein ein Haus gemietet. Eines Tages kam ich auf die Idee, den dortigen Schulrat zu fragen, ob er nicht bei den Kleineren eine Stelle für mich hätte, denn es fehlten damals viele Lehrer. So wurde ich noch von 1943 bis Januar 1945, bis die Russen kamen, im Nachbarort Maifritzdorf Volksschullehrerin für ein 3./4. Schuljahr: 60 Kinder waren dort in der Klasse. Aber diese Aufgabe hat mir Freude gemacht, ich brauchte bei den Kleinen auch nicht aufpassen wegen irgendwelcher gefährlicher Äußerungen. Ich war froh, daß ich nicht Politik oder Geschichte bei den Großen unterrichten mußte. Das hätte ich nicht gekonnt.

Als die Russen dann einmarschierten, ging es zunächst noch. Bei uns war ein deutschsprechender Offizier, der seine Leute im Griff hatte. Aber nach vier Wochen verließen die Russen unser Dorf, und Polen, die selbst aus Galizien vertrieben worden waren, durften sich nun bei uns bedienen. Viele konnten fliehen, aber ich hatte mich um meine Mutter und eine Freundin von ihr zu kümmern, die doch schon alt waren und nicht so einfach mehr losmarschieren konnten. So mußten wir noch bis April 1946 in Reichenstein bleiben, bis wir dann mit einem Zug in ein Vertriebenenlager nach Norderney auf die Nordsee-Insel transportiert wurden. Bis dahin hatte ich in Reichenstein bereits wieder mit einigen Kindern, die so im Dorf rumstreunten, begonnen,

Schule zu machen, damit sie und ich etwas zu tun hatten. Die mochten das gern. Schon nach kurzer Zeit waren da so viele Kinder, daß ich einen Raum im Gasthof bekam, um den Unterricht zu machen. Aber das ging natürlich nur bis April 1946.

Nach 1945

1946 unterrichtete ich zunächst wieder im PESTALOZZI-FRÖBEL-Haus. Es waren vorerst noch alle Kolleginnen, die in der Partei gewesen waren, entlassen, so herrschte großer Mangel.

1947 wurde ich gebeten, in einem Neighbourhood-Centre, einem Nachbarschaftsheim der Quäker in Berlin-Nikolassee, die Leitung der Kinderarbeit zu übernehmen.

Die schönste Tätigkeit durfte ich dann nach einem Lehrgang am Institut für Psychotherapie in der Erziehungsberatungsstelle Berlin-Kreuzberg ausüben: Ich machte dort therapeutische Arbeit mit verhaltensgestörten Kindern, eine ungemein spannende und befriedigende Tätigkeit. Dies tat ich über 15 Jahre, bis ich gebeten wurde, 1965 beim Aufbau einer Kindertagesstätte in Berlin-Kreuzberg zu helfen. Ich habe die andere Arbeit nur ungern verlassen, aber es war für eine absehbare Zeit. Ab 1957 lebte ich auf Vermittlung der Familie HALLE mit der Kollegin und Quäkerfreundin Elisabeth ABEGG[12)] in ihrer Wohnung in Berlin-Tempelhof zusammen – bis zu ihrem Tod im Jahre 1974. Der Grund meines Umzuges war zunächst banal, denn Elisabeth ABEGG hatte damals schon eine Wohnung mit Zentralheizung. Wir haben uns dann aber sehr gut verstanden. Sie war eine ungemein gutherzige und kluge Persönlichkeit, die es auch verdient, in Ihrer Arbeit erwähnt zu werden.

---

12) ABEGG, Elisabeth (1882–1974), Dr., Studienrätin, über ihre umfängliche Tätigkeit für verfolgte Menschen vgl. den Bericht von Jizchak SCHWERSENZ, Anm. 18.

Abb. 34: Katharina PROVINZKI (34, 1. von rechts) als Leiterin der Jugendgruppe der Berliner Quäker mit einem Teil der Jugendlichen im Jahre 1939 zu Besuch im Quäker-Erholungsheim in Bad Pyrmont. Dabei ist auch die 17jährige Anna Sabine HALLE (3. von rechts).

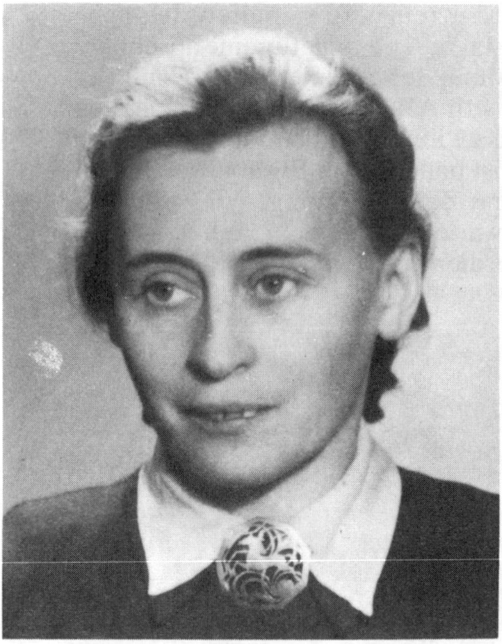

Abb. 35: Katharina PROVINZKI (39) im Jahre 1944 als Lehrerin in Maifritzdorf/Schlesien.

Abb. 36: Katharina PROVINZKI (80) Anfang 1986 in Berlin.

Reflexion zur Begegnung mit Katharina Provinzki

Persönliche Begegnungen: 2 1/2 Stunden (bei 1 Treffen)
Ort der Begegnung: Privatwohnung von Katharina Provinzki
Telefonate: 3
Briefe: 3

1. Kontaktaufnahme

Aus der Literatur war mir bekannt, daß es neben jener Minderheit oppositionell eingestellter Kolleginnen und Kollegen in der evangelischen und der katholischen Kirche auch noch andere religiös orientierte Gruppen gab, die nicht selten in ihrer Gesamtheit von den Nazis als „Volksschädlinge" eingestuft wurden. Ich entschied mich für eine Spurensuche bei den Quäkern, weil mir bekannt war, daß trotz ihrer insgesamt relativ kleinen Zahl doch ein hoher Anteil von Pädagoginnen und Pädagogen unter ihnen engagiert war. Durch die Arbeiten von Hildegard FEIDEL-MERTZ und ihrer Kollegen über „Schulen im Exil" (FEIDEL-MERTZ 1983) wußte ich von der wertvollen pädagogischen Betreuung gefährdeter deutscher Kinder in England – in Holland durch die Quäkerin Katharina PETERSEN und in Frankreich durch den Quäker Pitt KRÜGER sogar durch eigene Schulgründungen. Wie verhielten sich aber die Lehrerinnen und Lehrer unter den Quäkern, die nicht ins Exil gehen wollten oder konnten?

Bei meiner Suche nach Lebensdaten der bei den Quäkern engagierten, 1940 entlassenen und leider bereits verstorbenen Studienrätin Elisabeth ABEGG, erhielt ich aus Israel, wo sie nach dem Kriege für ihr Verhalten geehrt worden war, den Hinweis auf Frau Anna Sabine HALLE, die als „Beauftragte für die Dokumentation der religiösen Gesellschaft der Freunde (Quäker)" in Berlin (West) tätig sei. Der Name von Frau HALLE ist mir bereits aus verschiedenen zeitgeschichtlichen Veröffentlichungen bekannt, in denen sie vor allem von der Arbeit einer Jugendgruppe der Berliner Quäker berichtet, der sie selbst damals angehört hat (HALLE 1980/1982[2], 1984, 1985). In ihrem Antwortschreiben schließt sie mit den Worten: „Erlauben Sie mir bitte noch eine persönliche Bemerkung: Meine Mutter (wir sind sogenannte „Arier") war jahrelang engste Mitarbeiterin in unserem internationalen Sekretariat, also in der ‚Judenhilfe'. Die Dankbarkeit von Geretteten hat sie, hat uns Quäker nie vergessen lassen, wie unzureichend unser Bemühen war. Dies ist auch ein Grund, warum ich das Wort ‚Widerstand' vermeide. Aber Ihre Bezeichnung ‚aufrechter Gang' nehme ich dankbar entgegen." – Nach einem Telefonat lädt sie mich zu einem persönlichen Gespräch nach Berlin ein und will sich auch umgehend um die Vermittlung von Gesprächskontakten bemühen, besonders denkt sie hierbei an Frau PROVINZKI, die ab 1938 die benannte Jugendgruppe leitete.

Als ich mich bei Frau PROVINZKI nach einem kurzen Anschreiben telefonisch melde, um wegen eines Gespräches anzufragen, ist sie schon ausführlich von Frau HALLE informiert und „selbstverständlich und gern bereit“.

2. Erste Begegnung

Frau PROVINZKI lebt in einem anthroposophischen Wohnheim, wo sie selbständig kocht, aber doch eine gewisse Betreuung erfährt. Nach einer kurzen Information über meine Arbeit sowie meine Erfahrungen als Sonderschullehrer, die sie aufgrund eigener jahrelanger Arbeit mit verhaltensgestörten Kindern interessieren, wartet sie auf meine konkreten Fragen. Gegen eine Tonbandaufzeichnung hat sie keine Bedenken.

3. Gesprächseindrücke

Wir beginnen mit der Erstellung einer Zeittafel ihres Lebenslaufes, was sich als nicht ganz leicht herausstellt, da sie viele Stationen erlebt hat, die nur ganz kurz waren oder ihr heute nicht mehr bedeutsam erscheinen. Wir beschließen dann doch eine zumindest zeitlich lückenlose Aufstellung der wichtigsten Phasen ohne jeweils immer alle einzelnen Orte zu benennen.

Als ich danach etwas besorgt äußere, ob sie dies nun nicht übermäßig angestrengt habe, entgegnet sie, daß dies doch „gar nichts“ gewesen sei. Wie in einer Bestätigung dieses Satzes beginnt sie ab dann auf meine Fragen ruhig und konzentriert zu antworten, ohne auch nur einmal abzuschweifen. Im Gegenteil fragt sie eher manchmal von sich aus: „Das ist doch aber im Grunde nicht wichtig, nicht?“

Als ich während des Gespräches erfahre, welche persönlichen Risiken sie mit der Leitung der Jugendgruppe auf sich genommen hatte, frage ich sie, warum Frau HALLE sie namentlich bisher nicht in ihren Berichten erwähnt habe. „Das weiß ich auch nicht“, antwortet sie ohne jeden Groll auf die „Anni“, die sie mehrfach positiv nennt: „Ach, ich kenn' doch die Anni noch als ganz kleines Mädchen!“ Als ich wenige Tage später Frau HALLE in einem ungewöhnlich offenen und vertrauensvollen Gespräch – auch über ihre eigenen Erfahrungen als häufig in Anspruch genommene Zeitzeugin (vgl. auch S. 57 f.) – danach frage, gibt sie dieses Versäumnis unumwunden zu: „Wissen Sie, diese ganze Arbeit der Dokumentation, die ich als heute 65jährige Frau allein und ehrenamtlich mache, führt einfach immer wieder zu Unvollständigkeiten, was ich selbst zutiefst bedaure.“ Nachdem ich von all ihren Aktivitäten in bezug auf die Vermittlung von Kenntnissen über die Nazi-Zeit erfahren habe, bin ich im Gegenteil eher betroffen davon, wieviel diese Frau seit vielen Jahren (nicht zuletzt in jener Zeit als nur höchst geringes öffentliches Interesse herrschte) leistet.

Frau PROVINZKI berichtet während der ganzen Zeit mit gleichbleibender Ruhe und Konzentration. Sie läßt sich auch durch eine Besucherin, die offensichtlich unangemeldet zwischendurch erscheint, nicht ablenken, sondern erklärt kurz, weswegen sie im Moment leider nicht könne und fährt dann im Bericht fort.

Noch am gleichen Tag sucht sie mir einige Fotos heraus sowie einen Text über ihre Freundin Elisabeth ABEGG, den ich zum Kopieren mitnehmen kann unter der Zusicherung, ihn gleich danach noch zurückzubringen. Zum Fotografiertwerden ist sie nur bereit, weil dies auch bei den anderen Befragten erfolgt ist. Auch sie möchte keinesfalls irgendeine Sonderstellung.

4. Weitere Entwicklung

Die Korrektur des niedergeschriebenen Textes kann sie wegen einer Grippe-Erkrankung zunächst nicht ausführen. Danach sendet sie mir einige, ausschließlich sachliche Fehler oder Mißverständnisse betreffende Korrekturen. Alle persönlichen Schilderungen eigener Gedanken oder Gefühle bzw. im Hinblick auf andere erwähnte Personen dürfen so stehen bleiben.

Ihr Begleitbrief schließt mit dem Satz: „Es ist gut und verdienstvoll, wenn Menschen, die diese Zeit damals nicht erlebt haben, durch solche Arbeiten etwas davon zugänglich gemacht wird.“

3.9. Hildegard Thate (Jg. 1900), Hamburg: Als reformpädagogisch engagierte Volksschullehrerin an staatlichen Großstadtschulen (bis 1945)

1900:	Geboren in Hamburg
1907–1971:	Lyzeum im Hamburg
1917–1921:	Oberlyzeum und Seminarklasse der Klosterschule in Hamburg
1921–1926:	Angestellte Lehrerin in Volksdorfer Privatschule
1926:	Einige Wochen ohne Anstellung
1926–1928:	Mehrere Vertretungslehrer-Stellen, gleichzeitig drei Semester Studium der Fächer Deutsch, Geschichte und Philosophie an der Universität Hamburg
1928–1933:	Volksschullehrerin an der öffentlichen Gemeindeschule in Hamburg-Volksdorf
1933–1942:	Versetzung an die ehemalige Gemeindeschule in Hamburg-Berne (ab August 1933)
1943–1945:	Strafversetzung an die Volksschule in Hamburg-Farmsen
1945–1963:	Volksschullehrerin in Hamburg-Berne
1963:	Vorzeitige Pensionierung aus Gesundheitsgründen (mit 63 Jahren)

Elternhaus und eigene Schulzeit

Mein Großvater war einer der ersten Fotografen in Hamburg und konnte dadurch ein recht großes Geschäft aufbauen. Mein Vater, der das Geschäft übernahm, hatte bereits mit ernster Konkurrenz zu kämpfen. Mutter war, wie das damals in eher wohlhabenden Familien üblich war, nicht berufstätig. Ich hatte eine um sechs Jahre ältere Schwester.

In meiner eigenen Jugendzeit schloß ich mich begeistert dem „Wandervogel" an. Über diese Jugendbewegung knüpfte ich auch die ersten Kontakte zur Reformpädagogik, die später auf meine Schularbeit noch großen Einfluß haben sollte.

Zunächst besuchte ich jedoch zehn Jahre das Privatlyzeum in der Elisenstraße. Sodann die Klosterschule in Hamburg, die ich 1921 mit der einjährigen Seminarklasse abschloß, die zum Lehrerinnenberuf an Volksschulen berechtigte.

Pädagogische Erfahrungen vor 1933

Meine erste feste Stelle im öffentlichen Schuldienst erhielt ich ab 1928 an der sogenannten „Gemeindeschule" in Hamburg-Volksdorf.

Der Geist dieser Schule stammte unmittelbar aus der Reformpädagogik, was sich unter anderem auch in dem damals hochmodernen Schulneubau – ein nach dem Architekten genannter „Schumacher-Bau" – ausdrückte: Gymnasium, Realschule und Volksschule sollten so eng wie möglich zusammenarbeiten. So gab es sowohl getrennte Gebäudekomplexe als auch gemeinsame Einrichtungen wie zum Beispiel die Turn- und Gymnastik-Hallen und anderes.

Im März wurde ich von der damals im demokratischen Geiste bestehenden „Selbstverwaltung" der Schule als neue Kollegin „gewählt", die daraufhin die Schulbehörde um offizielle Bestätigung bat[1]. Das noch sehr neu zusammengesetzte Kollegium kam etwa zur Hälfte von eher vornehmen Privatschulen wie ich und zur anderen Hälfte von Dorfschulen. Der Schulleiter des Gymnasiums, der vorher Leiter der bekannten reformpädagogischen LICHTWARK-Schule (vgl. Anm. 1 bei L. MEVIUS) gewesen war, brachte noch einige Kollegen und Kolleginnen mit, die Erfahrung in fortschrittlicher Schularbeit besaßen.

Was war das dort für ein herrliches pädagogisches Arbeiten! Obwohl ich an der Volksschule unterrichtete, hatte ich viele Freunde im Kollegium des Gymnasiums. Es gab bei uns so etwas wie einen „Links-Flügel", aber nicht im parteipolitischen Sinn, sondern was die soziale und fortschrittliche Gesinnung anging. Wir tauschten uns regelmäßig über unsere Unterrichtserfahrungen aus und halfen uns gegenseitig. Ich war damals fast jeden Nachmittag in der Schule. Da wurden dann freiwillige Kurse angeboten, die die Kinder nur zu freudig annahmen.

---

[1] Als Dokument demokratischer Schultradition verdient dieser Vorgang der Wahl von neuen Kollegen (übrigens auch eines neuen Schulleiters) durch die Lehrerschaft einer Schule besondere Erwähnung, da dies ausdrücklich im „Gesetz über die Selbstverwaltung der Schulen" von 1920 festgelegt worden war.
Im Falle von Hildegard THATE lautete das entsprechende Schreiben an die Hamburger Oberschulbehörde durch den Vorsitzenden der Schulkommission vom 19. März 1928:
„Der verehrlichen Schulbehörde teile ich hierdurch ergebenst mit, daß die Schulkommission die Lehrerin Hildegard THATE gemäß § 4 Ziffer 1 des Gesetzes über die Selbstverwaltung der Schulen vom 12. April 1920 in Schulen der Landgemeinden, zur Lehrerin an der hiesigen Gemeindeschule gewählt hat.
Es wird gebeten, die nach § 4 Ziffer 3.1.c. erforderliche Bestätigung der Wahl erteilen zu wollen."

Viele von uns wurden auch von den Kindern geduzt. Bei den Kleinen hieß es: „Hilde“ und “Du“ – die Großen nannten mich „Thati“.

Diese wunderschöne Schule steht übrigens noch in Hamburg-Volksdorf in der Straße „Im Allhorn“ – heute ist dort aber nur ein Gymnasium.

Lehrererfahrungen ab 1933

Von den politischen Vorgängen zwischen dem 30. Januar und 5. März 1933 habe ich zunächst nicht soviel mitbekommen, weil ich durch den Tod meiner Mutter im Februar 1933 sehr abgelenkt war.

Bald darauf wurde ich aber der großen Gefährdung, die auf uns und unsere Schule zukam, gewahr. Wir besprachen zunächst im Kollegenkreis, was zu tun sei.

Zwei uns nahestehende sozialdemokratische Kollegen entschieden sich zu sehr gegensätzlichem Handeln: Der eine beschloß bereits kurz nach der „Machtergreifung“, nach den USA auszuwandern. Er sah keine Zukunft mehr in Deutschland. Der andere trat demonstrativ in die NSDAP ein und distanzierte sich augenblicklich von uns. Vielleicht kann man zur Entschuldigung sagen, daß er immerhin ein Haus und Frau und Kinder hatte . . .

Kurz vor Ostern 1933 erhielten wir ein Schreiben von der Schulbehörde, dem wir entnahmen, daß unser Kollegium demnächst aufgeteilt würde. In der Pause kamen wir befreundeten Kollegen sofort zusammen und berieten uns. Meine Freundin, ein weiterer Kollege und ich beschlossen, daß wir etwas tun müßten, um der drohenden Versetzung zuvor zu kommen. Dazu muß man noch sagen, daß gerade fortschrittliche Kollegen besonders willkürlich und in entfernteste Stadtteile versetzt und damit auseinandergerissen wurden. Wir drei waren uns schnell einig: Wir müssen umgehend versuchen, an die benachbarte andere „Gemeindeschule“ in Hamburg-Berne zu kommen, da diese noch sehr klein und im Ausbau war, und Schulleiter und Kollegen dort uns gut kannten. Ein weiterer Grund war, daß in Volksdorf auch über mich Gerede eingesetzt hatte und zu befürchten stand, daß ernsthafte Denunziationen nicht auf sich warten lassen würden. Daß in dieser Zeit Eltern von Schülern meiner Klasse ein solidarisches Schreiben an die Schulbehörde geschickt hatten, in dem sie sich hinter mich stellten und mich zu schützen suchten, habe ich damals gar nicht mitbekommen. Dies habe ich jetzt erst durch Ihr Studium meiner Personalakte erfahren. Es ist besonders schön davon zu wissen, da beispielsweise mit der Familie STILLER bis heute ein freundschaftlicher Kontakt besteht.

Noch am selben Tag entließen wir, da unser Schulleiter nicht da war, eigenmächtig unsere drei Klassen eine Stunde eher und fuhren mit dem Fahrrad nach Berne, um dort noch den Schulleiter anzutreffen. Wir wurden dort mit großer Freude aufgenommen, was eine kleine Beruhigung gegenüber dem großen Schmerz war, unsere geliebte Volksdorfer Schule aufgeben zu müssen. Dies ist heute vielleicht schwer vorstellbar, aber in der Weimarer Republik hatten reformpädagogische Schulen Formen demokratischer Selbstverwaltung, die bei uns so ein Handeln zuließen. Das währte nun natürlich leider nicht mehr lange. Zunächst verklagte der „umgefallene" ehemalige SPD-Kollege uns beim Volksdorfer Schulleiter für unser eigenmächtiges Vorgehen. Das war im Grunde auch der erste große Schmerz in der Nazi-Zeit: Nicht zuerst das Auftreten der neuen Herren, sondern das Gefühl, verraten zu werden von Kollegen, die einem doch vorher persönlich nahe gewesen waren. Die Schüler, besonders die der Oberstufe, empfanden das ähnlich. Viele kamen aus sozialdemokratischen und kommunistischen Elternhäusern. In den Arbeitersiedlungen in Berne sahen wir täglich, wie Menschen verhaftet und abgeholt wurden. Nachts war es noch schlimmer.

Jedenfalls nannten viele Volksdorfer Schüler diesen Kollegen heimlich „Judas". Uns wurde dies von Eltern erst später zugetragen. Inzwischen war dann dort nämlich auch der Schulleiter gegen einen Parteigenossen ausgewechselt worden, der direkt vom Lande kam und den Vornamen Jakob trug. Und so sangen dann auf dem Schulweg einige der sozialistischen Oberschüler zu dem Lied „Himmel und Erde müssen vergehn, aber die Musici bleibet bestehn" den selbstverfaßten Refrain:

„Alle guten Lehrer, die müssen gehn,
Judas und Jakob bleiben bestehn."

Himmelfahrt 1933 wurde dann leider auch unser guter Schulleiter in Berne an eine andere Volksschule als einfacher Lehrer strafversetzt.

Ich habe dann erst eine Weile gedacht: Jetzt mache ich nur noch meine Pflicht in der Nazi-Schule. Da kann man doch gar nicht mehr mit Begeisterung Lehrerin sein. Aber nach einer Weile wurde mir klar, wie ungerecht dies gegenüber den Kindern wäre – und gegenüber den proletarischen Kindern doch besonders. Da habe ich dann wieder mein Bestes zu geben versucht – für die Kinder.

Wir erhielten einen jungen Nazi-Schulleiter, Anfang 30, der aber – das muß ich ehrlich sagen – keinem gezielt Unrecht tat. Auch wir drei Volksdorfer durften bleiben.

Ein persönliches Erlebnis bestätigte mich in dieser ersten Einschätzung. Ein kleiner Junge aus meiner Klasse kam eines Morgens völlig verweint in den Unterricht. Als ich ihn ansprach, sagte er mit zitternder Stimme: „Heute nacht haben sie meinen Vater abgeholt. Sie haben ihn in einen Käfig gesperrt!“ Den Ausdruck „Gefängnis“ kannte das Kind noch nicht. Kurz darauf kam auch die Mutter in die Schule. Ich nahm die weinende Frau von der Klassentür und ging mit ihr an das Ende des Schulflurs, um ungestört mit ihr reden zu können.

In der Zwischenzeit machte meine Klasse natürlich Radau. Leider soviel, daß dies unser junger Schulleiter hörte, der sein Zimmer genau gegenüber hatte und in die Klasse ging, um dort für Ruhe zu sorgen. Dabei stellte er natürlich fest, daß ich gar nicht im Klassenraum war. Gerade als er die Klasse wieder verlassen wollte, kam ich nun allein zurück, nachdem ich die Mutter tröstend verabschiedet hatte. Bevor er etwas sagen konnte, sprach ich: „Ich danke Ihnen, daß Sie mir geholfen haben. Ich mußte mit einer Mutter, die weinte, ungestört sprechen.“ Er unternahm nichts und ließ dies auf sich beruhen.

In diese Zeit fiel noch ein anderes Erlebnis, bei dem ich zunächst doch etwas erschreckte. Es war angeordnet, daß nur mit dem sogenannten „Deutschen Gruß“ zu grüßen sei. Selbst wir Frauen mußten dabei nicht nur den Arm hochreißen, sondern auch noch militärisch die Hacken zusammenschlagen. Gott, wie habe ich das gehaßt! Eines Morgens kommt die kleine Gerda, ein ganz niedliches Mädchen mit langen braunen Haaren, mit ihrer Mutter auf mich zu. Bevor ich das übliche „Heil Hitler!“ herausbekomme, streckt sie ihre Ärmchen aus, schaut mich ganz lieb an und sagt mit ihrer Kinderstimme: „Na!“ Ich umarme sie auch und sage genauso langgezogen: „Na, Gerda!“ Da strahlt sie mich an, läuft zu ihrer Mutter und sagt so laut, daß es auch alle anderen auf dem Flur hören können: „Siehst Du, Mutti, ich habe eine Lehrerin, bei der man nicht ‚Heil Hitler!‘ sagen muß!“ Keiner kommentierte diesen Ausspruch, und glücklicherweise ist da auch nie etwas hinterhergekommen.

Nach etwa zwei Monaten erkrankte unser junger Berner Schulleiter schwer an Leukämie. Alle wußten, daß er bald sterben müßte. Dies war besonders tragisch, da seine Frau gerade ihr erstes Kind erwartete. Eine Kollegin, die ihn im Krankenhaus besuchte, berichtete mir danach: „Ich soll Ihnen einen Gruß ausrichten und Ihnen sagen, daß er vor Ihnen Achtung hätte, da Sie nicht ohne weiteres auf alle neuen Anweisungen eingegangen wären!“ Bei seiner Beerdigung waren wir mit allen Oberklassen.

Der nächste Nazi-Schulleiter, der nun kam, war ein ausgesprochenes Ekel. Er hatte es darauf abgesehen, die nicht völlig angepaßten Lehrer regelrecht zu quälen.

Wenn einer von uns drei Volksdorfer Kollegen zum Beispiel Aufsicht hatte, dann gingen wir anderen beiden zumeist mit, denn dann konnte man sich doch wenigstens einmal ein wenig untereinander Luft machen. Das war das erste, was er untersagte – mit der Bemerkung übrigens: „Freundschaft in dem Alter kenne ich nicht!“

Dann geschah der Vorfall mit der Flaggenhissung, die ab nun jeweils für Montagmorgen angeordnet war. Beim ersten Mal waren wir, die wir nicht in der Partei waren, unsicher: Mußten wir auch den Arm zum Gruß heben, oder durften wir möglicherweise nicht? Wir entschieden uns, nichts zu machen. Kurz darauf orderte er uns in sein Zimmer und informierte uns (was jetzt folgt, ist wörtlich):

„Ich soll Ihnen von Ihrem Schulrat bestellen, daß wenn Sie bei der nächsten Flaggenhissung wieder nicht zu grüßen wissen, ein SA-Mann hinter Sie gestellt wird, der Sie so lange in den Arsch tritt, bis Sie anständig grüßen!"

Was für eine Unbildung und Primitivität!

Am schlimmsten traf mich dann jedoch eine Äußerung, die er machte, als meine Freundin, mit der ich zusammenwohnte und die ja gleichzeitig Kollegin an der Schule war, so schwer erkrankte, daß sie wirklich einige Tage in Lebensgefahr schwebte. Ich war natürlich in dieser Zeit sehr nervös und in großer Sorge. Da sprach er mich eines Tages an: „Sie brauchen gar nicht mehr zu hoffen. Meine Frau ist Krankenschwester und sagte mir, daß Herzlähmungen in dem Alter tödlich verlaufen. Wir müssen uns nach einer neuen Kollegin umsehen, denke ich!" Ich konnte einfach nichts entgegnen ... Immerhin, sie wurde wieder gesund – und wir leben noch heute gemeinsam ...

Da ich damals gerade mein erstes Adoptivkind aufgenommen hatte, suchte ich alles zu vermeiden, was uns möglicherweise weiter gefährden könnte. Trotzdem handelte ich mir in den folgenden Jahren einige Verweise ein.

Den ersten Verweis bekam ich aus einem denkbar unsinnigen Grund. Es war üblich, daß am Ende der Frühstückspause einige von uns eine Zigarette rauchten. Seit Beginn der NS-Zeit hatte ich in der Tat stärker zu rauchen begonnen, weil es einfach doch etwas beruhigte. Sie ahnen es schon – den ersten Verweis erhielt ich wegen Rauchens im Lehrerzimmer.

Den zweiten Verweis erhielt ich aufgrund einer Denunziation des Schulhausmeisters, der bei mir öfters an der Tür lauschte. Mit meinen Fächern Deutsch, Geschichte und Religion hatte ich für die damalige Zeit recht schwierige Fächer. So war es zum Beispiel irgendwann verboten, das Alte Testament zu unterrichten. Ich half mir in den Oberklassen damit, daß ich ausführlich die Apostelgeschichte von der Verhaftung und Hinrichtung des Stephanus durchnahm. In seiner großen Verteidigungsrede vor dem Rabbinat erzählt Stephanus darin in Kürze wichtige Passagen aus dem Alten Testament. So bekamen die Kinder wenigstens einen Schimmer.

Eines Morgens holte mich unser Schulhausmeister mit hämischem Grinsen aus dem Unterricht: „Sie sollen zum Schulrat kommen. Er wartet im Schulleiterzimmer auf Sie!“

Der Schulrat kam gleich zur Sache: „Ich bin gekommen, um Ihnen einen Verweis zu erteilen, weil Sie im Unterricht gesagt haben sollen, daß Jesus ein Jude gewesen sei!“ Darauf entgegnete ich: „Herr Schulrat, Sie wissen wie ich, daß er es war. Aber halten Sie mich für so dumm, daß ich es jetzt in einer Klasse sage?“ – „Aber mußten Sie denn gerade die Geschichte der drei Weisen aus dem Morgenland erzählen?“ „Ja“, sagte ich, „das gehört doch zur Allgemeinbildung, denken Sie doch nur mal an all die deutschen Kunstwerke im Kölner Dom, die diese Geschichte darstellen!“ – „Über Bildung denkt man heute anders!“ gab er schließlich zurück. Da konnte ich nicht anders als zu antworten: „Ich nicht!“ Den Verweis erhielt ich natürlich[2)].

Die Schikaniererei nahm aber noch lange kein Ende. Als wir Mitte der 30er Jahre eine große Zeichenausstellung machen sollten, war ich zunächst sehr gern bei der Sache, da ich festgestellt hatte, wie hilfreich gerade für weniger begabte Kinder zeichnerische Darstellungen sein können. So hatte ich eine stolze Zahl wunderschöner Bilder angesammelt, die ich gern zur Ausstellung bringen wollte. Als der Schulleiter mich mit meinem Stapel Bilder sah, hielt er mich auf und untersagte mir das Aushängen so vieler Bilder. Vor dem Kollegium sprach er: „Jeder Kollege bekommt eine halbe Klassenwand zum Ausstellen – mehr nicht!“ Das war nun aber für manche Kollegen, die nie Zeichenunterricht gegeben hatten, gar nicht so einfach. So fragten mich mehrere: „Kannst Du uns nicht ein paar Bilder abgeben?“ Gesagt, getan. Es wurde nur jeweils mein Name entfernt, da ich jedes Bild einzeln gekennzeichnet hatte, damit keines verloren ginge. Alle wurden auf bunte Pappen geklebt, und so wurde es eine schöne Ausstellung.

Kurz darauf glaubte ich, meinen Augen nicht zu trauen: Als ich in die Schule kam, waren mehrere Schüler dabei, alle Bilder von den Pappen zu reißen. Dabei wurden die Bilder zerrissen und die Pappen fein ordentlich aufeinander gelegt. Ich unterbrach selbstverständlich die Kinder sofort. In dem Moment kam der Schulleiter und fuhr mich an, daß er dies den Schülern befohlen habe. Auf mein ungläubiges Erstaunen

---

[2)] Die Verweise, die Hildegard THATE nennt, finden sich in schriftlicher Form nicht in ihrer Personalakte. Möglicherweise handelte es sich um mündliche Ermahnungen. Es ist jedoch nicht auszuschließen, daß entsprechende schriftliche Vermerke nach 1945 entfernt wurden, um die Schulaufsicht belastendes Material zu vernichten. Die Akte selbst enthält weder Hinweise auf die eine noch auf die andere Möglichkeit.

fuhr er fort: „Was meinen Sie wohl, was die Pappen für Geld gekostet haben. Die können wir schließlich noch einmal benutzen!" Mir blieb wirklich einen Moment die Luft weg. Dann sagte ich mit großer Erregung: „Dann bezahle ich Ihnen die Pappen, aber die Kinderbilder sind mein Eigentum und mir wertvoll!" Aber ich hatte so doch nur noch einen Bruchteil der schönen Bilder, von denen ich noch heute einige habe, retten können. Die Zerstörung der Kinderarbeiten war einer der härtesten Schläge für mich ...

Einige Zeit später passierte dann noch einmal ein ähnlicher Vorfall. Meine Grundschulkinder hatten in Heimatkunde eine Bastel-Modellarbeit der Hochbahnlinie von Berne nach Hamburg aus Pappe gebaut. Sie waren mit viel Eifer dabei gewesen, hatten genau Wiesen, Wälder und Straßen aufgemalt und die Schienen aufgeklebt. Als die Kinder auf zwei großen Pappen das Modell in den Ausstellungsraum schleppen wollten, trafen sie auf den Schulleiter, der sie anhielt und zunächst noch ruhig fragte, was sie da bei wem gebaut hätten. Als die Kinder artig geantwortet hatten, schlug er mit der Hand über die Pappe und zerstörte damit die kleinen Basteleien: „So ein Quatsch wird nicht ausgestellt!" Die Kleinen kamen natürlich ganz traurig zurück in die Klasse. Ich tröstete sie, so gut ich konnte, aber wie war ich empört über solche Behandlung von Kindern!

In diese Zeit fällt noch eine andere Erinnerung, die eigentlich mit der Schule gar nichts zu tun hat – oder nur insofern, als niemand in der Schule davon wissen durfte: In der Wohnung meiner älteren Schwester hielt sich eine jüdische Freundin auf. Ihr Name war Hilde WEINREICH (geb. Abraham). Als meine Schwester am 1. Advent 1936 wegen angeblicher politischer Arbeit verhaftet wurde – ihre Schreibmaschine war bei bereits inhaftierten Freunden gefunden worden –, da stellte sich natürlich die Frage: Was wird aus der jüdischen Freundin?

Immerhin erhielt meine Schwester einen Gerichtsprozeß, was keineswegs üblich war, und wurde daraufhin zu 16 Monaten Haft verurteilt. So versorgte und unterstützte ich diese jüdische Freundin meiner Schwester von Advent 1936 bis Gründonnerstag 1938 in der Wohnung meiner Schwester in Hamburg 13.

Ganz schlimm wurde es wenige Jahre später, als die ersten Deportationsbefehle kamen. Einige Male konnte die Abholung noch dadurch verhindert werden, daß eine befreundete Ärztin der Jüdin solche Spritzen gab, die kurzzeitig hohes Fieber bewirken, aber sonst eher harmlos sind. So wurde die Deportation einige Male hinausgezögert. Schließlich wußten wir auch nicht mehr weiter. Meine Schwester organisierte daraufhin einen Fluchtweg in die Schweiz. Das war bereits im Jahre 1943. Auf italienischem Gebiet wurde die arme Frau aber ergriffen und so doch noch deportiert. Wir haben später erfahren, daß sie in Auschwitz umgebracht wurde ...

In diese Zeit etwa fiel meine Strafversetzung von der Berner Schule zur Volksschule in Hamburg-Farmsen, vor der ich mich wirklich fürchtete, weil sie als Nazi-Hochburg bekannt war. Zu der Versetzung war es aufgrund einer erneuten Denunziation durch den Schulhausmeister gekommen, die ein älterer Kollege weitergab, der die Schulleitungsgeschäfte führte, seit der Nazi-Schulleiter eingezogen worden war und der stellvertretende Schulleiter krank geworden war. Da dieser ältere Kollege, der nun als Dienstältester dran war, eigentlich gar kein Parteigenosse war, nannten wir ihn – auch in seiner Gegenwart – kollegialfreundschaftlich „Vizeviz". Um so betroffener war ich, daß ausgerechnet er die Denunziation an die Behörde weitergeleitet hatte. Als ich ihm traurig sagte, daß ich ihn einfach nicht verstehen könne, antwortete er: „Seit ich Schulleiter bin, habe ich mich dazu durchgerungen, Nationalsozialist zu sein!" Ja, so sagte er das . . .

So kam ich Anfang 1943, also die letzten beiden NS-Schuljahre, noch nach Farmsen. Der Schulleiter dort war ein einfacher Mann, der nicht einmal richtiges Deutsch sprechen konnte, aber an sich nicht böse war. Er war jedoch völlig in der Hand eines anderen Kollegen, der ein goldenes Parteiabzeichen trug und uns alle herumkommandierte, ohne daß jemand auch nur widersprach. Wenn wir zum Beispiel nach langem Nacht-Alarm eigentlich am nächsten Tag hätten ausschlafen können, beorderte er uns in die Schule, um Parteiarbeit zu machen. Da saßen wir dann und versandten schlimme Judenhetz-Zeitungen an Soldaten im Felde . . .

Im bekam dort eine 7. Klasse mit damals über 70 Schülern! Das waren so viele Schüler, daß wir gar nicht in eine normale Klasse paßten, sondern in den Singsaal ausweichen mußten. In der Klasse befanden sich auch 7 Hilfsschüler. Der Schulleiter sagte mir dies mit der Bemerkung, daß ich die gern abschulen könne, wenn's zuviel wäre. Aber ich dachte gar nicht daran! Denn daß der Hilfsschulbesuch auch Sterilisation bedeutete, in einigen Fällen auch Schlimmeres, das wußte ich. Und bei so vielen Schülern kam es nun darauf auch nicht an . . . Ich fragte also einen befreundeten Hilfsschullehrer, ob er mir nicht einige alte Hilfsschulbücher zur Verfügung stellen könnte. Er sagte jedoch, daß in der Hilfsschule besonders gespart würde. Was sie nicht mehr bräuchten, das seien auch nur noch Fetzen für den Papierkorb. Da sagte ich zu ihm: „Dann holen Sie mir die Fetzen aus dem Papierkorb!"

In zwei Wochen hatte ich mit Schere und Klebstoff einige Rechen- und Deutschbücher zusammengebastelt. So konnte ich in den Stunden, in denen den Hilfsschülern das Verstehen schwer fiel, ihnen Nachhilfe geben. Und so saßen denn immer zwei vor einem Buch und arbeiteten. Sie waren dadurch in keiner Weise minderwertig, und wurden auch von den anderen keineswegs so betrachtet. Es hieß: Die müssen eben noch nachüben!

Eines Tages kam auch da der Schulrat zu Besuch. Und einer seiner ersten Sätze war: „Wo haben Sie denn Ihre doofen Schüler sitzen?" Ich sagte nur: „Herr Schulrat!" Ich konnte es kaum fassen. Er muß meine Erregung gespürt haben, denn er fragte nicht noch einmal nach.

Mit diesem Schulrat kam es dann aber noch zu einem anderen Konflikt. Im Religionsunterricht nahm ich Martin LUTHER durch – treudeutsch, dachte ich, da kann doch kaum etwas schiefgehen. Wir legten uns schöne Hefte dafür an, in die ich nie mit rot hineinverbesserte, sondern mit blau. Die Schüler waren sichtlich stolz darauf.

Eines Tages kam der Schulrat mit einem dieser Hefte in der Hand zu mir in den Unterricht und vernahm mich: „Wer hat diesen Text in den Heften formuliert?"

Ich antwortete: „Den habe ich an der Tafel vorgeschrieben, und die Kinder haben ihn in die Hefte übertragen." – „Dann haben Sie also auch diesen Satz geschrieben: Die Bibel besteht aus zwei Teilen: Dem Alten und dem Neuen Testament. Im Alten Testament steht die Geschichte des jüdischen Volkes bis zur Geburt Jesu, so dargestellt, daß man daran das Handeln Gottes gegenüber dem jüdischen Volk erkennen kann. – Die Juden haben keinen Gott, Fräulein THATE!"

Ich sagte zunächst wieder nur: „Aber Herr Schulrat!" – „Wenigstens nicht denselben wie wir!" fuhr er fort. Daraufhin sagte ich: „Einen Nationalgott für jedes Volk gibt es nicht. Das ist seit 2500 Jahren überholt, seit JESAJA und seit das jüdische Volk aus der babylonischen Gefangenschaft kam – da sprach man bereits in diesem Teil der Welt von einem Welt-Gott!"

„Ich will nicht mit Ihnen streiten. Aber der Satz ist falsch. Da wir bis zum Ende des siegreichen Krieges mit der Kirche einen Burgfrieden geschlossen haben, soll das jetzt ruhen. Aber wenn der Krieg zu Ende ist, wird es mir ein Kleines sein, Ihnen einen anderen Glauben beizubringen!"

Ich nahm mir vor, ihn nach dem Kriege daraufhin wieder anzusprechen. Nach 1945 traf ich ihn tatsächlich einige Monate nach Kriegsende zufällig auf der Straße. Er war offensichtlich erst wenige Tage zuvor aus dem Gefängnis gekommen und sah sehr jammervoll aus. Ich brachte es dann einfach nicht fertig, ihn anzusprechen.

Gegen Ende der Nazi-Zeit geschahen dann aber noch zwei Vorfälle, derer ich mich bis heute schäme: Zum Abschluß meiner Klasse mußte ich eine Rede vor allen Schülern und Kollegen halten. Niemals vorher und niemals hinterher habe ich auf eine Rede soviel Zeit und Sorgen verwandt, wie auf diese Rede: Was konnte ich den Kindern sagen, um ihnen wirklich etwas Wichtiges mit auf den Weg zu geben – was durfte ich sagen, um nicht wieder anzuecken? Nach der Rede verabschiedete sich jeder Schüler einzeln, und auch jeder Kollege gab mir die Hand. Der Kollege mit dem goldenen Parteiabzeichen sagte dabei zu mir: „Donnerwetter, das hätte ich Ihnen gar nicht zugetraut!“ Eine Freundin sagte: „Das hast Du fein hingekriegt!“ Da habe ich mich ganz furchtbar geschämt!

Etwa zwei Monate vor Kriegsende bekamen wir noch einen neuen Oberschulrat, der befahl, daß es nun kein Pardon mehr gebe und jeder Volksschullehrer, der noch nicht in der Partei wäre, nun unverzüglich einzutreten hätte, wollte er nicht sofort gekündigt werden. Ich hatte zu der Zeit mein drittes Adoptivkind aus dem Waisenhaus aufgenommen. Mein erstes und ältestes Kind war bereits im Krieg gefallen. Da bin ich schließlich auch eingetreten und habe in vollem Bewußtsein einen Meineid auf den Führer geleistet. Das war so bitter . . .

Nach 1945

Die Engländer erklärten bereits kurz nach Kriegsende, daß die Lehrer, die in den letzten Wochen noch Parteigenossen geworden waren, nicht als solche gerechnet würden und sich auch nicht der Entnazifizierung zu unterziehen hätten.

Als ich einige Wochen später mit dem neuen Schulrat des Bezirks das alte Kollegium durchsprach, meinte er über zwei Kollegen: „Den einen alten Kollegen, den können wir nicht mehr gebrauchen, aber der junge, der ist doch eigentlich ganz gescheit, den sollten wir nehmen.“ Mit dem jungen Gescheiten meinte er den mit dem ehemals goldenen Parteiabzeichen. Da konnte ich ihn aber überzeugen, daß es unmöglich für einen Neuanfang wäre, wenn dieser Lehrer mit dem goldenen Parteiabzeichen, der so viele von uns gequält hätte, einfach wieder als Pädagoge arbeiten könnte. Er ist dann auch nicht wieder ’reingekommen.

Ich durfte selbst wählen, ob ich nach Berne oder Volksdorf zurückwollte. Ich wählte schließlich gemeinsam mit meiner Freundin die Volksschule in Berne, wo wir noch viele Jahre unterrichteten. Schulleiter wurde später dort ein junger Mann, den wir noch als Schuljungen gekannt hatten.

Abb. 37: Die Volksschullehrerin Hildegard THATE (33) im März 1933 mit ihrer 5. Klasse in der Gemeindeschule Hamburg-Volksdorf („Walddörferschule").

Abb. 38: Hildegard THATE (87) im März 1987 im Altersheim in Hamburg.

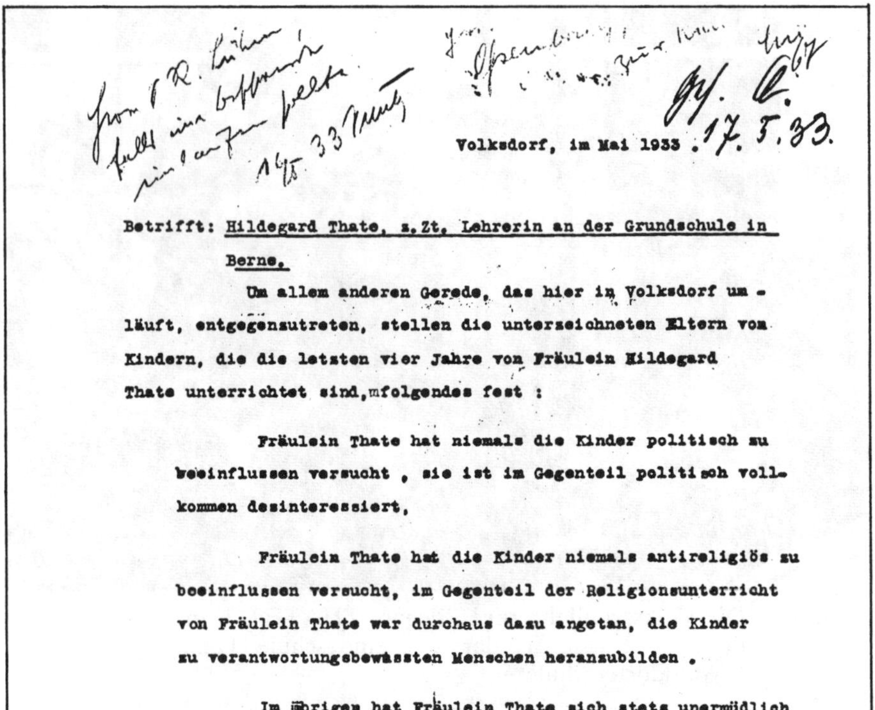

Volksdorf, im Mai 1933 . 17.5.33.

Betrifft: Hildegard Thate, z.Zt. Lehrerin an der Grundschule in Berne.

Um allem anderen Gerede, das hier in Volksdorf umläuft, entgegenzutreten, stellen die unterzeichneten Eltern von Kindern, die die letzten vier Jahre von Fräulein Hildegard Thate unterrichtet sind,mfolgendes fest :

Fräulein Thate hat niemals die Kinder politisch zu beeinflussen versucht , sie ist im Gegenteil politisch vollkommen desinteressiert,

Fräulein Thate hat die Kinder niemals antireligiös zu beeinflussen versucht, im Gegenteil der Religionsunterricht von Fräulein Thate war durchaus dazu angetan, die Kinder zu verantwortungsbewussten Menschen heranzubilden .

Im übrigen hat Fräulein Thate sich stets unermüdlich für die Kinder eingesetzt und es meisterhaft verstanden, ihnen die vier ersten Schuljahre zu einem Quell froher Erinnerung zu gestalten.

Dies im Dienste der Wahrheit und Gerechtigkeit.

Ich möchte besonders die große Liebe und das gütige Verständnis das Fräulein Thate für jeden ihrer Schüler gehabt hat, hervorheben.

Martha Hiller (f. 2 Kinder)
Elisabeth Blume (f. 2 Kinder)
Clara Wilke
H. Braasch
E. Wagner

Zu den Akten.

Abb. 39: Solidaritätsschreiben von Eltern der Gemeindeschule in Hamburg-Volksdorf für die Volksschullehrerin Hildegard THATE vom 10. Mai 1933, das an die Schulbehörde in Hamburg gesandt wurde.

Reflexion zur Begegnung mit Hildegard Thate

Persönliche Begegnungen: 8 Stunden (bei 4 Treffen)
Ort der Begegnung: Wohnzimmer im Altersheim von Hildegard Thate
Telefonate: 7
Briefe: keine

1. Kontaktaufnahme

Auf Frau THATE machte mich im Herbst 1986 die Tochter des ehemaligen Volksschullehrers Helmut HERTLING, Gertraut HERTLING (vgl. S. 481 ff.), aufmerksam: „Rufen Sie da mal an – die Frau THATE kann Ihnen noch einiges zu Ihrem Thema sagen!" Mir wird durch Frau HERTLINGS Aussagen anfangs nicht deutlich, daß Frau THATE selbst Lehrerin war und worüber sie möglicherweise berichten könne.

Da ich sie telefonisch zunächst nicht erreichen kann, verschiebe ich die Kontaktaufnahme bis auf die Zeit nach einer Israel-Reise Anfang 1987. Als ich Frau THATE schließlich am Telefon spreche, zeigt sie sich sehr erfreut und bereits gründlich vorinformiert durch Frau HERTLING: „Ich habe doch schon sehr auf Ihren Anruf gewartet. Wissen Sie, in meinem Alter weiß man doch nie, wie lange man noch da ist . . ."

Erst jetzt erfahre ich, daß sie selbst als Volksschullehrerin während der NS-Zeit tätig war und als reformpädagogisch engagierte Kollegin den Nationalsozialismus von Anfang an als Bedrohung ihrer pädagogischen Arbeit erfahren hat. Die wenigen Beispiele, von denen sie am Telefon berichtet, überzeugen mich sofort, daß ein ausführliches Gespräch unbedingt erforderlich ist. Ein wenig schäme ich mich für mein Hinauszögern der Kontaktaufnahme.

Bevor wir das Telefonat beenden, fragt sie mich noch: „Wissen Sie, daß ich blind bin?" Ich sage ihr, daß ich es nicht wußte, aber eine Großmutter hatte, die auch im Alter erblindet war. Sie freut sich auf meinen Besuch, gibt mir noch eine präzise Wegbeschreibung zu ihrem Altersheim und informiert mich darüber, daß sie ein Zimmer gemeinsam mit ihrer Freundin bewohnen würde.

2. Erste Begegnung

Im Altersheim angekommen, finde ich ihr Zimmer aufgrund der Beschreibung sofort. Frau THATE öffnet selbst, streckt mir freundlich die Hand entgegen und zeigt mir, auf welchem Sessel ich sitzen möge. Eine mitgebrachte Blume übergibt sie der Freundin mit den Worten: „Schau mal, diese Blumen haben wir doch so gern!" Dann stellt sie mir ihre Freundin vor, die auch während des Gesprächs dabeibleibt: „Wissen Sie, meine Freundin und ich leben seit 60 Jahren zusammen, das ist schon wie eine Ehe. Wir haben Jahrzehnte an der selben Schule gearbei-

tet; nur sie ist schon etwas eher pensioniert worden, weil sie auch ein ganzes Stück älter ist als ich!"

Frau THATE hat sich gründlich auf das Gespräch vorbereitet. Bevor wir beginnen, zeigt sie mir zwei Tonbandkassetten, die sie bereits besprochen hat und die sie mir hinterher gern mitgeben möchte: „Obwohl ich diese neue Technik gar nicht mag, ist es doch für mich eine große Hilfe. Mein Sohn, also mein Adoptivsohn, lebt heute mit seiner Familie in den USA, und da ist es doch eine große Freude, wenn wir mit Hilfe der Kassetten unsere Stimmen hören können."

3. Gesprächseindrücke

Hildegard THATE ist geübt im Formulieren. Sie berichtet genau, chronologisch und illustriert jeweils mit konkreten Beispielen. Es macht ihr Freude zu berichten, obwohl sie anfangs skeptisch die Sorge erwähnt, ob nicht bei diesem Thema die Gefahr bestünde, daß die Berichtenden sich selbst zu positiv darstellten.

Man spürt, daß sie selbst bemüht ist, auch ihre Ängste und Unsicherheiten, ja auch die Fehler, die sie sich bis heute nicht verzeiht, darzustellen. Gleichzeitig ist jedoch an anderen Stellen ihres Berichts auch Klarheit und Empörung gegenüber einigen nationalsozialistischen Zumutungen und Verbrechen wahrnehmbar. Und dies nicht nur im Nachhinein – das hat sie bereits damals so empfunden: Wenn sie die Stimme ihres ehemaligen Nazi-Schulleiters nachahmt, dann klingt schneidende Kälte durch. Dadurch, daß sie einige Dialoge wörtlich wiedergibt, entsteht eine besondere Lebendigkeit.

Zweimal unterbricht sie sich, weil sie sich in Kleinigkeiten geirrt hat: „Nein, das ist jetzt wichtig, daß wir das gleich korrigieren. Sonst sagt nachher jemand, wenn sie sich bei Kleinigkeiten geirrt hat, dann stimmt das Wichtige vielleicht auch nicht!"

Als die vereinbarte Gesprächszeit um ist, weil es Mittagszeit im Altersheim ist, sagt sie zum Pfleger, der sie und ihre Freundin zu Tisch geleiten möchte: „Ach bitte, wir kommen eine halbe Stunde später. Unser Gast wird uns in den Speisesaal bringen, ja?"

Wir nutzen unsere Zeit tatsächlich bis zur letzten Minute. Als ich sie frage, ob ich Einsicht in ihre Personalakte nehmen dürfte, ist sie sofort bereit und selbst interessiert: „Ja, das machen Sie mal, das ist ja interessant, da habe ich doch selbst noch nie reingeschaut!"

4. Weitere Entwicklung

Die Tonbandkassetten, die sie mir geschenkt hat, geben fast wörtlich ihren persönlichen Bericht wieder, den sie mir gegenüber gab. An keiner Stelle ist eine Abweichung oder ein Widerspruch bemerkbar. Zuweilen entnehme ich der Tonbandaufzeichnung noch neue Details und einige Episoden, zu denen wir bei der Begegnung nicht mehr gekommen waren.

Wenige Tage später hole ich die schriftliche Erlaubnis zur Einsicht in ihre Personalakte ab. Sie berichtet, daß sie gerade ihrem Sohn auf einer neuen Kassette unsere Begegnung mitgeteilt habe. Ich verspreche, ihr noch am selben Tag Auskunft zu geben, inwieweit Belege zu finden waren. Am Abend freut sie sich dann sehr über das Elternschreiben vom Mai 1933, an das sie keine Erinnerung mehr hat.

Als der Text-Entwurf ihres Berichts vorliegt, rufe ich sie wieder an und lese ihr das Manuskript Satz für Satz vor. Sie korrigiert in großer Konzentration ausschließlich sachliche Fehler und stimmt sonst mehrmals nachdrücklich zu. Sie wirkt fast ein wenig erleichtert, als die Arbeit beendet ist: „Das ist schön, daß dies berichtet werden konnte. Ich weiß doch wirklich nicht, wie lange ich noch habe . . .“

Beim nächsten Besuch darf ich sie fotografieren. Über ehemalige Schüler bemüht sie sich inzwischen darum, noch ein Foto aus ihrer Zeit als Lehrerin während der NS-Zeit zu erhalten.

3.10. Walther Uhle (Jg. 1902), Hannover: Als kommunistischer Volksschullehrer an evangelischer Mädchenschule und katholischer Jungenschule (bis 1941)

1902:	Geboren in Hagenau/Elsaß
1908–1914:	Volksschule in Berlin
1914–1916:	Kgl. Preuß. Militär-Knaben-Erziehungsanstalt in Annaburg/Sachsen
1916–1922:	Präparanden-Anstalt und Lehrerseminar in Schwerin/Warthe
1922:	Volksschullehrer in Tiefenort/Werra
1922–1931:	Volksschullehrer in Stadtlengsfeld/Rhön
1931–1933:	Lehrer an einer Weltlichen Schule in Hannover
1933–1938:	Lehrer an einer Evangelischen Mädchenschule in Hannover
1938–1941:	Lehrer an einer Katholischen Jungenschule in Hannover
1941–1945:	Soldat bei der Wehrmacht, Wetterwarte Gotha als Meteorologe
1945–1964:	Volksschullehrer in Hannover (Pensionierung mit 62 Jahren)

Elternhaus

Ich stamme aus einer alten Soldatenfamilie. Wir hatten nie viel Geld, also meine Mutter ging zum Beispiel immer putzen bei Generals. Aber meine Eltern fühlten sich diesen soldatischen Tugenden von Ehre und Anstand sehr verpflichtet.

Eigene Schulzeit

Ich durfte ab 1914 eine Kadettenanstalt besuchen – das war eine Militärschule, an der die Lehrer ausschließlich Offiziere oder Unteroffiziere waren.

Und diese Lehrer, ob Du es glaubst oder nicht, das waren ganz feine Pädagogen. Da wurde kaum geprügelt, die haben mehrheitlich einen richtig guten Unterricht gemacht.

Und 1914 beim Ausbruch des 1. Weltkrieges, da waren unsere Lehrer ganz still und nachdenklich: Die hatten Sorge vor einem Zwei-Fronten-krieg. Jedenfalls keine Kriegsbegeisterung wie bei so manchen deutschnationalen Paukern.

Pädagogische und politische Erfahrungen vor 1933

Im März 1922 hatte ich mein Lehrerexamen in Schwerin gemacht. Das dauerte dann aber noch Wochen, bis von Preußen endlich mein Lehrerzeugnis nach Thüringen zu mir nach Hause geschickt worden war – das kam erst im September an.

Damit ging ich dann sofort nach Weimar, das war die Hauptstadt des damals gerade gegründeten Freistaates Thüringen, und dort saß auch die neue SPD-Regierung. Volksbildungsminister war damals GREIL[1], ein guter Mann, der mit seiner Schulreform noch bekannt geworden ist, aber sich ja leider nicht lange halten konnte.

Na, jedenfalls war ich bei dem und wurde sofort zum 1. Dezember 1922 in Tiefenort/Werra angestellt. So war das in Thüringen damals: Keinen Tag arbeitslos, in Preußen mußten viele Junglehrer doch oft 8 Jahre und mehr warten, bis sie endlich eingestellt wurden. Anfang 1923 wurde ich dann von Tiefenort in einen Nachbarort, nach Stadtlengsfeld/Rhön, versetzt – und ich muß noch heute sagen: Das war meine schönste Lehrerzeit!

Warum? Erstens: In unserem Kollegium waren von 9 Lehrern 7 Junglehrer. Und was hatten wir alles für tolle neue pädagogische Ideen. Unser gesamtes Kollegium war damals auch in der FLGD (Freie Lehrergewerkschaft Deutschlands[2]). Wir haben oft stundenlang zusammen-

---

[1] GREIL, Max (1877–1939), 1898–1919 Lehrer, ab 1918 USPD- und ab 1922 SPD-Mitglied, 1919–1921 Bezirksschulrat in Gera, ab 1921 MdL in Thüringen, 1921–1924 Volksbildungsminister in Thüringen, danach Landstagsabgeordneter, 1932 aus Gesundheitsgründen Rückzug aus der aktiven Politik (nach MITZENHEIM 1964, 125 f.; KRAUSE-VILMAR 1978, 276; PAUL 1985, 73 f.).

[2] Freie Lehrergewerkschaft Deutschlands (FLGD), später auch Allgemeine Freie Lehrergewerkschaft Deutschlands (AFLD): Trotz zahlenmäßig eher geringer Mitgliederzahl stellte die ab 1919/20 gegründete FLGD einen ersten Versuch einer Gewerkschaftsgründung im Lehrerbereich dar.
Die in ihrem Rahmen angestellten Überlegungen wurden später wieder aufgegriffen, u. a. bei der Entstehung der GEW durch ihren Ehrenvorsitzenden Heinrich RODENSTEIN, der selbst ehemals FLGD-Mitglied war (vgl. KOPITZSCH 1983, 24; auch: BÖLLING 1978, 44 f.; SCHNORBACH 1983, 61).

gesessen und über unseren Unterricht, pädagogische Reformen überhaupt und Politik gesprochen. Geprügelt zum Beispiel, nein, wurde bei uns nicht mehr!

Zweitens: In dem Ort mit seinen 2200 Einwohnern war eine satte SPD-Mehrheit. Mensch, das hieß doch damals: die rote Rhön! Die Eltern meiner Schüler waren häufig als Arbeiter in der dortigen Porzellan-Fabrik tätig.

Drittens: Es gab in der Gegend eine Gewerkschaftsgruppe, wo natürlich auch wir Junglehrer aus Stadtlengsfeld zugehörten – das waren insgesamt so etwa 25 Leute. Und was für die damalige Zeit mit all ihren Spannungen so gut war: Trotz aller Meinungsunterschiede, vor allem zwischen SPD und KPD, gab es in unserer Gruppe nie ernsthaften Streit. Wir wußten, daß wir zusammenhalten mußten gegen die Reaktion, diese spießigen, fetten deutschnationalen Lehrer mit ihrem schrecklichen Nationalismus und Haß auf alles Neue.

Viertens: Dann kommt noch was, was heute in der politischen Arbeit so oft vergessen wird: das Menschliche! Wir haben auch Wanderungen gemacht, ja in der Gewerkschaftsgruppe. Also, ich war da jede Ferien unterwegs, mußte ich auch, weil mich dann meine Wirtin an die Luft setzte, aber es war auch immer eine schöne Zeit. 1925 sind wir einmal bis nach Rom zusammen gewandert. Da haben wir uns dann einer anderen Wandervogelgruppe aus Hannover angeschlossen. Da war ein Mädchen bei, die hat mich richtig angemacht, wie Ihr heute sagt. Die ist dann später meine Frau geworden.

Ja, nun zur Politik. Ich sage immer: HITLER und die Nazis, das kann man alles nur richtig begreifen, wenn man die Zeit davor verstanden hat. Das war doch alles schon angelegt: Die Nazis brauchten das doch nur aufzugreifen!

Das fing schon 1819 an, als HUMBOLDT[3)] und die anderen Reformer Berufsverbot erhielten. Von da ab hatten die Rechten das Steuer in der Hand und gaben es eigentlich auch nie wieder richtig her. 1848 war doch nur ein Zwischenspiel. Und dann ging es 1871 voll weiter. Das mußt Du unbedingt so aufschreiben, das war alles angelegt.

---

3) HUMBOLDT, Wilhelm von (1767–1835) konzipierte die Berliner Universität und das neuhumanistische Gymnasium. 1809/10 war er Direktor der Sektion für Kultur und Unterricht im preußischen Innenministerium, danach Gesandter und Staatsminister. Im Dezember 1819 erfolgte sein erzwungener Rücktritt von allen Amtsgeschäften.

Meine ersten schlimmen politischen Erfahrungen habe ich 1923 gemacht in unserem kleinen Ort: Als der sozialdemokratische Reichspräsident EBERT[4)] die Reichswehr nach Sachsen und Thüringen schickte, um unruhige Arbeiter zu verhaften. Das muß man sich mal vorstellen: Deutsche Soldaten sollten deutsche Arbeiter verhaften! Das war dann so, daß viele Arbeiter sich in den Wäldern versteckt hielten, wo ihnen die Frauen das Essen hinbrachten, damit sie zu Hause nicht erwischt werden. Das waren die Eltern meiner Schüler!

Da habe ich zu mir gesagt: Mensch, jetzt mußte dich als Lehrer doch auch mal um diese ganzen sozialen Probleme kümmern. Da bin ich dann das erste Mal zu einer KPD-Stelle gegangen und habe gesagt: Wie seht ihr denn das Problem? Und was ich wirklich gut fand: Die haben dann nicht gesagt: Wir können dich hier gerade gut gebrauchen, mach' mal gleich das und das, sondern die haben gesagt: Fein, daß du als Lehrer lernen willst. Dann setz' dich mal auf den Hosenboden und lerne!

Und von denen habe ich dann die ersten Bücher über den dialektischen Materialismus bekommen und dann jede Nacht gelesen. Wirklich nächtelang, das hat mich damals gefesselt, weil es mir doch vieles erklärte. Und bis heute noch vieles erklärt. Ich war auch wirklich gründlich, also von HEGEL angefangen. Bei mir brannte dann oft spät nachts noch Licht, und die Arbeiter, die von der Spätschicht am Haus vorbeikamen, haben gesagt: Guck' mal, der Lehrer arbeitet noch!

Daß ich damals zur KPD und nicht zur SPD ging, hatte noch einen anderen Hintergrund: Am 13. Januar 1919 stand im sozialdemokratischen VORWÄRTS ein Gedicht von Artur ZICKLER[5)] – „das Leichenhaus" – das so endete:

---

4) EBERT, Friedrich (1871–1925), ab 1913 Vorsitzender der SPD, Reichspräsident während der Weimarer Republik von 1919–1925.

5) ZICKLER, Artur: „Das Leichenhaus", Gedicht im sozialdemokratischen „VORWÄRTS" vom 13.1.1919, S. 2. Diese Ausgabe des „VORWÄRTS" erschien noch mitten in den Unruhen nach dem Ende des 1. Weltkrieges. Zwar war bereits am 9.11.1918 die Republik ausgerufen worden durch ein Bündnis des SPD-Vorsitzenden EBERT mit der Obersten Heeresleitung (OHL) unter HINDENBURG. Dies wurde jedoch von vielen der entstandenen Arbeiter- und Soldatenräte nicht anerkannt, die vor allem im Dezember 1918 und Januar 1919 unter Führung des Spartakusbundes (ab 30.12.1918: KPD) dagegen kämpften und so z. B. auch die Verlagsräume des „VORWÄRTS" einige Tage in ihrer Gewalt hatten. Am 12.1.1919 war das Verlagsgebäude des „VORWÄRTS" von Regierungstruppen zurückerobert worden. Die Ausgabe des „VORWÄRTS" vom 13.1. war die erste, die danach wieder überregional erscheinen konnte (vgl. Abb. 42).

„Vielhundert Tote in einer Reih' –
Proletarier!
Karl, Rosa, Radek und Kumpanei,
es ist keiner dabei, es ist keiner dabei!"

Weißt Du, wie ich das gelesen hab', was ich da dachte? Das ist doch eine glatte Aufforderung zum Mord, hab' ich gedacht – in der Zeitung der SPD! Und zwei Tage später wurden Rosa LUXEMBURG und Karl LIEBKNECHT[6] von nationalistischen Offizieren ermordet ... Da ich doch als Militärschüler zur Offiziersehre erzogen war, war ich aus diesem Ehrgefühl über diesen feigen Meuchelmord so empört, das kannst Du dir gar nicht vorstellen. Da habe ich gesagt: SPD nein!

Jetzt aber wieder zurück zu meiner Lehrerarbeit in Thüringen. Wir Lehrer haben uns damals als die begriffen, die die Reform machen wollen, aber auch müssen, wenn was draus werden soll.

1924 wurde die fortschrittlich-sozialdemokratische thüringische Regierung durch die Reichswehr dann ja abgesetzt, auch der Volksbildungsminister GREIL. Es kam zu Koalitionen, und bald war die Reaktion wieder voll da: Das waren unter den Lehrern vor allem der LANDBUND und die evangelischen Kirchen, die sich jeder pädagogischen Reform in den Weg stellten. Bei denen haben wir noch Flugblätter zur Abschaffung der Prügelstrafe verteilt.

Die Nazis waren da noch nichts damals, absolut nichts. Es war die bürgerliche Reaktion, die so groß immer in Vaterland machten, die alles vorbereitet haben. Als der Nazi FRICK[7] 1930 in Thüringen Volksbildungsminister wurde, da war der doch nichts, der konnte sich nur mit Unterstützung der Deutschnationalen halten. Die wollten den. Der hat dann doch auch so angefangen: Es sollte wieder in den Schulen gebetet werden, also die Wiedereinführung richtiger Schulgebete. Aber damit hatten wir ja als Freidenker nichts zu tun, das haben wir bei mir an der Schule einfach nicht gemacht. Nein, der FRICK damals, 1930/31, war noch voll an die Kette der Deutschnationalen gelegt.

---

6) LUXEMBURG, Rosa (1870–1919) und LIEBKNECHT, Karl (1871–1919) wurden als Führer des Spartakusbundes am 15.1.1919 von Freikorps-Offizieren verhaftet und hinterrücks ermordet.

7) FRICK, Wilhelm (1877–1946) wurde am 24.1.1930 als erster „Nationalsozialist" Regierungsmitglied in Thüringen als Volksbildungs- und Innenminister. Er hatte bereits 1932 in München am faschistischen Putsch teilgenommen. 1933-1943 war er Reichsinnenminister, ab dann „Reichsprotektor in Böhmen und Mähren". Am 16.10.1946 Hinrichtung als Kriegsverbrecher in Nürnberg (nach GAMM 1984^2,73).

Ich habe dann 1930 geheiratet, und da meine Frau aus Hannover war und sich in Thüringen nicht wohlfühlte, habe ich mich noch im gleichen Jahr nach Hannover in den Schuldienst beworben. Das waren wirklich persönliche Gründe, denn die Massenentlassungen setzten so richtig erst 1931 ein in Thüringen, und in dem Jahr wurde ich bereits versetzt nach Hannover, das war so gesehen ein großer Glücksfall.

Ich war dann von 1931 bis zu den Sommerferien 1933 an der weltlichen Schule[8)] in Hannover. Dann wurde die Schule ja aufgelöst, und wir kamen alle an verschiedene Schulen.

Lehrererfahrungen ab 1933

Den Abend vom 30. Januar 1933 werde ich nie vergessen: An diesem Abend war ich als Redner von einer freireligiösen Gemeinde eingeladen worden. Das war in einem Gasthaus in Sehnde bei Hannover. Da saßen wir also, so etwa 40 Zuhörer und ich als Redner. Da habe ich noch gegen HITLER gesprochen. Irgendwann kam dann jemand rein mit der Nachricht, daß HITLER Reichskanzler wäre. Da war eine ganz ernste Stimmung – und wir haben erstmal weitergemacht.

Eine halbe Stunde später kam die SA mit einem Fackelzug durch Sehnde, da waren wir dann doch ganz still und haben hinten in unserer Versammlung gesessen und hatten eine Heidenangst. Dann war unser Abend doch zu Ende, und ich bin dann nach einer Weile unbehelligt nach Hause gefahren. Habe aber zu Hause immer noch ganz schön gezittert.

Eines muß ich Dir dazu noch sagen: Wir waren zwar entschiedene Gegner der Nazis, aber daß das einmal so schrecklich kommen würde mit denen, ehrlich, das haben auch wir damals am 30. Januar 1933 nicht gedacht. Ich glaube, daß hat sich kein Mensch in Deutschland vorstellen können. Die Sprüche in HITLERS „Mein Kampf", nein, die hat keiner ernstgenommen, so waren wir.

Am nächsten Tag in der Schule ging erst mal alles weiter seinen Gang. Über Politik wurde an unserer Schule, auch an unserer fortschrittlichen, weltlichen Schule, nicht gesprochen. Ich erinnere nicht einmal eine besondere Bedrückung in unserem Kollegium. Wir haben nicht damit gerechnet, was jetzt alles auf uns zukommen würde.

---

8) Die weltliche Schule, an der Walther UHLE unterrichtete, war die Bürgerschule 7 am Engelbosteler Damm in Hannover.

Das erste Schlimme, was ich von Nazis an unserer Schule mitbekam, das war das Spitzelunwesen. Ein hundsgemeiner Trick der Nazis, die Lehrer regelrecht anstellten, um Buch zu führen über andere Lehrer und deren politische Gesinnung. Wir hatten in unserem Kollegium von etwa 15 Leuten zwei solche Nachtleuchter, das waren noch nicht einmal Nazis damals, glaube ich.

Über mich hatten die dann auch so eine Liste aufgeschrieben, und so bekam ich dann im Sommer 1933 einen Fragebogen mit 14 Fragen von der Schulbehörde, die ich zu beantworten hatte, wenn ich weiter im Schuldienst bleiben wolle.

Ich gebe Dir mal einige Beispiele – ist klar, daß man da schon zwischen den Zeilen denken mußte. Frage: Wie stehen Sie zur Rassenkunde? Habe ich geschrieben: Da habe ich mir noch kein eigenes Urteil gebildet, weil ich immer nur 1. und 2. Schuljahr unterrichtet habe. Sollte ich einmal höhere Klassen unterrichten, werde ich mich an meinen Kollegen J. wenden, und den um Auskunft fragen. Weißt Du, wer J. war: Das war einer der beiden Spitzel bei uns. Nächste Frage: Wie stehen Sie zur Wehrkunde? Habe ich geschrieben: Positiv. Und gedacht: Ein Arbeiter muß auch schießen können. Dann wurden auch so Einzelheiten gefragt: Haben Sie Ostern 1932 zur Schulentlassungsfeier in der Aula einen Brief von Rosa LUXEMBURG vorgelesen? Habe ich geschrieben: Ja, habe ich. Das ist der Brief, wo sie beschreibt, wie Soldaten auf Stiere einschlagen, die einen schweren Wagen ziehen sollen, und dabei die Tiere ganz blutig schlagen. Da dachte ich: Das sollen die verstehen, wie sie wollen. In den Tagen hatte GÖRING nämlich gerade sein neues Tierschutzgesetz eingeführt.

Bei einer Frage, nämlich der nach der Parteizugehörigkeit, hatte ich dann mal wieder Riesenglück: Ich wurde nur gefragt, ob ich in der SPD bin [9], und da konnte ich dann ja einfach NEIN schreiben. Daß ich in der KPD war, hatten die Spitzel nicht herausbekommen, weil ich in der Partei an der Kulturfront tätig war und mit so direkten parteipolitischen Sachen nichts zu tun hatte und so auch nicht besonders in Erscheinung getreten war.

---

[9] Am 22. Juni 1933 wurde die SPD auch offiziell verboten, nachdem bereits zahlreiche Funktionäre aus Partei und Gewerkschaft von den Nazis verhaftet waren. In zahlreichen Ländern hatten Lehrerinnen und Lehrer Fragebögen auszufüllen oder schriftliche Erklärungen abzugeben, daß sie alle Verbindungen zur SPD gelöst haben, falls diese bestanden. Für diese Maßnahme gab es im Schulbereich keine reichseinheitliche Ausführungsvorschrift.

Im November 1932 hatte ich zum Beispiel mit meinem Lehrerkollegen Karl SCHINKE[10], der ein hervorragender Musiker war, ein Schultheaterstück erarbeitet und aufgeführt. Das hieß: „Kiff kommt weit in alle Welt!" Kiff war so ein Jungenname. Das ist ganz toll angekommen. Wir haben das sogar zweimal in der Stadt aufgeführt und hatten da jedes Mal so um 3000 Zuschauer.

Ein Riesenspaß: Kiff in Amerika – da haben die Schülerinnen dann so Tanzgirls vorgestellt. Waren immer Nummern, wo ganz viele Schüler mitmachen konnten. Sollte doch jeder eine Aufgabe haben. Wir haben dann noch Szenen dazugeschrieben. So kam der Kiff bei uns auch in die Sowjetunion. Später haben wir dann noch von HINDEMITH „Wir bauen eine Stadt" aufgeführt. Das haben wir auch gemacht.

Dann kam aber die Tragödie mit meinem Freund Karl SCHINKE. Der war so ein feiner Musiker, der hat in Hannover Riesen-Arbeiterchöre dirigiert – und gerade der wurde noch vor dem Gesetz mit dem Berufsbeamtentum[11], noch vor April 1933 entlassen. Der Schulrätin, die das gemacht hatte, hat das dann aber nichts genutzt: Die ist dann später von den Nazis selbst rausgeworfen worden.

Im Frühsommer 1933 ist dann noch ein dolles Ding an meiner Schule passiert: Schüler aus der 7.Klasse, wo ich Geschichte unterrichtete, die Eltern alles Arbeiter, ein Vater im Elternbeirat der Schule, hatten die Hakenkreuzfahne vom Schuldach geholt, mit Tinte bespritzt und dann gleich an Ort und Stelle auf dem Dachboden in eine Ecke gefeuert. Die hat dann dort unser Schulhausmeister gefunden, und der Hammel hat diesen Vorfall dann der SA gemeldet. So kam es dann eines Tages, daß plötzlich ein SA-Trupp im Schulhof aufmarschierte und unseren Schulleiter A., einen rechten Sozialdemokraten, auf den Schulhof zerrten und ihm drohten, ihn aufzuhängen. Und die Kleinen, die ich an jenem Morgen unterrichtete, Mensch, das war doch 1. Schuljahr, die haben so geweint, ich konnte sie kaum beruhigen. Der Schulleiter ist dann aber zum Glück davongekommen. Der wurde nur degradiert, konnte dann aber als Lehrer weiterarbeiten.

---

10) SCHINKE, Karl (1902–1943), Volksschullehrer, SPD-Mitglied, 1933 entlassen, war danach als Kaffeehändler und Buchhalter tätig, illegale politische Arbeit bis zur Verhaftung 1936, mehr als 2 Jahre Zuchthaus; während des Krieges erhielt er durch einen „Gnadenerlaß" die „Wehrwürdigkeit" zurück und wurde Soldat. An Haft- und Kriegsfolgen erkrankt und 1943 gestorben (vgl. auch ZORN 1965, 90-91; darin auch namentliche Erwähnung von Walther UHLE).

11) „Gesetz zur Wiederherstellung des Berufsbeamtentums" vom 7.4.1933 (REICHSGESETZBLATT Nr. 34, 175).

Wir waren dann nur noch ein kleiner Kreis von Lehrerkollegen, die sich privat zum Kaffeetrinken trafen, um politische Probleme durchzusprechen. Mein Kollege A., der ging damals zur sozialistischen Front. Das waren in Hannover damals anfangs so etwa 230 Leute. Da habe ich zu ihm gesagt: Mensch, das ist doch Wahnsinn! Bei so vielen, da sind doch bestimmt Spitzel drunter. Da habe ich nicht mitgemacht!

Das mit den Spitzeln war einfach furchtbar: Einem aus unserer Gruppe, dem Kollegen Hermann ZASTROW[12)] haben die einen Spitzel ins Haus geschickt, der sich als Verfolgter ausgegeben hat. Und Hermann in seiner guten Art hat den beköstigt und beherbergt. Und am nächsten Morgen, früh um 5 Uhr, ist der dann weg und stand um 6 Uhr mit der SA wieder vor der Tür. Die haben den Hermann dann nach Holzminden verschleppt, dort schrecklich verprügelt und dabei hatte der Hermann ohnehin eine ganz schlechte Gesundheit wegen seiner Verletzung aus dem 1. Weltkrieg. Er wurde dann noch ein dreiviertel Jahr im Gefängnis Wolfenbüttel festgehalten. Als er dann wieder nach Hause kam, hat er nicht mehr länger als Lehrer arbeiten dürfen, sondern wurde dann in einem Porzellanhandel beschäftigt. Aber er war ein gebrochener Mann und hat sich nie mehr von der Prügelei erholt. 1938 starb er elendig, blind und taub mit starken Schmerzen. Ich weiß noch, wie selbst der Arzt an seinem Sterbebett geweint hat, weil der auch noch nie soviel Qual und Elend mitangesehen hat.

Die Witwe von Hermann bekam dann nur einen Hungerlohn von Rente – 75 Mark Übergangsgeld für zwei Jahre! Die kam dann zu mir, ich war da ja noch immer in der Schule und war – sowas wie „Walterchen, der Seelentröster." Na, jedenfalls haben wir dann ein Gesuch an die Regierung zusammen geschrieben, und das habe ich dann hingebracht zu einem Amtmann. Und der hat gesagt: Wird gemacht! Solche gab's eben auch dazwischen. Nach 45 bin ich noch für den hingegangen und habe ausgesagt: Wenn ihr den nicht wieder einstellt, dann gute Nacht!

Auf der anderen Seite gab's da eine Lehrerin, die Klassenlehrerin der beiden Töchter von Hermann, die hat nur gesagt: „Was? Ihr habt kein Geld mehr? Dann müßt ihr runter von der Schule, wir können Euch keine Bücher umsonst geben!" Und das war nun eine Lehrerin!

---

12) ZASTROW, Hermann (1895–1938), Volksschullehrer, KPD-Mitglied, 1933 entlassen, im selben Jahr von der SA verhaftet und schwer mißhandelt, 1934 Haftentlassung, Hilfsarbeit in einer Porzellanfabrik, 1938 Tod als Folge einer Kriegsverletzung sowie der SA-Mißhandlungen (vgl. auch ZORN 1965, 91; Antifaschistische Lehrer . . . 1967, 165).

Ich habe mich immer gewundert, warum ich nicht entlassen worden bin. Ich habe eigentlich die ganze Zeit immer damit gerechnet. Erst nach dem Krieg sollte ich erfahren, wieso ich da wieder ein unverschämtes Glück gehabt hatte. Ich weiß noch, wie ich meine Einverständniserklärung zum Eintritt in den NSLB geben sollte (also das war nachdem der Deutsche Lehrerverein in Berlin auch umgekippt war und alle Mitglieder so mehr oder weniger überführt wurden). Ich war ja immer in der Gewerkschaft gewesen, da habe ich also geschrieben: Jawoll, bin ich mit einverstanden, aber ich muß noch warten, ob ich nicht zur Entlassung komme.

Im September 1933 bin ich dann an eine evangelische Mädchenschule versetzt worden erst mal. Das war aber gar nicht so schlimm. Die waren da auch zu 90 Prozent gegen HITLER eingestellt, und diese evangelischen Lehrerinnen, die hatten da so einen Nazi-Kreisleiter in ihrer Mitte, den hatten die fest im Griff, der hat kein Wort gesagt.

Zum Beispiel gab es an der Schule eine Menge jüdischer Kinder, und die wurden alle ganz fein behandelt. Ohne Unterschied, denen durfte kein Haar gekrümmt werden. In meiner Klasse waren auch jüdische Schülerinnen, wo wir später noch geholfen haben, daß die nach England kamen. Aber das hat ja leider nicht mehr bei allen geklappt. Aber ich habe damals schon zu manchen gesagt, die ich kannte: Mensch, machen Sie bloß, daß Sie aus Deutschland wegkommen. Mehr konnten wir nicht machen.

Erst habe ich mich nicht so getraut an der Schule. Das ganze Kirchliche war mir fremd, aber schließlich eines Tages ist dann das Eis gebrochen: Ich wollte mal wieder nicht mit ins Lehrerzimmer, aber dann fragte eine: „Na, nu' kommen Sie mal mit – was haben Sie denn so gemacht heute in Ihrer Klasse?" Und dann habe ich einen Vorstoß gemacht und habe gesagt: „Ich habe heute das Rasseschänder-Lied gesungen!" – Da haben alle geguckt, auch der Nazilehrer. Und dann habe ich gesagt: „Das Lied kennt Ihr alle. Es heißt: „Schornsteinfeger ging spazieren". Und da haben alle gelacht.

Die letzte Strophe bei dem Lied, das hatte 16 Strophen, wie Kinderlieder eben so waren damals, die haben wir alle im Kreis auf dem Schulhof gesungen, die letzte Strophe heißt also:

> „Da zog der Schornsteinfeger nach Afrika,
> nahm sich eine Negerin
> und kriegten sie ein Zwillingspaar."

1938 wurde ich ohne Angabe von Gründen von der evangelischen Mädchenschule an eine katholische Jungenschule versetzt. Und was soll ich Dir sagen? Nachdem ich mich mit dem Rektor beschnuppert hatte, sagte der doch nach einigen Wochen schon zu mir unter vier Augen: „Diese Nazis, diese hundsgemeinen Verbrecher!" Damals waren die Nazis gegenüber den katholischen Lehrern ja umgeschwenkt, weil sich viele doch nicht so beugen wollten, ganz feine Menschen darunter, müßte auch noch viel bekannter werden. Nun bekamen viele katholische Schulen jedenfalls auch mächtige Schwierigkeiten – und ich hatte wieder einen neuen Schutzengel.

Dann kam ja auch bald die sogenannte Kristallnacht. Ich bin an dem Abend durch Hannover mit dem Fahrrad nach Hause gefahren, und habe alles gesehen: Die zerstörten Läden, die Scherben überall, die demolierte Synagoge. Ich habe nur gedacht: Mensch, was ist denn bloß jetzt schon wieder los? Im Radio erfuhr ich dann, daß ich, das deutsche Volk, wieder daran Schuld gewesen sein soll. Wie hieß es im Radio: „Das deutsche Volk in Empörung ..." Das war aber ein Fehltritt der Nazis, das haben viele gemerkt: In Hannover war von Empörung gegen die Juden nichts zu spüren. Nachdem die SA-Truppen gezielt randaliert hatten, war eine Totenstille in der Stadt. Man konnte die Stille hören, habe ich damals zu meiner Frau gesagt[13)].

1939 bekam ich eine Aufforderung von der hiesigen NSDAP, auch in die Partei einzutreten. Ich habe damals mit meinen Freunden beraten: Was soll ich machen? Wir haben öfter Leute bei uns versteckt gehabt, wir mußten davon ausgehen, daß die Gestapo mich kannte. Mensch, was hättest Du gemacht? Meine Freunde haben gesagt: „Unterschreibe die Erklärung und ansonsten halte Deinen Mund." Das habe ich gemacht, und so bin ich Ende 1939 noch Mitglied der NSDAP geworden. Nach 45 bin ich dann allen möglichen Leuten begegnet, die gesagt haben: „Mann, wie konnste denn?" Aber was wissen denn die? Was hättest Du gemacht?

Etwa in der gleichen Zeit, also Ende 1939, habe ich nebenamtlich noch an einer Berufsschule gearbeitet, also einfach um noch etwas Geld zu verdienen. An den Berufsschulen herrschte Lehrermangel, weil sie die Berufsschullehrer zuerst eingezogen haben. Na, ich war also nicht 24 Stunden an der neuen Schule, da hatte der Schulleiter schon ein Schrei-

---

13) Die Stimmung gegenüber Juden in Hannover Ende Oktober 1938 – wenige Tage vor der Reichspogromnacht – wird von einem Zeugen, Zindel S. GRYNSZPAN (Vater des 17 jährigen Herschel GRYNSZPAN, vgl. Anm. 8 bei J. SCHWERSENZ) anders geschildert, als er die Zwangsausweisung der etwa 600 polnischen Hannoveraner Juden in Zusammenhang mit der sogenannten „Polen-Aktion" (vgl. Anm. 2 bei P. GILLIES) beschreibt: „Dann wurden wir ins Konzerthaus geführt, am Leineufer, und dort wurden aus der ganzen Stadt Leute zusammengebracht, etwa 600 Menschen im ganzen ... Dort blieben wir bis Freitagabend, dem 28. Oktober 1938 ... Dann lud man uns auf Polizeiautos , auf Gefängniswagen, ungefähr zwanzig auf jeden Wagen und transportierte uns zum Bahnhof. Die Straßen waren schwarz von Menschen, und sie schrien: ‚Juden raus nach Palästina'." (Nach: BRANDT 1984, 22–32).

ben von der örtlichen NSDAP mit dem Text: „Der Lehrer UHLE hat keine Bürgerkunde zu erteilen, nur Rechnen und Deutsch." Na, das war mir doch recht. Brauchte ich nicht so aufzupassen. Aber daran siehst Du auch, die wußten schon Bescheid über mich.

Am 7. Januar 1941 wurde ich einberufen zur Wehrmacht, Abteilung Meteorologie, Wetterwarte Gotha. Bei Kriegsende war ich nur kurz bei den Engländern interniert und meldete mich schon im Juni 1945 zurück zum Schuldienst.

Nach 1945

Erst Jahre später habe ich dann etwas darüber erfahren, durch welchen Zufall ich nicht gleich 1933 entlassen wurde. Da arbeitete ein junger Mann im hiesigen Stadtarchiv, ein ehemaliger Schüler von mir. Der kam eines Tages zu mir in die Schule und zeigt mir einen Brief von der Schulbehörde an den damaligen Reichserziehungsminister RUST[14) – Heldenpapa Rust nannte man den auch, keine Ahnung warum. Da stand also sinngemäß: „Sehr geehrter Herr Minister! Hier stehen noch 4 Lehrer zur Entlassung an: UHLE, THOMAS und noch zwei. Sollen wir entlassen – Ja oder Nein?"

Die hatten aber mit unseren Akten da schon vorher irgendeinen Formfehler begangen, also nach einem vom Minister festgesetzten Zeitpunkt gemeldet. Und korrekt, wie die Preußen waren, wurden wir vier nun erstmal nicht mehr bearbeitet.[15)]

---

14) RUST, Bernhard (1883–1945), Studienrat, ab 1925 NSDAP-Mitglied und 1925–40 Gauleiter von Hannover. Als Studienrat war er 1930 offiziell wegen eines „Nervenleidens" vom Schuldienst entbunden worden, unterschiedliche Gerüchte über „Verfehlungen", die die Ursache der Entlassung gewesen seien, rissen auch während seiner Amtszeit nie ganz ab; ab 1.5.1933 wird er Reichsminister für Wissenschaft, Erziehung und Volksbildung, 1945 Selbstmord. Die Titulierung „Heldenpapa Rust" erklärt Erika MANN in ihrem 1938 erschienenen Buch „School of Barbarians" (Dt.: Zehn Millionen Kinder – Die Erziehung der Jugend im Dritten Reich, Amsterdam 1938, Neuauflage: München 1986): „Bernhard Rust, als er im Kriege mit dem Eisernen Kreuz ausgezeichnet worden war, hatte seinem dreijährigen Sohn Mitteilung von dem Ergebnis wie folgt gemacht: ‚Heute unter dem Donner der Geschütze das Eiserne Kreuz erhalten. Dein Heldenvater.'" (MANN 1986, 52).

15) Gemeint ist das Schreiben der Kommission beim Regierungspräsidenten in Hannover an den Preußischen Kultusminister RUST vom 17.11.1933 als erklärende Antwort und Nachfrage auf dessen Rüge vom 6.11.1933 wegen fehlerhafter Bearbeitung von „Fällen" nach dem Gesetz zur Wiederherstellung des Berufsbeamtentums (beide Briefe vgl. Abb. 44 und 45).

Kann aber auch sein, daß das damit zusammenhing, daß es unter den Arbeiter-Eltern in Hannover-Linden wegen der Lehrerentlassungen schon einige Unruhe gegeben hatte. Das wollten die Nazis nicht, und vielleicht auch deshalb wurden wir verschont.

Abb. 40: Der Volksschullehrer Walther UHLE (24) mit seiner Klasse zu Ostern 1926 in Thüringen.

Abb. 41: Walther UHLE (o.J.) im Ruhestand in Hannover.

Vorwärts

Berliner Volksblatt.

Zentralorgan der sozialdemokratischen Partei Deutschlands.

Montag, den 13. Januar 1919

Das Ende der Spartakus-Herrschaft.

Die Erstürmung des „Vorwärts".

Das Leichenhaus.

Vielhundert Tote in einer Reih —
Proletarier!
Es fragten nicht Eisen, Pulver und Blei,
ob einer rechts, links oder Spartakus sei,
Proletarier!

Wer hat die Gewalt in die Straßen gesandt,
Proletarier?
Wer nahm die Waffe zuerst zur Hand
und hat auf ihre Entscheidung gebrannt?
Spartakus!

Vielhundert Tote in einer Reih —
Proletarier!
Karl, Rosa, Radek und Kumpane!
es ist keiner dabei, es ist keiner dabei!
Proletarier!

Artur Zickler.

Abb. 42: Ausgabe des „VORWÄRTS" vom 13. Januar 1919 (auf S. 2 ist das von Walther UHLE erwähnte Gedicht von ZICKLER).

B.Z. am Mittag

10 Pfennig.

Nr. 7 Berliner Zeitung 43. Jahrgang

1 Uhr Donnerstag, 16. Januar 1919.

Liebknecht auf der Flucht erschossen
Rosa Luxemburg von der Menge getötet

Abb. 43: Darstellung der Ermordung Rosa LUXEMBURGS und Karl LIEBKNECHTS durch die bürgerliche „BZ" am 16. Januar 1919.

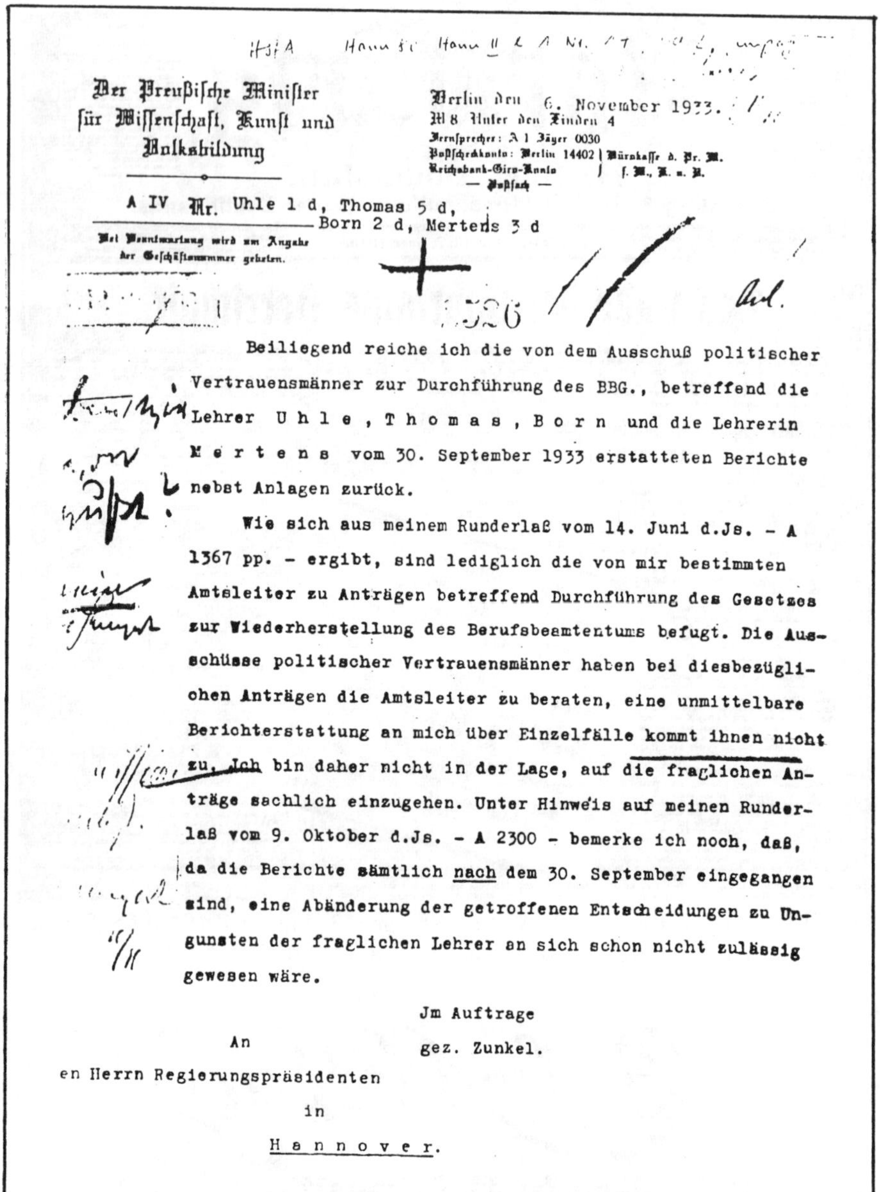

Der Preußische Minister für Wissenschaft, Kunst und Volksbildung

Berlin den 6. November 1933.
W 8 Unter den Linden 4
Fernsprecher: A 1 Jäger 0030
Postscheckkonto: Berlin 14402 | Bürokasse d. Pr. M. f. W., K. u. V.
Reichsbank-Giro-Konto |
— Postfach —

A IV Nr. Uhle 1 d, Thomas 5 d,
Born 2 d, Mertens 3 d

Bei Beantwortung wird um Angabe der Geschäftsnummer gebeten.

Beiliegend reiche ich die von dem Ausschuß politischer Vertrauensmänner zur Durchführung des BBG., betreffend die Lehrer U h l e , T h o m a s , B o r n und die Lehrerin M e r t e n s vom 30. September 1933 erstatteten Berichte nebst Anlagen zurück.

Wie sich aus meinem Runderlaß vom 14. Juni d.Js. – A 1367 pp. – ergibt, sind lediglich die von mir bestimmten Amtsleiter zu Anträgen betreffend Durchführung des Gesetzes zur Wiederherstellung des Berufsbeamtentums befugt. Die Ausschüsse politischer Vertrauensmänner haben bei diesbezüglichen Anträgen die Amtsleiter zu beraten, eine unmittelbare Berichterstattung an mich über Einzelfälle kommt ihnen nicht zu. Ich bin daher nicht in der Lage, auf die fraglichen Anträge sachlich einzugehen. Unter Hinweis auf meinen Runderlaß vom 9. Oktober d.Js. – A 2300 – bemerke ich noch, daß, da die Berichte sämtlich nach dem 30. September eingegangen sind, eine Abänderung der getroffenen Entscheidungen zu Ungunsten der fraglichen Lehrer an sich schon nicht zulässig gewesen wäre.

Jm Auftrage
gez. Zunkel.

An
en Herrn Regierungspräsidenten
in
H a n n o v e r.

Abb. 44: Schreiben des Preußischen Kultusministers RUST an den Regierungspräsidenten von Hannover vom 6.11.1933.

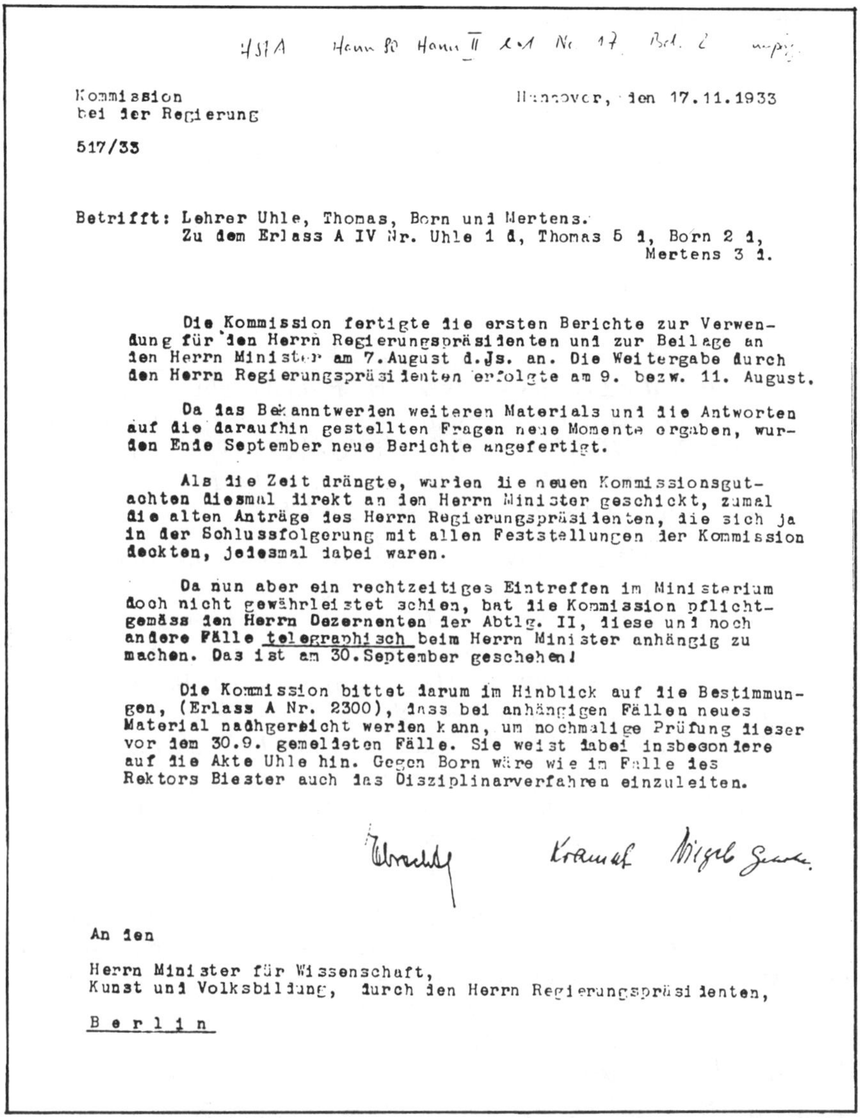

HStA Hann 80 Hann II c 1 Nr. 17 Bd. 2 unpag.

Kommission
bei der Regierung

517/33

Hannover, den 17.11.1933

Betrifft: Lehrer Uhle, Thomas, Born und Mertens.
Zu dem Erlass A IV Nr. Uhle 1 d, Thomas 5 d, Born 2 d, Mertens 3 d.

Die Kommission fertigte die ersten Berichte zur Verwendung für den Herrn Regierungspräsidenten und zur Beilage an den Herrn Minister am 7.August d.Js. an. Die Weitergabe durch den Herrn Regierungspräsidenten erfolgte am 9. bezw. 11. August.

Da das Bekanntwerden weiteren Materials und die Antworten auf die daraufhin gestellten Fragen neue Momente ergaben, wurden Ende September neue Berichte angefertigt.

Als die Zeit drängte, wurden die neuen Kommissionsgutachten diesmal direkt an den Herrn Minister geschickt, zumal die alten Anträge des Herrn Regierungspräsidenten, die sich ja in der Schlussfolgerung mit allen Feststellungen der Kommission deckten, jedesmal dabei waren.

Da nun aber ein rechtzeitiges Eintreffen im Ministerium doch nicht gewährleistet schien, bat die Kommission pflichtgemäss den Herrn Dezernenten der Abtlg. II, diese und noch andere Fälle telegraphisch beim Herrn Minister anhängig zu machen. Das ist am 30.September geschehen!

Die Kommission bittet darum im Hinblick auf die Bestimmungen, (Erlass A Nr. 2300), dass bei anhängigen Fällen neues Material nachgereicht werden kann, um nochmalige Prüfung dieser vor dem 30.9. gemeldeten Fälle. Sie weist dabei insbesondere auf die Akte Uhle hin. Gegen Born wäre wie im Falle des Rektors Biester auch das Disziplinarverfahren einzuleiten.

An den

Herrn Minister für Wissenschaft,
Kunst und Volksbildung, durch den Herrn Regierungspräsidenten,

Berlin

Abb. 45: Erklärende Antwort der Kommission beim Regierungspräsidenten von Hannover an den Preußischen Kultusminister RUST vom 17.11.1933.

Reflexion zur Begegnung mit Walther Uhle

Persönliche Begegnungen: 4 Stunden (bei 1 Treffen)

Ort der Begegnung: Privatwohnung von Walther Uhle

Telefonate: 5

Briefe: 7

1. Kontaktaufnahme

Auf den Namen des Lehrers Walther UHLE stieß ich bereits während erster Vorarbeiten bei der Durchsicht zweier früherer Examensarbeiten zum Thema (NAUJOKS 1973, SCHNORBACH 1974). Darin werden jeweils Manuskripte von Walther UHLE zitiert, die dieser freundlicherweise zur Verfügung gestellt habe (vgl. auch UHLE 1966, 1969).

Im Frankfurter DOKUMENTATIONSARCHIV des deutschen Widerstandes 1933–1945 e.V. findet sich schließlich unter der Nr. AN 2217 eine mit Schreibmaschine gefertigte Liste von „verfolgten und im Widerstand aktiven Pädagogen/ca. 553 Namen, 19 Blätter, hektographiert", zusammengestellt von Walther UHLE, Hannover o.J. Bei den alphabetisch geordneten Namen handelt es sich sowohl um bekannte Pädagogen wie z. B. Adolf REICHWEIN, als auch um eine Fülle eher unbekannter Namen aus allen Teilen des ehemaligen Deutschen Reiches, die in der Regel jedoch nur mit wenigen Angaben versehen sind (Name, Geburtsjahr, Zeitpunkt der Entlassung oder Hinrichtung). Art des Widerstands oder nähere Umstände der Verfolgung sind zumeist nicht angegeben.

Von der Frankfurter Archivarin Frau Dr. Ursula KRAUSE-SCHMITT erhalte ich schließlich die Anschrift von Herrn UHLE in Hannover. Auf ein ausführliches Anschreiben antwortet Walther UHLE kurz mit einer Postkarte: „Am besten Sie kommen vorbei!"

2. Erste Begegnung

An der Wohnungstür empfängt mich zunächst Frau UHLE, die mich mit den Worten: „Er wartet schon!" ins Wohn- und Arbeitszimmer von Herrn UHLE führt. Es ist früher Sonntagnachmittag, und in der Wohnung duftet es nach Kaffee und frisch gebackenem Kuchen, der kurz darauf von Frau UHLE serviert wird.

Walther UHLE übernimmt umgehend das Gespräch: „Du bist also auch einer von der Uni. Warst Du denn schon mal richtiger Lehrer?" Als ich bejahe und kurz von meiner Schularbeit berichte, wird er sichtlich aufgeschlossener: „Dann bist Du ja Kollege", meint er und ergänzt: „Dann können wir uns ja duzen!"

Als er sieht, daß ich mir nur ein Stück Kuchen genommen habe, befiehlt er sofort ein weiteres Stück: „Sollst hier nicht verhungern!" Gegen eine Tonbandaufnahme hat er nichts: „Mach' man ruhig an Deinen Klapperkasten, abtippen mußt Du das dann ja!"

3. Gesprächseindrücke

Bei aller direkten, fast umwerfenden Herzlichkeit ist eine gewisse Bitterkeit nicht zu überhören, daß sich kein Mensch bisher richtig um die damalige Opposition innerhalb der Lehrerschaft gekümmert habe. Dàs waren bisher immer nur ganz wenige, wie zum Beispiel der, wie hieß der noch, der damals für seine Examensarbeit seinen ganzen Keller durchgewühlt habe ... SCHNORBACH? – Ja, richtig, so hieß der.

Als ich ihn auf die von ihm gefertigte Liste mit den 553 Namen anspreche, fragt er: „Kannste deutsche Schrift?" Als ich nicke, steht er stumm auf, kramt aus seinem Bücherschrank einen Stapel eng handbeschriebener Zettel hervor und knallt sie mir vor den Teller: „Da sind noch über 800 Namen!! Denkste, das interessiert jemanden? Jetzt ist doch das meiste zu spät. Die sind doch fast alle tot oder kurz davor wie ich!"

Während seines Berichtes beeindruckt mich neben einer ungemein lebendigen Erzählweise immer wieder die Exaktheit, mit der er Daten auf den Tag genau angibt, die mehr als 60 oder gar 70 Jahre zurückliegen. Als ich einmal scherzhaft anmerke, daß ich alle Daten hinterher überprüfen würde, sagt er schmunzelnd: „Kannste ruhig! Ich weiß schon, wann ich flunkern darf und wann nicht!"

Darüberhinaus sind es aber vor allem auch die historisch-politischen Zusammenhänge, die ihn immer wieder beschäftigen. Es ist ihm spürbares Anliegen, mir zu vermitteln, daß ich die Nazizeit auf keinen Fall als abgeschlossenes Kapitel behandeln dürfe: „Weder nach vorne noch nach hinten!" Er selbst stellt oft während seiner Erzählungen Bezüge zu vorhergehenden Ursachen aus der Weimarer Republik und der Kaiserzeit her und vergleicht mit Zuständen heute. „Was meinst Du, was wir da alles noch draus lernen könnten!" Zwischendurch geht er immer wieder an seinen Bücherschrank und holt mir – zumeist längst vergriffene – Literatur heraus: „Kennste das?" Wenn ich zumeist verneinen muß, sagt er: „Hab ich mir gedacht! Los, gleich aufschreiben, findste alles in Eurer Staatsbibliothek, liest doch sonst kein Mensch mehr die alten Dinger!" Wenn er über einige Kollegen persönliche Einzelheiten auf meine Nachfrage hin vertieft, dann unterbricht er manchmal: „Das schreibste aber jetzt nicht mit auf, verstanden?"

Nach etwa drei Stunden haben wir beide den Eindruck, daß das Wichtigste fürs Erste gesagt sei. Er hat während der ganzen Zeit nur zwei Tassen Kaffee getrunken, jedoch nichts gegessen: „Mein Magen!" Seine Konzentration hat in keiner Weise nachgelassen. Jetzt verbringen wir noch fast eine Stunde vor seinem Bücherschrank. Er gibt mir einige alte Schulbücher und andere Texte mit, die ich mir in Hamburg kopieren darf.

Walther UHLES Abschiedsworte: „Aber nächstes Mal keine Blumen, verstanden?"

4. Weitere Entwicklung

Die Niederschrift von Auszügen seiner auf Band gesprochenen Aussagen akzeptiert Walther UHLE ohne eine einzige Korrektur. In den folgenden Wochen entwickelt sich noch eine eifrige Korrespondenz, weil er bei der Beschaffung von Lebensdaten einzelner in seinem Text erwähnter Personen behilflich ist.

Alle von ihm angegebenen Daten, die ich in Archiven zu überprüfen in der Lage bin, stellen sich als korrekt heraus. Im einzigen Fall eines Irrtums trägt er selbst entscheidend zur Aufklärung bei: Den Grund für seine Nicht-Entlassung Anfang 1933 im Gegensatz zu anderen ähnlich belasteten Kollegen meint er zunächst aus einem anderen formalen Grund als dem dann durch Dokumente konkret belegbaren Formfehler der zuständigen Kommission (vgl. Abb. 44 und 45) zu erinnern. Er ist es jedoch, der mir diese Dokumente, die ich auf schriftliche Anfrage nicht erhalte, durch die Hilfe eines ehemaligen Schülers zukommen läßt.

Auf die Veröffentlichung seines Textes angesprochen, meint er: „Ach, ob ich das überhaupt noch erlebe vor meinem Heldentod!"

3.11. Dietrich Rothenberg (Jg. 1904), Hamburg: Als kommunistischer Volksschullehrer an staatlichen Großstadtschulen (bis 1940)

1904:	Geboren in Pölitz/Pommern
1910–1914:	Volksschule in Rawitsch und Koschmin/Pommern und Weißenfels/Saale
1923:	Abitur an der Oberrealschule in Weißenfels/Saale
1923–1924:	Studium der Naturwissenschaften in Leipzig
1924–1925:	Studium der Naturwissenschaften in Freiburg/i. Br. (mit Unterbrechungen)
1925–1928:	Volksschullehrerstudium in Jena
1928:	Staatsexamen als Volksschullehrer
1928–1929:	Nach kurzer Arbeitslosigkeit Heimlehrer der Volkshochschule in einem Erholungsheim der Ortskrankenkassen im Schloß Hummelshain bei Jena
1929–1933:	Volksschullehrer an der Versuchsschule Telemannstraße/Hamburg
1933–1936:	Volksschullehrer an der Knaben-Schule Wrangelstraße/Hamburg
1936–1940:	Volksschullehrer an der Mädchen-Schule Hübbesweg
1940–1944:	Soldat in Rumänien und der Sowjetunion
1944–1948:	Sowjetische Kriegsgefangenschaft
1948–1966:	Volksschullehrer an der PETER-PETERSEN-Schule in Hamburg (bis zur Pensionierung mit 62 Jahren)[1)]

Elternhaus

Mein Großvater war Pfarrer, mein Vater sollte es zuerst auch werden, hat sich dann aber mehr fürs Pädagogische interessiert. Er war dann da erst mal Lehrer am Lehrerseminar, später dessen Direktor. Das war in Weißenfels/Saale.

Ich würde mein Elternhaus als gutbürgerlich bezeichnen, eingebettet in die örtliche Honoratioren-Gesellschaft, die sich durchweg als kaisertreu verstand. Daneben gab es aber auch industrielles Proletariat am Orte, zu dem ich aber als Kind keinen Kontakt hatte.

Eigene Schulzeit

Als Kinder haben wir im Ersten Weltkrieg Soldaten gespielt: Ich war dabei nicht selten der „Kommandant". In der Schule gab es oft Siegesfeiern, und ich erinnere mich noch, wie ich anläßlich irgendeiner U-Boot-Versenkung ein langes Gedicht aufsagen mußte.

Erst im Laufe der Schulzeit entwickelte sich bei mir so etwas wie jugendliche Opposition – vor allem gegen die Lehrer unserer Schule mit all ihrer Sturheit und Langeweile. Aus dieser eher unpolitischen Motivation heraus begeisterte ich mich als 14jähriger auch für die Revolution von 1918, die bei uns in Weißenfels, einer alten Garnisons-Stadt mit einer linken, sozialdemokratischen Arbeiterschaft, schon zu einiger Unruhe führte. Ich sehe noch auf meinem täglichen Schulweg vor mir, wie die bewaffneten Arbeiter auf dem Postgebäude saßen.

Meinen Sympathien für die Arbeiter versuchte ich dadurch Ausdruck zu verleihen, daß ich damals meinen Mitschülern vorschlug, den einzigen Adligen in unserer Klasse zu verprügeln. Wir überlegten auch, ob wir nicht die Gymnasialbänder von unseren Schulmützen reißen sollten.

Jedenfalls waren dies meine ersten Erfahrungen, die meine Kritik am Bürgertum begründeten. Mich ärgerte in den letzten Schuljahren besonders die Übernahme studentischen Gehabes und solcher Gebräuche wie Saufereien bei Klassenveranstaltungen – zum Beispiel bei der Feier des „Einjährigen"[2].

---

1) Über Dietrich ROTHENBERGS Leben vgl. auch:
de LORENT, Hans-Peter: Dietrich ROTHENBERG: – „Ich tat, was nötig war", in: HOCHMUTH/de LORENT 1985, 275–279.
In demselben Band schrieb Dietrich ROTHENBERG selbst Berichte über oppositionelle Kolleginnen und Kollegen:
- Albert BADEKOW: „. . . daß echte Demokraten ihr Gedächtnis schärfen", S. 162–166;
- Emma CARSTENSEN: Mövchen – ein Stützpunkt des Widerstands, S. 197–200;
- Margarethe HOEFER: „Du stehst nicht allein", S. 221–226;
- Rudolf KLUG: Kompromißlos gegen Barbarei, S. 239–243;
- Anna RIEPER: Kampf für Frieden und Frauenrechte, S. 272–274;

Vgl. auch: ROTHENBERG, Dietrich 1986: Oppositionelle Lehrer – Die Bedeutung der IOL (Interessengemeinschaft oppositioneller Lehrer) im Kampf gegen Notverordnungen, schulpolitischen Abbau und drohenden Faschismus; in: LEHBERGER/de LORENT 1986.

2) „Einjähriges" bedeutete, daß man nach erfolgreich abgeschlossenen 10 Oberschuljahren beim Militär nur 1 Jahr Dienst machen mußte und den Rang eines Fähnrichs erhielt.

Lehrerausbildung

Ich begann mein Studium der Naturwissenschaft 1923 in Leipzig. Dort erlebte ich die Armut der Erwerbslosen, die Niederschießung von Arbeitern bei einer Protestkundgebung gegen die Inflationsgewinner, als ich zur Mensa zum Essen ging. Damit begann mein Suchen nach einer Lösung politischer Fragen.

Nach zwei Semestern in Leipzig studierte ich in Freiburg i. Br. und schloß mich einer freien Wandervogelgruppe an, in der über die Probleme der Lösung der Gesellschaftsfragen viel diskutiert wurde.

Die nächsten Semester habe ich dann wichtige Impulse für das Verstehen von Arbeiterkindern bei meinem Volksschullehrer-Studium von Prof. Peter PETERSEN[3)] in Jena erhalten. Peter PETERSEN hatte eine Versuchsschule gegründet, an der ich regelmäßig hospitieren durfte. Du hast sicher von der Jena-Plan-Schule schon mal gehört?

Prinzip dieser Schule war es, die Klassenstufen aufzuheben und die Persönlichkeitsentwicklung der Kinder in zusammengefaßten, freien, jeweils drei Jahrgänge umfassenden Gruppen zu fördern. Ältere Kinder lehrten die Jüngeren. Der Unterrichtsstoff orientierte sich an den geäußerten Interessen der Kinder. Besonders gefördert wurde das freie Sprechen der Kinder. PETERSENs Grundsatz war: Es gibt kein dummes Kind! Wir Studenten lernten ein psychologisches Verständnis

---

3) PETERSEN, Peter (1884–1952), Prof. Dr., 1920–1923 Leiter der LICHTWARK-Schule in Hamburg, 1923–1950 Pädagogikprofessor, zunächst in Jena; dort Aufbau einer Universitätsübungsschule, die nach dem „Jena-Plan" arbeitete (d. h. altersgemischte Lerngruppen, Klassenzimmer als Wohnstube, Gruppenarbeit und besondere Förderung durch ein Kurssystem). Nach 1933 unterstützte er den Nationalsozialismus ausdrücklich in mehreren Publikationen und bot auch an, den „Jena-Plan" für „eine grundsätzliche Neuordnung der Schule im Geiste des Volkstums" (PETERSEN 1935) zu modifizieren. Nach 1945 Pädagogikprofessor in der Bundesrepublik, wobei er sich bemühte, an die „Pädagogik vor 1933" und den ursprünglichen „Jena-Plan" anzuknüpfen (vgl. zur Kritik an PETERSEN auch: EIERDANZ 1987).

für die Umstände, die Pädagogik bestimmen. Wir lasen in diesem Zusammenhang auch die Schriften von HOERNLE[4] und RÜHLE[5]. Eine wertvolle Zeit war das! Ich wurde bestätigt in meinem Wunsch, ein Lehrer zu werden, der nicht prügelt, sondern durch Verstehen der Lebenssituation eines Kindes pädagogisch zu wirken.

Lehrererfahrungen vor 1933

Ich wurde im April 1929 als Volksschullehrer in die Hamburger Versuchsschule Telemannstraße aufgenommen. Es gab damals vier solcher Versuchsschulen in Hamburg mit einer Elternschaft, die überwiegend aus der Arbeiterschaft zusammengesetzt war. Das waren engagierte, zumeist sozialdemokratische und kommunistische Eltern, die sich sehr für ihre Schule einsetzten.

---

[4] HOERNLE, Edwin (1883–1952), seit 1910 Mitglied der SPD, zunächst Student der Theologie, wurde er dann aber Redakteur bei verschiedenen sozialistischen Zeitungen, wobei er während des 1. Weltkrieges auch erste pädagogische Texte für eine Erziehung zum Frieden verfaßte, für die er mehrfach verhaftet wurde; als führender Vertreter der „Freien Sozialistischen Jugend" verfaßte er 1919 deren Schulprogramm „Die kommunistische Schule" mit und gehörte zu den Mitbegründern der KPD; während der Weimarer Republik entwickelte er sich zu einem der führenden Schulpolitiker der KPD; 1929 veröffentlichte er „Grundfragen der proletarischen Erziehung"; 1933–1945 Emigration in die Sowjetunion, wo er u. a. am Internationalen Agrarinstitut in Moskau arbeitete; nach 1945 Professor für Landwirtschaftswissenschaften in Berlin (DDR) bis zu seinem Tode.

[5] RÜHLE, Otto (1874–1943), ab 1889 Lehrerseminar, danach zeitweise Hauslehrer, seit 1896 SPD-Mitglied, Redakteur sozialdemokratischer Blätter, im Auftrag der Partei bis 1923 als „Wanderlehrer" tätig; 1903 Ausarbeitung eines sozialistischen Schulprogramms sowie von „Das proletarische Kind"; 1912–1918 Mitglied des Reichstages, zunächst linker SPD-Flügel, dann ultra-linke kommunistische Position, 1920 Mitbegründer der KAP, nach 1923 Rückkehr in die SPD; 1933 Emigration nach Prag; 1936 als Regierungsberater für Erziehungsfragen nach Mexico, dort erneut entlassen, zuletzt als Kunstmaler tätig; am Tag seines Todes in Mexico-City am 24.6.1943 wählte seine Frau, die Psychologin Alice GERSTEL-RÜHLE, den Freitod.

Ich befreundete mich damals im Kollegium vor allem mit Rudolf KLUG[6], dem einzigen Kommunisten an unserer Schule. Obwohl er ein Jahr jünger war als ich, habe ich viel von ihm gelernt. Er konnte mir viele Antworten auf meine suchenden Fragen geben, gemeinsam lasen wir dann auch sozialistische und kommunistische Bücher. Durch ihn bekam ich auch Kontakt zur KPD.

Insgesamt war unser Kollegium pädagogisch sehr aufgeschlossen. Es war ein aufregendes und gutes Arbeiten: Kinder, Lehrer und Eltern gemeinsam! Wir nannten uns deshalb auch „Schulgemeinde Telemannstraße".

Politisch gesehen war es eher kontrovers. Wir hatten viele hitzige Auseinandersetzungen. Aber ich betrachte das noch heute als wertvoll, daß diese Kontroversen vom damaligen Schulleiter toleriert wurden und so immer wieder ausgetragen werden konnten. Das spitzte sich natürlich zu mit der immer größeren Bedrohung von Rechts, durch die Nazis: Wer hat nun Recht in der Einschätzung der Nazis – Sozialdemokraten oder Kommunisten?

Als die Schulbehörde dann 1931 meinen Freund und Kollegen Rudolf KLUG mit Entlassung bedrohte, weil er in der KPD war, bin ich ebenfalls eingetreten, um ihn nicht im Stich zu lassen.

---

[6] KLUG, Rudolf (1905–1944), Volksschullehrer, KPD-Mitglied, kandidierte 1932 für die Hamburger Bürgerschaft; im Mai 1933 in der Schule verhaftet, ein Jahr Gefängnis, danach Zwangsarbeit, nach Freilassung weiter illegale politische Arbeit, auch zusammen mit Dietrich ROTHENBERG, mit dem er 1936 Protestschreiben gegen das drohende Todesurteil gegen den kommunistischen Arbeiterführer Etkar ANDRÉ schrieb, vervielfältigte und an Zeitungsredaktionen und Gerichte versandte. 1937 erneute Verhaftung und Verbringung ins KZ Sachsenhausen. Nach der Entlassung lernte er in einer Gruppe ehemaliger Telemannschüler seine Frau kennen. 1940 heirateten Rudolf KLUG und Margaretha KUBICKI und bekamen 1941 ein Kind, die Tochter Anja. Ab 1940 Mitarbeit bei der Widerstandsgruppe „BÄSTLEIN-JACOB-ABSHAGEN". In ihrem Auftrag suchte er 1941 um „Wehrwürdigkeit" nach, um auch in der Wehrmacht antifaschistische Arbeit zu leisten. In Norwegen hörte er als Soldat laufend ausländische Sender ab und verhalf Kriegsgefangenen zur Flucht. Er wurde schließlich selbst verhaftet, konnte fliehen, wurde eingefangen und im März 1944 in Norwegen hingerichtet.
In der DDR wurde anläßlich seines 50. Geburtstages im Oktober 1955 die 22. Oberschule in Rostock nach ihm benannt. Dort redete u. a. auch Dietrich ROTHENBERG.
Außer obengenanntem Bericht von Dietrich ROTHENBERG vgl. auch: BURGARD/DIERCKS/ZAHRNDT 1982.

Ob ich nicht Angst vor Konsequenzen gehabt habe, möchtest Du wissen? Ehrlich gesagt: Nein. Wenn ich zu einer Sache stehe, wenn ich mich nach gründlichem Überlegen für etwas entschlossen habe, dann tue ich das auch. Das ist bei mir noch heute so.

Lehrererfahrungen 1933 bis 1940

Machtergreifung? Von der Schule kann ich da nichts erinnern. Aber von zu Hause:

Ich wohnte damals in einem Mietshaus im 3. Stock und in der Nachbar-Wohnung da wohnten begeisterte Nazis. Oft hörte man sie Nazi-Lieder singen. Am 30. Januar 1933 beherbergten wir in unserer geräumigen Wohnküche drei Genossen, die sich in ihrem bisherigen Schrebergartenversteck nicht mehr sicher fühlten und Verhaftungen befürchteten.

Das war wirklich ein schlimmer Abend: Wir saßen da also niedergedrückt in der Küche und nebenan großer Jubel. Dann natürlich auch Angst: Hatte jemand die drei Genossen hereinkommen sehen? Und überhaupt – wie würde es weitergehen?

Bis Mai 1933 hatte auch ich noch Hoffnungen, daß die Sozialdemokraten und Kommunisten sich gegen die Nazis zusammenschließen würden.

Im April 1933 wurde ich dann gleich mit anderen – auch sozialdemokratischen Kollegen – in andere Schulen strafversetzt. Die Kollegen, die an der Telemannschule bleiben durften, waren verschreckt, so daß es zu keiner Protest-Aktion kam. Nichts.

Die neue Schule, an die ich dann kam, die Knaben-Volksschule Wrangelstraße, war im Gegensatz zu meiner alten Schule eine richtige Nazi-Schule. Der Schulleiter war ein strammer Deutschnationaler, der mich nur zum Unterricht für die untersten Klassen zuließ. Und selbst dort verbot er mir zum Beispiel, Märchen zu erzählen, weil – wie er sagte – die zumeist einen sozialen Inhalt hätten. So einer war das. Am schlimmsten war aber für mich, daß an dieser Schule wieder geprügelt wurde. Nicht zum Aushalten.

Ich habe dann auch immer wieder versucht, mich von dort weg zu bewerben. An dieser Schule waren ansonsten gar nicht nur so stramme Nazis, obwohl bis auf zwei alle in der Partei waren. Ich würde die eher billigend, sich einordnend beschreiben. Von diesen 150prozentigen Rumschreiern hatten wir eigentlich nur zwei an der Schule.

Endlich, das war 1936, konnte ich durch den glücklichen Umstand, daß der ehemalige Schulleiter der Telemannstraße Fritz KÖHNE[7], der auch unter den Nazis sein 1926 begonnenes Amt als Schulrat fortsetzen durfte und nun den Nazi-Schulrat HOLM vertrat, der sonst für meinen Schulkreis zuständig war, mich jetzt auf meine Bitte hin an die Mädchen-Volksschule Hübbesweg versetzte.

Da ging es dann wieder etwas besser. Da gab es auch mehrere Kollegen, mit denen man auch in der Schule offen reden konnte. Der Schulleiter GODBERSEN[8] selbst war ein alter Sozialdemokrat. Später wurde er dann zurückgestuft, konnte aber weiter als Lehrer im Kollegium arbeiten. An der Schule Hübbesweg wehte auch während der Nazizeit ein anderer Geist, ohne daß es deshalb so etwas wie antifaschistische Aktionen gegeben hätte, das natürlich nicht, ist klar.

Aber allein, daß man offen miteinander reden konnte. So habe ich zum Beispiel weiter meine Bücher aus der Weimarer Zeit benutzt, obwohl ich nie weiter als bis zum Mittelalter in Geschichte gekommen bin. In Geographie haben wir auch die ganze Welt besprochen – und nicht nur das Reich.

Dann weiß ich noch, daß wir 1938 ein großes Theaterstück aufgeführt haben. Es war ein schönes Stück, in dem Lieder, Kleidung und Sitten verschiedener Völker dargebracht wurden. Wir spielten es am Ende

---

7) KÖHNE, Fritz (1879–1956), Volksschullehrer, SPD-Mitglied, ab 1920 Schulleiter der Versuchsschule Telemannstraße in Hamburg, ab 1926 Bezirksschulrat in Hamburg-Rothenburgsort. Er wurde am 1.7.1933 von den Nazis entlassen, aber bereits am nächsten Tag in seinem Amt als Personalchef der Hamburger Volksschulen wiedereingestellt, ohne daß er seine Ansichten verleugnet hätte. Im Gegenteil blieb er während der Nazizeit „Zufluchtsort" für viele bedrängte Kolleginnen und Kollegen, ohne jedoch zum Widerstand zu gehören. Als er 1937 aufgefordert wurde, der NSDAP beizutreten, waren es vor allem die gefährdeten Lehrer, die ihn bedrängten, dies zu tun, aber dafür in der Schulbehörde bleiben zu können.
Die Engländer ließen Ober-Schulrat KÖHNE auch nach 1945 im Amt, den „outstanding man", wie sie ihn bezeichneten, wo er bis zu seiner Pensionierung 1949 im Alter von 70 Jahren blieb (nach HAGENER 1985, vgl. auch die ausführliche Biographie von FIEGE 1986).

8) GODBERSEN, J. H. Martin (1889–?), seit 1911 Volksschullehrer in Hamburg, SPD-Mitglied, auch nach 1933 weiter Schulleiter, u. a. auch an der Schule Hübbesweg, an die 1936 auch Dietrich ROTHENBERG versetzt wurde. Er wurde später als Lehrer zurückgestuft, durfte aber im Schuldienst bleiben. Dietrich ROTHENBERG erinnert sich an ein frohes Wiedersehen mit Martin GODBERSEN im Jahre 1948 nach seiner Heimkehr aus der Kriegsgefangenschaft in Hamburg (Brief von ROTHENBERG vom 25.5.1986).

des 8. Schuljahres. Das habe ich zusammen mit meinem Kollegen, Walter GIESE[9], auch ein Kommunist, erarbeitet. Da haben wir mit großer Freude dieses Lied der amerikanischen Schwarzen vom „Ol' Man River" mit eingebaut und mit den Schülern gesungen.

Oppositionelles Verhalten außerhalb der Schule

Durch meine Mitarbeit in der Hamburger Gruppe der Interessengemeinschaft oppositioneller Lehrer (IOL[10]), einem Zusammenschluß sozialdemokratischer und kommunistischer Pädagogen bis 1933, hatte ich auch während meiner ganzen Schulzeit noch Kontakte zu oppositionellen Lehrern – auch in anderen Städten. So in Berlin vor allem zu Kurt STEFFELBAUER[11], der später ermordet worden ist.

---

9) GIESE, Walter (1901–1943), zunächst Werkstudent, KPD-Mitglied, seit 1934 im Hamburger Schuldienst in der Volksschule Hübbesweg, nebenher schriftstellerisch tätig und in Kontakt mit linken Künstlern und Schriftstellern; 1939 zur Wehrmacht eingezogen und 1943 in Kurland gefallen.

10) Interessengemeinschaft oppositioneller Lehrer (IOL), in der ab 1931 kommunistische und auch einige sozialdemokratische Lehrerinnen und Lehrer in Hamburg und Berlin organisiert waren. Im Februar 1933 erfolgte die Selbstauflösung und der Beschluß der Weiterarbeit in kleinen Gruppen zu je 3 bis 5 Personen, von denen es in Hamburg 7 solcher Gruppen gab (vgl. HOCHMUTH/MEYER, 1980², 255–285; ROTHENBERG 1986).

11) STEFFELBAUER, Kurt (1890–1942), 1907–1910 Lehrerstudent, danach kurze Zeit Lehrer, 1913 bis zur Verwundung 1915 als Soldat im 1. Weltkrieg, 1917/18 als Lehrer in einem Waisenhaus in Beirut, nach 1918 zunächst arbeitslos, dann eine Anstellung bei der Deutschen Demokratischen Partei (DDP), ab 1920 wechselnde Tätigkeiten. Erst 1926 wieder eine Anstellung als Lehrer, ab 1927 Lehrer im Berliner Arbeiterbezirk Wedding; ab 1926 Mitglied der Lehrergewerkschaft, später auch Funktionär, KPD-Mitglied; ab 1931 leitete er die Berliner „Interessengemeinschaft oppositioneller Lehrer" (IOL), die ähnlich der Hamburger Gruppe arbeitete. Im Februar 1933 von den Nazis entlassen, wurde er im Herbst 1933 wieder im Schuldienst eingestellt, ab Frühsommer 1934 organisierte und leitete Kurt STEFFELBAUER illegale Gruppen an, in denen sowohl entlassene als auch im Schuldienst befindliche Lehrer mitarbeiteten. Diese Widerstandskontakte konnten außer nach Hamburg bis nach Magdeburg, Sachsen, Bielefeld und Bayern ausgebaut werden. Dietrich ROTHENBERG traf mit Kurt STEFFELBAUER zum letzten Mal zum Austausch von Informationen und Material Ostern 1940 in Ludwigslust zusammen. Am 28.5.1941 wurde Kurt STEFFELBAUER morgens in seiner Schule verhaftet und am 21.5.1942 in Berlin-Plötzensee von den Nazis hingerichtet (vgl. HOHENDORF 1974, 298–307, auch BECKER 1985, 111 f.).

Aber wir hatten auch Kontakte zu englischen Lehrern, hier vor allem zu Eleonor MIDGLEY[12] aus London, die vor 1933 ein Jahr an einer Hamburger Schule gearbeitet hatte und jetzt auch weiter mit uns aus London in Verbindung blieb.

Sie bat mich dann später, einmal nach England zu kommen, um dort vor englischen Kollegen von der schlimmen Situation in Deutschland zu berichten. 1936 konnte ich diesem Wunsch zum ersten Mal folgen.

Ich gab an, aus naturwissenschaftlichem Interesse in London Museen besuchen zu wollen und stattete mich auch mit einem Riesenstapel Fachliteratur unter dem Arm aus.

Drüben habe ich dann vor einer Lehrerversammlung gesprochen, bei der natürlich mein Name nicht genannt wurde. So habe ich dann in schlechtem Englisch von den Verhaftungen und Verfolgungen berichtet, die Lehrer in Deutschland erleiden mußten. Die englischen Kollegen waren alle sehr solidarisch und besorgt – und ich habe dann sogar noch die Museen besucht.

Bei der Hinfahrt auf dem Schiff war ich schrecklich seekrank gewesen, aber erst bei der Rückfahrt hatte ich doch plötzlich große Sorgen, daß mein Auftreten in England schlimme Folgen haben könnte, aber es passierte nichts.

Im Frühsommer 1937 erhielt ich von Kurt STEFFELBAUER detaillierte Informationen über drohende Kriegsgefahren: Er überzeugte mich bereits damals, daß ein Einmarsch in Österreich und ins Sudetenland bevorstünde. Er erklärte mir auch, wie notwendig es weiter sei, mit den englischen Kolleginnen und Kollegen in Kontakt zu bleiben.

Ich erhielt dann auch Besuch in Hamburg von dem englischen Lehrer Ellis COSSLETT und seiner Frau, die als „Touristen" in der Stadt waren, und mich dazu einluden, die Sommerferien 1937 in England bei ihnen zu verbringen: Wir planten die erste Zeit für Informationsgespräche in London und wollten dann die letzten 2 Wochen Exkursionen in Schottland unternehmen. Da seit dem vorigen Besuch in England mir nichts geschehen war, hatte ich wieder genügend Mut gesammelt, um eine zweite Fahrt zu unternehmen.

---

[12] MIDGLEY, Eleanor (1903–?), Lehrerin aus London, war von 1927 bis 1929 als Gastlehrerin an der Lichtwarkschule in Hamburg; engagierte sich 1932 noch bei der Vorbereitung des „Internationalen Kongresses der Bildungsarbeiter" (IBA) in Hamburg und hielt auch nach 1933 unterstützende Kontakte zu vielen bedrängten Hamburger Lehrern von London aus sowie durch weitere Reisen nach Hamburg (vgl. Arbeitskreis Lichtwarkschule 1979, 64; HOCHMUTH/de LORENT 1985, 21).

Leider erteilten mir die Engländer an der Grenze nur ein dreiwöchiges Visum, so mußte der Urlaub in Schottland ausfallen, auf den wir uns natürlich schon gefreut hatten. Ich sprach auch diesmal wieder auf Lehrerversammlungen und nahm an einer Junglehrerfeier teil. Es fanden auch im engeren Kreis von Genossen Diskussionen über die STALIN-Prozesse statt. Auch diesmal habe ich wieder Museen besucht, damit ich über angebliche Studien berichten konnte.

Bereits in der ersten Woche in London übermittelten mir die englischen Kollegen den Wunsch von den französischen Lehrern, direkt von London nach Paris zu fahren und dort ebenfalls Informationen zu geben. Ich ging also zur deutschen Botschaft in London und beantragte ein Visum für Frankreich mit der Begründung, die Pariser Weltausstellung besuchen zu wollen. Ich sollte mir das Visum vor meiner Abreise dann abholen.

Als ich nach den drei Wochen in England in der Botschaft wieder vorsprach, sagte mir der zuständige Beamte, daß er leider nicht die Genehmigung bekommen hätte, mir ein Visum zu erteilen. Weitere Auskünfte zu geben, sei er nicht berechtigt. Da habe ich dann doch gedacht: Wenn das man jetzt nicht schiefgegangen ist! Aber auch dieses Mal kam ich wieder unbehelligt zurück nach Hamburg.

Ellis COSSLETT und seine Frau kamen dann bis zum Krieg, also in den Schulferien 1938 und noch 1939 zu uns nach Hamburg. Sie wohnten dann bei uns zu Hause und brachten auch jedes Mal kleinkopiertes Material mit, das wir dann weiter verteilten unter den Kolleginnen und Kollegen, die sich seit der IOL[7)] kannten. Wir trafen uns auch in diesen Jahren noch in kleinen Gruppen, meist auf Ausflügen, wo man am ehesten ungestört reden konnte.

Ich selbst bin während der Nazizeit nur einmal verhaftet worden. Das war 1938, da wurde ich direkt aus der Schule zum Verhör in die Hamburger Gestapo-Zentrale an der Stadthausbrücke zitiert.

Gerade im letzten Moment konnte ich meinem Schulleiter GODBERSEN noch meine Notizbücher in die Hand drücken, die dieser auch zuverlässig verwahrte, bis ich von der Vernehmung zurück war. Ich habe ja schon erzählt, was an dieser Schule für eine gute Atmosphäre herrschte. Der Schulleiter selber hatte zum Beispiel den Nazis ein Schnippchen geschlagen, indem er sich von seiner Frau hatte scheiden lassen, damit sie weiter in ihrem Beruf als Lehrerin arbeiten konnte, denn bei Verheirateten war sogenanntes „Doppelverdienertum" damals verboten. Er lebte aber weiter glücklich mit ihr zusammen. Das wußten wir anderen im Kollegium natürlich und hielten selbstverständlich dicht.

Bei der Vernehmung in der Gestapo-Zentrale ging es dann vor allem um andere Genossen, über die ich befragt wurde. Aber ich hatte mich für diesen Fall mit meinem Freund Rudolf KLUG, der einige Tage zuvor bereits verhört worden war und mich informiert hatte, gut abgesprochen und habe, glaube ich, keine Fehler gemacht.

In bezug auf meine Person blieb dann schließlich der Vorwurf, daß ich dem Kollegen DIBBERN[13)] eine Schreibmaschine zur Verfügung gestellt hätte, auf der dann oppositionelle Texte geschrieben worden seien. Es wurde dann befohlen, daß ich mich in einer Woche zu einer Gegenüberstellung mit dem Kollegen DIBBERN wieder einzufinden hätte. Dann ließ man mich erstmal laufen. Ich hatte mich also am Bahnhof Ohlsdorf mit dem die Untersuchung leitenden Gestapo-Mann BURKE zu treffen. BURKE führte mich von dort zum Zuchthaus Fuhlsbüttel, wo die Gegenüberstellung stattfinden sollte. Das lief dann so:

Ich wurde in einen Raum in die Ecke gesetzt, und ein Wachmann wurde an die Tür gestellt. Dann wurde der Kollege DIBBERN geholt. Diese Minuten, wie ich da saß und wartete, die werde ich nie vergessen: Ich höre noch heute, wie sich die Schritte auf dem langen Flur näherten.

Ich hatte mir vorher überlegt, daß ich – bevor Kollege DIBBERN auch nur ein Wort sagen konnte, sogleich aufspringen wollte, um wild alles abzustreiten, ihm lauthals Vorwürfe zu machen, wie er dazu käme, einen armen Familienvater zu beschuldigen – eben so, daß er gar nicht erst zu Wort käme und gleich wüßte, wie er sich verhalten müsse. Diesen Rat hatte mir Rudolf KLUG gegeben. So habe ich es dann auch getan, wenngleich ich natürlich sofort von dem Gestapo-Mann wütend in den Sitz zurückgedrückt wurde.

Aber jedenfalls hatte es genügt, daß der Kollege DIBBERN sich besonnen hat – und dann gesagt hat, daß es auch sein könne, daß er sich irre, weil ja mehrere Leute bei der Schreibmaschinen-Übergabe zugegen

[13)] DIBBERN, Hans (1902–1957), seit 1925 Volksschullehrer und KPD-Mitglied, im März 1933 aus dem Schuldienst entlassen, maßgeblich in der IOL engagiert bis zu seiner Verhaftung am 19.12.1933, in der Haft schwere Mißhandlungen und eine Verurteilung zu 5 Jahren Zuchthaus wegen Hochverrat, 1938 Entlassung aus der Haft. Ob die von Dietrich ROTHENBERG geschilderte Vernehmungsszene nach der bereits einmal erfolgten Entlassung DIBBERNS und einer neuerlichen Verhaftung erfolgte oder noch während der ersten Haft, ließ sich nicht mehr rekonstruieren, auch welche Konsequenzen diese Vernehmung bzw. die Anschuldigungen für ihn hatten. Bekannt ist aber, daß er nach einer erneuten Verbüßung einer Zuchthausstrafe im Februar 1943 zum „Bewährungsbataillon 999“ eingezogen wurde. Nach 1945 verließ er Hamburg und war bis zu seinem Tode, der als gesundheitliche Folge der Haft- und Kriegsstrapazen eintrat, noch bis März 1957 als Lehrer in Greifswald/DDR tätig (nach HOCHMUTH/MEYER 1980^2, 276).

gewesen wären. Das war wirklich sehr mutig von ihm, das muß ich sagen!

Nun wurde der Gestapo-Mann natürlich erst recht wütend. Er schrie mich an: „Sie sind noch nicht aus meinen Händen!" Er ließ mich aber dann doch mit einer Menge Drohungen laufen. Zu Hause habe ich noch einmal meine Wohnung umgeräumt, damit bloß nichts gefunden werden konnte. Zu einer Hausdurchsuchung ist es aber nicht mehr gekommen, weil ich dann 1940 zum Krieg eingezogen wurde. Trotzdem lebten wir bis zuletzt zu Hause unter der Sorge vor den geäußerten Drohungen.

Nach 1945

Als ich 1948 aus der Kriegsgefangenschaft heimgekommen war, hatte ich einmal eine Begegnung mit zwei ehemaligen Schülern, die zu mir sagten: „Das haben wir gemerkt, daß Sie eine andere Einstellung hatten, Herr ROTHENBERG!" Etwas war doch einigen Schülern bewußt geworden.

Dann muß ich eigentlich noch sagen, daß ich auch nach dem Kriege wegen meiner politischen Haltung Schwierigkeiten bekommen habe: Das war einmal 1948, also gleich nach meiner Heimkehr, als ich erfuhr, daß gegen mich eine Anklage wegen meiner Tätigkeit als Leiter eines antifaschistischen Aktivs während der sowjetischen Gefangenschaft anhängig war. Aufgrund eindeutiger Zeugenaussagen mußte die Anklage aber dann fallengelassen werden. Der Richter zeigte mir noch, daß die Anzeige vom Ost-Büro der SPD in Berlin erstattet worden war.

Ich habe nach dem Krieg auch in Hamburg für die KPD kandidiert, dadurch war ich natürlich bekannter. Es gab ja während des Wahlkampfes auch die Anzeigen in den Zeitungen mit Fotos von mir, wie das eben üblich war. Als 1956 die KPD verboten wurde, erschien bei mir zu Hause die Polizei, führte eine Hausdurchsuchung durch, verhaftete und verhörte mich. Kurz darauf wurde ich wieder freigelassen. Als mein Kollegium in der PETER-PETERSEN-Schule von meiner Verhaftung erfuhr, waren alle empört, daß so etwas schon wieder möglich war.

Abb. 46: Lehrer Dietrich ROTHENBERG (32) an der Mädchen-Volksschule Hübbesweg in Hamburg im Jahre 1936. Links hinter ihm die Schülerin Gerda.

Abb. 47: Dietrich ROTHENBERG (81) mit seiner Frau Gerda Ende 1985 in Hamburg.

SCHULGEMEINDE TELEMANNSTRASSE 10

Nummer 5 | Hamburg, den 13. Oktober 1932 | 8. Jahrgang

Unsere Schule in Gefahr!

Oft hört man in Eltern- und Lehrerkreisen den Satz: „Die Schule hat mit Politik nichts zu tun.“ In diesem kleinen Behauptungssatz liegt ein gefährliches Verkennen der ungeheuren Abhängigkeit der Schule von der Politik. Nicht nur die Gegenwart, sondern auch ein Zurückgehen in die Vergangenheit, in die Geschichte der Entstehung der Volksschule, in die Geschichte der Aufnahme des naturwissenschaftlichen Unterrichts, in die Geschichte pädagogischer Reformen beweist diesen Zusammenhang. Man kann in Umwandlung des Satzes „Verfassungsfragen sind Machtfragen“ dieses Verhältnis von Schule und Politik kurz so kennzeichnen: „Erziehungsfragen sind Machtfragen.“ In der Einleitung der Zehnjahresbroschüre unserer Schule wird ein Überblick über das Werden der Versuchsschulen gegeben. Ganz deutlich erkennt man beim Lesen der Darstellung, daß auch die Gründung von Versuchsschulen, die organisatorische Durchführung von freien Schulversuchen, die noch nicht einmal eine umfassende grundsätzliche Umgestaltung waren, abhängig war von der politischen Machtstellung. Betrachtet man von diesem Zeitpunkt an bis heute die Geschichte aller freien, auf einzelnen neuen Grundsätzen aufbauenden Schulen, so wird dem aufmerksamen Beobachter nicht entgehen, wie der Entfaltung und Verwirklichung moderner pädagogischer Ideen nicht nur wenig Spielraum gegeben wurde, sondern wie der Vertreter des jetzt noch existierenden Wirtschaftssystems pädagogischen Reformen immer stärkeren Widerstand leistete. Durch Gerüchteverstreuung von der „Zuchtlosigkeit“ an den neuen Schulen, von dem „Nichtskönnen“ der Schüler dieser Schulen, durch Ausschlachtung tatsächlich vorkommender Irrtümer und Fehler wurde in der Öffentlichkeit der Boden bearbeitet. Auf gesetzlichem Wege wurden Hemmschuhe angelegt. Ein deutschnationales Reichsschulgesetz versuchte einen Sturmangriff auf die, im Rahmen des Gesamtreiches gesehen, doch spärlichen neuen Schulen und pädagogischen Freiheiten. Der Sturmangriff mißlang. Aber der Gegner ruhte nicht. Und hier muß einmal hervorgehoben werden, daß Wegbereiter und Schrittmacher der Reaktion, besonders in bezug auf die Schule, die Kirche ist. Das Konkordat mit Rom war ein erster großer Erfolg der Reaktion. Damit wurde der nach außen bisher nicht so aufdringliche Einfluß der (zunächst katholischen) Kirche auf die Schule zu einer rechtlich sanktionierten Tatsache. An diesem Punkte wollen wir unsern Rückblick abbrechen und zur Gegenwart übergehen. Heute muß jedermann diesen Zusammenhang von Politik und Schule klar erkennen. Die politische Reaktion hat die Führung übernommen. Im selben Augenblick greift sie auf die Schule über. Ende Juli dieses Jahres richtet der Reichsinnenminister von Gayl ein Schreiben an die Unterrichtsminister. Seine Gedanken drückt er sehr vorsichtig aus, benutzt allgemeine nichtssagende Redewendungen, die die Hamburger Lehrerzeitung vom 13. August ebenfalls vorsichtig folgendermaßen beurteilt: „Wir fürchten aber, der Herr Minister steuert ganz andern Zielen zu.“ Wir brauchen uns heute nicht mehr vermutend diesen Ausführungen gegenüberstellen. Wir wissen, was auf dem Schulgebiet geplant wird. Auch in dieser vorsichtigen Rede gibt es Anhaltspunkte dafür: „Die (nach der Grundschule) weiterführenden Schulen sollen die Jugend vertraut machen mit dem Werden des deutschen Volkes und Reiches, mit der Lage und Bedeutung des Grenz- und Auslandsdeutschtums, insbesondere mit dem Schicksal des deutschen Ostens.“ Machen wir uns nichts vor. Das bedeutet imperialistischer Geschichtsunterricht; das bedeutet die Erteilung des Geschichtsunterrichts wie zur Zeit der Monarchie. Durch diesen Unterricht soll die volkswirtschaftliche „Notwendigkeit“ (wie man so schön sagt) neuer Kriege vorbereitet werden. Das bedeutet die Erziehung der Jugend zur 1914-Begeisterung. Weiter heißt es: „Zu sehr hat das Christentum unser Volk in seinem tiefsten Wesen bestürmt, als daß man deutsche und christliche Erziehung voneinander trennen könnte ...“ „Deshalb wird es stets meine besondere Pflicht sein, das Recht auf die freie Entfaltung der christlichen Schule und die christlichen Grundlagen **aller** Erziehung zu sichern und zu schützen.“ Das heißt nichts anderes, als daß jeder Vater und jede Mutter […] ihres freien Denkens, trotz ihrer Loslösung von der Ki[…]e ihr Kind künftighin „christ-[…] erziehen lassen müssen. Sie werden kein Recht mehr […]en, ihr Kind konfessionslos […]ionslos erziehen zu lassen. Das heißt, daß der gesamte Unterricht, ob Deutsch oder

Abb. 48: Aufsatz in der Schulzeitung der Versuchsschule Telemannstraße/Hamburg vom 13.10.1932: UNSERE SCHULE IN GEFAHR!

Naturkunde, von christlichem Grundgedanken beherrscht sein soll. Wie das praktisch aussieht, weiß jedes Elternpaar noch aus eigener Erfahrung. Bereits am 2. August fand dieses allgemeine Rundschreiben eine faßbare Verwirklichung. Der preußische Kultusminister gab einen Erlaß heraus, dessen § 1 lautet: „Den evangelischen Kirchen wird die Möglichkeit gegeben, sich durch Beauftragte davon zu überzeugen, daß der Religionsunterricht in den öffentlichen und privaten Volks- und mittleren Schulen in Übereinstimmung mit ihren Grundsätzen erteilt wird." Deutsch gesagt ist das nichts anderes als kirchliche Schulaufsicht. Zunächst nur auf dem Gebiete des Religionsunterwichts. Dann aber auch anderer Fächer? Man kann sagen, nun, das betrifft Hamburg nicht. Das ist aber nur eine Zeitfrage. „Die Brücken sind abgebrochen, wir stehen in der Diktatur", kennzeichnet am 14. September die „Deutsche Allgemeine Zeitung" die Lage. Am deutlichsten wurde einem jeden die außerordentliche Gefahr für das Volksschulwesen in der Rundfunkrede des Reichskanzlers, in der es heißt: alles Unchristliche müsse aus den Schulen entfernt werden. Unchristliche Schulen und Lehrer müßten bei der Erziehung der deutschen Jugend ausgeschaltet werden.

Zur „Nationalisierung" und Verkirchlichung kommt als Drittes noch die Militarisierung der Schulen. Das Ideal des preußischen Kommiß soll wieder aufleben. Im Mecklenburg-Strelitzer Landtag wurde ein deutschnationaler Antrag bezüglich der Erziehung angenommen, in dem die Erziehung der Jugend zur Wehrhaftigkeit gefordert wird. Daß diese Zielsetzung fürs ganze Reich angestrebt wird, bestätigt die Gründung des „Reichskuratoriums für die Jugendertüchtigung" unter Leitung eines Generals. In Mecklenburg-Schwerin ist die Einführung des Wehrsportes in den Schulen unter Leitung der Ordnungspolizei verfügt worden. Das oldenburgische Ministerium für Kirchen und Schulen erließ am 3. August eine Verfügung an die oberen Schulbehörden, in dem es unter anderm heißt: „Es gibt daher im Augenblick nur eine Aufgabe, die allen andern voranstehen muß: alle Schichten und Stände über alle sozialen Unterschiede hinweg zu einer unerschütterlichen, zu jedem Opfer bereiten Kampfgemeinschaft für nationale Ehre und Unabhängigkeit zusammenzufügen." (Hamburger Lehrerzeitung Nr. 29/30.) Und nun eine letzte Tatsache: Seit nunmehr Jahresfrist besteht in Hamburg das Bestreben, Giftgasschutzunterricht in den Schulen einzuführen. Der Artikel „Noch einmal: Alarm" in der Nummer vom 25. Juni 1932 der Hamburger Lehrerzeitung unterrichtet uns über den Fortschritt dieser Bestrebungen: „Nach einer Mitteilung des Hanseatischen Polizeiarchivs ist unter dem Vorsitz von Herrn Oberschulrat Schult in einer Sitzung des Luftschutzbeirates, in der Herren vom Verband deutscher Chemiker, vom Ring deutscher Flieger und vom Flakverein (Fliegerabwehrkanonen!) referierten, beschlossen worden, einen ‚Standardvortrag' auszuarbeiten, der ‚die Grundlage der Aufklärung bilden und v o n j e d e m (vom Verfasser hervorgehoben) Laien muß gehalten werden können.' Ziel: ‚In der Folgezeit die Aufklärung in Schulen, Universität und Kommunalvereinen durch Rundfunk und Presse soweit zu fördern, daß zwar nicht für jeden einzelnen eine Gasmaske vorhanden ist, dafür aber jeder die Gefahren des Gases kennt und weiß, wie er sich zu verhalten hat.' Dieser Standardvortrag soll jetzt fertig sein und wird auf dem Verwaltungswege seine Wirkung entfalten."

Heute schreiben wir Mitte Oktober und können feststellen, daß im Stadtteil Veddel in zwei Versammlungen bereits die Vorbereitungen und Vorerörterung zur Ausführung von Gasschutzübungen auch in den Schulen (Lehrer waren zum Besuch der Versammlung aufgefordert worden) getroffen worden sind. Auch an unserer Schule hat man sich schon nach einem Gasschutzkeller umgesehen. Eltern, man rüstet wieder. Denkt an das Wehrprogramm. Es ist leider hier nicht möglich, um einmal vom Standpunkt der arbeitenden, gegen jeden imperialistischen Krieg eingestellten Menschen, die wahren Hintergründe dieser Rüstung aufzudecken.

Aber diese angeführten Tatsachen beweisen zur Genüge, daß der deutschen Volksschule ungeheure Gefahren drohen. Erst recht aber drohen den Schulen, die Vorposten pädagogischer Neuerungen sind, diese Gefahren, ja ihnen droht die Vernichtung. Das müssen wir erkennen. Wenn wir unsere Schule verteidigen, so verteidigen wir sämtliche Volksschulen vor dem Eindringen der Reaktion. Die Verteidigung unserer Schule ist zugleich eine Verteidigung der Jugend, der Arbeiterschaft vor nationalistischer Völkerentzweiung; ist der Kampf für die Befreiung der Volksschulen vom kirchlichen Einfluß, ist der Kampf für den Frieden, gegen den Krieg. Eltern, ihr habt viele Opfer für den Aufbau unserer Schule gebracht, weil ihr wolltet, daß eure Kinder erzogen und nicht gedrillt werden sollten, weil ihr wolltet, daß ihre geistige Ausbildung ohne kirchliche und chauvinistische Fesseln sich vollziehen solle, weil ihr wolltet, daß die Lebenstüchtigkeit eurer Kinder geweckt werden sollte durch das freie Spiel körperlicher Kräfte und befreit würde von militärischem Drill und Duckmäusertum. Das alles will man euch jetzt nehmen. Es ist ungeheure Gefahr im Verzug. Unsere Elternschaft muß geschlossen die Verteidigung unserer Schule führen; denn sie verteidigt damit nicht nur ihre Interessen, sondern die Interessen der gesamten Volksschuljugend.

Dietrich Rothenberg.

12. Jahrg. **Hamburger Lehrerzeitung** Nr. 8

Luftschutzpropaganda in den Schulen bedeutet Erziehung zum Krieg. Die Leipziger Lehrerzeitung vom 25. Januar 1933 teilt mit, daß „auf Anordnung des sächsischen Ministeriums für Volksbildung die Schule schleunigst in die Maßnahmen des zivilen Luftschutzes einbezogen werden soll; Lehrer und Schüler sollen über zweckmäßiges Verhalten bei Luftangriffen aufgeklärt werden. Durch Sachkundige, die von den örtlichen Polizeibehörden oder der Kreishauptmannschaft gestellt werden, will man Obleute der Lehrerschaft unterrichten, und diese haben dann die Aufklärung in jede Schule zu tragen, besonders an jene Jugendlichen, denen man gewisse Aufgaben bei der Abwehr von Luftangriffen zudenkt."

In Hamburg sind der Lehrerschaft die Tatsachen der Arbeit des Groß-Hamburger Luftschutzbeirates aus Artikeln der HLZ. bekannt. Wir fügen noch einige hinzu. Für 50 bis 60 Schulen sind Pläne über Einrichtung von Gasschutzkellern ausgearbeitet worden. Wie es mit deren Brauchbarkeit bestellt ist, beleuchtet folgendes Beispiel: Der geplante Keller in der Schule Meerweinstraße soll für 275 Kinder ausreichen (wieviel Stunden oder Tage?), während die Schule von über 1000 Kinder besucht wird. Was wird im Ernstfall mit den andern? Was geschieht, wenn bei einem Luftangriff die Bevölkerung der Umgebung auch in den ihr bekannten Keller dringt?

Die Luftschutzverordnung Sachsens droht allen deutschen Schulen. Die Lehrerschaft, die sich verantwortlich fühlt für die Erziehung der ihr anvertauten Kinder, sieht mit immer mehr steigender Beunruhigung, wie die Schule immer stärker in den Dienst bestimmter Aufrüstungsabsichten gestellt wird.

Immer stärker tritt im Zusammenhang mit der Vertiefung der Wirtschaftskrise in den Vordergrund der „neuen Pädagogik" die Forderung nach „Erziehung zur Wehrhaftigkeit und heldischer Gesinnung". Sie hat bereits eine Konkretisierung in Mecklenburg erfahren. Dort ist der Wehrsport in den Schulen unter Leitung der Ordnungspolizei verfügt worden. Ebenso wird die „wehrsportliche Erziehung" des Erziehernachwuchses in Rostock unter Leitung eines Militärfachmanns vorgenommen. Den Sinn dieser „Erziehung" kennzeichnet am besten der Aufsatz des Major a. D. Otto Lehmann in den Hamburger Nachrichten vom 25. Dezember 1932: „Leibesübungen und Wehrsport." Dort heißt es u. a.: „Das wehrsportliche Ziel muß eine staatlich geleitete und gepflegte sportliche Levée en masse sein. Und ehe es soweit ist, fangen wir an, die Lehrerschaft von pazifistischem Ungeziefer zu reinigen und sie wehrsportlich zu veredeln — und fangen wir systematisch an und ganz vorsichtig, den Zehn- und Zwölfjährigen zu zeigen, was im menschlichen Körper für edle Kräfte stecken, wenn sie richtig geweckt werden. — Was wollen wir? Aus der Jugend ohne jedes militärische Beiwerk erst einmal wieder normale Menschen machen, sie von pazifistischer Knochenerweichung heilen, sie begreifen lernen, wozu der menschliche Kadaver da ist." (Zitiert nach der Allgemeinen Deutschen Lehrerzeitung vom 4. Februar 1933.) Also mit andern Worten: in der Schule Heranbildung einer geistig und körperlich k. v.-tüchtigen Generation. Deutlicher zeigt die Linie der geistigen Vorbereitung ein Erlaß des Oldenburger Ministeriums für Kirchen und Schulen vom 3. August 1932. Es heißt in dieser an die oberen Schulbehörden gerichteten Verfügung: „Es gibt daher im Augenblick nur eine Aufgabe die allen andern voranstehen muß, das Volksbewußtsein in allen Schichten und Ständen zu heben, sie über alle sozialen Unterschiede hinweg zu einer unerschütterlichen, zu jedem Opfer bereiten Kampfgemeinschaft für nationale Ehre und Unabhängigkeit zusammenzufügen." (HLZ. Nr. 29/1930.)

Uns allen ist der Rachezwiespruch an den Thüringer Schulen bekannt, der mit dem Klassenchor schließt: „Die deutsche Schande soll brennen in unsern Selen bis zu dem Tage der Ehre und Freiheit."

Das ist der Geist, der aus vielen Erlassen und Reden jetzt führender Männer immer wiederkehrt. Es ist nicht nur Luftschutzpropaganda, sondern ein ganzes System psychologischer und ideologischer Beeinflussung der uns anvertrauten Jugend, das dem Schulwesen aufgeprägt werden soll. Kino, Radio, Presse kommen hinzu.

Es ist höchste Zeit, daß sich die Lehrerschaft einmütig und entschlossen gegen alle Dinge kehrt, die nichts anderes zum Zweck haben, als der psychologischen, ideologischen und physiologischen Kriegsvorbereitung der Jugend zu dienen.

D. Rothenberg.

Abb. 49: Aufsatz in der Hamburger Lehrerzeitung Nr. 8/1933 vom 25.2.1933: LUFTSCHUTZPROPAGANDA IN DEN SCHULEN BEDEUTET ERZIEHUNG ZUM KRIEG

Reflexion zur Begegnung mit Dietrich Rothenberg

Persönliche Begegnungen: 8 Stunden (bei 3 Treffen)
Ort der Begegnung: Wohnung von Dietrich Rothenberg
Telefonate: 8
Briefe: 3

1. Kontaktaufnahme

Dietrich ROTHENBERG ist der einzige noch lebende Zeitzeuge in Hamburg, der als kommunistischer Volksschullehrer, der durch seine Veröffentlichungen (vgl. Abb. 48 und 49) in der Hamburger Lehrerzeitung (HLZ) bereits vor 1933 bekannt war, noch während der NS-Zeit bis zu seiner Einberufung zur Wehrmacht 1940 im Schuldienst sein durfte (vgl. auch die Lehrer Wilhelm und Paul ZESS, nach de LORENT 1986, 163–168; sowie ROTHENBERG 1986).

Ich kenne seine in der Hamburger Lehrerzeitung veröffentlichten Berichte über in der NS-Zeit oppositionelle Kolleginnen und Kollegen, die bereits verstorben sind und die er in ungemein sensibler Weise ohne jedes Pathos schildert. Über ihn selbst ist einmal ein Bericht unter der Überschrift „Ich tat, was nötig war" (de LORENT 1984, 1985[2]) erschienen. Persönlich haben wir noch nicht miteinander geredet.

Ich habe ihn zwar schon auf Demonstrationen gesehen, die er trotz seines hohen Alters noch gemeinsam mit seiner Frau besucht, aber auf GEW-Versammlungen nur noch selten, weil – wie er mir später sagt – ihm das Reden vor vielen Menschen doch inzwischen schwerfällt.

Als ich ihn anrufe, möchte er zunächst wissen, wieso ich gerade auf ihn gekommen wäre. Als ich ihm ausführlicher von meinem Anliegen berichte, ist er zu einem Gespräch bereit und lädt mich zu sich nach Hause ein.

2. Erste Begegnung

Dietrich ROTHENBERG lebt mit seiner Frau Gerda in einer Wohnung in einem Neubaugebiet am Stadtrand von Hamburg. Als ich eintreffe, öffnet zunächst Frau ROTHENBERG und führt mich ins Wohnzimmer, wo ihr Mann bereits wartet. An den Wänden hängen biologische und geologische Fundstücke, mehrere Vögel zwitschern laut in ihrem Käfig. „Unser Hobby", erklärt der ehemalige Biologie-Fachlehrer freundlich und fügt hinzu: „Hoffentlich stört das Gezwitscher nicht bei der Tonband-Aufnahme?"

Auf dem Tisch steht Gebäck, und Frau ROTHENBERG bereitet ein warmes Getränk. Sie hat dann noch einiges zu erledigen, kommt aber später zum Gespräch dazu und nimmt aktiv daran teil. Dietrich RO-

THENBERG bietet mir als Kollegen das Du an: „Sag mal Dieter wie alle“ und schaut mich aufmerksam an: „Dann wollen wir uns mal beschnuppern, nicht?“

Wir reden zunächst über meine Arbeit, und er fragt mich, von welchem Geld ich während der Beurlaubung vom Schuldienst für dieses Projekt lebe. Dann sprechen wir über gemeinsam bekannte Kollegen, wobei ihn besonders die Arbeit von Lehrerinnen und Lehrern in der Friedensbewegung interessiert. Mit einer Tonbandaufzeichnung ist er einverstanden, zumal ich ihm zusichere, daß nichts ohne sein Einverständnis zitiert würde. „Ja“, sagt er, „das wäre wirklich gut“, weil doch auch schon Kollegen dagewesen wären, die ihn befragt hätten, und von denen er dann nie wieder was gehört hätte.

3. Gesprächseindrücke

Zunächst ist es ihm ganz wichtig, „auf keinen Fall besonders herausgehoben zu werden“. Er habe schließlich nichts besonderes gemacht, viele Kolleginnen und Kollegen hätten doch so viel mehr geleistet und erleiden müssen. „Und ich verdanke doch dem Schweigen dieser Genossen im Grunde mein Leben“, fügt er hinzu.

Er antwortet auf alle Fragen bedächtig, sich viel Zeit lassend, manchmal traurig, wenn ihm ein Name entfallen ist oder er sich an eine Kleinigkeit einfach nicht mehr erinnern kann, die er noch vor einiger Zeit gewußt zu haben meint. Er ist bemüht, mir erschöpfend Auskunft zu geben, fragt manchmal: „Interessiert Dich das, soll ich davon noch mehr . . .?“

Ab und zu wendet er sich fragend an seine Frau, die ihm jeweils liebevoll behilflich ist – mal mit einem kleinen Hinweis, mal mit Nachschauen in alten Büchern, Lehrerverzeichnissen oder persönlichen Aufzeichnungen. Später erfahre ich, daß Gerda seine ehemalige Schülerin in der Volksschule Hübbesweg gewesen ist. Auch sie berichtet mir daraufhin aus ihrer Erinnerung ausführlich über ihre Erfahrungen an jener Schule. Beide bitten mich später darum, diese „Ausführungen zu streichen, da sie nur für unser Gespräch gemeint waren“.

Nach etwa 2 1/2 Stunden fällt es ihm zunehmend schwer, sich zu konzentrieren. Trotzdem sucht er mir noch mehrere Dokumente aus jener Zeit heraus, und ist mir mit Anschriften weiterer Kolleginnen und Kollegen behilflich, die damals zwar noch nicht im Schuldienst waren, aber als Schüler oder Kinder bereits verstorbener Kollegen möglicherweise noch Auskunft geben können.

Die Zustimmung zum Fotografieren erhalte ich nur auf die ausdrückliche Zusicherung hin, daß dies bei allen Befragten so geschehen würde und er dadurch in keiner Weise besonders in den Vordergrund gestellt würde.

Als ich schon angezogen bin und gerade aufbrechen will, möchten mir beide noch etwas Geld zustecken: „Wenigstens für die Briefmarken, Du hast doch so viele Ausgaben für Deine Arbeit, und wir freuen uns so, wie Du die Sache anfängst . . ." Schließlich darf ich ihr Angebot nur unter der festen Zusicherung zurückweisen, ein anderes Mal dann bestimmt am Mittagessen teilzunehmen.

4. Weitere Entwicklung

Bereits kurz nach der Zusendung des vom Tonband in Auszügen abgeschriebenen Textes erhalte ich von Dietrich und Gerda ROTHENBERG eine gewissenhafte Überarbeitung des Manuskriptes sowie eine neue Einladung: „Ich betrachte Deine Zusammenfassung als Skizzen einer Stoffsammlung. Sie hat eben als Tonbandaufzeichnung ihre Lücken durch die Unkonzentriertheit des Berichtenden. Dadurch wird manches ausgelassen, was doch für die Entwicklung eines jungen Menschen von Bedeutung ist. Deshalb schlage ich vor, obwohl ich Deiner Zusammenfassung zustimme, daß Du einige kleine Ergänzungen einschiebst . . . Ich werde für unser nächstes Gespräch mir einige Stichpunkte zurechtlegen, mit Dir darüber diskutieren, was davon für Deine Arbeit erwähnenswert ist. Ich möchte in keiner Weise eine besonders hervorgehobene Biographie als ‚großer' Widerstandskämpfer. Wir freuen uns sehr über einen neuen Besuch und heißen Dich herzlich willkommen."

Im zweiten Gespräch berichtet er ausführlich über seine Fahrten nach England 1936 und 1937 sowie seine Kontakte zu ausländischen Kollegen und zu Kollegen in anderen Städten, wie zum Beispiel zu Kurt STEFFELBAUER. Dabei schildert er seine ehemaligen Kolleginnen und Kollegen jeweils ausführlich. Sein eigenes Handeln, vor allem die dabei empfundenen Gefühle, erfahre ich nur auf Nachfrage.

Schließlich berichtet er noch von einigen Kriegserfahrungen und deutet mehrfach an, daß seine Erlebnisse in der Gefangenschaft ihn besonders nachhaltig bewegt hätten. Davon wollte er mir gern ein anderes Mal ausführlicher berichten, weil dies ja nicht unmittelbar in meine Arbeit passe, aber für ihn doch sehr wichtig sei.

Zwischendurch essen wir gemeinsam Mittag, Frau ROTHENBERG hat ein richtiges „Sonntagsessen" bereitet. Dabei zeigt mir Dieter ROTHENBERG auch seine umfangreiche Bibliothek, auf die ich gern jederzeit zurückkommen dürfe.

Auch dieser zweite und ergänzte Text wird dann, nachdem ich ihn zugesandt habe, noch einmal gründlich von ihm und seiner Frau durchgesehen und korrigiert. Am Telefon sagt er mir, daß die Gespräche sehr schön gewesen seien und sie sich jederzeit über einen neuen Besuch freuen würden.

Wir treffen uns einige Monate später wieder, als ich ihnen schon einen Großteil des fertigen Manuskriptes zeigen kann. Wieder sind sie beide hilfreich bemüht, noch immer bestehende kleinere Lücken durch Hinweise oder Nachfragen bei anderen Kolleginnen und Kollegen umgehend zu klären.

3.12. Ludolf Mevius (Jg. 1908), Hamburg: Als sozialdemokratischer Volksschullehrer an staatlichen Großstadtschulen (bis 1941)

1908:	Geboren in Hamburg
1915–1923:	Volksschule Eilbektal in Hamburg
1923–1927:	Aufbauschule Hohe Weide in Hamburg (1927 Abitur)
1927–1930:	Volksschullehrerstudium in Hamburg und Wien (1 Semester)
1930–1934:	Volksschullehrer an der Schule Methfesselstraße in Hamburg
1934–1940:	Volksschullehrer an der Schule Ludwigstraße in Hamburg Ab 1938 nebenher Studium für das höhere Lehreramt (Deutsch, Geschichte, Erdkunde) an der Universität Hamburg
1940–1945:	Als Soldat zuerst in Belgien – von Januar bis Mai 1941 noch einmal Schuldienst – dann in der Sowjetunion und in Italien; kurze amerikanische Kriegsgefangenschaft
1946–1947:	Referendariat für das höhere Lehramt
1947–1950:	Referendar und Assessor am HEINRICH-HERTZ-Gymnasium in Hamburg
1950–1973:	Studienrat an der PETER-PETERSEN-Schule in Hamburg (bis zur Pensionierung mit 65 Jahren)
1987:	Gestorben in Hamburg

Elternhaus

Mein Vater wurde mit 12 Jahren Vollwaise und wuchs von da ab bei seinem Onkel auf, der später einen Arbeiter-Turnverein in Hamburg-Eilbek leitete. Nach acht Jahren Volksschule verdiente sich mein Vater sein Brot als Ungelernter, zuletzt als Kai-Arbeiter am Hafen. Er war von früh an Mitglied der SPD und jahrelang gewerkschaftlicher Vertrauensmann. Meine Mutter war als Dienstmädchen „in Stellung", wie man damals sagte. Ehrenamtlich war sie viele Jahre als Elternratsmitglied tätig. Ich war von uns Kindern der Älteste und hatte noch eine Schwester und einen Bruder. Während unser Vater von 1914 bis 1918 in den Krieg mußte, habe ich versucht, meiner Mutter so viel wie möglich zu helfen.

Ich bin stolz auf meine Eltern, und meine Eltern waren stolz auf mich. Sie gingen in der sozialistischen Gedankenwelt auf. Das war durchaus nicht nur im engen politischen Sinne zu verstehen: Das umfaßte die gesamte Kultur und Lebenseinstellung. Dazu gehörten auch freiheitliche Erziehungsvorstellungen, gesunde Kleidung, gesunde Lebensweise, Nähe zur Natur. Es hieß zum Beispiel: Der trinkende Arbeiter denkt nicht, der denkende Arbeiter trinkt nicht! Bei Ausflügen achteten wir peinlich darauf, daß ja keine Abfälle irgendwo liegenblieben. So gesehen kann man wirklich sagen: Die ersten Grünen waren die Roten!

Es sah jedoch bei der Wandergruppe des Arbeiter-Turnvereins anders aus, wenn wir am Sonntagmorgen zu unseren Wanderungen starteten – in Viererreihen mit Trommlern und Pfeifern vorneweg. Da haben viele Leute hinter ihren Gardinen ganz verwundert geguckt.

Eigene Schulzeit

Als nach vier Volksschuljahren, im Jahre 1919, kurz nach der Novemberrevolution, die Entscheidung für die weiterführende Schule fällig war, wurde bei uns ein Test durchgeführt. Danach konnte ich den Fremdsprachen-Zug der Volksschule besuchen, wo neben Englisch auch Französisch gelehrt wurde. Dies war damals eine Neuerung, und dahinter stand die kluge Überlegung der Volksschullehrer, die sagten: „Wir können das Gymnasium nur überwinden, wenn wir diese Aufgabe selbst in die Hand nehmen und von der Volksschule her die Einheitsschule aufbauen."

So wurden dann nach der 6. bzw. nach der 9. Klasse sogenannte Aufbauschulen eingerichtet. Meine Eltern unterstützten mich darin, auf so eine Schule zu gehen. Hinzu kam, daß in dieser Zeit die Inflationswährung auf wertbeständiges Geld umgestellt wurde, und so meine Eltern sich für meinen weiteren Schulbesuch entscheiden konnten. Ich bestand dann die Probezeit und wurde 1924 in die Obersekunda der Aufbauschule Hohe Weide aufgenommen. Eine andere Schule dieser Art war die über Hamburg hinaus bekannte LICHTWARK-Schule[1)]. Mein Abitur habe ich 1927 an der Aufbauschule bestanden. Am Schluß meines Abituraufsatzes zitierte ich einen Satz aus einem Gedicht, den ich noch heute auswendig kann:

> „Wir hämmern jung das alte morsche Ding, den Staat,
> die wir von Gottes Zorne sind bis jetzt das Proletariat!"

[1)] Das Kollegium einer Realschule in Hamburg-Winterhude wandte sich im März 1920 an die Schulbehörde mit dem Ersuchen „ihm die Möglichkeit zu

Bereits als Kind hatte ich im „Ausschuß zur Förderung der Jugendspiele“ mitgemacht. Das war in der Kaiserzeit eine Art Tarnorganisation für damals noch verbotene sozialdemokratische Kinder- und Jugendor-

---

geben, auf einen neuen Typ der höheren Schule hinzuarbeiten“. Einer der späteren Schulleiter, Georg JÄGER, hatte bereits 1918 geschrieben: „Die alte autoritäre Auffassung des Verhältnisses zwischen Lehrern und Schülern muß einer neuen herzhaft demokratischen weichen“.
Für die neue Schule wählten Lehrer und Elternvertreter den Namen des 1914 verstorbenen Pädagogen und Direktors der Hamburger Kunsthalle, Alfred LICHTWARK, der durch Beschluß des Hamburger Senats vom 2.2.1921 genehmigt wurde.
Die LICHTWARK-Schule wollte Begabte aus allen Schichten und besonders Kinder aus der werktätigen Bevölkerung fördern; der Anteil der Schüler aus Arbeiterfamilien betraf im Durchschnitt fast 11 Prozent. Ein spezieller „Arbeiter-Abiturienten-Kursus“ wurde 1927 eingerichtet, in dem junge Männer und Frauen mit abgeschlossener Schul- und Berufsbildung sich in 3 Jahren auf das Abitur vorbereiten konnten.
Unmittelbar nach der „Machtergreifung“ mußten mehrere Kolleginnen und Kollegen die Schule verlassen (der Lehrer Gustav HEINE wurde im Mai 1933 sogar aus der Klasse heraus verhaftet). Der Schulleiter (seit 1927) Heinrich LANDAHL (1895–1971; nach dem Kriege Hamburger Schulsenator 1945–1953 und 1957–1961) war noch am 5.3.1933 als Abgeordneter der Deutschen Staatspartei (vorher DDP) in den Reichstag gewählt worden, hatte seine Zustimmung zu Hitlers Ermächtigungsgesetz gegeben und soweit alle Anordnungen der neuen NS-Schulbehörde befolgt und wurde doch im August 1933 durch den Nationalsozialisten Erwin ZINDLER ersetzt und mußte selbst die Schule verlassen.
Ostern 1937 wurde die LICHTWARK-Schule mit dem Realgymnasium vom rechten Alsterufer (bis 1933: HEINRICH-HERTZ-Schule) zusammengelegt und in „Oberschule am Stadtpark“ umbenannt.
Die Oberschule am Stadtpark“ wurde jedoch inoffiziell weiterhin mit ihrem alten Namen genannt, selbst von den Nazis, die sich – u. a. in Urteilen des „Volksgerichtshofes“ – noch bis 1945 mit der LICHTWARK-Schule und ihren ehemaligen Schülern/innen und Lehrern/innen auseinandersetzen mußten, von denen sich mehrere in Widerstandsorganisationen engagiert hatten. Hier seien außer Hermann E. HINDERKS und Hans MAEDER, die emigrieren konnten, sowie Ilse GRUMM (die 1934 in Berlin auf ihre erziehungswissenschaftliche Promotion nach einer Auseinandersetzung mit ihrem „Doktorvater“, dem NS-Professor Ernst KRIECK, verzichtete und 1938 in den einfachen Schuldienst zurückging, wo sie sich später in der Widerstandsgruppe „SAEFKOW-JACOB-BÄSTLEIN“ engagierte) diejenigen bis heute bekannt gewordenen Schülerinnen und Schüler genannt, die von den Nazis ermordet wurden: Werner BLANCK (1907–1943 in Bln-Plötzensee), Erna HOCHFELD (1914–1941 ? in Auschwitz), Rolf W. LEVISOHN (1920–1941 im Getto Litzmannstadt/Lodz), Hans PRAWITT (1913–1944 im KZ Bergen-Belsen), Heinz STRELOW (1915–1944 in Bln-Plötzensee). Alle Angaben nach HOCHMUTH/de LORENT 1985, 84–105 (vgl. auch Arbeitskreis Lichtwarkschule 1979).

ganisationen, die nach 1918 weiterbestand. Davor hatte ich schon an den Veranstaltungen des Arbeiter-Turnvereins des Onkels meines Vaters, also meines Großonkels, der dort vor allem Turnen und Wanderungen organisierte, teilgenommen.

1923 fand in Hamburg der Internationale Sozialistenkongreß statt. Da hatte mich vor allem der Österreicher Otto Felix KANITZ begeistert, der uns Spiele und Tänze aus der österreichischen Bewegung gezeigt hatte. Jedenfalls bin ich im selben Jahr im Alter von 14 Jahren in die Arbeiterjugend eingetreten. Nach dem Krieg erzählte mir eine Freundin aus jener Zeit, daß mein Eintritt in die Eilbeker Gruppe großen Eindruck gemacht hatte, weil ich da der einzige „höhere Schüler" war. Dabei habe ich mich nie als etwas Besonderes gefühlt ...

Lehrerausbildung

Während meines Studiums war ich zwar auch in der Sozialistischen Studentengruppe organisiert, wirklich aktiv war ich aber in der Arbeiterjugend. Weil mir die Eilbeker Gruppe zu unpolitisch war – da standen Gesang, Tanz und Wanderungen stark im Vordergrund – bin ich 1927 in eine Barmbeker Gruppe übergetreten.

1928 bin ich Mitglied der SPD geworden. Kurz davor war ich für ein Studiensemester in Wien gewesen. Die praktische Politik der SPÖ in Wien hatte mich begeistert. Mir hat imponiert, wie dort nicht nur in Zusammenhängen gedacht, sondern auch gehandelt wurde. Zum Beispiel mußten reiche Leute, die mehr als eine Hausangestellte hatten, für jede weitere eine progressive Steuer zahlen – das so eingezogene Geld wurde dann für soziale Zwecke bereit gestellt. Oder wer eine große Wohnung hatte, muß ab soundsoviel Zimmern Steuern zahlen, die dann zum Bau städtischer Wohnblocks verwandt wurden. So war das – ich glaube, Du verstehst, was ich meine: praktische Sozialpolitik!

Ich wurde dann Distriktführer der Arbeiterjugend in Barmbek, im Jahre 1930 schließlich Vorsitzender der Hamburger Arbeiterjugend und Reichsausschuß-Mitglied für den Bezirk Hamburg-Nordwest.

1930 legte ich meine 1. Lehrerprüfung ab. Die Prüfungsthemen, die ich gewählt hatte, lauteten in Geschichte „Die Rolle des Proletariats in der Revolution von 1848" und in Pädagogik „Das Bildungsideal der organisierten proletarischen Jugend".

Trotzdem wurde auch Kritik an der SPD geübt, die Wahlkampf unter der Parole „Keine Panzerkreuzer, sondern Kinderspeisung" geführt hatte, dann aber doch den Bau des Panzerkreuzers A, nachdem sie nach den Wahlen vom Mai 1928 selbst an der Regierung beteiligt war, mit bewilligte. Dies führte zu heftigen Auseinandersetzungen innerhalb der SPD[2].

Als dann zum Gründungsparteitag der SAP (Sozialistische Arbeiterpartei) aufgerufen wurde, bin ich am 4. Oktober 1931 nach Berlin gefahren und dort Mitglied geworden. Dadurch flog ich aus der Arbeiterjugend und gehörte nicht mehr der SPD an.

Die KPD kam nicht in Frage. Wir hatten allerdings kaum Berührungspunkte in jener Zeit. Als Schuljunge hatte ich auf einer Wanderung einmal erlebt, wie eine Gruppe von jungen Kommunisten, die uns entgegenkam, vorbeifahrende Autos mit Steinen bewarf, weil Autos angeblich Symbole des Kapitalismus waren. Das waren einfach andere politische Formen: So wollten wir die notwendige Auseinandersetzung nicht führen.

Später, als ich als linker Vertreter zum Hamburger Arbeiterjugend-Vorsitzenden gewählt worden war, erschien in der kommunistischen „Hamburger Volkszeitung" ein böser Artikel über mich, in dem ich der Korruption durch SPD-Gelder und des Verrats an Jungarbeitern bezichtigt wurde. Dort herrschte auch ein anderer Führungsstil: Die politischen Führer waren ziemlich weit weg von den einfachen Genossen, während das bei uns nicht so getrennt war. „Die Partei hat immer recht!" – so geht das eben nicht: Die Forderung nach einem Generalstreik gegen die Nazis war einfach ein Wunschtraum, faktisch unmöglich bei 6 Millionen Arbeitslosen, die gar nicht streiken konnten und der Gruppe der Arbeitenden, die heilfroh war, noch einen Arbeitsplatz zu haben.

---

[2] Der innerparteiliche Konflikt über die Haltung der SPD zum Panzerkreuzerbau in den Jahren 1928/29 (Regierung MÜLLER aus SPD, Zentrum, DDP, DVP), gegen den sie vorher im Wahlkampf agitiert hatte, schlägt sich bis heute in einer unterschiedlichen Geschichtsschreibung nieder: Während die einen die Verantwortung der SPD-Minister gegenüber der gemeinsam getragenen Regierung als Erklärung für dieses Verhalten besonders betonen (z. B. MILLER/POTTHOFF 1981, 122–123), weisen andere kritisch auf die Ablenkungstechnik der SPD hin, die sich schließlich auch nicht mehr an einem von der KPD initiierten „Volksbegehren" gegen den Panzerkreuzerbau beteiligte (FÜLBERTH/HARRER 1974, 204–205): „Durch eine flexible Taktik gelang es der Parteiführung, den Protest aufzufangen und – als Alternative zu praktischen Maßnahmen gegen Panzerkreuzerbau und Aufrüstung – auf eine allgemeine Debatte über die ‚Wehrfrage' abzulenken. Diese bestimmte weitgehend den Magdeburger Parteitag vom Mai 1929 und endete damit, daß ihr ursprünglicher Anlaß, die Ablehnung des Panzerkreuzerbaus durch breite Kreise der Partei und ihrer Anhänger, in eine prinzipiell positive Stellungnahme gegenüber den militärischen Institutionen des Weimarer Staates umgemünzt wurde."

Du fragst nach persönlichen Erfahrungen mit Kommunisten?

Unser Wohnungsnachbar, ein Matrose, war zum Beispiel Kommunist. Wir hatten nach hinten zum Hof raus kleine Gärtchen, und er hatte da seinen neben dem unseren. Da war einmal eine militärische Durchsuchung durch die Reichswehr, bei der in seinem Garten nach Waffen gefahndet wurde. Als Nachbarn hatten wir nie Streit miteinander.

Erfahrungen als Lehrer in der Schule (bis 1941)

Im Mai 1930 begann meine Tätigkeit an der Volksschule Methfesselstraße, einer Gemeinschaftsschule mit einem eher fortschrittlichen Kollegium. Diese Schule war eine von den etwa 18 Gemeinschaftsschulen in Hamburg, die sich besonders durch eine enge Zusammenarbeit mit der Elternschaft auszeichneten. Unserem Kollegium, das aus etwa 16–18 Lehrerinnen und Lehrern bestand, gehörten drei Sozialdemokraten sowie die kommunistische Kollegin Magda BÄR-THÜREY[3] an, die 1933 sofort entlassen wurde. Die Mehrheit der Kollegen war eher liberal-bürgerlich, Nazis gab es bis 1933 bei uns nicht.

Noch vor der Machtergreifung hatte ich mich auf meine 2. Lehrerprüfung vorzubereiten, für die mir die SPD-Schulrätin CHRISTIANSEN noch das Thema genehmigt hatte: „Der Einfluß der Erwerbslosigkeit

---

[3] BÄR-THÜREY, Magda (1899–1945), ab 1919 Junglehrerin an einer Volksschule für Mädchen in Hamburg-Eimsbüttel, ab Anfang der 20er Jahre KPD-Mitglied, ab 1930 an der Volksschule Methfesselstraße in Hamburg, 1933 nach dem „Berufsbeamtentum-Gesetz“ entlassen; noch im gleichen Jahr Heirat mit dem langjährigen Freund und Genossen Paul THÜREY und Einrichtung eines Seifenladens „WASCH-BÄR“, der zum unauffälligen Treffpunkt für politische Freunde wurde; ab 1939 auch Treffpunkt der Widerstandsgruppe „BÄSTLEIN-JACOB-ABSHAGEN“ und Obdach für Verfolgte. Zwei Monate nach der Verhaftung ihres Mannes im Oktober 1943 wurde auch Magda verhaftet. Von der Hinrichtung ihres Mannes am 26.6.1944 erfuhr Magda BÄR-THÜREY im KZ-Fuhlsbüttel. Sie erkrankte schwer und starb nur wenige Wochen nach der Befreiung am 17.7.1945 im Alter von 46 Jahren.
Ihre Beisetzung auf dem Ohlsdorfer Friedhof wurde zu einer großen Demonstration, während der sich die Hamburger Vorsitzenden von KPD und SPD die Hände reichten und gelobten, nie wieder gegeneinander, sondern – geeint durch die Erfahrungen in KZ's und Zuchthäusern – von nun an gemeinsam gegen Faschismus und Krieg zu arbeiten.
Alle Angaben nach BURGARD 1985, 301–305; vgl. auch den Bericht ihres Bruders Curt BÄR (1901–1981), der als SPD-Mitglied und Lehrer von 1936–1940 inhaftiert war: BÄR 1981[2].

auf das Schulkind". Dieses Problem lag mir besonders nahe, da 80 Prozent der Schüler meiner Klasse davon betroffen waren. Der Schuldurchschnitt betrug 60 Prozent. Um Dir nur ein Beispiel vom Ausmaß der herrschenden Armut zu geben: Als ein Mädchen meiner Klasse des Diebstahls verdächtigt wurde, mußte sich sich vor Aufregung erbrechen – und das arme Kind erbrach Kartoffelschalen! So groß war die Armut damals.

Solche und viele andere Beispiele hatte ich in meiner Examensarbeit beschrieben und mit dem Fazit geschlossen, daß eine Änderung der Verhältnisse erst durch den Sozialismus erreicht werden könne.

Nun war aber inzwischen die sogenannte Machtergreifung gewesen, und es war nicht nur die SPD-Schulrätin durch einen Nazi-Schulrat ersetzt worden, sondern auch unsere eher unpolitische Schulleiterin hatte einem NS-Schulleiter Platz machen müssen. Sie blieb aber als Lehrerin im Kollegium.

Diese beiden neuen Herren nahmen nun meine mündliche Prüfung ab, nachdem ich meine zwei praktischen Stunden absolviert hatte. Der Schulleiter war ein eher ruhiger Mann, der mir nach der Prüfung unter vier Augen noch sagte, daß er bei meinen Antworten an den Schulrat L. „mehrmals innerlich vom Stuhl gefallen" wäre.

Der Schulrat L. erklärte mir am Ende der Prüfung: „Nach dem alten Regime hätten Sie mit ‚sehr gut' bestanden, aber wir müssen Sie nach den neuen Gesichtspunkten beurteilen. Darum können wir die Arbeit nur mit ‚ausreichend' bewerten." Und er schloß mit den Worten: „Ich habe beschlossen, Ihre Erziehung persönlich in die Hand zu nehmen." Der Mann war sieben Jahre älter als ich! Nach dem Kriege suchte er mich in meiner Schule auf und bat um die Ausstellung eines „Persil-Scheines", das heißt einer Unbedenklichkeitserklärung für die Entnazifizierung. Das habe ich aber abgelehnt.

Am Ende des Schuljahres wurde ich dann aus politischen Gründen an die Schule Ludwigstraße in Hamburg-St. Pauli strafversetzt. Vorher war mir wie anderen Lehrern auch ein Fragebogen vorgelegt worden, auf dem man angeben mußte, ob man Mitglied der SPD oder KPD gewesen wäre. Das war ich bloß bis 1931 gewesen, und da die SAP darin nicht aufgeführt wurde, fiel ich erfreulicherweise durch die Maschen.

Meine Einstellung nach der Machtergreifung war: Meine Gesinnung zu bewahren, mich auf keine sinnlosen Aktionen einzulassen, andere vor Gefahren zu bewahren und mich „für die Zeit danach" bereit zu halten. So tarnte sich unsere SAP-Gruppe nach 1933 bis zu meiner Verhaftung 1936 als Gymnastikgruppe, die sich einmal wöchentlich in einer staatlichen Turnhalle traf. Einmal wurden wir sogar von einem ehemaligen Mitglied, das inzwischen SA-Mann geworden war, rechtzeitig vor einer Razzia durch die SA gewarnt. So etwas gab es auch.

Wie alle anderen nicht in der NSDAP organisierten Junglehrer mußten wir häufig am Samstagnachmittag zum vormilitärischen Dienst im Jugendpark Langenhorn antreten – als sogenannter „Schulschutz". Dabei hatten wir feldgraue Uniformen zu tragen. Es waren jeweils einige hundert Junglehrer dort versammelt. Durch diese Zusammenfassung von Nicht-Parteimitgliedern wurde die Veranstaltung zu einem Umschlageplatz für politische Informationen und Witze.

Auch an der Schule Ludwigstraße war ein recht angenehmes Kollegium. Der Schulleiter war ein älterer Herr, bei dem ich nie ein Parteiabzeichen gesehen habe. Ich vermute, daß er als alter Frontsoldat in seiner Stellung hatte bleiben können. Es war noch ein Sozialdemokrat im Kollegium, den ich aus der „Gesellschaft der Freunde", dem Vorläufer der heutigen GEW in Hamburg, kannte. Ihm stellte ich gelegentlich sozialistische Literatur zur Verfügung, aus der er längere Abschnitte abschrieb und politischen Freunden übergab. In diesem Zusammenhang erinnere ich mich an das Buch „Krise der Jugend" von Ernst FISCHER, einem Redakteur der Wiener „Arbeiterzeitung".

Die drei Nazis im Kollegium waren ganz unterschiedliche Typen: Da war einmal ein ganz junger Mann, so ein Typ „Märzgefallener", der im Rausch der ersten Begeisterung nach der Machtergreifung in die Partei eingetreten war. Der zweite war so Ende 30, ein raffinierter Mann: Ich habe mehrmals bemerkt, wie er sich bei der SA entschuldigte, weil er angeblich Schuldienst hätte – und sich in der Schule entschuldigte, weil er angeblich bei der SA unabkömmlich wäre. In Wahrheit hat er sich dann gedrückt. Der dritte war ein „Alter Kämpfer" der Nazis, aber politisch durchaus anständig. Wenn er mal kritische Äußerungen von uns anderen mitbekam, dann sagte er höchstens: „Aber, aber . ." oder ähnliches in abwiegelndem Sinne. Er hat niemanden denunziert. Das bedeutete damals schon einiges.

In den Sommerferien war ich häufiger für Wochen auf Wanderung. Da bin ich viel herumgekommen. Zu meinen menschlich wertvollsten Begegnungen gehört ein Treffen mit der ehemaligen SPD-Reichstagsabgeordneten und Pädagogik-Professorin Anna SIEMSEN[4)], die ich 1936 in ihrem Schweizer Exil am Genfer See besuchen durfte. Ihre Adresse hatte ich vom ehemaligen SAP-Vorsitzenden erhalten. Wir hatten ja noch unsere geheimen Treffen in kleinen Gruppen.

Im selben Jahr erschien eines Abends ein Schutzmann bei mir zu Hause, der mir eine Vorladung brachte, nach der ich mich am nächsten Morgen bei der Gestapo am Stadthaus zur Vernehmung einzufinden hätte. Ich habe in dieser Nacht alles Material vernichtet, das ich noch zu Hause hatte.

Bei der Vernehmung ist mir mitgeteilt worden, daß ich durch eine Zeugenaussage belastet sei, für die SAP tätig zu sein. Außerdem wäre in

Berlin ein Koffer mit belastendem Material gefunden worden, auf dem in einem Fall auch mein Name notiert sei. Mehr konnten sie mir aber nicht nachweisen, und ich stritt natürlich alles ab. Nach kurzer Haft wurde ich wieder entlassen.

Vom Tag der ersten Vernehmung an war ich vom Schuldienst ohne Gehalt beurlaubt. Als ich aus der Haft entlassen wurde, bin ich dann noch einmal von dem Nazi-Schulrat verhört worden, der mir bei meiner 2. Lehrerprüfung gedroht hatte, meine Erziehung in seine Hände zu nehmen. Aber ich wußte, daß er mir, nachdem mich die Gestapo entlassen hatte, nicht mehr viel anhängen konnte. Nach sechs Wochen durfte ich meinen Schuldienst wieder aufnehmen.

Kurz darauf wollte mich eine jüdische Bekannte besuchen, die mir vor ihrer Auswanderung nach Palästina noch eine Topfblume zum Abschied vorbeibringen wollte. Sie wurde aber von meiner Mutter abgefangen, die ihr eilig sagte, was mir passiert sei und daß sie lieber schnell fortgehen solle, damit sie so kurz vor der Auswanderung nicht noch verhaftet werde. Ich habe sie dann viele, viele Jahre später in Israel wiedergetroffen.

An die sogenannte „Kristallnacht" habe ich keine eigenen Erinnerungen. Diese Vorfälle haben sich in den Vierteln mit jüdischen Geschäften abgespielt, das war in unserer Wohngegend nicht der Fall.

---

4) SIEMSEN, Anna (1882–1952), Prof. Dr., ab 1901 Lehrerin; als entschiedene Pazifistin stand sie am Ende des 1. Weltkrieges unter Polizeiaufsicht; 1919 als USPD-Mitglied Düsseldorfer Stadtverordnete, 1919–1923 Leitung des Berufsschulwesens im Preuß. Kultusministerium; als Oberschulrätin und Honorarprofessorin an der Universität Jena engagierte sie sich für sozialistische Erziehungsziele: weltliche Einheitsschule, gleitende Übergänge, Beseitigung des Bildungsprivilegs der Besitzenden; nach Einmarsch der Reichswehr in Thüringen wurde sie ab 1924 von weiterer Mitarbeit an der Schulreform ausgeschlossen und engagierte sich in der Bildungsarbeit der Sozialistischen Arbeiterjugend (SAJ); 1928 wurde sie als SPD-Mitglied in den Reichstag gewählt, mußte ihr Abgeordneten-Mandat aus gesundheitlichen Gründen jedoch 1930 vorzeitig zurückgeben; nach der Kompromißpolitik der SPD (vgl. Anm. 2: „Panzerkreuzer A") trat sie in die sozialistische Arbeiterpartei (SAP) ein; 1932 wurde ihr vom thüringischen NS-Innenminister FRICK offiziell die Professur entzogen, weil sie gegen die Amtsenthebung eines kritischen Heidelberger Professors protestiert hatte; im März 1933 dann Emigration in die Schweiz, Unterstützung der Republikaner im spanischen Bürgerkrieg; 1946 Rückkehr nach Deutschland, 1947–1948 Leitung von „Sonderlehrgängen für die Ausbildung von Volksschullehrern in Hamburg", Dozentin für Literatur und Pädagogik an der Universität Hamburg. In der Bundesrepublik tragen 4 Schulen ihren Namen (nach FEIDELMERTZ 1983, 248 und MEVIUS 1985, 285–290).

Im NSLB war ich nach der Gleichschaltung der „Gesellschaft der Freunde" pro forma, bin aber zu den Veranstaltungen nicht mehr hingegangen. Ich war nicht in der NSDAP, es ist auch nie Druck auf mich ausgeübt worden.

1938 kam einmal ein Mann von der NSV (NS-Volkswohlfahrt), der mich als Lehrer darum bat, für unseren Wohnblock die Winterhilfsgelder einzusammeln. Ich habe aber gesagt, daß ich mitten in den Prüfungen sei, und dann ist der Mann wieder abgezogen.

Um diese Zeit erhielten alle ledigen Lehrer die Aufforderung, die Gründe anzugeben, aus denen heraus sie bisher nicht geheiratet hatten. Bei mir begnügte sich die Behörde mit der Bemerkung, daß ich mich bemühen werde. Das hat aber bis weit nach dem Ende der Nazizeit gedauert . . .

Ich denke, daß man als Lehrer, besonders in Grundschulklassen, doch so ziemlich alles machen konnte, was man selbst für richtig hielt. Ich habe neulich mal gesagt: Lehrer ist der geheimste Beruf. In manchen Bereichen galt das auch in der Nazi-Zeit. Bei mir jedenfalls fanden keine „Visitationen" statt. Und selbst dort, wo Öffentlichkeit war, entwickelten nicht wenige von uns auch individuelle Formen des Verweigerns. Ich erinnere noch eine Kollegin, die beim Betreten des Lehrerzimmers, wenn der Hitlergruß dran war, regelmäßig zum Händewaschen ging.

Als einmal Hitler oder Göring nach Hamburg kam – ich weiß nicht mehr genau, wer von beiden – da mußten wir Lehrer mit unseren Klassen Spalier bilden und „Männchen machen". Das war mir zuwider. Da habe ich ein Kind auf den Arm genommen, und als der Wagen vorbeifuhr, da konnte ich den Hitlergruß nicht erweisen, weil ich doch das kleine Kind nicht fallen lassen konnte.

Anfang 1940 bin ich das erste Mal zur Wehrmacht eingezogen worden, konnte aber noch einmal für einige Monate in den Schuldienst zurückkehren, bevor ich im Sommer 1941 endgültig eingezogen wurde.

Nach 1945

Da ich nur kurze Zeit bei den Amerikanern in Italien interniert gewesen war, konnte ich mich schon im August 1945 bei meiner alten Schule Ludwigstraße zurückmelden.

Ich habe sofort den üblichen Entnazifizierungsantrag gestellt und weisungsgemäß auf Antwort gewartet. In der Zwischenzeit habe ich in meinem alten Schulkreis die Luftschutzräume auflösen müssen, bei der Verteilung von Lebensmittelkarten geholfen und ähnliches. Ich wartete und wartete auf Antwort auf meinen Antrag, bis ich schließlich im Mai 1946 zur Behörde ging – und da war doch der Bescheid längst eingegangen und einfach liegengelassen worden. Der Sachbearbeiter war ein Nazi, der es geschafft hatte, im Amt zu bleiben, aber meine Einstellung zu sabotieren.

Ich bin nicht sofort in die Schule zurückgegangen, weil ich während der Wartezeit bereits einen Kursus für Referendare des höheren Lehramtes begonnen hatte, den ich zu Ende führte, um dann ab 1947 im HEINRICH-HERTZ-Gymnasium zu beginnen. Im Jahre 1950 wechselte ich im Zusammenhang mit der Einführung der sechsjährigen Grundschule zur späteren PETER-PETERSEN-Gesamtschule, wo ich bis zur Pensionierung 1973 arbeitete.

Nach dem Krieg war ich politisch vor allem in der Arbeitsgemeinschaft sozialdemokratischer Lehrer, gewerkschaftlich in der GEW, aktiv. In den letzten Jahren habe ich in der Gewerkschaft vor allem über historische Fragestellungen gearbeitet[5].

---

[5] Ludolf MEVIUS schrieb selbst Berichte über oppositionelle Lehrerkolleginnen und -kollegen in HOCHMUTH/de LORENT 1985:
- Anna SIEMSEN: Eine sozialistische Berufspädagogin (S. 285–290),
- Max ZELCK: „Vorkämpfer eines landesverräterischen Pazifismus" (S. 306–311).

Außerdem seien u. a. erwähnt:
MEVIUS, L.: Zur Geschichte der Lehrerarbeitszeit in Hamburg von 1870 bis 1970 (hrsg. von der GEW-Hamburg 1982);
MEVIUS, L. (Red.): 175 Jahre Gesellschaft der Freunde des vaterländischen Schul- und Erziehungswesens (hrsg. von der GEW-Hamburg 1980).

Abb. 50: Der Schüler Ludolf (8) in der Kindergruppe des Arbeiter-Turnvereins Hamburg-Eilbek (2. Reihe ganz rechts) – beim Bade-Ausflug um 1916.

Abb. 51: Der Volksschullehrer Ludolf MEVIUS (33) im Jahre 1941 kurz vor der endgültigen Einberufung in die Wehrmacht.

Abb. 52: Ludolf MEVIUS (77) Ende 1985 in Hamburg.

Reflexion zur Begegnung mit Ludolf Mevius

Persönliche Begegnungen: 6 1/2 Stunden (bei 2 Treffen)
Ort der Begegnung: Im Haus von Ludolf Mevius
Telefonate: 7
Briefe: 4

1. Kontaktaufnahme

Den Hamburger Kollegen Ludolf MEVIUS kenne ich von verschiedenen GEW-Versammlungen, an denen er häufig auch mit eigenen Redebeiträgen teilnimmt – bislang jedoch eher nur „vom Sehen", wir haben noch nicht persönlich miteinander gesprochen.

In der Veröffentlichung über Hamburger Lehrerinnen und Lehrer „unterm Hakenkreuz" finde ich auch einige biographische Daten über Ludolf MEVIUS (HOCHMUTH/de LORENT 1985, 149), aus denen nicht nur hervorgeht, daß er nach 1933 im Schuldienst weiterarbeiten konnte, sondern daß er bereits während der Weimarer Republik aktiv in der Sozialistischen Arbeiterjugend (SAJ) mitarbeitete. Ich beschließe, ihn wegen meiner Arbeit anzurufen und zu fragen, ob er zu einem ausführlichen Gespräch bereit wäre.

Parallel dazu bemühe ich mich jedoch auch um Kontakte zu sozialdemokratischen Zeitzeuginnen bzw. -zeugen in anderen Städten und Ländern, die zwar zu mehreren Hinweisen führen, jedoch ausschließlich in bezug auf bereits verstorbene Kolleginnen oder Kollegen oder auf jene, die bereits Anfang 1933 die Schule verlassen mußten und auch später nicht in den Schuldienst zurückkehren durften. Außer Suchanzeigen in allen GEW-Landeszeitungen sowie der Bundeszeitung „Erziehung und Wissenschaft" (auf die hin als einziger Hinweis derjenige auf den Kollegen Ludwig de PELLEGRINI erfolgreich ist) ist der Vorsitzende der „Arbeitsgemeinschaft verfolgter Sozialdemokraten" Heinz PUTZRATH, freundlicherweise bereit, eine gezielte Suchanzeige in deren Mitteilungsblatt (Nr. 12/1985, 13) zu veröffentlichen. Es erreichen mich 11 Hinweise auf Lehrerinnen und Lehrer, die jedoch auch entweder bereits verstorben sind oder ab Anfang 1933 nicht mehr im Schuldienst waren. Einige Kolleginnen und Kollegen weisen mich auf den langjährigen Bundesgeschäftsführer der GEW, Erwin WALZ, als einen Experten für Personalfragen hin, der mir jedoch ebenfalls in seinem Schreiben vom 30.1.1986 mitteilt: „Solche Kollegen, die nach 1933 noch oder wieder tätig waren, habe ich zwar einige kennengelernt, doch davon lebt keiner mehr. Es tut mir leid, daß ich Ihnen nicht helfen kann."

In dem bereits erwähnten Buch „Hamburg: Schule unterm Hakenkreuz" (HOCHMUTH/de LORENT 1985) finden sich zwar noch Namen weiterer sozialdemokratischer Lehrerinnen und Lehrer, die nach 1933 wei-

ter im Schuldienst waren, die aber auch bereits verstorben sind. Einzige mir bekannte Ausnahme ist Caesar HAGENER (Jg. 1909), später Pädagogikprofessor an der Universität Hamburg, der – durch Vermittlung des Oberschulrates Fritz KÖHNE – einige Wochen nach der „Machtergreifung“ – am 4.4.1933 – seinen Dienst als Volksschullehrer überhaupt erst antreten durfte.

So rufe ich Ludolf MEVIUS an, der sich sofort zu einem Gespräch bereit erklärt. Allerdings bittet er mich zur besseren persönlichen Vorbereitung, ihm schon vorab einen „Fragebogen“ mit den mir wichtigsten Fragen zuzusenden.

Er ist bereits am Telefon sehr an Einzelheiten des Forschungsprojektes interessiert und will sich gleich noch einmal die Ausgabe der Hamburger Lehrerzeitung heraussuchen, in der meine Suchanzeige erschienen ist. Als Gewerkschaftskollege bietet er mir noch am Telefon an, uns zu duzen. Er erwähnt sein eigenes großes Interesse an historischen Fragestellungen.

2. Erste Begegnung

Ludolf MEVIUS bewohnt mit seiner Frau ein modernes Einfamilienhaus am Stadtrand von Hamburg. Als ich durch den Garten zur Haustür gehe, steht er schon am Fenster und nickt mir zu.

Wir setzen uns ins Wohnzimmer an einen kleinen Tisch, auf dem schon einige vorbereitete Materialien (Bücher, Notizzettel) liegen.

Es ist ihm lieber, wenn ich keine Tonband-Aufnahme mache, sondern die wichtigsten Aussagen notiere. Es ist ihm wichtig, daß er den Text hinterher selbst gegenlesen kann, „weil man doch leicht was mißverstehen kann.“ Auf meine Nachfrage berichtet er mir noch kurz von seinen eigenen historischen Arbeiten, die sich zur Zeit besonders auf das Werk und Leben von Anna SIEMSEN konzentrieren. Er betont, daß er erst jetzt als Pensionär dazu komme, all die wichtigen Bücher zu lesen, zu denen er früher nicht gekommen sei. Deshalb sei auch jetzt seine Zeit terminiert, da er sonst nicht mehr die vorgenommenen Arbeiten schaffen würde.

3. Gesprächseindrücke

Über alle historischen Fakten und Ereignisse berichtet er konzentriert und mit der geübten Sachlichkeit eines Historikers. Wenn bestimmte Details unklar oder widersprüchlich sind, hat er schnell ein Buch zur Hand, in dem er nachschlagen kann oder eine Literaturangabe, auf die er mich verweist, um dies später noch gründlicher nachzuarbeiten.

Bei allen Schilderungen von persönlich bekannten Kolleginnen und Kollegen, auch des eigenen Verhaltens in verschiedenen Situationen, wirkt er eher unsicher auf mich. Manchmal spüre ich erlittene Verletztheiten oder Kränkungen, aber nun soll heute auch niemand mehr angeklagt werden. Er ist dann freundlich, zugewandt, fordert mein Verstehen. Ausführliche Schilderungen von Zweifeln oder Konflikten schließt er dann manchmal mit einem klaren „Fazit“ ab, das dann später auch nur in der Druckfassung erscheinen darf – so zum Beispiel seine Einstellung nach der „Machtergreifung“: „Meine Gesinnung zu bewahren, mich auf keine sinnlosen Aktionen einzulassen, andere vor Gefahren zu bewahren und mich ‚für die Zeit danach‘ bereit zu halten.“

Trotzdem ist er immer wieder bereit, auf alle Nachfragen einzugehen. Er freut sich über meine Kenntnisse über die damalige Zeit und ist doch immer wieder besorgt, weil es eben nur sehr schwer vermittelbar sei, was die damalige Zeit „wirklich ausgemacht“ habe. Die Gesprächsatmosphäre bleibt dicht und konzentriert, und wir reden über eine Stunde länger als ursprünglich terminiert.

Gegen das Fotografiertwerden hat er nichts einzuwenden. Er will mir auch demnächst noch Fotos von damals heraussuchen, obwohl eben leider doch das meiste verloren sei.

4. Weitere Entwicklung

Nachdem ich ihm den niedergeschriebenen Text zugesandt habe, höre ich lange nichts. Als ich ihn schließlich anrufe, teilt er mir mit, daß der Text noch einer gründlichen Überarbeitung bedürfe, und er mich deshalb noch einmal zu einem persönlichen Gespräch bitte.

Als ich bei ihm eintreffe, entschuldigt er sich zunächst, weil er den Text nun doch noch nicht wie geplant gänzlich korrigiert hätte, da er durch einen unerwarteten Besuch aufgehalten worden sei. Aber dies könnten wir möglicherweise gemeinsam tun.

Wir gehen nun im Gespräch den Text Zeile für Zeile durch. Er hat in ungemein gewissenhafter Art sowohl die sachliche Korrektheit, die stilistische Aussage und die mögliche politische Wirkung eines jeden Satzes abgewogen und erklärt mir jede seiner eingefügten Korrekturen ausführlich. Dabei müssen auch einige „Hintergrundinformationen“ zu einigen erwähnten Personen gestrichen werden, in einem Fall soll auch der Name nicht erwähnt werden, was ich bedaure. Wieder arbeiten wir länger als ursprünglich vereinbart. Er hat inzwischen auch zwei Fotos von früher herausgesucht, die ich abdrucken darf.

Als ich schließlich wegen einer anderen Verpflichtung aufbrechen muß, uns aber noch wenige Zeilen zu korrigieren bleiben, verabreden wir für denselben Abend noch eine telefonische Fortsetzung. Im Telefonat gibt er mir dann nicht nur die noch fehlenden Korrekturen durch, sondern auch noch einige weitere, die ihm noch wichtig geworden sind. Ich sichere ihm zu, den korrigierten Text innerhalb weniger Tage zuzusenden.

Wieder vergehen einige Wochen, bis er mir den bereits überarbeiteten Text mit zahlreichen weiteren Korrekturen versehen zurücksendet, allerdings auch der schriftlichen Versicherung, daß der Text nun eine zufriedenstellende Form habe: „Ich habe mir sehr viel Zeit genommen aus zweierlei Gründen: Erstens fielen mir noch zwei Angelegenheiten ein, die aufzunehmen ich für wichtig hielt, um das Gesamtbild etwas mehr mit Inhalt zu füllen und abzurunden. Zweitens hatte ich bisher zu wenig beachtet, daß Du die Ich-Form angewandt hattest, Deine Formulierungen aber nicht immer meinem Sprachstil entsprachen. Deswegen mußte ich eine Reihe von Formulierungen ändern, damit es im Bericht auch zum Ausdruck kam. Ich hoffe, daß er dadurch gewonnen hat. ... Ich wünsche Deiner Arbeit einen guten Erfolg!“

Als ich ihn einige Wochen später um die Einwilligung zur Einsicht in seine Personalakte bitte, um nachzuschauen, ob in bezug auf seine Strafversetzung bzw. die Verhaftung durch die Gestapo etwas vermerkt sei, sagt er mir, daß er selbst noch nie in seine Akte Einsicht genommen hätte, und er dies deshalb gern selber und allein tun wolle. Er wäre aber gern bereit, mir dann Dokumente in Kopie zuzusenden, falls er fündig werden sollte.

Nach zwei weiteren Wochen schickt er mir die Kopie einer handschriftlichen Notiz des damals zuständigen Schulrates L. vom 20.10.1938: „Wegen des Verfahrens gegen M. 1936 habe ich immer ein besonderes Augenmerk auf M. gehabt und kann deshalb mit besonders gutem Gewissen zum Ausdruck bringen, daß ich gegen eine Ernennung durchaus keine Bedenken habe!“

Im Begleitbrief schreibt Ludolf MEVIUS: „Die Unterlage ist die einzige in der Akte, die auf das Verfahren Bezug nimmt. ... Die Aktenlage ist ziemlich verworren.“

Anfang 1987 erfahre ich von Kollegen, daß Ludolf MEVIUS schwer erkrankt sei. Ich will ihn besuchen, wenn es ihm ein wenig besser geht. Dazu kommt es nicht mehr. Auf der Landesvertreterversammlung der GEW-Hamburg am 23. Februar 1987 gibt ein Kollege mit großer Betroffenheit bekannt, daß am Vormittag des gleichen Tages Ludolf MEVIUS verstorben ist.

3.13. Ludwig de Pellegrini (Jg. 1908), München: Als sozialdemokratischer Volksschullehrer an staatlichen Dorfschulen (bis 1939)

1908:	Geboren in Triberg/Schwarzwald in Baden
1914–1917:	Volksschule in Triberg
1917–1923:	Realschule in Triberg (bis zum „Einjährigen")
1923–1925:	Gymnasium in Villingen/Baden
1925–1927:	Privatschule College Heidelberg
1927–1928:	Abitur am staatlichen Gymnasium in Weinheim/Bergstraße
1928–1930:	Lehrerbildungsanstalt in Karlruhe
1930–1933:	Zunächst Lehramtsanwärter, dann arbeitslos und verschiedene Hilfstätigkeiten, ab 1932 verschiedene Vertretungslehrer-Stellen ohne Festanstellung
1933–1934:	Volksschullehrer in Forst bei Bruchsal/Baden
1934–1937:	Strafversetzungen in mehrere Dörfer, schließlich als Volksschullehrer an die Volksschule Hockenheim
1937–1939:	Volksschullehrer in Vogelbach/Schwarzwald
1939–1945:	Als Soldat in Belgien, Frankreich und Sowjetunion, 1942 nach Erkrankung „Heimateinsatz" bis Kriegsende
1945:	Zunächst wieder Volksschullehrer in Vogelbach, Unterrichtsverbot auf Betreiben der katholischen Kirche
1945–1946:	Als freier Schriftsteller für den französischen Rundfunk in Freiburg tätig (sowie als Übersetzer)
1946–1948:	Volksschullehrer ohne feste Planstelle in einem Dorf bei Lörrach
1948–1968:	Volksschullehrer in Weil am Rhein, ab 1952 als Sonderschullehrer für Lernbehinderte tätig (bis zur Pensionierung 1968 mit 59 Jahren)
Ab 1969:	Umzug nach München (1969–1971 Geschäftsführer der GEW München sowie Vertreter der GEW im Kreisvorstand des DGB, nach schwerer Krankheit in den letzten Jahren weiter publizistisch tätig)
1986:	Gestorben in München

Elternhaus

Mein italienischer Name stammt von unserem Großvater, der als „Mineur" – heute würde man sagen: Tunnelbau-Facharbeiter – aus den italienischen Dolomiten für den Bau der Schwarzwald-Bahn angeworben wurde und nach Fertigstellung der Arbeiten sich naturalisieren ließ und so in Deutschland hängengeblieben war.

Mein Vater, Jahrgang 1872, wurde in Konstanz geboren. Er war ein recht moderner und liberaler Mann für seine Zeit und wurde – wohl auch wegen seiner originellen Einfälle – schließlich sogar Bürgermeister von Triberg, einem katholischen Schwarzwald-Städtchen mit drei- bis viertausend Einwohnern. Als Staatsbeamter und Bürgermeister war er bis 1918 auch Hofrat am großherzoglichen Hof in Karlsruhe. Aber eigentlich engagierte er sich weniger in der großen Politik – so gehörte er auch keiner politischen Partei an – sondern vor allem in Triberg selbst:

So ließ er zum Beispiel in Triberg die erste Bob- und Rodelbahn in Deutschland bauen. Während mein Großvater Zeit seines Lebens Schwierigkeiten mit der deutschen Sprache hatte, achtete mein Vater darauf, daß wir Kinder nur deutsch zu Hause sprachen. Leider starb Vater recht früh mit 51 Jahren.

Eigene Schulzeit

Die Volksschule in Triberg war eine langweilige Paukschule, die Realschule später leider genauso. So suchte ich nach Anregungen woanders und fand sie in unserer städtischen Bücherei: Bereits mit 12, 13 Jahren lieh ich mir Bücher von SCHOPENHAUER, FICHTE und KANT aus und verschlang die nur so. Meine Eltern und vier Geschwister – drei Schwestern und ein Bruder, alle älter als ich – lachten und meinten: „Das verstehst du doch nicht!" Ich habe wohl auch nicht alles verstanden, aber es schien mir doch spannender als das, was die Lehrer in der Schule erzählten.

Um Dir mal ein Beispiel zu geben für die Liberalität meines Elternhauses: Bei uns im Städtchen gab es eine Wallfahrtskirche, von der die Sage ging, daß sie genau an der Stelle errichtet worden wäre, wo einmal jemandem die Mutter Gottes erschienen sei. Über diese Geschichte sprach eines Abends mein Vater mit dem alten Pfarrer, während sie ihren Dämmerschoppen tranken. Ich hatte eine Weile zugehört. Dann nahm ich all meinen Mut zusammen und sagte zum Pfarrer: „Das mit der Mutter Gottes glaube ich aber nicht!" Woraufhin sich beide freundlich anguckten, und der Pfarrer zu mir sagte: „Das brauchst du auch nicht, mein Sohn!"

Das ermutigte mich natürlich zu weiteren Entdeckungen und in kindlichem Zorn deckte ich alle möglichen Lügen der Erwachsenenwelt für mich auf. Mit 15 Jahren hatte ich in der Bibliothek einen Text des leicht kritischen Theologen Clemens Maria HOFBAUER entdeckt, worin dieser behauptete, daß es nur einen Gott für alle Menschen gäbe – und nicht verschiedene Götter für jede Weltreligion passend, von daher auch der Streit um den „richtigen“ ein sinnloser sei. Das fand ich eben auch mit meinen 15 Jahren und schrieb darüber einen kleinen Artikel, den ich mutig unserer kleinen katholischen Zeitung, dem „Triberger Boten“, vorlegte. Die haben den wahrscheinlich gar nicht so richtig gelesen, dachten sicher eher, na ja, eben der Sohn vom Bürgermeister. Das heißt außer dem Setzer vielleicht, denn das war ein Kommunist. Der Artikel erschien jedenfalls, und alle möglichen Leute gratulierten mir, weil „der Ludwigle“ in der Zeitung stand.

So richtig schwierig wurde es dann, als ich aufs Gymnasium in die nächste Kreisstadt nach Villingen kam. Das war halt stockkatholisch, und der Schulleiter tat nur, was der Stadtpfarrer abgesegnet hatte. Natürlich war da auch täglich Schüler-Gottesdienst. Als ich mich mit wenigen anderen Schülern weigerte, weiter hinzugehen, wurde meine Mutter in die Schule zitiert. Die blieb aber im Grunde auf meiner Seite. Nur so fing das Dilemma an.

Mit 16 Jahren hatte ich dann meine erste Freundin: Das war die Tochter eines evangelischen, liberalen Medizinrates – das war ja schon schlimm genug – aber nun versteckten wir uns nicht, sondern gingen auch offen auf der Straße zusammen. Eben schon wieder unmöglich.

Zum Knall kam es dann endgültig mit dem Gesangslehrer. Der hatte so einen Riesen-Schulchor aufgebaut, wo man einfach mitmachen mußte, ob man wollte oder nicht.

Eines Tages mußte ich also während einer Probe mal austreten. Ich hatte mich erst gemeldet, aber darauf reagierte der Lehrer ohnehin nicht. Na, schließlich dachte ich, nun gehe ich eben so auf die Toilette. Das machten auch andere manchmal, weil es in dem Riesen-Chor wirklich kaum auffiel, aber kaum war ich weg, bemerkte er es doch und rief vor den versammelten Schülern: „Wo ist PELLEGRINI, die Motte?“ Als ich zurückkam, feixten mir sofort Schüler zu, was der Lehrer über mich für ein Schimpfwort gesagt hatte, noch bevor der Lehrer selbst mich bemerkt hatte. Da ging ich in einem Anfall von gerechtem Zorn von selbst nach vorn und sprach ihn ruhig an: „Entschuldigen Sie, was haben Sie eben von mir gesagt?“ Das war natürlich zuviel für ihn, denn dann wurde es ganz verrückt. Er packte mich am Kragen und schrie mich an. Und vor Schreck packte ich ihn ebenfalls für einen Moment am Kragen, ließ ihn dann natürlich wieder los und lief in meine Klasse. Dort erschien kurz darauf der Schulleiter und teilte mir mit, daß ich sofort meine Sachen zu packen hätte. Schulverweis!

In meiner Ratlosigkeit fuhr ich dann nicht zuerst nach Hause, sondern zu einem Vetter von mir, der Jugendpfarrer in einem Kloster war. Das war ein feiner Kerl, der mich auch dort eine Weile wohnen ließ, und mit dem ich über meine Sorgen reden konnte, ohne daß ich irgendetwas vom Ordensleben mitmachen mußte.

Meiner Mutter wurde zu meiner Weiterbildung die Privatschule SALEM[1)] angeboten. Aber da hatte ich schon einiges von gehört: Daß das so eine Schule für vertrottelte Adligenkinder sei, und da sagte ich zu Mutter: „Das wird nichts!“

Ich hatte damals nicht das Gefühl, daß ich besonders schwierig sei, sondern fand, daß es mit den Erwachsenen einfach oft nicht gehe.

Schließlich kam ich auf das College Heidelberg. Das war eine wirklich moderne Privatschule, an der die Unterrichtssprache Englisch war. Da hatte ich dann zwei tolle Jahre. Es waren feine Pädagogen, die mit uns diskutierten und spannenden Unterricht gaben. Da damals ein Privatschul-Abitur nicht anerkannt war, hätte ich das „Wilde Abitur“ an einer Staatsschule ablegen müssen.

Ich wollte damals gern Journalist werden, nicht zuletzt auch, weil ich gern aus Deutschland weg wollte. Über einen Freund meiner Mutter, der in Wien Musikdirektor war, hätte ich auch beinah eine Stelle bei einer Wiener Tageszeitung bekommen. Aber als ich erfuhr, daß das ein ganz schwarz-katholisches Blatt wäre, habe ich gesagt: Nein!

Ich las dann eines Tages eine Anzeige, nach der in Südafrika ein junger Lehrer zum Aufbau einer fortschrittlichen Zeitung gesucht würde. So kam ich auf den Lehrerberuf, auch weil ich dachte, daß ich damit so viele Möglichkeiten hätte. Wenn ich gewußt hätte, wie es mir als Lehrer nur wenige Jahre später ergehen würde . . .

Um an eine Lehrerbildungsanstalt zu kommen, mußte allerdings vorher noch ein staatliches Abitur abgelegt werden. Durch Vermittlung meines alten Triberger Schulleiters kam ich dann nach Weinheim an der Bergstraße an ein staatliches Gymnasium. Das fing gleich wieder wie früher an: Als ich in der ersten Englischstunde in dem fließenden Schulenglisch, das ich auf der Privatschule gelernt hatte, mich nach den notwendigen Lehrbüchern erkundigen wollte, meinte der Lehrer sofort beleidigt: „Reden Sie bitte deutsch!“

[1)] Internatsschule Schloß SALEM (Gymnasium) am Bodensee, 1920 von Prinz Max von BADEN gegründet und ab dann von dem Pädagogen Kurt HAHN (1896–1974) geleitet. 1933 mußte die Schule schließen. Kurt HAHN konnte nach kurzer „Schutzhaft“ 1934 nach England emigrieren und dort seine pädagogische Arbeit durch die Gründung der Schule „Gordonstoun“ in Schottland fortsetzen (vgl. FEIDEL-MERTZ 1983, 239–240).

Es wurde ein schreckliches Jahr. Als endlich die letzte mündliche Abiturprüfung dran war – die schriftlichen Arbeiten waren alle bestanden – da legte mir der Mathematiklehrer plötzlich Aufgaben vor, die wir nie im Unterricht behandelt hatten. Ich sagte natürlich sofort ganz höflich: „Entschuldigung, aber das haben wir nie gehabt!" Woraufhin der sich empörte und losschrie: „Unverschämtheit! Sie haben nicht aufgepaßt!" Da hatte ich dann aber doch mal Glück. Denn bei der Prüfung war auch ein Vertreter des badischen Schul-Ministeriums dabei, dem die Sache wohl auch komisch vorkam. Jedenfalls fragte der dann nach der Prüfung einige Mitschüler, die ehrlich sagten: „Es stimmt, was PELLEGRINI sagt. Der wurde hier von Anfang an schikaniert!" Der Vertreter fuhr dann erst mal ab, aber nach wenigen Tagen kam die Anweisung aus dem Ministerium an die Schulleitung, daß mir ein bestandenes Abitur auszuhändigen wäre.

Das ist doch toll, nicht? Das ist diese jahrhundertealte freiheitliche badische Gesinnung. Das haben im Grunde erst die Nazis zerschlagen – und danach gab's dann kein Anknüpfen an diese Traditionen mehr. Und wenn man bedenkt heute – na ja ...

Lehrerausbildung

Es gab nun drei Lehrerbildungsanstalten in Baden: In Heidelberg, Freiburg und Karlsruhe. Die eine war evangelisch, die andere katholisch und die dritte simultan, das heißt also eher weltlich.

Ich ging natürlich nach Karlsruhe in die Simultananstalt. Da fing ich im September 1928 an. Und da war also schon etwas vom aufkommenden Faschismus zu spüren.

Wir wohnten als Studenten alle im Internat, und im Speisesaal kam es immer zu Gesprächen. Zuerst haben wir dort so Feste gemeinsam geplant, später wurde es dann auch politischer. Es waren vor allem Vertreter des mittleren Bürgertums an der Anstalt, überwiegend Leute, die mit der Weimarer Republik nichts hatten anfangen können. Viele Bauernsöhne, die davon berichteten, wie durch die wirtschaftliche Lage die letzte Kuh gefährdet wäre. Ihre Eltern waren auch Kaufleute, Lebensmittelhändler, kaisertreu bis auf die Knochen. Und daß ein Schuhmacher – gemeint war EBERT – nun Reichspräsident geworden war, daß der also sowas wie ein Kaiser nun sein sollte und das deutsche siegreiche Volk führen – nein! Woher auch? Unter Demokratie konnten sich die meisten absolut nichts vorstellen.

Ich hatte mir meine Gedanken bis dahin ja auch nur angelesen und dachte nun, daß ich wohl doch mal nach Gleichgesinnten suchen müßte. So kam ich als Studentenvertreter zum BADISCHEN LEHRERVEREIN[2], in dem damals vor allem demokratische und sozialdemokratische Kollegen, wohl auch wenige Kommunisten zusammengeschlossen waren. Die freuten sich über mein Engagement. So machte ich meine ersten politischen Erfahrungen. Neben der Interessenvertretung für die Studenten gab es bald auch eine inhaltlich brisante Sache: Wir entfesselten damals eine publizistische Auseinandersetzung mit dem später noch sehr bekannt gewordenen Nazi-Pädagogen Ernst KRIECK[3], der bereits damals als Professor in Heidelberg seine Vorstellungen von der „Menschenformung" formulierte: Vom deutschen „Volksgenossen", der sich durch Unterordnung und Dienst am Volksganzen über andere Völker würde erheben können. Und dann auch schon all das andere von Rasse, Blut und Boden.

Das widersprach natürlich all meinen Vorstellungen von freiheitlichem Denken, und damals konnte darüber auch noch öffentlich gestritten werden.

Aber es spitzte sich im Lauf der Zeit zu: Eines Tages lag im Lesesaal unserer Bibliothek plötzlich die Nazi-Tageszeitung. Als ich zum Direktor ging, um mich zu beschweren, sagte er: „Ja, nun sehen Sie mal, wir haben doch Demokratie. Da darf doch jeder seine Meinung sagen." Daraufhin fragte ich ihn: „Also, dann darf hier ab morgen auch das andere Extrem, die Zeitung der KPD liegen?" Da nickte er unsicher, meinte aber: „Ja, natürlich!" Das hab' ich dann den Kollegen im KPD-Büro am Ort gesagt, und die haben dann ihr Blatt da auch jeden Tag hingepackt.

---

2) Der BADISCHE LEHRERVEREIN war der regionale Dachverband des DEUTSCHEN LEHRERVEREINS (DLV), der mitgliederstärksten Lehrerorganisation während der Weimarer Republik.
Vorsitzender des BADISCHEN LEHRERVEREINS war bis 1931 der DDP-Landtagsabgeordnete Oskar HOFHEINZ, über den der Historiker Rainer BÖLLING in bezug auf die „badischen Verhältnisse" anmerkt: „Seine Ambitionen auf den Posten des Unterrichtsministers mußte er 1926 allerdings zurückstellen, da er mit seiner Kompromißlosigkeit für die labile Weimarer Republik in Baden untragbar erschien." (BÖLLING 1978, 116).

3) KRIECK, Ernst (1882–1947), bis 1924 als Lehrer im badischen Schuldienst, 1924–1928 freier Schriftsteller, 1928–31 vom Preuß. Kultusminister BECKER an die Päd. Akademie Frankfurt/M. berufen, 1931 wegen politischer Provokation (er hatte bei einer Sonnenwendfeier das Heil auf das Dritte Reich ausgerufen) Strafversetzung an die Päd. Akademie Dortmund, nach der „Machtergreifung" zunächst Professor in Frankfurt/M., ab 1934 bis 1945 Professor für Pädagogik und Philosophie in Heidelberg. Er starb 1947 kurz vor seiner Entlassung aus dem alliierten Internierungslager Moosburg (nach GAMM 1984², 95 f.).

1930 machte ich dann Examen über das Thema „Das Verhältnis von Staat und Kirche auf dem Gebiet der Volksschule“. Da ich während der ganzen Zeit keine Seminare zur Vorbereitung auf den katholischen Religionsunterricht besucht hatte, wurde mir mitgeteilt, daß ohne diese Lehrerlaubnis eine spätere Einstellung ungemein erschwert wäre.

So habe ich zwar die erforderlichen Seminare noch nachgemacht und sogar eine Lehrprobe über die Auferstehung Christi halten müssen, bei der mich ein Schüler fragte, wer wohl den schweren Stein da vom Grab weggerollt hätte. Und obwohl ich geantwortet hatte: „Ich weiß es nicht, ich war damals nicht dabei!“ erhielt ich meine Missio Canonica. Aber all dieser Schmarrn hatte mir doch noch einmal eindringlich vor Augen geführt, daß es doch eine unehrliche Sache wäre, und ich die Lehrerlaubnis ohnehin nur erhalten habe, weil sie eben jede Seele brauchten. Kurze Zeit später bin ich dann offiziell aus der Katholischen Kirche ausgetreten.

Lehrererfahrungen

Ich begann 1930 als Lehramtsanwärter in einer Volksschule, die in einem Arbeiterviertel der Stadt Karlsruhe lag. Das war nun etwas völlig Neues für mich: Solche Armut hatte ich als jemand aus dem Bürgertum bis dahin noch nicht erlebt. Ich weiß noch, wie mir sofort der Gedanke an den KRIECK wieder kam und dachte: Das werden nie solche strahlenden Volksgenossen, das hier ist das Volk, das die ausrotten wollen!

Nach ein paar Wochen Hospitation wurden dann aufgrund der Notverordnungen[4)] die meisten Lehramtsanwärter erst einmal wieder entlassen. Nun begann auch für mich eine schwierige Zeit.

In der Junglehrerschaft im BADISCHEN LEHRERVEREIN war ich mittlerweile zum Sprecher gewählt worden, und die Lehrerarbeitslosigkeit war unsere größte Aufgabe. Wir forderten also nicht nur die Einstellung der arbeitslosen Lehrer, sondern machten auch jede Menge Vorschläge zur Verbesserung der Situation: So schlugen wir zum Beispiel Schulbau durch Lehrer vor, die dann hinterher in den von ihnen mitaufgebauten Schulen als Lehrer arbeiten sollten.

Zwischendurch gab’s dann immer wieder Hilfstätigkeiten, die aber in der Regel – mal abgesehen davon, daß man dort selten genug zum Le-

[4)] Die NOTVERORDNUNGEN des Reichskanzlers BRÜNING ab 1930 betrafen die Lehrer in besonderem Maße: Sie hatten sowohl Gehaltskürzungen als auch Entlassungen zur Folge (vgl. BREYVOGEL 1974 und 1979).

ben verdiente – auch noch sterbenslangweilig waren. Ich hatte zum Beispiel eine Tätigkeit als Hilfssachbearbeiter in der Landeshauptkasse des Kultusministeriums für eine Weile. Später war ich dann Hilfsarbeiter in der Landesbibliothek, wo ich sogar noch zum 2. Mitarbeiter im Lesesaal aufstieg. Aber ich wollte doch als Lehrer arbeiten, das hatte ich doch gelernt.

Der Stadtschulrat teilte mir dann schließlich sogar noch mit, daß ich auch auf der Liste der Bewerber keine Chance hätte, weil ich mich ja weigerte, Religionsunterricht zu erteilen. Ich verdiente in der Zeit 40 RM im Monat, wovon 30 RM für Miete weggingen. Da auch von zu Hause nichts mehr kam, begann die Armut sich auch an der Kleidung langsam sichtbar zu machen.

Eines Tages war ich so verzweifelt, daß ich selbst zum Ministerialdirektor FÜSS ging, der damals im Ministerium der oberste Chef der Personalabteilung war. Das heißt, ich wollte zu ihm hin, denn natürlich wurde ich von seinem Kalfaktor abgefangen, der mich auch da wieder auf lange Listen setzen wollte. Direkt könnte angeblich keiner den Herrn Ministerialdirektor sprechen. Als der mich so wieder rausgelotst hatte, wartete ich, bis er weg war und ging dann direkt zum Amtszimmer des Herrn FÜSS. Zu verlieren hatte ich doch nichts mehr.

Der sprang natürlich erst auf: „Was fällt Ihnen ein . . .?“ Aber ich redete sofort so eindringlich auf ihn ein, wie ich nur konnte und plötzlich unterbrach der mich und fragte: „PELLEGRINI? Sie heißen PELLEGRINI? Sind Sie der Sohn vom Bürgermeister PELLEGRINI?“ Als ich nickte, meinte er: „Der Vater war aber netter als Sie!“ Doch er hörte mich weiter an. Als auch er mit dem Religionsunterricht anfing, versuchte ich ihn zu überzeugen, daß wir in der Verfassung der Weimarer Republik doch immerhin die Religionsfreiheit hätten, aber das beeindruckte ihn wenig. Schließlich konnte ich nicht mehr anders und zeigte ihm meine Schuhe: „Sehen Sie mal, wie ich rumlaufe! Solche Löcher in den Schuhen! Was meinen Sie, was die Menschen über die Lehrer denken, die so rumlaufen müssen?“

Da lenkte er schließlich ein: „Eine Stelle habe ich nicht. Aber gehen Sie mal in die Nähe von Tauberbischofsheim. Da können Sie auf einem Dorf bei dem Herrn Oberlehrer als Hilfslehrer anfangen.“

Das war im Frühjahr 1932. Da bin ich dann stolz hin zu dem Oberlehrer, der mich prompt wieder zuerst fragte: „Können Sie orgeln? Religionsunterricht?“ Aber er war dann doch froh, eine Entlastung zu haben. Auch dort gab es kaum Geld, aber auf dem Land war doch die Ernährung anders. Ich unterrichtete die Kleineren, und deren Eltern steckten mir oft etwas zu oder luden mich zum Essen ein. Endlich was zum Essen! Die Arbeit war auch eher leicht. Ich hatte viel Zeit und begann wieder zu schreiben: für die BADISCHE ZEITUNG und auch für die Zeitung der Lehrerverbände. Da wurde ich dann angesprochen, ob ich mich nicht auch in der SPD engagieren wolle, da hätte ich doch mehr Möglichkeiten meine Ziele auch politisch zu verwirklichen.

So trat ich 1932 in die SPD ein und wurde noch im selben Jahr als Landtagskandidat für die nächste Wahl aufgestellt. Außerdem erhielt ich eine neue Hilfslehrerstelle in Heidelberg, um die Großstadtmöglichkeiten für politische Arbeit besser nutzen zu können.

Als meine Mutter von meinem Partei-Eintritt erfuhr, war sie verärgert. SPD – nein, bei aller Liberalität, das war nicht angemessen. Sie schrieb mir, wenn ich nach Hause käme, solle ich ja aufpassen, damit mich auf dem Bahnhof nicht gleich die SA verprügelt. Die Wäsche dürfe ich jedenfalls auch nicht mehr mit heimbringen.

Ich hatte zu der Zeit auch bereits meine spätere Frau kennengelernt, die aus einem konservativen Pfarrhaus stammte und sich selbst auch für den Nationalsozialismus begeisterte. Aber sie hielt doch auch zu mir.

Die „Machtergreifung“ traf mich dann schwer. Als die Nachricht übers Radio kam, war ich allein zu Haus und war völlig fertig. Noch einen Tag vorher hatte ein alter Genosse zu mir gesagt: „Die sind nix, und das wird nix!“

Trotzdem führten wir in den nächsten Wochen noch Wahlkampf durch. Zur Wahl selber kam es dann ja auch nicht mehr. Am Abend des 27. Februar 1933 befand ich mich als junger Hilfslehrer und SPD-Landtagskandidat auf einer Versammlung im badischen Hinterland. Also Versammlung, das muß ich Dir vielleicht erklären, das hieß dann in so einem Dorf, daß da so 5–6 Gestalten zusammen kamen. Dann war's schon gut. Na, wir saßen da jedenfalls, als plötzlich die Tür aufging und jemand die Nachricht aus Berlin berichtete: „Die Kommunisten haben den Reichstag angezündet!“ Nein, habe ich da gedacht, nie und nimmer und habe gesagt: „Das haben die Nazis selber gemacht!“ Als mein SPD-Vorstand von dieser Behauptung meinerseits erfuhr, waren die ziemlich sauer auf mich wegen dieser Aussage.

Am meisten war ich dann aber schockiert, was in den Schulen geschah, in denen ich rumkam. Da waren doch echt Genossen, die dir gestern noch die Hand geschüttelt haben und drei Tage später schon in der maßgeschneiderten SA-Uniform erschienen. Ich weiß noch, wie ich erschrocken dachte: Als die dir die Hand geschüttelt haben, muß doch die Uniform schon beim Schneider maßgenommen worden sein.

Besonders die Gymnasiallehrer. Die älteren waren doch alle im kaiserlichen Dienst gewesen. Ein Leben ohne Gloria war für die unter aller Kanone. Die hatten ja auch keinen Krieg verloren. Da war fester Glaube an die Dolchstoß-Legende.

Und die Volksschullehrer? Das waren eben auch mehrheitlich echte Untertanen. Denen fehlte die Ordnung. Auch das ganze Heldengedenken, das es doch in der Republik nicht mehr so gab. Das fehlte auch. Einer sagte immer wieder: In der Republik ist kein Zug! Demokratie ist unordentlich!

Mir ist es doch sogar auf einer SPD-Wahlveranstaltung mal passiert, wie ich sagte: „Paßt auf, Leute – paßt auf, daß nicht Eure Kinder bald wieder im Graben liegen müssen und zu Kanonenfutter werden!" Und weißt Du, wer mich da am meisten angegriffen hat? Ein SPD-Reserve-Offizier, der losschrie: „Wir lassen uns von Dir die Ehre des Militärs doch nicht beleidigen!" Ich würde sogar sagen, die kaiserlichen Sozialdemokraten waren bei uns in der Mehrheit. Da war mit Einheitsfront nichts zu machen. Das waren nur einzelne, die zum gemeinsamen Kampf gegen Rechts wirklich mobilisierten. Die EISERNE FRONT[5] kam dann einfach zu spät. Zu den wenigen, die früh warnten, gehörte zum Beispiel mein späterer Freund Dr. Joseph WIRTH[6], ein Zentrumspolitiker, der schon 1921/22 als Kanzler im Reichstag gesagt hatte: „Unser Feind, der Feind der Republik, sitzt rechts!" Aber das waren ganz wenige, die das so klar sahen.

Dabei waren die drei Kommunisten, die damals im badischen Landtag saßen, eher Intellektuelle, also hochintelligente Leute, aber trotzdem: Die wurden von der Mehrheit einfach abgelehnt. Nichts.

Ende März, oder war es schon Anfang April 1933? – das weiß ich nicht mehr genau – da fand in Bad Freiersbach noch eine große Vertreterversammlung des BADISCHEN LEHRERVEREINS statt, aber die Leute vom NS-Lehrerbund hatten schon weitgehend alles unter Kontrolle. Ich ging da aber trotzdem noch hin, weil ich meinte, mein Mandat als Junglehrervertreter wahrnehmen zu müssen. Da waren dann etwa so 150 Kollegen im Saal.

Na, jedenfalls war dann auch bald die gemeinsame Armübung dran, aber den Hitlergruß hatte ich bis dahin ja noch nirgends gemacht – und nun erst recht nicht. Nur fiel das hier auf, als ich als einziger sitzenblieb und nichts machte. Ich wurde dann auch prompt von SA-Kollegen abgeführt und in ein Hotelzimmer im gleichen Hause gesperrt. Ich wußte

---

5) EISERNE FRONT: Am 16.12.1931 als Zusammenschluß von SPD, Gewerkschaften, Arbeitersportverbänden und Reichsbanner Schwarz-Rot-Gold gegründet als Antwort auf die Gründung der „HARZBURGER FRONT" aus Nationalsozialisten, Deutschnationalen und des Stahlhelm vom 11.10.1931.

6) WIRTH, Joseph (1879–1956), Dr., 1914 Führer des ZENTRUMS im Reichstag, 1921/22 Reichskanzler, 1933 Emigration in die Schweiz; nach 1945 Vorsitzender des „BUNDES DER DEUTSCHEN".

erst gar nicht, was denn nun werden sollte. Ich bekam auch zu essen, und ab und zu klopfte einer der mir bekannten Kollegen an die Tür – die hatten sich dann wohl hochgeschlichen – und raunten mir zu: „Keine Angst, passiert schon nichts!“ Ich denke heute, die wußten selbst nicht genau, was sie nun mit mir machen sollten.

Nach zwei Tagen und zwei Nächten erhielt ich dann eine offizielle Verwarnung, daß nun eine neue Zeit angebrochen sei und daß wir Lehrer eben als Vorbilder und so weiter ... Wirklich hart war, daß ich ein Rede- und Schreibverbot erhielt. Aber ich durfte erst einmal in meiner Hilfslehrerstelle bleiben.

Ich habe noch fotografiert, wie kurz darauf der badische Ministerpräsident REMMELE aus dem Landtag heraus verhaftet wurde. Das habe ich nach 1945 dann noch manchen Genossen unter die Nase gehalten und gesagt: „Mensch, das hätten wir verhindern können, wenn wir mit der KPD zusammengehalten hätten!“ Ich war so zornig und traurig.

Ende April 1933 habe ich dann geheiratet, meine Frau hatte sich gegen ihre Familie für mich entschieden. Aber politisch blieb sie leider noch lange eine überzeugte Faschistin.

Am 1. Mai gingen wir mit ihrem Vater zum Aufmarsch. Als dann wieder alle den Arm heben mußten, nahmen mich meine Frau und ihr Vater in die Mitte, damit ich nicht gleich wieder auffalle. So war er dann doch. Angezeigt hätte er mich nie.

Als die SPD dann im Juli verboten wurde, erhielten wohl viele Lehrer Fragebögen, auf denen sie ihre Bindungen zur SPD als gelöst erklären mußten. Ich wurde da zum Glück verschont, nein, da habe ich nichts von mitbekommen, das betraf wohl die Hilfslehrer nicht

Ende 1933 bekam ich dann doch tatsächlich meine erste richtige Volksschullehrer-Stelle in Forst bei Bruchsal. Das war in der badischen „Mongolei“, wie man die ungewöhnlich flache und öde Gegend damals nannte. An der Schule wehte nun wirklich der sogenannte „neue Geist“: Außer mir waren noch fünf Lehrer sowie der Schulleiter da, die alle im NSLB und in der Partei waren. Mich ließ man aber erst einmal in Ruhe, und ich muß sagen, auch ich hielt mich die ersten Monate doch sehr zurück. Es war doch meine erste Lehrstelle, und wenn es auch nur 98 Mark im Monat gab, war es doch ein Anfang. Die Nazi-Schulbücher waren noch nicht draußen, und so machte ich aus dem Ärmel ziemlich das, was ich wollte.

Ich überlegte, wie ich mein Gehalt aufbessern könnte, und da meine Frau und ich starke Raucher waren, kam mir eines Tages ein Einfall: Im Ort gab es einen Zigarren-Fabrikanten, der zwar offiziell auch SA-Mann war, aber sich außer für sein Geschäft eigentlich nicht politisch interessierte und menschlich ganz freundlich war. Dem schlug ich also vor, ob er nicht schon mal überlegt hätte, für seine Zigarren mit einem kleinen Prospekt zu werben. Hatte er noch nicht. Also schlug ich ihm vor, daß ich so ein Blättchen machen würde mit kleinen Geschichten darin. Das schlug jedenfalls ein, und ab da erhielt ich nicht nur unseren Rauchbedarf umsonst, sondern ab und zu eine Einladung in seinen Weinkeller. Ich erzähle das nur so ausführlich, weil der Mann später noch eine Rolle spielt.

Zum 1. Mai 1934 mußten dann wieder alle zum Aufmarsch antreten und in dem kleinen Dorf war das doch viel schlimmer, weil man sich da noch schwerer drücken konnte. Speziell wir Lehrer hatten nämlich den Zug der Jugend zu beaufsichtigen. Das war Pflicht. Da spielte also die Feuerwehrkapelle und ganz vorne weg marschierte der katholische Geistliche mit Kirchenfahne und seinen Ministranten. Und der feierliche Abschluß des „Tages der Arbeit", was denkst Du wohl, wo der hinführte? Geradewegs in die Kirche, wo der Pfarrer dann noch erhebende Worte vorhatte. Das habe ich dann einfach nicht mehr ausgehalten. An der Kirchenpforte bin ich dann einfach stehengeblieben und armselig und allein nach Haus gelaufen. Wir hatten da so eine kleine Dienstwohnung im Schulhaus, und meine Frau fiel fast in Ohnmacht, als sie mich allein zurückkommen sah: „Das darfst Du doch nicht!"

Andererseits gab es im Ort noch einen großen Heiligenglauben und allerlei mythische Geschichten. So erzählte der Pfarrer kurz nach dem 1. Mai davon, daß ein Glaubensbruder von ihm in Portugal eine wertvolle Madonnenfigur hätte. Diese Statue sei direkt nach einer Erscheinung, die da jemand in Portugal gehabt hätte, nachgebildet worden. Und nun des Wunders 1. Teil: Dieser Bruder wäre bereit, ihm und seiner Gemeinde diese unbezahlbare Statue zu schenken, wenn die Gemeinde für die Transportkosten per Schiff nach Hamburg und dann von Hamburg nach Bruchsal aufkäme. Bereits in Portugal würden dieser Figur zahlreiche Wunder nachgesagt. Des Wunders 2. Teil bestand nun nämlich in der unglaublichen Chance, aus Forst auch einen echten Wallfahrtsort zu machen. So geschah es dann auch tatsächlich: Das Geld wurde aufgebracht, die Madonna aufgestellt und prompt kamen die ersten Wallfahrer.

Etwa zur gleichen Zeit hatte ich mit meinem Schulleiter eine an sich unpolitische Auseinandersetzung, weil ich mit meiner Klasse zu einem anderen als dem vorgeschriebenen Wandertagsziel wollte und dies dann auch tat. Wegen dieser Undiszipliniertheit wurde ich ins Ministerium nach Karlsruhe beordert und verwarnt. Durch einen Zufall stieß ich im Karlsruher Herder-Verlag auf ein Prospekt mit Madonnenfiguren, in dem ein Münchner Madonnenbauer exakt unsere portugiesische Heilige anbot. Was nun?

Als ich zurückkam, war der Ort tatsächlich am sich Verwandeln: Wurstbuden und Andenkenstände waren bereits nach wenigen Tagen errichtet worden, immer mehr Wallfahrer, nicht wenige in Rollstühlen, kamen, aber die echten Wunder blieben noch aus.

Und nun kommt der Zigarrenfabrikant wieder dran. Der war nämlich nebenbei auch Kirchenrechner des Ortes, und ich dachte, der müßte doch wissen, welche Gelder für die Madonna wohin gegangen seien. Na, was soll ich sagen: Eines Nachts, nachdem ich eine ganze Weile vergeblich gebohrt hatte, zeigt der mir doch tatsächlich die Rechnung aus München.

Da war's aber aus: Nun habe ich nicht mehr meinen Mund gehalten und schon im Ort erzählt, was ich wußte. Jetzt ging jedoch die Hexenjagd umgekehrt los: Der Pfarrer bezichtigte mich natürlich der Lüge und setzte das leider mehr als die Wahrheit wirkende Gerücht in die Welt, daß, solange der Lehrer im Dorf sei, die Heilige auch keine Wunder vollbringen könne. Das sei ganz unmöglich. Dem schloß sich dann auch mein Schulleiter an. So kam es ziemlich schnell aus undurchsichtigen Gründen zu der ersten Strafversetzung in ein anderes Dorf. Als ich dort ankam, war aber bereits bekannt, daß ich der ungläubige Lehrer, der Unglücksbringer sei, und so wurde ich in mehreren Dörfern hintereinander abgelehnt, bis wohl auch die Herren aus dem Schulamt ein Einsehen hatten und mich nun vom Land in die Stadt versetzten – nach Hockenheim an die Volksschule. Das war noch im Jahr 1934.

Auch an dieser Schule waren viele Lehrer in Uniform, und ich zog mich nun aber auch selbst sehr zurück. Ich hatte mich da richtig isoliert, ging nicht ins Lehrerzimmer und sprach mit niemanden mehr als unbedingt nötig. Ich wollte nicht mehr.

Eines Tages kam dann ein Vertreter des NSLB in meine Klasse, in der ich in der Pause saß und allein mein Brot aß und meinte: „Ich fordere Sie auf, ins Lehrerzimmer zu kommen. Wir sind hier schließlich eine Volksgemeinschaft!" Einige Lehrer waren dann durchaus anständig zu mir, aber ich blieb bei meiner Haltung, war auch der einzige Lehrer, der nicht im NSLB war. Ich machte mal eine Weile in einem Lehrer-Turnverein mit, aber froh wurde ich da nicht. Ich konnte zwar frei unterrichten, aber ein Kollege war regelrecht abgestellt, um mich dauernd zu beobachten, also zu bespitzeln, kann man auch sagen.

1935 wurde mein erster Sohn geboren. Einige Zeit später erschien der zuständige Kreisleiter der HJ und fragte mich, ob ich nicht wenigstens bereit wäre, eine Gruppe der HJ am Nachmittag zu betreuen. Da rutschte mir der Satz raus: „Ich glaube, das wäre nicht im Interesse der HJ!" Da war's dann aus. Ich bekam kein Bein in der Schule mehr auf den Boden, andauernd wurde an mir rumgemäkelt, dauernd mußte ich irgendwohin, mich rechtfertigen. Als ich glaubte, es gar nicht mehr auszuhalten, ging ich von selbst ins Ministerium zu einem Mann, der als Fachmann dort noch verblieben war, obwohl er kein Nazi war, und dem schüttete ich nun mein Herz aus.

Der Mann war wirklich meine Rettung. Er half mir dann, 1937 eine Versetzung in ein kleines Dorf in der Nähe von Lörrach zu bekommen. Es war eigentlich nicht ein Dorf, sondern ein einsam gelegenes kleines Schulhaus, das im Schnittpunkt von fünf kleinen Weiherdörfern lag, die ihre Kinder zu dieser Schule schickten. Das Schulhaus lag am Berg – wunderschön! Das war Vogelbach im Schwarzwald.

Und das Schönste: Nach einer Woche war ich mit den meisten Eltern, alles Bauern der Umgebung, per Du! Der andere Lehrer, der mit mir an dieser Schule arbeitete, war gleichzeitig für die HJ-Betreuung zuständig und NSDAP-Blockwart. Aber die meisten Eltern nahmen den im Grunde nicht ernst, hatten auch kaum Kontakt zu ihm. Als sie – dann wohl auch durch mich ermuntert – anfingen, sich über den Kollegen lustig zu machen, bremste ich sogar und sagte: „Mensch, den müßt Ihr loben, nicht auslachen! Laßt den das bloß alles machen, was Besseres kann uns gar nicht passieren." Der einzige Pfarrer in der Gegend war evangelisch und ebenfalls ein freundlicher Herr.

Als dann der Staatsjugendtag[7)] eingeführt wurde, kam doch eines Tages mein Kollege mit todernstem Gesicht auf mich zu und sprach: „Ich habe Ihnen eine traurige Mitteilung zu machen: Ich habe vom Kreisschulamt ein Schreiben erhalten, wonach Sie aus politischen Gründen nicht berechtigt sind, den Staatsjugendtag mit der örtlichen Jugend zu begehen."Ach, hab' ich mich gefreut. Da war ich dann Samstags auf dem Wochenmarkt in Kandern.

Während des Einmarsches ins Sudetenland 1938[8)] wurde ich das erste Mal kurz als Soldat eingezogen und der Kaserne Ludwigsburg bei Stuttgart zugeteilt. Zum Glück konnte ich aber bald wieder zurück in die Schule.

In die Zeit danach fällt die letzte wichtige Schulepisode, bevor ich dann mit dem Kriegsausbruch im September 1939 endgültig bis Kriegsende

---

7) Der STAATSJUGENDTAG – unterrichtsfreier Sonnabend für die „Erziehungsarbeit der HJ-Bewegung" – wurde per Erlaß des Ministers für Wissenschaft, Kunst und Volksbildung RUST am 30.7.1934 eingeführt (ZENTRALBLATT 1934, S. 242), jedoch bereits am 4.12.1936 wieder zugunsten lehrplanmäßigen Unterrichts am Sonnabend aufgehoben (AMTSBLATT 1936, S. 536), da die Stundenplanumstellungen zu großer Verwirrung in vielen Schulen geführt hatten.
Da Ludwig de PELLEGRINI erst 1937 nach Vogelbach versetzt worden war, handelt es sich hier entweder um einen Irrtum in der Zeitangabe, oder er wurde aus anderen Gründen von der HJ-Schulung entbunden. Durch den Tod Ludwig de PELLEGRINIS im April 1986 ließ sich dies nicht mehr aufklären.

8) Der Einmarsch deutscher Truppen in die Tschechoslowakei begann am 1.10.1938.

eingezogen wurde: In Erdkunde hatte ich über das Kurische Haff unterrichtet. Aber da wir ja keine Fotos hatten in unserer Dorfschule, war es mir nur ungenügend gelungen, den Kindern eine Vorstellung dieser Landschaft zu vermitteln. Da hatte ich die Idee, einfach ein Dorf aus dem Atlas auszugucken, das im kurischen Haff in Norddeutschland lag und dorthin zu schreiben mit der Bitte, daß uns doch eine dortige Dorfklasse eine Beschreibung per Brief schicken möge. Das geschah dann auch tatsächlich. Es wurde eine ganz tolle Korrespondenz, die dazu führte, daß wir im Sommer 1939 die Klasse samt Lehrer zu uns in den Schwarzwald einluden. Die kamen dann auf Klassenreise Ende August zu uns, das war natürlich ein Ereignis! In einer großen Scheune haben wir mit allen Kindern und Erwachsenen ein Fest gefeiert.

Und gegen Ende des Urlaubs, also kurz bevor die Klasse nach daheim aufbrechen will, ist überall große Aufregung: Der Krieg ist ausgebrochen! Jetzt bekam ich aber doch Sorgen: Wie kommen die Kinder wieder sicher heim? Alle normalen Züge waren ja für Militärtransporte unterbrochen. Das war dann das erste Mal, daß ich von mir aus zum NSDAP-Kreisleiter gegangen bin und den um Hilfe gebeten habe, damit die Schulkinder und ihr Lehrer wieder heil nach Norddeutschland kommen. Die konnten dann auch schließlich an irgendeinen Sonderzug angehängt werden. Das war noch mal gut gegangen.

Wenige Tage später wurde ich dann einberufen zur Wehrmacht. Aber bevor ich abzog, erhielt ich noch meinen letzten Verweis, und nun rate einmal, warum? Klar, wegen des Abenteuers mit der Schulklasse aus Norddeutschland. Aber weswegen genau? Im Schreiben des Kreisschulrates hieß es: „Lehrer PELLEGRINI hat sich am deutschen Volk versündigt, weil er versucht hat, einen Teil desselben zu entwurzeln!“ So verbohrt waren die! Da sollten die Kinder nichts anderes kennenlernen, damit sie nicht ihrem Blut und Boden entwurzelt würden ...

Du fragst nach jüdischen Schülern oder Kollegen? Jüdische Schüler hatte ich nur anfangs wenige, die konnten aber alle auswandern mit ihren Eltern, soweit ich weiß. Gleich nach 1933 war ich mit einer jüdischen Kabarettistin bekannt. Denen wurde bald darauf das ganze Kabarett von der SA zusammengeschlagen. Da konnte ich ihr noch ein Versteck bei einer befreundeten SPD-Familie vermitteln, bis sie dann ins Ausland konnte. Auch nach 1945 habe ich ihre Anschrift nicht mehr herausbekommen können. „Kristallnacht“? Ja, da war ich ja schon in Vogelbach, aber ich muß ehrlich sagen, da habe ich keine Erinnerung, daß es da auf dem Dorf irgendwo was gegeben hätte bei uns. Ich glaube, da gab es auch keine Juden in der Gegend. Aber das weiß ich nicht genau ...

Im Krieg war ich zuerst in Belgien und Frankreich, später dann auch in der Sowjetunion. Darüber gibt es auch noch viel zu erzählen. 1942 erkrankte ich schwer an Sumpffieber und hatte von da ab zum Glück nur noch Heimateinsätze, erst Baueinsatz, später Flugwarnung. Noch vor Kriegsende konnte ich mich mit einigen Kameraden von unserer Einheit absetzen. Wir hatten uns Zivilklamotten und falsche Papiere besorgt und wollten uns nach Hause durchschlagen. Unter ziemlich abenteuerlichen Umständen gelang das auch, und im Mai 1945 war ich wieder in Vogelbach in meinem Schulhaus.

Nach 1945

Wir hatten in der Gegend ja französische Besatzung. Als ich mich da meldete, sagten die, ja machen Sie mal, wenn die Kinder wiederkommen, fangen Sie man wieder an mit Schule. Es war da ja bekannt, daß ich weder in der Partei noch im NSLB gewesen war.

So fing das dann wirklich noch im Mai 1945 wieder mit Schule an, wahrscheinlich waren wir eine der ersten Schulen in Deutschland überhaupt in Vogelbach.

Nach wenigen Wochen lag jedoch gegen mich eine Anzeige aus den Reihen der katholischen Kirche vor, aus der hervorging, daß ich – da ich ja nie in der katholischen Kirche gewesen sei – möglicherweise ein Anhänger von ROSENBERGS „Mythus“[9)] gewesen sei. Das war natürlich eine glatte Denunziation, aber da gab's ja noch genug aus den Reihen der katholischen Kirche, die Rachepläne hegten. Jedenfalls erhielt ich Unterrichtsverbot wegen des schwebenden Verfahrens. Da war ich wirklich fertig, nachdem ich doch geglaubt hatte, daß nun endlich alles vorbei wäre. Ich weiß noch, wie ich damals gesagt habe: So, in die Schule gehe ich in meinem Leben nicht mehr.

Ich habe dann in Freiburg beim französischen Rundfunk gearbeitet, kleine Texte geschrieben, auch mal mit meinen Kindern zusammen ein Hörspiel aufgenommen.

1946 sprach mich dann ein anerkannter Antifaschist aus dem christlichen Lager an, der gerade Kreisschulrat geworden war, mit der Bitte, ob ich nicht doch in den Schuldienst zurückkommen könnte. Es sei doch so eine Lehrernot, und der liebe Gott tät's mir danken! Ich bräuchte auch nie mehr Religionsunterricht zu erteilen.

So verschaffte der mir tatsächlich eine Volksschullehrer-Stelle für 25 Kinder, deren Eltern keinen Religionsunterricht wollten. Ich unterrichtete in einem Dorf bei Lörrach von 1946 bis 1948.

---

9) ROSENBERG, Alfred (1893–1946), vgl. Anm. 3 bei T. KURKA.

Eine feste Planstelle erhielt ich erst 1948 in Weil am Rhein, wo ich bis zu meiner Pensionierung blieb. Aber der Anfang war auch dort wieder schwer. Als ich mit meiner Frau und drei Kindern die versprochene Dienstwohnung beziehen wollte, die andere war bereits gekündigt, da wurde mir vom zuständigen Amt die Wohnung verweigert. Ohne Angabe von Gründen. Angeblich ein Irrtum, aber es war bald klar, daß das Gerücht aufgekommen war, daß ich ein Kommunist wäre und daß dies der eigentliche Grund war. Was sollten wir machen? Ein Rechtsanwalt, den ich fragte, riet mir: „Ziehen Sie ins Hotel auf Stadtkosten!" Das machte ich auch. Schließlich bekamen wir dann eine kleine 1-Zimmer-Wohnung zugewiesen für 5 Personen. Na ja, das war der Anfang in Weil.

Später habe ich dann doch wieder viel Freude an meinem Beruf gefunden. Mit anderen Pädagogen arbeitete ich im SCHWELMER KREIS[10)], eine zeitlang war ich in dessen Leitung.

Ab 1952 arbeitete ich als Sonderschullehrer für Lernbehinderte, eine pädagogische Aufgabe, die mich herausforderte: Wie kann man jungen Menschen Mut machen?

Mit meiner Frau gemeinsam arbeitete ich an Möglichkeiten des programmierten Unterrichts, in diesem Zusammenhang haben wir auch ein Buch für den Unterricht entwickelt[11)].

Politisch engagierte ich mich von Anfang an in der damaligen Friedensbewegung gegen Remilitarisierung und später auch gegen die Atombewaffnung. Als die DEUTSCHE FRIEDENS-UNION 1955 gegründet wurde, trat ich ihr bei. Nebenher habe ich immer wieder geschrieben und auch Vorträge gehalten.

1968 wurde ich aus Erschöpfungsgründen mit 59 Jahren pensioniert. Ein Jahr später zogen meine Frau und ich nach München, wo ich noch einmal zwei Jahre eine halbe Stelle als Geschäftsführer der GEW München innehatte. Da war ich auch GEW-Vertreter im DGB-Kreisvorstand.

---

10) SCHWELMER KREIS: Auf Initiative des Oberstudiendirektors Dr. Fritz HELLING aus Schwelm/Westfalen versammelten sich Ostern 1952 Pädagogen aus beiden deutschen Staaten. Sie erarbeiteten eine Erklärung deutscher Pädagogen, nach der die Jugend fortan „im Geiste der Völkerverständigung und des Friedens" zu erziehen sei. Später wurden die Tagungen des SCHWELMER KREISES von der ADENAUER-Regierung in der Bundesrepublik untersagt, woraufhin die westdeutschen Pädagogen noch bis 1962 an den jährlichen Ostertagungen des SCHWELMER KREISES in der DDR teilnahmen.

11) de PELLEGRINI, M. und L.: Wir üben Deutsch – programmierte Lernhilfen für die 4. und 5. Klasse, München 1980[8].

Danach erkrankte ich leider so schwer, daß ich mich aus der aktiven Arbeit doch ein ganzes Stück herausziehen mußte. Ich bin aber immer noch schriftstellerisch tätig, also nur dasitzen, das kann ich nicht, da würde ich eingehen. In den letzten Jahren habe ich mehrere Artikel in den FRANKFURTER HEFTEN[12)] veröffentlicht, auch einen kleinen Band mit gesammelten Schriften aus früheren Jahren, der im Selbstverlag erschienen ist[13)]. Publiziert habe ich in den „TENDENZEN"[14)] und im „KÜRBISKERN"[15)].

Vor einigen Wochen habe ich begonnen, einen Roman zu schreiben.

---

12) de PELLEGRINI, L.: „Kultur – auf bayrisch" (12/79), „Wittelsbach gegen Widerstand" (11/80), „Die Sinti und der bayrische G'wissenswurm" (10/81), „Eine Kinderfibel zum Mitdenken – o weh" (5/83) – in: FRANKFURTER HEFTE.

13) de PELLEGRINI, L.: denn sie wissen wohl, was sie tun – Erinnerungen und zeitgenössische Publikationen eines Lehrers und Freidenkers, München 1984 (Selbstverlag: Dachauer Str. 17, 8000 München 2).

14) de PELLEGRINI, L.: „Augusto Murer – Partisan und Bildhauer" (138/82), „Der Friedensmaler vom Bodensee" (149/85) – in: TENDENZEN.

15) de PELLEGRINI, L.: „Rapallo im Programm" (1/84) – in: KÜRBISKERN.

Abb. 53: Der Sonderschullehrer Ludwig de PELLEGRINI (53) auf einer bildungspolitischen Veranstaltung im Jahre 1961.

Abb. 54: Ludwig de PELLEGRINI (78) vor seiner Münchener Wohnung im Dezember 1985.

Reflexion zur Begegnung mit Ludwig de Pellegrini

Persönliche Begegnungen: 6 Stunden (bei 1 Treffen)
Orte der Begegnung: Privatwohnung von Ludwig de Pellegrini, Restaurant in München
Telefonate: 2
Briefe: 3

1. Kontaktaufnahme

Auf die Nachfrage in bezug auf noch lebende Kolleginnen oder Kollegen, die während der Nazizeit oppositionell engagiert waren oder auf andere Art und Weise mit dem NS-Staat in Konflikt gerieten, die sich auch an alle Landesverbände der Gewerkschaft Erziehung und Wissenschaft richtete, gibt mir der Vorsitzende der GEW-Oberbayern Richard SIGEL den Hinweis auf den Kollegen de PELLEGRINI, über dessen Nachkriegserfahrungen bereits vor einiger Zeit einmal ein Interview in der BAYERISCHEN LEHRERZEITUNG erschienen ist.

Als ich im Zusammenhang mit einer GEW-Veranstaltung zu einem Referat nach München eingeladen werde, ist Richard SIGEL so freundlich, bereits vorher mit Ludwig de PELLEGRINI einen Gesprächstermin für den folgenden Tag zu vereinbaren sowie ihn über mein Anliegen zu informieren. Mir ist bis dahin nur bekannt, daß Ludwig de PELLEGRINI noch 1933 für die SPD kandidiert hat und bis 1939 – trotz mehrfacher Strafversetzungen – im Schuldienst war.

2. Erste Begegnung

Zum Gespräch kommt auch Richard SIGEL mit, den selbst die Erfahrungen des älteren Kollegen interessieren. Als wir bei der Wohnung eintreffen, ist Ludwig de PELLEGRINI bereits beim Kaffeekochen für uns. Seit dem Tod seiner Frau lebt er allein. Ich werde kurz vorgestellt; als Gewerkschaftskollegen sprechen wir uns mit Vornamen an.

Richard SIGEL überläßt dann die Gesprächsführung völlig mir. Während er den Kaffeetisch deckt, beantworte ich verschiedene Fragen, die Ludwig de PELLEGRINI zu meiner Arbeit und zu meiner Person stellt. Er freut sich, daß in diesem Kontext auch aus gewerkschaftlicher Sicht Geld und Arbeit investiert wird und will das Projekt nach Kräften unterstützen.

Bevor wir mit dem eigentlichen Gespräch beginnen, faßt er kurz in der Küche noch einmal die mir bereits bekannten markantesten Punkte seiner Konflikte mit dem NS-Staat zusammen und fragt vorsichtig und bescheiden nach, ob dies denn überhaupt „genügend Opposition“ für meine Arbeit sei. Meine Antwort, in der ich ihm von anderen bereits interviewten Kolleginnen und Kollegen berichte, macht ihm mein Anliegen deutlicher. Gegen eine Tonband-Aufzeichnung hat er nichts einzuwenden.

3. Gesprächseindrücke

Während der folgenden drei Stunden berichtet er mit großer Konzentration, nur wenige Impulse sind nötig, um in der Chronologie der Ereignisse fortzufahren. Er spricht mit ruhiger, tiefer Stimme, der ein leicht badischer Tonfall anzuhören ist. Die Fülle der Einzelheiten verbindet er manchmal mit Hinweisen wie: „Das hat für später noch Bedeutung." – „Darauf komme ich nachher nochmal zurück."

Wenn er seine Konflikte mit Lehrern oder Vorgesetzten schildert, bricht zuweilen ein unbändiger Humor durch, der sich schnell auf seine Zuhörer überträgt: Der Humor eines listigen Mannes, der eigentlich viel lieber geradezu gewesen wäre, aber lernen mußte, listig zu werden, um anständig zu bleiben, ohne den Kopf zu verlieren.

Auf alle Zwischenfragen, die sich weniger auf Vertiefungen als auf verlorengegangene Zusammenhänge beziehen, antwortet er mit schier unerschöpflicher Geduld und zuweilen mit neuen Präzisierungen, manchmal mit neuen Verästelungen.

Bei aller Vielfalt der erinnerten Einzelheiten stellt er während des Berichtens immer wieder Bezüge zu heute her: „Wenn man bedenkt, was heute daraus geworden ist . . ." – „Da gab es schon freiheitlichere Traditionen als heute!" Besonders bedrückt ihn der Prozeß der seit dem 2. Weltkrieg neuerlich begonnenen und immer weiter gesteigerten Remilitarisierung und Aufrüstung. Als er erfährt, daß ich auch in der Friedensbewegung engagiert bin, legt er mir seine positiven Gedanken dazu ausführlich dar. Wir wollen später darüber noch ausführlich sprechen. Es fällt ihm dann nicht schwer, wieder mit gleicher Konzentration wie vorher in seinem chronologischen Bericht fortzufahren.

Zuletzt berichtet er in großer Genauigkeit von seinen Kriegserlebnissen, die im vorliegenden Text nicht wiedergegeben sind.

Nach drei Stunden scheint ein erster Durchgang für beide Seiten zu einem befriedigenden Ende gekommen zu sein.

Kurz darauf ruft einmal seine Tochter an, und wir hören ihn in fließendem Italienisch mit ihr sprechen und lachen. Als er zurückkommt, strahlt sein Gesicht noch immer: „Sie macht sich Sorgen um mich, ob ich auch richtig esse und so."

Als ich ihn nach Fotos von damals frage, teilt er mir bedauernd mit, daß alle Fotos und Dokumente im Krieg verloren gegangen wären, aber wenn ich wolle, könnte er mir ein Foto aus der Nachkriegszeit heraussuchen. Als ich ihn frage, ob ich ihn fotografieren dürfte, willigt er wie selbstverständlich sofort ein.

Danach sprechen wir noch ausführlicher über die Friedensbewegung sowie die Arbeit als Sonderschullehrer. Als er erfährt, daß ich in der gleichen Fachrichtung ausgebildet bin wie er, schenkt er mir sofort ein Exemplar des Fachbuches für Lernbehindertenschulen, das er zusammen mit seiner Frau geschrieben hat.

Schließlich bekommen wir alle drei Hunger und beschließen, in ein nahegelegenes Restaurant zu gehen. Dort berichtet Ludwig de PELLEGRINI ausführlich von seinen Italienreisen sowie der Arbeit an seinem Roman. Bevor ich abends zum Bahnhof aufbrechen muß, schenkt er mir noch einen kleinen Sammelband mit seinen wichtigsten Aufsätzen und Reden.

4. Weitere Entwicklung

Die Niederschrift der Auszüge seiner auf Band gesprochenen Aussagen schickt er bereits wenige Tage, nachdem er sie erhalten hat, in professionell korrigierter Weise, d. h. mit Schriftzeichen, wie Lektoren sie für die Korrektur von Druckfahnen benutzen, zurück. Seine Verbesserungen beschränken sich ausschließlich auf kleine sachliche Irrtümer. Dort, wo die wörtliche Rede noch spürbar ist, darf sie stehen bleiben. Als ich ihn einige Zeit später am Telefon frage, ob er mit seinem Foto einverstanden sei, antwortet er: „Ja, warum denn nicht? Sieht doch lustig aus, nicht?“

Er berichtet, daß er wieder zunehmend Atembeschwerden hätte, das kalte Wetter mache ihm zu schaffen. Dabei habe er doch noch so viel zu tun. Einige Monate später erfahre ich von einem Kollegen, daß Ludwig de PELLEGRINI am 7. April 1986 in München gestorben ist.

3.14. Bruno Laub (Jg. 1902), Berlin/DDR: Als „politisch belasteter“ Volksschullehrer an staatlichen Großstadtschulen

1902:	Geboren in Husum
1909–1917:	Volksschule in Langelohe bei Elmshorn
1917–1920:	Lehre als Maschinenschlosser
1921–1923:	Wanderschaft
1923–1925:	Arbeit als Facharbeiter (Stülcken-Werft Hamburg, Hammer-Werke Pinneberg, Hochbau Elmshorn)
1925–1929:	Arbeiter-Abiturientenkurs in Berlin
1929–1931:	Studium an der Pädagogischen Akademie in Frankfurt/Main
1931–1932:	Berufspraktisches Jahr in Schenefeld bei Hamburg
1932–1933:	Volksschullehrer an einer weltlichen Schule in Berlin-Neukölln und an der 47./48. Volksschule in Berlin-Britz
1933–1943:	Im September 1933 strafversetzt an eine Volksschule in Berlin-Wittenau
1943–1944:	Mit Schülern evakuiert in das „Wartheland“ (okkupiertes Polen)
1945:	Rückkehr nach Berlin mit einem Flüchtlingstreck
1945–1948:	Volksschullehrer an der 12. Grundschule in Berlin-Wittenau
1949–1952:	Vorsitzender des Landesverbandes Berlin in der Gewerkschaft Unterricht und Erziehung im FDGB
1952–1956:	Lehrer am Institut für Lehrerbildung in Berlin/DDR
1956–1962:	Mitarbeiter des Koordinierungsbüros für Pädagogik
1962–1972:	Lehrer am Institut für Lehrerbildung in Berlin/DDR bis zur Pensionierung (mit 70 Jahren)
seit 1972:	Rentner, ehrenamtliche Tätigkeit

Elternhaus und eigene Schulzeit[1)]

Ich stamme aus Husum an der Nordseeküste. Mein Vater war Zimmermann, meine Mutter arbeitete als Dienstmädchen. Beide waren sie Mitglieder der SOZIALDEMOKRATISCHEN PARTEI – Vater seit 1897, Mutter seit 1898. Da erlebten wir als Kinder – ich hatte noch vier Geschwister – frühzeitig politische Arbeit mit, und alles Politische ist seither in mir lebendig. Ich erinnere noch, wie Vaters sozialdemokratische Genossen aufgeregt zu uns in die Wohnung kamen, als die Sozialdemokraten, mit wenigen Ausnahmen, im Reichstag 1914 für die Kriegskredite gestimmt hatten. Das war am 4. August, glaube ich[2)].

Später, während der Lehre, kam ich dann auch erstmals mit Kommunisten in Kontakt. Wurde auch Mitglied der Sozialistischen Arbeiterjugend (SAJ). Damals machte ich auch die ersten eigenen, unmittelbaren politischen Erfahrungen. Ich erinnere mich an einen Vorfall in Stuttgart, wohin ich auf Wanderschaft geraten war und in der Fabrik arbeitete. Da drohte uns der Unternehmer: Wer an der Mai-Demonstration teilnimmt, wird entlassen. Viele ließen sich in der Tat einschüchtern – aber ich wurde mit zwei anderen „Rädelsführern" dann am 2. Mai wirklich entlassen. Da geschah etwas Überraschendes, was es dort noch nie gegeben hatte: Mitten in der Arbeitszeit wurde eine Belegschaftsversammlung einberufen, in der beschlossen wurde: Wenn die drei entlassen werden, dann gehen wir alle auf die Straße.

Als ich in Elmshorn im Hochbau arbeitete, sollten wir einmal einen großen Windmotor demontieren. Ich sollte das in eigener Verantwortung machen. Dafür erhielt ich dann 400 Mark Prämie, das war damals

---

1) Das Interview mit Bruno LAUB am 1.7.1986 führte Dr. Wolfgang REISCHOCK in Berlin/DDR. Er fertigte gleichfalls eine Tonband-Aufzeichnung sowie eine erste Abschrift des Gespräches. Dafür auch an dieser Stelle herzlichen Dank.
Dieser Text wurde am 16.7.1986 anläßlich eines Besuchs von Bruno LAUB in Hamburg gemeinsam überarbeitet und teilweise ergänzt. Die vorliegende Fassung ist von ihm zur Veröffentlichung autorisiert.

2) Am 4. August 1914 stimmte die sozialdemokratische Fraktion entgegen den Beschlüssen des Internationalen Kongresses von 1907 – unter Anwendung des Fraktionszwanges gegen die Minderheit – für die Kriegskreditvorlage der Regierung. Der SPD-Abgeordnete Karl LIEBKNECHT, der am 4.8. gemeinsam mit 14 anderen SPD-Abgeordneten gegen die Mehrheit stimmte und am 2.12.1914 bei einer zweiten Bewilligung schließlich als einziger dagegen stimmte, erinnert sich (LIEBKNECHT 1966, 19 ff.): „Noch wenige Tage vor dem 3. August 1914 wiegten sich viele Genossen in dem Wahne, daß die Ablehnung der Kriegskredite für die Mehrheit der Reichstagsfraktion selbstverständlich und zweifellos sei."

ungeheuer viel Geld. Und mit dem Geld ging ich dann nach Berlin und trug mich für den Arbeiter-Abiturientenkurs am KAISER-FRIEDRICH-Realgymnasium ein, was einige Zeit darauf die bekannte KARL-MARX-Schule wurde. Leiter des Kurses war Fritz KARSEN[3]. Stipendium gab's damals nicht. Während dieser Zeit verdiente ich mir meinen Unterhalt mit Heizen, Fensterputzen, als Statist und Fotograf. Dann folgte das Studium in Frankfurt, an der Pädagogischen Akademie. Nun ja, und so wurde ich schließlich Lehrer. Gerade ein Jahr, bevor die Nazis an die Macht kamen.

Lehrererfahrungen nach 1933

Eines Tages wurden die Junglehrer aus den weltlichen Schulen ins Rathaus bestellt. Wir wurden aufgefordert, „aus freien Stücken" unsere Schulen zu verlassen. Es setzte ja die „Gleichschaltung" der Schulen ein. Ich erklärte denen damals – das war sicher so eine gewisse Burschikosität, eine gewisse Frechheit, die man ja in diesem Alter hatte, ich bleibe so lange in der Schule, wie noch ein Kind da ist. Und so haben wir's auch gemacht.

Wie die Reaktion der Leute in der Schulbehörde war? Nun, sie waren verlegen. Es gab aber auch unter denen welche, die bald umfielen. Ich erinnere mich an einen, der sagte: „Kollegen, was haben wir zu tun? Wir haben den Menschen zu erklären, was Nationalsozialismus ist."

Als dann im Frühjahr 1933 die weltliche Schule aufgelöst wurde, wurde ich vorübergehend an die christliche Gemeinschaftsschule am Mariendorfer Weg in Berlin-Neukölln versetzt, die natürlich auch gleichgeschaltet wurde. Und, das muß ich heute noch sagen, da habe ich mich über die knieweiche Haltung mancher Kollegen sehr gewundert, ja, ich war erschüttert.

Von dieser Schule wurde ich dann an die 47./48. Schule nach Berlin-Britz versetzt. Da war ein Rektor namens GÄRTNER. Eines Tages erschienen – ebenfalls im Zusammenhang mit der Gleichschaltung der Schulen – zwei Nazi-Schulräte in der Schule. Ich vergesse die Situation nie: Jedenfalls wurden wir nun, die Kollegen, in die Aula geholt, und GÄRTNER stand auf der Bühne, um zu uns zu sprechen. Er stand da, ein riesiger Kerl, auf seinen Stock gestützt, und zum Schluß sagte er: „Nun singen wir die letzte Strophe des Lutherliedes ‚Ein feste Burg ist unser Gott': ‚Und wenn die Welt voll Teufel wär' . . .'"

---

[3] KARSEN, Fritz (1895–1951), vgl. auch S. 385.

Es war, glaube ich, das erste Mal, daß ich ein Kirchenlied begeistert mitsang. Das muß so im Mai, Juni '33 gewesen sein.

Im September 1933 wurde ich von dort aus strafversetzt nach Berlin-Wittenau. Wir jungen Lehrer von den weltlichen Schulen wurden auf diese Weise auseinandergebracht, einige kamen auch nach Ostpreußen. Und in Wittenau wurde ich dann gleich entsprechend empfangen. Ich wurde dort ins Provinzial-Schulkollegium geholt – das war da irgendwo in der Nähe des Potsdamer Platzes – und von einem Behördenmann namens FIELITZ verhört. Er warf mir gleich vor, daß ich Sozialdemokrat gewesen sei. Ich fragte ihn, was er wohl meinte, welche Vorteile ich davon gehabt hätte. Ich war zwar SPD-Mitglied gewesen, aber hatte doch auch zunehmend meine Probleme mit der Entwicklung dieser Partei. Ich denke zum Beispiel nur an die Zustimmung zum Panzerkreuzerbau 1928. Der damals gegründeten SAP gab ich keine Zukunft, so war ich erst einmal in der SPD geblieben. Jedenfalls war dieser Vorfall im Provinzial-Schulkollegium wohl nur so als eine Warnung gedacht. Ich blieb an dieser Schule all die nächsten Jahre.

Der Schulleiter an dieser Schule war der Parteigenosse HALBERT. Der hatte mich am Anfang auf unangenehme Weise überwacht. Bereits nach kurzer Zeit hatte er zu mir gesagt: „Herr LAUB, ich warne Sie! Ich weiß, was Sie denken . . .“ – Da habe ich klar geantwortet: „Sie haben einen anständigen Mann vor sich – und ich verlange, von Ihnen anständig behandelt zu werden!“ Trotzdem lief er dann noch öfter, wenn ich in der Klasse die Hefte nachschaute, so hinter mir her, ganz dicht durch alle Reihen. Das normalisierte sich aber allmählich. Vor allem wohl auch, weil er sah, daß ich meine Schularbeit ordentlich machte, gut vorbereitet, die Kinder mochten den Unterricht, es kam einfach was bei raus. Als dann einige Zeit später ein Werklehrer plötzlich verstorben war, fragte er mich, ob ich den Unterricht übernehmen könnte. Wir haben dann eine tolle heimatkundliche Ausstellung aufgezogen, ich habe zusätzlich große Fotos angefertigt, das konnte ich als ehemaliger Fotograf ja alles in den Unterricht einbringen. Aber diese große Ausstellung, das war schon später, zur 700-Jahrfeier der Stadt Berlin, also 1937 muß das gewesen sein. Da gab es viel Lob, und der Schulleiter freute sich. So hatte sich das entwickelt.

Zunächst wurde ich eben überwacht, mal mehr und mal weniger. Einmal erschienen drei Nazis in der Schule, und ich denke schon, wo wollen die denn hin? Als ich dann in meine Klasse kam, eine 7. Klasse, Geschichte, da hockten die drei schon hinten im Klassenzimmer und wollten sich meinen Unterricht ansehen. Wir hatten da gerade die Vorgeschichte des 1. Weltkrieges besprochen, und die Hausaufgabe war gewesen, die Eltern zu fragen, wie sie den Kriegsbeginn 1914 erlebt hätten. Damit begann ich nun die Stunde, indem ich die Schüler fragte: „Na, was haben denn eure Eltern euch erzählt?“ Eisiges Schweigen.

Keiner der Schüler antwortete. Dann machte ich schließlich einfach noch eine Wiederholung der vorhergegangenen Stunde, alles Faktenwissen. Als die drei Nazis wieder weg waren, stellte ich meine Schüler zur Rede: „Warum habt Ihr mich denn bloß im Stich gelassen?" Da sagten sie: „Was meinen Sie wohl, Herr LAUB, was der Besuch gesagt hätte, wenn der gehört hätte, was unsere Eltern uns erzählt hatten. Da hätten sie bestimmt Ärger bekommen." Da waren viele bewußte Arbeiter-Elternhäuser. 1934 muß das so gewesen sein[4)].

Ach ja, und bereits 1933 hatte es noch einen Vorfall gegeben: Ich hatte einen Brief an meine Eltern geschrieben, in dem ungefähr drinstand, daß diejenigen, die sich um öffentliche Angelegenheiten überhaupt nicht kümmerten, offensichtlich gut wegkämen, während die, die sich engagierten, Mißtrauen ernten und behelligt würden. Und dieser Brief war geöffnet und von irgendjemand der Behörde übergeben worden. Da wurde ich am 23. Dezember 1933 zur Gestapo bestellt, in der ehemaligen Kaiser-Friedrich-Straße. Ich grüßte freundlich mit „Guten Morgen!", worauf sie betont „Heil Hitler!" sagten, aber ich hatte nun bereits so gegrüßt. Ich durfte mich setzen, und sie lasen mir den Brief vor. „Haben Sie den Brief geschrieben?" – „Den nicht", sagte ich, „das Original ja."

Bei dem Verhör habe ich dann gespürt – man merkte sowas, wenn man hellhörig war: Das war kein echter Nazi, der mich da befragte. Es gab ja bei denen zuerst auch noch die von der Polizei übernommenen. Er sag-

---

4) Ein ehemaliger Schüler, Hermann J., erinnert sich in einem Brief an seinen alten Lehrer zu dessen 75. Geburtstag (1977):
„Das war eine Zeit, in der ich natürlich nicht Bruno, sondern ‚Herr LAUB' zu Dir sagte, obwohl sich Deine Anrede mir gegenüber unter Umständen nie änderte, also schon damals die jetzige war. Ich meine die Zeit an der faschistischen Schule, in der Du Lehrer und ich Schüler war.
Für Kinder aus kommunistischen Elternhäusern war die Schule eine Stätte ständiger seelischer Konflikte, ja der Gefahr und darum auch ständig Stätte der Bewährung.
Ich erinnere mich, wie ein Aufatmen besonders von meinem Vater ausging, als wir ihm zum ersten Mal von dem ‚besonderen' Lehrer LAUB erzählen konnten, der ebenfalls an dieser Schule unterrichtete, aber dennoch so anders war als die ‚KULKA', ‚MASCHEN' etc. Hier war nicht nur kein Wort aus dem faschistischen Vokabular zu hören, sondern im Gegenteil der Versuch, in den immer neuen und spannenden Geschichten aus dem schier endlosen Wanderleben des Lehrers LAUB das materialistische Verstehen . . . in das Begriffsvermögen der Schüler einzuführen. Das war eine Kunst, der gleichzeitig versteckten und dennoch verständlichen Rede, die hier der Lehrer LAUB praktizierte, die von unseren Eltern sofort verstanden und mit Sympathie bedacht wurde . . ."

te zwar: „Den Brief hätten Sie lieber nicht schreiben sollen!" Doch da hörte ich irgendwie auch Interesse heraus. Als ich ihn zum Schluß fragte, was denn nun mit dem Brief würde, antwortete er, ich würde Nachricht bekommen.

Da habe ich jede Nacht mit Verhaftung gerechnet. Das war zu der Zeit ja schon alles gang und gäbe. Deswegen habe ich Frau und Schwiegermutter auch vorsorglich erklärt: „Also merkt Euch, was auch kommen mag, das Leben nehme ich mir nicht! Laßt Euch da nichts erzählen." Denn nicht selten hieß es in Verlautbarungen nach Verhaftungen: „Auf der Flucht erschossen", „Aus dem Fenster gestürzt", „Sich erhängt". Das war der Deckmantel, tatsächlich wurden sie ermordet.

1934 wurde ich zum ersten Mal offiziell aufgefordert, in die Partei einzutreten. Da habe ich gesagt: „Ich fühle mich nicht als Mensch 3. Klasse!" – „Wie bitte?", wurde ich angefahren. – Da sagte ich dann, daß Hitler selbst gesagt hätte, daß es einen großen Unterschied zwischen denen gäbe, die vor dem 30. Januar 1933 eingetreten seien und denen, die danach eingetreten seien. Und daß man es nur aus Überzeugung tun solle. So oder ähnlich habe ich mich auch später immer rausgeredet. Nein, ich war nie im NSLB, auch nicht in der Partei. Als mich mein Schulrat, ein ehemaliger DVP-Mann (DVP-Deutsche Volkspartei), ein fähiger Pädagoge, aber nun auch Pg geworden, schließlich bat, doch wenigstens der NSV (= Nationalsozialistische Volkswohlfahrt) beizutreten, sagte ich nur: „Herr Schulrat, muß das wirklich sein?" Er hat das akzeptiert, weil er meine pädagogische Arbeit achtete. Ich bin später nach '45, manchmal noch, auch von Genossen, gefragt worden, wie konnste denn damals unter den Nazis Lehrer bleiben – guten Gewissens? Aber ich sehe das anders: Ich hatte doch einiges Ansehen und einige Einflußmöglichkeiten als Lehrer. Die Schüler vertrauten mir, auch einige Eltern. Hätte ich freiwillig als Dreher in die Fabrik nach Borsigwalde zurückkehren sollen? Wem hätte ich dadurch geholfen? Es stimmt ja nicht, wenn heute gesagt wird, man konnte nichts damals machen, nur sich anpassen. Meine Devise war: Den Lehrerberuf nicht leichtfertig aufs Spiel setzen, sondern nutzen! Und dabei aus seinem Herzen keine Mördergrube machen. Klar habe ich mitunter auch gedacht: Bist du denn vielleicht verrückt? Alle anderen sind begeistert, nur du nicht. Es wäre auch gelogen, wenn ich sagen würde, daß ich nie Angst gehabt hätte. Aber ich war es ja nicht allein. Ich hatte doch auch bald wenigstens eine kleine Gruppe, die wie ich dachte. Und da wiederum gehörte ich eher zu den Älteren. Das war auch eine Verantwortung.

Schon ab 1932 hatte ich Verbindung mit der Gruppe „ROTE KÄMPFER“[5]. Da war ein anderer Lehrer, Bruno LINDNER[6], der war dann aber 1933 gleich entlassen worden, also nicht mehr im Schuldienst. Ein Jahr älter als ich war der, ja, das war so etwas wie ein Vorbild für mich, weil der tat, was er sagte. Der ist dann auch später für 8 Jahre eingesperrt worden, Zuchthaus. Meine Aufgabe in dieser Widerstandsgruppe war es, Berichte und anderes zu fotokopieren auf 9/12-Platten, die wir dann unentwickelt über einen Genossen, der in der Expedition von AGFA saß, versandten zu anderen Genossen, die sie dann entwickelten. Es waren vor allem Berichte darüber, was die Nazis hier so anrichteten. Das machten wir in der Feuerwache Kreuzberg. Draußen hing eine Hakenkreuzfahne raus, während wir drinnen bei der Arbeit waren.

---

[5] „ROTE KÄMPFER“: Widerstandsgruppe, sie waren zunächst „eine der zahlreichen politischen Splittergruppen, die sich im Verlauf der Weltwirtschaftskrise 1929/30 von den Massenparteien SPD und KPD abspalteten, um ohne Bevormundung . . . eigene ideologische Vorstellungsreihen und praktische Verhaltensweisen gegen den aufkommenden Faschismus zu entwikkeln.“ Sie wollten „. . . von einer Räte-Demokratie den antiparlamentarischen Weg zur Errichtung des sozialistischen Gesellschaftssystems gegen die reformistische und bolschewistische Ideologie gehen“ (IHLAU 1969; 1).
Bereits Ende 1932 war von der „ROTE KÄMPFER“-Reichsleitung in Berlin ein „Fünfergruppen“-System aufgebaut worden, das nach der „Machtergreifung“ effektive Widerstandsarbeit erleichterte.
Erst im Herbst 1936 wurde die Gestapo im Laufe von Ermittlungen gegen die illegale KPD auf die „ROTEN KÄMPFER“, die überwiegend noch sehr jung waren, aufmerksam. In der daraufhin einsetzenden Verhaftungswelle wurden etwa 150 Mitglieder im ganzen Reich festgenommen und im Jahr darauf – nach zum Teil schwersten Folterungen, die einige Mitglieder in den Selbstmord getrieben hatten – zu mehrjährigen Haftstrafen verurteilt.
Danach kam die Widerstandsarbeit weitgehend zum Erliegen. Erst 1942 konnte eine etwa 10köpfige Gruppe die Widerstandsarbeit noch einmal aufnehmen (nach IHLAU 1969, 124–140).

[6] LINDNER, Bruno (Jg. 1901–1987), Volksschullehrer, galt als der „dritte Mann“ in der Reichsleitung der Widerstandsgruppe „ROTE KÄMPFER“; Ende 1936 verhaftet und nach Folterungen und monatelanger Dunkelhaft im Oktober 1937 vom Volksgerichtshof in Berlin zu 7 ½ Jahren Zuchthaus verurteilt. In der Urteilsbegründung hieß es u. a., daß „sein Wirken als Lehrer strafverschärfend gewertet“ werde (nach IHLAU 1969, 132–140).
Nach Entlassung aus dem Zuchthaus wurde er im Strafbataillon „999“ zwangsverpflichtet, von wo aus er in sowjetische Gefangenschaft geriet.
Nach 1945 war er zunächst Leiter einer kommunistischen Parteischule, dann Schulleiter in Berlin-Adlershof und schließlich bis zur Pensionierung in der Schulabteilung des Magistrats von Berlin/DDR tätig (nach mündlicher Auskunft von Bruno LAUB vom 13.9.1986).

Natürlich haben wir mit keinem darüber gesprochen, und sogar zu meiner Frau habe ich gesagt: „Lotte, das sind Leute, die wollen von mir Fotoarbeiten lernen, und du weißt ja, am Tage arbeiten sie, wir können es nur abends machen."

Zur illegalen Arbeit gehört ja eine kluge Organisation, die wir auch erst lernen mußten. Ich denke an einen unserer Freunde, der damals in Tempelhof wohnte. Als ich ihn einmal aufsuchte, da standen diese Abzüge, die wir für uns selber gemacht hatten, schön geordnet in seiner Bibliothek. Da habe ich ihn angefahren: „Du bist doch wohl verrückt – wenn Du das schon aufbewahren willst, tu' es in einen Zinkkasten, und versenke es in der Erde!"

Illegale Arbeit und Vorsicht sind Geschwister. Das mußte er erst begreifen. In der Tat gingen er und seine Frau – wenn auch nicht wegen der Fotos, sondern aus anderem Grund – wenig später für zwei Jahre ins Zuchthaus. Und ich muß sagen, wenn es sich auch bitter anhört: wegen Unvorsichtigkeit. Es kommt nicht darauf an, ein Held zu sein, wenn man gekascht wird, sondern daß man eine erfolgreiche politische Arbeit leistet. Aber heute haben wir vielleicht auch gut reden. Die Erfahrungen mußten ja erst gemacht werden . . . Einen meiner Kollegen haben sie hochgenommen, weil er über so einen Nazi-Obergewaltigen Spottgedichte und Karikaturen gemacht hat. Das hatte sich nicht gelohnt.

Ausgerechnet während der Nazizeit habe ich übrigens angefangen, LENIN zu lesen – die Bücher hatte mir heimlich ein ehemaliger Genosse gegeben, einer aus der KPD meine ich. Und da fiel mir manches wie Schuppen von den Augen. Daß es ja nicht der Mann Hitler war, dieses menschliche Ungeheuer, und seine Clique, die das alles bewirkten, sondern die Machtgruppen im Hintergrund, die großen Konzerne, die Rüstungsprofite witterten, und in Hitler ihren Mann sahen. Ich habe gelernt zu fragen: Wem nutzt es?

Nun wäre noch viel zu erzählen. Wie wir zum Beispiel heimlich Flugblätter gemacht haben und versuchten, sie in die Betriebe zu bringen. Aber ich will das mal überspringen. Zurück zur Schule.

1943 wurde ich mit der Schule in den sogenannten „Warthegau" evakuiert, ins besetzte Polen also. Als Lehrer war ich ja eigentlich überall anerkannt und wurde dadurch wahrscheinlich auch von manch' einem geachtet, der ansonsten anders dachte.

Wir hatten da zum Beispiel einen an sich tüchtigen Lehrer, ein gläubiger Nazi, Mitglied der Reichsjugendführung, SA-Mann, mit dem sich in Berlin schon einiges abgespielt hatte. Nach der MUSSOLINI-Affäre[7)] in Italien kam ich mit ihm näher ins Gespräch. Bei einer gemeinsamen Nachtwache noch in Berlin, sagte er dann auf einmal zu mir nachts um zwei Uhr: „Bruno, was du sagst, klingt alles so echt und wahr, aber an unserem Führer hast du doch wohl nichts auszusetzen?" „Alfred", sagte ich da zu ihm, „sind wir so weit miteinander gekommen, dann kommen wir auch weiter." Und ich habe vorsichtig versucht, ihm klarzumachen, was ich von LENIN gelernt hatte. Was eigentlich dahintersteckt, und wer dahinter steckt.

Er freute sich wie ein Schneekönig, als ich nun mit meiner Klasse in seinem Lager im „Warthegau" auftauchte. Selbst da im „Warthegau", wo es von Nazis wimmelte, redeten wir ziemlich offen miteinander.

Es kam der Tag, an dem ich eine Einberufung zum Militär erhielt. Da muß ich nochmal zurückgreifen, um zu erklären, warum ich bisher noch nicht hatte Soldat werden müssen: Bei meiner ersten Musterung war ich „GV" (=Garnisonsverwendungsfähig in der Heimat) geschrieben worden, wegen eines Schädelbruches, den ich mir 1924 beim Aufstocken einer Fabrik in Uetersen zugezogen hatte, als mir ein Ziegelstein auf den Kopf gefallen war. Nun jedoch erhielt ich doch die Einberufung, weil sie jeden Mann brauchten. Da sehe ich noch diesen Kollegen Alfred vor mir, wie ich ihm diese Nachricht übermittelte, und er im Zimmer auf und ab ging und sagte: „Ein Mann wie du darf doch gar nicht Soldat werden; du würdest ja die Waffe gegen dich selbst richten!"

Er hat dann tatsächlich über seine Beziehungen dafür gesorgt, daß ich nicht Soldat wurde. Was ich nur damit sagen wollte: Selbst die Nazis durfte man nicht alle über einen Kamm scheren. Bei manchen war eine Wandlung möglich. Ich habe auch später für ihn bei der Entnazifizierung ausgesagt. Es haben sich ja einige wirklich gewandelt, nach '45, wenn es auch daneben die Konjunkturritter gab. „Musterdemokraten" habe ich die mal genannt.

Ich glaube, daß ich damals sehr realistisch das Ende kommen sah. Wenn ich auch gedacht hatte, der Sieg der Roten Armee würde schon früher eintreten, Ende 1944, als die Sowjetarmee die deutsche Grenze

---

7) „MUSSOLINI-Affäre": Am 25.7.1943 entzog der italienische „Faschistische Großrat" Benito MUSSOLINI als „Duce" das Vertrauen und billigte seine Verhaftung. Deutsche Fallschirmjäger befreiten ihn am 12.9.1943, woraufhin er einen blutigen Bruderkrieg im eigenen Land zu führen begann. Als Mussolini am 27.4.1945 in die Schweiz fliehen wollte, wurde er von Widerstandskämpfern erkannt und am folgenden Tag erschossen (nach ZENTNER/BEDÜRFTIG 1985/397).

überschritt. Allerdings hatte ich auch damit gerechnet, daß ich das vielleicht nicht lebend überstehe. Aber ich war mir sicher: Der Faschismus wird jetzt endgültig geschlagen.

Schließlich begann das, was man allgemein die Flucht nennt, und sowas war es ja auch. Ein Treck, in schlimmer Kälte. Irgendwie kamen wir dann in Berlin an. Ich wurde einer Schule in Borsigwalde zugeteilt und wohnte in zweiter Wohnung in Hohen Neuendorf. Als sie sich in der Schule wunderten, daß ich noch nicht beim Volkssturm war, erklärte ich ihnen, ich sei in Hohen Neuendorf beim Volkssturm. Und in Hohen Neuendorf ließ ich wissen, daß der Volkssturm mich in Borsigwalde hätte. Es war zu der Zeit kaum noch kontrollierbar. Um den 20. April herum wurde ich dann aber tatsächlich noch abgeholt in meiner Wohnung zum Volkssturm.

Da verständigte ich mich mit fünf anderen, daß wir uns zu gegebener Zeit absetzten. Das gelang uns dann auch. Ein Waldrand bot die günstige Gelegenheit. Es dauerte nur noch ein paar Tage. Den Einmarsch der Roten Armee erlebte ich in Hohen Neuendorf.

Nach 1945

Ein paar Tage später wiederum erschien ein ehemaliger Kollege bei mir und schlug vor, ein paar Leute zusammenzutrommeln und die Schule in Wittenau wieder zu eröffnen. Das geschah – heute scheint es mir selber fast unglaublich – genau eine Woche nach Kriegsende: am 15. Mai 1945. Unter welchen Umständen wir damals Schule machten, darüber könnte ich jetzt lange ins Erzählen kommen. Es ist aber wohl weitgehend bekannt.

Nach den Erfahrungen mit der SPD vor 1933 bin ich nun 1945 in die KPD eingetreten, weil mir doch von Anfang an die Einheit der Arbeiterparteien vorschwebte – *die* historische Lehre aus der Zeit des Faschismus in Deutschland.

Ich war dann im westlichen Berliner Bezirk Reinickendorf an der Bildung der Lehrergewerkschaft Unterricht und Erziehung beteiligt und wurde dann später – um's nun kurz zu machen –, genau gesagt, am 1. Januar 1949 Vorsitzender des Berliner Landesverbandes. Auch die Volkshochschule in Reinickendorf habe ich mit aufgebaut.

Wie es dann zur Spaltung der Gewerkschaft kam und zur Spaltung Berlins – wir haben dies ja alles sehr intensiv miterlebt –, das wäre ein Kapitel für sich. 1950 zog ich in den demokratischen Sektor Berlins nach Johannistal um, wo ich noch heute wohne. 1952 ging ich an das Institut für Lehrerbildung nach Köpenick. Ich wollte ja eigentlich Lehrer sein.

Den Vorsitz der Lehrergewerkschaft hatte ich ja nur nach einigem Sträuben übernommen, nachdem sie mich überzeugt hatten, daß ich da gebraucht würde. Ich war altersmäßig ja schon in den 50ern, da habe ich nochmal einen Qualifizierungslehrgang als Lehrerbildner mitgemacht. Die Arbeit am Institut für Lehrerbildung (IfL) hat mir dann viel Freude gemacht. Ich blieb dort bis zu meinem 70. Lebensjahr, 1972, und habe dann noch ehrenamtlich weiterhin für das Institut gearbeitet. Und das mache ich bis heute in meinem Wohngebiet – in der Wohn-Parteiorganisation, im Kulturbund und wo es sich sonst anbietet.

Abb. 55: Der Volksschullehrer Bruno LAUB (35) erklärt einer 4. Klasse anläßlich der 700-Jahr-Berlin-Feier im Jahre 1937 auf einer Ausstellung die Funktion eines Scheffels.

Abb. 56: Bruno LAUB (84) zu Besuch in Hamburg im Juli 1986.

Reflexion zur Begegnung mit Bruno Laub

Persönliche Begegnungen: 6 Stunden (bei 3 Treffen)
Ort der Begegnung: Meine Wohnung, Wohnung der Schwester in Hamburg
Telefonate: 3
Briefe: 6

1. Kontaktaufnahme

Im Februar 1986 hielt ich mich für einige Tage in Berlin/DDR auf, um vor allem zwei Fragen nachzugehen:

Gibt es noch Hinweise auf oppositionelles Lehrerverhalten nach 1933 in Veröffentlichungen, die in der DDR erschienen, die ich bislang möglicherweise übersehen habe?

Gibt es in der DDR noch Kolleginnen und Kollegen, die nach 1933 noch im Schuldienst waren und sich doch in oppositionellem Sinn engagierten?

Bei der Bearbeitung beider Fragen war mir besonders hilfreich Dr. Wolfgang REISCHOCK, Dozent in der Sektion Pädagogik der Berliner HUMBOLDT-Universität, den ich bereits 1984 auf einer friedenspädagogischen Arbeitstagung kennenlernte und der in der BRD vor allem durch seine Veröffentlichungen zum polytechnischen Unterricht (vgl. KLEIN/REISCHOCK 1962) bekannt ist. Hinzu kam, daß Wolfgang

REISCHOCK, Jg. 1921, als ehemaliger Schüler der Karl-Marx-Schule in Berlin vor und während der Nazizeit selbst ein kompetenter Zeitzeuge ist.

Durch seine Vermittlung konnte ich sowohl einen Überblick über die vorhandene Literatur erhalten (z. B. in der pädagogischen Zentralbibliothek im Haus des Lehrers in Berlin/DDR) als auch Gespräche mit in diesem Bereich tätigen Kollegen, Historikern und Pädagogen, führen. Zwar war unübersehbar, daß in der DDR die Beteiligung kommunistischer und sozialdemokratischer Lehrerinnen und Lehrer am antifaschistischen Widerstandskampf in ganz anderer Weise aufgearbeitet und gewürdigt wurde und wird als in der BRD, auch von solchen Kolleginnen und Kollegen, die nach 1933 noch im Schuldienst waren (wie z. B. Kurt STEFFELBAUER). Jedoch ist die Frage, was nach 1933 im Rahmen von Schule, auch von Schulalltag, möglich war, noch kaum bearbeitet. Ebenso fehlt bislang eine gründliche Beschäftigung mit Lehrerinnen und Lehrern, die ihr oppositionelles Verhalten selbst als eher unpolitisch verstanden, zum Beispiel aus jüdischem, christlichem oder eher pädagogischem Denken heraus.

Gleichwohl wurde durchweg Interesse an diesen Fragestellungen signalisiert. Prof. Dr. Gerd HOHENDORF von der Akademie der Pädagogischen Wissenschaften der DDR schrieb am 12.4.1986: „Ich möchte Ihnen zu Ihrem bedeutsamen und sehr interessanten Forschungsvorhaben viel Erfolg wünschen und stehe Ihnen gerne zu einer Aussprache zur Verfügung.“

Doch zurück zu der zweiten Frage nach noch lebenden und gesprächsbereiten Kolleginnen und Kollegen, die nach 1933 oppositionell handelten und doch noch weiter im Schuldienst waren. Hier blieben alle Nachforschungen zunächst erfolglos, weil die aus der Literatur bekannten Kolleginnen und Kollegen entweder bereits in der Nazizeit hingerichtet oder nach 1945 verstorben waren. Schließlich stießen wir aufgrund persönlicher Erinnerungen auf die Lehrer Karl SOTHMANN, Jg. 1895, und Bruno LAUB, Jg. 1902, über deren Arbeit während der Jahre 1933–45 zwar bislang keine Literatur vorliegt, die aber beide noch nach 1933 als Lehrer tätig waren.

Im Gespräch mit Karl SOTHMANN stellte sich dann heraus, daß dieser bereits 1927 wegen seiner Berufung in das Jugend-ZK des Kommunistischen Jugendverbandes (KJVD) aus dem öffentlichen Schuldienst ausgeschieden war und später dort keine Einstellung mehr fand. Daß er in den Jahren 1933–36 von der Sowjetischen Botschaft in Berlin als Lehrer für die Kinder der Botschaftsangehörigen angestellt worden war, wäre unter einer anderen Fragestellung zweifellos eine Untersuchung wert.

Bei Bruno LAUB, der von 1932–44 im öffentlichen Schuldienst als Volksschullehrer tätig war und während der Nazizeit gleichzeitig bei den

„ROTEN KÄMPFERN" mitarbeitete, handelte es sich nun in der Tat um jemanden, der bewußt im Schuldienst blieb, ohne sich dort – z. B. durch NSLB- oder Parteimitgliedschaft – anzupassen, und außerhalb der Schule illegale politische Arbeit leistete. Dieser Umstand allein rechtfertigt eine ausführliche Darstellung in diesem Buch.

Der einzige mir in der BRD bekannte, noch lebende ehemalige Lehrer und Mitarbeiter bei den „Roten Kämpfern", der nach 1945 als Lehrer, Rektor, Schulrat und Leiter des Schulamtes Ludwigsburg tätige Karl KUNTZE, Jg. 1911, schrieb am 17.1.1986:

„Ich fürchte, daß ich Ihnen nur wenig helfen kann, da ich schon 1934 verhaftet wurde und danach nicht wieder in den Schuldienst gekommen bin. Zu Ihrer Orientierung kann ich Ihnen einen kurzen Überblick über meine Tätigkeit geben: 1931–34 war ich als Schulamtsbewerber an einer weltlichen Schule in Berlin-Neukölln tätig. Mit 18 Jahren, 1929, trat ich noch als Schüler in die SPD ein. Ich gehörte zu den Oppositionellen in der SPD, da wir mit der revisionistischen Politik nicht einverstanden waren ... Meine Opposition brachte mich bald in Verbindung mit der Gruppe ‚ROTE KÄMPFER'. Nach der Auflösung der weltlichen Schulen wurde ich 1934 in ein Dorf an der litauischen Grenze in eine Planstelle eingewiesen. Unsere weitere Verbindung zur Gruppe ‚ROTE KÄMPFER' in Berlin führte im November 1934 zur Verhaftung meiner Frau und mir. Wir wurden angeklagt wegen ‚Vorbereitung zum Hochverrat' und von einem Sondergericht in Königsberg zu je 2 Jahren Zuchthaus verurteilt. Nach meiner Entlassung im November 1936 bis zur Einberufung in die Afrika-Strafdivision 999 mußte ich immer wieder meine Arbeit wechseln, denn eine Beschäftigung in der Schule war ausgeschlossen" (vgl. auch IHLAU 1969, 128).

Leider konnte ich Bruno LAUB während meines Aufenthaltes im Februar 1986 in der DDR nicht erreichen. So bot sich freundlicherweise Wolfgang REISCHOCK, nachdem er sich gründlich über Inhalt und Methodik der Befragung sowie des Forschungsprojektes insgesamt informiert hatte, an, selbst das Gespräch mit Bruno LAUB zu führen und mir dann alle Ergebnisse zur Verfügung zu stellen. In gleicher Weise führte er auch ein Interview mit Karl SOTHMANN durch.

Bevor ich selbst erneut in die DDR reisen konnte, ergab es sich, daß kurz darauf Bruno LAUB selbst zum Geburtstag seiner Schwester nach Hamburg fuhr, die, wie wir dann mit Freude feststellten, in meiner unmittelbaren Nachbarschaft wohnt. Er schrieb mir, daß er mich von Hamburg aus anrufen wolle, um einen Gesprächstermin auszumachen.

2. Erste Begegnung

Noch am Morgen des Geburtstages rief Bruno LAUB an, und wir vereinbarten ein Treffen am folgenden Tag in meiner Wohnung. Mein An-

gebot, auch ihn besuchen zu können, damit er den Weg spare und nicht die vier Treppen zu meiner Wohnung steigen müßte, lehnte er dankend ab: „Ich kenn' mich doch aus in Hamburg, und die Treppen machen mir gar nichts. Sie werden sehen!"

Als es zur verabredeten Zeit klingelte, und ich ihm einige Treppen entgegenlief, sah ich in der Tat: Bereits im Hinaufsteigen begann er das Gespräch, ohne Pause oder Innehalten lief er vorweg. Ich konnte kaum glauben, daß dieser Mann zwei Wochen zuvor gerade 84 geworden war.

Es war ein heißes Sommerwetter an diesem Tag, ich hatte kalte Getränke bereitgestellt, die er dankend ablehnte: „Aber mein Jackett darf ich ausziehen, ja?"

3. Gesprächseindrücke

Bruno LAUB hat sich gut vorbereitet. Er beginnt das Gespräch mit den Worten: „Unsere Aufgabe als Pädagogen ist es zu vermitteln – Wissen, aber auch Charakter, sage ich immer. Darauf zielt ja wohl auch Ihre Arbeit. – Nun ist es so, als Pädagoge muß man wissen, welche Gruppe man vor sich hat. Es muß natürlich immer der Wahrheit entsprechen, aber der Grad der Differenzierung ist unterschiedlich. So sehe ich auch den Text, den Wolfgang bisher aufgezeichnet hat. Es ist alles wahr, aber es bedarf einiger Differenzierungen, nicht?"

So antwortete er auf alle Fragen mit großer Bereitschaft zur Ausführlichkeit, auch bei sehr persönlichen Nachfragen bemüht er sich immer um Präzision, fast ermutigt er mich: „Nein, nein, fragen Sie ruhig . . .!" Öfter entschuldigt er sich: „Da gäbe es noch soviel zu sagen, das hängt doch alles zusammen, nicht?"

Er berichtet lebendig, häufig mit Beispielen, die einen neuen Gedanken belegen sollen. Ich spüre, daß er über vieles nicht zum ersten Mal berichtet. Er nickt: „Ja, das ist ja doch bei uns so, daß ich schon oft vor der Jugend gesprochen habe von meinen Erfahrungen, das ist bei uns so." Als ich ihn frage, ob seine Erfahrungen schon einmal schriftlich veröffentlicht wurden, verneint er.

Später zeigt er mir einen kleinen Gedichtband mit dem Titel „Sagt an – Genossen . . . – Gedichte und Lieder von Bruno LAUB", herausgegeben zum 2. Juli 1977. Diesen Band hat ihm „seine" FDJ-Gruppe zum 75. Geburtstag erstellt und geschenkt.

„Die haben da Gedichte von mir gesammelt, die hatte ich selbst schon nicht mehr", sagt er nicht ohne Stolz. Mittlerweile duzen wir uns – „Sind ja Kollegen, nicht?" sagt er.

Als ich ihn darum bitte, rezitiert er einige Gedichte. Das kann er gut, es macht ihm sichtlich Freude – „Und es paßt doch soviel heute noch . . .", sagt er.

Zum Beispiel „Die Opfer waren nicht vergebens“ – 1947 geschrieben:

„Die Opfer waren nicht vergebens,
wenn wir befolgen ihren Rat;
es war der Inhalt ihres Lebens,
zu formen einen neuen Staat.
Der Kampf, er ist noch nicht zu Ende,
der Sieg, er kann nur unser sein,
wenn alle reichen sich die Hände,
die Welt von Willkür zu befrei'n.

Ein frohes Schaffen wird beginnen,
ein heil'ger Brand in allen glüht;
und aus dem Grauen der Ruinen
die Welt des Friedens nun erblüht;
getragen von der Arbeit Hände,
geführt von freiem Menschengeist –
nur diese Menschheitsschicksalswende
der Opfer sich als wert erweist.“

Zwischendurch steht er mal auf, imitiert einen alten Nazi-Lehrer, den, der ihm später geholfen hat: „Niemals alle über einen Kamm scheren“, sagt er. „Ganz wichtig!“

Als ich ihn am Ende des Gespräches frage, ob ich ihn fotografieren dürfe, stimmt er zu, ist auch bereit, selbst noch nach einem Foto von früher zu suchen. Den korrigierten Text bringe ich ihm einen Tag später zu seiner Schwester.

Wiederum einen Tag darauf klingelt es morgens an der Tür, und Bruno LAUB bringt bereits den von ihm durchgesehenen Text vorbei. Gleichzeitig bittet er sich Bedenkzeit aus – er wolle über die Veröffentlichung noch einmal in Ruhe nachdenken. Aus dem kurzen Vorbeischauen wird schnell noch einmal ein ausführliches Gespräch, auch über heutige Jugend und Politik in der DDR und der Bundesrepublik. Beim Abschied schenkt er mir ein Exemplar des Gedichtbandes, den er zu seinem 75. Geburtstag erhielt.

Einige Wochen später ist Bruno LAUB noch einmal zu Besuch in Hamburg. Dieses Mal treffen wir uns bei seiner Schwester. Er hat mir Fotos und Briefe ehemaliger Schüler mitgebracht. Wir sprechen noch einmal ausführlich über einige Textstellen sowie die Form der Veröffentlichung. Vor allem der erste Teil über die Kindheit wird ergänzt durch Textpassagen, die er bereits schriftlich niedergelegt hat. Auch dieses Mal wird noch Bedenkzeit für die endgültige Zustimmung zur Veröffentlichung erbeten, da er in der Zwischenzeit noch nicht mit ihm wichtigen Kollegen und Freunden darüber sprechen konnte. Bis Ende Oktober will er mir endgültig Bescheid geben.

Zur verabredeten Zeit trifft ein elfseitiger, zu großen Teilen neu geschriebener Text ein. Die neuen Textteile bestehen etwa zur Hälfte aus weiteren Schulerinnerungen aus der NS-Zeit, die ich sofort akzeptieren kann, weil ich sein Bemühen um differenziertes Erklären dahinter deutlich verspüre und als solches annehmen kann. Die andere Hälfte dagegen besteht aus einer ausführlichen Bewertung der Zeit nach 1945, die stärker durch politische Grundsatzaussagen als durch persönliche Erlebnisberichte geprägt ist und zudem unverhältnismäßig umfangreich zum eigentlichen Hauptteil ist. Aus dem ursprünglichen Entwurf und seiner Überarbeitung fertige ich einen neuen Text, den ich ihm zusende – mit einigen Sorgen fraglos, ob ich damit seine Geduld nicht überfordere, zumal er als besonderes Problem zusätzlich die Abstimmung mit Kollegen andeutete. Ein Faktum, das ich sicher nur begrenzt wirklich präzise einschätzen kann.

Am 5. November 1986 schließlich teilt er mir seine endgültige Zustimmung zur Veröffentlichung in einem vierseitigen Brief mit, in dem er sowohl noch immer bestehende Bedenken artikuliert als auch noch einmal kleinste Sachkorrekturen (Namen, präzisierte Zeitangaben u. a.) anmerkt:

„Stilistisch wirkt der Text an einigen Ecken primitiv ... Ich bin auch nicht sicher, ob es in der vorliegenden Fassung beim Bundesbürger ankommen wird, weil – so erlebte ich es immer wieder – der durchschnittliche Bundesbürger kaum noch Zusammenhängendes liest. Ich frage mich, erreicht das Buch die Menschen, die wir für die gemeinsame Sache des Friedens heute gewinnen wollen und müssen?“

Epilog I

„Jetzt, nachdem ich die lebensgeschichtlichen Texte ... mehrmals gelesen habe, kommt mir mein Vorsatz, etwas zu ihrer Interpretation aufzuschreiben, naiv und fast ungehörig vor", bemerkt Bruno SCHONIG (ARBEITSGRUPPE PÄDAGOGISCHES MUSEUM 1982, 124 ff.) in seinem Nachwort zu den erzählten Lebensgeschichten von Berliner Lehrerinnen:

> „Was soll eine nachträgliche Interpretation dieser Lebensgeschichten?
>
> Woher nehme ich – als erheblich jüngerer Mensch – das Recht, zu diesen Lebensberichten etwas zu sagen, etwas Beurteilendes oder Urteilendes, was einer Interpretation eines anderen, fremden Lebens unversehens anhaften kann? –
>
> Ich stehe vor einem Problem, das den Umgang und die Auseinandersetzung mit biographischen Materialien und Mitteilungen überhaupt betrifft. Soll die akademische Interpretationsweise vermieden werden, die, gleich welcher Richtung, immer von oben herab und über die biographischen Mitteilungen redet, bleibt die persönliche Mitteilung der Leseerfahrung, die man mit biographischen Texten gemacht hat, übrig; ein Verfahren, das meist zum Reden über sich selbst führt und zu den fremden Texten nichts sagen kann. Es gibt einen Kompromiß: er besteht darin, daß der Herausgeber fremder biographischer Texte seine Aufgabe auf die Dokumentation der Texte beschränkt – und nichts sagt."

Ich kann mich für die vorliegende Studie für keinen der drei vorgeschlagenen Wege eindeutig entscheiden – oder besser: es wird um eine bewußte Kombination aller drei Möglichkeiten gehen:

- denn weder gibt es eine historische Warte, von der aus sich Vergangenheit wie eine fertige, ausgebreitete Landschaft betrachten ließe,
- noch dürfen die unterschiedlichen historischen Bedingungen zur Geschichtsfolklore verkommen, die den Reiz des Wiedererkennens eigener Probleme in einer fremden Epoche lediglich kolorieren anstatt ihn wirklich zu verstehen und in der Übersetzung einem Heute zugänglich zu machen;
- noch sollten schließlich die biographischen Texte zu Geschichten und Geschichtchen werden, deren Originalität oder Erzählkunst eher ablenkt von Zusammenhängen, von historischem Gewordensein und gesellschaftlicher Bedingtheit.

Um wieviel mehr gilt all dies für die Zeit des Nationalsozialismus.

Zweifellos – es beginnt zunächst mit der individuellen Leseerfahrung. Wie ich während des Lesens manchmal denke: Hätte sie da nicht mehr tun können? Oder: Würde ich das schon als ‚aufrechten Gang' bezeichnen? Wie konnte es nur kommen, daß er dann doch noch in die Partei eingetreten ist? Ohne jede Anmaßung, ohne Be- oder gar Verurteilung, weil bei all dem immer wieder mitläuft: Und ich? Und ich in dieser Situation? Was hätte ich getan?

Wäre ich bei den jüdischen, schwer erziehbaren Jugendlichen geblieben? Als Nichtjude?

Hätte ich als einziger bei der Junglehrerversammlung nicht den Arm zum Hitlergruß erhoben?

Und immer wieder die Zeiten der Irritation, der Einsamkeit, auch der Verzweiflung: Sind nicht vielleicht doch alle um mich herum ‚normal' – nur ich bin verrückt?

Ist ein solches Fragen schon Lernen, Aufklärung – schon „kritische Theorie"?

Es ist die Luft zum Atmen, die jede sorgfältige und sensible Interpretation benötigt. Nur in ihrer Atmosphäre können mögliche Zusammenhänge, Strukturierungen und Kategorisierungen wachsen, die nicht vergewaltigen. Und wenn der „Faden reißt" – zurück in die Dichte der Erzählung, ihre Widersprüche und Verworrenheiten. Stimmt meine Deutung immer noch? Gut, dann weiter im Vergleichen, im Herausnehmen und Nebeneinanderlegen. So könnte es sein. Ich lasse es zunächst so stehen.

So entsteht allmählich Teil II der Studie. Jeder könnte ihn schreiben. Wer die Lust dazu verspürt, sollte keinesfalls weiterlesen. Vielleicht später, wenn die Neugierde gewachsen ist zu sehen, was ein anderer herausbekommen hat, was ihm die Texte der Lehrerinnen und Lehrer gesagt haben, wozu sie ihn angeregt haben.

Zunächst zählt die eigene Wahrnehmung. Die Erinnerung künftiger Zeit.

„Der Beschränktheit derer läßt sich lachen,
die glauben,
daß durch gegenwärtige Gewalt
die Erinnerung künftiger Zeit ausgetilgt werden könne."[1)]

TACITUS (römischer Geschichtsschreiber und Konsul, 55–115 n.Chr.; nach BLOCH 1961, 356).

[1)] Im lateinischen Original lautet der Satz:
„Socordiam eorum irridere licet
qui praesenti potentia aevi temporis memoriam
extinqui posse credunt."

Teil II
Geschichte leben

„Eine unbewältigte Gegenwart
ging unserer
unbewältigten Vergangenheit
voraus.“

Carola STERN (1982, 153)

Einführung II: Wie wird Geschichte gelebt?

Können wir das lernen, was Ernst BLOCH (1961, 14) den „aufrechten Gang“ nannte? Was sind seine Bedingungen?

Das ist die zentrale, beiden Teilen dieser Arbeit gemeinsame Fragestellung. Während in Teil I dem anhand lebensgeschichtlicher Erinnerungen nachgespürt wird, die in unterschiedlicher Weise eigenes Einfühlen ermöglichen, so werden in Teil II unterschiedliche Dokumente oppositionellen Verhaltens in systematischer Weise zueinander in Beziehung gesetzt. Der Sensibilisierung für das Besondere, für das individuell Ausgeformte im ersten Teil entspricht der Versuch einer vergleichend-verallgemeinernden Systematik im zweiten Teil.

Dabei ist vorab eine Entscheidung über die Art der Interpretation erforderlich. Vorstellbar wäre beispielsweise eine ausschließlich psychologische Interpretation, die sich auf die Analyse der psychischen Strukturen der befragten Lehrerinnen und Lehrer konzentriert, so weit sie aus den Texten erschließbar sind. Möglich wäre auch eine historisch-politische Analyse, die die wichtigsten politischen Ereignisse der NS-Zeit und ihre öffentliche Darstellung in Beziehung setzt zu deren Verarbeitung im Schulalltag.

Im Teil II der Studie wird ein Weg der Interpretation versucht, der eine Verbindung herstellt zwischen diesen beiden Polen: Die lebensgeschichtlichen Erinnerungen aus Teil I bilden gleichwohl die Folie, vor deren Hintergrund nun andere Dokumente oppositionellen Lehrerverhaltens zu einem psychologischen und einem historischen „Mosaik“ systematisiert werden.

Dieses Vorgehen hat mehrere Vorzüge:

- Es schließt eine analytische „Vergewaltigung“ der erstellten biographischen Texte aus und respektiert damit das Vertrauensverhältnis, das zwischen Forscher und den Befragten entstanden ist. Dies war Voraussetzung für das ungewöhnlich hohe Maß an persönlicher Authentizität in der Präsentation der Texte (ohne Anonymisierung, mit Fotos, mit Auszügen aus dem Forschungstagebuch etc.).
- Es vergegenständlicht den tatsächlichen Forschungsschwerpunkt dieser Studie, die an der Schnittstelle zwischen pädagogischer Biographieforschung und historischer (Schul-)Alltagsforschung angesiedelt ist und so den Anspruch hat, über ein Verstehen individuell-

psychologischer Strukturen hinaus auch neue Erkenntnisse über deren historisch-gesellschaftliche Bedingungen in Beziehung zu setzen.

- Es entspricht dem tatsächlichen Vorgehen während des Forschungsprozesses: Erst durch die vielen und ausführlichen Gespräche mit den Zeitzeuginnen und -zeugen kam ich allmählich in die Lage, die zahlreichen, unterschiedlichst zusammengetragenen Dokumente oppositionellen Lehrerverhaltens zu einem Mosaik zu ordnen, das sich gleichsam messen lassen mußte an den kontrastierenden Aussagen der Lehrerinnen und Lehrer. Ich habe diesen Vorgang des Auswählens der in Teil II exemplarisch vorgestellten etwa 50 Dokumente (aus einem historischen „Scherbenhaufen" von über 800 Mosaiksteinen) selbst als einen intensiven Akt der Interpretation erlebt.

Es ist kein Zufall, daß auch im Teil II äußerst zurückhaltend mit pädagogischen Verallgemeinerungen oder gar didaktischen Konsequenzen argumentiert wird.

So wie der Forscher die Zeitzeugen zum Sprechen über ihre zum Teil schmerzvollen Erinnerungen nur dadurch bringt, daß er ein konkretes, einfühlsames, greif- und angreifbares Gegenüber ist, so wird auch eine Leserin oder ein Leser vor allem dort etwas lernen können, wo es ihr oder ihm gelingt, diese Berichte, die geschilderten Erschütterungen, aber auch Orientierungen in selbständiger gedanklicher Arbeit für die eigene Lebenssituation zu *übersetzen*.

Es geht dann weder darum, diese Berichte schlicht zu *übertragen*, noch mit diesen Berichten generell etwas *beweisen* zu wollen. Den Wert lebensgeschichtlicher Erfahrungen für die pädagogische Reflexion beschreibt Klaus PRANGE (1987, 345) kurz und treffend: „Sie" – die lebensgeschichtliche Erfahrung – „ist ein Fundus, kein Argument."

Dies heißt selbstverständlich keineswegs, daß damit weitergehende Interpretationsschritte unzulässig wären. Im Gegenteil könnte ich es mir ausgesprochen ergiebig vorstellen, z. B. psychoanalytische Interpretationsverfahren zu nutzen, um implizite Deutungsmuster der Befragten – ohne in unzutreffende ‚Richtig-Falsch-Raster' zu geraten – zu erschließen.

Nur: Dies steht *mir zum jetzigen Zeitpunkt* nicht zur Verfügung, da viele emotionale Erfahrungen, die ich als Gesprächspartner der Zeitzeuginnen und -zeugen in den letzten zwei Jahren sammeln durfte, in meinem eigenen biographischen Kontext noch längst nicht so verarbeitet sind, daß sie sich umgehend in zu veröffentlichenden Aussagen niederschlagen sollten.

Hinzu kommt die prinzipielle Entscheidung angesichts des klar begrenzten Forschungszeitraums, der mir durch die Beurlaubung vom Schuldienst zur Verfügung stand, zuerst eine möglichst umfängliche und differenzierte *Dokumentationsarbeit* in gleichsam ‚historisch letzter Minute' zu leisten, die Voraussetzung für alles weitere Vorstellbare ist.

Nicht zuletzt wollte ich – angesichts nicht weniger mir aus der Literatur bekannter und keineswegs unproblematischer Interpretationstexte – nur zu gern die Warnung des ausgewiesenen ‚Biographie-Forschers' Jürgen ZINNECKER (1984, 281) ernst nehmen:

„Negativ ausgedrückt handelt es sich darum zu vermeiden, die verschriftlichten Sprechtexte so intensiv durch den Fleischwolf abstrahierender Textauslegung zu drehen, bis der Ausgangstext vernichtet ist und nur noch der Interpretationstext des wissenschaftlichen Interpreten als veröffentlichungswürdige Literatur übrigbleibt.

Positiv formuliert heißt das, daß der wissenschaftliche Interpret möglichst viele veröffentlichungswürdige Teile – bis hin zum Gesamtkorpus – des biographischen Textes mitpublizieren sollte. Als Leitlinie mag dabei die Kunstform der literarischen Kritik dienen."

Vor diesem Hintergrund ging ich zunächst daran, einige gemeinsame Erfahrungen der Lehrerinnen und Lehrer herauszufiltern und nebeneinanderzulegen, die mehrere von ihnen aufgrund ihres oppositionellen Verhaltens in unterschiedlichen Ausprägungen teilten.

Dies sind zum Beispiel:

– die *Erfahrung der Distanzierung* von ehemals nahestehenden Kolleginnen und Kollegen:

Elisabeth FORCK: „Schlimmer waren aber die Vorträge, die vormittags und nachmittags gehalten wurden, und die sich im wesentlichen um Juden, Freimaurer, reaktionäre Kirchenchristen, besonders Katholiken drehten. Die Kenntnisse der jeweils Vortragenden waren mehr als dürftig und forderten unentwegt meinen Widerspruch ... Bei all dem wurde mir aber doch sehr schwer ums Herz. Nicht einmal so sehr wegen der Fantastereien der Vortragenden, sondern wegen meiner Kolleginnen, die nicht selten nach einer Diskussion zu mir kamen und mir zustimmten, aber während der Diskussion kein Wort sagten und mich allein ließen."

Hildegard THATE: „Zunächst verklagte der ‚umgefallene' ehemalige SPD-Kollege uns beim Volksdorfer Schulleiter für unser eigenmächtiges Vorgehen. Das war im Grunde auch der erste große Schmerz in der Nazi-Zeit: Nicht zuerst das Auftreten der neuen Herren, sondern das Gefühl verraten zu werden von Kollegen, die einem doch vorher persönlich nah gewesen waren."

Ludwig de PELLEGRINI: „Am meisten war ich dann aber schockiert, was in den Schulen geschah, in denen ich rumkam. Da waren doch echt Genossen, die dir gestern noch die Hand geschüttelt haben und drei Tage später schon in der maßgeschneiderten SA-Uniform erschienen. Ich weiß noch, wie ich erschrocken dachte: Als die dir die Hand geschüttelt haben, muß doch die Uniform schon beim Schneider maßgenommen worden sein.“

– die *Erfahrung der infragegestellten Berufsidentität*:

Hildegard THATE: „Ich habe erst eine Weile gedacht: Jetzt mache ich nur noch meine Pflicht in der Nazi-Schule. Da kann man doch gar nicht mehr mit Begeisterung Lehrerin sein. Aber nach einer Weile wurde mir klar, wie ungerecht dies gegenüber den Kindern wäre – und gegenüber den proletarischen Kindern doch besonders. Da habe ich dann wieder mein Bestes zu geben versucht – für die Kinder.“

Bruno LAUB: „Ich bin später nach 45, manchmal noch, auch von Genossen, gefragt worden, wie konnste denn damals unter den Nazis Lehrer bleiben – guten Gewissens?
Aber ich sehe das anders: Ich hatte doch einiges Ansehen und einige Einflußmöglichkeiten als Lehrer. Die Schüler vertrauten mir, auch einige Eltern. Hätte ich freiwillig als Dreher in die Fabrik nach Borsigwalde zurückkehren sollen?“

– die *Erfahrung der Orientierungsschwierigkeit* aufgrund zunehmender Isolation:

Peter GILLIES: „Ich werde diesen Abend am 9. November 1938 nie vergessen. Ich wohnte oben im Schulhaus in einem kleinen Zimmer und hörte dort, wie sich die Nazi-Gruppen zusammenrotteten ... Sie zerschmissen aber erst einmal in der Synagoge die Scheiben und steckten dort alles in Brand. Du wirst nicht glauben, was ich damals tat: Ich ging zuerst zu dem Telefon, das wir im Schulhaus hatten und rief bei der Feuerwehr an ...“

Ludwig de PELLEGRINI: „Auch an dieser Schule waren viele Lehrer in Uniform, und ich zog mich nun aber auch selbst sehr zurück. Ich hatte mich da richtig isoliert, ging nicht ins Lehrerzimmer und sprach mit niemandem mehr als unbedingt nötig. Ich wollte nicht mehr.“

Bruno LAUB: „Klar habe ich mitunter auch gedacht: Bist du denn vielleicht doch verrückt? Alle anderen sind begeistert, nur du nicht. Es wäre auch gelogen, wenn ich sagen würde, daß ich nie Angst hätte.“

– die *Erfahrung der andauernden Selbstbehauptung* gegenüber Anpassungsversuchen:

Fritz HIRSCH: „Wenig später suchte ich den Leiter vom Landesjugendamt Berlin auf. Er erklärte mir rundheraus: ‚Sie können ... als Jugenderzieher arbeiten, wenn Sie Mitglied der NSDAP werden. Tun Sie es nicht, dann sind Sie für uns ein toter Mann.‘ Auch das noch, (dachte ich) erst zum Verbrecher erklärt und dann deren Hitlerjugend organisieren. Ich verzichtete.“

Maria HOLST über Elisabeth FLÜGGE: „Noch im Jahr 1938 zitierte Mutter uns Kinder eines Tages mit ernstem Gesicht ins Wohnzimmer. Sie berichtete, daß sie eine Aufforderung erhalten habe, in die Partei einzutreten und sie andernfalls mit Entlassung rechnen müßte. Sie besprach dies mit uns, weil dies uns dann ebenfalls materiell betreffen würde und sie diese Entscheidung nicht allein treffen wolle. Wir waren nun schon älter und konnten verstehen, was dieser Schritt für sie bedeutet hätte. So sagten wir beide: ‚Das machst Du nicht!' Da war sie sehr erleichtert und ist dann auch nicht eingetreten."

Dieses Vorgehen einer vergleichenden Analyse blieb jedoch dort unergiebig, wo nicht allmählich *psychologische* und *historische* Strukturierungsangebote entwickelt werden konnten. Das bedeutete

- oppositionelles Verhalten in unterschiedlichen Abstufungen zu identifizieren, deren Kenntnis zunehmend Voraussetzung zum Begreifen von Ursachen wie Wandlungen dieses Verhaltens wurde und
- oppositionelles Verhalten im Kontext der sich verändernden gesellschaftlichen Bedingungen zu verstehen, wodurch immer deutlicher wurde, daß die Darstellung der NS-Zeit als monolithischer Block ebenso falsch wäre wie die als einer historisch singulären Figuration.

Dies war nicht möglich ohne Einbeziehung aller bisher dahin zusammengetragenen ‚Mosaiksteine' und ergab allmählich ein Raster, in das sich vieles einordnen ließ, ohne daß es zu willkürlichen Akten der Auswahl oder Ignoranz kam. Im Gegenteil wurde häufig erst dann ein ‚Mosaikstein' für ‚passend' befunden und ausgewählt für die Veröffentlichung, wenn er für andere, jedoch im Vergleich unvollständigere ‚Steinchen' stellvertretend benutzt werden konnte.

Dieses Vorgehen führte dazu, daß einmal das psychologische Raster einer Abstufung oppositionellen Verhaltens von Detlev PEUKERT (1985^2, 54: *Nonkonformität – Verweigerung – Protest – Widerstand*) für den Raum Schule ausgemessen und um eine zu diesen vier Merkmalen quer liegende Kategorie der *‚Opposition aufgrund von Denunziation'* erweitert wurde.

Zum anderen führte es dazu, ein historisches 4-Phasenmodell der NS-Zeit (Im Unterschied z. B. zu SCHOLTZ' 3-Phasenmodell unter ‚erziehungspolitischem' Aspekt; vgl. SCHOLTZ 1985, 50–55) zu entwickeln: *Gleichschaltung* (1933–34) – *Gewöhnung* (1935–38) – *Größenwahnsinn* (1939–42) – *Gebrochenheit* (1942–45)."

Diesen beiden Schwerpunkten unter der Überschrift „Interpretation der NS-Zeit: Möglichkeiten ‚anderer' Orientierungen 1933–1945" wird ein Kapitel vorangestellt, das sozialgeschichtliche Entwicklungen der beruflichen Identität von Lehrerinnen und Lehrern vor 1933 beschreibt. Die Beschränkung auf *sozialgeschichtliche* Aspekte ist Ausdruck eines insgesamt mangelhaften Forschungsstandes, den ich unter *sozialpsychologischem* Aspekt zumindest durch den kulturanthropologischen Exkurs über den Widerstand der norwegischen Lehrerschaft sowie die Diskussion über eine weithin unbekannte Studie über Orientierungen in der Bevölkerung vor 1933 von Erich FROMM (1980) zu erweitern suche.

Der Teil II endet mit einem Kapitel, das vor allem der Frage nachgeht, warum während der NS-Zeit oppositionelle Pädagoginnen und Pädagogen bis heute in nur äußerst geringem Maße Gegenstand erziehungswissenschaftlicher und pädagogischer Erörterungen waren. Diese kritische Analyse, die exemplarisch anhand zweier Pädagogen betrieben wird, die selbst als mitverantwortlich für diesen Zustand anzusehen sind, soll gleichsam Voraussetzung für eine notwendige Neuorientierung sein. Sie hätte die Erfahrungen derer einzubeziehen, die sich bereits für demokratische und humane Errungenschaften engagierten und ihren Kopf dafür hinhielten, als dies mehrheitlich keineswegs opportun erschien.

Die Bedeutung des Teils II liegt insgesamt weniger in seinem forschungsspezifischen Neuigkeitswert, als vielmehr in der Möglichkeit, durch die ergänzend zu Teil I aufbereiteten Materialien zu einem vertieften Verständnis der Zeitzeugenberichte zu kommen.

Abschließend wird die Frage nach der lebensgeschichtlichen Relevanz aufrechten Gangs für einen jeden von uns diskutiert: Gibt es eine „Ästhetik des aufrechten Gangs“? Wie wird Geschichte nicht nur erlitten, sondern bewußt gelebt?

Es gilt – mit dem Wort von Carola STERN (1982, 153) – die Gegenwart zu bewältigen, wenn wir noch eine Zukunft haben wollen. Nur darum dürfen wir die Vergangenheit nicht sinnlos auf sich beruhen lassen.

Unbewältigte Gegenwart ...

Hamburg 1987.

Dammtor-Bahnhof. Ich warte auf den letzten Zug. Nur wenige Menschen stehen zu dieser späten Stunde auf dem Bahnsteig, fröstelnd, müde, jeder für sich. Ein lausig kalter Wind läßt erste Schneeflocken unter Neonlampen tanzen.

Dem Dammtor-Bahnhof gegenüber, von niemandem beachtet, steht auf einer Wiese ein großer, würfelförmiger Stein – jetzt in der Dunkelheit ohnehin nur schwer als Denkmal zu erkennen.

Auf dieser Wiese wurden während der Nazizeit hunderte, tausende Hamburger Juden „gesammelt“, bevor sie vom Bahnhof aus in Viehwagen in die Vernichtungslager transportiert wurden. Manchmal tage- und nächtelang eingesperrt, ohne Verpflegung und Wärme, oft ohne die Möglichkeit, die Notdurft wenigstens außerhalb der Waggons verrichten zu können. Zwischen Oktober 1941 und Februar 1945 gingen insgesamt 17 Transporte von Hamburger Bahnhöfen u. a. nach Auschwitz und Theresienstadt. Die nachgewiesene Zahl der Hamburger Deportationsopfer umfaßt über 7800 Menschen.

Sie standen dort auf der Wiese und dann hier auf dem Bahnsteig, müde, fröstelnd. Mit dem letzten Koffer, dem letzten Schmuck waren sie die letzten Menschen, die nicht mehr hatten fliehen können oder wollen. Manche bis zuletzt an die sie vernichtende Propaganda glaubend: Mit dem Spaten in der Hand, zuweilen einem gerade noch erworbenen, für den angeblichen Arbeitseinsatz im Osten.

Die Kinder tragen nicht selten mehrere Kleidungsstücke übereinander, sicher wegen der Kälte, aber auch weil so mehr mitgenommen werden kann zum unbekannten Ziel. Eine deutsche Schule haben sie schon lange nicht mehr besuchen dürfen. Die letzten jüdischen Schulen stehen kurz vor ihrer zwangsweisen Schließung.

Endlich kommt unsere Bahn. Hellerleuchtet, geheizt und mit bequem gepolsterten Sitzbänken ausgestattet, an einigen Wänden die üblichen Schmierereien. Ich fahre nur zwei Stationen.

1. Interpretation der Ursprünge: Orientierungen bei Lehrerinnen und Lehrern vor 1933

„Die Menschheitsgeschichte begann mit einem Akt des Ungehorsams, und es ist nicht unwahrscheinlich, daß sie mit einem Akt des Gehorsams ihr Ende finden wird."

Erich FROMM (1982, 9)

1.1. Orientierung am Wirklichen – Norwegische Lehrerinnen und Lehrer 1940 bis 1945*)

Im Frühjahr 1942 erreicht die norwegische Exil-Regierung in London ein detaillierter Bericht von Landsleuten aus dem von der deutschen Wehrmacht besetzten Norwegen. Das Zentralorgan der britischen Lehrergewerkschaft (NUT) „THE SCHOOLMASTER & WOMAN TEACHER'S CHRONICLE" veröffentlicht diesen Bericht, ergänzt durch weitere Zeugenaussagen und Kommentare, in fünf Folgen ihrer Ausgaben vom 21. Mai bis 2. Juli 1942 unter der Überschrift „Der Kampf der norwegischen Lehrer".

Was war geschehen – und wieso kann das Verhalten der norwegischen Lehrerinnen und Lehrer hier zur Einleitung dienen?

Zunächst zum Ablauf der Ereignisse:

*) Die Formulierung „Orientierung am Wirklichen" ist im Gegensatz zu MITSCHERLICHS Begriff der „Orientierung am Unwirklichen" getroffen, dessen Aussage sie als einen der Anlässe für ihre Studie „Die Unfähigkeit zu trauern" (1967, 16) angeben: „Diese deutsche Art, das schier Unerreichbare kompromißlos zu lieben, daß das Erreichbare darüber verlorengeht, wiederholt sich in der deutschen Geschichte seit dem Heiligen Römischen Reich Deutscher Nation".

Zwar gab es auch in Norwegen seit 1933 eine faschistische „Nationale Volkserhebung" (später „Nasjonal Samling" genannt), die jedoch bis 1940 nicht mehr als 2% der Wählerstimmen und nicht einen einzigen Parlamentssitz erringen konnte. Ihr Parteivorsitzender Vidkun QUISLING[1] wurde bereits im Dezember 1939 von Hitler empfangen und stellte sich und seine Organisation unmittelbar nach der deutschen Invasion am 9. April 1940 dem deutschen Reichskommissar TERBOVEN zur Verfügung.

Im September 1940 wurde dies von den deutschen Besatzern damit honoriert, daß die norwegisch-internen Regierungsgeschäfte an die „Nasjonal Samling" übertragen wurden. Da bis zu diesem Zeitpunkt die norwegische Bevölkerung in ihrer eindeutigen Mehrheit ablehnend gegenüber der Propaganda der faschistischen Partei geblieben war, hoffte die „Nasjonal Samling" nun besonders auf die Begeisterungsfähigkeit und potentielle Oppositionshaltung von Jugendlichen gegenüber der Erwachsenengeneration, die „unfähig sei, den Aufbruch der neuen Zeit zu begreifen". Da das norwegische Schulwesen weitgehend staatlich organisiert ist, wurde hier eine besondere Möglichkeit der Einflußnahme gesehen:

Bereits im Winter 1940/41 wurde eine Reihe von Erlassen herausgegeben, die u. a. vorsahen, daß QUISLINGS Portrait in allen Klassenzimmern aufzuhängen sei, daß Deutsch (statt bisher Englisch) erste Fremdsprache zu sein habe und daß alle demokratisch-orientierten Schulbücher für den Geschichts- und Politikunterricht zu entfernen seien.

Als im Februar 1941[2] schließlich ein Erlaß herauskam, nach dem das Programm der „Nasjonal Samling" im Unterricht gelehrt werden soll-

---

[1] QUISLING, Vidkun (1887–1945), norwegischer Politiker und Offizier, der zunächst von der russischen Revolution begeistert 1922 – 26 Hilfsmaßnahmen für die hungernde sowjetische Bevölkerung mitorganisierte; 1927 – 28 Legationssekretär an der norwegischen Botschaft in Moskau; wandelte sich nach seiner Heimkehr 1930 zum radikalen Antikommunisten und gründete 1933 die „Norwegische Volkserhebung" (spätere „Nasjonal Samling"); nach der deutschen Invasion am 9.4.1940 wurde seine Partei zur einzig zugelassenen von den deutschen Besatzern erklärt, er selbst wurde 1942 zum Ministerpräsidenten „gemacht"; im Mai 1945 verhaftet, zum Tode verurteilt und am 24.10.1945 hingerichtet (nach ZENTNER/BEDÜRFTIG 1985, 463).

[2] In der Ausgabe des „SCHOOLMASTER" vom 21.5.1942 wird hierfür der Februar 1940 als Termin angegeben. Dies scheint, wie einige andere Daten in dieser Artikelserie auf einem journalistischem Irrtum zu beruhen, da die deutsche Invasion selbst erst im April 1940 erfolgte. Sie widersprechen auch den Daten, die im Bericht des Royal Norwegian Ministry of Information, London, „Norwegian Survey" vom 8.5.1942 angegeben werden; als Dokument in der NUT-Library, London.

te, kam es zum ersten Mal zu einem landesweiten Schulstreik: Er war – nachdem es zu tätlichen Auseinandersetzungen zwischen Schülern und Angehörigen von QUISLINGS „Sturmtruppen“ gekommen war – gemeinsam von Lehrern, Eltern und Schülern organisiert worden und erreichte in den Großstädten Oslo, Bergen und Trondheim nahezu 100 % der Schulen. Dies überraschte die „Nasjonal Samling“ so, daß zunächst einige Erlasse zurückgenommen wurden, um eine weitere Eskalation zu vermeiden. Gleichwohl wurden in den folgenden Wochen mehrere Lehrerinnen und Lehrer, die sich bei den Streiks oder anderen Protestaktionen beteiligt hatten, verhaftet, und ihre Stellen wurden Mitgliedern der „Nasjonal Samling“ übertragen.

Im Mai 1941 beteiligten sich die großen Lehrerorganisationen des Landes an einer Protestveranstaltung von insgesamt 43 Verbänden gegen das faschistische QUISLING-Regime. In den nationalen Lehrergewerkschaften und -organisationen wurde in den folgenden Monaten intensiv darüber diskutiert, welche Schritte als nächstes zu unternehmen seien. So war es kein Zufall, daß QUISLING bereits fünf Tage nach seiner Ernennung zum „Ministerpräsidenten“ am 1. Februar 1942 als eine der ersten „Amtshandlungen“ eine Bestimmung erließ, wonach eine „Nationale Lehrerfront“ („Laerersamband“) ab sofort einzurichten sei, die alle bisherigen Lehrerorganisationen zu ersetzen habe und deren Mitgliedschaft für alle Lehrerinnen und Lehrer des Landes obligatorisch sei. Einen Tag später wurde eine Pflichtorganisation für alle norwegischen Kinder und Jugendlichen im Alter von 10–18 Jahren eröffnet – die „Nasjonal Samling-Jugendbewegung“. Die nach den Schulstreiks vom Februar 1941 zurückgenommenen Erlasse wurden erneut ausgegeben.

Die Lehrerinnen und Lehrer riefen nun als ersten Schritt zu Protestschreiben an das Erziehungsministerium gegen diese Form der Gleichschaltung auf, dem bis Ende Februar 1942 mehr als 12.000 der insgesamt 14.000 norwegischen im Schuldienst tätigen Pädagogen nachgekommen waren. Als Antwort reagierte das QUISLING-Regime auf zwei Ebenen: Zunächst wurden von Regierungsseite alle Grund- und weiterführenden Schulen für einen Monat geschlossen, um ein Übergreifen der schulischen Unruhen auf andere gesellschaftliche Gruppen – und damit einen möglichen nationalen Streik – zu verhindern. Außerdem wurde am 5. März 1942 über Rundfunk eine Erklärung verbreitet, um einige „Mißverständnisse“, die unter der norwegischen Lehrerschaft „noch immer“ herrschten, „aufzuklären“ und gleichzeitig die Verhaftung von 300 Lehrern anzukündigen, die besonders aktiv gewesen waren – „auch als Warnung für alle anderen“. Es wurde eine Frist gesetzt, innerhalb derer alle anderen Lehrerinnen und Lehrer ihren „Irrtum wiedergutmachen“ könnten, indem sie umgehend in den „Laerersamband“ eintreten würden. Doch nur eine Handvoll Kollegen kam dieser Drohung nach. Nun wurden in der Tat zunächst, wie angekündigt, jene 300 Lehrer verhaftet und entweder ins Konzentrationslager Grini bei Oslo oder zur Strafarbeit gemeinsam mit sowjetischen Kriegsgefangenen in den Norden des Landes verbracht.

Als kurz darauf eine zweite und dritte Verhaftungswelle einsetzte, kam es zu zahlreichen spontanen Demonstrationen in vielen Städten und Dörfern des Landes. Häufig wurden verhaftete Lehrer von Eltern und ganzen Schulklassen bis zu den Bahnhöfen begleitet, wobei ihnen Ermutigungen zum Durchhalten zugerufen wurden. Direkte Kontakte wurden von Wachmannschaften unterbunden, vereinzelt kam es auch zu tätlichen Auseinandersetzungen zwischen der Bevölkerung und dem Wachpersonal.

Ende März 1942 waren 1300 männliche Lehrer verhaftet, während demgegenüber das QUISLING-Regime nicht mehr als 500 in den „Laerersamband" eingetretene Lehrerinnen und Lehrer melden konnte.

Schließlich griff die „Nasjonal Samling" zu einem vermeintlichen „Trick": Am 8. April 1942 erklärte der Erziehungsminister, daß diejenigen Lehrer, die nach den Ferien ihren Dienst wieder antreten würden, „automatisch" Mitglieder des „Laerersamband" wären. Diejenigen, die nicht erscheinen würden, müßten sich als aus dem Schuldienst entlassen betrachten.

Am 9. April 1942 erschienen die meisten norwegischen Lehrerinnen und Lehrer in ihren Schulen, lasen jedoch zu Beginn ihres Unterrichts allen Schülerinnen und Schülern einen Text vor, der bereits für diesen Fall vorbereitet worden war und der es verdient, wörtlich wiedergegeben zu werden:

„Jede Kinderseele, der wir zur Entfaltung verhelfen . . ."

Erklärung der norwegischen Lehrerschaft vom 9. April 1942

„. . . ‚Ich bekräftige meinen Protest gegen eine Mitgliedschaft in der norwegischen ‚Lehrerfront'. Gleichzeitig muß ich aus Verpflichtung gegenüber meinem Beruf und meinem Gewissen erklären, daß ich wünsche, in Übereinstimmung mit den Vorstellungen meiner Schüler und ihrer Eltern, weiter lehren zu können. Ich fordere, daß dies meinen vorgesetzten Stellen bekannt gemacht wird!'

Diese Erklärung habe ich gemacht, weil ein Mitglied in der norwegischen ‚Lehrerfront' zu sein und zu unterrichten, zwei fundamental verschiedene Dinge sind. Aus diesem Grund bin ich nicht in der Lage, die Ansicht unseres Ministers anzuerkennen, daß jeder, der unterrichtet, von nun an Mitglied der ‚Lehrerfront' sein soll.
‚Jede Kinderseele, der wir zur Entfaltung verhelfen, ist neues Gebiet für unser Land', sagt eines unserer schönsten Volkslieder. . . .

Wir sind mit der Aufgabe betraut worden, Euch Kindern das Wissen und die Übung gründlichen Arbeitens zu geben, die notwendig sind, damit Ihr eine umfassende und vielfältige Entwicklung als Menschen erhaltet, so daß jeder von Euch seinen Platz in der Gemeinschaft zur Freude und zum Nutzen von sich selbst und allen anderen finden kann. ...
Die Aufgabe des Lehrers ist nicht nur, den Kindern Wissen zu geben. Er muß die Kinder genauso lehren, an das zu glauben und einzufordern, was wahr und gerecht ist. Deshalb ist er nicht in der Lage, etwas zu unterrichten, das in Konflikt zu seinem Gewissen steht. Jeder, der es dennoch tut, begeht ein Verbrechen sowohl gegen seine Schülerinnen und Schüler als auch gegen sich selbst. Das, so verspreche ich Euch, will ich niemals tun.
Ich werde weder etwas von Euch fordern, das ich selbst als falsch betrachte, noch werde ich etwas unterrichten, daß meiner Meinung nach nicht mit der Wahrheit übereinstimmt. Folglich werde ich mich von meinem Gewissen leiten lassen, und ich glaube, daß ich damit in Übereinstimmung mit der großen Mehrheit unseres Volkes bin, das mir meine pädagogischen Aufgaben anvertraut hat.“[3]

Mehr als 200000 Eltern unterstützten in Solidaritätsschreiben diesen Aufruf der Lehrerinnen und Lehrer, die wiederum an das Erziehungsministerium gerichtet waren. QUISLING bat daraufhin den NS-Reichskommissar TERBOVEN um Unterstützung. Dieser erklärte am 21. April 1942, kurz nach dem zweiten Jahrestag der deutschen Invasion in Norwegen, in einer Ansprache[4]:

„Die Verweigerung der norwegischen Lehrer, die uns gegenüber oppositionell eingestellt sind, müssen als ein Streik betrachtet werden. Ein Streik jedoch ist ein Versuch, die öffentliche Ordnung zu stören und bedroht dadurch die Interessen Deutschlands und die Sicherheit der Deutschen Wehrmacht. Diese Tatsache ist nicht länger eine interne norwegische Angelegenheit, da ich beauftragt bin, die deutschen Interessen in Norwegen zu schützen. Ich bin vorbereitet, diese meine Pflicht mit aller notwendigen Strenge und Entschlossenheit durchzuführen.“

---

3) Aus dem Englischen nach: The Report of a Joint Commission of the London International Assembly and Council for Education in World Citizenship: Education and the United Nations, London 1943, 53; als Dokument in der NUT-Library, London.

4) Aus dem Englischen nach der Veröffentlichung im „SCHOOLMASTER“ vom 11.6.1942: The Fight of the Norwegian Teachers – Part III: The Weapon of Terror, frontpage.

In den folgenden Monaten setzte ein bislang für norwegische Verhältnisse unvorstellbarer Terror ein, besonders gegenüber den bereits über 1300 verhafteten Lehrern, von denen über 700 eine „Sonderbehandlung" mit gezielten Folterungen erlitten, die auch zu Todesfällen führten. Doch die Zahl der Lehrer, die unter diesen Quälereien aufgaben und ihre „Laerersamband"-Mitgliedschaft unterschrieben, blieb bis zuletzt verschwindend gering. Erst als deutlich wurde, daß QUISLING seine Pläne aufgab, auch andere Berufsgruppen in einen von der „Nasjonal Samling" geführten „Arbeidssamband" zu pressen, empfahl die norwegische Widerstandsleitung im November 1942 den noch immer gefangenen Lehrern, unter der Bedingung der Freilassung nun doch die Mitgliedschaft zum „Laerersamband" zu unterschreiben, um weiteres sinnloses Leiden zu verhindern.
In einem heimlich verbreiteten Text des norwegischen Widerstands Ende 1942 heißt es dazu:

„Der Sieg ist gewonnen, ..., der Laerersamband moralisch gebrochen. Die dreivierteltausend Lehrer, die Gefangenenlager und Transport ausgehalten haben, und die zehntausend übrigen norwegischen Lehrer und Lehrerinnen, die ebenso gehandelt haben würden, können nach all dem niemals mehr zu Werkzeugen der Nazifizierung der norwegischen Jugend werden.

Nachdem der Angriff abgeschlagen ist, kann Norwegen die Männer die uns den Sieg gebracht haben, nicht länger entbehren. Ihnen dürfen weitere Opfer nicht auferlegt werden. Wir brauchen sie anderswo, mitten unter uns, als Lehrer der Jugend, als Stolz aller Norweger, als die, die mehr als irgend jemand unserem Volk den Adelsbrief unter den Nationen verliehen haben." (nach HECKMANN 1966, 64, vgl. auch Anm. 5).

Durch das Verhalten der Lehrerinnen und Lehrer, die als erste in eine gleichgeschaltete Organisation gepreßt werden sollten, wurden die Pläne zum Aufbau weiterer gleichgeschalteter Berufsverbände bis zum

[5] Der Autor dieser ersten und m. W. bislang einzigen deutschsprachigen Schilderung des norwegischen Lehrerwiderstands (in „Neue Sammlung" 1/1966) verdient besondere Erwähnung: HECKMANN, Gustav (geb. 1898), Prof., Dr., 1924 Promotion, 1925 Lehramtsprüfung, 1927–31 Lehrer am sozialistischen Landerziehungsheim Walkemühle/Hessen, 1931–33 Mitarbeiter der sozialistischen Zeitschrift „Der Funke" (ISK), 1933 Emigration mit seiner ehemaligen Walkemühler Schulleiterin Minna SPECHT zunächst nach Dänemark, ab 1938 nach England, gemeinsame Fortführung reformpädagogischer Arbeit, 1942–46 in der britischen Armee, ab 1946 Pädagogikprofessor an der PH Hannover, nach 1945 Eintritt in die SPD; Austritt, als die SPD ihren Kampf gegen die Atomrüstung aufgab; 1973 Wiedereintritt unter dem Eindruck der Entspannungspolitik Willy BRANDT's (nach FEIDELMERTZ 1983, 240 f.).

Kriegsende weitgehend verhindert. Dabei darf die Unterstützung, aber auch der eigenständige Kampf vieler Kirchenvertreter und anderer Berufsgruppen nicht unerwähnt bleiben. Insgesamt führte dies zum Scheitern des Vorhabens QUISLINGS, eine repräsentative Basis für eine nationale Regierung aufzubauen, vor deren Hintergrund er dann als „souveräner Staat“ mit Deutschland hätte „Frieden“ schließen können.

Ohne Frage ist die Situation der norwegischen Lehrerinnen und Lehrer, die sich gegen eine Besatzungsmacht und ihre Kollaborateure im eigenen Land wehren, nicht einfach vergleichbar mit den Bedingungen, unter denen jene Minderheit oppositioneller Lehrerinnen und Lehrer in Deutschland zu arbeiten haben, die in aller Regel auf keinen oder nur einen eng begrenzten Rückhalt unter Kollegen, Eltern und Schülern hoffen können.

Das Wissen um die norwegische Erfahrung ist jedoch geeignet, einen für die Fragestellungen dieser Arbeit kontrastierenden Hintergrund zu schaffen. Denn hier wird als Maßstab nicht das abstrakt Vorstellbare oder das moralisch zu Erhoffende genutzt, sondern es ist die Konkretisierung des faktisch Möglichen – die „Orientierung am Wirklichen“ – die herausfordert.

Zwei Jahre nach Kriegsende beschreibt der norwegische Autor Ferdinand SCHJELDERUP (1947, nach HECKMANN 1966, 59) in einem internationalen Vergleich den Anteil bewußter gesellschaftlicher Orientierung, in deren Kontext die Lehrerinnen und Lehrer handelten:

> „Wenige Länder haben mehr Gewicht auf die Volksbildung gelegt als Norwegen. Das kommt vor allem zum Ausdruck in dem Bemühen unserer Schulgesetzgebung, einen Lehrerstand aus freien und selbständigen Persönlichkeiten zu schaffen. Indem unser Staat die Lehrer gegen die Möglichkeit der Amtsenthebung, außer aufgrund von Gesetz und Gerichtsurteil, schützte, hat er dafür gesorgt, daß die Erzieher der Jugend nicht vor kleinen oder großen Machthabern zu kriechen und also einen Konflikt mit ihrem Gewissen nicht zu riskieren brauchen.“

Welche Kraft zum Handeln von der Stärkung solchen Bewußtseins ausgehen kann, welche Bedeutung gesellschaftliche Bedingungen und Kommunikationsformen, die ein solches Bewußtsein fördern, haben und selbst unter veränderter Herrschaftsformation im widerständigen Sinne wirksam bleiben können, veranschaulichen die Erfahrungen der norwegischen Lehrerinnen und Lehrer. Es war nicht der Grad der Bedrohtheit der eigenen Person, der ihr Maß an Mut und Handlungsfähigkeit bestimmte – sie hatten zweifelsohne mit deutschen Lehrerinnen und Lehrern vergleichbare psychische und physische Quälereien von den Machthabern zu erleiden – sondern zwei andere Faktoren fallen ins Auge:

Die Sicherheit in der Bestimmung der persönlichen Orientierung, das stabile Bewußtsein von Gerechtigkeit und Ungerechtigkeit, von Wahrheit und Lüge – und das Wissen um ein hohes Maß an Übereinstimmung dieser persönlichen Orientierung mit den Werten und Verhaltensweisen der sozialen Gruppe, der man sich zugehörig fühlt, unabhängig davon, ob diese Gruppe zu den Herrschern oder – wie im vorliegenden Fall – zu den Beherrschten gehört.

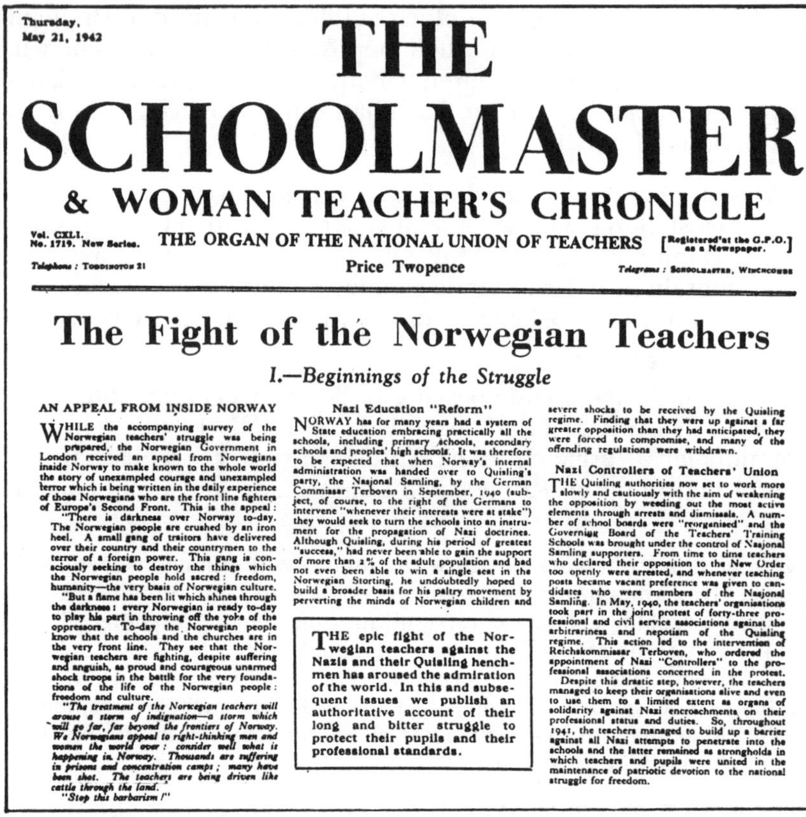

Thursday,
May 21, 1942

THE SCHOOLMASTER
& WOMAN TEACHER'S CHRONICLE

Vol. CXLI.
No. 1719. New Series.

THE ORGAN OF THE NATIONAL UNION OF TEACHERS

[Registered at the G.P.O. as a Newspaper.]

Telephone: Toddington 21

Price Twopence

Telegrams: Schoolmaster, Winchcombe

The Fight of the Norwegian Teachers

I.—Beginnings of the Struggle

AN APPEAL FROM INSIDE NORWAY

WHILE the accompanying survey of the Norwegian teachers' struggle was being prepared, the Norwegian Government in London received an appeal from Norwegians inside Norway to make known to the whole world the story of unexampled courage and unexampled terror which is being written in the daily experience of those Norwegians who are the front line fighters of Europe's Second Front. This is the appeal:

"There is darkness over Norway to-day. The Norwegian people are crushed by an iron heel. A small gang of traitors have delivered over their country and their countrymen to the terror of a foreign power. This gang is consciously seeking to destroy the things which the Norwegian people hold sacred: freedom, humanity—the very basis of Norwegian culture.

"But a flame has been lit which shines through the darkness: every Norwegian is ready to-day to play his part in throwing off the yoke of the oppressors. To-day the Norwegian people know that the schools and the churches are in the very front line. They see that the Norwegian teachers are fighting, despite suffering and anguish, as proud and courageous unarmed shock troops in the battle for the very foundations of the life of the Norwegian people: freedom and culture.

"The treatment of the Norwegian teachers will arouse a storm of indignation—a storm which will go far, far beyond the frontiers of Norway. We Norwegians appeal to right-thinking men and women the world over: consider well what is happening in Norway. Thousands are suffering in prisons and concentration camps; many have been shot. The teachers are being driven like cattle through the land.

"Stop this barbarism!"

Nazi Education "Reform"

NORWAY has for many years had a system of State education embracing practically all the schools, including primary schools, secondary schools and peoples' high schools. It was therefore to be expected that when Norway's internal administration was handed over to Quisling's party, the Nasjonal Samling, by the German Commissar Terboven in September, 1940 (subject, of course, to the right of the Germans to intervene "whenever their interests were at stake") they would seek to turn the schools into an instrument for the propagation of Nazi doctrines. Although Quisling, during his period of greatest "success," had never been able to gain the support of more than 2% of the adult population and had not even been able to win a single seat in the Norwegian Storting, he undoubtedly hoped to build a broader basis for his paltry movement by perverting the minds of Norwegian children and severe shocks to be received by the Quisling regime. Finding that they were up against a far greater opposition than they had anticipated, they were forced to compromise, and many of the offending regulations were withdrawn.

THE epic fight of the Norwegian teachers against the Nazis and their Quisling henchmen has aroused the admiration of the world. In this and subsequent issues we publish an authoritative account of their long and bitter struggle to protect their pupils and their professional standards.

Nazi Controllers of Teachers' Union

THE Quisling authorities now set to work more slowly and cautiously with the aim of weakening the opposition by weeding out the most active elements through arrests and dismissals. A number of school boards were "reorganised" and the Governing Board of the Teachers' Training Schools was brought under the control of Nasjonal Samling supporters. From time to time teachers who declared their opposition to the New Order too openly were arrested, and whenever teaching posts became vacant preference was given to candidates who were members of the Nasjonal Samling. In May, 1940, the teachers' organisations took part in the joint protest of forty-three professional and civil service associations against the arbitrariness and nepotism of the Quisling regime. This action led to the intervention of Reichskommissar Terboven, who ordered the appointment of Nazi "Controllers" to the professional associations concerned in the protest.

Despite this drastic step, however, the teachers managed to keep their organisations alive and even to use them to a limited extent as organs of solidarity against Nazi encroachments on their professional status and duties. So, throughout 1941, the teachers managed to build up a barrier against all Nazi attempts to penetrate into the schools and the latter remained as strongholds in which teachers and pupils were united in the maintenance of patriotic devotion to the national struggle for freedom.

Abb. 1: Artikelserie in der britischen Lehrergewerkschaftspresse im Sommer 1942: „Der Kampf der norwegischen Lehrer".

1.2. Orientierungen bei deutschen Arbeitern und Angestellten (FROMM-Studie 1929)

Erst im Jahre 1980 wurde unter dem Titel „Arbeiter und Angestellte am Vorabend des Dritten Reiches“ eine sozialpsychologische Studie des ehemaligen Frankfurter Psychoanalytischen Instituts veröffentlicht, für die ab 1929 Erich FROMM verantwortlich zeichnete.[6)]

Zwar gibt es einige zeitgenössische empirische Untersuchungen über die objektive Lebenssituation verschiedener Bevölkerungsgruppen während der Weimarer Republik, die in den letzten Jahren durch zahlreiche Ergebnisse der Biographieforschung ergänzt wurden (vgl. NIETHAMMER 1985[2]). Der besondere Wert der zeitgenössischen Studie von Erich FROMM und seinen Mitarbeitern besteht nun demgegenüber darin, gleichzeitig die subjektive Wahrnehmung und Verarbeitung der Menschen unter damaligen Bedingungen und in aktueller Befragung zu thematisieren:

Wie verarbeiten Menschen eine sich ändernde gesellschaftliche Wirklichkeit? Wie ändern sich unter belastender werdenden Bedingungen ihre Orientierungen?

Und: Welche Orientierungen erweisen sich als stabilisierend für die vorherrschende oder sich entwickelnde gesellschaftliche Hauptströmung? Welche Orientierungen oder Einstellungen erweisen sich eher als widerständig gegenüber faschistischen Versuchungen?

Welche Widersprüchlichkeiten treten dabei auf, deren Verständnis offensichtlich nicht nur sozioökonomische, sondern auch psychologische Erklärungsmodelle erfordert?

---

6) Hierbei ist anzumerken, daß sich Max HORKHEIMER als langjähriger Leiter des Instituts sowie einige Mitarbeiter später von dieser Studie distanzierten. Nach einer Aussage FROMM's vom 22.2.1977 vor allem deshalb, weil dieser die Studie für „zu marxistisch“ hielt und selbst in der US-amerikanischen Emigration noch eine Veröffentlichung zu verhindern suchte. Nach dem endgültigen Ausscheiden FROMM's aus dem Institut 1939 nahm er als bis dahin zuständiger Projektleiter die Materialien und bis dahin erstellten Arbeitsergebnisse mit, die später zumindest teilweise unter dem Titel „German Workers 1929 – A Survey, its Methods and Results“ erscheinen sollten, wobei es jedoch tatsächlich bis zum Jahr 1980 zu keiner Veröffentlichung der Studie mehr kam (BONSS 1980, 7 f.).

Die zentrale Aussage der Studie, die an einigen ausgewählten Beispielen im folgenden noch näher erläutert wird, faßt der Herausgeber der deutschen Ausgabe, Wolfgang BONSS (1980, 38) so zusammen:

> „. . . hieraus ergibt sich ein ebenso interessantes wie bislang kaum gesehenes Argument, das dazu beitragen kann, die weitgehend geräuschlose Durchsetzung des Faschismus nach 1933 besser zu begreifen:
>
> Die nach außen getragene Verbalradikalität täuscht nämlich offensichtlich über die tatsächlichen antifaschistischen Potentiale der Arbeiterbewegung hinweg, und betrachtet man die Diskrepanz zwischen manifester Meinung und latenten Einstellungen so scheint in vielen Fällen der linke Outlook durch tieferliegende Persönlichkeitszüge neutralisiert bzw. pervertiert worden zu sein, so daß die Weimarer Linke, so FROMM's entscheidende Schlußfolgerung, trotz aller Wahlerfolge schon aufgrund der Charakterstruktur ihrer Mitglieder kaum in der Lage war, den Sieg des Nationalsozialismus zu verhindern."

Bevor diese These anhand einiger Beispiele näher erklärt werden soll, ist zunächst noch einiges zum gesellschaftspolitischen und wissenschaftstheoretischen Umfeld zu sagen, das die Entstehung der Studie ermöglichte und in ihrem Kern bemerkenswerte Bezüge zu unserer heutigen Situation aufweist:

Hatte die junge Arbeiterbewegung des 19. Jahrhunderts noch die Thesen von MARX über die Krisenhaftigkeit des Kapitals und den notwendigen Sieg des Proletariats anscheinend Schritt für Schritt bestätigt, so war das Vertrauen zumindest in die Fähigkeit zur Voraussage zwangsläufiger gesellschaftlicher Entwicklungen spätestens seit 1919 in Deutschland erheblich erschüttert. Die gescheiterte Novemberrevolution und eine nunmehr staatstragend gewordene SPD verwiesen auf Widersprüchlichkeiten, die nicht mehr aus einer sozioökonomischen Analyse des Verhältnisses von Produktivkräften und Produktionsverhältnissen allein erklärbar erschienen.

Vor diesem Hintergrund mehrten sich seit Mitte der 20er Jahre unter linken Intellektuellen Bemühungen, die „ungeheuer an Umfang und Qualität gewachsenen Aufgaben der Arbeiterbewegung" (JENSSEN 1926, 219) durch eine Verbindung ökonomischer und psychologischer Fragestellungen lösen zu können.

Besonders an der Einschätzung der noch jungen, von Sigmund FREUD (1856–1939) entwickelten Psychoanalyse lassen sich drei für die damalige Zeit typische Hauptströmungen aufzeigen:

- die eklektische FREUD-Adaption von Sozialdemokraten, die überwiegend nur jene Erkenntnisse zustimmend sich zu eigen machten, die tagespolitisch oder programmatisch zu verarbeiten waren;
- die dogmatische FREUD-Distanzierung von Kommunisten, die die sowjetische Einschätzung als Maßstab ansahen, der sich allerdings

selbst von 1919–1925 von der Beurteilung als „praxisbezogenes, sozialrevolutionäres Konzept" hin zu einer „Ausgeburt des bürgerlichen Denkens" (vgl. DAHMER 1973, 276 f) wandelte;

- die vermittelnden Stellungnahmen der meist parteilosen psychoanalytischen Praktiker.

Dabei ist unbedingt noch einmal darauf hinzuweisen, daß derlei Diskussionen zwar in Teilen der Arbeiterbewegung und unter linken Intellektuellen geführt wurden, die etablierten bürgerlichen Kräfte jedoch kaum erreichten, geschweige denn, daß diese sich in Frage gestellt fühlten. Auch die mittlerweile an den Universitäten gelehrte Pädagogik nahm dies in überwältigender Mehrheit nicht zur Kenntnis. Die eindeutige Mehrzahl der Pädagogikhochschullehrer war vielmehr der demokratischen Republik gegenüber stark reserviert, wie an anderer Stelle dieses Kapitels noch gezeigt werden wird.

Ausnahmen politisch-bewußter und zumeist auch in diesem Sinne engagierter Pädagoginnen und Pädagogen, nicht selten aus den Reihen „proletarischer Kinderfreunde", gingen aber sehr wohl daran, psychoanalytische Erkenntnisse in pädagogische Konzepte zu integrieren: Anna SIEMSEN (1882–1952) nahm zum Beispiel innerhalb der Arbeiterschaft „eine ganze Reihe asozialer Triebe" (SIEMSEN 1924, 392) wahr, die dem Kapitalismus nicht nur nutzten, sondern von ihm systematisch gefördert würden.

Am fundiertesten arbeitete der Pädagoge Siegfried BERNFELD[7)] in seinem Buch „Sozialismus und Psychoanalyse", die erkenntnismäßige Vereinbarkeit von MARX und FREUD heraus, indem er zwar die notwendige Selbständigkeit beider Lehren betonte, jedoch ihre wechselseitige Ergänzung rechtfertigte, weil „das Seelen- und Gesellschaftsleben dialektische Prozesse sind und die richtige Erkenntnis in der Entdeckung dieser ihrer Natur besteht" (BERNFELD 1926, 17). Für die Pädagogik verwies er folgerichtig in seiner Arbeit „Sisyphos oder die Grenzen der Erziehung" (1925) darauf, daß Erziehung ein gesellschaft-

---

7) BERNFELD, Siegfried (1892–1953), Dr. phil., zunächst führend in der nach Gustav WYNEKENS Vorstellungen gegründeten „Jugendkulturbewegung" engagiert, 1915–1921 Mitglied der zionistischen Bewegung; 1920 Erziehungsversuch Kinderheim Baumgarten auf der Basis einer psychoanalytisch und politisch orientierten Pädagogik. Leiter des jüdischen Berufsberatungsamtes in Wien und Vorsitzender des jüdischen Instituts für Jugendforschung und Erziehung, ab 1922 praktizierender Psychoanalytiker in Wien, ab 1924 Mitarbeiter in psychoanalytischen Ausbildungsinstituten in Wien und Berlin. 1934 Emigration zunächst von Wien nach Frankreich, 1937 von dort nach San Francisco/USA, wo er bis zu seinem Tode bedeutende Beiträge zur FREUD-Forschung veröffentlichte (nach FEIDEL-MERTZ 1983, 233).

licher Prozeß sei – und nicht wie die Mehrzahl der Pädagogik-Hochschullehrer seiner Zeit lehrten: ein System von Normen und Anweisungen zur Vermittlung „höherer“ oder „niederer“ Bildung. Mit der Bezeichnung der Erziehung als gesellschaftlichem Prozeß meinte BERNFELD immer sowohl die intergenerative Verschränkung (die nicht nur im Verhältnis Erzieher-Kind aktuell ist, sondern auch im – zumeist unbewußten – Verhältnis des Erziehers zu seiner eigenen Kindheit) als auch gesellschaftliche Definitionsprozesse, die ein einzelner Erzieher niemals durch pädagogisches Handeln allein, sondern nur im Kontext auch gesellschaftlichen Engagements wirklich beeinflussen kann: „Die Erziehung ist demnach die Summe der Reaktionen einer Gesellschaft auf die Entwicklungstatsache“ (BERNFELD 1971^2, 51).

Die sozialpsychologische Studie von Erich FROMM war nun zwar nicht die einzige, die diesem gesellschaftspolitischen und wissenschaftstheoretischen Vorverständnis entsprechend differenziert vorzugehen bemüht war.[8)] Sie war jedoch theoretisch-konzeptionell als auch praktisch-empirisch in einmaliger Weise breit angelegt, so daß FROMM an mehreren Stellen der Studie die Repräsentanz der befragten Arbeiter und Angestellten ausführlich begründen konnte (FROMM 1980, 92):

> „Zusammenfassend läßt sich deshalb mit guten Gründen behaupten, daß die Befragten repräsentativ für die deutschen Arbeiter und Angestellten zum Zeitpunkt unserer Untersuchung waren. Auch wenn die statistische Beweisführung dieser These nicht immer möglich ist, so wird sie durch das vorhandene Material doch grundsätzlich bestätigt, und *dies gilt vor allem für die politischen Orientierungen*.“ (Hervorhebung LvD).

Diesen Anspruch versuchte man mit einem 271 Schwerpunkte umfassenden Fragebogen zu lösen, der für die erste Erhebungsphase an 3300 ausgewählte Personen verteilt wurde, von denen bis Ende 1931 insgesamt 1100 ausgefüllte Fragebögen zurückgekommen waren und zur Auswertung anstanden. Die erzwungene Emigration des Instituts im Jahre 1933 traf dieses Projekt besonders schwer, denn es gingen während der Flucht fast die Hälfte der Fragebögen verloren, so daß die schriftliche Endauswertung sich nur noch auf 584 Fragebögen stützen konnte.

---

8) Als weiteres Beispiel sei die inzwischen zum sozialpsychologischen Klassiker gewordene Studie „Die Arbeitslosen von Marienthal“ (1930) von Paul LAZARSFELD, Maria JAHODA und Hans ZEISEL (zuerst Leipzig 1930; Neuauflage: Allensbach, Bonn 1960^2) genannt, die sich jedoch ausschließlich auf die Auswirkungen von Arbeitslosigkeit auf die Bewohner eines Dorfes konzentrierte.
In einer Vorbemerkung zu „German Workers 1929“ schreibt Erich FROMM: „Paul F. LAZARSFELD war so freundlich, uns in allen Fragen der statischen Materialbearbeitung zu beraten.“

Sowohl in der Diskussion der Ziele und Methoden als auch in der Vorgehensweise bei der Auswertung und Interpretation werden Vorteile und Mängel des Projektes jeweils „auf einem für die damalige Zeit hohen Standard“ (BONSS 1980, 33) diskutiert: Dabei werden ausdrücklich Grenzen benannt, die sich u. a. sowohl aus der relativ geringen Befragtenzahl ergaben, als auch aus den Möglichkeiten der Fragebogenmethode selbst, die nur mit einem ausgefeilten System von Kontrollfragen überhaupt Einstellungen und Orientierungen herauszufinden vermag.

Als Beispiel für derartige Fragekombinationen seien zunächst Frage 424 („Wodurch kann Ihrer Meinung nach die Welt verbessert werden?“) und Frage 621 („Glauben Sie, daß man bei der Erziehung der Kinder ganz ohne Prügel auskommt?“) genannt. FROMM (1980, 72) dazu:

> „Wenn bei einem Befragten, der Anhänger einer Linkspartei ist, sich bei Frage 424 ... die Antwort findet: ‚Durch die Zerschlagung der herrschenden Klasse‘, und die Antwort desselben Mannes auf die Frage, ob Kindererziehung ohne Prügel möglich sei (...), vielleicht lautet: ‚Nein, Kinder brauchen Prügel, um Respekt zu bekommen‘, dann kann aus zwei solchen Antworten der Schluß gezogen werden, daß der Haß des Probanden auf die Kapitalisten wohl kaum auf einer inneren Verpflichtung auf Freiheit und Gleichheit beruht; denn dies stünde in Widerspruch zu seiner Methode, Kindern Respekt einzuflößen.
>
> Wahrscheinlicher ist demgegenüber einerseits eine tiefsitzende Wut auf alle Mächtigeren und Glücklicheren schlechthin, und andererseits der Wunsch, all jene zu beherrschen, die schwächer sind. Zieht man nun andere Antworten zu der Kombination der beiden hinzu, so kann die darauf erwachsende größere Konfiguration die anfängliche Vermutung u. U. zu einer wohlbegründeten Gewißheit werden lassen.“

Die besondere Aufmerksamkeit, die die Studie den Anhängern von Linksparteien widmet, entspringt dabei weniger der politischen Orientierung der Forscher selbst als vielmehr dem faktischen Wählerzuspruch, den die Linksparteien in den Jahren von 1926 bis 1931 verzeichnen konnten. So weist FROMM mit Recht darauf hin, daß die Population der Befragten, die sich aus 53 % Anhängern der SPD und 29 % Anhängern der KPD zusammensetzte, durchaus in ihrem Verhältnis in etwa der damaligen Sitzverteilung der beiden Parteien im Reichstag entsprach (z. B. im Jahre 1930: 143 Sitze SDP – 77 Sitze KPD). An diesem Tatbestand ändern auch einzelne regionale Besonderheiten, wie z. B. das agrarisch geprägte Ostpreußen oder das katholisch orientierte Baden, im Kern nichts.

Der Aufbau des Fragebogens bestand gemäß des oben vorgestellten Modells von Fragenkombinationen aus einem 1. Teil von Fragen, die die politische und soziale *Situation* zu erfassen suchten und einem 2. Teil, der politische, soziale und kulturelle *Orientierungen* erkundete.

Dabei wurde auch gefragt, welche Bücher gelesen, wie die Wohnung eingerichtet oder welche Filme und Theaterstücke bevorzugt werden, wie die Einstellung zu Frauenarbeit, Kindererziehung und betrieblicher Rationalisierung, zu Kollegen und Vorgesetzten sei. Schließlich ging es um die Frage des Geldverleihs an Freunde, eine Beurteilung des deutschen Rechtssystems oder die tatsächliche Machtverteilung im Staate, um nur einige Beispiele zu nennen.

Bei den Fragen, deren politischer Gehalt offensichtlich war, äußerten sich die Mehrheit der Befragten erwartungsgemäß „links". In dem Maße jedoch, wie dies weniger eindeutig erkennbar wurde (z. B. bei der Frage nach bedeutenden Persönlichkeiten in der Geschichte) nahm das „linke Bewußtsein" bereits ab und dort, wo scheinbar der persönliche bis private Bereich befragt wurde (z. B.: „Wie gefällt Ihnen die heutige Frauenmode?"), war der Anteil autoritärer Antworten deutlich höher als der liberaler oder demokratischer Orientierungen.

Im Rahmen der Auswertung entwickelte FROMM eine Klassifikation in drei Persönlichkeitstypen: den autoritären, den radikal (-demokratischen) und den ambivalenten Typ, wobei er dies ausdrücklich nicht im Sinne (partei-)politischer Einstellungen verstanden wissen wollte, sondern aus dem Kontext der Gesamtpersönlichkeit heraus definierte.

Die zentralen Aussagen des prozentualen Forschungsergebnisses der Studie lauten demnach:

- Nur 15% der Anhänger linksdemokratischer Parteien (SPD, KPD) waren nach FROMMS Persönlichkeitsmodell als eindeutig „radikal(-demokratisch)" zu bezeichnen.
- Jedoch 25% der Anhänger von SPD und KPD waren als tendenziell oder völlig „autoritär" in ihren Persönlichkeitsstrukturen zu bezeichnen (Vgl. auch BONSS 1980, 37).

Es erscheint lohnend, die Aussagen FROMMS mit neueren Forschungsergebnissen zum Wählerverhalten gegen Ende der Weimarer Republik zu konfrontieren, um den Zusammenhang zwischen persönlicher und gesellschaftlicher Orientierung auf diese Weise noch weiter differenzieren zu können.

Die bisherigen Forschungsergebnisse erklärten den Aufstieg der NSDAP bei den Reichstagswahlen 1930 von einer rechtsradikalen Splitterpartei (20. Mai 1928: 2,6% Stimmen) zur zweitstärksten Partei des Reichstags (14. Sept. 1930: 18,3% Stimmen) vor allem mit der Auflösung des bürgerlich-liberalen Lagers, dessen Anhänger als erste der NSDAP zugeströmt seien.

Bei der Juli-Wahl 1932 (bei der die NSDAP zur stärksten Partei im Reichstag mit 37,4% Stimmen wurde) hätte sie zusätzlich Zuspruch von bislang eher apathischen Nichtwählern, von Jungwählern und

Frauen erhalten sowie wiederum von den Resten bürgerlicher Mittelparteien und verschiedenen regionalen Splitterparteien. Sowohl die Deutschnationale Volkspartei, das Zentrum als auch SPD und KPD seien als Blöcke intakt geblieben; Verluste der SPD seien der KPD zugute gekommen. Allerdings sei es der NSDAP ab 1932 gelungen, einzelne Wähleranteile von der KPD abzuziehen (sogenannte „Protestwähler").

> Zusammenfassend wird der typische NSDAP-Wähler geschildert als ein „selbständiger protestantischer Angehöriger des Mittelstands, der entweder auf einem Hof oder in einer kleineren Ortschaft lebte und der früher für eine Partei der politischen Mitte oder für eine regionale Partei gestimmt hatte, die sich der Macht und dem Einfluß von Großindustrie und Gewerkschaft widersetzte." (LIPSET 1968, 114f.)

Demgegenüber differenzieren neue Forschungsergebnisse zum Wählerverhalten vor allem zwei Aspekte bisheriger Interpretationen: Es war nicht allein und zuerst der bürgerliche Mittelstand, der sich für Hitler begeisterte, und es war nicht allein und zuerst die Arbeitslosigkeit, die der NSDAP den gewaltigen Stimmenzuwachs am Ende der Weimarer Republik brachte.

Der Politikwissenschaftler Jürgen W. FALTER (1979, 19) weist zunächst die Anfälligkeit auch anderer Bevölkerungsschichten für die NS-Propaganda nach:

> „Zwar überwiegt unter den Wählern der NSDAP von 1930 ab unbestreitbar das mittelständische Element; doch gelang es der NSDAP, mit ihrer Ideologie der Volksgemeinschaft und ihrem übersteigerten Nationalismus, Angehörige aller Bevölkerungsschichten, Angestellte und Arbeiter, Bauern und Beamte, Freiberufler und Hausfrauen, Junge und Alte, Protestanten und Katholiken, Grenz- und Binnenlandbewohner etc., in so großer Zahl für sich zu mobilisieren, daß bei aller Überrepräsentation des protestantischen Mittelschichtenbereichs sie stärker als jede andere politische Gruppierung jener Jahre Volksparteicharakter trug."

Daß die Schrecken der Arbeitslosigkeit keineswegs gradlinig und zwangsläufig die Betroffenen gegenüber den Versuchungen des Faschismus öffneten, belegt Jürgen W. FALTER (1979, 19) zunächst anhand einer Wahlanalyse in Bezug auf arbeitslose Arbeiter und arbeitslose Angestellte:

> „Arbeitslose Angestellte wählten nach allem, was wir heute wissen, deutlich häufiger die NSDAP als die beschäftigten Angestellten, während die arbeitslosen Arbeiter weit stärker als die beschäftigten Arbeiter KPD wählten; ein nennenswerter Zusammenhang von Arbeiterarbeitslosigkeit und NSDAP-Erfolgen jedenfalls läßt sich nicht nachweisen."

Bedeutsamer als die Situation als Arbeitsloser oder Beschäftigter scheint damit der soziale Hintergrund, daß Bewußtsein der Zugehörigkeit zu sein, der jedoch nicht durchgängig auf der Ebene vorhandenen und mangelnden Klassenbewußtseins interpretiert werden kann. Inwieweit ein unterschiedlich gewachsenes demokratischen Bewußtsein einzelner Berufsgruppen („Beschäftigungsbranchen“, FALTER 1979, 19) hier mit eine Rolle spielt, wird nicht näher erläutert (es werden jedoch Unterschiede im Wahlverhalten zwischen Beschäftigten der Schwer- und Leichtindustrie als Beispiele angeführt, die dies vermuten lassen).

Bevor nun gefragt wird, inwieweit die hier referierten Forschungsergebnisse für die Berufsgruppe der Lehrerinnen und Lehrer Bedeutung haben, muß zunächst ergänzt werden, daß Erich FROMM, der seine Befragtenpopulation ansonsten nicht näher berufsspezifisch aufschlüsselt, eine ungewöhnlich breite Definition der Kategorie „Angestellte“ angibt, unter die sowohl Angestellte und Vorarbeiter in der Privatwirtschaft fallen als auch Beschäftigte im öffentlichen Dienst (einschl. der Beamten). In diesem Sinne werden 29 % der Befragten als „Angestellte“ gezählt (FROMM 1980, 83).

Eine weitere Präzisierung soll – vor allem vor dem Hintergrund einer Sozialgeschichte des Lehrerberufs seit der Mitte des letzten Jahrhunderts – Gegenstand der folgenden Überlegungen sein.

1.3. Orientierungen bei deutschen Lehrerinnen und Lehrern 1848 bis 1933

Die folgende sozialgeschichtliche Skizze beleuchtet den gegenwärtigen Forschungsstand. In der hier notwendigen Kürze wird darauf verzichtet, Kontroversen und Desiderata zu diskutieren, sondern das Augenmerk vor allem auf zwei Aspekte gerichtet:

– Zum einen die *gesellschaftshistorische Entwicklung* dieser Berufsgruppe, die etwa seit der Jahrhundertwende dem *„neuen Mittelstand“* aus Angestellten und Beamten zugerechnet wird und sich vom „alten Mittelstand“ der selbständigen Kleinhändler, Handwerker u. a. unterscheidet.

Dieses „Standesbewußtsein“ ist jedoch in Bezug auf persönliche und gesellschaftliche Orientierungen sowie deren Veränderungen während der Weimarer Republik in sich nicht einheitlich, sondern eher durch eine „negative Selbstdefinition“ – nämlich weder zum Proletariat noch zur Bourgeoisie gehörend – geprägt. Dies ist sowohl für Solidarisierungs- bzw. Abgrenzungsverhalten „nach unten“ als auch Aufstiegsorientierung „nach oben“ bedeutsam.

– Zum anderen die *sozialhistorische Entwicklung* des Selbstverständnisses innerhalb der Berufsgruppe, die gekennzeichnet ist durch eine Aufspaltung in Volkschullehrer/innen einerseits und Gymnasiallehrer/innen andererseits, die sich neben den unterschiedlichen Orientierungen auch in entsprechenden Organisationsformen niederschlägt.

Zunächst zur gesellschaftshistorischen Entwicklung:

Allen emanzipatorischen Bemühungen der gescheiterten bürgerlichen Revolution von 1848/49 auch im Bildungsbereich zum Trotz war das Schulwesen während der Kaiserzeit in den deutschen Ländern für Schüler wie Lehrer so gut wie unüberbrückbar getrennt in ein sogenanntes „niederes“ und ein „höheres“ Schulwesen.

1911 besuchten 4,9 % aller schulpflichtigen Kinder eine höhere Schule (humanistisches Gymnasium, Realgymnasium, Oberrealschule), deren erfolgreicher Abschluß allein ein Universitätsstudium erlaubte; 2,9 % besuchten eine Mittelschule und 91,1 % besuchten die Volksschule (Das Schulwesen in Preußen 1921, Berlin 1924, S.6). Diese Tendenz zur Aufspaltung nahm bis zum Ende des 1. Weltkriegs eher stetig zu, nicht zuletzt auch wegen der Schulgebühren, die für höhere Schulen zu entrichten waren, während der Volksschulbesuch (in Preußen seit 1888) unentgeltlich war.

Im gleichen Jahr 1911 kamen auf einen Volksschullehrer durchschnittlich 56 Kinder, an einklassigen Dorf-Volksschulen galt sogar eine Klassenfrequenz von 80 Schülern als normal, während auf höheren Schulen durchschnittlich 20,7 Schüler pro Klasse entfielen (alle Daten nach BÖLLING 1978, 17ff.).

Neben den konkreten Arbeitsbedingungen war es aber vor allem die unterschiedliche soziale und materielle Anerkennung, die als Erbe der Kaiserzeit persönliche und gesellschaftliche Orientierungen von Lehrerinnen und Lehrern während der Weimarer Republik mitbestimmte:

Während sich die Gymnasiallehrer zur letzten Stufe der Akademiker zählen durften – und deshalb in ihrer Mehrheit auch jede Annäherung zur Volksschule zu vermeiden suchten, waren die Volksschullehrer während ihrer Ausbildung nicht zum Studium an Universitäten zugelassen. Sie waren auf eine Seminarausbildung verwiesen, deren militärischer Drill und pastoraler Stoffkanon von vielen selbst als Halbbildung empfunden wurde.

Zwar hieß es in Artikel 25 der revidierten preußischen Verfassung von 1850 in Bezug auf die materielle Absicherung des Lehrerberufs: „Der Staat gewährleistet. . . den Volksschullehrern ein festes, den Lokalverhältnissen angemessenes Einkommen."

In Wirklichkeit hing jedoch die Höhe des Einkommens vom finanziellen Vermögen der jeweiligen Gemeinde ab. Der sprichwörtlich gewordene „arme Dorfschullehrer" jener Tage war weithin auf einen Nebenerwerb angewiesen, sollte nicht seine eigene Familie beständig vom Hunger bedroht sein. Dazu gehörten „dauernd und herkömmlich" nicht nur kirchliche Nebenämter wie das des Kantors oder Organisten, sondern – wie ein Erlaß von 1894 formulierte – auch „niedere Küsterdienste", wie „das Reinigen der Kirche, sowie des Kirchplatzes und der Kirchwege, Fürsorge für Glocken und Turmuhr, Läuten und Anschlagen der Betglocke, Heizen der Kirche, Anzünden der Lichter, Auf- und Zuschließen der Kirche" (nach BÖLLING 1978, 22 f.).

Die zunehmend antikirchliche Einstellung vieler Volksschullehrer hing jedoch noch stärker mit einer noch immer bestehenden weitgehenden Schulaufsicht durch Kirchenvertreter zusammen. Obwohl im preußischen Schulaufsichtsgesetz von 1872 erstmals prinzipiell klargestellt worden war, daß „die Aufsicht über alle öffentlichen und Privat-Unterrichts- und Erziehungsanstalten dem Staate" zusteht, sah die Praxis auch hier anders aus: Noch 1918 gab es in Preußen neben 462 hauptamtlichen 878 nebenamtliche Kreisschulinspektoren, bei denen es sich zumeist um Geistliche handelte. In ländlichen Gebieten war fast durchweg der Ortspfarrer für die Schulaufsicht zuständig. Da noch 1913 fast 44% aller preußischen Volksschullehrer in Landgemeinden mit weniger als 2000 Einwohnern angestellt waren, bedeutete der Alltag für die meisten: Eine Unterordnung unter die Willkürherrschaft von Autoritäten, die im pädagogischen Denken weithin inkompetent waren (nach BÖLLING 1978, 19f.).

Welches Ausmaß an Rückschritt im Vergleich zu einem bereits 1848 artikulierten Bewußtsein von Lehrern dies bedeutete, ja wie – mit einem Wort von Walter JENS (1986, 12) – die Hoffnungen von 1848 bis heute in diesem Land nicht eingelöst sind, können zunächst Aussagen des engagierten Volksschullehrers Karl F. W. WANDER [9] belegen, die dieser Anfang August 1848 in seinen „Aufruf an Deutschlands Lehrer" artikulierte:

REISSET DIE EUCH TRENNENDEN SCHRANKEN NIEDER!

„Alles sammelt sich unter der Fahne der Einheit! Deutsche Lehrer, reißet auch ihr die euch trennenden Schranken nieder! Lasset uns als Brüder arbeiten an dem großen Werke, das uns anvertraut ist: an der Bildung des deutschen Volkes!"

(Karl F. W. WANDER, 1848, nach Bölling 1978, 34)

Auf zahlreichen Lehrerversammlungen u. a. in Berlin, Leipzig, Hamburg und Dresden werden erstmalig in der Geschichte dieser Berufsgruppe in Deutschland politisch bewußte Forderungen gemeinsam artikuliert, die Rainer BÖLLING (1978, 33 f.) in vier Punkten zusammenfaßt:

- Erklärung der Schule zur Staatsschule.
- Einheitliche Schulorganisation ohne Trennung nach sozialen und konfessionellen Gesichtspunkten.
- Fachmännische Schulaufsicht und Mitwirkung der Lehrerschaft in der Schulverwaltung.
- Gleiche Ausbildung aller Lehrer an der Universität.

Im Februar 1849 gibt der preußische König FRIEDRICH WILHELM IV. in einer Rede vor Direktoren pädagogischer Seminare ausdrücklich den Lehrern wesentliche Schuld an den revolutionären Verhältnissen in Deutschland:

---

[9] WANDER, Karl F. W. (1803–1879), zunächst Schulgehilfe in einer Dorfschule, ab 1827 Volksschullehrer in Hirschberg/Schlesien; engagiert in bürgerlich-liberalen Vereinigungen sowie als Schriftsteller und Herausgeber von Zeitschriften arbeitete er gegen die klerikale und feudale Reaktion und für humane Verbesserungen der Volksschule; bereits ab 1835 mehrere Disziplinar- und Kriminaluntersuchungen; als eine der führenden Figuren der 1848er Revolution wurde er nach deren Scheitern 1850 aus dem Schuldienst entlassen; nach einjährigem Amerika-Aufenthalt nach Deutschland zurückgekehrt, wurde ihm die Niederlassung in seiner Heimat an mehreren Orten verwehrt, er suchte jedoch weiter in liberalem und demokratischem Sinne öffentlich Stellung zu nehmen. Die Reaktion war so stark geworden, daß er bei seinem Tode bereits weitgehend unbekannt war (nach GÜNTHER u. a. 1982[13], 298 f.; vgl. auch THIELE 1954, JUNG 1979).

„All das Elend, das im verflossenen Jahre über Preußen hereingebrochen ist, ist Ihre, einzig Ihre Schuld, die Schuld der Afterbildung, der irreligiösen Menschenweisheit, die Sie als echte Weisheit verbreiten, mit der Sie den Glauben und die Treue im Gemüte meiner Untertanen ausgerottet und deren Herzen von mir abgewandt haben." (nach ARBEITSGRUPPE Geschichte der Lehrerbewegung 1973, 7).

Im Mai 1849 löst sich die demokratische Paulskirchenversammlung unter dem Druck der Reaktion auf; Teile fliehen als „Rumpfparlament" nach Stuttgart und werden von Militär auseinandergetrieben.

Es kommt noch einmal in vielen Landesteilen zu Aufständen und Barrikadenkämpfen, an denen in Dresden auch die beiden Vorsitzenden des gerade gegründeten Allgemeinen Deutschen Lehrervereins teilnehmen. Zahlreiche demokratisch orientierte Lehrer werden in den kommenden Monaten aus dem Schuldienst entlassen, viele emigrieren ins Ausland. In Mannheim wird der Volksschullehrer Karl HÖFER, der als Anführer eines bewaffneten Aufgebotes gegen Königstruppen gekämpft hatte, standrechtlich erschossen. Am 29. Juli 1849 werden sämtliche Lehrervereine verboten. Der Allgemeine Deutsche Lehrerverein benennt sich in Allgemeine Lehrerversammlung um und beschränkt sich in den nächsten Jahren auf die Erörterung innerschulischer und pädagogischer Fragestellungen.

Auch während der Kaiserzeit ab 1871 blieben die staatsbürgerlichen Grundrechte für Lehrer besonders eingeschränkt: Volksschullehrer durften weder als Stadtverordnete oder Gemeindevertreter noch als Schöffen oder Geschworene kandidieren. Das aktive Wahlrecht wurde durch zunehmende Verbote eingeschränkt. Dies verstärkte sich in dem Maße, wie sich die Arbeiterbewegung zu organisieren begann und besonders in sozialdemokratischen Versammlungen und Bildungsvereinen auch für Volksschullehrer interessant wurde.

Bereits am 18. Dezember 1871 wird in Berlin unter Verzicht auf gewisse politische Forderungen, aber doch sich dem Geiste von 1848 verpflichtet fühlend, der Deutsche Lehrerverein (DLV) neu gegründet und wird innerhalb kurzer Zeit zum größten Berufsverein der Volksschullehrer. So kommt es zwar zunächst – am 11. März 1872 – zu dem bereits erwähnten Schulaufsichtsgesetz, das die „Stiehlschen Regulative" (die die Lehrinhalte erneut stark an die Religion gebunden hatten) von 1854 aufhebt, und damit prinzipiell den Weg für eine staatliche Schulaufsicht freimacht. Die Praxis sieht jedoch bis 1918 – wie bereits beschrieben – anders aus.

Demgegenüber nehmen etwa ab 1875 zahlreiche Repressionen gegenüber liberalen und demokratischen Lehrern zu, die in der „allerhöchsten Kabinettsordre" von Kaiser WILHELM II. vom 1. Mai 1889 ihren traurigen Höhepunkt finden. Der Kaiser stellt darin die Schule ausdrücklich in den Kampf gegen die Sozialdemokratie:

„In erster Linie wird die Schule durch die Pflege der Gottesfurcht und der Liebe zum Vaterland die Grundlage für eine gesunde Auffassung auch der staatlichen und gesellschaftlichen Verhältnisse zu legen haben...

Sie muß bestrebt sein, schon der Jugend die Überzeugung zu verschaffen, daß die Lehren der Sozialdemokratie nicht nur den göttlichen Geboten und der christlichen Sittenlehre widersprechen, sondern in Wirklichkeit unausführbar und in ihren Konsequenzen dem einzelnen und dem Ganzen verderblich sind." (nach ARBEITSGRUPPE Geschichte der Lehrerbewegung 1973, 10).

Doch auch zu Beginn des 20. Jahrhunderts gewinnt die Arbeiterbewegung trotz dieser und anderer Repressalien ständig neue Anhänger; die Notwendigkeit aufklärerischer Arbeiterbildung, zum wesentlichen Teil in eigens geschaffenen Bildungskursen, wird von Anfang an erkannt und bewußt gefördert. 1912 wird – da es wegen der Verbote keine offiziellen Zahlen geben kann – die Zahl der Lehrer, die Sozialdemokraten seien, im preußischen Abgeordnetenhaus von konservativer Seite auf 20% geschätzt, was jedoch von einem Abgeordneten der Fortschrittspartei als „ungerechtfertigte Verdächtigung" zurückgewiesen wird (TEWS 1921, 69f.).

Ein massiv reaktionärer Einbruch in das trotz repressiver Bedingungen gewachsene fortschrittliche Bewußtsein unter Lehrerinnen und Lehrern ist mit dem Ausbruch des 1. Weltkriegs 1914 zu verzeichnen. Bereits ab 1900 galt besonders für Volksschullehrer der freiwillige Militärdienst über die Laufbahn eines Reserve-Offiziers, die bislang nur Absolventen höherer Schulen offen gestanden hatte, als Möglichkeit, das eigene Sozialprestige zu heben. In der Hoffnung, dies werde dem gesellschaftlichen Ansehen der Lehrerschaft insgesamt nutzen, riefen auch die Lehrervereine zum freiwilligen Militärdienst auf. Die Propaganda der Standesorganisationen war so groß, daß bereits 1912/13 im Deutschen Reich 46,6% aller eingezogenen Lehrer freiwillig „dienten" (nach BÖLLING 1978, 26). Nach Ausbruch des 1. Weltkrieges richtete der Deutsche Lehrerverein (DLV) eine eigene Militärkommission ein.

Die nationale Kriegsbegeisterung war jedoch kein besonderes Merkmal der Volksschullehrerschaft. Im Gegenteil, die ideologische Untermauerung dieser Orientierungen wurde u. a. im Besonderen von einer Hochschullehrerschaft geleistet, der die deutliche Mehrheit der Pädagogikhochschullehrer in nichts nachstand.

In einer „Erklärung der Hochschullehrer des Deutschen Reiches" vom 16. Oktober 1914, die von 3016 Professoren (80% aller damaligen Hochschullehrer) unterzeichnet wurde, heißt es u. a.:

„In dem deutschen Heere ist kein anderer Geist als in dem deutschen Volke, denn beide sind eines, und wir gehören auch dazu. . . . Jetzt steht unser Heer im Kampfe für Deutschlands Freiheit und damit für alle Güter des Friedens und der Gesittung nicht nur in Deutschland. Unser Glau-

ben ist, daß für die ganze Kultur Europas das Heil am Siege hängt, den der deutsche ‚Militarismus' erkämpfen wird, die Manneszucht, die Treue, der Opfermut des einträchtigen deutschen Volkes." (nach WEBER 1979,58).

Zu den Unterzeichnern dieser Erklärung gehören auch die wichtigsten Repräsentanten der vorherrschenden Theoriemodelle der deutschen wissenschaftlichen Pädagogik im ersten Drittel dieses Jahrhunderts:

- für die geisteswissenschaftliche Pädagogik: Herman NOHL (1879–1960), Jena und Eduard SPRANGER (1882–1963), Leipzig;
- für die Pädagogik des Neukantianismus: Paul NATORP (1854–1924), Marburg;
- für die Erziehungswissenschaft als empirisch-analytischer Theorie: Aloys FISCHER (1880–1937) München und Ernst MEUMANN (1862–1915), Hamburg.

Es wird im 3. Kapitel dieses Bandes auf die ideologischen Hintergründe sich in diesem Sinne engagierender Pädagogik und ihre Konsequenzen für die spätere NS-Zeit noch näher einzugehen sein – sowie deren bewußter und unbewußter Kontinuitäten, die demokratisches Bewußtsein bis heute als Beiwerk, aber nicht als Substanz ihrer Erkenntnis begreifen (vgl. LINGELBACH 1970, bes. 156 f.; GAMM 1979, 385; KUPFFER 1984).

Daß es bereits damals keineswegs eine logische Zwangsläufigkeit für ein derartiges Verhalten gab, beweist u. a. die Ausnahme des Pädagogikprofessors Friedrich Wilhelm FOERSTER [10)], der aus christlich pazifistischer Motivation heraus, den „preußischen Herrengeist... als furchtbare Menschenfeindlichkeit und Menschenverachtung" kennzeichnete, „...die in seiner Staatsauffassung, seinem weltpolitischen und sozialen Denken, seiner Tonart, ja selbst in seinem Pflichtbegriff liegt." (nach WEBER 1979, 69).

---

10) FOERSTER, Friedrich Wilhelm(1869–1966), 1895 Abbruch seines Philosophiestudiums nach einer Verurteilung zu Festungshaft wegen Majestätsbeleidigung, weil er öffentlich gegen die kaiserliche Bezeichnung von Sozialdemokraten als „vaterlandslose Rotte" argumentiert hatte; nach Beendigung des Studiums in der Schweiz, Habilitation in Zürich und nach Zwischenaufenthalt in Wien ab 1914 ordentlicher Professor für Pädagogik in München; 1917 ein Jahr beurlaubt wegen kritischer Äußerungen; nach Vorlesungsboykott rechtsgerichteter Studenten gab er 1920 seinen Lehrstuhl in München auf; Exil in der Schweiz, ab 1926 in Paris; 1933 wurden seine Bücher verbrannt und ihm die deutsche Staatsbürgerschaft aberkannt; 1942–1964 Emigration in die USA; 1964–1966 Sanatoriumsaufenthalt in der Schweiz (nach WEBER 1979, 68 f. und DONAT 1987).

AN DIE EUROPÄER

Aufruf von Albert EINSTEIN, Friedrich Wilhelm FOERSTER, Georg Friedrich NICOLAI und Otto BUEK, Oktober 1914

Während Technik und Verkehr uns offensichtlich zur faktischen Anerkennung internationaler Beziehungen und damit zu einer allgemeinen Weltkultur drängen, hat noch nie ein Krieg die kulturelle Gemeinschaftlichkeit des Zusammenarbeitens so intensiv unterbrochen, wie der gegenwärtige. Vielleicht kommt es uns allerdings auch nur deshalb so auffällig zum Bewußtsein, weil eben so zahlreiche gemeinschaftliche Bande vorhanden waren, deren Unterbrechung wir schmerzlich verspüren.

Darf uns also dieser Zustand auch nicht wundernehmen, so wären doch diejenigen, denen jene gemeinsame Weltkultur auch nur im geringsten am Herzen liegt, doppelt verpflichtet, für die Aufrechterhaltung dieser Prinzipien zu kämpfen. Diejenigen aber, bei denen man solche Gesinnung vermuten sollte – also vornehmlich Wissenschaftler und Künstler – haben bis jetzt fast ausschließlich Dinge gesagt, die vermuten lassen, als ob mit der Unterbrechung der tatsächlichen Beziehungen auch selbst der Wunsch zu deren Fortsetzung geschwunden sei, sie haben aus einer erklärlichen Kampfstimmung heraus gesprochen – zum mindesten nicht zum Frieden geredet.

Solche Stimmung ist durch keine nationale Leidenschaft zu entschuldigen, sie ist unwürdig dessen, was bisher alle Welt unter dem Namen der Kultur verstanden hat, und sollte sie Allgemeingut der Gebildeten werden, so wäre das ein Unglück.

(in: FRICKE 1980, 275)

Bereits ab 1914 engagierte er sich öffentlich für eine Verständigung mit Frankreich, aber auch mit England und den slawischen Völkern und mußte dabei u. a. erleben, wie im Herbst 1914 Münchner Oberlehrer aus Protest gegen seine Thesen geschlossen den Saal verließen. Nach der Veröffentlichung eines geschichtskritischen Artikels im Jahre 1916 distanzierte sich die gesamte philosophische Fakultät der Universität München öffentlich von ihm. Daraufhin wurde ihm vom Kultusminister Bayerns eine einjährige Beurlaubung nahegelegt, die FOERSTER 1917 in der Schweiz verbrachte.

Erst nach dem Ende des 1. Weltkrieges brachen die eingangs geschilderten standespolitischen Gegensätze zwischen Volksschullehrern und Gymnasiallehrern wieder in aller Deutlichkeit auf: Während die Volksschullehrer – vor dem Hintergrund der sozialen Unsicherheiten während der Kaiserzeit und schlimmer Kriegserlebnisse – große Hoffnungen in die junge Republik setzten und zum aktiven Mittun bereit waren, verhielten sich die Gymnasiallehrer deutlich reservierter und blieben in ihrer Mehrheit nach wie vor monarchistisch und nationalistisch gesonnen.

Geradezu enthusiastisch klang die Einschätzung des preußischen Lehrervereins: „Der Herbststurm von 1918 muß hinwegfegen, was der Frühlingssturm von 1848 hat Morsches stehen lassen." (nach BÖLLING 1978, 126). Die preußische Revolutionsregierung aus SPD und USPD verkündete am 13. November 1918 programmatisch folgende bildungspolitische Ziele:

„Ausbau aller Bildungsinstitutionen, insbesondere der Volksschule. Schaffung der Einheitsschule. Befreiung der Schule von jeglicher kirchlicher Bevormundung. Trennung von Staat und Kirche." (nach BÖLLING 1978, 126).

Weiten Teilen des Bürgertums erschien es anfänglich ausgesprochen bedrohlich, wie klar sich viele Volksschullehrerinnen und -lehrer zur demokratischen Weimarer Verfassung bekannten, die nicht nur eine neue Freiheit politischen Engagements und soziale Absicherung versprach. Erst jetzt – 1919 – wurde z. B. für Lehrerinnen das Gebot zur Ehelosigkeit aufgehoben.

So schrieb im Dezember 1918 der während der Weimarer Republik wohl bekannteste Pädagogikprofessor Eduard SPRANGER (1882–1963), der sich nach eigenen Worten den Deutschnationalen (DNVP, vgl. Anm. 1 zu Peter GILLIES) verpflichtet fühlte (ohne deren förmliches Mitglied zu sein, vgl. SPRANGER 1973[2], WEBER 1979, 241), aus Berlin an seinen Freund, den Münchner Stadtschulrat Georg KERSCHENSTEINER (1854–1932), wie der Leipziger Lehrerverein „mit vollen Segeln in das Lager der hier herrschenden Unabhängigen gefahren sei, jubelnd, ohne jede Scham, wesentlich aus Gehaltsmotiven." Wohingegen ihn KERSCHENSTEINER beruhigen konnte: „Unsere Lehrer sind keineswegs ins Lager der Sozialdemokratie geschwenkt; selbst die größten Schreier sind nicht über die äußerste Linke der Demokratischen Volkspartei (DDP in Bayern, vgl. Anm. 1 in J. SCHWERSENZ) hinausgegangen." (nach WEBER 1979, 243 f.; vgl. auch BÖLLING 1978, 128).

Es ist insgesamt Rainer BÖLLING (1978, 129) zuzustimmen, der zusammenfaßt,

> „daß die überwiegende Mehrheit der Volksschullehrer sich im November ohne Zögern auf den Boden der neuen politischen Verhältnisse stellte und sich in vorher nicht gekanntem Maße für die Verwirklichung ihrer schulpolitischen und gruppenspezifischen Ziele engagierten. Das geschah jedoch bei einem Teil der Lehrer in Verbindung mit der jetzt auch für Beamte nicht

mehr verbotenen Sozialdemokratie, während sich die Mehrheit auch in den Wochen und Monaten nach der Revolution als Teil des Bürgertums begriff, dort freilich auf dem linken Flügel stand."

Nur vor dem Hintergrund dieser großen Hoffnungen, die die Volksschullehrerschaft – anders als die Mehrheit der Gymnasiallehrerschaft – der jungen Republik entgegenbrachte, ist das Ausmaß der Enttäuschung nachvollziehbar, das sich im Verlauf der Weimarer Republik zunächst an einzelnen Punkten entzündete, die jedoch über Jahre von einem hohen pädagogischen Idealismus immer wieder aufgefangen, zumindest abgefedert werden konnten, bis schließlich ab Herbst 1930 die Substanz der Loyalität gegenüber der Weimarer Republik betroffen war, und das „Lehrerelend" schließlich dazu führte, „daß die Lehrerschaft das Vertrauen zu Staat und Regierung restlos verloren hat", wie der Lübecker Lehrerverein stellvertretend für viele 1932 formulierte (nach BREYVOGEL 1979, 185).

Dieser Prozeß einer *sozialhistorischen Entwicklung* soll in seinen wichtigsten Stationen im folgenden nachgezeichnet werden.

Nachdem die Weimarer Verfassung zunächst erstmalig in Deutschland bürgerlich-demokratische Grundrechte geschaffen hatte, war ab 1919 eine zunehmende Organisationsbereitschaft in allen politischen und gesellschaftlichen Bereichen zu verzeichnen. Dabei machten konservativ-nationalistische Strömungen von Anfang an aus ihrer Verachtung gegenüber dem „Parteiensystem" keinen Hehl, obwohl sie deren demokratische Möglichkeiten in jeder Weise für sich nutzten.

Bei den Organisationsformen, die besonders für Lehrerinnen und Lehrer bedeutsam wurden, unterscheidet Dietfried KRAUSE-VILMAR (1978, 9 f.):

a) berufsständisch geprägte Lehrervereine (wie der „Deutsche Lehrerverein" oder der „Deutsche Philologenverband");
b) schulreformerisch geleitete Gruppen (wie der „Bund Entschiedener Schulreformer" oder der „Deutsche Republikanische Lehrerbund");
c) gewerkschaftlich organisierte Lehrergruppen (wie die „Freie Lehrergewerkschaft Deutschlands" und die „Gewerkschaft Deutscher Volkslehrer", die ab 1928/29 „Allgemeine Freie Lehrergewerkschaft" hießen).

a) Um zunächst anhand der *berufsständisch geprägten Lehrervereine*, die die weitaus meisten Lehrerinnen und Lehrer organisierten, einige Größenrelationen deutlich zu machen:

Die Gymnasiallehrer, die 1848 noch an der Gründung des Allgemeinen Deutschen Lehrervereins beteiligt gewesen waren, schlossen sich 1903 zum „Vereinsverband akademisch gebildeter Lehrer Deutschlands" zusammen, der ab 1921 in „Deutscher Philologenverband" umbenannt wurde und bis heute noch so heißt. Waren dort 1907 bereits 16.316 Gymnasiallehrer organisiert, so stieg diese Zahl bis Ende 1927 auf ca. 30.000 und umfaßte damit mehr als 90% der an allgemeinbildenden Schulen tätigen akademisch gebildeten Lehrer (vgl. BÖLLING 1978, 53; KRAUSE-VILMAR 1978, 9). Carl-Ludwig FURCK kennzeichnet die Tradition dieses Verbandes als auch durch die Novemberrevolution ungebrochen „kritiklose Verherrlichung der Monarchie und überspannten Nationalismus" (FURCK 1965, 54).

Der Deutsche Philologenverband fühlte sich während der Weimarer Republik besonders dem „Volksbund für das Deutschtum im Ausland" (VDA, vgl. Anm. 1 zu E. FORCK) verbunden, der durch seine völkischnationalistische Ideologie den Boden für den Faschismus bereiten half, so daß dessen Vorstand nach der „Machtergreifung" 1933 auch verkünden konnte, „daß der VDA als Träger der volksdeutschen Idee eine Gleichschaltung seines Gedankengutes nicht vorzunehmen brauche, und daß dies sein Stolz" sei (nach SCHOPP 1985, 29).

Zwar suchte sich der Deutsche Philologenverband noch bis zur Selbstauflösung 1936 als „Reichsfachschaft der Lehrer an höheren Schulen" zu erhalten, aber dies als Widerstreben oder gar Widerstand (vgl. EILERS 1963, 82) gegenüber dem NS-System zu werten, kann durch die neuere Forschung nicht aufrechterhalten werden (vgl. LAUBACH 1977; HAMBURGER 1977; SCHOPP 1985). Es spricht eher im Gegenteil einiges für die im Philologenblatt (41/1933, 133) Ende 1933 getroffene Einschätzung, daß „ohne die sichere Haltung der meisten akademisch gebildeten Lehrer, Hitlers Bewegung nicht so schnell vorangekommen" wäre.

In der größten Organisation der Volksschullehrerschaft, dem Deutschen Lehrerverein (DLV) verlief die Mitgliederentwicklung von 1907: 116.284 bis 1927: 154.112. Sie umfaßte damit ca. drei Viertel der insgesamt etwa 200.000 an allgemeinbildenden Schulen in Deutschland tätigen Volksschullehrerinnen und -lehrer (vgl. BÖLLING 1978, 53).

Der Paragraph 1 der 1920 beschlossenen Satzung des DLV lautete:

> „Der Deutsche Lehrerverein bezweckt die Förderung der Volksbildung und den Ausbau der in ihrem Dienste stehenden Einrichtungen. Insbesondere erstrebt er eine möglichst vollkommene Ausgestaltung des Schulwesens und vertritt die gemeinsamen Angelegenheiten des Lehrerstandes."

In diesem Sinne engagierte sich der eher bürgerlich-demokratisch als sozialistisch-demokratisch orientierte und weitgehend evangelisch zusammengesetzte DLV neben Lohn- und Gehaltsfragen für die Einheitsschule, eine Akademisierung und Vereinheitlichung des Lehrerstandes und eine Entkonfessionalisierung der Schulbildung. Als der DLV im August 1929 eine zehnjährige schulpolitische Bilanz zog, kam dabei jedoch eher ein „Dokument enttäuschter Hoffnungen" heraus:

„. . . eine Neugestaltung des Schulwesens im Sinne einer Einheitsschulkonzeption ist in weite Ferne gerückt. Auf dem Gebiet der Lehrerbildung waren teilweise bemerkenswerte Fortschritte nicht zu verkennen, doch sah man in vielen Ländern eine erhebliche Diskrepanz zwischen dem Wortlaut der Reichsverfassung und der Wirklichkeit." (nach BÖLLING 1978, 188).

Bereits in den Anfängen der Weimarer Republik festigte sich das Bewußtsein als Standesorganisation, die weitgehend parteipolitische Neutralität zu wahren habe. Der spätere DLV-Vorsitzende Georg WOLFF [11] schrieb 1923:

„Wir alle beklagen heute die Zerrissenheit und Zerspaltung unseres Volkes durch Weltanschauungsgemeinschaften und politische Parteien, und wir sehen in den neutralen Berufsgenossenschaften, in denen der Interessenausgleich in sachlicher Form erfolgt, ein starkes Gegengewicht gegen die zersetzende und parteipolitische Einstellung." (nach BÖLLING 1978, 97).

Mit dieser These der partei-politischen Neutralität waren bereits 1918/19 Bestrebungen zur Veränderung des DLV hin zu einer Gewerkschaft verhindert worden. 1932 bedeutete das Klammern an dieses Selbstverständnis nicht nur ein fatales Verkennen der historischen Situation, sondern bereits die Aufgabe jeder möglicherweise noch eigenständigen Handlungsmöglichkeit, auch wenn gerade die Existenzerhaltung des DLV als Argument benutzt wurde, um sich anzupassen.

Auf der DLV-Vertreterversammlung in Rostock im Mai 1932 wurde ein Hamburger Antrag abgelehnt, dessen entscheidender Satz lautete: Der DLV

„bekennt sich erneut zur Grundidee der Verfassung: Das Deutsche Reich ist eine Republik, die Staatsgewalt geht vom Volke aus." Außerdem sollte sich der DLV „mit aller Schärfe gegen alle Bestrebungen wenden, die Demokratie durch die Diktatur zu ersetzen." (nach KRAUSE-VILMAR 1978, 12).

Demgegenüber entschied sich die Mehrheit der Delegierten für die Vorlage der Vereinsleitung, die erneut die Überparteilichkeit beschwor und angesichts der bedrohten Republik in einem klaren Bekenntnis zur Demokratie bereits eine Verletzung dieses Prinzips sah. Ein Vorstandsmitglied begründete dies in Rostock mit den Worten:

„Nach meiner Überzeugung ist die notwendige Aufgabe der Führung des Deutschen Lehrervereins nicht der Schutz der Reichsverfassung, sondern sie hat die Pflicht, dafür zu sorgen, daß der Deutsche Lehrerverein zusammenbleibt." (nach KRAUSE-VILMAR 1978, 12).

---

[11] WOLFF, Georg (1883–1967), Volksschullehrer in Berlin, 1921 Rektor, 1927 Schulrat; DDP-Mitglied, 1925–1933 Vorsitzender des Deutschen Lehrervereins; (Daten für die Zeit nach 1933 konnten bislang nicht ermittelt werden).

Obwohl diesem Redner, dem ehemaligen Volkschullehrer Carl L. A. PRETZEL[12], keine besonderen Sympathien für die NSDAP nachgesagt werden konnten, läßt seine Äußerung doch darauf schließen, daß sich größere Teile des DLV bereits ideologisch gegenüber der NS-Propaganda geöffnet hatten.

Zwar kam es in den nächsten Monaten noch zu einzelnen Konflikten zwischen regionalen Lehrervereinen und Nationalsozialisten, spätestens nach den Reichstagswahlen vom 5. März 1933 gab die Leitung des DLV aber jede Zurückhaltung auf und bot auf ihrer Sitzung vom 18./19. März 1933 der „neuen vom Herrn Reichspräsidenten berufenen und vom deutschen Volk bestätigten Regierung" jede mögliche Form der Zusammenarbeit an. Dies wurde zusätzlich bekräftigt durch ein Rundschreiben der DLV-Leitung an alle Einzelverbände vom 1. April 1933, indem diesen nahegelegt wurde, ihre Vertreterwahlen so zu gestalten, „wie es der heutigen Wunschrichtung in den Mitgliederkreisen entspricht".

Am 7./8. Juni 1933 wurde unter der Leitung des bisherigen Vorsitzenden Georg WOLFF[11] der körperschaftliche Beitritt des DLV zum NSLB beschlossen und gleichzeitig der Führer des NSLB, Hans SCHEMM[13], zum DLV-Vorsitzenden ernannt.

Rainer BÖLLING faßt zusammen (1978, 224):

> „Der Tag von Magdeburg, den die nationalsozialistischen Lehrer als ‚das Potsdam der Erziehung' feierten, markiert das Ende des Deutschen Lehrervereins als eines selbständigen Verbandes. ... Die anschließenden Auseinandersetzungen um die endgültige organisatorische Vereinheitlichung der deutschen Erzieherschaft, ..., waren Ausdruck von Machtkämpfen innerhalb der nationalsozialistischen Führungsclique und hatten mit Widerstand gegen das Regime nichts zu tun."

b) Anders als die Standesorganisationen hatten sich *schulreformerisch geleitete Gruppen* wie der „Bund Entschiedener Schulreformer", der 1919 als Reformergruppe innerhalb der Berliner Philologenschaft gegründet worden war, in unmißverständlicher Weise zur demokratischen Republik bekannt und diese Haltung in ihrem Kern bis 1933 bei-

---

[12] PRETZEL, Carl L. A. (1864–1935), Volksschullehrer in Berlin, 1919 Regierungsrat, 1922 Regierungsdirektor; DVP-Mitglied; im Deutschen Lehrerverein von 1898–1933 Mitglied des Geschäftsführenden Ausschusses; (Daten für die Zeit nach 1933 konnten bislang nicht ermittelt werden).

[13] SCHEMM, Hans (1891–1935), Volksschullehrer in Bayreuth, 1923 NSDAP-Beitritt; 1925 Ortsgruppenleiter von Bayreuth, 1928 Gauleiter von Oberfranken; 1929 Gründung und Führer des NSLB bis zu seinem Tode in Folge eines Flugzeugabsturzes; ab April 1933 bayerischer Staatsminister für Unterricht und Kultus.

behalten. Zentrale Forderungen blieben während der Weimarer Republik die Einheitsschule, der Arbeitsschulgedanke, die „Republikanisierung" des Geschichtsunterrichts, die kollegiale Schulleitung und die Völkerverständigung.

Im Sinne zentraler Aussagen der Reformpädagogik formulierte Paragraph 1 der Bundessatzung:

> „Der Bund Entschiedener Schulreformer erstrebt den Zusammenschluß aller derer, die gewillt sind, im Geiste der Jugendbewegung und der nach sozialer Lebensauffassung und neuen Lebensformen strebenden kulturellen Entwicklung an der Erneuerung des Erziehungs- und Bildungswesens mitzuarbeiten." (nach GÜNTHER 1982[13] 589).

Der Bund lehnte die Vertretung von Berufs- und Standesinteressen ab und schloß sich keinen kirchlichen oder parteipolitischen Gruppierungen an. Waren zunächst vorwiegend oppositionelle Gymnasiallehrer im Bund engagiert, so gelang es vor allem Paul OESTREICH[14)], als einem der engagiertesten Vertreter des Bundes, durch rege Publikationstätigkeit Anhänger in allen Teilen der Lehrerschaft zu gewinnen. Auf der Reichsschulkonferenz 1920 setzte sich OESTREICH für eine 10jährige, für alle Kinder gemeinsame, aber in sich stark differenzierte Einheitsschule ein. Die reformpädagogischen Ideen des Bundes beeinflußten stark die Verwirklichung fortschrittlicher staatlicher Versuchsschulen, so vor allem in Berlin und Hamburg. Führende Mitglieder des

---

14) OESTREICH, Paul 1878–1958) Dr. h. c. Prof., 1905–1933 Oberlehrer mit dem Titel eines Professors in Berlin; 1919 gründete er gemeinsam u. a. mit Fritz KARSEN und Siegfried KAWERAU den „Bund Entschiedener Schulreformer"; 1933 aus dem Schuldienst entlassen und zeitweilig in Haft genommen. Nach 1945 als Schulrat im Bezirk Zehlendorf Mitarbeiter am Berliner Einheitsschulgesetz sowie am Aufbau des Berliner Schulwesens überhaupt, 1946 vorübergehend auch als Bezirksstadtrat für Volksbildung, eine Position, die er als SED-Mitglied Ende 1946 wieder verlor. Im Dezember 1948 wurde er seines Amtes enthoben und „mit Rücksicht auf seine politische Einstellung mit Wirkung vom 1.2.1949 in den Sowjetsektor von Berlin versetzt" (lt. Verwaltungsgerichtsurteil). In Berlin (DDR) war er dann als Dezernent im Hauptschulamt tätig (nach RADDE 1973, 335; vgl. auch KEIM 1987).

Bundes, wie z. B. der sozialdemokratische Schulleiter Fritz KARSEN[15], ab Oktober 1921 als Studiendirektor am Kaiser-Friedrich-Realgymnasium (1930 in Karl-Marx-Schule umbenannt) in Berlin-Neukölln (vgl. RADDE 1973), erprobten sie in der Wirklichkeit, wobei auf demokratische Strukturen wie kollegiale Schulleitung, Schülerselbstverwaltung und Elternmitwirkung jeweils größter Wert gelegt wurde. Auch kommunistische Lehrerinnen und Lehrer haben die Arbeit des Bundes unterstützt.

In einer Chronik des Bundes schreibt der Mitbegründer Siegfried KAWERAU[16] im Jahre 1922 selbstkritisch:

> „Wir, die wir im Bunde kämpfen, wir wissen am besten, wieviel alter Geist noch in uns ist, wie wir jedes Haßurteil unserer Feinde in dunklen Stunden übertreffen . . .: wo sind wir denn die harmonischen, reinen, schöpferischen und der Gemeinschaft dienenden Menschen? . . . Und so war der Bund auf dem III. Internationelen Kongreß für moralische Erziehung in Genf und gleichzeitig auf dem Pazifistenkongreß in London vertreten und ist in Charkow zur Schulkonferenz der Ukraine geladen. Nicht darum handelt es sich, daß einzelne Mitglieder des Bundes interessante Reisen machen und darüber launig berichten, sondern darum, daß die Seelen langsam zur Menschheitsgemeinde bereitet werden." (KAWERAU 1922, 59 f.)

Zwischen nüchternen politisch-sozialen Einschätzungen und reformpädagogischen Idealisierungen ist das Spektrum der Aktivitäten und Äußerungen des Bundes während der gesamten Weimarer Republik am ehesten zu beschreiben. So nahm der Bund ab 1930 zwar unzweideutig gegenüber dem drohenden Faschismus Stellung, lehnte aber andererseits 1932 ein Angebot des „Deutschen Republikanischen Lehrerbundes" zur gemeinsamen Abwehr der Nationalsozialisten ab.

---

[15] KARSEN, Fritz (1885–1951), Dr. phil., 1911–1920 Oberlehrer, zuletzt in Berlin, SPD-Mitglied, 1919 Mitbegründer des „Bundes Entschiedener Schulreformer" und aktiv in der Arbeitsgemeinschaft sozialdemokratischer Lehrer, 1921–Februar 1933 Studiendirektor des Kaiser-Friedrich-Realgymnasiums (ab 1930 Karl-Marx-Schule), die er zu einer demokratischen Reformschule umgestaltete; 1933 aus allen Ämtern entlassen, Emigration in die Schweiz, 1934–1936 nach Paris, 1936–1938 als Bildungsberater der kolumbianischen Regierung nach Bogota, 1938–1946 in den USA; 1946–1948 als pädagogischer Beamter der US-Regierung in Berlin; ab 1948 Professor in New York; als Leiter einer UNESCO-Mission für Erziehungsfragen im August 1951 in Ecuador verstorben (nach RADDE 1973).

[16] KAWERAU, Siegfried (1886–1936), Dr. phil., 1911/12 Oberlehrer in Bukarest, 1912–1919 Oberlehrer in Landsberg/Warthe, ab 1919 in Berlin, ab 1927 Oberstudiendirektor am Köllnischen Gymnasium mit Aufbauschule, als SPD-Bezirksverordneter in Berlin-Charlottenburg sowie Mitarbeiter in der „Arbeitsgemeinschaft sozialdemokratischer Lehrer", 1933 vorzeitig pensioniert, später in KZ-Haft genommen. Er verstarb 1936 in Berlin (nach RADDE 1973, 333).

Der „Deutsche Republikanische Lehrerbund“, zahlenmäßig eher klein, hatte bereits im Juni 1930 in einem Aktionsprogramm ein entschiedenes Einschreiten gegen jeden Lehrer gefordert, „der seine amtliche Stellung und das aus ihr erwachsene Vertrauen der Jugend zu ihm zu offener oder versteckter Bekämpfung der Republik mißbraucht“ (nach KRAUSE-VILMAR 1978, 17). Trotzdem er dies ausdrücklich gegen die „nationalsozialistische Gefahr“ formulierte, zählte er auch kommunistische Lehrer zu den antirepublikanischen Kräften.

Obwohl sich im „Bund Entschiedener Schulreformer“ eher idealistische Positionen von Paul OESTREICH durchsetzten, der auf eine „Pädagogisierung bzw. Ethisierung der Politik“ setzte, die zwar eine moralische Kritik am Faschismus ermöglichte, aber über lange Zeit nur wenig konkretes politisches Handeln, sollen nicht einzelne Stimmen unerwähnt bleiben, die ebenfalls bereits ab 1930 politisch scharfsichtig die Situation analysierten, so der Lehrer Fritz HELLING[17] in einem Aufsatz in der NEUEN ERZIEHUNG 13/1931 (S. 405f.):

> „Ob in Deutschland der Weg von der halbdiktatorischen Klassenherrschaft der Bourgeoisie (Brüning) über eine Koalition Brüning-Hugenberg-Hitler bis zur faschistischen Alleindiktatur führen wird, hängt im wesentlichen von der Widerstandskraft der sozialistisch-proletarischen Bewegung ab.“

Dietfried KRAUSE-VILMAR faßt die Haltung der schulreformerisch-orientierten Gruppen in dem Urteil zusammen:

> „Sie erkannten nicht deutlich genug, daß die Beseitigung der drohenden faschistischen Gefahr die unerläßliche Voraussetzung dafür war, mit Reformen im Schulwesen überhaupt wieder beginnen zu können; so standen sie dem Faschismus insgesamt ohnmächtig gegenüber.“ (KRAUSE-VILMAR 1978, 24)

c) Die Geschichte *gewerkschaftlich organisierter Lehrergruppen* nimmt ihren Ausgang zunächst in den gescheiterten Versuchen nach 1918, den Deutschen Lehrerverein in eine Gewerkschaft umzuwandeln

---

[17] HELLING, Fritz (1888–1973), Dr. phil., in der Jugend im Wandervogel aktiv, 1914 Kriegsfreiwilliger, 1915 Entlassung wegen schwerer Verwundung, ab 1917 Studienrat in Schwelm, durch Paul OESTREICH angesprochen 1924–33 Leitung des Landesverbandes Westfalen-Lippe des Bundes Entschiedener Schulreformer, gehörte keiner politischen Partei an, ab 1930 klares Engagement gegen den drohenden Faschismus in mehreren Aufsätzen, ab April 1933 zunächst Beurlaubung, September 1933–45 Entlassung aus dem Schuldienst, 1945–50 Oberstudiendirektor in Schwelm bis zur Pensionierung, 1952 bis in die 60er Jahre Leiter des friedenspädagogisch engagierten „Schwelmer Kreis“ von Pädagogen aus beiden deutschen Staaten (nach HELLING 1958, 83 ff; vgl. auch HOCHMUTH/de LORENT 1985, 238).

– ein historisches Vorhaben, das – zumindest formalorganisatorisch erst im Jahre 1949 mit der Gründung der Gewerkschaft Erziehung und Wissenschaft (GEW) als Einheitsgewerkschaft und Mitglied im Deutschen Gewerkschaftsbund (DBG) begonnen und bis heute – z. B. im Hinblick auf das Streikrecht – nicht vollständig vollzogen wurde.

Während vielen Mitgliedern sowie dem Vorstand des Deutschen Lehrervereins die Idee einer Gewerkschaft, mit der sie Begriffe wie „Lohnarbeiter" oder „Streik" verbanden, als verbeamteten Lehrern völlig indiskutabel erschien, gab es aber doch zwei Gruppierungen, die sich davon anderes erhofften: Zum einen zahlreiche bis Sommer 1919 entstandene sozialistische Lehrervereine, die, wie z. B. die „Vereinigung sozialistischer Lehrer und Lehrerinnen Groß-Berlins", Vorstände aus SPD, USPD und KPD gebildet hatten und für den gewerkschaftlichen Gedanken eines Zusammengehens von Intelligenz und Arbeiterschaft fochten. Zum anderen die in vieler Hinsicht besonders betroffenen Junglehrer, die unter weitgehendem Verzicht auf politische Ansprüche, wie z. B. der Preußische Junglehrerverband (PJLV), vor allem auf eine schlagkräftige Durchsetzung ihrer materiellen Interessen hofften. Der PJLV formuliert 1920 als Aufgabe: „Herstellung einer schlagfertigen, breiten, gut disziplinierten, solidarischen und standesbewußt fühlenden Einheitsfront mit nur wirtschaftlichen Standeszielen (Gewerkschaft)" (nach BÖLLING 1978, 46). Gemeinsam mit drei anderen kleineren Lehrerverbänden (Deutscher Volksschullehrerverein, Neuer Preußischer Lehrerverein und Interessengemeinschaft der Land- und Kleinstadtlehrer) wurde im August 1921 in Hannover die „Gewerkschaft Deutscher Volkslehrer" (GVD) ins Leben gerufen, die bis 1922 in ihrer Mitgliederstärke von 5041 auf 10.000 ansteigen konnte.

Bevor die sozialistische Einheitsfront in den regionalen sozialistischen Lehrervereinigungen auf der anderen Seite nun aber bis zu einer Gewerkschaft wachsen konnte, rief der SPD-Pateivorstand unter maßgeblicher Beteiligung seines Schulexperten Heinrich SCHULZ[18)] bereits Ostern 1919 zur Gründung einer eigenen „Arbeitsgemeinschaft sozialdemokratischer Lehrer und Lehrerinnen" auf. Dabei war das Motiv offenkundig, das zwar von den Parteilinken innerhalb der SPD kritisiert, aber vom Parteitag im Juni 1919 bestätigt wurde: Das Bestreben der Mehrheitssozialdemokratie, sich von den sozialistischen Linken zu distanzieren und diese gleichzeitig durch die engere Anbindung der sozialdemokratischen Lehrer zu schwächen.

---

18) SCHULZ, Heinrich (1872–1932); Volksschullehrer, später Redakteur; SPD-Mitglied, von 1919–1924 Vorsitzender der „Arbeitsgemeinschaft sozialdemokratischer Lehrer und Lehrerinnen", 1919–1924 Unterstaatssekretär im Reichsministerium des Innern (nach KRAUSE-VILMAR 1978, 278).

So fand zwar trotzdem am 10./11. Juni 1919 in Berlin eine Konferenz der regionalen sozialistischen Lehrervereinigungen mit der Gründung des gemeinsamen „Verbandes sozialistischer Lehrerinnen und Lehrer" statt, aber die Schwächung durch den Abzug vieler sozialdemokratischer Kolleginnen und Kollegen war unübersehbar. So verurteilte die Konferenz auch die sozialdemokratische Abgrenzung und gab sich selbst die klare Zielsetzung: „Verwirklichung des Sozialismus auf dem Gebiet des gesamten Erziehungs- und Bildungswesens in engstem Zusammenhang mit dem Kampf des klassenbewußten Proletariats" (nach BÖLLING 1978, 44). Herausgeber des gemeinsamen Verbandsorgans ab 1920 „Der sozialistische Erzieher" wurde der spätere preußische KPD-Landtagsabgeordnete Fritz AUSLÄNDER[19].

Im Oktober 1920 wurde auf dem Vertretertag des Verbandes in Gotha die Umwandlung des Verbandes in die „Freie Lehrergewerkschaft Deutschlands" (FLGD) vollzogen. Umgehend danach begann die FLGD, Anschluß an eine freigewerkschaftliche Dachorganisation zu suchen.

Die Verhandlungen mit dem Allgemeinen freien Angestelltenbund (AfA) scheiterten nach über einem Jahr, weil dieser schließlich starke Vorbehalte gegen kommunistische Orientierungen der FLGD äußerte. Als im Juni 1922 der freigewerkschaftliche Allgemeine Deutsche Beamtenbund (ADB) gegründet wurde, waren auch Vertreter der FLGD anwesend. Die Leitung des ADB machte nun ihrerseits den Eintritt der FLGD davon abhängig, daß diese sich vorher mit der „Gewerkschaft Deutscher Volkslehrer" (GDV) vereinige. Aus der bereits erfolgten Beschreibung der Zusammensetzung der GDV wird verständlich, wieso die sozialistische FLGD diese Gruppierung als „ein wunderliches Konglomerat aller möglichen und unmöglichen Weltanschauungen" ansehen mußte, aber schließlich doch einer „Vernunftehe zum Zwecke der Einheirat in den ADB" zustimmte (nach BÖLLING 1978, 45).

---

[19] AUSLÄNDER, Fritz (1885–1943), Dr. phil., Studienrat und Stadtrat in Berlin-Neukölln; zunächst SPD-Mitglied, ab 1917 USPD und ab 1920 KPD-Mitglied; als Sekretär der Reichstagsfraktion der kommunistischen Lehrerinnen und Lehrer neben Clara ZETKIN und Edwin HOERNLE maßgeblich an der Ausarbeitung der kommunistischen Schulpolitik beteiligt; 1928–1932 Abgeordneter des Preußischen Landtags; 1933 aus allen Ämtern entlassen; nach 1933 Zuchthaus und Unterbringung im KZ, auf Betreiben der konservativen Familie seiner Frau aus dem KZ entlassen, weitere schriftstellerische Arbeiten, jedoch durch Verbot der Reichsschrifttumskammer ohne Veröffentlichungsmöglichkeit, 1943 Selbstmord (nach KRAUSE-VILMAR 1978, 275; vgl. auch ALBRECHT 1971).

Durch den Anschluß der FLGD an die GDV wurde deren Mitgliederstärke nur geringfügig gestärkt, dafür aber umso mehr geschwächt durch eine davon unabhängige Austrittsbewegung im „Neuen Preußischen Lehrerverein", so daß 1925 die Gesamtorganisation der GDV noch ca. 6000 Mitglieder hatte.

Bedeutsam ist in diesem Zusammenhang noch das 1924 in das Parteistatut der SPD aufgenommene Verbot „jeglicher Zusammenarbeit mit der KPD, auch auf örtlicher Ebene", das u. a. nach den Erfahrungen mit einer wirkungsvollen Aktionseinheit der Arbeiterparteien zwischen 1921 und 1923 in Thüringen (vgl. auch die Schilderungen von Walther UHLE) aufgestellt worden war – eine Aktionseinheit, die schließlich von Regierungstruppen des sozialdemokratischen Reichspräsidenten EBERT zerschlagen wurde und in deren Folge mehrere sozialdemokratische und kommunistische Lehrer Berufsverbot erhielten.

Die Aktivitäten der „Arbeitsgemeinschaft sozialdemokratischer Lehrer und Lehrerinnen" waren mit der fortgeschrittenen Inflation ab Herbst 1922 zwischenzeitlich völlig zum Erliegen gekommen. Erst im August 1924 erfolgte eine Neukonstituierung, wobei zum 1. Vorsitzenden der Berliner Stadtschulrat Dr. Kurt LÖWENSTEIN[20)] gewählt wurde.

Trotz des Verbots der Zusammenarbeit mit Kommunisten kam es ab April 1925 zu einem Wandel in der Haltung der Arbeitsgemeinschaft gegenüber der GDV, die sich zwar als überparteilich verstand, aber in der seit der Auflösung der FLGD in der GDV auch Kommunisten maßgeblich mitarbeiteten. Zu diesem Zeitpunkt betrug die Mitgliederzahl der „Arbeitsgemeinschaft sozialdemokratischer Lehrer und Lehrerinnen" über 5.000 und stieg in den nächsten Jahren bis auf 7.000 an, wobei erst 1931 durch die Abspaltung der Sozialistischen Arbeiterpartei (SAP) Verluste auftraten.

---

20) LÖWENSTEIN, Kurt (1885–1939), Dr. phil., zunächst Rabbinatsausbildung, nach Abbruch Studium in Hannover und Erlangen sowie 1910 Promotion, 1915–1918 Krankenpfleger, 1918 Soldatenrat; 1919–23 als USPD-Mitglied Stadtverordneter in Berlin-Charlottenburg, ab 1922 als SPD-Mitglied; 1921–1933 Stadtschulrat in Berlin-Neukölln; Führungspositionen in mehreren Bildungsgremien der SPD; Begründer der „Kinderfreunde" und „Roten Falken", Angehöriger der linken SPD-Opposition; nach SA-Überfall im Februar 1933 und Suspendierung als Schulrat Emigration nach Prag; ab 1934 in Paris Aufbau der Sozialistischen Erziehungs-Internationale und Hilfsmaßnahmen für Emigrantenkinder, Mitarbeiter im Verband deutscher Lehreremigranten bis zu seinem Tode in Paris (nach FEIDEL-MERTZ 1983, 244).

Wurden nun zunächst im April 1925 die Mitglieder der Arbeitsgemeinschaft aufgefordert, sich neben dem Deutschen Lehrerverein auch gewerkschaftlich in der GDV zu organisieren, so erhielt die GDV bereits im Juni 1925 einen rein sozialdemokratischen Vorstand. Im Dezember 1928 wurde die GDV in Allgemeine Freie Lehrergewerkschaft Deutschlands (AFLD) umbenannt, die nach eigenen Angaben zu diesem Zeitpunkt 8000–10000 Mitglieder zählte (Rainer BÖLLING, der sich auf das Jahrbuch der Berufsverbände 1932, 23, bezieht, gibt als Zahl nicht mehr als 1500 an; BÖLLING 1978, 49).

Der im gleichen Jahr 1928 von der KPD-Parteileitung verbreitete Vorwurf des „Sozialfaschismus" gegenüber der SPD, in dem die Sozialdemokratie pauschal als Wegbereiter des Faschismus und „soziale Hauptstütze der Bourgeoisie" angeklagt wurde, führte auf vielen Ebenen zu einer Blockierung und bestätigte jene Kräfte innerhalb der SPD, die seit Jahren für eine klare Abgrenzung zur KPD votiert hatten. Dietfried KRAUSE-VILMAR urteilt jedoch in bezug auf die sozialdemokratische Reaktion in der AFLD (1978, 22):

> „Die Rücksichtslosigkeit, mit der nun ab 1929 die SPD gegen die kommunistischen Gewerkschaftskollegen vorging, läßt sich aus diesem ungerechtfertigten Vorwurf der KPD allein nur schwerlich erklären; es ging ihr vielmehr auch und besonders darum, Kritiker ihrer parlamentarisch begrenzten Abwehrstrategien ... mundtot zu machen."

Durch eine Befragungsaktion der sozialdemokratischen Gewerkschaftsleitung 1929, die von kommunistischen Kollegen kaum mit Ja beantwortet werden konnte, wurde der Weg geebnet, um genau diese Kollegen auszuschließen. Die nunmehr von Kommunisten „gesäuberte" AFLD ging dann 1930 ihrerseits daran, NSDAP und KPD gleichzusetzen und forderte ihre Mitglieder auf, die „Stimme allein der Sozialdemokratie zu geben" (Der Volkslehrer 12/1930, 233).

Trotz dieses Vorgehens der Gewerkschaftsleitung kam es auf regionaler Ebene noch zu vereinzelten Aktionseinheiten, wie z. B. 1931 in Berlin, wo die AFLD der „Vereinigten Kampffront gegen den Schulabbau" beitrat. Auch wurden in der Verbandspresse Berufsverbote gegen Kommunisten vor 1933 kritisch dokumentiert. Schließlich bleibt es ein Verdienst der AFLD, daß sie sich im April 1933 als einzige Lehrerorganisation selbst auflöste, um der NS-Gleichschaltung zu entgehen. Insgesamt war die AFLD jedoch, nicht zuletzt auch durch die geschilderten innerverbandlichen Kämpfe, so wenig einflußreich, daß sie als Organisation der faschistischen „Machtergreifung" keinen ernstlichen Widerstand entgegensetzen konnte.

Nach diesem Abriß unterschiedlicher Organisationsformen, für die sich Lehrerinnen und Lehrer während der Weimarer Republik entschieden und den darin enthaltenen oder fehlenden Widerstandsmöglichkeiten gegenüber dem drohenden Faschismus, soll nun der Blick auf die Ebene der subjektiven Verarbeitung von Widersprüchen gerichtet werden. Dies erscheint notwendig, um – im Sinne der von Erich FROMM eingangs vorgestellten These des „subjektiven Widerspruchs“ zwischen demokratischem Selbstbild und autoritärer Bewußtseinsstruktur – noch deutlicher auch den individuellen Erfahrungshorizont von Lehrerinnen und Lehrern erschließen zu können.

Welche unterschiedlichen konkreten Ausprägungen ein auch für Schülerinnen und Schüler wahrnehmbares Lehrerverhalten der verschiedenen subjektiven Verarbeitungsformen haben konnte – und darin durchaus nebeneinander in einer Schule, ja in einer Klasse in Erscheinung treten konnte, läßt sich beispielhaft anhand der Erinnerung der ehemaligen Schülerin Elsbeth KÖTTING aus ihrer Schule in Berlin-Treptow aus dem Jahre 1932 illustrieren:

„Ich besuchte das Oberlyzeum Treptow. Wir hatten 1932 eine Deutschlehrerin, die, wenn du geniest hast, nicht etwa sagte ‚Gesundheit‘, sondern ‚Gott schütze Deutschland‘ oder ‚Gott strafe England‘.

Wir hatten aber auch einen Musiklehrer, dessen Einstellung gegen die Nazis bekannt war. Als er in seiner Gesangsstunde einmal niesen mußte, haben wir ihm zugerufen: ‚Gott schütze Deutschland‘. Und er antwortete freundlich: ‚Und alle übrigen Länder, nicht wahr?‘

Der deutschnationale Studienrat SCHÜTZ war Klassenlehrer meines Bruders am Oberschöneweider Gymnasium. Er wollte schon vor ’33 seine Schüler beeinflussen, Mitglied des VDA zu werden. Kam er in die Klasse rein, brüllte er: ‚Heil!‘ Einigen Schülern wurde es aber zu bunt. Sie schrien zurück: ‚Moskau!‘“
(nach KÖHLER 1981[2], 50)

Zu den entscheidenden Widerspruchsebenen, die die Erfahrung von Lehrerinnen und Lehrern während der Weimarer Republik prägten, sind mindestens drei Schwerpunkte zu rechnen:

a) das Problem der *Arbeitslosigkeit*, das sich im besonderen den Junglehrern bereits ab 1920/21 stellte;

b) das Problem der *materiellen Versorgung*, die zwar anfänglich eine geringe Aufwertung erfuhr, aber bereits mit einsetzender Inflation bis 1923 hinter das Realeinkommen von 1913 zurückfiel und im Zusammenhang mit der Notverordnungspolitik ab 1930 Volksschullehrer erstmals wieder in einzelnen Regionen unter das Existenzminimum abrutschen ließ;

c) das Problem der *schulischen Arbeitsbedingungen*, die sich im Zuge der staatlichen Sparpolitik ebenfalls in ganzen Regionen einem Standard von vor 1900 bedrohlich annäherten.

Dabei muß außerdem zumindest jener zusätzliche Effekt einer gewissen Ernüchterung anfänglicher revolutionärer Begeisterung unter weiten Teilen der Volksschullehrerschaft genannt sein, der sich aus zwei gesellschaftlichen Bedingungen ergab, die auch für andere demokratische Kräfte galten: dem Erleben einer nun erstmals staatstragend gewordenen SPD und der umgehend sich formierenden und neu erstarkenden Reaktion.

Eine „merkliche Abkühlung" der Begeisterung von Volkschullehrerinnen und -lehrern gegenüber der Mehrheitssozialdemokratie trat wohl erstmals auf, als die preußische Regierung am 3. Januar 1919 wegen energischer Widerstände vor allem seitens der katholischen Kirche und der Zentrumspartei, den bereits verabschiedeten Erlaß über die Aufhebung der geistlichen Schulaufsicht zunächst rückgängig machte und erst im Juli 1919 in veränderter Fassung wieder aufnahm. Der Volksschullehrer und spätere Staatssekretär Heinrich SCHULZ[18)] kommentierte auf dem Parteitag der SPD im Juni 1919 die Entwicklung aufmerksam:

> „Sie kamen im November begeistert zu uns. Aber die Begeisterung ist schon merklich abgekühlt, teils weil ihnen die ganze Entwicklung nicht schnell genug ging, teils weil sie fühlten, daß die örtlichen Autoritäten schon wieder übermächtig zu werden beginnen und daß sie von den Kultusministern nicht immer in genügender Weise unterstützt werden."
> (Protokoll SPD-Parteitag Weimar 1919, 170).

Könnte dies jedoch noch zumindest teilweise als ein Mangel an republikanischer Erfahrung auf Seiten der sozialdemokratischen Regierung sowie eine notwendige Ernüchterung allzu pädagogisch-euphorischer Revolutionshoffnungen auf Seiten der enttäuschten Voksschullehrer interpretiert werden, so lassen sich derartige Erklärungen angesichts der benannten Widerspruchsebenen, die im folgenden näher erläutert werden sollen, nicht mehr aufrecht erhalten.

a) Die besonderen Ausdrucksformen von *Arbeitslosigkeit* unter Lehrerinnen und Lehrern während der Weimarer Republik sind eine der politischen Hypotheken, die ihre Ursache unzweifelhaft im Kaiserreich hatten: Nicht nur wegen der mehr als 10.000 „Flüchtlingslehrer" nach dem Kriege, die Preußen sich verpflichtet hatte zu übernehmen, sondern auch aufgrund des ab 1921 einsetzenden kriegsbedingten Rückgangs der Schülerzahlen schnellte umgekehrt die Zahl der stellenlosen Schulamtsbewerber von über 7.000 im Jahre 1920 bis 1922 auf ca. 20.000 empor. Als 1923 auf dem Höhepunkt der Inflation zusätzliche Planstellen abgebaut wurden, stieg die Zahl der arbeitslosen Junglehrer bis 1925/26 auf über 30.000. Sie sank zwar in den folgenden 5 Jahren wieder auf ca. 8.000 ab, um dann jedoch als Folge der Weltwirtschaftskrise wieder auf über 15.000 anzusteigen (nach BÖLLING 1978, 29).

Was dies für den einzelnen arbeitslosen Kollegen im Verlauf der Weimarer Republik bedeuten konnte, schildert Wilfried BREYVOGEL (1979, 1917) exemplarisch (vgl. auch den Bericht von Ludwig de PELLEGRINI):

„Ein Junglehrer kommt 1920 vom Seminar, ist bis 1926 teils fremdberuflich tätig, teils arbeitslos, ab 1926 wird er Zuschußempfänger und läßt sich in die Bewerberliste aufnehmen, im Mai 1929 wird er Hilfslehrer, Mitte 1930 rückt er in eine auftragsweise Beschäftigung, Ende 1931 fällt er durch den Stellenabbau in den Status des Zuschußempfängers zurück."

Welche psychischen und physischen Auswirkungen zwischen Hoffnung und Verzweiflung, zwischen Existenzminimum und Existenzbedrohung dadurch für die Betroffenen gegeben sind, schildert der Lehrer Fritz WEIGELT[21)] unter dem Pseudonym „Fritz Wilhelm" anschaulich in seinem über weite Phasen autobiographischen Roman „Fritz Wilde – der Junglehrer" (1925, 1980^2), in dem er u. a. die Rede eines entlassenen Junglehrers vor der Elternschaft zitiert (WILHELM 1980^2, 143 f.):

„Die Junglehrer müssen raus aus der Schule, diese Hitzköpfe, die revolutionäre Ideen herumtragen, die von der Befreiung der Schule reden, die mit den Kindern Freundschaft schließen und den Stock zerbrechen, die mit den Eltern paktieren und sich nicht einfügen können in das wohlgeordnete Gleis der guten alten Tradition. So mordet man Jugend, so erschlägt man die Zukunft des Volkes, so erzieht man ein kraftloses, krankes Geschlecht!

Kämpft mit uns Eltern! Um euer Kinder Willen müßt ihr an unserer Seite stehen, um euer Kinder, die uns lieben, denen wir den Glauben an eine bessere Zukunft geben, mit denen wir an den morschen Trägern des alten Gebäudes rütteln, das den einen zum Hungern zwingt und den anderen prassen läßt. Tut es um unsretwillen auch. Wir wollen euch ehrlich sagen, und ihr werdet uns verstehen, wir ringen um unser Brot. Auch ihr kämpft darum, und eure Gewerkschaften sind noch nicht stark genug,

---

21) WEIGELT, Fritz (1899–1986), ab 1917 Kriegsfreiwilliger, ab 1919 SPD-Mitglied, 1919/20 Sonderlehrgang für Kriegsseminaristen, 1920–1933 Volksschullehrer in Berlin, Mitarbeit in FLGD und GDV, 1933 aus dem Schuldienst entlassen; 1941–1945 dienstverpflichtet als Redakteur beim Berliner Rundfunk, 1945–1949 Journalist für sozialdemokratische Zeitungen, 1949–1962 Oberschulrat und später Regierungsdirektor in der Schulverwaltung Berlin, SPD-Abgeordneter in der Stadtverordnetenversammlung und im Abgeordnetenhaus von Berlin, seit 1963 wohnhaft in München und dort 1986 verstorben (nach Schreiben von Fritz WEIGELT vom 20.1.1986).

für alle das Existenzminimum zu erreichen. Wir haben keine Gewerkschaften, die um unsretwillen kämpfen wollen, wir sind zu klein, uns selber zu helfen. Darum kommen wir zu euch. Helft uns, und ihr helft euren Kindern und der Schule."

Die großen Standesorganisationen operieren eher hilflos mit der bedrohten Situation der „Jüngsten ihres Standes". Die Junglehrer selbst empfinden Lehrervereinsvertreter häufig als ältere Herren, die eher abwiegeln, als sich engagiert einzusetzen. Dafür sprechen verschiedene Zeugnisse, wie z. B. ein Schreiben des Berliner Lehrervereins vom 3. Dezember 1921:

„Wir stehen z. Zt. in der praktischen Arbeit, die Junglehrernot nach Möglichkeit zu steuern. Eine größere Veranstaltung erscheint uns jetzt nicht zweckmäßig, da erfahrungsgemäß praktische Vorschläge in größeren Versammlungen selten erarbeitet werden. Sobald die durch die Entlassung der Junglehrer eingetretenen Verhältnisse einigermaßen zu überschauen sind, werden wir unsere jungen Kollegen zusammenrufen, um sie zu beraten und ihnen durch Vermittlung anderer Stellen zu helfen.

Von einer agitatorischen Versammlung glauben wir zur Zeit absehen zu sollen" (nach HOFFMANN 1980, 8).

Fritz WEIGELT schildert eine persönliche Begegnung mit einem Lehrervereinsfunktionär, der ihm auf seine Bitte um Unterstützung antwortet (WILHELM 1980^2, 96):

„‚Ja, lieber Herr Kollege', es kam mit dem Brustton der Überzeugung und der Ruhe des Menschen, der weiß, was seiner Würde geziemt, heraus, ‚wir kennen Ihre Verhältnisse, die Verhältnisse unser Junglehrerschaft sehr genau. Wir haben uns bemüht, die Notlage bis ins Einzelne zu erforschen und werden das Material, wenn es vollständig vorliegt – eine Kommission arbeitet daran – der Presse und dem Herrn Minister unterbreiten. In der letzten Vorstandssitzung haben wir eine Resolution angenommen, die sich mit diesen Dingen befaßt. Wir werden sie an die Spitzenorganisation weiterleiten. Von dort geht sie als Forderung ebenfalls an den Herrn Minister. Es ist auch der Plan aufgetaucht, an die politischen Parteien heranzutreten, um die Verhältnisse im Landtag zur Sprache zu bringen. Aber es ist doch zu bedenken, daß das gar leicht zur Folge haben könnte, uns den Vorwurf der Parteilichkeit zu machen. Man muß sehr vorsichtig darin sein, lieber Herr Kollege. Sie ahnen nicht, was für eine neutrale Organisation auf dem Spiele steht, in den Verruf der Parteilichkeit zu kommen. Mehr können wir im Augenblick nicht für Sie tun. Halt, ich kann Sie noch in unsere Liste der stellungslosen Lehramtskollegen aufnehmen. Wenn Privatstellen Hilfskräfte gebrauchen, benutzen wir diese Liste. Sie sind doch Mitglied des Vereins?'

Fritz erhob sich. Es erschien ihm überflüssig noch einen Ton zu dem zu sagen, das er eben gehört hatte. So antwortete er kurz: ‚Nein, wovon sollte ich wohl den Beitrag zahlen?'"

Als mit der BRÜNINGSCHEN Notverordnung vom 26. Juli 1931 neben drastischen Gehaltskürzungen eine neue massive Welle von Stellenstreichungen erfolgt (so allein in Preußen vom September 1931–März 1932 7200 abgebaute Volksschullehrerstellen), trifft dies wiederum die Junglehrer am härtesten, die nun allerdings schon in einem Ausmaß desillusioniert sind, das eine Abkehr von der Republik und eine Öffnung gegenüber radikalen Strömungen deutlich erkennen läßt. Unter der Überschrift „Junglehrer klagen an!" formuliert der Vorsitzende der Hessischen Junglehrer in der Hessischen Schulzeitung 33/1931 vom 7. Oktober 1931:

„Es gibt keine Junglehrer mehr und keine jungen Lehrer mehr in der hessischen Volksschule. Das bedeutet den Tod der Schule des Volkes, die Vernichtung hunderter von Existenzen. Jetzt, Junglehrer, hast du deinen Dank für treues Harren ... Auch dir, Staat, werden wir nicht vergessen, was du uns angetan hast: Wind hast du gesät, Sturm wirst du einst ernten!"

Wie sehr es der NS-Propaganda gelingt, gerade bei den Junglehrern eine erste Bresche für die Öffnung gegenüber faschistischen Denkmustern zu schlagen, verdeutlicht ein Artikel in der „Nationalsozialistischen Lehrerzeitung" 1/1932 (S. 6 f.) vom Juli 1932 unter der Überschrift: „Generationskrise und junge Lehrerschaft":

„Es herrschte der resignierende, negative Typ des Junglehrers vor, der durch jahrelanges Warten und Fremdberuf seelisch zermürbt war und sich den herrschenden Mächten gegenüber willenlos treiben ließ, ein Typ, der auch heute noch breiten Raum einnimmt. Allmählich jedoch trat mit dem allgemeinen geistig-seelischen Erwachen und dem Sichfinden der jungen Generation ein neuer, positiver, zukunftswilliger und freudiger Typ des jungen Lehrers in Erscheinung und bildete das Ferment, das die resignierte breite Masse der jungen Lehrerschaft durchsetzen, umformen und aktivieren sollte im Sinne des klar erkannten völkisch-sozialistischen Generationszieles."

b) Im Hinblick auf die *materielle Versorgung* der Volksschullehrerinnen und -lehrer wurde zwar durch das Volksschullehrer-Diensteinkommensgesetz vom 17. Dezember 1920 zunächst eine gewisse Verbesserung vor allem in bezug auf Einheitlichkeit und Zuverlässigkeit der Auszahlung erreicht, jedoch blieben die Unterschiede im Einkommen zwischen Volksschul- und Gymnasiallehrern nach wie vor gewaltig.

Durch die Folgen der Inflation rutschte bis Ende 1923 das Realeinkommen der Volksschullehrer auf 40–50 % dessen von 1913. Erst durch Be-

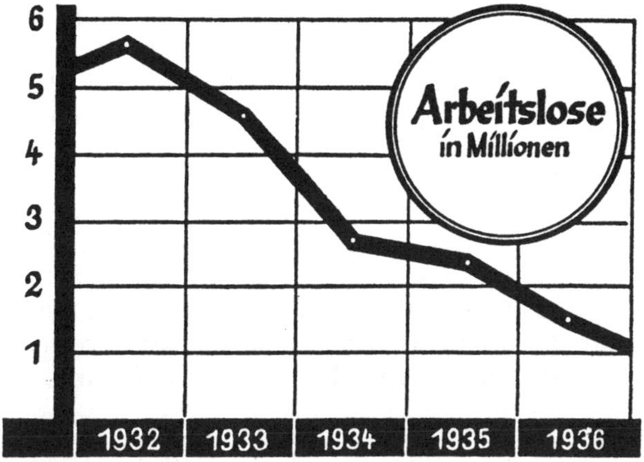

Abb. 2: „Eine Welt staunt über dieses Wunder!“
(NS-Kommentar zu dieser Statistik von 1937)

ÖFFENTLICHE INVESTITIONEN IN DEUTSCHLAND

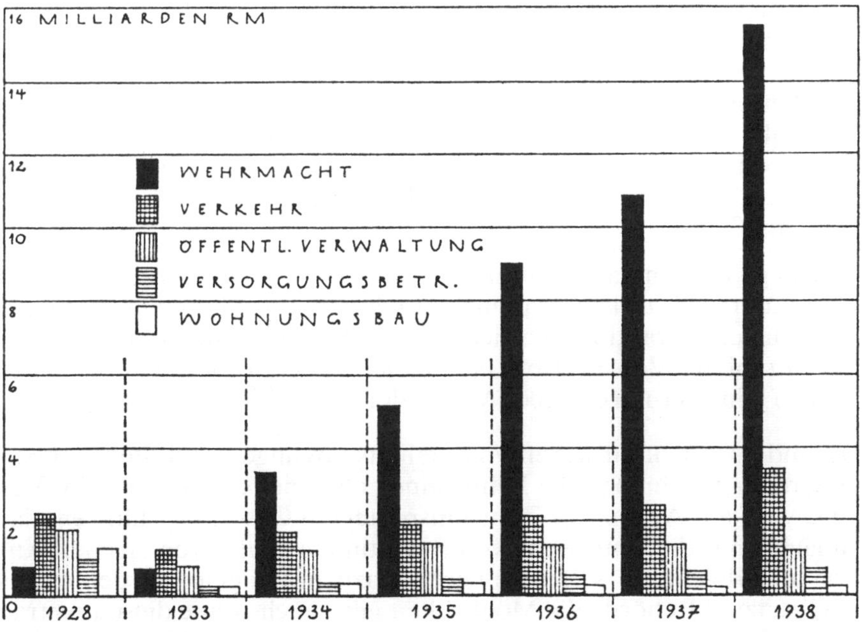

Abb. 3: Das Wunder heißt Kriegsvorbereitung.
(Wirtschaftsstatistik über öffentliche Investitionen – nach 1945 veröffentlicht)

soldungserhöhungen im Jahre 1924 stieg das Realeinkommen wenigstens wieder auf 74 % dessen von 1913. Die Abstände zwischen den Besoldungsgruppen vergrößerten sich jedoch weiter: 1924 erhielt ein Volksschullehrer nur knapp 60 % vom Grundgehalt eines Gymnasiallehrers (nach BÖLLING 1978, 30).

Jedoch erst durch die drastische staatliche Sparpolitik – einsetzend mit der 1. Notverordnung der Reichsregierung BRÜNING vom 26. Juli 1930 – wurde die Sorge vor einem „Lehrerelend", wie es die älteren Lehrer noch selbst nur zu gut aus der Kaiserzeit kannten, wieder brennend aktuell. In der Allgemeinen Deutschen Lehrerzeitung 18/1931 (S. 339) hieß es bereits am 30. April 1931 in einem Kommentar warnend:

„Noch ist der überwiegende Teil der Beamtenschaft nicht bereit und willig, den verlockenden, verführischen Sirenenklängen der radikalen Agitatoren zu folgen, aber der wirtschaftlich und seelisch zermürbte Mensch ist doppelt und dreifach gefährdet."

Hatte die 1. Notverordnung vom 26. Juli 1930 für die Beamten des öffentlichen Dienstes noch eine einheitliche, verhältnismäßig geringe Gehaltskürzung von 2,5 % gebracht, so wird die Gruppe der Lehrerinnen und Lehrer durch verschiedene Sondererlasse und -regelungen bald besonders herangezogen.

Zusätzlich zu dem bereits erwähnten „Abbauerlaß" des Preußischen Kultusministers, der besonders die Junglehrer hart traf (Jahresende 1930/31: 8.000 arbeitslose Junglehrer bis Mai 1932: 15.000 arbeitslose Junglehrer), wurde durch die 2. Preußische Sparverordnung vom 23. Dezember 1931 die Zwangspensionierung aller Lehrer verfügt, die das 62. Lebensjahr vollendet hatten. Dies betraf eine Gruppe von ca. 4.000 Kollegen, die daraufhin mit der Hälfte ihres bisherigen Einkommens leben mußten.

Die lange Zeit unklare Haltung des Deutschen Lehrervereins in dieser Frage führte zu starken Spannungen zwischen den älteren Lehrern und der Junglehrerfraktion, die sich beide nicht genügend vom DLV vertreten fühlten: Von 1931 bis 1933 verlor der DLV wohl vor allem vor diesem Hintergrund ca. 4.000 Mitglieder (nach BÖLLING 1978, 202).

Besonders betroffen waren von Gehaltskürzungen und Stellenabbau außerdem zunehmend die Lehrerinnen als weibliche Beamte: Im Mai 1932 wird auf Antrag der Zentrumspartei ein Gesetz beschlossen, das zunächst nur die Entlassung von Beamtinnen „auf deren eigenen Antrag hin erleichtern" soll, aber bereits dazu im Widerspruch der jeweils vorgesetzten Behörde die Möglichkeit gibt, auch „ohne diesen Antrag die Entlassung zu verfügen, wenn die wirtschaftliche Versorgung gesichert ist" (nach BREYVOGEL 1979, 184). Die NS-Machthaber greifen ein Jahr später dieses Gesetz wieder auf und ändern mit Wirkung vom 30. Juni 1933 diese „Möglichkeit" in eine „Verpflichtung" der vorgesetzten Behörde um.

Da es auch in anderen Teilen der Beamtenschaft zur Kritik an der staatlichen Sparpolitik kommt, differenzieren die Notverordnungen zunehmend in Gruppen, deren Unmut leichter verkraftbar erscheint und die daher stärker belastet werden können und solche, deren Staatsloyalität nicht überstrapaziert werden soll. So werden zum Beispiel in der Sparverordnung vom 8. Juni 1932 ausdrücklich „die Beamten der Schutzpolizei, Landjägerei, Kriminalpolizei und die Polizeivollzugsbeamten der Gemeinden" ausgenommen.

Der Schriftleiter des Hessischen Volksschullehrervereins kommentiert dies im Juni 1932 so (nach BREYVOGEL 1979, 169):

„Man spare billige Versprechungen. Und nichts schafft ja die Tatsache aus der Welt, daß wir bluten müssen, weil die Doppelheit Reich und Preußen und damit viel Leerlauf erhalten bleibt, trotz der Notzeit für das Volk.

Was aber so ganz die Richtung zeigt, ist die Tatsache, daß die Polizei von dem Abzug ausgenommen wird. Hierbei wird zum zweiten Mal erkennbar, wo der preußische Staat unter einer Regierung der Weimarer Koalition seine Stärke und Stütze sieht. Wahrlich, es geht viel Glauben verloren."

c) Die drastische *Verschlechterung der schulischen Arbeitsbedingungen* gegen Ende der Weimarer Republik traf eine Volksschullehrerschaft besonders, die sich wie keine Lehrergeneration vor ihr, für eine Humanisierung und Demokratisierung der Schule eingesetzt hatte und selbst die eigene materielle Gefährdung durch die Hoffnung auf sinnvolle pädagogische Arbeit mit den noch ärmeren Kindern aus Arbeiterfamilien lange Zeit zu relativieren bereit war.

Dieses Bewußtsein artikuliert Fritz WEIGELT in der Beschreibung des erwachenden reformpädagogischen Engagements zu Beginn der 20er Jahre (WILHELM 1980², 134 f.):

„Besaß die Lehrerschaft überhaupt Sympathien?

Diese Lehrerschaft unseligen Andenkens, die den Arbeiterkindern die Religion zwangvoll eingetrichtert hatte, und den Gottesbeweis mit dem Stock erbrachte, die hochmütig auf den schmutzigen Proleten herabsah und seine sozialistischen Ideen mit ‚Hurra' und ‚Heil dir im Siegerkranz' verscheuchen wollte, die den Klassenkampf bekämpfte und den freien Gewerkschaften aus dem Wege ging! Nein, für diese Lehrerschaft hatte die hungrige Arbeiterschaft nichts übrig.

Aber ein neues Leben war in den roten Kasernen, die man Schulen nennt, erblüht. Ein Ruf war erklungen, der den Arbeiter aufhorchen ließ, der ihm verwandt klang, der von Freiheit und Selbstbestimmung sprach und vom Rechte des Kindes und der Mitwirkung der Eltern erzählte. Und über die Mauern der alten Tradition hinweg hatte ein junges Lehrergeschlecht die Hände gestreckt, und die gesamte Arbeiterschaft hatte sie erfaßt, dankbar, gerührt, froh, leuchtenden Auges, um ihrer Kinder willen, um derjenigen, die das Erbe ihrer Kämpfe antreten sollten und vielleicht den Sieg in ihre Hütten tragen durften."

So idealistisch hier das Verhältnis von Volksschullehrerschaft und Arbeiterbewegung geschildert wird, so idealistisch reagieren manche Volksschullehrerinnen und -lehrer zunächst auf die ersten Sparmaßnahmen:

„Uns empört nicht, daß man geistige Arbeit günstigenfalls nach dem Realwert von 1910 verkauft. Dieses ‚unter pari' der Ware Arbeitskraft stört uns wenig, weil wir gerade darum das Schicksal unserer ärmeren Volksgenossen teilhaftig werden"
(nach BREYVOGEL, 1979, 188).

Zunehmend jedoch wird unübersehbar, daß die Sparpolitik die pädagogische Arbeit selbst ernstlich gefährdet: 1931 steigen aufgrund des Lehrer-Stellenabbaus die Klassenfrequenzen in Preußen wieder auf durchschnittlich 48, in Bayern auf 50; die Anzahl der Unterrichtsstunden wird in einem solchen Ausmaß reduziert, daß die achtjährige Volksschulpflicht sich in Preußen faktisch auf 7 1/2 Jahre verkürzt; gleichzeitig wird im gesamten Reich die Unterrichtsstundenpflicht der Lehrer um 2–4 Stunden auf 32–34 Wochenstunden erhöht (nach BREYVOGEL 1979, 188 f.).

Im November 1932 wird diese Entwicklung im „Schulboten für Hessen" 23/1932 vom 19. November 1932, S. 351 deutlich kommentiert:

„Seit einer Reihe von Jahren erhöht man beständig die Klassenstärken, setzt die Zahl der Lehrer herunter, streicht an den sachlichen Aufwendungen und sieht nicht, was für eine Zerstörung und Verwüstung man da anrichtet. Mit Klassenstärken wie vor 80 Jahren und mit einem Lehrerkörper, der seit Jahren fast jedes Zustroms an junger frischer Arbeitskraft entbehrt, kann die Schule die Aufgaben nicht glücklich lösen."

Zur gleichen Zeit ist in der Hessischen Schulzeitung (38/1932, S. 589) zu lesen:

„Das wird einer Jugend angetan, die vielfach unterernährt und gesundheitlich anfällig ist. Die deutsche Volksschule hatte (nach 1918/19) einen guten Anlauf genommen. Das ist dahin, wir sind mit unserer Volksschule um Jahrzehnte zurückgeworfen."

Zur Gegenwehr ruft schließlich der Lehrer Dietrich ROTHENBERG in einem Beitrag für die Zeitung der „Schulgemeinde Telemannstraße", einer fortschrittlichen Hamburger Versuchsschule, unter der

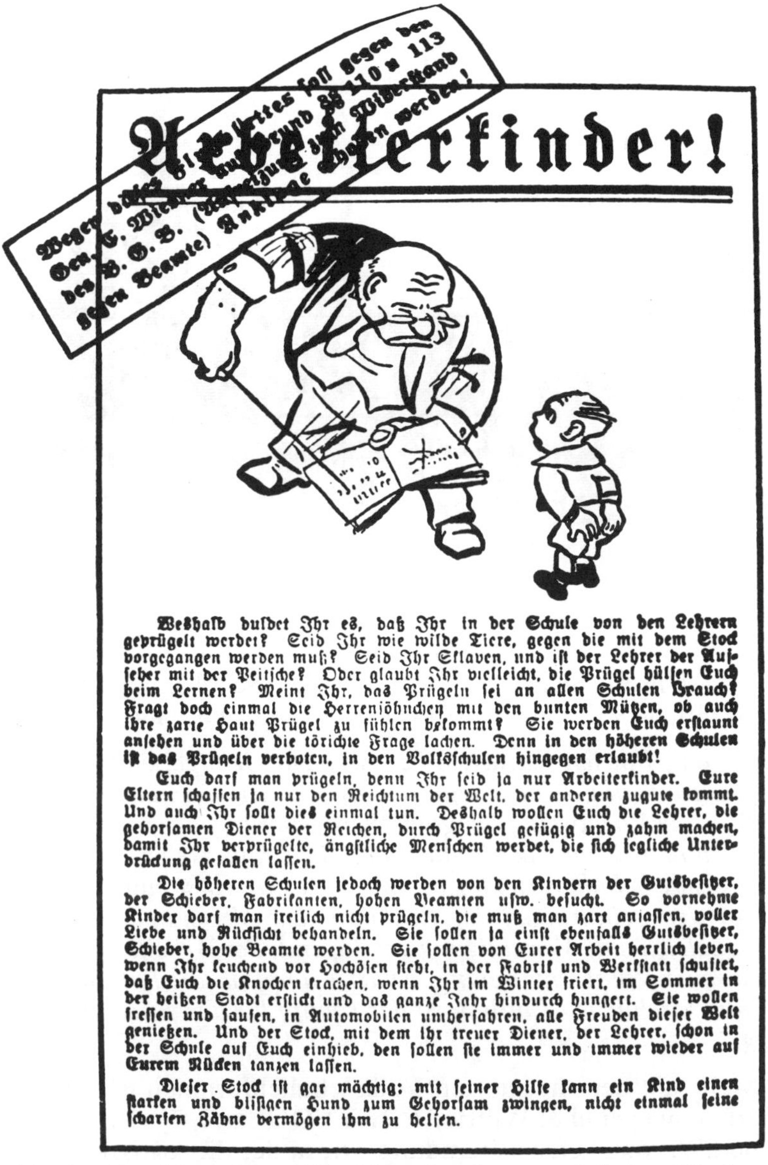

Arbeiterkinder!

Weshalb duldet Ihr es, daß Ihr in der Schule von den Lehrern geprügelt werdet? Seid Ihr wie wilde Tiere, gegen die mit dem Stock vorgegangen werden muß? Seid Ihr Sklaven, und ist der Lehrer der Aufseher mit der Peitsche? Oder glaubt Ihr vielleicht, die Prügel hülfen Euch beim Lernen? Meint Ihr, das Prügeln sei an allen Schulen Brauch? Fragt doch einmal die Herrensöhnchen mit den bunten Mützen, ob auch ihre zarte Haut Prügel zu fühlen bekommt? Sie werden Euch erstaunt ansehen und über die törichte Frage lachen. **Denn in den höheren Schulen ist das Prügeln verboten, in den Volksschulen hingegen erlaubt!**

Euch darf man prügeln, denn Ihr seid ja nur Arbeiterkinder. Eure Eltern schaffen ja nur den Reichtum der Welt, der anderen zugute kommt. Und auch Ihr sollt dies einmal tun. Deshalb wollen Euch die Lehrer, die gehorsamen Diener der Reichen, durch Prügel gefügig und zahm machen, damit Ihr verprügelte, ängstliche Menschen werdet, die sich jegliche Unterdrückung gefallen lassen.

Die höheren Schulen jedoch werden von den Kindern der Gutsbesitzer, der Schieber, Fabrikanten, hohen Beamten usw. besucht. So vornehme Kinder darf man freilich nicht prügeln, die muß man zart anfassen, voller Liebe und Rücksicht behandeln. Sie sollen ja einst ebenfalls Gutsbesitzer, Schieber, hohe Beamte werden. Sie sollen von Eurer Arbeit herrlich leben, wenn Ihr keuchend vor Hochöfen steht, in der Fabrik und Werkstatt schuftet, daß Euch die Knochen krachen, wenn Ihr im Winter friert, im Sommer in der heißen Stadt erstickt und das ganze Jahr hindurch hungert. Sie wollen fressen und saufen, in Automobilen umherfahren, alle Freuden dieser Welt genießen. Und der Stock, mit dem ihr treuer Diener, der Lehrer, schon in der Schule auf Euch einhieb, den sollen sie immer und immer wieder auf Eurem Rücken tanzen lassen.

Dieser Stock ist gar mächtig: mit seiner Hilfe kann ein Kind einen starken und bissigen Hund zum Gehorsam zwingen, nicht einmal seine scharfen Zähne vermögen ihm zu helfen.

Abb. 4: Beschlagnahmtes Flugblatt einer kommunistischen Kindergruppe in Berlin 1923.

Abb. 5: Demonstration gegen die Prügelstrafe (1929 offiziell abgeschafft, am 14.3.1933 wieder eingeführt).

Überschrift „Unsere Schule in Gefahr!“ auf (Schulgemeinde Telemannstraße 10, 5/1932 vom 13.10.1932, S. 18, vgl. Abb. I 48):

„Aber diese angeführten Tatsachen beweisen zur Genüge, daß der deutschen Volksschule ungeheure Gefahren drohen. Erst recht aber drohen den Schulen, die Vorposten pädagogischer Neuerungen sind, diese Gefahren. Ja, ihnen droht die Vernichtung. Das müssen wir erkennen. Wenn wir unsere Schule verteidigen, so verteidigen wir sämtliche Volksschulen vor dem Eindringen der Reaktion. Die Verteidigung unserer Schule ist zugleich eine Verteidigung der Jugend, der Arbeiterschaft vor nationalistischer Völkerentzweiung, ist der Kampf für die Befreiung der Schulen vom kirchlichen Einfluß, ist der Kampf für den Frieden, gegen den Krieg.“

Für die Mehrzahl der engagierten Volksschullehrerinnen und -lehrer konstatiert demgegenüber Wilfried BREYVOGEL (1979, 189) zunehmend eine „Wirklichkeitsentfremdung . . ., in der die kritischen Vernunftbezüge aufgelöst sind und das Handeln sich ohnmächtig-verzweifelt radikalisiert“, wie es besonders an der Fraktion der Junglehrer deutlich wird: „Der ‚innere‘ Sieg des Faschismus steht bevor.“

Wie gezielt die NS-Propaganda in alle drei hier vorgestellten Widerspruchsebenen zu stoßen vermag, kann ein Artikel des NSLB-Führers Hans SCHEMM [15)] in der Nationalsozialistischen Lehrerzeitung (2/1932, S. 9) von Anfang 1932 verdeutlichen, in der er mit der Leitung des Deutschen Lehrervereins „abrechnet“:

Abb. 6: Antikriegsbuch „Das Menschenschlachthaus“ (1912) des Lehrers Wilhelm LAMSZUS[22], das bis 1928 in 80.000 Exemplaren erschien.

[22] LAMSZUS, Wilhelm (1881–1965), Volksschullehrer und Reformpädagoge in Hamburg, nach Veröffentlichung seines Buches „Das Menschenschlachthaus“ kurzfristige Verhaftung, bis 1919 SPD-Mitglied, 1919–1927 KPD-Mitglied, 1933 Entlassung und bis 1945 Berufs- und Schreibverbot, nach 1945 Pensionierung aus gesundheitlichen Gründen, 1960 wird ihm der Ehrendoktor der pädagogischen Fakultät der Humboldt-Universität in Berlin (DDR) verliehen (nach GLEIM 1980, 372 ff).

Kleine Ursachen – große Folgen.

Abb. 7: Graphik aus dem Antikriegsbuch „Krieg dem Kriege." (1924) von Ernst FRIEDRICH[23], das die militaristische Erziehung der Jugend anklagt.

[23] FRIEDRICH, Ernst (1894–1967), zunächst Schauspieler-Ausbildung und Wanderjahre, 1914 Kriegsdienstverweigerer, 1918 Teilnahme an Spartakuskämpfen in Berlin, ab 1919 führend in der anarchistischen „Freien Jugend", Gründer einer antiautoritären Wohnkommune, ab 1923 Aufbau des „Internationalen Anti-Kriegsmuseums" in einem Arbeiterviertel in Berlin, 1925 Eröffnung des Museums und ab dann Zentrum anarchistischer, pazifistischer und politisch revolutionärer Randgruppen und Reformbewegungen, Vorträge und Ausstellungen u. a. mit Käthe KOLLWITZ, Heinrich ZILLE, Manés SPERBER, Magnus HIRSCHFELD, 1930 Verhaftung wegen Druckhilfe des KPD-Organs „DIE ROTE FAHNE", zunehmend nazistische Überfälle auf das Museum, Februar–September 1933 in NS-„Schutzhaft", danach Flucht in die Schweiz, dort erneut Aufbau eines Anti-Kriegsmuseums, 1935 jedoch Ausweisung wegen politischer Betätigung, über Holland und Belgien nach Frankreich, 1940 dort Internierung, Flucht, Verhaftung durch die Gestapo, erneute Flucht und ab dann Mitarbeit im französischen Widerstand, nach 1945 Aufbau eines pazifistischen Jugendzentrums in der Nähe von Paris und dort bis zu seinem Tode tätig (nach STRAUSS/RÖDER 1983 I, 200 f.).

„Die größte deutsche Lehrerorganisation – sie zählt rund 150.000 Mitglieder ..., heute angeblich ein neutraler, in seiner Führung und Presse aber linksdemokratisch orientierter Verein, ist wie die meisten anderen Gewerkschaften 13 Jahre lang eine Stütze des Systems gewesen. Heute steht der DLV vor einem Scherbenhaufen zertrümmerter Illusionen und berechtigter Forderungen. Jetzt, da die Führung am Ende ihres Lateins ist, beklagen sie mit lahmen Protesten die Wirkungen des Kultusabbaus, ohne an seine tiefsten Ursachen zu rühren: Die Leitung des DLV jammert über Gehaltskürzungen, Schul- und Lehrerabbau, über Kulturzerfall und Reaktion, aber sie übergeht geflissentlich die Frage, weshalb es soweit gekommen ist ...

Weil die Führer nur zu gut wissen, wie groß ihre eigene Schuld und die Schuld der Parteien ist, in deren Fahrwasser zu segeln seit 1918 der Inbegriff aller Führerweisheit war. Nicht die Lehrer haben versagt, sondern die Führer, bis das kommen mußte, was die in der Lehrerpresse erst belächelten, dann gehässig bekämpften Nazis schon seit Jahren vorausgesagt haben: Das deutsche Volk wurde proletarisiert und mit ihm der deutsche Lehrer."

Der Nationalsozialistische Lehrerbund (NSLB) selbst war erst am 21. April 1929 offiziell gegründet worden, aber bestand als lose Vereinigung bereits seit 1927. Ende 1929 zählte er nicht mehr als 200 Mitglieder, 1931 jedoch bereits 2.000 und bis Januar 1933 sogar schon 11.000 Mitglieder (nach BÖLLING 1978, 125; vgl. auch FEITEN 1981). Bis zum 1. Februar 1933 war der Beitritt mit einer NSDAP-Mitgliedschaft verbunden, danach nicht mehr. Nach bislang vorliegenden Untersuchungen (vgl. BREYVOGEL 1979, 198 f.) kann gesagt werden, daß neben der Überrepräsentation von Junglehrern und Landlehrern im NLSB dies auch für Gymnasial- und Berufsschullehrer zutraf. Auffällig ist auch der hohe Anteil von Rektoren und Studiendirektoren sowohl aus dem Volksschul- wie Gymnasialbereich. Volksschullehrerinnen und -lehrer waren dagegen geringfügig unterrepräsentiert.

Von Februar bis Dezember 1933 traten ca. 95 % aller Lehrerinnen und Lehrer in den NSLB ein (vgl. SCHNORBACH 1983, 17).

Erich FROMM (1980, 53 f.) schreibt bei der Charakterisierung von Persönlichkeitsstrukturen, nachdem er den radikal-demokratischen dem autoritären Typus gegenübergestellt hat:

> „Es gab schließlich noch einen dritten Typus, bei dem die politische Überzeugung, obwohl leidenschaftlich genug, nicht zuverlässig war.
>
> Ihre Unzuverlässigkeit trat schließlich in dem Moment offen zutage, als ihnen ein Programm wie das der Nationalsozialisten angeboten wurde. Dieses Programm sprach nämlich bei ihnen nicht nur die Gefühle an, die das sozialistische Programm attraktiv erscheinen ließen, sondern auch jene Seite ihrer Natur, die der Sozialismus unbefriedigt gelassen oder der er unbewußt widersprochen hatte. In diesen Fällen wandelten sie sich von unzuverlässigen Linken in überzeugte Nationalsozialisten."

Sonder-Ausgabe

Berliner Lehrerzeitung

Organ des Lehrerverbandes Berlin

Verantwortlicher Schriftleiter:
Albert Schreiber, Berlin-Steglitz
Zimmermannstr. 26, Fernsprecher: G 2 Steglitz 8513

Verlag: Lehrerverband Berlin
Geschäftsstelle: Berlin C 25, Kurze Str. 35
Fernsprecher: E 2 Kupfergraben 0498

14. Jahrg.	Berlin, den 20. April 1933	Nr. 16a

Dem Volkskanzler Adolf Hitler zum Gruße!

Feiertag ist heute in allen deutschen Landen. Der Volkskanzler feiert seinen 44. und zugleich den ersten Geburtstag als Staatsmann, und alle, alle, denen Deutschlands Größe am Herzen liegt, feiern freudig bewegt mit ihm.

Millionen und Abermillionen deutscher Volksgenossen senden ihre heißen Gebete um volles Gelingen der dem Kanzler von der Vorsehung gestellten gigantischen Aufgabe, *Deutschland zu erwecken, Deutschland zu einen*, zum Himmel empor. Nie aber auch sind stärkerer Glaube und festere Zuversicht in die Kraft der Hand eines Staatsmannes gelegt worden, als in die Adolf Hitlers.

Die Weltgeschichte hat durch Gottes Fügung eine wunderbare Wendung genommen, die noch vor Monaten niemand vorauszuahnen wagte. Deutschland ist auf bestem Wege seiner nationalen und politischen Einigung. Was Generationen erstrebten und erhofften, was selbst der Staatskunst eines Bismarck versagt blieb, der Volkskanzler schuf es in Wochen. Seine zielsichere, kraftvolle Hand schmiedete die Einheit Deutschlands über Nacht. Nie soll wieder der Main als Trennungslinie zwischen Nord und Süd genannt und nie wieder darf die völkische Einheit durch hundert Gruppen und Grüppchen gefährdet werden. *Ein Reich, ein Volk*, sei künftig keine hohle Phrase mehr. *Ein Reich, ein Volk*, sei das Leuchtmal künftiger deutscher Größe. Nur über äußerlich geeinte Volksgenossen soll und darf hinfort die Sonne innerhalb der deutschen Reichsgrenzen scheinen.

Freilich, auch der größte Staatsmann müßte scheitern, erfreute er sich nicht der Mithilfe aller aufbauwilligen Volkskreise. Der Kampf um die nationale Erneuerung müßte zur Niederlage führen, die geistige und seelische Wiedergeburt des Volkes versanden, wenn nicht jeder von uns zum Einsatz seiner besten Kräfte freudig bereit wäre.

Die deutsche Lehrerschaft kennt innerhalb der gigantischen Front ihren Platz, denn stärker als auf allen anderen Lebens- und Arbeitsgebieten greift das Werk der *Neugestaltung des Staats- und Volksgedankens* in die Bezirke unserer Erzieherarbeit ein. Will doch die neue Bewegung den Menschen in seiner *Ganzheit* erfassen und für ihre Ideen, für ihre Aufgaben und Ziele bilden und begeistern. Aus ihrem Geist wird daher auch die *innere Formung der Jugend* Leben gewinnen müssen, aus ihm wird die deutsche Erzieherschaft die *Bereitschaft zur Arbeit am werdenden Geschlecht* zu schöpfen haben. Kein Staat wird darauf verzichten können und dürfen, die tragenden Ideen des staatlichen und völkischen Werdens und Wollens durch die Erziehung in die Jugend hineinzupflanzen und durch sie weiterzutragen in die Zukunft.

Wir wollen uns dieser neuen Aufbauarbeit im Werke der Erziehung hingeben in *wahrer Treue* und mit *unbedingter Wahrhaftigkeit*, die stets leuchtende Edelsteine im Kranze der Lehrertugenden gewesen sind. Wir bejahen mit jeder Faser unseres Herzens das nationale Sein, stehen in ernster Pflichthaltung zum neuen Staate und zum Gedanken des nationalen Aufbaus. Als Erzieher sind wir uns bewußt, daß vor allem unsere Jugend das Ja zum Staate finden muß. Jeder von uns wird in wahrer Erziehertreue *der starke Wegbahner* und *der sichere Führer* der Jugend sein müssen.

Unser Erziehergewissen soll sich stets daran erinnern, *was der Staat, der der alleinige Herr der Schule* ist und der diese Herrschaft mit keiner anderen Macht im Staate zu teilen hat, von uns fordert. So gilt auch für uns deutsche Lehrer, was der Reichskanzler *Adolf Hitler* in der *Garnisonkirche in Potsdam* sprach:

Abb. 8: „Dem Volkskanzler zum Gruße!“ (Gleichgeschaltete Ausgabe des Organs des Berliner Lehrervereins vom 20.4.1933 zu Hitlers 44. Geburtstag)

Diese psychologische Interpretation darf jedoch nicht die tatsächlichen Kräfteverhältnisse während der Weimarer Republik vergessen machen, die der ehemalige Lehrer und selbst in der Weimarer Gewerkschaftsbewegung engagierte spätere GEW-Vorsitzende Heinrich RODENSTEIN[24)] in den notwendigen historischen Zusammenhang einordnet (RODENSTEIN 1979, 46):

> „Nicht die Nazis oder die Kommunisten im öffentlichen Dienst haben die Weimarer Republik zerstört, sondern die konservativen, antirepublikanischen Bürgerlichen, denen alles zutiefst zuwider war, was auch nur im Geringsten nach Bürgerrechten, Volksvertretung, Mitbestimmung, Kontrolle der Macht roch.
>
> Mit dem ‚Dritten Reich' zahlten die Deutschen einen hoffentlich letzten grausigen Preis für die nicht vollzogene bürgerliche Revolution. Der 30. Januar 1933 und seine Folgen waren nur möglich, einerseits weil die Volksvertretung in der Paulskirche in Frankfurt 1848 und 1849 gescheitert war, und andererseits das deutsche Bürgertum seit 1871 von einem Weltreich träumte."

---

24) RODENSTEIN, Heinrich (1908–1980), Lehrer in Braunschweig, KPD-Mitglied bis 1929, dann SAP; Mitarbeit in der FLGD, GDV und dann AFLD; 1933 entlassen und im September 1933 Emigration zunächst nach Holland, dann bis 1935 ins Saarland; 1935–1945 in Frankreich, dort 1935–1939 Vorsitzender des Verbandes deutscher Lehreremigranten; nach 1945 Professor in Braunschweig; 1960–1968 Vorsitzender der GEW sowie Mitarbeit in verschiedenen Lehrerinternationalen (nach FEIDEL-MERTZ/SCHNORBACH 1981, 233).

Zusammenfassung

1. Die *Opposition der norwegischen Lehrerschaft* 1940–45 kann als konkrete Herausforderung des faktisch Möglichen von kollektivem Widerstand gegen den Faschismus im pädagogischen Kontext gelten.

2. Unter Berücksichtigung unterschiedlicher nationaler historischer Entwicklungen fällt vor allem die Stabilität der *persönlichen Orientierung* und ihr hohes Maß an Übereinstimmung mit der *gesellschaftlichen Orientierung* der Mehrheit der norwegischen Bevölkerung auf, selbst wenn diese unter obwaltenden Bedingungen selbst zu den Beherrschten gehört.

3. Für die Endphase der Weimarer Republik ist selbst unter den Anhängern von Linksparteien (SPD, KPD), zu denen z. B. 1930 immerhin fast 40% der Wähler zu rechnen waren, ein *Widerspruch zwischen demokratischem Selbstbild und autoritärer Persönlichkeitsstruktur* zu konstatieren (FROMM-Studie), der die begrenzten Möglichkeiten einer zahlenmäßigen Mehrheit der Bevölkerung gegenüber dem drohenden Faschismus aufhellen hilft. Von den sich ungebrochen monarchistisch und nationalistisch verstehenden Bevölkerungsgruppen ganz zu schweigen.

4. Wenn vor diesem Hintergrund die *Sozialgeschichte des Lehrerberufs* aufgearbeitet wird, so sind dabei die Fragen nach Orientierungen und Identitätsbildung erkenntnisleitend: Dabei muß zurückgegangen werden bis zur *gescheiterten bürgerlichen Revolution von 1848/49*, wo sich erstmals freiheitlich-demokratische Orientierungen unter Lehrerinnen und Lehrern in Deutschland kollektiv artikulierten, die bis heute nicht eingelöst sind.

5. Die Zeit von 1848 bis 1918 ist dabei für die Lehrerschaft geprägt von zweierlei Erschwernissen einer Erarbeitung freiheitlich-demokratischer Orientierungen und Identitätsbildung: Der Entwicklung eines *Standesbewußtseins als Angehörige der „neuen Mittelschicht“*, das jedoch eher von negativer Abgrenzung nach „unten“ und „oben“ als durch positive Selbstbestimmung geprägt ist – sowie einer *Aufspaltung innerhalb der Lehrerschaft*, die den gesellschaftlichen Akt der Abgrenzung nun noch einmal innerhalb der Berufsgruppe zwischen Lehrerinnen und Lehrern der Volksschule einerseits und der „höheren Schule“ andererseits vollzieht.

6. Erst nach 1918 artikulieren sich *erneut Ansätze einer gemeinsamen freiheitlich-demokratischen Orientierung*, vor allem unter den Volksschullehrerinnen und -lehrern, die jedoch zum einen selbst noch durch das berufsständische Denken der Lehrervereine dominiert werden und zum anderen von Beginn der Weimarer Republik an gegen eine sich

umgehend wieder formierende und zunehmend erstarkende Reaktion, besonders auch im bildungspolitischen und erziehungswissenschaftlichen Raum, zu behaupten haben.

7. Dieser Prozeß der Erarbeitung freiheitlich-demokratischer Orientierungen und Identitätsbildung ist *im Verlauf der Weimarer Republik von zunehmender Enttäuschung geprägt*, die aus der als Scheitern erlebten Verarbeitung zunehmender gesellschaftlicher Widersprüche erwächst: Einer Arbeitslosenproblematik unter Junglehrern bereits ab 1920/21 und einer zunehmenden Gefährdung der materiellen Versorgung und schulischer Arbeitsbedingungen, die gegen Ende der Weimarer Republik eskalieren und *erste Einbruchsmöglichkeiten für NS-Propaganda unter Lehrerinnen und Lehrern* vor 1933 darstellen.

8. Mit dem *„Umfallen" der meisten Lehrervereine sowie des Deutschen Lehrervereins* als größter Lehrerorganisation der Weimarer Republik bereits ab Mai 1932 sind Lehrerinnen und Lehrer, die weiter gegen den drohenden Faschismus arbeiten wollen, auf kleinere Lehrerorganisationen oder -gruppen verwiesen, die jedoch selbst häufig im Streit miteinander liegen. Zunehmend verschiebt sich die *Möglichkeit von handelnder Opposition* auf die Mitarbeit vom pädagogisch-politischen *hin zum partei-politischen Kontext* oder reduziert sich auf mutige, aber gleichwohl nicht machtvolle *Aktionen einzelner Lehrerinnen und Lehrer*, zuweilen auch kleiner Gruppen.

Damit sind wesentliche Vorbedingungen charakterisiert, um die weiteren Fragen zu präzisieren:

- Wie gelingt es einzelnen Lehrerinnen und Lehrern sowie kleinen Gruppen ohne Rückhalt der größten ihrer ehemaligen Berufsorganisationen, nach 1933 freiheitlich-demokratische Orientierungen, einfache menschliche Haltungen und persönliche Bemühungen um Identität zu wahren oder auch erst – unter ab nun isoliertesten Bedingungen der NS-Herrschaft – selbst zu erarbeiten?
- Welches sind die sichtbaren Merkmale ihres Verhaltens im Schulbereich während der Jahre 1933 bis 1945?
  Wie wandeln sich Ausdrucksformen oppositionellen Verhaltens im Verlauf der NS-Diktatur?
  An welchen historischen Ereignissen, schulpolitischen oder pädagogischen Maßnahmen, aber auch persönlichen Konfliktsituationen entzündet sich ein Widerdenken, Widersprechen und auch Widerhandeln? Mit welchen Konsequenzen für die Betroffenen, aber auch ihre mittelbare und unmittelbare Umgebung?

2. Interpretation der NS-Zeit: Möglichkeiten „anderer“ Orientierungen 1933–1945

„Die so harmlos klingenden Sätze
wie: was geht es mich an,
ich kann es nicht ändern,
ich weiß von nichts,
verlieren in bestimmten
historischen Konstellationen ihre
Harmlosigkeit.“

Carl NEDELMANN (1986, 18)

2.0. Überlegungen zur systematischen Interpretation „anderer“ Orientierungen

Bevor systematische Überlegungen zur Interpretation angestellt werden können, sollen zunächst einige wesentliche Einschränkungen der Bestandsaufnahme – des Zugangs bzw. der Zusammenstellung historischer Dokumente – dargestellt und eingeschätzt werden.

Einschränkungen resultieren zunächst weniger aus den Bedingungen der NS-Zeit selbst als aus einem Vorgehen in der Zeit nach 1945. Sie können heute – ein halbes Jahrhundert danach – bereits nicht mehr „wiedergutgemacht“ werden. Diese Einschränkungen haben vor allem zwei Aspekte:

Zum einen berührt es auf der biographischen Ebene die überwiegende Zahl bereits verstorbener oppositioneller Lehrerinnen und Lehrer, die in der Nachkriegszeit noch detailliert hätten Auskunft geben können. An ihren Erfahrungen bestand jedoch in der jungen Bundesrepublik weithin kaum „öffentliches Interesse“. Sie wurden – trotz unterschiedlicher eigener Bemühungen, Gehör zu erhalten – zum Teil systematisch zum Schweigen verurteilt.

Mehrfach bin ich während meiner Nachforschungen auf handschriftliche Berichte, Zeugenprotokolle, Namenslisten und anderes aus jener

Zeit von Betroffenen oder ihren Angehörigen aufmerksam gemacht worden. Diese Aussagen sind nicht selten unter widrigsten Bedingungen verfaßt worden, und doch verrotteten sie nun in irgendwelchen Kartons oder Aktenordnern, weil alle Versuche zu veröffentlichen, erfolglos geblieben waren (vgl. z. B. UHLE).

Daß dies keineswegs nur für kommunistische Kolleginnen und Kollegen während des Kalten Krieges in den 50er Jahren galt, beschreibt Simon WIESENTHAL (1983, 315) in bezug auf aus Konzentrationslagern heimgekehrte jüdische Menschen:

> „Sie schrieben sich die Finger wund, nächtelang, die aus der Hölle heimgekehrten Skelette. Der winzige Hauch des Lebens, der noch in ihnen war, zwang sie, niederzuschreiben, was sie erlebt und erlitten hatten. Doch für wen schrieben sie? Sie schrieben für die, die weggeschaut hatten; denen es gleichgültig war, was mit ihren Nachbarn geschah . . .
>
> Nach kurzer Zeit teilte sie ein Vorhang, von beiden Seiten gewebt; von denen, die nicht vergessen konnten, auch wenn sie es gewollt hätten und von den anderen, die nicht erinnert werden wollten. Die Zeugen waren nicht mehr gefragt."

Es galt, wie gesagt, nicht nur für politisch engagierte Kolleginnen und Kollegen, sondern zumeist dann, wenn Betroffene in ihren Gedanken überhaupt Bezüge zwischen vor und nach 1945 herzustellen bemüht waren.

Dies traf dann – von wenigen die Regel eher bestätigenden Ausnahmen abgesehen – genauso jüdische Lehrerinnen und Lehrer, die nach 1945 ausgewandert waren (und deshalb hier ihr Recht auf Kritik oder wenigstens Interesse an ihren Erfahrungen „verwirkt" hatten). Oder es traf christliche Kolleginnen und Kollegen, die in ihre Aussagen auch die Haltung jener Organisationen während der NS-Zeit einbezogen, wie z. B. der Amtskirchen, die sich bereits selbst wieder zu den Hauptstützen des neuen Staates zählten und ausgesprochen aggressiv selbst auf Nachdenklichkeiten reagierten (vgl. de PELLEGRINI).

Dabei ist fraglos zu unterscheiden zwischen offiziellen Verlautbarungen und Präambeln einerseits und einer konkreten Politik im Detail andererseits, so z. B. in der Einstellungs- und Beförderungspraxis im Schulwesen der Länder, deren kritische Aufarbeitung noch aussteht und in vielen Einzelfällen das öffentlichkeitswirksame demokratische Gebaren als nur Vorgegebenes erkennen ließe.

Das zweite Versäumnis berührt vor allem die empirisch-statistische Qualität:

Daß es heute kaum mehr möglich ist, eine empirisch-abgesicherte Statistik über die Disziplinierung, Verurteilung und Verfolgung von Lehrerinnen und Lehrern zu erstellen, die nach 1933 wegen ihres Verhaltens in der Schule mit vorgesetzten Stellen in Konflikt gerieten – jeweils

Vorgänge also, die dokumentarisch zumindest existent gewesen sein müssen – liegt keineswegs nur an der in der Tat in einigen Schulbehörden in den letzten Kriegsmonaten erfolgten hektischen Aktenvernichtung (vgl. LEHBERGER/de LORENT 1986, 199), sondern im massiven Bemühen verschiedener Stellen nach 1945, Akten entweder unter Verschluß zu nehmen oder auf andere Weise einer Aufarbeitung unzugänglich zu machen. Dieser Eindruck verstärkte sich, je gezielter ich im Laufe der Forschungsarbeit bei Archiven nachzufragen in der Lage war.

Dabei war es in der Regel nicht mangelnde Hilfsbereitschaft der in Archiven tätigen Kolleginnen und Kollegen, die im Gegenteil häufig selbst engagiert um eine bessere Erschließung ihrer Bestände bemüht waren, sondern bereits historisch gewordene und gleichsam sehr aktuelle politische Bedingungen, die Grenzen setzten.

Diese einschränkenden Bedingungen einer statistische Größenverhältnisse berücksichtigenden Archivarbeit:
- mangelnde Aufschlüsselung der Bestände,
- gezielte Vernichtung von Beständen nach 1945 und
- politische Rücksichtnahme auf NS-Täter und deren Angehörige bis heute,

möchte ich im folgenden exemplarisch an drei Aussagen dokumentieren, die mir so oder ähnlich wiederholt begegnet sind.

Ausdruck des gleichen Problems, das im Rahmen dieser Arbeit nur angerissen werden kann, ist der Tatbestand, daß zwei der Zeugenaussagen zuvor anonymisiert werden mußten, um – wie die Betroffenen sagten – die weitere Arbeit der Archive (ausschließlich öffentlich betriebene) nicht zu gefährden.

Zur *mangelnden Aufschlüsselung der Bestände* teilt der langjährige leitende Mitarbeiter des Bundesarchivs Koblenz und international anerkannte Experte für NS-Dokumentationen (27) Heinz BOBERACH mit (Schreiben vom 25.8.1985):

> „Eine Gesamtübersicht der aus politischen Gründen 1933–1945 inhaftierten Personen gibt es natürlich nicht ....
>
> Man kann also nur Listen aus den vorhandenen Teilbeständen anlegen. Die wichtigsten sind:
>
> 1) Die Häftlingslisten und Karteien von Konzentrationslagern beim Internationalen Suchdienst in Arolsen, die nur alphabetisch erschlossen sind, so daß die Pädagogen aus Millionen Namen herausgesucht werden müßten, was ganz unmöglich ist.
>
> 2) Akten der Oberreichsanwaltschaft beim Volksgerichtshof im Berliner Document Center, die auch Verfahren vor Oberlandesgerichten und durch Verhängung von Schutzhaft eingestellte Verfahren betreffen, deren Zahl zwar wesentlich geringer ist als die Arolsener Akten, trotzdem aber erheblichen Aufwand verlangen würde.

3) Die Akten der Staatspolizeileitstellen ...; dort könnte es möglich sein festzustellen, ob Lehrer darunter sind.
Allerdings sehe ich eine Schwierigkeit darin, daß in vielen Fällen Lehrer schon ihre Stelle verloren hatten, als sie verhaftet wurden und dann unter anderer Berufsbezeichnung erscheinen."

Da es ihm insgesamt wenig realistisch erschien, diese drei Quellen wirklich erschließen zu können, zumal ohne einen umfänglichen Mitarbeiterstab, empfiehlt er abschließend ein anderes Vorgehen:

„Ich denke an die Nachkriegsakten über die Ausführung des Gesetzes über Wiedergutmachung im öffentlichen Dienst (BWGöD). Daraus müßte sich relativ leicht feststellen lassen, welche Lehrer Ansprüche gestellt haben, weil sie aus politischen Gründen verurteilt oder gemaßregelt wurden. ... Allerdings wird der Zugang durch datenschutzrechtliche Erwägungen sehr erschwert sein."

Als ich daraufhin beginne, in einzelnen Bundesländern über zunächst vertrauliche Kontakte einige dieser Nachkriegsakten über die „Ausführung des Gesetzes zur Wiedergutmachung im öffentlichen Dienst (BWGöD)" durchzusehen, stoße ich zunächst jedoch wiederholt keineswegs auf Dokumente von Widerstandskämpfern, sondern auf eine Vielzahl höchst komplizierter Vorgänge: Kolleginnen und Kollegen, die sich in der „inneren Emigration" befanden und deshalb nicht befördert wurden, obwohl sie seit 1933 im NSLB waren; Pensionsansprüche nächster Familienmitglieder, die sich bemühen nachzuweisen, daß der Verstorbene trotz Parteimitgliedschaft schon frühzeitig gegen Hitler gewesen sei oder nur unter Zwang gehandelt habe. Ich kann hier keine Aussagen über das zahlenmäßige Verhältnis solcher problematischer Dokumente zu eindeutigen Widerstands-, Verfolgungs- oder zumindest Oppositionstatbeständen treffen. Erstere scheinen jedoch mehr als nur vereinzelte Ausnahmen zu sein.

Hinzu kommt in jenen Fällen, die eindeutig als mutiges und aufrechtes Verhalten gewertet werden müssen, ein problematisches Verständnis mancher Gerichte bis in die beginnenden 70er Jahre hinein, wer denn nun wirklich als „Verfolgter" oder als „Widerstandskämpfer" anzuerkennen sei: So entscheidet das Kammergericht von Berlin im Jahre 1968 zum Beispiel abschlägig den Antrag eines Mannes, der nachweislich jüdischen Mitbürgern das Leben gerettet hat und dafür Nachteile während der NS-Zeit in Kauf zu nehmen hatte, mit folgendem Beschluß (Deutscher Koordinierungsrat ... 1969, 8):

„Seine Tätigkeit hat sich nach den Feststellungen des Landgerichts lediglich darauf gerichtet, den vom Nationalsozialismus verfolgten Juden zu helfen und sie vor der Vernichtung zu retten. Dies ist anerkennenswert, aber keine aktive Bekämpfung des Nationalsozialismus."

Dabei beruft sich das Kammergericht von Berlin auf eine Definition von „Widerstand" des Bundesgerichtshofes Karlsruhe (vom 14.7.1962,

IV ZR71.61), deren Kernaussage sich einem erst nach mehrmaligem Lesen erschließt:

> „Ein gegen eine bestehende Unrechtsherrschaft geleisteter Widerstand kann nur dann als rechtmäßig und demgemäß eine diesen Widerstand ahndende staatliche Maßnahme nur dann als Unrecht im Rechtssinne angesehen werden, wenn die Widerstandshandlung nach ihren Beweggründen, Zielsetzungen und Erfolgsaussichten als ein ernsthafter und sinnvoller Versuch gewertet werden kann, den bestehenden Unrechtsstaat zu beseitigen und in bezug auf dessen Übel eine allgemeine Wendung zum besseren zu führen."

Im Klartext: Hier wird nicht nur eine für die NS-Zeit absolut unrealistische Definition von Widerstand gegeben – wer konnte nach 1933 schon mit „ernsthaften Erfolgsaussichten" Widerstand leisten? – sondern indem Widerstandshandeln in abstrakten Höhen angesiedelt wird, die die Masse der wirklich Aufrechten gezielt ausschließt, wird gleichzeitig die Bevölkerungsmehrheit der Angepaßten ebenso wie die der Begeisterten frei gesprochen: Wer konnte so einer Definition eines Widerstandskämpfers schon genügen? Nein, Widerstand im Dritten Reich war wohl wirklich etwas völlig Unmögliches ... – so jedenfalls lautet das autosuggestive Fazit dieses Urteils.

Einen anderen Fall, der nach obigem Bundesgerichtshof-Entscheid von jeder „Wiedergutmachung" ausgeschlossen wurde, stellt ein Arbeiter aus Bremen dar, der seit 1939 konsequent den Kriegsdienst verweigert hatte und bis zum Ende des Krieges, sechs lange Jahre, Mißhandlungen in Strafbataillonen erlitten hatte. Es wurde sein Antrag auf Entschädigung wegen schwerer Gesundheitsschäden mit der Begründung abgelehnt, daß seine Handlung nicht „auf einer einigermaßen sinnvollen Planung beruhte und vom damaligen Standpunkt aus nicht geeignet war, der NS-Gewaltherrschaft Abbruch zu tun oder wenigstens ihre schlimmsten Folgen in beachtenswerter Weise zu mildern ..." (nach: DIE ZEIT vom 5.1.1962, vgl. auch MARKMANN 1984, 17 f.).

Es ist dieses Klima der Restaurationsphase in der jungen Bundesrepublik, das mit dafür verantwortlich ist, wenn heute Forschungen über die NS-Zeit – und im besonderen über Gefährdungen, die bis in die Gegenwart weisen – notgedrungen Lücken aufweisen. Diese Forschungen werden dann nicht selten in fachwissenschaftlichen Methodologie-Diskussionen vor allem von jenen als „nicht beweisbar" oder „empirisch ungenügend abgesichert" in Frage gestellt, die in jener Tradition des Verschweigens selbst angesiedelt sind.

Doch zurück zu den beiden anderen Erschwernissen für empirisch-statistische Archivarbeit:
Neben diesem Aspekt der „Wiedergutmachung" belegt die zweite Zeugenaussage vor allem das offenkundige Bemühen um *Vernichtung*

von NS-Dokumenten nach 1945. Frau S., dienstälteste Archivarin in einem pädagogischen Archiv in einer bundesdeutschen Großstadt, berichtet mir, nachdem ein Vertrauensverhältnis nach einigen Tagen gemeinsamer Archivarbeit entstanden ist:

> „Die Schulakten, die Sie da durchschauen, wären schon längst weg, wenn ich nicht immer darauf aufgepaßt hätte. Sie glauben gar nicht, wie offen manche Leute in der Nachkriegszeit daran arbeiteten, die Vergangenheit nicht nur zu vergessen, sondern zu vernichten.
>
> Ach was, Nachkriegszeit, das ging bis in die 60er und 70er Jahre. Die ersten, die wieder Fragen zu stellen begannen, das waren Ende der 60er Jahre die Studenten.
>
> Dieses Material, das Sie jetzt durcharbeiten und das es nirgendwo sonst mehr gibt, sollte ich 1965 zum Verbrennen schon mal auf den Hof schleppen. Angeordnet hatte das der Leiter unserer Einrichtung, und ich weiß noch wie ein anderes hohes Tier, ich glaube ein Stadtrat, sagte: ‚Verbrennt den Mist bloß! Ich geb' gern das Geld fürs Benzin zum Anzünden, wenn's daran mangeln sollte.'
>
> Irgendwie konnte das dann jedenfalls gerade noch abgebogen werden.
>
> Es ist ein Jammer, daß das ganze Material nie richtig ausgewertet wurde. Erst seit 1983 kommen öfter Lehrer, manchmal auch Schüler und Studenten, und arbeiten mit den Archivmaterialien.
>
> Davor wurden wir ausschließlich für Wiedergutmachungsansprüche beschäftigt. Aber nicht nur, wie Sie jetzt vielleicht denken, für wirklich Verfolgte, das zwar auch, aber auch jede Menge Leute, die nachgewiesen haben wollten, daß sie ja gar nicht anders gekonnt haben und für die und die Zeit entsprechende Pensionsansprüche zum Beispiel haben. Ich weiß noch einen Fall, der mich besonders aufgeregt hatte: Die Witwe des alten Nazi-Schulrats P. hatte Pensionsansprüche gestellt – und dann schließlich bewilligt bekommen. Und wissen Sie, mit welcher richterlichen Begründung? Es hätte ja noch viele andere Nazis gegeben, die wirklich viel schlimmer als ihr Mann gewesen wären. Mein Gott – und wie viele Lehrer und Schüler hatte der Mann auf dem Gewissen . . ."
> (Aussage November 1985).

Zuletzt der Aspekt der *politischen Rücksichtnahme auf NS-Täter* und deren Angehörige bis heute. Herr Z., Abteilungsleiter eines bundesdeutschen Staatsarchivs, gestattet mir den Einblick in bestimmte NS-Schulakten nur nach der schriftlichen Zusicherung, keine Namen aus den Dokumenten zu nennen. Beim Abschied erklärt er mir diese Maßnahme noch einmal ausführlich:

> „Sie dürfen das nicht falsch verstehen. Ich will ja auch, daß Sie Einsicht in die Schulunterlagen bekommen, aber wenn dabei irgendwelche Leute als alte Nazis dargestellt werden, Sie können sich das nicht vorstellen, was das für einen Ärger geben kann. Wir haben schließlich ‚aktiven Datenschutz'!
>
> Ich sage nur, wenn hier ein Enkel in einflußreicher Position sich beschwert, daß wir seinen Nazi-Großvater denunziert hätten, können wir den Laden

dicht machen. Nicht umsonst sind ja bei uns sowieso nur die reinen Schulunterlagen. Die ganzen Materialien über Lehrer in hohen NSDAP-Funktionen haben die Amerikaner unter Verschluß, da kommen selbst wir nur in Ausnahmefällen über den Innenminister dran. Vielleicht ändert sich das ja doch noch mal in ein paar Jahren." (Aussage Oktober 1985)

Insgesamt ist Dagmar UNVERHAU, Oberarchivrätin am schleswig-holsteinischen Landesarchiv zuzustimmen, die die Einschränkungen so zusammenfaßt (UNVERHAU, 1983, 226):

> „Dies ist keine Besonderheit der schulgeschichtlichen Überlieferungen, sondern kennzeichnet leider die allgemeine Quellensituation jener Zeit. Für die Geschichtsforschung bedeutet dies den qualvollen Zustand der vorgegebenen Unzulänglichkeit."

Berücksichtigt man die bis hier geschilderten Einschränkungen, so bleiben für eine systematische Interpretation folgende Quellen im Hinblick auf nachweisbare Belege oppositionellen Lehrerverhaltens:

- selbsterstellte biographische Texte von Lehrerinnen und Lehrern aus Teil I, die zwar differenzierte Informationen über den je individuellen Kontext und die biographische Entwicklung geben, jedoch weniger über statistische oder „atmosphärische" Vergleichsmöglichkeiten in bezug auf das Gesamt deutscher Lehrerinnen und Lehrer;
- systematische Auswertung unter dem Stichwort „oppositionelles Lehrerverhalten" dreier sich ergänzender Quellen:

1. Zentralblatt für die gesamte Unterrichtsverwaltung in Preußen 1930–34 und Amtsblatt des Reichs- und Preußischen Ministeriums für Wissenschaft, Erziehung und Volksbildung und der Unterrichtsverwaltungen der anderen Länder 1935–44 (bislang unveröffentlicht; im folgenden bezeichnet als ZENTRALBLATT/AMTSBLATT);
2. Die geheimen Lageberichte des Sicherheitsdienstes (SD) der SS über „Stimmungen" in der Bevölkerung 1938–45 (in 17 Bänden (6740 S.) unter dem Titel „Meldungen aus dem Reich" veröffentlicht, vgl. BOBERACH 1984; im folgenden bezeichnet als SD-BERICHTE);
3. Deutschland-Berichte des Exil-Vorstandes der SPD in Prag über „Stimmungen" in der Bevölkerung 1934–40, die illegale Informanten aus Deutschland herausbrachten (in 7 Bänden (8955 S.) veröffentlicht, vgl. BEHNKEN 1980, im folgenden bezeichnet als SOPADE);

- Alle sonstigen Biographien, Autobiographien, regionalgeschichtlichen Forschungsberichte oder Schulchroniken, die in Buchform veröffentlicht allgemein zugänglich sind und oppositionelles Lehrerverhalten beschreiben oder dokumentieren,
- bislang unveröffentlichte Archivmaterialien (Erlasse, Schuljahresberichte, Personalakten, Gerichtsunterlagen u. a.), in denen Vorgänge oppositionellen Lehrerverhaltens erwähnt werden oder deren Gegenstand sind, soweit sie mir zugänglich waren;

- private Dokumente oder Erinnerungen aufgrund von Suchanzeigen in zielgruppenspezifischer Presse (z. B. pädagogischen Fachzeitschriften) in Form von Tagebüchern, Briefen, mündlichen Berichten oder schriftlicher Korrespondenz mit Zeitzeugen oder deren Angehörigen, die etwas zu oppositionellem Lehrerverhalten aussagen können.

Die höchst unterschiedliche Qualität dieser einzelnen Dokumente oder dokumentarischer Bruchstücke bedeutet zunächst geduldige Mosaikarbeit. Dagmar UNVERHAU (1983, 226) schätzt die Schwierigkeiten bei einem solchen Vorhaben, bei dem die Systematik erst allmählich, sozusagen analog zum Forschungsprojekt selbst zu konstruieren ist, zutreffend ein:

> „Unsere Hauptquellen sind wegen ihrer speziellen Art der Berichterstattung für die Auswertung schwierig bis problematisch zu benutzen. Ihre Mitteilungen sind Mosaiksteinchen vergleichbar. Ihr Zusammenfügen ist ein Puzzle, was Geduld und Zeitaufwand der sie begleitenden Recherchen betrifft. Im Unterschied zu einem Puzzle, dessen einzelne Teilchen, bringt man sie erst zusammen, ein Bild, einen Sinn ergeben, weil alle Teilchen vorhanden sind, ist unser ‚Spiel' bedeutend komplizierter, weil viele Mosaiksteinchen fehlen und weil es auch kein vorgezeichnetes Bild nachzulegen gilt."

Ich empfand es andererseits jedoch auch als hilfreich, mehrere Monate den zu interviewenden Lehrerinnen und Lehrern mit einem Ausmaß an Offenheit zuhören zu können, das sich erst allmählich, und auch dann immer wieder mehrschichtig, zum Teil widersprüchlich, zu einem „Gerüst" von Daten und persönlichen Erlebnissen zu verdichten begann.

Auf diese Weise erhielt ich Zugang zu einem Moment historischer Forschung, das ich heute für mögliche Interpretationen als zentral empfinde, aber das gleichsam doch relativ wenig Erwähnung in sonstigen methodischen Überlegungen zur zeitgeschichtlichen Forschung findet: Ich meine das Moment einer spezifischen historischen Atmosphäre, einer Stimmung, die in einer bestimmten Epoche geatmet wird und noch etwas anderes ist, als die – selbst differenzierte – Kenntnis von Fakten. Dies widerspricht keiner nüchternen Analyse, sondern ist eher eine Möglichkeit, unzulässige oder verzerrende Kurzschlüsse zu vermeiden. Es kann ein Schlüssel zum Verstehen konkreter menschlicher Verhaltensweisen sein, die vom sachlogischen Standpunkt – zumal einer anderen Epoche her – eher verschlossen bleiben müssen.

Inwieweit ein solches einfühlendes Deutungsmuster Bedingung für adäquates Verstehen ist, schildert Jürgen HENNINGSEN (1985^2, 334 ff.) anhand einer Erinnerung an die eigene Kindheit als 11jähriger Junge im Frühjahr 1945:

„Ich beginne mit einer Schlüsselszene, die recherchierbar ist; die Daten stehen sämtlich in den Akten des Landgerichts Rendsburg (Schleswig-Holstein) . . .

Mein jüngerer Bruder kommt plötzlich zu mir in den Garten gerannt. ‚Sie wollen Mutter erschießen!' Wir sofort zum Haus, hinein in den Kellereingang, die Treppe hoch in die Küche. Gegenüber im Wohnzimmer steht die Tür zum Flur offen, das ganze Zimmer ist gedrängt voll von Waffen-SS. Alles schreit und läuft durcheinander; was ich erzähle, ist mit Sicherheit durch spätere Erzählungen geordnet, obwohl mein Bruder und ich, nur wenige Meter vom Geschehen entfernt in der Küche versteckt, durch zwei offene Türen fast alles selbst sehen und hören. Natürlich haben wir Beklemmungen. Meine Eltern stehen an der Wand. Der Schlachter des Dorfes brüllt im Zimmer herum. ‚Diese Frau hat unserem Führer den Tod gewünscht!!' Der Schlachter, ein Werwolf, hatte die SS-Leute auf der Straße angehalten und mitsamt ihrem Leutnant ins Schulhaus geholt, um schnell und unbürokratisch die Gerechtigkeit wiederherzustellen. Das Unbürokratische ist eine MP, die ein SS-Mann im Anschlag hält. Der Schlachter fuchtelt mit einer Pistole herum – später im Prozeß nach 1945 behauptet er, sie sei nicht geladen gewesen.

Vorangegangen war eine Szene im Schlachterladen. Eine Frau hatte gejammert: ‚Wenn doch nur unser Führer aus Berlin herauskommt!' Meine Mutter hatte darauf mit ihrer üblichen Impertinenz geantwortet, daß, wenn jeder Soldat drinbleiben müsse, der Führer gefälligst auch drinbleiben solle. Daraufhin hatte es im Laden großes Geschrei gegeben; die allgemeine Angst, vermute ich heute, entlud sich als Wut gegen die Außenseiterin.

Ich lege an dieser Stelle einen kleinen Zwischenstop ein. Schon hier läßt sich nämlich herauspräparieren, was zur Interpretation der NS-Zeit außerordentlich wichtig ist und heute hinter anderen Fragestellungen weit zurücksteht oder ganz verschwiegen wird, übrigens gerade in linken Zirkeln. Die Aufgeladenheit der Alltagssituation mit Ideologie ist einem heutigen Zeitgenossen völlig unvorstellbar, die Identifikation mit dem Staat war weitaus penetranter. Die Szene wäre heute und hier total unmöglich . . .

Aber erst einmal zurück zu dem 11jährigen Jungen, der hinter der halboffenen Küchentür stand. Was da passierte, war schrecklich beklemmend, aber keineswegs empörend. Ich war zutiefst davon überzeugt, daß meine Mutter den Tod verdient hatte, zwar nicht so, aber irgendwie. Ich hatte sie schon längst anzeigen wollen; ich wußte nur nicht, wie man so etwas macht.[28] *Meine Eltern hatten im Keller unter einer Werkbank ein Radio versteckt und es mit einer Fahne abgedeckt. Meine Eltern hörten häufig abends den Londoner Rundfunk, ohne zu wissen, daß ihre Kinder im Dunkeln vor der Tür standen und mithörten – das Pausenzeichen des Londoner Rundfunks saß mir noch lange in den Knochen ...*

Der größte Journalist der Weimarer Zeit, der Deutschland von innen und außen, von oben und unten, von links und rechts kannte, hat das damals sehr viel schärfer gesehen; ich kann hier nach einem halben Jahrhundert meine Szenen und Episoden auf sein Deutungsmuster ohne Komplikationen auffädeln.

‚Immer stärker bis zur Gewißheit ist in mir: det sind sie. Es ist nicht wahr, daß das arme Volk unterjocht ist, daß sie es nicht gewollt haben, es ist nicht wahr.‘ ... Das schreibt 1933 und 1934 Kurt TUCHOLSKY (1962, 279):. ... ‚Hier siegt der deutsche Drogist. Der Zigarrenhändler. Der pensionsberechtigte kleine Mann. Und das wird furchtbar.‘ (TUCHOLSKY 1978, 185).

Ein Bewußtsein ist dann akzeptabel, wenn es Zustoßendes sinnvoll macht, deutet, erklärt. Im Prinzip ist jedes Bewußtsein dazu in der Lage ... Der Begriff ‚falsches Bewußtsein‘ sagt nichts für den, der es hat.“

Was Jürgen HENNINGSEN hier als „ideologische Aufgeladenheit“ kennzeichnet und an zwei zugespitzten Beispielen – Lynchjustiz eines Schlachtermeisters, die nur knapp vom Vater verhindert werden kann und geplante Anzeige der Eltern durch ihren eigenen Jungen – illustriert, deutet die Richtung jeder möglichen Interpretation an. Es bedarf zunächst eines Hineindenkens in die Perspektive derjenigen, deren Handeln interpretiert werden soll sowie derjenigen, die ihr Handeln bedrohen oder unterstützen. Nur so wird eine Annäherung an zulässige Erklärungen über Bedingungen ihres Zustandekommens erreicht werden können – die dann, wirklich erst dann, auch Bewertungen in „falsch“ und „richtig“ zulassen (nämlich im Kontext des so erfahrenen subjektiven Horizonts und seiner objektiven Möglichkeiten – und nicht von einer pseudo-objektiven Warte des „Nachhinein” aus, die versäumt, die eigenen subjektiven Verstrickungen in die Gegenwart mitzureflektieren).

[28] Fälle, in denen Eltern von ihren Kindern denunziert wurden, sind mehrfach und fast durchgängig ab Mitte der 30er Jahre an verschiedenen Stellen dokumentiert (vgl. z. B.: BEHNKEN, Klaus (Hrsg.) 1980: Deutschland-Berichte der Sozialdemokratischen Partei Deutschlands (Sopade), Bd. III (1936), 209 ff.)

Vor diesem Hintergrund scheinen mir für eine systematische Interpretation zwei Grundraster sinnvoll und zulässig zu sein, die nicht nur auftretende Widersprüchlichkeiten ausdrücklich berücksichtigen und relativ „weiche Übergänge“ in ihrer Kategorienbildung aufweisen, sondern sich auch aus unterschiedlicher Perspektive ergänzen:

- auf einer *horizontalen Interpretationsebene* werden die Mosaiksteine chronologisch einem historischen (Zeit-)Raster zugeordnet;
- auf einer *vertikalen Interpretationsebene* werden die Mosaiksteine bezüglich der Radikalität oder Gemäßigtheit des oppositionellen Verhaltens einem psychologischen Raster zugeordnet.

Zunächst sollen die 4 zeitlichen Phasen des *historischen Rasters* stichwortartig charakterisiert werden:

1. Phase der Gleichschaltung (1933–1934), wobei als Marksteine *Anpassung* (je nach dem freiwillige, begeisterte oder notgedrungene) für die Vielen und *Ausgrenzung* (und zwar relativ genau definiert) für die Wenigen gelten können.

2. Phase der Gewöhnung (1935–1938), wobei hier das Idyll (sowohl das propagandistische wie das tatsächlich so erlebte von „Kraft durch Freude“ bis zur Olympiade) für die Vielen und *Horror* für die Anderen (Nürnberger Gesetze, Ausbau der Konzentrationslager) die jeweiligen Eckpfeiler kennzeichnen.

3. Phase des Größenwahnsinns (1939–1942), wobei der Terminus „Wahnsinn“ keineswegs als pathologische Verharmlosung mißzuverstehen ist, sondern den kollektiven Ausdruck grandioser *Triumpfgefühle* für die Einen (u. a. durch nichtendenwollende „Siege“) und einer harten Phase der *Hoffnungslosigkeit* für die Anderen kennzeichnet (die nicht nur durch das Abkommen zwischen Hitler und Stalin irritiert werden, sondern auch durch jeden „Sieg“ in ihrer Hoffnung auf Änderung des Ganzen entmutigt).

4. Phase der Gebrochenheit (1942–1945), wobei zunehmende Widersprüche und Entbehrungen durch die Erfahrung des Krieges im eigenen Land bei den Einen zunächst die Kräfte zum festen *Glauben* eher noch zu bestärken scheinen (der „totale Krieg“), während demgegenüber die Frage des *Durchhaltens* bis zum absehbar gewordenen Ende der NS-Herrschaft zur existientiellen Frage für die Anderen geworden ist.

Es ist zunächst offensichtlich, daß diese 4 Phasen nicht zuerst durch schulische Entwicklungen bestimmt sind, sondern durch politisch und gesellschaftlich unterscheidbare Setzungen, die dann allerdings fraglos auch im Raum Schule wirken und dort das Verhalten von Lehrern, Eltern und Schülern mitprägen. Davon abweichende Merkmale bzw. deutliche Widersprüche werden später im einzelnen dargestellt und auf ihre Funktion und Wirkung befragt.

Dies leitet bereits über zum *psychologischen Interpretationsraster*, dessen 4 Kategorien unterschiedliche Konfliktlinien für Lehrerinnen und Lehrer darstellen und in ihren Möglichkeiten für „andere" Orientierungen im Kontext der Schule ausgemessen werden.

Dabei orientiere ich mich an einer Systematik, wie sie Detlef PEUKERT (1985^2, 54 ff.) im Rahmen der Alltagsforschung zum Nationalsozialismus entwickelt hat. Er unterscheidet nach dem Ausmaß der Radikalität sowohl in bezug auf das Bewußtsein vom eigenen Handeln als auch bezüglich der Einschätzung der Machthaber bzw. der „eingehandelten Konsequenzen" vier Kategorien:

Nonkonformität – Verweigerung – Protest – Widerstand

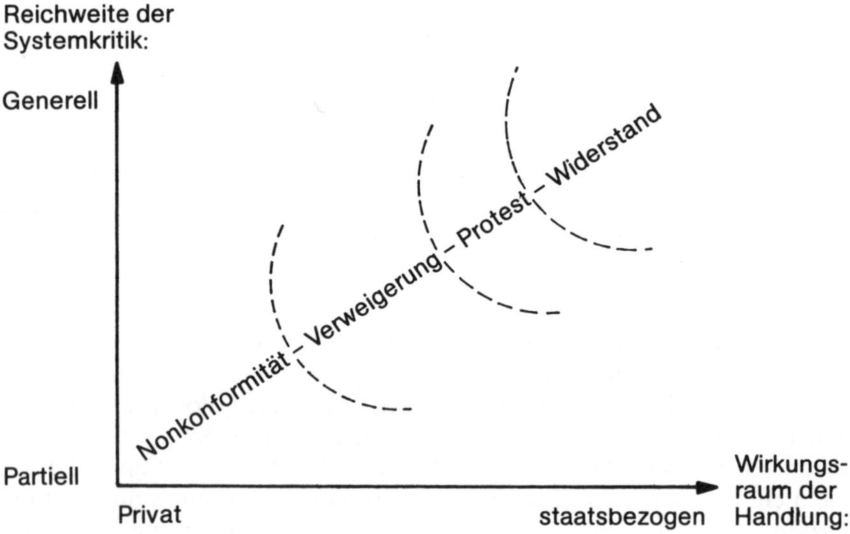

Abb. 9: Formen und Auswirkungen „anderen" Verhaltens im „Dritten Reich"
(Schema von Detlev PEUKERT, 1985^2, 54).

Zur Erläuterung seines Schemas, vor allem hinsichtlich der Frage, inwieweit oppositionelles Verhalten während der NS-Zeit als politisch oder privat zu begreifen ist bzw. sich selbst begriff, führt Detlef PEUKERT (1985^2, 55) aus:

> „Viele der geschilderten alltäglichen Verhaltensformen sind hingegen im landläufigen Sinne unpolitisch. In den meisten anderen Gesellschaften sind sie erlaubt oder zumindest solange geduldet, wie sie sich in der Privatsphäre vollziehen. Erst der Zugriff (die Penetration) des NS-Regimes veränderte objektiv ihre Bedeutung. Während das Selbstverständnis liberaler Gesellschaftsordnungen davon ausgeht, daß zwei Sphären, die private bzw. soziale Sphäre einerseits und die politische Sphäre andererseits, nebeneinander koexistieren, politisierte der Nationalsozialismus die Gesellschaft insofern, als er in bisher private Bereiche politische Ansprüche einführte.

Aber selbst wenn man subjektiv sein Verhalten als unpolitisch begriff und so vor etwaigen nationalsozialistischen Sanktionen zu rechtfertigen suchte, so geriet es dennoch objektiv nicht selten in die Anspruchsbereiche des Regimes. Es wird jeweils im Einzelfall zu prüfen sein, auf welcher Stelle innerhalb der Felder abweichenden Verhaltens eine bestimmte Aktivität anzusiedeln ist, in nicht wenigen Fällen ließ der Nationalsozialismus aber den Menschen keine andere Wahl, als von der Nonkonformität über die Verweigerung bis zum Widerstand voranzuschreiten. Gerade die Erfahrung mit den Eingriffen des Regimes trieb also Personen, die oftmals nur vorsichtig abweichende Haltungen artikuliert hatten, im Laufe des Konfliktes in eine entschiedenere Gegnerschaft."

Eine nähere Definition der vier Kategorien im Kontext der Schule stellt sich wie folgt dar:

1. Nonkonformität ist im Bereich von gesellschaftlichen Normenverletzungen angesiedelt, die noch keine zwingende Konfrontation mit den NS-Instanzen nach sich zu ziehen braucht (z. B. die Nicht-Teilnahme an bestimmten Geld-Sammlungen; das Nicht-Grüßen mit „Heil Hitler!" im privaten Bereich u. a.).

2. Verweigerung riskiert bereits auf einfacher Ebene eine Konfrontation mit NS-Instanzen, insofern bekannte Anordnungen bewußt nicht eingehalten werden (z. B. verstieß die Verweigerung des „Hitler-Grußes" bei Lehrern in der Schule bereits gegen eindeutige Erlasse, die dies zwingend vorschrieben).

3. Protest als Verhalten ist wiederum weitergehend und bereits mit einer inhaltlich darstellbar abweichenden Position verbunden, womit die Ebene der argumentativen Auseinandersetzung beschritten wird (z. B. stellte der Protest gegenüber der Behandlung jüdischer Kinder in deutschen Schulen bereits eine inhaltliche Kritik an einem Pfeiler der nationalsozialistischen Ideologie dar, unabhängig davon, ob dies von der oder dem Betroffenen selbst so weitreichend gemeint war oder nicht).

4. Widerstand schließlich ist verbunden mit einem deutlichen Zusammenhang zwischen Protest und konkretem Verhalten zur Änderung der Ursachen des Protestes. Er zielt bewußt auf das Regime als Ganzes und arbeitet hin auf die Abschaffung, zumindest spürbare Veränderung des Bestehenden (wobei Widerstand in der Schule selbst nach 1933 kaum mehr möglich war, obwohl doch beachtet werden muß, daß es immerhin einzelne Lehrerinnen und Lehrer gab[29]), die nach 1933 im Schuldienst tätig waren und gleichzeitig außerhalb der Schule bewußt im Widerstand arbeiteten).

---

29) In Teil I sind hierzu die ausführlich berichtenden Lehrer Dietrich ROTHENBERG und Bruno LAUB zu zählen (vgl. aber auch Franz BECKER, Karl Otto BÜHRER, Bruno LINDNER, Adolf REICHWEIN, Kurt STEFFELBAUER u. a.).

2.1. Phase der Gleichschaltung 1933–1934:

Anpassung . . .

Abb. 10: Die Fahne in den Wind (Titelblatt eines der ersten neugestalteten Schulbücher nach 1933)

Abend-Ausgabe
Nr. 96 B 41 50. Jahrg.

Vorwärts

Wählt Liste 2 Sozialdemokraten

MONTAG
27. Februar 1933

BERLINER VOLKSBLATT

Zentralorgan der Sozialdemokratischen Partei Deutschlands

Mordüberfall auf Löwenstein

Uniformierte SA.-Leute dringen nachts in die Wohnung ein – acht Schüsse ins Schlafzimmer

Heute gegen 3,15 Uhr morgens wurde ein mörderischer Ueberfall auf die Wohnung des Reichstagsabgeordneten und Stadtrates Genossen Kurt Löwenstein in der Geygerstraße in Neukölln verübt. Zwei uniformierte SA.-Leute drangen gewaltsam in die im 4. Stock gelegene Wohnung ein, sie feuerten zehn Schüsse in das Schlafzimmer ab und zerstörten das Arbeitszimmer. Einer der beiden Verbrecher wurde vom Ueberfallkommando verhaftet. Die Polizei gibt den Namen des Verhafteten noch nicht bekannt.

Die Stätte brauner Zerstörungswut

In der Wohnung des Genossen Löwenstein hausten in der letzten Nacht braun Uniformierte. Die Tür zum Schlafzimmer zeigt zahlreiche Durchschußstellen von 6,5 und 9-Millimeter Geschossen auf; im Arbeitszimmer (zwei Bilder rechts) bilden Bücherschränke, Bücher, Akten, Lampen, Gardinen, Bilder einen einzigen Trümmerhaufen

und Ausgrenzung

Abb. 11: SA-Überfall auf den sozialdemokratischen Berliner Stadtschulrat Dr. Kurt LÖWENSTEIN, Ausgabe des „VORWÄRTS“ vom 27.2.1933).

Allgemeinpolitische Daten

1933

30. Januar:	Hindenburg beruft Hitler zum Reichskanzler (sog. „Machtergreifung“).
27. Februar:	Reichstagsbrand dient als Vorwand für offene Verfolgung von Sozialisten und Kommunisten.
28. Februar:	„Verordnung des Reichspräsidenten zum Schutze von Volk und Staat“ (Aufhebung der Grundrechte). Die Verordnung bildet die formal-juristische Grundlage für die NS-Gesetzgebung bis 1945.
5. März:	Reichstagswahlen. Trotz vorangegangenen Terrors erhält die NSDAP mit 44% der Stimmen nicht die absolute Mehrheit.
9. März:	Verbot der KPD. Verhaftung der KPD-Abgeordneten. Dadurch erhält die NSDAP die absolute Mehrheit.
24. März:	Der Reichstag beschließt gegen die Stimmen der SPD das „Ermächtigungsgesetz“, durch das die Hitler-Regierung von nun an ohne den Reichstag Gesetze erlassen kann. Errichtung der ersten Konzentrationslager.
1. April:	Boykott aller jüdischen Geschäfte durch die SA.
7. April:	Gesetz zur „Wiederherstellung des Berufsbeamtentums“ ermöglicht Ausschaltung aller jüdischen und oppositionellen Beamten.
26. April:	Gründung der Geheimen Staatspolizei (Gestapo).
2. Mai:	Zerschlagung der Gewerkschaften durch Verhaftungen und Beschlagnahme ihrer Häuser und ihres Vermögens.
10. Mai:	Bücherverbrennungen.
22. Juni:	Verbot der SPD. Beamte müssen erklären, daß sie keinerlei Verbindung mehr zur SPD unterhalten.
20. Juli:	Reichskonkordat mit dem Vatikan, der damit als erster Staat die Hitler-Regierung anerkennt.
19. Oktober:	Austritt Deutschlands aus dem Völkerbund.
27. November:	Gründung von „Kraft durch Freude“, einer Unterorganisation der „Deutschen Arbeitsfront“ (DAF), die besondere Freizeit- und Ferienprogramme für Werktätige organisiert.

1934

29. Juni:	Bekanntgabe des neuen Rüstungsetats (Steigerung um 50%).
30. Juni:	„Röhm-Putsch“: Hitler läßt seinen bisherigen Kampfgefährten, den SA-Führer Ernst Röhm sowie weitere Teile der SA-Führung und andere ermorden, weil diese angeblich eine „zweite nationale Revolution“ geplant hätten.
2. August:	Tod Hindenburgs. Hitler wird Staatsoberhaupt und Oberbefehlshaber der Wehrmacht.

Bildungspolitische Daten

(Auswahl von Erlassen aus dem ZENTRALBLATT für die gesamte Unterrichtsverwaltung in Preußen 1933–1934)

1933

7. April:	Gesetz zur Wiederherstellung des Berufsbeamtentums (WBB, Reichsgesetzblatt S. 175, bis August 1933 folgen 4 Ausführungsvorschriften.
20. April:	Schulstrafen wegen Handlungen aus nationalen Beweggründen, die seit dem 1.1.1925 gegen Schüler verhängt worden sind, sind aufzuheben. Etwa verwiesene Schüler sind ohne Aufnahmeprüfung wieder in die betreffende Klasse aufzunehmen ... (Erlaß 125).
25. April:	Gesetz gegen die Überfüllung deutscher Schulen und Hochschulen: (Es) ist darauf zu achten, daß die Zahl nichtarischer (Schüler) den Anteil der reichsdeutschen Bevölkerung nicht übersteigt ... (Erlaß 135).
20. Mai:	Aufhebung der Beamtenvertretungen: Aus der Gleichheit der beiderseitigen Interessen ergibt sich ..., daß es einer gemeinsamen Vertretung von Interessen der Beamtenschaft gegenüber den Leitern der Behörden oder der Regierung nicht mehr bedarf (Erlaß 194).
24. Juni:	Zugehörigkeit von Beamten, Angestellten und Arbeitern zur SPD ist mit einer Tätigkeit im öffentlichen Dienst unvereinbar (Erlaß 264).
22. Juli:	Einführung des Hitlergrußes (Erlaß 241, 242, 365).
16. August:	Besetzung freier und freiwerdender Stellen des öffentlichen Dienstes mit Mitgliedern der NSDAP (Erlaß 278).
16. August:	Vaterländische Aufklärungsarbeit über den kolonialen Lebensraum (Erlaß 282).
1. September:	Vererbungslehre und Rassenkunde in den Schulen (Erlaß 303).

1934

12. Januar:	Übermäßiger Beanspruchung der Schuljugend (ist) ohne Rücksicht auf die betreffende Organisation entschieden entgegenzutreten (Erlaß 25).
11. Februar:	Fahnengruß in den Schulen (Erlaß 71).
17. Februar:	Luftschutz in den Schulen (Erlaß 69).
24. April:	Ausschluß nichtarischer Bewerber von der schulwissenschaftlichen Prüfung (Erlaß 164).
7. Juni:	Einführung des Staatsjugendtages: Für die Erziehung der Schuljugend im nationalsozialistischen Staate sind Schule, Reichsjugendführung (HJ-Bewegung) und Elternhaus nebeneinander berufen (Erlaß 263; Gleichrangigkeit von Schule und Hitlerjugend und Elternhaus; der Samstag ist ab nun für HJ-Mitglieder schulfrei, alle übrigen Schüler haben Unterricht; wegen beständiger Konflikte zwischen Schule und HJ wird der Staatsjugendtag am 4.12.1936 wieder aufgehoben).

26. Oktober: Schaffung von Schulgemeinden und Jugendwaltern (Erlaß 356; bedeutet die Abschaffung der ehemals demokratischen Elternbeiräte).

Der Begriff der „Gleichschaltung“ taucht im offiziellen NS-Sprachgebrauch zum ersten Mal am 31. März 1933 in dem „Vorläufigen Gesetz zur Gleichschaltung der Länder“ auf. Er stammt aus der Elektrotechnik, wo man den sogenannten Gleichrichter kennt, „der den Strom nur in einer Richtung passieren läßt und so Wechselstrom in Gleichstrom verwandelt. Die Nationalsozialisten nannten das Verfahren, das die für eine gesunde politische Willensbildung charakteristische Wechselbeziehung zwischen oben und unten verhindern sollte, mit einem für ihr mechanistisches Denken kennzeichnenden technischen Beiklang: Gleichschaltung“ (KRAUSNICK 1963, 181).

Doch diese Absicht, wie sie sich in den kommenden Jahren in einer wahren Flut von Erlassen und Bestimmungen niederschlagen wird, ist nur die eine Seite der Medaille: Wie es tatsächlich wirkt, wo sich technische oder organisatorische Schwierigkeiten ergeben, wo sich Widerspruch meldet oder Protest artikuliert, wie sich Absicht auf dem Weg ihrer Realisierung in ihr Gegenteil verkehren kann – all dies ist die andere Seite von Wirklichkeit.

Die Vielzahl besonders hektischer Maßnahmen im Schulbereich, die der Reichsminister für Wissenschaft, Erziehung und Volksbildung Bernhard RUST seit seiner kommissarischen Amtsübernahme am 6. Februar 1933 (Ernennung zum 1.5.1933) erläßt, quittiert ein Flüsterwitz des „Dritten Reiches“ in seiner Karikierung als Maßeinheit: 1 Rust = kürzeste Zeiteinheit zwischen Erlaß und Aufhebung einer Verfügung (nach ZENTNER/BEDÜRFTIG 1985, 509).

Diese Karikierung läßt einige innere Widersprüche ahnen, die sich auch in den folgenden Jahren mehrfach aus der Konkurrenz einzelner Personen im bildungs- und schulpolitischen Sektor sowie aus dem letztlich nie ganz geklärten Verhältnis zwischen Schule und Hitlerjugend ergeben. Nicht selten gab es dann nach 1945 einzelne ehemals für den Nationalsozialismus Engagierte, die ihre punktuelle Unterlegenheit in einem internen NS-Konflikt später als oppositionelles Handeln, zuweilen gar als Widerstand stilisierten. Darauf wird an ausgewählten Beispielen noch einzugehen sein.

Die Karikierung darf jedoch keinesfalls darüber hinwegtäuschen, mit welchem Ausmaß an systematischer Disziplinierung und unsystematischem Terror gegen faktische (oder so definierte) Gegner des Regimes vorgegangen wurde. Auch hierfür ist die Zeitmarke nicht erst am 30. Januar 1933 zu setzen, sondern beginnt im schulischen Bereich spätestens mit dem Amtsantritt des ersten NS-Volksbildungs- und Innenministers Wilhelm FRICK in Thüringen ab Januar 1930.

So ließ FRICK schon bald nach Aufnahme seiner Dienstgeschäfte u. a. den Direktor des Gymnasiums in Weimar, Dr. SIEFERT, seines Amtes entheben, weil dieser sich weigerte, ein Verbot des Beitritts für die Schüler seiner Schule zu nationalsozialistischen Jugendbünden außer Kraft zu setzen (vgl. FÜHR 1972, 61; SCHNORBACH 1974, 30).

Besonders tragisch ist der Fall des hessischen Volksschullehrers Wilhelm HAMMANN[30], der sich als KPD-Landtagsabgeordneter nicht nur die Feindschaft der Nazis zugezogen hatte, sondern bei den verschärften Auseinandersetzungen gegen Ende der Weimarer Republik zunehmend in Konflikt mit der damaligen hessischen SPD-Landesregierung geriet.

Als er 1931 bei einer Arbeitslosen-Demonstration und anschließenden Besetzung des Rathauses von Mörfelden als einer der Wortführer auftrat, wurde nicht nur zum zweiten Mal seine Immunität als Abgeordneter aufgehoben, sondern er wurde in einem vielbeachteten Prozeß wegen Rädelsführerschaft bei Landfriedensbruch zu einem Jahr und drei Monaten Gefängnis verurteilt und aus dem Schuldienst entlassen.

In einem Fernsehfilm des Hessischen Rundfunks von 1985 (KRUPP/LINDNER 1985, 8) erinnert sich sein sozialdemokratischer Kollege Albert LEHMANN an ihn:

„Was mir immer Freude gemacht hat, der HAMMANN, der hat sich auch mit seinen Gegnern unterhalten. Der ist nicht einfach so drüber weggegangen, sondern er hat sachlich, menschlich, hat er sich mit jedem unterhalten können. Er war ja Pädagoge, er war ja Lehrer, und wenn man Lehrer ist und versteht sein Geschäft, dann muß man auch versuchen, Menschen davon zu überzeugen.

---

[30] HAMMANN, Wilhelm (1897–1955), 1916 unmittelbar nach der Schulamtsanwärterprüfung zum Krieg eingezogen, 1918 Eintritt in die USPD, kurz darauf in die KPD; 1919–22 Schulamtsanwärterstelle in Groß-Gerau, 1922–31 Dorfschullehrer in Wixhausen, 1927–31 KPD-Landtagsabgeordneter, 1931 Verurteilung wegen Landfriedensbruch und Entlassung aus allen Ämtern (1 Jahr 3 Monat Gefängnis); nach 1933 mehrere kurzfristige Festnahmen, 1935–38 Zuchthaus Marienschloß, 1938–45 KZ Buchenwald (dort besondere Fürsorge für Kinder und Jugendliche – „Vater von Buchenwald“); 1945 Landrat in Groß-Gerau, 1946 erneut Verhaftung und Unterbringung im US-Internierungslager Darmstadt aufgrund einer Denunziation, zum Prozeß Verbringung in das ehemalige KZ Dachau, wo er 1947 von allen Vorwürfen freigesprochen wurde; eine Rückkehr in das alte Amt wurde jedoch nicht mehr ermöglicht; ab 1948 Kreissekretär der KPD in Groß-Gerau; am 25.7.1955 stieß er nachts auf der Heimfahrt mit einem US-Panzer zusammen und starb kurz darauf an den Folgen des Unfalls; 1984 wurde er für die nachgewiesene Rettung von 159 Kindern und Jugendlichen im KZ Buchenwald vom israelischen Staat posthum als „Gerechter unter den Völkern“ geehrt (nach KRUPP/LINDNER 1985).

Also mich persönlich hat er nicht überzeugen können, und hat mich auch nicht zum Kommunist machen können, weil ich mich ja zur sozialistischen Arbeiterjugend bekannt habe und auch zur Gewerkschaft. Und HAMMANN war an und für sich vom Menschlichen gesehen wirklich ein Mensch, mit dem konnte man schon was anfangen, mit dem konnte man schon auch Schulter an Schulter gegen den Faschismus auftreten."

Besonders tragisch ist die Geschichte des Lehrers HAMMANN insofern, als kurz nach der „Machtergreifung" die Nazis den von den Sozialdemokraten entlassenen Lehrer erneut vornehmen, mehrfach verprügeln, auch festnehmen, aber zunächst noch freilassen, weil nichts Konkretes gegen ihn vorliegt. Im Februar 1935 wird er schließlich in einem Prozeß ohne Beweise zu drei Jahren Zuchthaus wegen „Vorbereitung zum Hochverrat" verurteilt und nach Abbüßung der Strafe als Schutzhäftling Nr. 1224 in das KZ Buchenwald überführt. Dort hat er entscheidenden Anteil daran, daß durch Hilfs- und Versteckaktionen in diesem KZ insgesamt 904 Kinder und Jugendliche bei der Befreiung am 11. April 1945 überleben konnten, wofür er 1984 posthum vom israelischen Staat mit dessen höchster Auszeichnung als „Gerechter unter den Völkern" geehrt wurde. Unter bundesdeutschen Pädagogen ist der Name Wilhelm HAMMANNs trotz einer Widmung in dem Dokumentarband „Schule im Dritten Reich – Erziehung zum Tod?" (PLATNER 1983, 7 und 188 ff.) noch immer weitgehend unbekannt.

In dem bereits erwähnten Fernsehfilm schildert eine ehemalige Schülerin eine der Festnahmen ihres ehemaligen Klassenlehrers HAMMANN vom April 1933 (KRUPP/LINDNER 1985, 6 f.):

„Und auf einmal seh ich so, denk, was is denn des, so 'nen kleinen Mann mit 'nem Hitlerfähnchen vorneweg, die ganze SA um ihn rum und hinten. Dann haben sie nach ihm getreten, gespuckt und geschlagen, also, das hab ich gesehen, das stimmt. Und dann haben sie ihn, ich nehm' an in die Runde Turmstraße ins Gefängnis geschafft. Ja, die haben den am Bahnhof abgefangen, und dann mußten die ja die Rheinstraße hoch bis zum Gefängnis, und da mußten sie bei uns vorbei. Also, habe ich persönlich gesehen. –

Und wie haben die Leute reagiert? –

Gott, die haben geguckt. Es hat sich niemand was zu sagen getraut. Wie ich das gesehen hab', hab' ich zu den Kolleginnen gesagt: Kommt mal her, guckt, das ist unser Lehrer, den hatten wir in der Klass'. Hab ich denen so erzählt, also ich war fix und fertig. So nah ist mir das gegangen . . . er, der nie geschlagen hat . . ."

Am Beispiel des Volksschullehrers Wilhelm HAMMANN soll hier lediglich veranschaulicht werden, in welche Konflikte Lehrerinnen und Lehrer bereits vor dem Januar 1933 geraten konnten und welche späteren Konsequenzen dies zeitigen konnte. Die Schilderung des Hamburger Lehrers Dietrich ROTHENBERG über die angedrohte Entlassung seines KPD-Kollegen Rudolf KLUG im Jahr 1931 sowie die erfolgte Strafversetzung 1932 (ROTHENBERG 1985d, 241) ist also keineswegs als Einzelerscheinung zu werten (vgl. u. a. auch die Ermordung des sozialdemokratischen Greifswalder Lehrers Karl KRULL während eines Ferienlagers der „Roten Falken" bei Stralsund am 19.7.1932 durch einen Nazi-Überfall, nach JAHNKE 1970, 11–14; SCHNORBACH 1974, 34).

Nach dem 30. Januar 1933 ändert sich deshalb vor allem das Ausmaß und der nun offizielle Charakter des Terrors: Es handelt sich fortan um Anpassung an die offizielle Politik des Staates. Ausgrenzung bedeutet Kriminalisierung. Alle vorläufigen Maßnahmen zur Disziplinierung unliebsamer Lehrerinnen und Lehrer werden am 7. April 1933 abgelöst durch das „Gesetz zur Wiederherstellung des Berufsbeamtentums", (WBB) dem mehrere ausführliche Ausführungsbestimmungen folgen, die sinngemäß auch Arbeiter und Angestellte im öffentlichen Dienst betreffen. Neben organisatorischen „Vereinfachungen der Verwaltung", die Entlassungen oder Versetzungen gegenüber einer durch keinerlei berufsständisch oder gar gewerkschaftlich geschützten Lehrerschaft rechtfertigen, sind vor allem zwei Gruppen gezielt von diesem Gesetz betroffen:

1. „Nichtarische" Beamte (§ 3), wobei hierunter die rassistische NS-Definition der „Abstammung" des Blutes zählte und nicht das Selbstverständnis der Betroffenen, die möglicherweise bereits seit Generationen den jüdischen Glauben nicht mehr praktizierten, sei es weil sie zum Christentum übergetreten oder zu nichtreligiösen Sozialisten geworden waren oder sich auf andere Weise „assimiliert" hatten. Dieser Paragraph 3 des WBB wurde durch die exzessiv betriebene „Ahnenforschung" nahezu lückenlos in den folgenden Monaten „erfüllt".

... und welche konkrete Biographie sich dahinter verbirgt

Schreiben von Frau Ilse Edelmann (geb. Deutsch), Jg. 1905, vom 15. Januar 1986:

„Bis 1933 wußte ich nicht, daß mein Vater jüdischer Abstammung war. Da er getauft, und ich evangelisch erzogen wurde, kam diese Tatsache nie zur Sprache. Auch hatten wir keine Beziehungen zu jüdischen Freunden.

Ich war 1933 mit einem Lehrer verlobt, wir hatten zum 9. September 1933 eine Wohnung gemietet, weil wir heiraten wollten. Da kamen die Gesetze, die Sie ja wohl kennen, auf deren Grundlage ich im Sommer 1933 aus dem Schuldienst entlassen wurde und die mir als Halbjüdin (Mutter war „arisch") verboten, einen Beamten zu heiraten. Mein dama-

An

die techn.Lehrerin Fräulein Jlse Deutsch

in

G e l s e n k i r c h e n

Margarethenstr.15.

B 2 a A IV Deutsch 3 a

Auf Grund von § 3 des Gesetzes zur Wiederherstellung des Berufsbeamtentums vom 7. April 1933 werden Sie hiermit in den Ruhestand versetzt.

Wegen der Regelung Jhrer Bezüge wird der Herr Regierungspräsident in Münster weitere Verfügung treffen.

Berlin, den 22.August 1933.

Der Preußische Minister

für Wissenschaft, Kunst und Volksbildung

Jn Vertretung

Dr. Stuckart.

Abb. 12: *Benachrichtigung über eine Entlassung nach § 3 WBB*-Schreiben an Ilse Deutsch, Jg. 1905, ohne Anrede und Gruß (am 20. Dezember 1933 wird ihr ergänzend mitgeteilt, daß die Zahlung eines Ruhegeldes nicht erfolgt gemäß § 8 WBB).

liger Verlobter wurde ständig von den Nazis belästigt, er solle von mir lassen. Als er sich weigerte, wurde er mehrere Male an eine andere Schule versetzt, meine Briefe wurden abgefangen, so daß wir keinen Ausweg sahen und uns trennten.

1939 lernte ich meinen Mann kennen, er war Optikermeister, ich wurde 1941 vom Superintendenten in Köln heimlich im Keller seiner Kirche getraut. Standesamtlich war dies ja nicht möglich, so daß ich meinen Mädchennahmen behalten mußte. Auch galt meine Tochter, die 1943 geboren wurde, als unehelich. Da mein Mann in der russischen Kriegsgefan-

genschaft umgekommen ist, wurde 1948 meine Ehe nachträglich als gültig erklärt, und ich konnte den Namen Edelmann annehmen.

Mein Vater war in Wanne-Eickel Medizinalrat. Er wurde 1933 aus seinem Amte gejagt, verfolgt und kurze Zeit verschleppt, in unser Wohnhaus wurde geschossen. Als er nach ein paar Tagen zurückkam, haben wir ihn bei der Schwester meines Verlobten versteckt. Das war aber nicht lange möglich. Wir zogen nach Aachen, wo er versuchte, eine Praxis zu eröffnen, weil er als Pension nur 240 RM monatlich bekam. Ich mußte natürlich auch Geld verdienen, da die Praxis sehr schlecht ging, bis meinem Vater schließlich jegliche Tätigkeit verboten wurde.

Ich war tätig von 1934 an als Krankenpflegerin, Tanzlehrerin und zuletzt als Staubsauger-Vertreterin. 1936 zogen wir nach Bergisch-Gladbach und mieteten ein Haus mit großem Obstgarten. Das Obst verkauften wir, um Geld zum Leben zu haben. Ich lernte Steno und Schreibmaschine, ging ein Jahr nach England und wurde nach meiner Rückkehr 1938 bei einer Lederwarenfabrik in Köln-Mülheim als Auslandskorrespondentin angenommen. Als 1939 der Krieg ausbrach, blieb ich dort als Sekretärin.

1943, kurz vor der Geburt meiner Tochter, nahm man uns unsere Wohnung. Wir wurden zu einer jüdischen Familie einquartiert. Schon kurze Zeit darauf wurden wir alle in eine Barracke verlegt und bald darauf in ein Lager nach Köln-Müngersdorf gebracht. Von dort wurde mein Vater nach Theresienstadt verfrachtet, wo der ganze Transport ermordet wurde.

Mein Mann war schon längst zum Militär eingezogen worden. Im Lager wurden wir aufgeteilt in Juden, Halbjuden und Arier.

Man kann es beinahe nicht glauben: Meine Tochter und ich wurden gerettet, weil ein SS-Mann irgendwie Mitleid hatte, als er das 5 Monate alte Kind sah. Ich wurde zu den Ariern eingegliedert mit der Auflage, den Raum Köln innerhalb von 24 Stunden zu verlassen.

Wir setzten uns zu meiner Tante mütterlicherseits nach Potsdam ab, wo uns keiner kannte, und wir etwas Ruhe bekamen. Meine Tante war Kunstlehrerin am Potsdamer Gymnasium. Sie war gezwungen, in die NSDAP einzutreten, um ihre Stellung zu behalten.

Wir machten den Einzug der Russen dort mit und versuchten später, unter größten Strapazen mit Kind und Kegel innerhalb 6 Wochen nach Bergisch-Gladbach zurückzukehren.

Als Wiedergutmachung bekamen wir eine Wohnung zugewiesen, und ich wurde 1946 wieder als Lehrerin (später Konrektorin) in den Staatsdienst aufgenommen. Meine Tante verlor ihre Stellung, weil sie in der Partei gewesen war. Sie zog zu uns bis zu ihrem Tode.

So, das wäre es. Wenn Sie damit was anfangen können, gebrauchen Sie es . . .“

2. Sodann waren vom „Gesetz zur Wiederherstellung des Berufsbeamtentums“ besonders betroffen:
   - politisch „unzuverlässige“ Beamte (§ 4), wobei dies zunächst vor allem kommunistisch engagierte Lehrerinnen und Lehrer betraf (jedoch keinesfalls lückenlos, wie in der vorliegenden Literatur wiederholt konstatiert wird, vgl. u. a. EILERS 1963, 70; SCHNORBACH 1983, 18; FEIDEL-MERTZ 1983, 20). Die in Teil I berichtenden kommunistischen Lehrer Walter UHLE und Dietrich ROTHENBERG sind keineswegs einmalige Ausnahmen. Nach dem Verbot der SPD im Juni 1933 hatten alle Beamten möglicherweise noch bestehende Verbindungen auch zu dieser Partei aufzulösen und dies schriftlich zu bestätigen.

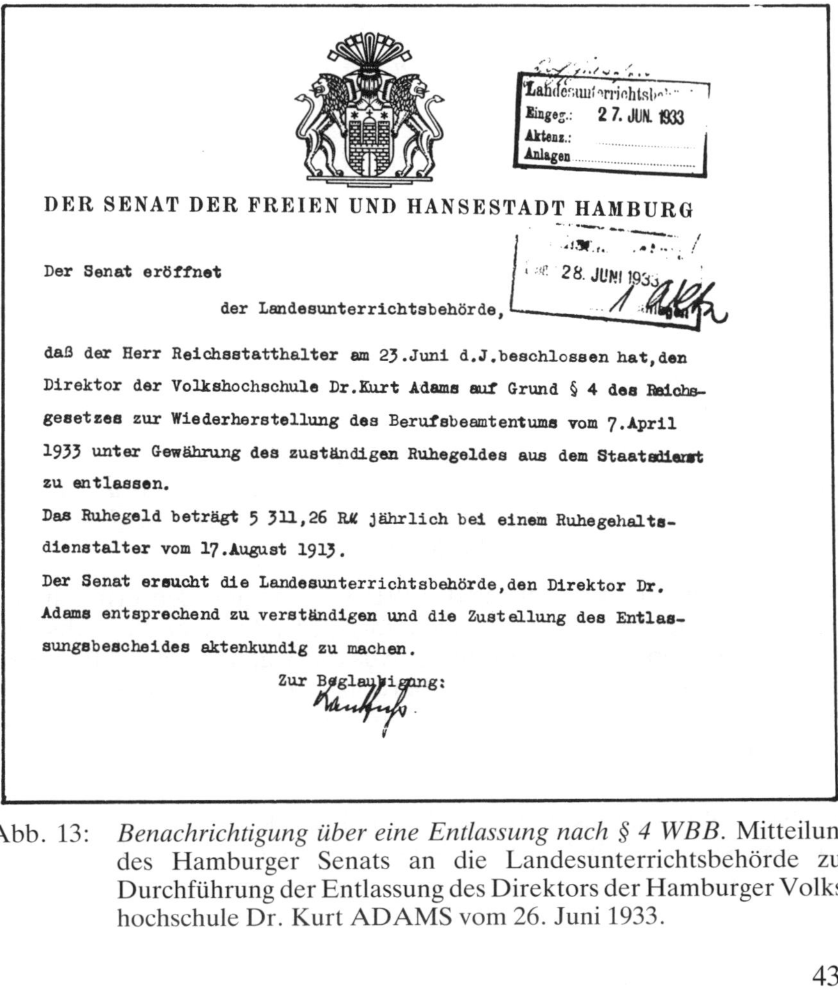

Landesunterrichtsbehörde
Eingeg.: 27. JUN. 1933
Aktenz.:
Anlagen

DER SENAT DER FREIEN UND HANSESTADT HAMBURG

28. JUNI 1933

Der Senat eröffnet

der Landesunterrichtsbehörde,

daß der Herr Reichsstatthalter am 23. Juni d.J. beschlossen hat, den Direktor der Volkshochschule Dr. Kurt Adams auf Grund § 4 des Reichsgesetzes zur Wiederherstellung des Berufsbeamtentums vom 7. April 1933 unter Gewährung des zuständigen Ruhegeldes aus dem Staatsdienst zu entlassen.

Das Ruhegeld beträgt 5 311,26 RM jährlich bei einem Ruhegehaltsdienstalter vom 17. August 1913.

Der Senat ersucht die Landesunterrichtsbehörde, den Direktor Dr. Adams entsprechend zu verständigen und die Zustellung des Entlassungsbescheides aktenkundig zu machen.

Zur Beglaubigung:

Abb. 13: *Benachrichtigung über eine Entlassung nach § 4 WBB.* Mitteilung des Hamburger Senats an die Landesunterrichtsbehörde zur Durchführung der Entlassung des Direktors der Hamburger Volkshochschule Dr. Kurt ADAMS vom 26. Juni 1933.

... und welche konkrete Biographie sich dahinter verbirgt

Kurt ADAMS (1889–1944), Dr. phil., 1913 Staatsexamen, 1913–1929 zunächst Studienreferendar, dann Studienrat an der Oberrealschule „Vor dem Holstentor“ (heute „Albrecht-Thaer-Gymnasium“), bereits während des eigenen Studiums Vorsitzender des „Vereins für akademische Unterrichtskurse für Arbeiter und Angestellte“, 1919 Eintritt in die SPD, Mitarbeit in der Hamburger „Gesellschaft der Freunde des vaterländischen Schul- und Erziehungswesens“ (spätere GEW in Hamburg), 1924–1933 SPD-Abgeordneter in der Hamburger Bürgerschaft, ab Anfang der 20er Jahre Mitarbeit am Aufbau der sozialdemokratischen Kinderorganisation der „Kinderfreunde“ auf Reichsebene, in als „Kinderrepubliken“ bezeichneten Sommerferienlagern engagierte Pädagogik für Frieden und Völkerverständigung, 1929–33 Direktor der Hamburger Volkshochschule (in dieser Zeit Steigerung der Teilnehmerzahlen von 10.465 auf 15.000), Juni 1933 Entlassung aus allen Ämtern; da das Ruhegehalt zur Versorgung seiner kranken Frau und dreier Kinder nicht ausreicht, arbeitet er im Kaffeehandel eines seiner ehemaligen Schüler. Seine Tätigkeit besteht vor allem darin, per Fahrrad und Rucksack einen größeren Kreis von Kunden zu beliefern, die ihm noch aus seiner pädagogischen und politischen Arbeit bekannt waren. Obwohl er nie einer festen Widerstandsorganisation angehört hat, verteilt er bei seinen Rundfahrten auch regelmäßig illegales Material der SPD an Genossen. In den nächsten Jahren verschlechtert sich der Gesundheitszustand sichtlich, der Tod eines seiner Söhne an der Front trifft ihn schwer. Seine Verhaftung durch die Gestapo im Sommer 1944 steht weniger in Zusammenhang mit seiner eigenen Widerstandstätigkeit als mit der sogenannten „Gewitteraktion“, einer Massenverhaftung noch in Freiheit befindlicher ehemaliger Funktionäre der Linksparteien nach dem Attentat auf Hitler am 20. Juli 1944.

Die Verhaftung trifft ihn, während er noch eine Operation auskuriert. Er wird in das KZ Buchenwald eingeliefert und stirbt bald darauf an den Folgen der unmenschlichen Haftbedingungen am 7. Oktober 1944 (nach BOHN 1982, vgl. auch HOPP 1985, 152–158).

Zur praktischen Durchführung des WBB wurde den Lehrerinnen und Lehrern ein vierseitiger Fragebogen vorgelegt, der über die „Abstammung“ sowie politische Gesinnung Auskunft geben sollte. In vielen Ländern des Reiches kam es darüberhinaus zu wiederholten schriftlichen Treuebekundungen, die nicht nur verdächtige Lehrer zu unterzeichnen hatten.

Reichserziehungsminister RUST ließ bei den Regierungspräsidenten „Dreierkommissionen“ bilden, die von den NS-Gauleitern mit „geeigneten Lehrkräften“ besetzt wurden, deren Identität und Tätigkeit aber ansonsten „geheim“ blieb. Ihre Berichte gingen an das Kultusministe-

Erklärung

Hierdurch erkläre ich durch meine Unterschrift, daß ich keinerlei Beziehungen zu der Kommunistischen Partei Deutschlands und zur Sozialdemokratischen Partei Deutschlands sowie ihren Hilfs- und Ersatzorganisationen und Vertretern im Auslande unterhalte. Mir ist bekannt, daß eine unrichtige Angabe meine Dienstentlassung zur Folge haben kann.

amburg, den 29. September 33.

Helmut Hertling
Unterschrift

Emilie-Wüstenfeld-Schule
Schule

Abb. 14: Distanzierungserklärung zur KPD und SPD des Hamburger Lehrers Helmut HERTLING vom 29. September 1933 (nach Personalakte Schulbehörde Hamburg).

Ich erkläre hiermit, daß ich in der Lage und bereit bin, mit rückhaltloser, freudiger Einsetzung meiner ganzen Erzieherpersönlichkeit meinen Unterricht aus der Weltanschauung des Nationalsozialismus heraus unter genauer Befolgung der Richtlinien und Vorschriften, die durch den mir vorgesetzten Schulleiter oder durch die Landesunterrichtsbehörde an mich ergehen, in den Dienst von Volk und Staat zu stellen.

Hamburg, den
13. Febr. 34

Helmut Hertling

Abb. 15: Loyalitätserklärung des Lehrers Helmut HERTLING vom 13. Februar 1934 (nach Personalakte s. o.).

rium, denen formal die letzte Entscheidung zustand (vgl. EILERS 1963, 71).

Ähnlich wie im Fall des in Teil I berichtenden Lehrers Walther UHLE sah sich RUST einige Male gezwungen, den Säuberungseifer dieser Kommissionen zu bremsen. Er kritisierte, daß „die Berichte nicht immer mit der nötigen Sorgfalt bearbeitet" wurden und bedauerte andererseits, „daß das Gesetz für manche Fälle ‚nicht vorgesorgt' habe und pauschale Anschuldigungen wie ‚Zentrumsführer, übler Frauenverhetzer' – wofür die Prüfer auf Amtsenthebung optierten – zur Entlassung nicht ausreichten. Die Säuberungen waren so gründlich, daß der Unterricht zu Beginn des Schuljahres 1933/34 an Ostern nicht fristgerecht aufgenommen werden konnte und die Ferien verlängert werden mußten" (OTTWEILER 1979, 56).

Einzelne – häufig neu eingestellte – leitende Beamte der Schulbehörden taten sich bei dieser „Säuberungsarbeit" mit zusätzlichen Drohungen gegenüber der Lehrerschaft hervor, wie z. B. der Leiter der Schulabteilung bei der Regierung von Mittelfranken (nach OTTWEILER 1979, 57 f.):

> „Ich habe auftragsgemäß die Leitung des gesamten mittelfränkischen Schulwesens übernommen. Ich erwarte, daß die sämtlichen Schulaufsichtsbehörden und Lehrkräfte dafür sorgen, daß im Schulbetrieb keine Störung oder Unterbrechung eintritt. Es ist ganz einfach die nun bestehende Tatsache als gegeben hinzunehmen. In Erinnerung an den November 1918 wird das nicht allzu schwer fallen. Auch damals stellte sich ein großer Teil der Beamten auf den Boden der veränderten Tatsachen. Was damals geschah, wird auch jetzt möglich sein. Auf jeden Fall möge sich jeder dessen bewußt sein, daß die Demokratie beseitigt ist und an ihre Stelle die Diktatur getreten ist. Was aber Diktatur heißt, dürfte jedem bekannt sein: Entweder – Oder! Biegen oder Brechen ..."

Umgekehrt werden freigewordene Stellen unter deutlicher Bevorzugung von NSDAP-Mitgliedern vergeben und dies auch mehrfach in Form von Erlassen unverhohlen öffentlich zur Kenntnis gegeben, so zum Beispiel im Erlaß 278 des Reichserziehungsministers vom 16. August 1933 (ZENTRALBLATT 1933, 228):

> „Entsprechend dem Vorgehen weiter Kreise der Wirtschaft müssen auch die Behörden bestrebt sein, dabei mitzuhelfen, bewährte Kämpfer der NSDAP in ihrem Dienstbereich anzustellen, soweit Anstellung nach Eignung und Persönlichkeit der Bewerber und nach den bestehenden Bestimmungen nur irgendwie verantwortet werden kann. Künftig ist daher zu prüfen, ob und inwieweit freie und freiwerdende Stellen des öffentlichen Dienstes zur Unterbringung von SA- und SS-Leuten sowie alten Parteigenossen der NSDAP in Betracht kommen ..."

Zum 1. Dezember 1933 werden die „Dreierkommissionen" aufgelöst. Trotzdem gehen die Entlassungen noch bis Ende 1934 in den einzelnen Ländern in unterschiedlichem Umfang weiter. Danach hören systematische Überprüfungen auf, auch wenn deren formale Grundlagen bestehen bleiben und es immer wieder zu einzelnen Denunziationen und entsprechenden Konsequenzen kommt. Nach Hermann SCHNORBACH (1983, 18) fallen den politischen Säuberungen bis Ende 1933 etwa 3000 Lehrerinnen und Lehrer zum Opfer (von insgesamt ca. 200.000 Volksschullehrern und ca. 30.000 Gymnasiallehrern).

Ein Teil dieser Lehrer wird mit spürbarer Zunahme des Lehrermangels ab Mitte der 30er Jahre – nach vorhergehender Überprüfung und häufig aushilfsweise – wieder in den Schuldienst aufgenommen. Andere bewerben sich ebenfalls wiederholt, werden aber trotz intensivster Loyalitätserklärungen (vgl. BREYVOGEL/LOHMANN 1985, 258 f.) nicht wieder zum Dienst zugelassen.

Für den Kontext der Jahre 1933–34 ist die nach wie vor noch bestehende große Lehrerarbeitslosigkeit besonders bedeutsam. Denn dieses Bewußtsein einer bedrohten sozialen Situation läßt Anpassungsvorgänge entstehen oder verstärken auch bei denjenigen, die an sich der NS-Machtübernahme noch abwartend bis distanziert gegenüberstehen.

In seinem in weiten Teilen autobiographischen Roman „Jugend ohne Gott" läßt Ödön von HORVARTH (1937[1], 1970[2]), Jg. 1901 einen Lehrer einen solchen unsichtbaren Prozeß schildern (HORVARTH 1970[2], 7 ff.):

> „Wie viele würden sich sämtliche Finger ablecken, wenn sie an deiner Stelle wären?! Wie gering ist doch der Prozentsatz der Lehramtskandidaten, die wirklich Lehrer werden können! Danke Gott, daß du zum Lehrkörper eines Städtischen Gymnasiums gehörst und daß du also ohne große wirtschaftliche Sorge alt und blöd werden darfst. Und das alles mit Pension! Bedenk und versündige dich nicht!
>
> Ich versündige mich nicht und beginne zu arbeiten.
>
> Sechsundzwanzig blaue Hefte liegen neben mir, sechsundzwanzig Buben, so um das vierzehnte Jahr herum, hatten gestern in der Geographiestunde einen Aufsatz zu schreiben, ich unterrichte nämlich Geschichte und Geographie. Das von der Aufsichtsbehörde vorgeschriebene Thema der Aufsätze lautet:
>
> ‚Warum müssen wir Kolonien haben? ...'
>
> Was schreibt da der N?
> ‚Alle Neger sind hinterlistig, feig und faul.'
> – Zu dumm! Also das streich ich durch!
>
> Und ich will schon mit roter Tinte an den Rand schreiben: ‚Sinnlose Verallgemeinerung!' – da stocke ich. Aufgepaßt, habe ich denn diesen Satz über die Neger in letzter Zeit nicht schon mal gehört? Wo denn nur? Richtig: er tönte aus dem Lautsprecher im Restaurant und verdarb mir fast den Appetit. Ich lasse den Satz also stehen, denn was einer im Radio redet, darf kein Lehrer im Schulheft streichen."

Es ist lohnend, bei dieser Schilderung noch einen Moment zu verweilen. Denn was zunächst aussieht wie eine übliche Anpassungsgeschichte, gerät unter den Bedingungen von Schule im Nationalsozialismus zunächst fast unscheinbar, schließlich in existentieller Weise zu einem Konflikt, an dem die drei ersten Kategorien des psychologischen Rasters „Nonkonformität – Verweigerung – Protest" beispielhaft aufgezeigt werden können, wobei die vierte Kategorie des Widerstands möglicherweise nur durch die Emigration des betroffenen Lehrers Mitte der 30er Jahre entfällt.

Unter den „Bedingungen von Schule im Nationalsozialismus" meint hier konkret, daß die in der folgenden Schulstunde geäußerte leichte Kritik des Lehrers bei der Heftrückgabe: „Auch die Neger sind doch Menschen" (S. 13) zu einer Denunziation durch den betreffenden Schüler zunächst bei seinem Vater und durch diesen dann beim Schulleiter führt.

Doch der Schulleiter hält fürs erste zu seinem Lehrer und läßt die Meldung der Aufsichtsbehörde offiziell in einer „Ermahnung" versanden, die jedoch zum aufschlußreichen Dialog gerät, in der sich der Lehrer selbst zunehmend bewußt über seine Motive wird (S. 16–18):

> „Der Direktor hatte mich rufen lassen.
>
> ‚Hören Sie', sagte er, ‚es kam hier ein Schreiben von der Aufsichtsbehörde. Ein gewisser Bäckermeister N hat sich über Sie beschwert, Sie sollen da so Äußerungen fallen gelassen haben. – Nun, ich kenne das und weiß, wie solche Beschwerden zustande kommen, mir müssen Sie nichts erklären! Doch, lieber Kollege, ist es meine Pflicht, Sie darauf aufmerksam zu machen, daß sich derlei nicht wiederholt. Sie vergessen das geheime Rundschreiben 5679 u/33! Wir müssen von der Jugend alles fernhalten, was nur in irgendeiner Weise ihre zukünftigen militärischen Fähigkeiten beeinträchtigen könnte – das heißt: wir müssen sie moralisch zum Krieg erziehen. Punkt!'
>
> Ich sah den Direktor an, er lächelte und erriet meine Gedanken. Dann erhob er sich und ging hin und her. Er ist ein schöner alter Mann, dachte ich.
>
> ‚Sie wundern sich', sagte er plötzlich, ‚daß ich die Kriegsposaune blase, und Sie wundern sich mit Recht! Sie denken jetzt, siehe welch ein Mensch! Vor wenigen Jahren noch unterschrieb er flammende Friedensbotschaften, und heute? Heut' rüstet er zur Schlacht!' – ‚Ich weiß es, daß Sie es nur gezwungen tun', suchte ich ihn zu beruhigen.
>
> Er horchte auf, blieb vor mir stehen und sah mich aufmerksam an. ‚Junger Mann', sagte er ernst, ‚merken Sie sich eines: es gibt keinen Zwang. Ich könnte ja dem Zeitgeist widersprechen und mich von einem Herrn Bäckermeister einsperren lassen, ich könnte ja hier gehen, aber ich will nicht gehen, jawohl, ich will nicht! Denn ich möchte die Altersgrenze erreichen, um die volle Pension beziehen zu können.'
>
> Das ist ja recht fein, dachte ich.

‚Sie halten mich für einen Zyniker‘, fuhr er fort und sah mich nun schon ganz väterlich an. ‚Oh, nein! Wir alle, die wir zu höheren Ufern der Menschheit strebten, haben eines vergessen: die Zeit! Die Zeit, in der wir leben. Lieber Kollege, wer so viel gesehen hat wie ich, der erfaßt allmählich das Wesen der Dinge.‘

Du hast leicht reden, dachte ich wieder, du hast ja noch die schöne Vorkriegszeit miterlebt. Aber ich? Ich habe erst im letzten Kriegsjahr zum erstenmal geliebt und frage nicht, was. ‚Denken Sie nur an das alte Rom, 287 vor Christi Geburt. Der Kampf zwischen den Patriziern und Plebejern war noch nicht entschieden, aber die Plebejer hatten bereits wichtigste Staatsposten besetzt.‘

‚Erlauben Sie, Herr Direktor‘, wagte ich einzuwenden, ‚soviel ich weiß, regieren bei uns doch keine armen Plebejer, sondern es regiert einzig und allein das Geld.‘

Er sah mich wieder groß an und lächelte versteckt. ‚Das stimmt. Aber ich werde Ihnen jetzt gleich ein ungenügend in Geschichte geben, Herr Geschichtsprofessor! Sie vergessen ja ganz, daß es auch reiche Plebejer gab. Erinnern Sie sich?‘

Ich erinnerte mich. Natürlich! Die reichen Plebejer verließen das Volk und bildeten mit dem bereits etwas dekadenten Amtsadel die sogenannten Optimates.

‚Vergessen Sie's nur nicht wieder!‘ – ‚Nein.‘“

Als er jedoch erfahren muß, daß es dem betreffenden Schüler trotz der mißglückten Denunziation gelungen ist, die ganze Klasse gegen ihn aufzuwiegeln, ist er nun tatsächlich zutiefst getroffen (S. 18–20). Zum Stundenbeginn überreicht ihm ein Schüler einen Brief:

„‚Wir wünschen nicht mehr‘, steht in dem Brief, ‚von Ihnen unterrichtet zu werden, denn nach dem Vorgefallenen haben wir Endesunterzeichnenden kein Vertrauen mehr zu Ihnen und bitten um eine andere Lehrkraft.‘

Ich blicke die Endesunterzeichnenden (alle fünfundzwanzig, der W ist noch immer krank) an, einen nach dem anderen. Sie schweigen und sehen mich nicht an. Ich unterdrücke meine Erregung und frage wie so nebenbei: ‚Wer hat das geschrieben?‘ Keiner meldet sich.

‚So seid doch nicht so feig!‘

Sie rühren sich nicht.

‚Schön‘, sage ich und erhebe mich, ‚es interessiert mich auch nicht mehr, wer das geschrieben hat, ihr habt euch ja alle unterzeichnet. – Gut, auch ich habe nicht die geringste Lust, eine Klasse zu unterrichten, die zu mir kein Vertrauen hat. Doch glaubt mir, ich wollte nach bestem Gewissen‘ – ich stocke, denn ich bemerke plötzlich, daß einer unter der Bank schreibt. ‚Was schreibst du dort?‘

Er will es verstecken.

‚Gib's her!‘

Ich nehm es ihm weg, und er lächelt hönisch. Es ist ein Blatt Papier, auf dem er jedes meiner Worte mitstenographierte.

‚Ach, ihr wollt mich bespitzeln?'

Sie grinsen.

Grinst nur, ich verachte euch. Hier hab ich, bei Gott, nichts mehr verloren. Soll sich ein anderer mit euch raufen!

Ich gehe zum Direktor. Er lächelt: ‚Meinen Sie, die anderen sind besser?' Dann begleitet er mich in die Klasse zurück. Er tobt, er schreit, er beschimpft sie – ein herrlicher Schauspieler! Eine Frechheit wärs, brüllt er, eine Niedertracht, und die Lümmel hätten kein Recht, einen anderen Lehrer zu fordern, was ihnen einfiele, ob sie denn verrückt geworden seien, usw.! Dann läßt er mich wieder allein zurück.

Da sitzen sie nun vor mir. Sie hassen mich. Sie möchten mich ruinieren, meine Existenz und alles, nur weil sie es nicht vertragen können, daß ein Neger auch ein Mensch ist. Ihr seid keine Menschen, nein! ...

Sie sind überzeugt, sie hätten recht.

Oder versteh' ich sie nicht? Bin ich denn mit meinen vierunddreißig Jahren bereits zu alt? Ist die Kluft zwischen uns tiefer als sonst zwischen Generationen?

Heut' glaub ich, ist sie unüberbrückbar."

Der Lehrer wird nun einige Monate lang mit seinen Ansichten hinter dem Berg halten und nationalsozialistische Zumutungen, soweit es geht, verweigern – aber es gärt weiter in ihm.

Als schließlich einer seiner Schüler zu Unrecht eines Verbrechens verdächtigt wird, bricht aller aufgestauter Zorn über Ungerechtigkeit aus ihm hervor, und er tätigt eine entscheidende Zeugenaussage, wohlwissend, daß dies ihn selbst in einer Weise belasten wird, die das Ende seines Berufes bedeutet. Er entscheidet sich für die Emigration. Doch bevor er Deutschland verläßt, sucht ihn ein anderer seiner ehemaligen Schüler auf, um noch etwas wichtiges loszuwerden (S. 122 f.):

„Erinnern Sie sich, Herr Lehrer, wie Sie damals die Sache über die Neger gesagt haben, noch im Frühjahr vor unserem Zeltlager? Damals haben wir doch alle unterschrieben, daß wir Sie nicht mehr haben wollen – aber ich tats nur unter Druck, denn Sie haben natürlich sehr recht gehabt mit den Negern. Und dann allmählich fand ich noch drei, die auch so dachten.'

‚Wer sind denn die drei?'

‚Das darf ich nicht sagen. Das verbieten mir unsere Satzungen.'
‚Satzungen?'

‚Ja, wir haben nämlich einen Klub gegründet ...'

‚Einen Klub?'

‚Wir kommen wöchentlich zusammen und lesen alles, was verboten ist.'

‚Und?‘

‚Und dann reden wir halt, wie es sein sollte auf der Welt. Wir haben gestern im Klub alle gesagt, als wir Ihre Zeugenaussage in der Zeitung gelesen haben, daß Sie der einzige Erwachsene sind, den wir kennen, der die Wahrheit liebt.‘"

Der Schriftsteller Ödön von HORVARTH verläßt 1938, nachdem er sich bereits mehrfach längere Zeit im Ausland aufgehalten hat, endgültig Deutschland. 1937 ist der Roman „Jugend ohne Gott" in Amsterdam erschienen. Am 1. Juni 1938 wird Ödön von HORVARTH in Paris durch einen umstürzenden Baum getötet.

Die Atmosphäre jener ersten Zeit nach der „Machtergreifung", die von HORVARTH literarisch verdichtet in den Assoziationen dieses Lehrers darstellt, beleuchten unter mehreren Aspekten Bedingungen von Lehrerinnen und Lehrern, die nicht bereit waren, dem neuen System ohne weiteres zuzujubeln:

- die persönliche Situation in bezug auf materielle Absicherung, die um so entscheidender wird, wenn noch zusätzlich für weitere Familienmitglieder Verantwortung zu tragen ist;
- die berufliche Situation, die sowohl grundsätzlich die eigene Berufsfreude betrifft als auch das konkrete Verhältnis zu Kollegen und Vorgesetzten, Eltern und nicht zuletzt den zu unterrichtenden Schülern;
- die politische Situation, die zunächst von vielen, selbst politisch engagierten Menschen schwer einzuschätzen ist und von einer Betrachtungsweise eines „bald vorübergehenden Spuks" bis hin zum Einrichten auf dauerhafte, zumindest längere Strategien zum (Über-) Leben unter faschistischen Bedingungen reicht.

Anhand dokumentarischer „Mosaiksteine", die zwar nicht die atmosphärische Dichte einer literarischen Schilderung aufweisen, soll doch im folgenden versucht werden, einige der Aktions- und Reaktionsweisen von Lehrerinnen und Lehrern im oppositionellen Spektrum auf die Tatsache der NS-Machtübernahme aufzuzeigen.

Bevor ich dabei zu der angekündigten Zuordnung zu dem Raster „Nonkonformität – Verweigerung – Protest – Widerstand" komme, sollen demgegenüber zumindest drei der am häufigsten geschilderten Anpassungsstrategien von ehemals kritischen, den Nationalsozialismus ablehnenden Lehrerinnen und Lehrern genannt und exemplarisch geschildert werden.

Es sind dies
1. die Strategie der Verdrängung (der „Fachlehrer"),
2. die Strategie der Depression (der „Nörgler"),
3. die Strategie der Überanpassung (der „Eilfertige").

Selbstverständlich sind dies Überzeichnungen, die nicht selten in unterschiedlichen Phasen von ein und derselben Person durchlaufen wurden und in unterschiedlichen, auch später oppositionellen Handlungen münden konnten.

Der Typ des verdrängenden „Fachlehrers“ setzt auf die Scheidbarkeit von Schule und gesellschaftlicher Entwicklung. Lehrer B., Jg. 1902, erinnert sich an seine Volksschule in Bielefeld (nach POPP 1981–83):

„Wie kann jemand, der eine demokratische Grundgesinnung hat, wie kann der Lehrer in einer nationalsozialistischen Schule sein? Berechtigte Frage. Meine Antwort darauf: Die Schule ist für mich immer die Schule gewesen.“

Volksschullehrer Erich BIELING, Jg. 1899, in Berlin (nach SCHONIG 1982, 21–22):

„Und, wie gesagt, ich hatte meine Fächer, und das hat mir Spaß gemacht und hat den Kindern vor allem Spaß gemacht. Ich hatte nie die geringsten Schwierigkeiten mit den Kindern.

Man mußte sich schon irgendwie einfügen. Das war ja klar. Aber wer das tat und einigermaßen geschickt war, der ist auch ungeschoren geblieben. Ja, das ist mir geglückt. Ich bin nur als Beobachter dabei gewesen.“

Als der Volksschullehrer Fritz SAAGER, Jg. 1899, Berlin, wegen kritischer Äußerungen nach 1933 nur noch Fachlehrer für naturwissenschaftlichen Unterricht sein durfte, akzeptierte er diese Disziplinierung, indem er sich ausschließlich der neuen Aufgabe stellt (nach SCHONIG 1981, 63 f.):

„Ich bekam einen Physikraum, der 100 % verdunkelt werden konnte. Jeder Schüler hatte eine Steckdose und einen Gasanschluß. Sie können sich denken, wie ich da auflebte! Im Nebenraum standen die Schränke mit chemischem Zubehör, einschließlich einem Giftschrank an der Wand. Für mich entstand hier ein wahres Paradies!“

Der Typ des depressiven „Nörglers“ kritisiert nicht selten das unwichtige Detail und dies in der Regel isoliert von anderen Kollegen und ohne inhaltliche Zusammenhänge, wobei offen bleibt, ob er sie wirklich nicht sieht oder aus Angst vor Konsequenzen nicht benennt. Trotz seiner scheinbaren Verschrobenheit ist er nicht nur durch die unterschiedliche Aufnahme seines Verhaltens bei seiner unmittelbaren Umwelt, sondern auch durch sein eigenes Leiden an der allgemeinen Situation gefährdet. Es ist fraglos die unsicherste Strategie der Anpassung.

Lehrer N., Jg. 1898, Oberlehrer an einem norddeutschen Gymnasium erinnert sich (Schreiben vom 20.10.1985):

„Es war einfach eine graue Zeit. Man hatte keine Freunde mehr, alles war mir zuwider. Aber richtig anmerken lassen durfte man sich das auch

nicht. Irgendwann hatte ich meine Rolle als eigenartiger Kauz weg im Kollegium, bei den Schülern übrigens auch. Das war vielleicht auch ein Schutz, auf Dauer schlug es einem jedoch auf den Magen. Ich habe nie soviel gefehlt aus Krankheitsgründen wie damals bei den Nazis."

Der hessische Volksschullehrer Karl LEY (1973, 15) Jg. 1889, trägt im Februar 1933 in sein Tagebuch ein:

„Vor einigen Tagen kehrte ich in einer Wirtschaft in Dreistiefenbach ein. Ich konnte meine Empörung nicht zügeln und ließ mich hinreißen zu sagen, was ich dachte.

Dann kommen mir wieder Bedenken. Habe ich nicht eine Familie? Darf ich ihre Lebensinteressen aufs Spiel setzen für eine Idee? Ach, wenn doch nicht immer das Für und Wider, das Hin und Her wäre! Zu keinem rechten Entschluß, zu keiner großen Tat reife ich auf diese Weise. Es ist trostlos."

Der Typ des überangepaßten „Eilfertigen" war nach 1933 offenbar unter der Lehrerschaft insgesamt in einem Umfang vertreten, daß dies nicht nur hohe Parteiträger zu verächtlichen Bemerkungen über die „Konjunkturritter" veranlaßte (u. a. wurden phasenweise NSDAP-Beitrittsanträge nur noch zu bestimmten Terminen bearbeitet, um des Andrangs überhaupt Herr werden zu können), sondern auch bereits 1933 Witze über die Anpassungsbereitschaft der Lehrer in der Bevölkerung erzählt wurden: Wie das Fähnchen auf dem Turme, sich beweget von dem Sturme ... oder: Wart' mal ab, der nächste Umschwung kommt so schnell, daß nicht mal mehr die Lehrer ihr Mäntelchen nach dem Wind hängen können.

Die Erinnerungen des Volksschullehrers Ludwig de PELLEGRINI an das „Umfallen" vieler Kolleginnen und Kollegen, auch solchen, die ehemals den Linksparteien angehörten, werden durch zahllose weitere belegt.

Die ehemalige Schülerin Elsbeth KÖTTING, Jg. 1915, erinnert sich an ihre Gymnasialzeit in Berlin (nach KÖHLER 1979, 58):

„Studienrat HEINRICH hatte bereits im Januar '33 Andeutungen bekommen, er solle sich vorsehen. Er hatte einmal im Geschichtsunterricht beim Thema Parteiprogramme auch das ‚Kommunistische Manifest' behandelt.

Aus seiner steigenden Angst, nun eventuell Schwierigkeiten mit seinen Vorgesetzten zu bekommen, ist er vollkommen umgeschwenkt, von einem Tag zum anderen ..., ich dachte, das kann doch nicht wahr sein! Nun hatte er das so verändert, daß man dachte, er sei Nazi reinsten Wassers."

Gymnasiallehrer Dr. H., Jg. 1900, erinnert sich an eine Kleinstadt in Ostpreußen (nach POPP 1981–83):

„Der Direktor des staatlichen Gymnasiums neigte vor '33 stark zu den Liberalen, doch, das kann man sagen, mit einer gewissen Neigung zum Philosemitismus.

Ich sehe noch das erstaunte Dreinblicken des Kollegiums am Morgen des 31. Januar 1933: Wir kommen morgens hin, und verschwunden sind aus den Klassen die meisten Bilder – er war nämlich auch sehr aufgeschlossen gewesen für moderne Kunst.

Und jetzt hingen mit einem Mal so Schinken, also Bilder mit rührseligen Familienszenen an den Wänden der Klassenzimmer.

Das war geschehen in der Nacht vom 30. zum 31. Januar. Direktor und Hausmeister hatten schwer gearbeitet."

Volksschullehrerin D., Jg. 1896, beschreibt die Entwicklung eines Junglehrers sowie ihres Schulleiters in Berlin (nach SCHONIG 1979–82):

„Dann hatten wir einen Kommunisten bei uns, Junglehrer, der wurde nach '33 strafversetzt nach Ostpreußen. Ich mochte den eigentlich gern, so'n dicker Blonder, so'n Gesicht, nicht wahr, rotbäckig, der war Kommunist aus Überzeugung. Wir schrieben uns dann weiter Briefe, und einmal habe ich darin gepflaumt über die Nazis. Und da krieg ich doch plötzlich einen Brief zurück von ihm, also wirklich eines Tages da schreibt er, ich solle ihm so etwas nicht mehr schreiben, sonst wäre er gezwungen mich anzuzeigen. Da ist der selber Nazi geworden.

Und schließlich unser Rektor. Vor '33 da haben wir uns noch gemeinsam lustig gemacht über die Nazis, also gelacht, sage ich Ihnen, alle zusammen.

Und dann nach '33 mußten wir doch immer alles mögliche sammeln, also wir mußten ganz oft Lumpen sammeln an unserer Schule, da waren wir ganz groß drin. Da hat unser Rektor dann eines Tages sogar einen Orden für gekriegt – das war so der unterste Orden, nicht, 4. oder 5. Klasse, der unterste, den es gab.

Da sag' ich so aus Spaß zu ihm: ‚Da gratulier' ich Ihnen auch schön zum Lumpenorden!'

Und der? Na, ich denk', der wird verrückt. So hat der sich aufgeregt. So ändern sich die Ansichten."

Nonkonformität

Dokument 1: „... sind Sie noch normal?" (1933)

Erinnerungen der Volksschullehrerin Else KRAUSE, Jg. 1894, Berlin (nach SCHONIG 1982, 55 f.):

„Wir hatten an dem Tag, das war der 31. Januar 1933, eine Konferenz. Die dauerte bis sieben Uhr. Man mußte immer extra hin. Und als ich mit der Straßenbahn über den Großen Stern fuhr, kam und kamen wir nicht weiter. Die Bahn hielt so lange da. Und plötzlich sehe ich den Fackelzug kommen, den Hitlerschen Fackelzug. Ich denke, was ist denn da los? Ich habe keine Ahnung gehabt von der Masse dieser Bewegung. ‚Ja, das sind die Nazis', wird mir gesagt. – Wir hatten ja den traurigen Einzug aus dem 1. Kriege gesehen, wie die dann zurückkamen durchs Brandenburger Tor. Und jetzt das! Wir sagten uns, ob das zum Guten ist, wissen wir noch nicht. – Also jedenfalls am nächsten Tag kommt dieser Herr (ein Nazilehrer) mit der Liste rum: Wir möchten eine Spende geben für Nazistiefel, die Partei brauche Stiefel für ihre Leute. Und daraufhin habe ich zu ihm gesagt: ‚Sagen Sie mal, sind Sie noch normal? Wer hat denn heute Anspruch auf Stiefel? Die Leute haben doch alle 'ne gute Uniform an. Die sind doch warm angezogen, die können ja auch ihre Alltagsstiefel tragen. Sehen Sie sich mal an, was unsere Kinder tragen, wie die zur Schule kommen! Und Kinder sind doch wohl empfindlicher als Männer.' – Und dann habe ich gesagt: ‚So lange ein Kind nicht tadelloses Schuhwerk hat, gebe ich keinen Pfennig für SA-Schuhe!'"

Dokument 2: „... bestand darauf, daß ich Klassensprecher blieb." (1933)

Erinnerung des Schülers N. an seinen Klassenlehrer an der Höheren Handelsschule in Nürnberg (Schreiben von N. vom 13.9.1985 aus Worcester/England):

„Ich wurde kurz vor der Machtergreifung zum Klassensprecher gewählt. Nach der Machtergreifung bot ich meinem Klassenlehrer an, von meinem Posten als Klassensprecher zurückzutreten; aber er bestand darauf, daß ich es blieb. Ich blieb es bis zum Ende des Schuljahres im April 1933.

Kurz nach der Machtergreifung, als ich es noch war, hing ein HJ-Mitschüler ein Hitlerbild in der Klasse auf. Ich forderte ihn auf, es wieder abzunehmen, da nur die Schulleitung berechtigt sei, offizielle Bilder aufzuhängen. Er nahm es wieder ab, und es geschah nichts.

Später wurde das Bild ‚offiziell' aufgehängt.

Einmal beschuldigten einige HJ-Mitschüler die Juden während einer Unterrichtsdiskussion in absolut lächerlicher Weise. Mein Klassenlehrer hörte sich dies an, aber widersprach nicht. Nach dem Unterricht nahm er mich zur Seite und entschuldigte sich bei mir, daß er nichts gegen die lächerlichen Beschuldigungen gesagt habe. Er meinte, er könne unter den herrschenden Umständen nicht anders handeln."

Dokument 3: „Was will man da machen?" (1934)

Erinnerung des Volksschullehrers O., Jg. 1899, Nürnberg (nach POPP 1981–83):

„Da war dann wieder so eine große Feier, und da hat's geheißen: also die Schulkinder müssen auch hin. Da hab' ich gesagt, da geh' ich nicht hin. Ich geh' erst, wenn ich einen Auftrag von der Schulbehörde krieg. Dann kam die Rückmeldung vom Bezirksschulrat: Sie müssen teilnehmen! Na ja, da bin ich dann hin mit meiner Klasse zum Fahnen hissen und allem ... auch Arm heben und ‚Heil Hitler!' ... Als ich das dann meiner Frau abends erzählt hab', hat sie gesagt: ‚Und da schämst Du Dich nicht, den Arm hoch zu heben?!'

Ich hab' natürlich geantwortet: ‚Ja, was will man denn da machen?'"

Dokument 4: „Macht mal Eure Heilerchen!" (1934)

Erinnerung der Volksschullehrerin L., Jg. 1910, an eine Dorfschule im Harz (nach POPP 1981–83):

„Natürlich wurden die Feiern gemacht, also 1. Mai und so. Es wurde auch mit ‚Heil Hitler!' gegrüßt zu Beginn des Unterrichts.

Was aber nicht sehr ernst genommen wurde. Ich hörte mal, daß ein Kollege zu seinen Schülern sagte: ‚Na, nun macht mal eure Heilerchen ein bißchen schöner!' Da habe ich lachen müssen. So war das da."

Verweigerung

Dokument 5: „Es tut mir leid, das mache ich nicht." (1933)

Erinnerung des Dorfschullehrers O., Jg. 1907, bei Leipzig (nach POPP 1981–83):

„Am 31. Januar 1933 früh um 8 Uhr klopfte es an meine Schultür. Mein Kollege, dessen Aushilfslehrer ich war, hatte an diesem Vormittag frei.

Da kam der Ortsgruppenleiter mit einer großen Hakenkreuzfahne, klopfte an und sagte: ‚Wir müssen jetzt die Fahne hier aufziehen!'

Da habe ich gesagt: ‚Es tut mir leid, das mache ich nicht. Ich habe den Eid auf die Reichsverfassung abgelegt.'

Sagt er: ‚Das hat gar nichts zu sagen, wir kriegen eine neue Verfassung. Da müssen wir aufziehen!'

Dann hat er schließlich selbst die Fahne aufgezogen. Ich stand dabei. So ist man mit uns umgesprungen.“

Dokument 6 a: „Halt Hitler!“ (1933)

Erinnerung der Volksschullehrerin D., Jg. 1896, Berlin (nach SCHONIG 1979–82):

„Es gab eine Gruppe von Kollegen an unserer Schule, da konnte man offen sein, da waren wir uns sehr einig. Da kann ich nichts anderes sagen.

Wenn wir unter uns waren, da haben wir uns dann manchmal auch so mit erhobenem Arm begrüßt – da haben wir dann aber gesagt: „Halt Hitler!“ Das war die Gruppe, die auch nicht in der Partei drin war. Ich war auch später nicht drin. Da muß ich aber auch sagen, da hat mich keiner gezwungen, also, das ist mir so nicht nahegelegt worden. Ich habe ein paar Pfennig Volkswohlfahrt gezahlt und ein paar Pfennig Luftschutzbeitrag, das waren meine einzigen Gelder, die ich in all den Jahren der Partei geopfert habe.“

Dokument 6 b: „Heilt Hitler!“ (1933)

Der ehemalige Schüler Wolfgang REISCHOCK, Jg. 1921, erinnert sich an ähnliches Verhalten unter Schülern (Schreiben vom 9.3.1987):

„Wir sagten: ‚Heilt Hitler!‘ – und als ein Nazipauker uns dann einmal zur Rede stellte, haben wir ihn nicht schlecht in Verlegenheit gebracht mit gespielter Unschuld und der Gegenfrage: ‚Was haben Sie denn verstanden?‘“

Dokument 7: „Also – das war zuviel!“ (1933)

Erinnerung der Volksschullehrerin F., Jg. 1899 Berlin (nach SCHONIG 1981):

„Wir hatten drei im Kollegium, die der Versuchung erlagen. Aber wir anderen hielten zusammen. Das hat uns auch sehr geholfen. Zum Beispiel entsinne ich mich einer Kollegin, die leider sehr schwer herzkrank war. Ich war die Jüngste im Kollegium, und wenn nun irgendwelche Versammlungen zu besuchen waren, war ich natürlich immer die Dranste. Sie sagte dann häufig: „Komm, wir gehen zu zweien, da vertragen wir es leichter.“

Das haben wir dann auch gemacht. Und da entsinne ich mich eines bezeichnenden Falles.

In der Uni war angezeigt – wir kriegten dies über die Schulverwaltung mit – ein Vortrag von Fräulein Dr. U.: „Der Nationalsozialismus und die deutsche Frau.“ Da habe ich gesagt: „Da gehen wir hin! Überhaupt und so, und dann wollen wir doch mal hören.“

Sie war noch eine junge Person, so ein BDM-Führerinnentyp im Äußeren wie auch in der Haltung. Sie sprach zu uns: Wie schön es nun werden würde für uns alle. Also bis dahin war es alles nichts, aber nun würde es werden, und der Führer und Dr. GOEBBELS. Es wurde immer rosiger, was sie schilderte, und wir guckten uns an: „Ja, was wird das? Was ist das für ein Unsinn!"

Dies ist der erste und letzte Vortrag gewesen, bei dem eine Diskussion angezeigt war. Es kam eine Diskussion. Wir hielten uns erstmal zurück. Es waren auch Ältere da.

Da stand eine alte Abgeordnete aus der verflossenen Zeit auf. Sie stand auf und sagte ganz ruhig, ganz ruhig:

„Ja, ich habe mit großem Interesse hingehört, was Sie uns vorgetragen haben. Ich bin nun nicht ganz im klaren", – also so ungefähr jetzt dem Sinne nach – „wie wird sich denn das Leben der verheirateten Frau gestalten? Wir müssen nicht nur an die berufstätigen Frauen denken, sondern auch an die verheirateten Frauen. Wird es so sein, wie man es bei Wilhelm BUSCH liest:

> *Bei eines Strumpfes Bereitung*
> *genießt sie das häusliche Glück,*
> *er liest in der Kölnischen Zeitung*
> *und teilt ihr das Nötige mit."*

Wir haben alle applaudiert. Das war natürlich tödlich für die Vortragende. Sie wurde sichtlich unsicher, und die Diskussion war sehr schnell beendet. Nie wieder ist mit uns eine Diskussion gemacht worden.

Ein anderes Mal, das fand ich für uns Frauen echt peinlich. Ich bin nicht eine Frauenrechtlerin von der scharfen Art, aber manchmal geniert man sich.

Auf der Seite, wo die Linden-Universität ist, war auch mal ein Vortrag von Dr. GOEBBELS angesagt. Wir beide haben auch wieder gesagt: „Na, gehen wir hin, unsere Chefin freut sich! Sie kann dann sagen: Ja, ja, sind dagewesen." Wir sind dann auch, wie es sich gehört, eine Viertelstunde früher dagewesen.

Dieses ganze große Foyer vor der Freitreppe war voller Frauen und ein Geschnatter und Gewirtschafte. Wir waren noch nicht da, da höre ich doch, wie eine ein paar Stufen höher steht und sagt: „Ich freue mich ja so, unseren Dr. GOEBBELS zu hören, der hat ja solch einen Humor!" – Können Sie sich sowas von Verkennung vorstellen? Da habe ich gesagt: „Jetzt gehen wir. Das will ich nicht noch hören." Wir sind beide in den Kintopp gegangen in der Friedrichstraße, haben uns etwas angesehen und sagten am nächsten Tag zu unserer Chefin: „Also – das war zuviel!"

Protest

Dokument 8: „Am 31. Januar 1933 ein Taschentuch aufgehängt!" (1933)

Erinnerung der ehemaligen Schülerin Anneliese REINELT, Jg. 1919, an das Oberlyzeum für Mädchen in Hamburg-Altona (Gesprächsprotokoll vom 16.10.1985):

„Unter uns Schülern war an dem Tag ein ziemlicher Jubel. Und als wir dann in die Schule kamen, da hing auf unserem Schuldach, also auf dem riesigen Schulgebäude eine winzige Hakenkreuzfahne.

Wir haben noch gelacht: „Da hat unser Schulleiter Dr. SCHLIEBITZ ja man gerade ein Taschentuch aufgehängt!"

Dr. SCHLIEBITZ hielt an dem Tag auch keine Rede oder sonst was Feierliches.

Am nächsten Tag war er verschwunden und mit ihm noch drei bis vier andere Lehrer, vermutlich Sozialdemokraten.

Wir haben da aber kaum drüber geredet. Es verschwanden ja mehr Leute, und dann hieß es: Na, die haben sich aus dem Staube gemacht – hoffentlich haben sie sich nicht noch bereichert! So war zum Beispiel in der Klasse über mir auch die Tochter vom späteren Hamburger Bürgermeister Max BRAUER. Die war dann halt auch weg mit ihrem Vater und die hatten wohl auch ihr Vermögen mitgenommen, also sich bereichert, wie das damals hieß.

Am nächsten oder übernächsten Tag kam dann ein Herr Dr. MÜLLER als neuer Schulleiter. Das war natürlich dann ein Nazi."

Dokument 9: „Aus Protest Blumen geschickt." (1933)

Erinnerung aufgrund unbekannter Zeugenaussage an Frau HEINZMANN, Direktorin des Schubert-Schmidt-Lyzeums für Mädchen in Düsseldorf (nach LEUNER 1967[2)], 36):

Am 1. April 1933, dem Tag des NS-Boykotts aller jüdischen Geschäfte in Deutschland, sandte Frau Heinzmann als Schuldirektorin aus Protest gegen diese Aktion Blumen an die Eltern aller ihrer jüdischen Schülerinnen. Über Folgen ihres Verhaltens ist nichts bekannt.

Dokument 10: „Der einzige Mensch, der vielleicht noch Einfluß hatte" (1933)

Erinnerung des ehemaligen Schülers Henry J. MEYER an die Oberrealschule in Halberstadt (Schreiben vom 2.2.1986 aus Philadelphia/USA):

„Mein Lehrer, Studiendirektor SCHINKE war z. Zt. der Machtergreifung bereits etwa 10 Jahre Schulleiter der Oberrealschule in Halberstadt, wo ich das Abitur ablegte. Er war ein überzeugter Demokrat und bewies dies auch nach der Machtergreifung.

Im Juni 1933 ‚verhaftete' eine Nazibehörde jüdische Bürger und sperrte sie im Keller einer schon gleichgeschalteten Zeitung ein. Da mein Bruder, damals noch Primaner dieser Schule, zu den Eingesperrten gehörte, und die Polizei nichts tun wollte, ging meine Mutter, Schlimmes befürchtend, zu Direktor SCHINKE, dem einzigen Menschen, der vielleicht noch Einfluß hatte und diesen geltend machen konnte. Ich weiß nicht, was er getan hat, aber mein Bruder wurde kurz darauf freigelassen. Wir hatten auch deshalb Vertrauen zu ihm, weil er sich bei den Stadtumzügen der Nazis, an der sonst alle Lehrer teilnahmen, fernhielt. In den letzten Monaten des Jahres 1933 wurde Direktor Schinke seines Postens enthoben und nach E. zwangsversetzt, wo er als Studienrat arbeiten sollte. Sein weiteres Schicksal ist mir nicht bekannt."

Dokument 11: „Ich als Christ kann es nicht billigen" (1934)

Erinnerung des ehemaligen Schülers Marcel REICH-RANICKI, Jg. 1920, an ein Gymnasium in Berlin-Schöneberg (nach REICH-RANIKKI 1982, 53):

„Im Unterricht spürte man vom neuen Geist vorerst nichts – nur daß die im Lesebuch (‚Deutsches Erbe') gedruckten HEINE-Gedichte nicht mehr durchgenommen wurden. An einen antisemimitischen Vorfall erinnere ich mich doch. Beim Handballspiel fühlte sich der Schüler R. von dem Schüler L. angerempelt. Beide waren sie gute Spieler, der eine HJ-Führer, der andere Jude. In der Hitze des Gefechts brüllte R. den L. an: ‚Du Drecksjude.' Solche Beschimpfungen waren unter den Schülern im Jahre 1934 nicht üblich. So gab es einen kleinen Skandal.

Von der Sache erfuhr unser Klassenlehrer, Dr. Reinhold KNICK. In seiner nächsten Stunde hielt er eine etwas feierliche Ansprache: ‚Auch unser Heiland war Jude. Ich als Christ kann es nicht billigen . . . usw.'

Alle lauschten wir stumm, auch der HJ-Führer R. Aber sein Schweigen dauerte nicht lange. Denn nach wenigen Tagen wurde KNICK in die HJ-Gebietsführung (oder eine ähnliche Dienststelle) vorgeladen und bald auch von der Gestapo vernommen. Er berief sich auf sein christliches Gewissen, man warnte ihn, man drohte ihm. Die Folgen ließen nicht lange auf sich warten: Mit Ende des Schuljahres wurde er ans Hohenzollerngymnasium versetzt, ebenfalls in Berlin-Schöneberg."

Widerstand

Auf die veränderte Situation nach der NS-Machtübernahme waren Lehrerinnen und Lehrer, wie andere gesellschaftliche Gruppen auch, höchst unterschiedlich vorbereitet. Bei denjenigen, bei denen von Anfang an feststeht, daß sie in keiner Weise mit den Nazis kooperieren werden, sondern alles tun wollen, was in ihren Kräften steht, um auch jetzt weiter gegen den Faschismus zu arbeiten, fallen zunächst zwei Reaktionsformen auf.

Während die einen die neue Situation als derartige Zumutung empfinden und noch zuwenig Raum hatten, längerfristige Strategien zu entwerfen, so daß sie ihrer Empörung – auch ohne Rücksicht auf absehbare Konsequenzen – öffentlich Luft machen (Dokument 12/13), so verfügen andere bereits über ein größeres Ausmaß an Erfahrungen mit oppositioneller politischer Arbeit und können diese in nunmehr unterschiedlich getarnter Form relativ bald wieder aufnehmen (Dokument 14/15, vgl. auch Ludolf MEVIUS; Bruno LAUB; Karl KUNTZE).

Dokument 12: „... eine Hakenkreuzfahne auf unserer schönen Schule!“ (1933)

Erinnerung des ehemaligen Schülers Wolfdietrich SCHNURRE, Jg. 1920, an eine weltliche Reformschule in Berlin (nach SCHNURRE 1982, 73 f.):

„Und dann passierte, was man schon längst befürchtet hatte. eines frostigen Februarmorgens, Hitler war keine vierzehn Tage an der Macht, hat eine Hakenkreuzfahne auf unserer schönen Schule geweht. Wir weigerten uns, den Schulhof zu betreten, und sangen, mit den Lehrern zusammen, die Internationale, bis wir heiser zu werden begannen. Irgendwann erschien auch Rektor Z. Er stieg auf einen Kasten für Straßenfegergeräte und hielt eine kurze Ansprache. Ich sehe noch den rauchenden Atem vor seinem Gesicht und die machtvollen schwarzen, auf- und niedersteigenden Brauen unter der silbernen Tolle. Seine Stimme klang ganz anders als an jenem Sommerabend: heiser, würgend, gepreßt. Er stelle es jedem Schüler anheim, das Schulgelände, gar die Klassenräume zu betreten. Was ihn anginge jedoch, er könne nur sagen, jene Fahne dort oben habe aus seiner Schule eine fremde Schule gemacht. Er fühle sich hier fehl am Platze. Darauf schwang er sich auf sein Fahrrad und fuhr weg.

Wir sind dann auch fast alle nach Hause gegangen. Noch nicht einmal eine Woche jedoch, und es hat jeder Schüler eine Karte erhalten. Schulstreik, war darauf zu lesen, sei ungesetzlich; wir hätten uns umgehend wieder in unserer alten Schule einzufinden, über die neue würde anderweitig verfügt ...

Unsere alten Lehrer, ließ man uns wissen, seien in alle Himmelsrichtungen ,straf'-versetzt worden; bis auf Rektor Z. Er, sagte man uns, habe Gelegenheit erhalten, seine jugendgefährdenden Ansichten in einem Konzentrationslager zu überdenken."

Dokument 13: „... klarer Bruch der Weimarer Verfassung!" (1933)

Bericht von Manfred BOSCH über den Studienrat Dr. Hermann VENEDEY[31], Jg. 1904, am Humanistischen Gymnasium in Konstanz (BOSCH 1984, 237 f.):

Als am Volkstrauertag, dem 12. März 1933, die Schwarz-weiß-rot-Beflaggungsanordnung über das Konstanzer Bezirksamt auch an die Direktion des Konstanzer Humanistischen Gymnasiums gelangte, verfaßte ein junger Lehrer gegen diese Maßnahme einen Protestbrief. Er bezeichnete sie als einen klaren Bruch der Weimarer Verfassung, auf die er seinen Diensteid abgelegt habe. Er sehe sich deshalb gezwungen, seinen Dienst an der Schule zu dem Zeitpunkt einzustellen, an dem das Hakenkreuz über der Schule wehe. Anderntags, als er den Brief seinem Direktor zur Weiterleitung nach Karlsruhe übergab, erneuerte er seinen Protest. Er vertrat ihn schließlich auch noch gegenüber den Schülern dreier Klassen, setzte ihnen seine Beweggründe auseinander und verabschiedete sich von ihnen. Dieser Lehrer hieß Hermann VENEDEY.

(In der nationalsozialistischen ,Bodensee-Rundschau' vom 16. März 1933 war zu lesen): ,Man ist, wollte man das Bild dieses Burschen zeichnen, in Verlegenheit, was man an ihm mehr ,bewundern' soll, die aufreizende Frechheit, die allerdings in dieser folgerichtig vom Liberalismus zum Salonbolschewismus abgeglittenen Familie nicht wundernimmt, die widerliche Art, in der er mit seinem Atheismus zu prunken pflegt, oder den giftigen Haß, mit dem er seinen Schülern als hochintelligenter, aber

---

[31] VENEDEY, Hermann (1904–1980), Dr. phil., Studium der Geschichte, Germanistik und Romanistik in Wien und Freiburg, 1931–1933 Lehrer am Humanistischen Gymnasium in Konstanz, 1933–1945 Emigration in die Schweiz; nach 1945 über einige Umwege schließlich Direktor des Konstanzer Humanistischen Gymnasiums bis zur Pensionierung 1969. Bereits der Großvater Jakob VENEDEY, Jg. 1805, gehörte zu den profiliertesten Figuren des Vormärz und der gescheiterten Revolution von 1848, sein Vater Martin VENEDEY, Jg. 1860, war Abgeordneter der „Fortschrittlichen Volkspartei" im Badischen Landtag, sein jüngerer Bruder Michael VENEDEY, Jg. 1920, ist heute einer der Sprecher der Westberliner Friedensbewegung (vgl. KAISER/v. WIMMERSPERG 1985, BOSCH 1985, 28–48).

verantwortungsloser Mensch jegliche Ehrfurcht vor den Großen der deutschen Vergangenheit zu ertöten, das Heilige verweltlichen, das hohe Vorbild in den Schmutz herabzuziehen liebt ...' Er solle ‚möglichst rasch den Staub unserer Stadt von den Füßen schütteln, damit wir der Mühe enthoben sind, hier nachzuhelfen.'"

Dokument 14: „... wir fuhren mit dem Autobus hinaus." (1933)

Erinnerung des Volksschullehrers Franz BECKER[32], Jg. 1902, an eine weltliche Schule in Berlin (BECKER 1985, 115 ff.):

„Die Bereitschaft der Kollegen zur Zusammenarbeit mit dem Nazi-Rektor – besprochen und festgelegt in einer Konferenz –, das Ausbleiben einer Reaktion der Eltern, das langsam sich ausbreitende Mißtrauen unter den Kollegen, die vom Rektor geforderte Umstellung von Erziehung und Unterricht auf unbedingten Gehorsam und Nachplappern, das alles schuf für einen ehrlichen, aufrechten Pädagogen eine unerträgliche Atmosphäre.

Eine kleine Gruppe aus der ehemaligen Lehrergewerkschaft sollte demnächst zu einer ersten Information über die neue Situation und Konstituierung zusammenkommen. Da die Teilnehmer als Ausflügler getarnt einzeln oder zu zweit anrücken sollten, schlug ich eine große Wiese bei Summt vor. Der von mir vorgesehene Platz bot einen guten Überblick, so daß wir von hier nicht gesehen werden konnten. Wir fuhren mit dem Autobus hinaus.

Hier, an diesem Waldrand, nahm mich Genosse Kurt STEFFELBAUER am 1. Mai 1933 in die KPD auf. Er verpflichtete mich durch Handschlag zur Einhaltung der konspirativen Regeln, zur Treue und zur Mitarbeit in der Partei."

---

[32] BECKER, Franz (Jg. 1902), 1919–23 Lehrerseminar in Fürstenwalde, 1923–24 Hilfsgeldzähler (während der Inflation), danach wechselnd Arbeitslosigkeit und Gelegenheitsarbeiten, 1927–36 Volksschullehrer an einer weltlichen Schule (ab 1933 gleichgeschaltete Volksschule) in Berlin, ab 1930 Mitglied der Internationalen Arbeiterhilfe (IAH), Mai 1933 Eintritt in die KPD und Arbeit im Widerstand um Kurt STEFFELBAUER, 1936 Verhaftung, 1937 Verurteilung zu zwei Jahren Zuchthaus (im Zuchthaus Brandenburg und Moorlagern), 1938 Entlassung, 1939–45 Tätigkeit als Buchhalter (wegen „Wehrunwürdigkeit" nicht zur Wehrmacht zugelassen), nach 1945 Bürgermeister von Storkow/DDR (nach BECKER 1985).

Dokument 15: „Wir hatten die richtige Voraussicht ...“ (1933)

Erinnerung des Lehrers Fritz EBERHARD[33)], Jg. 1896, an das sozialistische Landerziehungsheim Walkemühle in Hessen (EBERHARD 1981², 317):

„In dieser Zeit – zwischen 30. Januar und 5. März 1933 – den Reichstagswahlen – bereiteten wir uns in der ISK (= Internationaler Sozialistischer Kampfbund) alle auf illegale Arbeit vor. Wir hatten die richtige Voraussicht, es werde eine lange Zeit der Diktatur geben. Freunde besorgten mir ein Zimmer bei einem jüdischen Schneider in Berlin-Lichtenberg, das ich 1933–1937 (bis zu meiner Emigration nach England) illegal, also nicht polizeilich gemeldet bewohnt habe. Man staune! Es zeigte sich aber öfters, daß gerade die Frechheit, etwas zu tun, was die Polizei der Nazis nicht erwartete, die beste Sicherung war ...

Unsere allgemeine Parole für die nächste Zeit lautete: Jetzt ruhig verhalten! Beobachten, wie es weitergeht! Wichtig ist das Überleben überhaupt! Organisatorische Bindungen möglichst durchhalten! Nicht die Hoffnung auf Änderung aufgeben ...!

Ein paar Wochen lebte ich noch in Walkemühle, in der Schule nahe bei Kassel. Dann kam eine SA-Wache in die Schule. Als ich noch dort wohnte und diese SA-Wache bereits da war, half auch nur ein sehr freches Auftreten, um Ordnung zu schaffen. Die SA-Wache machte nämlich an den Barren auf einem kleinen Turnplatz vor der Schule Turn-

---

33) EBERHARD, Fritz (1896–1982, geb. Hellmut von RAUSCHENPLAT), Dr. rer. pol., Prof., 1914 Abitur, zunächst „nicht kriegsverwendungsfähig“, dann doch noch zum Krieg eingezogen; 1920 Promotion; 1922 Eintritt in die SPD; ab 1923 nebenberuflich Lehrer für Volkswirtschaft und öffentliches Recht in Arbeiterkursen am sozialistischen Landerziehungsheim Walkemühle/Hessen (vgl. auch HECKMANN), 1925 Ausschluß aus der SPD und Mitgründung des ISK (Internationaler Sozialistischer Kampfbund), Mitarbeit bei der ISK-Zeitung „Der Funke“ als Wirtschaftsredakteur; 1933 nach Verbot und Auflösung der Redaktion „Der Funke“ sowie des Landerziehungsheims Walkemühle illegales Leben und Widerstandsarbeit im Rahmen des ISK; 1937–45 Emigration nach England; nach 1945 für die SPD im Parlamentarischen Rat zur Erarbeitung des Grundgesetzes der Bundesrepublik; 1949–58 Intendant des Süddeutschen Rundfunks; ab 1961 Professor für Publizistik an der FU Berlin; bis zu seinem Tode immer wieder engagiert in aktuellen Fragen: So zog er z. B. noch im Juli 1981 gemeinsam mit Prof. GOLLWITZER „symbolisch“ in ein besetztes Haus in Kreuzberg ein, um für den seiner Meinung nach „erlaubten friedlichen Widerstand“ der jungen Leute zu demonstrieren (nach EBERHARD 1981² sowie schriftlicher Auskunft des Archivs der sozialen Demokratie, Bonn, vom 21.11.1986).

übungen; sie hatten dabei den geladenen Revolver umgeschnallt. Ich habe sie angeschrien, so daß sie gedacht haben, ein Offizier stünde vor ihnen: sie sollten gefälligst den Revolver ablegen, dann könnten sie weitermachen. Sie parierten ganz brav. –

Als eines Tages Kinder von der Schule zum Bahnhof gebracht wurden, bin ich als ein Kind sozusagen mitgegangen und mit dem Zug nach Berlin gefahren. Die Walkemühle habe ich danach selbstverständlich nicht wieder betreten, denn in ihrer Umgebung war ich selbstverständlich überall bekannt."

Opposition aufgrund von Denunziation

Neben den bekannten Kategorien „Nonkonformität – Verweigerung – Protest – Widerstand" muß schließlich eine fünfte charakterisiert werden, die insofern zu den bereits beschriebenen quer liegt, als von der Erscheinungsebene her durchaus alle Formen in unterschiedlicher Gewichtung oder Reihenfolge auftreten können. Die zentrale Unterscheidung besteht darin, daß der konkrete Anlaß für oppositionelles Verhalten zunächst von außen in Form einer Denunziation an den Betroffenen herangetragen wird und daß der nun entstehende Konflikt ihm förmlich „aufgezwungen" wird. Es muß im Einzelfall offen bleiben, inwieweit die Betroffenen auch sonst oder von sich aus zu einem späteren Zeitpunkt oppositionell gehandelt hätten. Zu diesem Zeitpunkt – so das gemeinsame Merkmal – werden sie zunächst in die Opposition „gedrängt".

Eine weitere Begründung für eine eigenständige fünfte Kategorie besteht darin, daß die Formen der Denunziation sich im Laufe der Jahre 1933 bis 1945 analog zum zeitlichen Raster der vier Phasen sowohl inhaltlich als auch von den Konsequenzen her veränderten. Grob vereinfacht läßt sich diese Tendenz so charakterisieren:

1. *Phase der Gleichschaltung 1933 bis 1934:* Abweichende Lehrerinnen und Lehrer werden aufgrund spezifischer Anlässe nicht selten öffentlich angeprangert. Die Funktion der Abschreckung oder Ausrichtung für alle anderen Lehrerinnen und Lehrer ist unübersehbar, gleichzeitig werden alle Denunziationen noch längst nicht systematisch – z. T. aufgrund von Überforderung, z. T. aufgrund von Nichtigkeit – verfolgt. Einiges verläuft im Sande, wenn der propagandistische Effekt erfüllt zu sein scheint.

2. *Phase der Gewöhnung 1935 bis 1938:* Der sich allmählich organisierende politische Widerstand ist Anlaß für eine nunmehr zunehmend systematische und (geheim-)staatspolizeiliche Überwachung, die weniger an propagandistischer Denunziation als an effektiver politi-

scher Spitzeltätigkeit interessiert war. Abweichend davon behielt die Denunziation jüdischer Schüler, Studenten und Lehrer weitgehend ihre „belehrende“ Funktion für die übrige Bevölkerung, die z. T. auch auf christliche, vor allem katholische Lehrerinnen und Lehrer (wenn auch mit anderen Vorzeichen) Anwendung fand. Die Denunziation jüdischer Kolleginnen und Kollegen fand ihren schrecklichen Höhepunkt in den Vorgängen um die Pogromnacht (die sogenannte „Kristallnacht“ vom November 1938), um danach fast gänzlich wegzufallen: Die jüdische Bevölkerung war für das „öffentliche Interesse weitgehend gestorben“. Ihre Vernichtung bedurfte keiner Denunziation mehr.

3. *Phase des Größenwahnsinns 1939 bis 1942:* Schwerpunkte denunziatorischer Vorwürfe waren nunmehr von kollektiver „Siegesstimmung“ geprägt, wobei das Spektrum vom „mangelnden Einsatz“ für die Kriegsziele an der „Heimatfront“ bis zu „defaitistischen Äußerungen“ unterschiedlichster Art reichte. Bemerkenswert ist, daß der „mangelnde Einsatz“ (Nachlässigkeiten bei Sammlungen verschiedenster Art, Versäumnisse bei Pflichtveranstaltungen u. ä.) zunächst stärker geahndet wurde als vorerst zuweilen noch als lächerlich empfundene leise Kritik an den Kriegszielen.

4. *Phase der Gebrochenheit 1942 bis 1945:* Mit der Zunahme der eigenen Unsicherheit der Machthaber nahm auch die Verfolgung alles Abweichenden und die damit einhergehende Bereitschaft zur Denunziation noch einmal beträchtlich zu – der Anlaß zur Denunziation und das Ausmaß der Konsequenzen klafften wiederholt in geradezu absurder Weise auseinander und sind nur durch Druck- und Panikzustände der ehemals oder noch immer „Siegesgläubigen“ erklärbar. Systematische Verhaftungen (wie z. B. im Rahmen der „Gewitteraktion“ nach dem Hitlerattentat vom Juli 1944) erfolgten zunehmend aufgrund eines Merkmals (hier der politischen Tätigkeit vor 1933) und bedurften in diesen Fällen keiner Denunziation.

Zunächst also zwei Dokumente (16/17) aus der ersten Phase der „Gleichschaltung“ 1933 bis 1934: Im ersten Fall (Dokument 16) kann die drohende Disziplinierung des denunzierten Kollegen noch durch die schützende Aussage des Schulleiters und die bedrückend anbiedernde Haltung des zuständigen Schulrats abgebogen werden.

Im zweiten Fall (Dokument 17) muß der betroffene Lehrer sich allein gegen die Denunziationen wehren, tut dies auch in mutiger und aufrechter Weise und muß schließlich trotzdem den sich opportunistisch gebärdenden Kollegen, die den „neuen Zeitgeist“ hinter sich wissen, unterliegen. In anderen regionalen Situationen, wo solche Lehrer von Kollegen und/oder weiten Teilen der Elternschaft „mitgetragen“ wurden, konnte ein Konflikt dieser Art auch anders ausgehen (vgl. z. B. Walther UHLE, Ludwig de PELLEGRINI).

Dokument 16: „Zum Teufel mit solchen Lehrern!" (1933)

Der Fall des Lehrers G. am E.-L. Gymnasium in Stuttgart vom Oktober 1933.

Teil 1: Leserbrief eines Vaters an die NS-Kampfzeitung „DER STÜRMER" (Ausgabe Nr. 40/1933, Auflage 1930–1940: ca. 600.000):

„... Unser Jüngster besucht das E.-L.-Gymnasium in Stuttgart. In seiner Klasse sind drei freche Judenbengel. Diese Judenlausbuben im Alter von 12 – 13 Jahren haben unserem Jüngsten, der schon seit Juni 1932 in der Hitlerjugend ist, schon lange vor der Revolution in der gemeinsten Weise beschimpft.

Unser Junge gab nun einem der Judenlümmel eine saftige Ohrfeige. Der Judenlümmel sagte dies dem Lehrer G., der nichts Eiligeres zu tun wußte, als unseren Jungen in eine große Untersuchung zu verwickeln und ihm mit Arrest und Abführen auf das Rektorat zu drohen. Dazu hielt er noch eine große Rede, daß die Juden auch Menschen seien. Dieser Lehrer ist heute im NS-Lehrerbund. Heil Hitler! –

Kommentar des „STÜRMER": Zum Teufel mit solchen Lehrern!"

Teil 2: Brief des Schulleiters des E.-L.-Gymnasiums vom 11. Oktober 1933 an den zuständigen Schulrat in der „Ministerialabteilung für höhere Schulen" (nach: Leo-Baeck-Archiv/Jerusalem):

„Das Rektorat sieht sich veranlaßt, über die Äußerung der in erster Linie betroffenen Herren hinaus nachdrücklich Verwahrung einzulegen gegen dreiste und unwahre Verleumdungen, im E.-L.-Gymnasium herrsche ein ‚Judengeist'. Das ist niemals der Fall gewesen. Andererseits widerspricht es allen unseren Beobachtungen, daß die drei nichtarischen Schüler der Klasse 3a ihrerseits sich ‚frech' gegen Kameraden benommen haben sollten; vielmehr ist nachgewiesen, daß mindestens einer der drei oft von seinen Mitschülern behelligt und schlecht behandelt worden ist. Dagegen einzuschreiten, war gewiß die Pflicht des Klassenlehrers, in diesem wie im vergangenen Jahr. Daß beide Herren dabei nicht ein Wort zuviel gesagt haben, ist mir nach aller Kenntnis dieser Kollegen außer allem Zweifel."

Teil 3: Antwortbrief des zuständigen Schulrats der „Ministerialabteilung" vom 14.10.1933 an das Rektorat des E.-L.-Gymnasiums (nach: Leo-Baeck-Archiv/Jerusalem):

„Die Untersuchung über die in der Oktobernummer des STÜRMER erhobenen Beschuldigungen gegen einzelne Lehrer und die Anstalt als solcher hat festgestellt, daß von irgendeinem Verschulden auf Seiten der Anstalt nicht die Rede sein kann. Dagegen hat der Herr Kultusminister entschieden, daß zur Entgiftung der ganzen Atmosphäre die drei betei-

ligten jüdischen Schüler der Klasse 3a die Anstalt unverzüglich zu verlassen haben. Falls sie ihr herausforderndes Betragen nicht ablegen und sich in politischer Beziehung nicht die größte Zurückhaltung auferlegen, könnten sie auch an einer anderen Schule des Staates nicht mehr geduldet werden. Es wäre wünschenswert gewesen, daß der Vorhalt, der mit Recht vom Klassenlehrer den Mitschülern über ihr Betragen gegen die Juden gemacht wurde, nicht in Gegenwart der jüdischen Schüler vorgebracht worden wäre."

Dokument 17: „... das erwachende Deutschland verbittet sich ihre Scherze ..." (1933)

Der Fall des Volksschullehrers Ludwig RÜDIGER[34], Jg. 1895, an der Dorfschule von Vollmarshausen bei Kassel (nach HOCHHUTH 1985, 71–81):

Teil 1: Zeitungsartikel aus der lokalen Presse vom Frühjahr 1933

Seit einigen Monaten hat auch der Genosse Rüdiger, seines Zeichens Hauptlehrer, sein Tätigkeitsfeld nach Vollmarshausen verlegt. Er kam aus Quenteln, von wo er uns bereits durch seine Tätigkeit für die SPD angenehm aufgefallen ist! Herr Rüdiger ist Freidenker, verweigert das Spielen der Kirchenorgel! Wer ist verantwortlich dafür, daß diesem Mann die Stelle des Hauptlehrers übertragen ist? Hat nicht Vollmarshausen langjährig bewährte Lehrkräfte?

Am Sonntag, dem 7. d. Mts., spielten verschiedene Kinder im Garten eines Parteigenossen und sangen dabei das Horst-Wessel-Lied. Der Herr Hauptlehrer hörte dies, bewaffnete sich mit Papier und Bleistift und wollte die Namen der Kinder feststellen. Die Kinder flüchteten, der Herr Hauptlehrer hinterher bis ins Haus, wo er die Eltern ermahnte, doch die Kinder nicht solche Lieder singen zu lassen!

---

[34] RÜDIGER, Ludwig (1895–1977), 1914 Kriegsfreiwilliger (Einsatz in Langemarck), 1917 Verwundung und Entlassung aus dem Wehrdienst; Abschluß des Lehrerbildungsseminars und ab August 1918 erste Lehrerstelle in Hofgeismar; ab 1924 als SPD-Mitglied kommunalpolitisch engagiert; 1924 Versetzung als Hauptlehrer nach Quenteln, 1932 nach Vollmarshausen (Kassel-Land); ab 1933 mehrfach Denunziationen, zum 38. Geburtstag am 30.9.1933 schließlich Entlassung aus dem Dienst; nach Verbot der Erteilung privaten Nachhilfeunterrichts zeitweilig auf die Unterstützung Dritter angewiesen; ab 1937 als Bürokraft für die Bahngüterabfertigung beschäftigt; am 5.4.1945 von den Amerikanern als kommissarischer Bürgermeister in Vollmarshausen eingesetzt; ab Herbst 1945 Rektor einer Volksschule in Kassel, ab November 1946 bis zur Pensionierung 1959 als Schulrat von Kassel-Land tätig; Mitbegründer der Gewerkschaft Erziehung und Wissenschaft (GEW) in Hessen nach 1945 (nach einem Schreiben des GEW-Landesverbandes Hessen vom 28.11.1986).

Herr Rüdiger, das erwachende Deutschland verbittet sich ihre Scherze, wir erziehen unsere Kinder nach deutschen, nicht nach jüdischen Methoden!

Teil 2: Erste öffentliche Stellungnahme des Lehrers Ludwig RÜDIGER zu den gegen ihn erhobenen Vorwürfen vom Frühjahr 1933:

„Unwahr ist, daß ich Freidenker bin. Wahr ist, daß ich Mitglied der evangelischen Kirche bin.

Unwahr ist, daß ich mich weigere, die Orgel zu spielen. Wahr ist, daß ich als Schwerkriegsbeschädigter mit steifem rechten Bein eine Orgel überhaupt nicht spielen kann.

Unwahr ist, daß ich Schulkindern verboten habe, ihr Parteilied zu singen. Wahr ist, daß ich den Vorschlag Ihres SA-Führers K., das Singen von Parteiliedern, also auch der Nazilieder, allgemein zu verbieten, aus rechtlichen und psychologischen Gründen unter Zeugen abgelehnt habe.

Wahr ist ferner, daß ich mit den Eltern Ihrer politischen Richtung vollkommen darin einig war und auch noch bin, als gewissenhafter Erzieher mäßigend und versöhnend auf unsere Kinder einwirken zu müssen.
Rüdiger, Hauptlehrer."

Teil 3: Zweite Stellungnahme des Lehrers Ludwig RÜDIGER an die Schulabteilung der Regierung in Kassel vom 3. Juni 1933 wegen einer Anzeige des „2. Vorsitzenden der NSDAP-Ortsgruppe Vollmarshausen":

„Ergänzend teile ich der Regierung zum Ergebnis meiner Vernehmung am 23. Mai in Sachen der erhobenen Anklagen gegen meine Person mit:

Auf mein energisches Drängen bei dem 2. Vorsitzenden der hiesigen NSDAP und unter Hinweis auf das angekündigte Vorgehen der Regierung gegen das Denunziantentum und nichtswürdige Verleumderpack stellt sich heraus, daß niemand da ist, der bezeugen will und kann, daß ich gesagt habe, Hitler sei ein Strohkopf.

Damit findet eine erbärmliche Wühlarbeit ein nicht ganz verdientes Ende, die seit Monaten an meiner Nervenkraft in Familie und Schule gezehrt hat. *Rüdiger, Hauptlehrer."*

Ohne Angabe von Gründen wird der Lehrer Ludwig RÜDIGER am 30. September 1933 aufgrund des § 4 des WBB aus dem Schuldienst entlassen.

2.2. Phase der Gewöhnung 1935–1938

Idyll . . .

Abb. 16:
Üben der Silbe „ei“: heil, heil, heil
(Jung-Deutschland-Fibel, 1937)

und Horror

Abb. 17:
„Der Jude ist unser größter Feind!“ (Kinderbuch „Der Giftpilz“, Stürmer-Verlag 1938)

Allgemeinpolitische Daten

1935

16. März:	Wiedereinführung der allgemeinen Wehrpflicht in Deutschland unter Bruch des Versailler Vertrages.
19. April:	Eröffnung eines ersten Autobahn-Teilstücks.
15. September:	„Nürnberger Gesetze" leiten systematische staatliche Judenverfolgung ein. Eheverbot zwischen Juden und „Ariern".

1936

7. März:	Besetzung des entmilitarisierten Rheinlands unter internationalem Vertragsbruch.
17./18. Juli:	Spanische Generäle unter Franco putschen gegen die spanische Republik. Beginn des fast dreijährigen spanischen Bürgerkriegs, wobei Deutschland und Italien die Putschisten unterstützen. „Internationale Brigaden" kämpfen für die Republik.
1. August:	Beginn der Olympischen Spiele in Berlin.
8. September:	Vierjahresplan der NSDAP zur wirtschaftlichen und militärischen Kriegsvorbereitung wird verkündet.
25. September:	„Anti-Komintern-Pakt" zwischen Japan und Deutschland (Januar 1937 Beitritt Italiens, März 1939 Beitritt Spaniens).
1. Dezember:	„Gesetz über die Hitlerjugend". Neben Schulpflicht nun auch „Jugendverbandspflicht" vom 10.–18. Lebensjahr.

1937

26. April:	Völlige Zerstörung der spanischen Stadt Guernica durch deutsche Bombenflugzeuge.
30. April:	Erstmals seit Regierungsübernahme weniger als 1 Million Arbeitslose in Deutschland.

1938

13. März:	Einmarsch der Wehrmacht in Österreich („Anschluß"). Seitdem Bezeichnung: Großdeutsches Reich.
20. September:	„Münchner Abkommen" zwischen Deutschland, Italien, Frankreich und England: Abtretung des Sudetenlandes ohne Bestandsgarantie für die übrige Tschechoslowakei.
1. Oktober:	Besetzung des Sudetenlandes.
9.–11. November:	Nach dem Attentat eines polnisch-jüdischen Jugendlichen am 7.11. auf einen deutschen Botschaftssekretär in Paris findet in Deutschland eine von der NS-Führung organisierte Pogromaktion („Kristallnacht") gegen Juden durch Demolierung und Zerstörung von Synagogen und Geschäften statt. Die Polizei schaut zu bzw. verhaftet ca. 30.000 Juden. Für alle Schäden haben die Betroffenen selbst aufzukommen.
15. November:	Schulverbot für jüdische Kinder und Jugendliche an öffentlichen Schulen.

Bildungspolitische Daten

(Auswahl aus Erlassen aus dem AMTSBLATT des Reichs- und Preußischen Ministeriums für Wissenschaft, Erziehung und Volksbildung und der Unterrichtsverwaltungen der anderen Länder 1935–1938)

1935

15. Januar:	Vererbungslehre und Rassenkunde im Unterricht (Erlaß 53,54; verschärfte Neufassung).
27. Februar:	Überweisung von Kindern in die Hilfsschule: Die Bestrebungen unseres Staates in bezug auf die Erbgesundheit machen die Einrichtung der Hilfsschule ... unbedingt notwendig (Erlaß 492).
23. März:	Nachweis der arischen Abstammung (Erlaß 160; verschärfte Überprüfungen aller Beamten).
21. November:	Sterilisation von Hilfsschulkindern: Begutachtung erbkranker Kinder zur Vorbereitung des Verfahrens der Unfruchtbarmachung (durch Intelligenzprüfungen) (Erlaß 631).

1936

17. Februar:	Tätigkeit von Beamten in der NSDAP (Erlaß 182, 497).
27. Februar:	Austritt von Beamten aus der NSDAP: ... in jedem Fall eine eingehende Prüfung vornehmen ... Hat er dies getan, weil er das Programm ... ablehnt, so wird er nicht Beamter bleiben können (Erlaß 214).
1. Dezember:	Gesetz über die Hitlerjugend.

1937

15. April:	Erwerb der Doktorwürde durch Juden verboten (Erlaß 229).
2. Juli:	Auswirkungen des Reichsbürgergesetzes auf das Schulwesen: Einschränkungen des Schulbesuchs für jüdische Schüler sowie zur Zulassung zu Reifeprüfungen ... Juden können nicht Lehrer oder Erzieher deutscher Jugend sein. Auch jüdische Mischlinge sind künftig ... ungeeignet (Erlaß 378).
11. November:	Förderung der Frühehe der jungen Beamten (Erlaß 587, 602).

1938

2. April:	Lehreraustausch mit England und Frankreich (Erlaß 201).
12. Mai:	Deutsch-englische Lehrer-Feriengemeinschaften (Erlaß 282).
9. Juni:	Beurlaubung ... aus Anlaß der Wiedervereinigung Österreichs mit dem Deutschen Reich (Erlaß 310).
15. November:	Schulunterricht an Juden verboten: Nach der ruchlosen Mordtat von Paris kann es keinem deutschen Lehrer ... mehr zugemutet werden, an jüdische Schulkinder Unterricht zu erteilen ... alle jüdischen Schüler ... (sind) sofort zu entlassen (Erlaß 558).
8. Dezember:	Ausschluß von Juden an den deutschen Hochschulen (Erlaß 599).

Wenn die zweite Phase von 1935 bis 1938 mit dem Begriff der „Gewöhnung“ charakterisiert wird, so soll mit diesem Wort gleichzeitig der Kontrast gekennzeichnet werden zwischen vorgeblicher Harmlosigkeit und bereits wahrnehmbaren Vorzeichen einer Katastrophe – wahrnehmbar durchaus nicht nur für jene ausgegrenzte Minderheit der bis zur Lächerlichkeit genau definierten „Volksschädlinge“ und „Untermenschen“.

Sich gewöhnen heißt sich einrichten, zunehmend zu-Hause-fühlen, kleinere Mißstände zugunsten des „großen Ganzen“ zu akzeptieren: Es ist wohl so schlimm doch nicht, wie manche befürchtet haben – „Ach, die kochen auch nur mit Wasser!“ (SOPADE 1936, 190).

Gewöhnung der Vielen bedeutet wachsende Verunsicherung für die Wenigen. So ist es nun mal, es machen schließlich fast alle so – vielleicht irre ich mich ja doch?

Der hessische Volksschullehrer Karl LEY, Jg. 1889, trägt in den Jahren 1937 und 1938 die Empfindungen eigener tiefer Irritation in sein Tagebuch ein (LEY 1973, 42, 61 f.):

„22. März 1937. Seit langem habe ich keine politische Aufzeichnung mehr gemacht. Gewöhne auch ich mich an diesen Zustand? Zweifellos kann ich mich dem öffentlichen Leben, den tausenderlei Einflüssen, die von ihm ausgehen, nicht entziehen. Aber abgefunden habe ich mich damit durchaus nicht. Nur eins habe ich eingesehen: daß ich der gegenwärtigen Generation nicht helfen kann. Was heißt überhaupt helfen? . . .

19. Mai 1938. Mehr Mitarbeit und weniger Kritik empfiehlt (ein Kollege) mir und meint, ich müsse doch zugeben, daß heute bei aller Uniformierung, die wir vorübergehend notwendig brauchten, doch ein gewisses Maß von Toleranz herrsche. In früheren Zeiten hätte man mich längst kalt gemacht. Er meine es gut mit mir, und ich möge mich auf ihn berufen, wenn ich Schwierigkeiten bekommen sollte . . .

Ich habe wahrhaftig nicht viele Freunde und leide unter der zunehmenden Vereinsamung.

Dann habe ich mich wieder einmal ernsthaft geprüft, ob ich auf dem richtigen Weg bin, ob die anderen nicht doch recht haben. Ich will nicht unduldsam, nicht hart, nicht blind, nicht einseitig sein. Bin ich Fanatiker?“

Das eigentlich Tragische an der Gewöhnungsphase 1935 bis 1938 ist, daß der Kontrast zwischen Idyll für die Vielen und Horror für die Wenigen sukzessive im Bewußtsein der Mehrheit bereits in der Wahrnehmung von Wirklichkeit aufgelöst wurde – von kritischem Reflektieren der neuen Wirklichkeit ganz zu schweigen. Da dieser Kontrast bereits damals zunehmend nicht mehr wahrgenommen wurde, kann er auch schwerlich später erinnert werden. Die berüchtigte Formulierung des

„Ich habe von nichts gewußt!" müßte präzisiert heißen „Ich habe nicht wahrgenommen!"

Bevor die Ursachen dieses Nicht-Wahrnehmens näher bestimmt werden, sollen zunächst seine Erscheinungsformen betrachtet werden: Wie war das, wenn die jüdischen Schüler nicht mehr kamen? Wie verhält sich ein Klassenlehrer, wenn einer seiner Schüler plötzlich nicht mehr im Unterricht sitzt?

Normalerweise ist dies ein Delikt, das geahndet werden muß. Da gibt es Schülerfehllisten, Formulare für die Benachrichtigung der Eltern, zur Meldung an die Schulleitung wegen unentschuldigten Fernbleibens. All dies entfiel für jüdische Schülerinnen und Schüler spätestens in den Jahren nach 1935. Aber wo blieben die Gefühle gegenüber einem konkreten Kind oder Jugendlichen, mit dem man zusammen „gepaukt" hatte, den man vielleicht auf seine Art gern mochte oder der ganz spezifische pädagogische Probleme aufgeworfen hatte?

Die Volksschullehrerin B., Jg. 1908, aus Nürnberg, erinnert sich (nach POPP 1981–83):

„Von der Schule weiß ich da gar nichts weiter. Ich hatte selbst einen Judenbub in meiner Klasse. Das ist aber alles glatt gegangen. Da hat's nie was gegeben.

Ja, irgendwann war der nicht mehr da. Wo die hingezogen sind, weiß ich nicht. In der Schule haben wir ja verschiedene Judenfamilien gehabt, und die sind dann nach und nach irgendwo in Heime, glaub' ich. Von Abtransport, also Deportation, weiß ich nichts.

Aber ich weiß, daß die weggezogen sind. Die haben einen immer so scheu gegrüßt, wenn man ihnen begegnet ist, immer so ein bissel scheuen Gruß, nicht. Aber ob ihnen etwas getan worden ist, davon weiß ich nichts."

Nicht-Wahrnehmen passiert nicht „von selbst". Es setzt innere Entscheidungen und Wertungen voraus, die umso wirksamer sind, je unabhängiger sie von konkreten Situationen mit betroffenen Menschen entwickelt wurden. Ich nehme durchaus den „scheuen Gruß" wahr, aber setze ihn nicht mehr in Beziehung zu mir. Nicht-Wahrnehmen heißt dann: Ich verweigere betroffenen Menschen mein Einfühlen (Empathie), und was ich dann nicht fühle, verpflichtet mich schließlich auch zu nichts. Damals nicht und heute nicht.

In der Erinnerung des Gymnasiallehrers Dr.H., Jg. 1900, an ein kleinstädtisches Gymnasium in Ostpreußen wird die eigene konsequenzlose Schizophrenie noch deutlicher (nach POPP 1981–83):

„Als ich an die Schule kam, 36 war das, da waren die jüdischen Schüler bis auf eine Jüdin abgegangen. Sie wurde, das war zu verstehen, von den

anderen Jugendlichen in keiner Weise anerkannt, von einigen betont geschnitten, na, und andere hielten sich so fern. Sie stand ziemlich allein da.

Ich habe im Vorbeigehen ab und zu mal zu ihr gesagt: 'Na, Mädchen, nur guten Muts, nicht wahr?'

Eines Tages kam die Mutter zu mir und meldete die Schülerin ab. Und sagte, sie hätte eingesehen, für dieses Mädchen sei kein Platz mehr an einer höheren Schule. Sie wollten wegziehen. Ich habe nicht gefragt, wohin. Es war mir klar: Ausland.

Dem Mädchen ist ja an sich nichts geschehen, nicht, jedenfalls stand sie in dieser Situation ganz allein da, so fünfzehn, sechzehn Jahre alt. Konnte einem ja wirklich leid tun. Nur weil Sie gefragt haben.“

1935–38: das waren die „schönsten Jahre“ damals. Jedenfalls in der Erinnerung der meisten. Und in der faktischen Wahrnehmung jener für das eigene Wohlbefinden so präzis ausgewählten Anteile von Wirklichkeit. Alexander und Margarete MITSCHERLICH (1967, 28) formulieren schonungslos die vorstellbare historische Konsequenz dieser zweiten Phase:

„Angenommen, dieser Führer hätte sich mit kleineren Annexionen begnügt und auch in seiner Judenverfolgung gemäßigt bis zu jener Grenze der Infamie, zu der beträchtliche Gruppen in den übrigen christlichen Staaten ihm mit stillschweigender Billigung zu folgen bereit gewesen wären, das Ende des Tausendjährigen Reiches wäre wohl noch heute nicht abzusehen.“

Zu den „Wahlen“ am 29. März 1936 stellte der bereits damals beliebte Zeichner der „Vater- und Sohn“-Geschichten Erich OHSER (pseud.: E.O. PLAUEN; der vor allem in den späteren zwanziger Jahren auch als Illustrator mehrerer Bücher von Erich KÄSTNER bekannt war) die vorherrschende Stimmung des „Es-geht-wieder-aufwärts!“ in seiner Darstellung der „9 × sozialpolitischen Tatsachen“ dar (nach SOPADE 1936, 296).

Der Zeichner Erich OHSER wird im Februar 1944 wegen angeblicher regimefeindlicher Äußerungen denunziert, noch im selben Jahr wählt er den Freitod (nach ZENTNER/BEDÜRFTIG 1985, 317).

Doch zurück zu der Situation der Jahre 1935–38: Wie stellen sich unter diesen Bedingungen Möglichkeiten zu oppositionellem Handeln dar? Ende 1934 kommt der SOPADE-Bericht (nach KERSHAW 1981, 280) zu folgender Einschätzung:

„Die Schwäche der Gegner ist die Stärke des Regimes. Seine Gegner sind ideologisch und organisatorisch schwach. Sie sind ideologisch schwach, weil die große Masse nur Unzufriedene, nur Meckerer sind, deren Miß-

Abb. 18: „Ja, man hat wieder Lebensmut."

stimmung allein wirtschaftlichen Gründen entspringt. Die Angst vor dem Bolschewismus, vor dem Chaos, das nach Meinung der großen Masse gerade im Mittelstand und Bauerntum auf den Sturz Hitlers folgen würde, ist noch immer die negative Massengrundlage des Regimes.

Seine Gegner sind organisatorisch schwach, denn es liegt im Wesen des faschistischen Systems, daß es keine organisatorische Sammlung seiner Gegner zuläßt. Die Kräfte der ‚Reaktion' sind außerordentlich zersplittert. Die Arbeiterbewegung ist nach wie vor in Sozialisten und Kommunisten gespalten. Die Haltung der kirchlichen Gegner des Regimes ist uneinheitlich. Ihr Kampf ist offenbar nicht zum geringsten Teil darauf gerichtet, die Stellung der Kirchen innerhalb des Regimes zu verbessern."

Im März 1938 versucht der SOPADE-Bericht die Hauptmerkmale der deutschen Volksmeinung zusammenzufassen (nach KERSHAW 1981, 290 f.):

„1) Hitler hat bei einer Mehrheit des Volkes Zustimmung in zwei wesentlichen Fragen: er hat Arbeit geschaffen, und er hat Deutschland stark gemacht.

2) Es besteht weitgehend Unzufriedenheit über die herrschenden Zustände, die aber nur die Sorgen des Alltags betrifft und bis jetzt bei den meisten Menschen nicht zu grundsätzlicher Gegnerschaft gegen das Regime führt.

3) Weit verbreitet ist der Zweifel in den dauernden Bestand des Regimes, ebenso weit verbreitet aber auch die Ratlosigkeit darüber, was an seine Stelle treten könnte."

Der englische Historiker Ian KERSHAW (1981, 291) analysiert den eingangs geschilderten Kontrast in dieser „Volksmeinung", wie vom SOPADE-Bericht beschrieben:

„Terror und Einschüchterung einerseits und die massive, aber oberflächige Politisierung des Gesamtlebens anderseits hatten in Wirklichkeit die Entpolitisierung der Massen gefördert, die in der Aussichtslosigkeit von Opposition und der Atomisierung der Meinungsbildung ihren Ausdruck fand."

Inwieweit dieses Verhältnis von scheinbarer Politisierung, die jedoch nichts weiter meint als die Durchdringung des Privaten mit Ansprüchen des Staates, und faktischer Entpolitisierung sich selbst bei ehemals politisch bewußten Lehrerinnen und Lehrern im als „rot" verschrienen Sachsen im Laufe der Jahre niederschlagen konnte, schildert ein SOPADE-Bericht (1936, 190) vom Februar 1936:

„Im Grunde sind die Lehrer noch genauso unpolitisch wie früher. Es stößt den durchschnittlichen Lehrer – bei seiner Pedanterie – besonders ab, daß sein Schulbetrieb fortwährend durch neue Anordnungen, Kurse usw. gestört wird. Dabei ist das System gerade dem Geltungsbedürfnis der Lehrer kleiner Orte sehr entgegengekommen. Sie wissen, daß das örtliche Organisationsleben der nationalsozialistischen Bewegung mit ihnen steht und fällt. Die Nazis verfehlen heute noch nicht, den sächsischen Lehrern immer wieder zu sagen: ‚Ihr habt etwas gutzumachen', mit anderen Worten: ihre früher so rote Gesinnung durch eine betont braune zu kompensieren.

Empörend finden die Lehrer, wie wenig heute das Fachwissen geachtet wird. Sie sagen heute bei jeder Gelegenheit: ‚Ach, die kochen auch nur mit Wasser!'"

„Mit einer kämpferischen Haltung der Lehrer gegen das Regime ist aber nicht zu rechnen. Dem Lehrer fehlt aufgrund seiner Bildung, seiner sozialen Herkunft und der Eigenart seines Berufes jeder Sinn für Solidarität als einer politisch-sozialen Kategorie." (S. 205 f.).

Die Darstellung dieses SOPADE-Informanten ist fraglos auch von einer Enttäuschung geprägt, die er ganz besonders gegenüber ehemaligen Genossen empfindet, die sich nun unübersehbar in vielen Bereichen überangepaßt haben und über „unverbindliches Gemecker" scheinbar nicht hinausgelangen.

Das heißt jedoch keineswegs, daß es im schulischen Bereich in den Jahren 1935–1938 nicht auch spezifische Konfliktlinien gibt, die sich der ganzen Bandbreite von „Nonkonformität" bis „Widerstand" zuordnen ließen.

Die auffälligsten Konfliktlinien dieser Jahre sind:
– das gespannte Verhältnis zwischen Schule und Hitlerjugend;

– die verstärkten Forderungen an Lehrerinnen und Lehrer, sich durch Schulungen und Parteieintritte „gleichzuschalten“;
– zwar vereinzelt, aber doch unübersehbar die Kritik an bestimmten Maßnahmen gegenüber jüdischen Schülerinnen und Schülern bis hin zu Eskalationen in Zusammenhang mit der Pogromnacht („Kristallnacht“) im November 1938.

Regionale Konflikte entzündeten sich ab 1936 in einigen katholischen Gebieten, als die Kreuze in den Klassenzimmern durch Hitlerbilder ersetzt werden sollten (vgl.Dokument 28).

Opposition gegen die Zwangssterilisation von Hilfsschulkindern ist dagegen bis heute nur in ganz wenigen Fällen nachgewiesen (vgl. Dokumente 25/26 sowie die Heilpädagogin Dr. Frieda BUCHHOLZ, Jg. 1897, nach ELLGER-RÜTTGARDT 1986). Bevor diese Konfliktlinien durch Dokumente oppositionellen Lehrerverhaltens dargestellt werden, soll zunächst die schulische Atmosphäre jener Jahre aus Schülersicht geschildert werden, um die Frage präzisieren zu können: Welche Chancen hatten Lehrerinnen und Lehrer überhaupt von ihren Schülern als oppositionell wahrgenommen, gar verstanden zu werden? Inwieweit waren sie im besonderen von ihren eigenen Schülern gefährdet – wo jedoch eventuell auch solidarisch unterstützt? In welchem Spektrum empfanden sie selbst die Wirklichkeit von Schule und Hitlerjugend?

Folgende drei Strömungen lassen sich wiederholt nachweisen:

– Die Mehrzahl der Schülerinnen und Schüler, die auch in der Weimarer Republik die Schule der Kaiserzeit besuchten, erleben die jungen NS-Lehrer als „frischen Wind“. Dies bröckelt zwar in den kommenden Jahren durch den zunehmenden Zwang etwas ab, die prinzipielle Erfahrung der alten Paukschule bleibt trotzdem ohne vorstellbare Alternative.

Der ehemalige Schüler Fritz LEHMANN, Jg. 1923, erinnert sich an seine Volksschulzeit in Berlin (nach KÖHLER 1981[2], 55 ff.).:

„Bis kurz nach der Machtübernahme hatten wir einen aus Kaisers Zeiten als Rektor. Er trug einen Gehrock mit Samtkragen, einen Stock und einen runden Hut, die ‚Glocke‘. Kam er in die Klasse rein, sagte er: ‚Schließe mir meinen Degen weg!‘ Wenn er rausging, sagte er: ‚Reiche mir den Stahlhelm. . .‘

Nun wurde der ersetzt durch einen Herrn Meyer, mit Ypsilon! Ein strammer Nazi, mit Bonbon (= Parteiabzeichen, LvD), auf Linie! In Religion und staatspolitischem Unterricht unterrichtete er selbst . . . Aber zum Werkunterricht wurden neue drahtige Parteigenossen eingestellt. Da ging es dann aber los! Bau von Segelflugmodellen! Mann! Das hat vielleicht Spaß gemacht!. . .

Zum Anmelden beim HJ-Fähnlein war in der Lausitzer Straße ein Kellerladen. Wie ich höflich vor dem Schreibtisch stehe und dem Mann dahinter meine Hand hinstrecke, im Begriff, einen Diener zu machen, sagt er: ‚Nee, mein Junge, Bücklinge, Diener, die werden bei uns nicht gemacht! Das merk dir mal! Grader Rücken, grader Sinn! Alles andere ist abgeschafft!'

Da dachte ich, Mensch, die machen ja wirklich was Neues. Vorher war alles kaiserliche Disziplin, steif und verkrampft. Toll, daß du hier nicht katzbuckeln mußt."

– Dort, wo Schüler und Lehrer in reformpägogischen Modellschulen eine neue und demokratische Form des Schullebens bereits einige Jahre hatten gemeinsam gestalten können, wurde demgegenüber die NS-Ausrichtung überwiegend als Zumutung empfunden. Zum Teil galt dies auch für Wohngegenden mit besonderen demokratischen oder religiösen Traditionen; hier hatten oppositionelle Lehrerinnen und Lehrer eine Chance, auch mit vorsichtigen Bemerkungen verstanden zu werden.

Der ehemalige Schüler Wolfdietrich SCHNURRE, Jg. 1920, erinnert sich an seine weltliche (reformpädagogische) Schule in Berlin (nach SCHNURRE, 1982, 70):

„Eines Tages hat es einen Volksauflauf vor der Schule gegeben. Ich dachte an eine interessante Keilerei und drängte mich nach vorn. Doch es war nur Alfred SOBOTA. Er stand da in einer ganz neuen, nie an ihm wahrgenommenen Ruhe und ließ sich betrachten. Er hatte weiße Strümpfe an, kurze schwarze Hosen und ein schwarzes, an den Kanten weiß paspeliertes Hemd mit schwarzer Krawatte an und trug ein blankgewienertes Koppel, dessen Schloß ein Hakenkreuz zierte. Im Schülerparlament, dem ich als stellvertretender Klassensprecher angehörte, drang man darauf, Alfred zu isolieren; er war immerhin der erste, wenn auch einzige Nazi in der Schule. Doch für Herrn NITSCHKE – unseren Lehrer – hatte Alfreds Eintritt in die HJ auch noch eine menschliche Seite. Er fragte Alfred, ohne ihn bloßzustellen, so geschickt nach den Gründen, daß es alle kapierten: Alfred hatte Selbstbestätigung gebraucht. Herr NITSCHKE nannte auch, so behutsam wie möglich, den Preis: Man mußte gehorchen – bedingungslos. ‚Die nehmen euch das Denken ab, da die Leute.' Alfred nickte beglückt: Herr NITSCHKE hatte ins Schwarze getroffen – und wir wußten Bescheid und waren gewarnt."

Inwieweit es einzelnen Schülerinnen und Schülern gelang, ihre demokratischen „Vorerfahrungen" auch in den kommenden Jahren der NS-Herrschaft zu erhalten und in solidarisches Verhalten gegenüber gefährdeten Mitschülern oder Lehrern umzusetzen, belegen die folgenden beiden Dokumente.

Der ehemalige Schüler Wolfgang REISCHOCK, Jg. 1921, erinnert sich an ein Erlebnis in der „Hermann-Löns-Oberschule“ (ehemalige Karl-Marx-Schule) in Berlin-Neukölln Mitte der 30er Jahre (Schreiben von Wolfgang REISCHOCK vom 5.4.1986):

„Wir hatten in der Klasse ein jüdisches Mädchen namens Eva KANTOROWSKI. Irgendwann fiel uns auf, daß die Lehrer – allen voran unser Klassenlehrer, Studienrat Fritz KRÜGER – Eva völlig ignorierte. Sie (übrigens ein sehr kluges, stilles Mädchen und eine sehr gute Schülerin) konnte sich melden, soviel sie wollte, es wurde von den Lehrern teils ostentativ, teils schamhaft übersehen. Als wir dies bemerkten, haben wir in einer Pause beschlossen, uns im Unterricht so lange nicht mehr zu melden, wie Eva derart von den Lehrern geschnitten wurde. Der größere Teil von uns Schülern war ja noch aus der Karl-Marx-Schule hervorgegangen, und die wenigen Nazis in der Klasse – nicht mehr als zwei oder drei von insgesamt zwanzig – wagten sich nicht gegen die Klassenmeinung zu stellen.

Nun weiß ich allerdings nicht mehr, wie es ‚ausging‘. Gemacht hat das der Kern unserer Klasse, darunter die besten und prestigereichsten Schüler, mit Sicherheit eine ganze Weile. Das muß 1935 oder 1936 gewesen sein. Die Eva mußte ja dann auch bald die Schule verlassen.“

(Vgl. ein ähnliches Erlebnis in PLATNER 1983, 141 f.).

Ein Beispiel für Schülersolidarität gegenüber einem entlassenen Lehrer erinnert der Volksschullehrer H., Jg. 1910, an einer Dorfschule bei Detmold ebenfalls um das Jahr 1935 (nach POPP 1981–83):

„Die Schüler versuchten damals meinen Nachfolger politisch so zu provozieren, meine Schüler, die also genau wußten, weswegen ich entlassen worden war. Das war 7. Schuljahr, das war eine reine Knabenklasse, mit denen ich allerlei, also, es war eine besonders schöne Zeit mit denen gewesen, meine erste Klasse. Man will ja dann die Welt wirklich verbessern usw., und es wird ja heute wahrscheinlich auch noch so sein.

Ein gutes Verhältnis sowohl zu Schülern als auch zu Eltern. Die haben mich (nach meiner Entlassung) dann mal hier in Detmold besucht und erzählt: ‚Herr H., wissen Sie was? Da hängen wir einfach mal ein Bild von Hitler an die Tafel. Dann reißt (Ihr Nachfolger) das ab, das gehört da ja gar nicht hin – und dann melden wir ihn, daß er ein Führerbild von der Wand gerissen hat!‘ Da habe ich eine Gänsehaut gekriegt. Stellen Sie sich mal vor, die hätten sowas wirklich gemacht? Wer hätte wohl mir geglaubt, das ist spontan ... Man wäre doch sicherlich wohl der Meinung gewesen, daß zumindestens ich wohl so etwas arrangiert hätte. Das habe ich dann, das ging, Gott sei Dank, ich habe es ihnen verboten ... Übrigens ist das der Jahrgang 1922 gewesen: Von dieser Klasse – 52 Schüler waren das – da sind so wiedergekommen 12 oder 13 ... Dieser Jahrgang 22, der fast vollständig im Krieg verbraucht worden ist.“

(Vgl. ein anderes Beispiel für Schülersolidarität in JENS 1985 a, 215 und Dokument 23, sowie den Bericht von Hildegard THATE).

– Eine dritte Strömung im Schülererleben des Verhältnisses von Schule und Hitlerjugend – gleichzeitig die Veränderung dieses Verhältnisses in den Jahren bis 1938 – beschreibt der ehemalige Schüler Peter BRÜCKNER (1980, 27, 44 f.), Jg. 1922, gerade in dem „Ausnutzen" dieses Spannungsverhältnisses – dem „Abseits als sicherem Ort":

„Ich empfand (meinen Beitritt in die HJ im Jahre 1936) durchaus auch als starke Versuchung. Und dies eben nicht aus den Gründen, von denen man heute häufig liest: weil der 14jährige auf die Sensationen des Lagerfeuers, der Lieder, der Nachtwachen, Kriegsspiele und Zeltplätze hofft, auf Unternehmungen, die, wie er weiß, den Alltag des Dienstes nicht ausmachen; oder weil ihn die peer group magisch anzieht; oder einfach weil die Teilnahme am Dienst sich in Schule und Internat von selbst versteht. Sondern weil er zu solchen Zwecken das Internat verlassen darf – nicht nur darf, sondern muß; ein ‚muß' vor dem sich der Zwang der Hausordnung als bloßes Stück Papier erweist. Weil der Zwang des Dienstes den des Hausmeisters und der Hauslehrer bricht; weil zwischen dem ‚Dienst' und dem Zeitpunkt der Rückkehr ins Internat eine wie immer schmale Marge an Zeit entsteht, die sich der herrschaftlichen Kontrolle entzieht. Die Versuchung, sich in Jungvolk und HJ zu organisieren, lag also in der antiautoritären, ja rebellischen Chance, die sie dem Heranwachsenden bot. Ihre objektive Basis war die Rivalität der Institutionen Schule und HJ. . . .
In den ersten Monaten des neuen Jahres (1938) schwanden auch aus dem HJ-Dienst Reste von Spontaneität, von Pfadfinderei . . . Die HJ begann sogar, die Schule zu respektieren – so wie die Schule die HJ zögernd zu imitieren begann. Die beiden großen Organisationen ließen sich nicht mehr gegeneinander ausspielen. So kann ich auf eine Formel bringen, was die ‚Gleichschaltung' von Schule, Internat und HJ für mich bedeutete: Es gab keine Räume mehr, leer von Macht."

Die Darstellung der Schülersicht der Jahre 1935–38 bliebe unvollständig, wenn nicht wenigstens ausschnitthaft die grauenhafte Selbstverständlichkeit dargestellt würde, die die Diskriminierung von Schülerinnen und Schülern kennzeichnete, deren Eltern zu den ausgegrenzten Minderheiten gezählt wurden (bzgl. Kindern, deren Eltern als politisch oppositionell bekannt waren vgl. u. a. SOPADE 1936, 1334; auch von der GRÜN 1979, 131).

Sie prägte sowohl die gespaltene Wahrnehmung der nicht betroffenen Schüler als auch die der unmittelbar betroffenen Kinder und Jugendlichen, die schließlich den Gruß eines Lehrers auf offener Straße als mutige und aufrechte Haltung werten, die sie ihm – wie von einer ehemaligen jüdischen Schülerin in Teil I geschildert – ein Leben lang nicht vergessen (vgl. hierzu auch WALK 1980).

Die jüdische Schülerin Hanna SOHST, Jg. 1915, erinnert sich an ihre Abiturprüfung in Breslau wenige Monate nach der NS-Machtübernahme (nach KÖHLER 1981^2, 32):

„Das Abitur machte ich in Breslau. Ich schrieb zwei gewaltige Arbeiten über Paracelsus und Leonardo da Vinci. Am Tag der mündlichen Prüfung erwartete mich der Oberschulrat: Nehmen Sie zur Kenntnis, daß Sie Ihre Prüfung nicht mehr ablegen können. Sie können gehen.'

Ich rief meinen Vater an.

‚Komm mal nach Hause ...'

‚Was ist denn los?'

‚Du darfst nicht erschrecken, vor unserem Haus sind SA-Posten aufgezogen!'

Vor beiden Türen zur Wohnung und zur Praxis standen Doppelposten. Als ich hindurch wollte, haben sie mich von oben bis unten bespuckt. Nun wußte ich ganz genau, wer ich war. Jüdin."

Der ehemalige „halbjüdische" Schüler Rudolf BANUSCHER, Jg. 1925, erinnert sich an sein letztes Schuljahr 1936 am Hamburger Gymnasium Osterbekstraße (Gesprächsprotokoll vom 6.1.1986):
„Mein dortiger Klassenlehrer, Herr Dr. KASPAR, hatte mich zum Beispiel 1936 als einzigen jüdischen bzw. ‚halbjüdischen' Schüler damals vor die Klasse geholt und vor den anderen Schülern erklärt: ‚Nun schaut euch mal BANUSCHER an: So sieht ein Jude aus – ein Bastard! Wißt ihr, was ein Bastard ist? Ein Bastard ist zum Beispiel die Brut von einem Hund und einer Ziege.'

Es war so schlimm, daß mein Vater mich von der Schule abmeldete, und ich dann an die Schule am Stadtpark – die frühere LICHTWARK-Schule – kam."

Daß die anderen, nicht-betroffenen Schülerinnen und Schüler keinesfalls nicht wahrnahmen, sondern überwiegend ihre menschlichen Wahrnehmungen aufspalteten und dadurch ihre Chance zur humanen Orientierung zerstörten, belegen zahlreiche Zeugenaussagen. Beispielhaft stellt Melita MASCHMANN (1963, 44ff.), Jg. um 1915, spätere BDM-Pressereferentin in der Reichsjugendführung, in einer selbstkritischen Bilanz diese Aufspaltung anhand eigener Schulerinnerungen dar:

„Eines Tages brachte Gerda mir eine Fahrkarte mit, die aussah wie jede andere. Erst bei genauerem Hinsehen erkannte ich, daß es sich hier um einen ‚politischen Scherzartikel' handelte. Sie trug den Aufdruck: ‚Nach Jerusalem'. Darunter stand in winziger Schrift ‚und nicht zurück'. Diese Karte gaben wir Rahel K. für ihren Vater. Wir suchten Rahel aus, weil sie

ein besonders gutgläubiges, in ihrer Freundlichkeit etwas einfältiges Mädchen war . . .

Als der üble Streich Kreise zu ziehen drohte, ging ich, ehe meine Eltern in die Schule bestellt wurden, zu Rahels Mutter und entschuldigte mich. Die Liebenswürdigkeit, mit der ich aufgenommen wurde, beschämte mich. Fortan unterließ ich derartige Geschmacklosigkeiten. Damals war ich zwölf Jahre alt."

„Rosel COHN war unsere jüdische Klassenkameradin, aber ich brachte sie eigentlich nicht in Beziehung zu den Juden. Die Juden waren und blieben etwas geheimnisvoll Drohendes, Anonymes. Sie waren nicht die Gesamtheit aller jüdischen Individien, zu denen auch du gehörtest oder der alte Herr LEVY, sondern sie waren eine böse Macht, etwas, das gespenstische Züge trug. Man konnte es nicht sehen, und es war doch da und richtete Schaden an. . . .

Am Beispiel meiner Eltern habe ich gelernt, daß man antisemitisch sein konnte, ohne sich dadurch in seiner persönlichen Beziehung zu jüdischen Menschen stören zu lassen. In dieser Haltung scheint ein Rest von Toleranz zu liegen, tatsächlich verdanke ich es aber gerade ihrer Verwaschenheit, daß ich es mir später ‚leisten konnte', mit Leib und Seele einem antihumanen politischen System zu dienen, ohne deshalb Zweifel an meiner eigenen menschlichen Anständigkeit aufkommen zu lassen."

Dieser Kontext von sich mehrheitlich nicht nur als etwas Besonderes, sondern als besonders „anständig" verstehenden Schülern und Lehrern ist bedeutsam, um das Verhalten der Wenigen angemessen interpretieren und würdigen zu können, die im folgenden an einigen ausgewählten Beispielen in ihren unterschiedlichen Formen dargestellt werden.

NONKONFORMITÄT

Dokument 18: „. . . wie sehr sie meinen Abgang bedaure." (1935)

Erinnerung der ehemaligen Schülerin Inge DEUTSCHKRON, Jg. 1922, an ein Gymnasium in Berlin (nach DEUTSCHKRON 1985[2], 25):

„Am selben Tag, an dem meine Eltern der Schulleitung der Fürstin-Bismarck-Schule mitteilten, daß ich aus den genannten Gründen auf eine jüdische Schule übergehen würde, rief bei uns am Abend meine Klassenlehrerin, Charlotte Z., an, um meinen Eltern zu versichern, wie sehr sie meinen Abgang bedaure, die Gründe aber, die dazu führten, nur zu gut verstehen könnte."

Dokument 19: „... ganz einfach ein anständiger Mensch" (1933–38)

Erinnerungen des ehemaligen Schülers Karl Georg ROESSLER, Jg. 1923, an die Oberschule für Jungen in Crimmitschau/Sachsen (Schreiben aus Quebec/Kanada vom 31.10.1985):

Bei dem Studienrat Fritz LEIBE glaube ich, daß er ganz einfach ein anständiger Mensch war, dem es gegen den Strich ging, einen Schüler wegen seiner jüdischen Abstammung auszusondern. Als in jenen Tagen fast jeden Monat ein neues antijüdisches Gesetz erlassen wurde, und wir die volle Last solcher Maßnahmen zu spüren bekamen, sanken plötzlich meine Zensuren rapide ab. Herr Leibe gab mir Nachhilfestunden, damit ich nicht benachteiligt würde.

Bei Herrn Studienrat WEINRICH hatte ich nur ein Fach; aber meine Schwester hatte mehrere Fächer bei ihm. Er als auch seine Frau waren ganz einfach Gegner der Nazipolitik. Sie besuchten meine Mutter sogar noch, als ‚Ariern' jeglicher gesellschaftlicher Umgang mit Juden verboten war. Als wir die mit ‚J' gestempelten Lebensmittelkarten bekamen, auf die wir alle möglichen Dinge nicht beziehen konnten, brachten die WEINRICHS uns von ihren Rationen. ...

Folglich fühlte ich mich in der Schule wohler als in der sonstigen täglichen Umwelt, weil ich keine Feindschaft verspürte; nur konnte ich mich nicht konzentrieren, weil meine Gedanken zu all den Unannehmlichkeiten des Lebens abwanderten. Ich empfand alles als sinnlos und strengte mich in keiner Weise an ..."

Dokument 20: „... selbst ... wie ein Vogel auf dem Aste" (1935–38)

Erinnerungen des Vaters Dr. Ernest HOFMANN, heute Florida/USA, an das Gymnasium in Lahr (Schreiben an die Lehrerin Hildegard KATTERMANN, von dieser weitergeleitet an den Verfasser am 20.9.1985):

„Als ich die Absicht hatte, unsere Tochter Ruth ins Gymnasium zu schikken, fragte ich den Schuldirektor Hermann STEURER während eines privaten Besuches, ob und wie sie an seiner Schule aufgenommen würde. Seine Antwort war: ‚Solange ich Direktor bin, wird sie voll und ganz geschützt sein. Aber ich selbst sitze ja nur wie ein Vogel auf dem Aste.' ...

Als Ruth am Ende des Schuljahres 1938 ‚Primus' ihrer Klasse war, konnte sie nicht verstehen, daß sie nicht den üblichen Preis in der Aula erhielt. Nach der Abschlußfeier nahm Direktor STEURER sie zu seiner Wohnung und gab ihr eine große Schachtel Pralinées: ‚Ruth, das ist der erste Preis, den Du so sehr verdient hast. Meine Frau und ich geben es Dir als Zeichen der Anerkennung.'"

Dokument 21: „Da ist es für mich aus gewesen." (1938)

Erinnerung der Volksschullehrerin J., Jg. 1910, Westfalen (nach POPP 1981–83):

„Es gab wieder Arbeit. Es war eine größere Zufriedenheit. Und diese Gefährdung auf den Straßen – zwischen Kommunisten und Nationalsozialisten – die kann man auch nicht so ganz herunterspielen. Also das war doch ziemlich erheblich. So daß ich mir um '37 herum sagte, du hast wohl Unrecht mit deinen Ansichten. Es scheint doch so zu sein, daß Politik eben in dieser Form gemacht wird ...

Und dann sehe ich auf einmal diese Geschäfte, zerschlagen und alles ausgeraubt. Dann hörte man, daß das 'ne ganz spontane Sache gewesen sein soll. Ich hab das von vornherein nicht geglaubt. Jedenfalls, für mich ist es da aus gewesen."

Dokument 22: „Sie machte solche spitzen Bemerkungen" (1935–43)

Erinnerungen der ehemaligen Schülerin Micha EVERS, Jg. 1925, an die Oberschule für Mädchen in Potsdam (Gesprächsprotokoll vom 19.2.1986):

„Meine Klassenlehrerin während der gesamten Zeit war Hanna Z., – eine stattliche Erscheinung, die bei uns Deutsch, Geschichte und Französisch unterrichtete. Sie war offensichtlich nie in der Partei, denn gleich nach 1945 wurde sie Professorin an der Lehrerbildungsanstalt. Sie war – so sehe ich das heute – im Grunde eine seltsame Mischung aus Salon-Bolschewismus und preußischen Tugenden von Korrektheit und Anstand ...

Wenn ich heute nachdenke, dann deute ich manche ihrer spitzen Bemerkungen anders, aber als oppositionell hätte ich das nie eingeschätzt, da wäre ich nie drauf gekommen.

Sie machte solche spitzen Bemerkungen zum Beispiel über unsere Jungmädel-Treffen – da war ich anfangs doch mit ziemlich großer Begeisterung dabei. Es war so eine Ironie, die nicht zu überhören war." (vgl. auch Dokument 43).

Dokument 23: „... aufklärerisch gehandhabte Grammatik." (1933–36)

Erinnerungen des ehemaligen Schülers Walter JENS, Jg. 1923, an das Hamburger „Johanneum" (JENS 1985 a, 214 f.; vgl. auch JENS 1982; GIORDANO 1982, 216 ff.: literarisch leicht verfremdet als Studienrat Dr. Ernst FREUND):

Ernst FRITZ, geboren am 28. Juli 1891 in Ellrich (Harz), Schulmeister und Poet dazu, Studienrat an der Gelehrtenschule des Johanneum zu Hamburg, 1936 wegen staatsfeindlicher Gesinnung entlassen und ins Gefängnis geworfen, nach Kriegsende wieder eingestellt und, da wunderlich geworden, abermals entlassen: Ehre seinem Andenken! . . .

Wenn wir, ich schätze, anfangs mit Inbrunst das Horst-Wessel-Lied sangen, dann ließ er uns aussingen und den Text analysieren. Elfjährige Hamburger Schüler bei der Exegese der für heilig erklärten Hymne – ich werde den Tag nie vergessen, an dem unser Klassenlehrer den Satz „Kameraden, die Rotfront und Reaktion erschossen, marschiern im Geist in unsern Reihen mit" grammatikalisch erledigte, indem er die Frage stellte, wer hier denn nun eigentlich wen erschossen habe, Rotfront die Kameraden oder, was eher anzunehmen, freilich ganz und gar nicht gemeint sei, die Kameraden die Rotfront. Er, der Sprachmeister FRITZ, verstünde den Artikel die als Nominativ, Horst Wessel dagegen als Akkusativ – da möchten doch, bitte sehr, wir selber entscheiden, wer hier im Recht sei! Gestorben, ein für allemal, die Hymne – als Machwerk erledigt mit Hilfe der aufklärerisch gehandhabten Grammatik! . . ."

Nachdem er von Schülern seiner Klasse denunziert worden war, wurden sämtliche Schüler von den Untersuchungsbehörden verhört. Im Vernehmungsprotokoll des Schülers JENS (lt. Schulbehörde Hamburg) ist zu lesen:

„JENS weiß grundsätzlich überhaupt nichts. Es seien keine Witze über GOEBBELS und GÖRING erzählt worden. FRITZ habe niemals etwas über die jüdische Rasse gesagt. Die Aussagen von JENS sind offenbar unrichtig. Er ist in jeder Weise bemüht, FRITZ in Schutz zu nehmen. Ob er diese Stellungnahme aus eigenem Antrieb einnimmt oder von irgendeiner Seite hierzu beeinflußt worden ist, konnte ich nicht feststellen."

VERWEIGERUNG

Dokument 24: „. . . das bleibt auch so!" (1936)

Erinnerungen von Micha EVERS, Jg. 1925, an ihre Mutter Hedwig SCHOOF (1893–1982) Volksschullehrerin in einem Dorf bei Potsdam (Gesprächsprotokoll vom 19.2.1986):

„Meine Mutter hatte wieder als Lehrerin zu arbeiten begonnen. Da war zwar auch der Schulleiter Pg, sie selbst ist aber nie in die Partei eingetreten. Einmal wurde sie von unserem Blockwart vorgeladen. Der fragte Mutter: ‚Stimmt es, daß Sie beim Einkaufen im Laden nicht mit ‚Heil Hitler!' sondern mit ‚Guten Morgen' grüßen?'

Da sagte Mutter klipp und klar: ‚Da brauchen Sie gar keine Spitzel für, das stimmt, ich sage auch weiter: ‚Guten Morgen!‘ Dann fing er wieder an: ‚Aber Sie als Lehrerin . . .‘ Doch Mutter blieb da ganz klar: ‚Wissen Sie, das habe ich schon immer so gemacht und das bleibt auch so!‘ Ihm wurde das wohl langsam peinlich, jedenfalls ließ er sie dann wieder abziehen, und es kam auch nie etwas nach. Ich würde aber sagen, daß war weniger politischer Durchblick bei ihr. Das war mehr der bürgerlich-liberale Anstand, weswegen sie die Nazis nicht respektieren konnte. Sie sprach in dem Zusammenhang auch häufig, wenn es um nationalsozialistische Aufgaben ging, von ‚dem Kram‘. Nach dem Kriege sagte sie mal zu mir, daß sie froh gewesen war, auf dem Dorf Lehrerin gewesen zu sein. Da sie auch nicht im NSLB gewesen war, konnte sie nach 1945 gleich wieder in den Schuldienst.“

Dokument 25: „. . . besonders auffällig und verwerflich . . .“ (1935)

Im Erlaß 631 des Reichserziehungsministers wird eine Mitteilung der Landesunterrichtsbehörde Hamburg bezüglich Problemen bei der Testung von Hilfsschulkindern für die Sterilisation durch Lehrer vom 21.11.1935 bekanntgegeben (AMTSBLATT 1935, 507):

„Bei der Begutachtung erbkranker Kinder zur Vorbereitung des Verfahrens der Unfruchtbarmachung findet in Fällen von angeborenem Schwachsinn durch das Staatliche Gesundheitsamt eine Intelligenzprüfung statt. Der Inhalt dieses Intelligenzprüfungsbogens ist namentlich in den Kreisen der Hilfsschüler bereits dermaßen bekannt, daß die Hilfsschulkinder sich gegenseitig seine Fragen abhören. Das Staatliche Gesundheitsamt hat daraufhin einen anderen Intelligenzprüfungsbogen entwickelt, der aber ebenfalls nach kurzer Zeit in den Kreisen der Hilfsschüler bekannt war. Besonders auffällig und verwerflich ist folgender Vorfall:

Ein Lehrer, der wußte, daß ein ihm verwandtes Mädchen wegen Schwachsinns zur Begutachtung beim Staatlichen Gesundheitsamt erscheinen sollte, hatte keine Bedenken, diesem Kinde die auf beiden Fragebogen verzeichneten Fragen und ihre Beantwortung einzupauken. Die Schulleitungen der Hilfsschulen wurden ersucht, darauf hinzuwirken, daß die Maßnahmen des staatlichen Gesundheitsamtes in jeder Hinsicht unbeeinflußt vor sich gehen können. Auffällige Tatsachen sind dem Staatlichen Gesundheitsamt sofort mitzuteilen.“

(Die Identität des betreffenden Lehrers konnte bei der Schulbehörde Hamburg nicht ermittelt werden, da der entsprechende Aktenvorgang nach Auskunft des zuständigen Schulrats vom 20.1.1986 nicht mehr existiert; vgl. auch RUDNICK 1985, LEHBERGER/de LORENT 1986, Kapitel ‚Hilfs- und Sonderschulen‘ 214–280; bzgl. angepaßtem Verhalten von Hilfsschullehrern besonders BERNER 1984/1985).

Dokument 26: „Analphabeten sterilisieren, nein furchtbar!" (1936)

Erinnerung der Volksschullehrerin L., Jg. 1908 an eine Dorfschule bei Eisleben (nach POPP, 1981 bis 1983):

„In dem Dorf, da konnte ich schon was sagen. Ich hatte zwar in den beiden anderen Lehrern zwei große Feinde, aber wenn die mir was getan hätten, dann hätte sich das ganze Dorf gegen die gestellt. Einer von diesen beiden Lehrern wollte nun das Kind eines Ochsenknechts sterilisieren lassen. Das war ein Analphabet.

Ich hatte immer das vierte Schuljahr, und da sammelten sich die alle, die nicht lesen und schreiben gelernt hatten bis dahin. Die nun alle sterilisieren lassen, nein furchtbar! Wir hatten auf dem Dorf keine Hilfsschule, und nun sammelten die sich bei mir.

Um das zu verhindern, da bin ich damals zu einem anthroposophischen Hausarzt meiner Mutter gegangen. Und der sagte mir, mit Eurythmie könnte man das Bewußtsein der Konsonanten und Vokale vertiefen. Und dann habe ich auf dem Schulhof die Buchstaben in Antiqua gemalt, so daß wir alle diese Bewegungsübungen machen konnten. Und wirklich, nach einer Weile konnte der Junge, der sterilisiert werden sollte, seinen Namen schreiben. Immerhin war dann erstmal nichts mit Sterilisieren."

Dokument 27: „Da bin ich aus dem NSLB ausgetreten.!" (1938)

Erinnerung der Volksschullehrerin L., Jg. 1908, an eine Dorfschule bei Eisleben (nach POPP 1981 bis 1983):

„Nachdem die Reichskristallnacht war, wurde von Mitgliedern des NS-Lehrerbundes verlangt, daß sie keinen Religionsunterricht mehr geben. Da bin ich sofort aus dem NSLB ausgetreten. Ich hatte sowieso immer Altes Testament mit unterrichtet. Na, ich hatte da auch gerade noch drei Tage Urlaub gekriegt wegen meiner Hochzeit, das ist auch ein Theater gewesen, na, und als ich das nun gesagt hatte, trat der Klassenlehrer vor die Schüler und fragte, ob sie weiter Religionsunterricht bei mir haben wollten und auch Altes Testament.

Und da hat die Klasse gesagt: Wenn's in der Klasse keinen Religionsunterricht mehr von Frau L. gibt, dann nehmen wir bei ihr Privatunterricht."

Protest

Dokument 28: „Es herrscht überall eine maßlose Empörung." (1936)

Nachdem im Laufe des Jahres 1936 in verschiedenen, überwiegend katholischen Regionen in Deutschland Erlasse an die zuständigen Schulräte und Schulleiter gegangen waren, nach denen die Kreuze ausnahmslos zu entfernen und durch Hitlerbilder zu ersetzen seien, kam es zunächst vor allem im Oldenburger Land zu unerwarteten Protesten vor allem unter der Landbevölkerung.

In einem Schreiben des Amtshauptmanns MÜNZEBROCK aus Cloppenburg vom 20.11.1936 an den zuständigen Kultusminister PAULY heißt es:

„Es herrscht überall eine maßlose Empörung, die sich durchaus nicht auf Parteigegner und besonders fromme Leute beschränkt, sondern auch diejenigen Kreise erfaßt hat, die sonst durchaus positiv mitarbeiten und durchaus den Geistlichen nicht blindlings folgen. Mit einem Schlage ist eine Einheitsfront der gesamten Bevölkerung hergestellt, die sich offenbar allein gegen den Nationalsozialismus richtet ... Vorläufig ist nicht abzusehen, wie die Verfügung durchgeführt werden soll, da eine Reihe von Bürgermeistern und viele Lehrer nach ihren bisherigen Erklärungen sich weigern, die Kruzifixe abzunehmen." (nach GÖKEN 1948, 47 f.).

Am 26.6.1937 hebt der Reichserziehungsminister alle regionalen Erlasse, nachdem es zu Protestversammlungen von mitunter mehreren hundert Eltern auch in anderen katholischen Regionen gekommen war, wieder auf:

„Es ist Beschwerde darüber geführt worden, daß von untergeordneten Stellen eigenmächtig Kruzifixe aus den Schulen entfernt worden sind. Ich verbiete hiermit das eigenmächtige Vorgehen untergeordneter Dienststellen in dieser Angelegenheit. Es bestehen keine Bedenken dagegen, daß Kreuze in den Schulen verbleiben und an geeigneten würdigen Stellen aufgehängt werden. Ich lege aber Wert darauf, daß den Bildern des Führers in den Schulsälen bevorzugte Plätze einzuräumen sind, die im Blickfeld der Kinder liegen." (nach GÖKEN 1948,86; vgl. auch SONNENBERGER 1983 für die Situation in Bayern sowie KÖHLER 1985).

PROTEST

Dokument 29: „..bei den Juden entschuldigen." (1937)

Darstellung eines SOPADE-Informanten des Verhalten des Volksschullehrers NÄGLER aus Oberschlesien (nach SOPADE 1937, 880):

„Schulkinder der Szeponikschule in Hindenburg haben Juden beschimpft und ihre Schlachtsitten bekrittelt. Darauf beschwerte sich die jüdische Gemeinde beim Rektor NÄGLER und dieser beauftragte die

Schüler, sich bei den Juden zu entschuldigen. Die Kinder aber erzählten davon ihren Eltern, die offenbar die Partei von dem Verhalten des Rektors in Kenntnis setzten. Jedenfalls wurde Rektor NÄGLER seines Postens enthoben und zwangspensioniert."

Dokument 30: „Ich schäme mich, daß ich Deutscher bin!" (1938)

Erinnerung des Lehrers T., Jg. 1909, nachdem er nach seiner Entlassung aus dem Schuldienst eine Hilfstätigkeit am Institut für geschichtliche Landeskunde sowie als Privatlehrer in Bonn ausübte (nach POPP 1981 bis 1983):

„Ich hatte früher die Kinder vom Hoteldirektor vom Petersberghotel im ersten Schuljahr gehabt. Nun hatten die die Masern bekommen – die hat ihnen der liebe Gott geschickt, dachte ich, der hat mir helfen wollen – denn nun hatte ich eine Weile Privatstunden für die Kinder zu erteilen.

Und da bin ich nun eines Tages oben, trinke Kaffe aus silbernen Gefäßen, und auf einmal Telefon: ‚Der Führer kommt!' – Der Führer war unten im Rheinhotel D. und immer wenn der dort war, dann kam er auch hier herauf, um die Aussicht zu genießen, manchmal auch völlig unangemeldet.

Na, ich wurde dann auf die Terasse geschickt und bekam einen Platz schräg gegenüber vom Führer. Und da saß ich nun, ich hätte das Rad der Weltgeschichte umdrehen können, mich hatte keiner nach Waffen kontrolliert . . . und da saß ich als Privatlehrer der Kinder. Ein kleiner Junge flutschte dann auch noch hin zum Führer, und der nahm ihn auf die Schultern. Nein, nein . . . Am Abend fuhr das ganze Pack dann weg, und ich dann auch den Berg runter per Anhalter und als ich über die Rheinbrücke komme, da brennt ganz Bonn!! Was ist denn das, was ist denn das, denke ich nur immer. Da steht rechts an der Rheinbrücke auf dem Bonner Ufer die Synagoge in Flammen . . . und dann in der Remisiusstraße die jüdischen Geschäfte Tietz, Althoff, alles Scherben, die Kleiderpuppen lagen auf der Straße, alles zerstört.

Ich bin zitternd nach Hause und habe getobt wie ein Irrsinniger. So habe ich die Reichskristallnacht erlebt. Und am anderen Tag bin ich wieder in das Institut für geschichtliche Landeskunde, wo ich eine Hilfstätigkeit hatte. Da waren gerade wieder internationale Gäste: Engländer, Franzosen, Italiener und vor denen hab' ich laut gesagt: ‚Ich schäme mich, daß ich Deutscher bin, dieses Verbrechervolk!'"

Dokument 31: „Ich galt nun als judenfreundlich." (1938)

Erinnerung der Volksschullehrerin Elise F., Jg. 1899, Berlin (nach SCHONIG 1981):

„Die ersten Schulräte, die wir noch hatten, das war ein H., noch vom alten Schrot und Korn, hat damals meine Rektorin gefragt: ‚Warum ist die denn eigentlich noch nicht festangestellt?' Da kam es heraus, meine Einstellung gegen den Nationalsozialismus.

Ich hatte mir erlaubt, als die Kristallnacht war, am nächsten Morgen – ich mußte mit der Straßenbahn an dem kleinen Kaufhaus Jandorf vorbeifahren und sah diese ganze Bescherung. Da bin ich natürlich zornentbrannt und tief beschämt morgens in die Schule angekommen und habe gesagt: ‚Was ist denn das für eine Kultur!'

Es kam noch hinzu, daß ich Besuch aus England hatte und mich genierte. Und nichts ist schlimmer, als wenn man sich für sein Vaterland genieren muß. Ich bin kein – wie soll ich sagen – Nationalist. Ich lasse alle gelten, aber ich will mich nicht für mein Vaterland genieren müssen. Das hatte ich bis dahin nicht nötig gehabt.

Das hatte wohl in den Ohren von ein paar Leuten im Kollegium, die den Schwenk gemacht hatten, böse geklungen, und sie hatten das gemeldet. Ich galt nun als judenfreundlich."

WIDERSTAND

Dokument 32: „Der Freie wird der Freie sein .."(1933–1938)

Der Volksschullehrer Karl Otto BÜHRER (1901–1943) legt 1921 seine Prüfung am Lehrerseminar in Karlsruhe ab. Nach kurzer Beschäftigung auf dem Kreisschulamt ist er anschließend bis 1927 Lehrer an verschiedenen Volksschulen in Baden. Als SPD-Mitglied ist er nebenbei als leitender Sportfunktionär im Arbeitersportkartell und im Wassersportverein tätig.

1927 erhält er eine feste Lehrerstelle in Pforzheim, wo er bis zum 1. April 1937 tätig ist. Dann wird er an die Dorfschule nach Dietenhausen versetzt, wo er am 8. November 1937 zum Hauptlehrer befördert wird, obwohl er weder in der NSDAP noch im NSLB ist. Er wird nach einer ersten Festnahme im Januar 1935 aufgrund einer Denunziation verhaftet, jedoch mangels Beweisen nach drei Tagen hartem Verhör wieder freigelassen. Danach wird Karl Otto BÜHRER Mitglied der NSV (Nationalsozialistische Volkswohlfahrt) und bekleidet darin den Posten eines Blockwarts. Vom November 1937 bis Januar 1938 genügt er nach freiwilliger Meldung seiner Wehrpflicht.

Am 11. April 1938 wird er zum zweiten Mal verhaftet und dieses Mal ins Untersuchungsgefängnis nach Karlsruhe verbracht. Dieses Mal ist die Beweislast erdrückend: Gemeinsam mit 15 anderen Genossen der illega-

len SAP (= Sozialistische Arbeiterpartei, ab 1931 eine linke Abspaltung der SPD) in Baden wird Karl Otto BÜHRER 1939 vom Volksgerichtshof mit der höchsten Strafe aller Verurteilten bedacht: 10 Jahre Zuchthaus. Er stirbt in der Strafanstalt Brandenburg (Havel) am 27.12.1942 (möglicherweise auch erst am 8.1.1943, dieses Datum ist auf seinem Grabstein angegeben, da die Unterlagen widersprüchliche Aussagen machen). Noch in Untersuchungshaft 1939 schreibt er ein kleines Gedicht, das Freunde nach draußen bringen:

> *„Der Freie wird der Freie sein,*
> *wenngleich er fest gebunden.*
> *Verulkt, geschunden und allein,*
> *das Fressen eingeschoben wie den Hunden."*

Worin genau besteht die Anklage des „Hochverrats", die der Volksgerichtshof dem Lehrer BÜHRER vorhält und gleichzeitig anmerkt, daß „strafverschärfend in Betracht kommt, daß der Angeklagte als Beamter und Jugenderzieher den Eid auf den Führer und das Deutsche Reich geleistet hat"?

Karl Otto BÜHRER gehört bereits ab 1931 zu den Mitbegründern der badischen SAP. Bereits vor der NS-Machtübernahme bereitet sich die SAP in Pforzheim auf mögliche illegale Arbeit vor: Zum 30. Januar 1933 sind Büro und SAP-Lokal bereits geschlossen. Die Vervielfältigungsapparatur, Schreibmaschinen, Bücher und andere Utensilien für die politische Arbeit sind in Sicherheit gebracht. Die Partei hat sich in der Region in kleine Gruppen aufgeteilt und ein neues Kommunikationssystem untereinander verabredet. Während in den großen Arbeiterorganisationen und -parteien die führenden Kräfte schneller ausgemacht werden können und häufig umgehend verhaftet werden, übersteht die kleine, für die Illegalität geschulte Gruppe den ersten Verfolgungsansturm ohne Verluste. Bereits im März 1933 bringt die Pforzheimer SAP-Führungsgruppe, zu der auch Karl Otto BÜHRER gehört, ein erstes illegales Rundschreiben heraus, das sich mit dem Reichstagsbrand und seinen Folgen beschäftigt.

In den folgenden Monaten und Jahren wird die illegale Arbeit ausgebaut und befestigt. Es werden Decknamen untereinander verabredet (BÜHRER heißt fortan im Widerstand „Helmuth"), eine regelmäßig erscheinende illegale Zeitschrift („FANAL", später „Das Banner") wird auf hauchdünnem Papier gedruckt und über ein geheimes Netz an alle SAP-Ortsgruppen in Auflagen von mehreren Hundert verteilt. Die Pforzheimer SAP-Gruppe ist darüberhinaus zuständig für die Verbindung nach Mannheim, später auch zur einsamen illegalen SPD-Gruppe in Freiburg i. Br. und zur SAP-Leitung in Basel und Paris. Zunehmend wird sie zur Hilfs- und Untertauchstation für gefährdete politische Freunde, die mit neuen Papieren und Anschriften versorgt werden. Nun arbeiten im Wi-

derstand auch wieder SAP-Genossen mit ehemaligen Freunden von der SPD zusammen.

Als 1938 eine gezielte Verhaftungswelle gegen die illegale SAP-Gruppe im Raum Pforzheim erfolgt, können von der Gestapo von den in diesem Raum etwa 100 SAP-Mitgliedern doch 15 erkannt und ergriffen werden – ein Prozentsatz, der weit unter der sonst üblichen Aufklärungsquote beim Aufdecken illegaler Widerstandsgruppen durch die Gestapo liegt und ebenfalls Ausdruck einer äußerst umsichtig arbeitenden illegalen Gruppe ist. Trotz brutaler Verhörmethoden gelingt es der Gestapo nicht, von den bereits Verhafteten weitere Namen zu erhalten. Auch gelingt es ihr bis zuletzt nicht, den vollen Umfang der Widerstandsarbeit in den Jahren 1933 bis 1938 aufzudecken (nach SCHROTH 1977, 386–402; sowie einem Schreiben von Karl SCHROTH vom 23.10.1985).

Dokument 33: „Die können mir nichts anhaben!" (1933 bis 1937)

Erinnerung der Tochter Erika FINK (geb. SCHÄR), Jg. 1919, an ihren Vater, den Taubstummenlehrer Alfred SCHÄR (1887 - 1937) an der Schule Bürgerweide in Hamburg (Gesprächsprotokoll vom 17.10.1986):

„Mein Vater war im 1. Weltkrieg Offizier. Davor war er im Wandervogel engagiert. Nach dem Krieg begann er als Taubstummenlehrer an der Schule Bürgerweide in Hamburg zu arbeiten. Er war dort ein sehr anerkannter und beliebter Lehrer sowohl bei den Kindern und Eltern als auch bei den Kollegen. Er arbeitete dann in der Weimarer Republik in der Bodenreform-Bewegung und war aktives Mitglied der SPD. Mit seinem Freund und Kollegen Helmut HERTLING (vgl. auch Dokument 34 sowie Abb. 22/23/28) gründete er hier in Hamburg-Volksdorf die kleine „Nachbarschafts-Siedlung".

Noch vor 1933 ist Vater stellvertretender Schulleiter geworden. Nach 1933 wurde Vater aktiv im ISK (= Internationaler Sozialistischer Kampfbund). Meines Wissens hat er die Hamburger Gruppe des ISK mitbegründet.

1935 wurde ihm eine Schulleiterstelle angeboten unter der Bedingung, daß er in die NSDAP eintreten würde. Das lehnte er ab. In unserer Wohngegend war bekannt, daß Vater nicht in der Partei war. Das genügte in dieser Ecke, daß viele uns nun spürbar mieden. Dauernd waren irgendwelche Gerüchte in Umlauf: Vater hätte eine Druckerei im Keller, dabei war das sein Fotolabor. Oder wenn er Papier im Garten verbrannte, dann munkelten einige: Was der wohl wieder für Papier da verbrennt . . . Oder wenn uns jüdische Freunde im Auto besuchten, dann hieß es: Woher haben die wohl ein Auto?

Aber Vater hielt bewußt zu seinen Freunden: So kam zum Beispiel regelmäßig Kurt ADAMS, der entlassene frühere Volkshochschuldirektor zu uns mit seinem kleinen Kaffeehandel per Fahrrad. Oder wir kauften unsere Seifensachen im „WASCHBÄR“, dem Drogerieladen des entlassenen Lehrerkollegen Curt BÄR und seiner Familie.

Als er im Februar 1937 wegen einer Denunziation eine Vorladung zur Gestapo-Zentrale an der Stadthausbrücke erhielt, war Vater auch ganz ruhig. Am 12. Februar, dem Vorabend, sagte er noch zu seinem Bruder Hans SCHÄR, der Erziehungsbeauftragter der Schulbehörde war: ‚Ich habe keine Angst! Die können mir nichts anhaben!‘.

Dann haben wir ihn nie lebend wiedergesehen. Am nächsten Tag, dem 13. Februar 1937, erhielt meine Mutter die Nachricht, daß mein Vater im KZ Fuhlsbüttel tot aufgefunden worden sei. Es hieß dann, er habe Selbstmord begangen.

Meine Mutter bemühte sich sofort darum, daß unser Hausarzt meinen Vater untersuchen dürfte. Das wurde verweigert. Erst vor der Bestattung durfte meine Mutter meinen Vater noch einmal kurz sehen. Er war aber bis zur Nasenspitze eingewickelt, und Mutter und mein Onkel sahen, daß ihm Gewalt angetan worden war.

Dann hieß es sogar noch, meine Mutter solle froh sein, daß sie überhaupt noch eine Pension erhielte, denn die Angehörigen von ‚Politischen‘ erhielten sonst in der Regel nichts. Wir sind dann ziemlich bald weggezogen von hier.

Nach 1945 kamen dann alle möglichen Nachbarn an, und Mutter gab ihnen die gewünschten ‚Persilscheine‘ zur Entnazifizierung. Was sollte sie machen? Sie wollte schließlich hier weiterleben. In dem Roman ‚Die Bertinis‘ von Ralph GIORDANO (1982) ist diese Haltung vieler Menschen nach 1945 treffend beschrieben.“ (vgl. zu Alfred SCHÄR auch HOCHMUTH/MEYER 1980^2, 149, 271, 285; PAPE/ROMEY 1986, 251 f.).

OPPOSITION AUFGRUND VON DENUNZIATION

Dokument 34: „... durch viele einzelne Versager die große Summe von Unheil möglich ...“ (1933–1942)

Der Fall des Hamburger Studienrats Helmut HERTLING, Jg. 1890, (vgl. auch Abb. 22/23), ab 1920 durchgängig im Schuldienst bis zu seiner Versetzung in den Ruhestand 1942, kann als Beispiel für eine Lehrerbiographie gelten, in der Denunziationen und nicht nachlassende Bemühungen um aufrechtes Verhalten sich in ungewöhnlicher Brisanz gegenüberstehen und sich u. a. in 15 (!) Strafversetzungen in den Jahren 1933–1942 niederschlagen. Erst als die gesundheitlichen Folgen dieses zermürbenden Terrors sich zunehmend bemerkbar machen, ist der Lehrer HERTLING zum Aufgeben gezwungen.

Als sich Helmut HERTLING im Januar 1949, im Alter von 59 Jahren, angesichts des bestehenden Lehrermangels und einer regenerierten eigenen Gesundheit um die Wiederaufnahme in den Hamburger Schuldienst bemüht, wird ihm am 12.2.1949 mitgeteilt, daß „aus grundsätzlichen Erwägungen" seinem Gesuch leider nicht stattgegeben werden könne. In seiner Personalakte findet sich ein interner Vermerk, der dies näher erläutert (Anlage 115):

„... der 11malige Wechsel der Schule lag daher in rein schulischem Interesse, politische Merkmale dieser Maßnahme sind jedenfalls aus der Personalakte nicht zu erkennen.

Die Wiedereinstellung des H. in den Hamburgischen Schuldienst wurde a. A. des Herrn Senator LANDAHL am 9.2.1949 abgelehnt, da Herr H. für den praktischen Schuldienst nicht als positive Kraft zu werten ist. Von einer Schädigung im Sinne des Wiedergutmachungsgesetzes kann nach Sachlage d. E. keine Rede sein."

Ich verzichte im folgenden auf eine weitere eigene Kommentierung und dokumentiere ausschließlich Aussagen, die ich am 18.10.1986 bei Durchsicht der Personalakte des Lehrers HERTLING fand. Dazu muß angemerkt werden, daß es sich hier nur um eine kleine Auswahl von Beispielen der Denunziation und Gegenwehr handelt (insgesamt ließen sich 19 Anlagen in diesem Sinne werten).

Den Abschluß bildet dann eine Stellungnahme der Tochter von Helmut HERTLING, die diese in seiner Gegenwart mir gegenüber formulierte. Er selbst verzichtete aufgrund seines hohen Alters (95 Jahre zum Zeitpunkt des Gesprächs) auf eigene Kommentierungen.

Teil 1: Schreiben von Oberschulrat Dr. Theodor MÜHE bzgl. der Denunziation eines Vaters, des Majors Herrn DEMHARTER, Schäferkampsallee 28 vom 30.10.1936:

„Herrn Studienrat HERTLING ist von mir mitgeteilt worden, daß er sich durch Benutzung des Buches „Warum haben wir den Krieg verloren?' von Hans SCHMIDT, Neuland-Verlag, einer zumindesten fahrlässigen groben Pflichtverletzung gegen den Geist des Nationalsozialismus schuldig gemacht habe, die ihm nur mit Rücksicht auf seine drei unversorgten Kinder nicht die sofortige Amtsenthebung eintragen solle.

Es soll noch ein letzter Versuch gemacht werden, ihn an einer Hamburger höheren Schule in den Dienst zu stellen. Dabei wird ihm auferlegt, daß er in seinem Unterricht (Mathematik, Erdkunde und eventuell Biologie) die Gegenstände: Alkohol, Wehrmacht, Krieg ein für allemal zu meiden hat. Er wird unter dieser Voraussetzung versuchsweise an die

Bismarck-Oberrealschule versetzt, deren Leiter auf die Verpflichtung hingewiesen ist, Studienrat HERTLINGS Amtswaltung einer strengen Aufsicht zu unterziehen. gez. MÜHE“

Teil 2: Weiterleitung einer Denunziation des NS-Blockleiters der Ortsgruppe Volksdorf vom 4.6.1937 über die Gauleitung an die Landesunterrichtsbehörde:

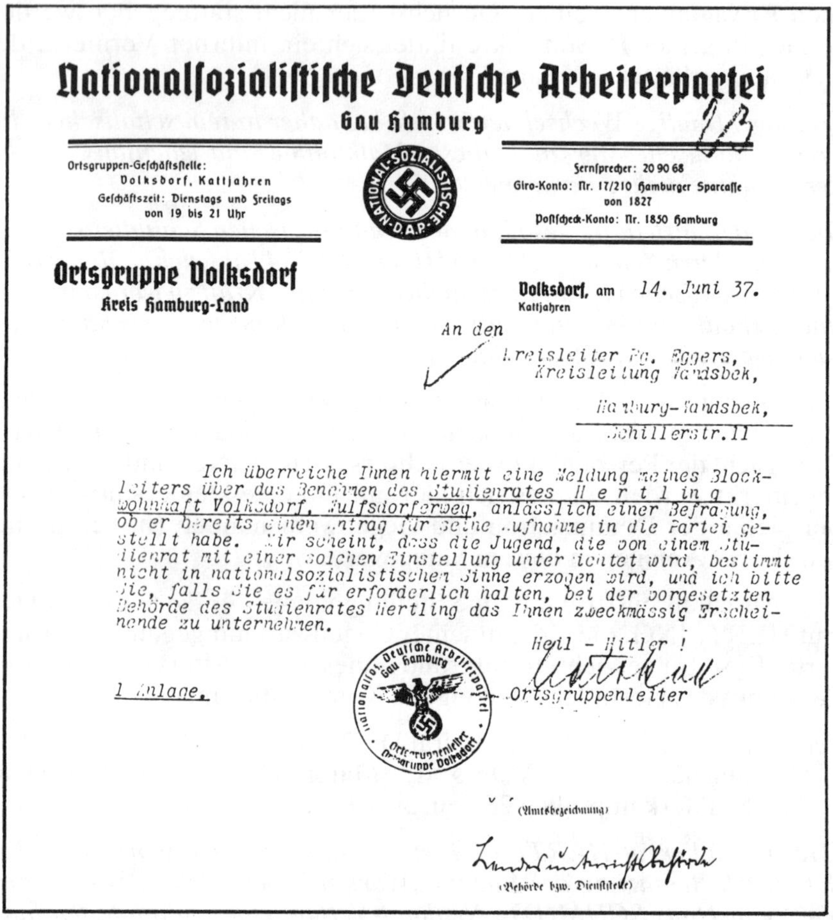

Nationalsozialistische Deutsche Arbeiterpartei
Gau Hamburg

Ortsgruppen-Geschäftsstelle:
Volksdorf, Kattjahren
Geschäftszeit: Dienstags und Freitags
von 19 bis 21 Uhr

Fernsprecher: 20 90 68
Giro-Konto: Nr. 17/210 Hamburger Sparcasse von 1827
Postscheck-Konto: Nr. 1850 Hamburg

Ortsgruppe Volksdorf
Kreis Hamburg-Land

Volksdorf, am 14. Juni 37.
Kattjahren

An den
Kreisleiter Pg. Eggers,
Kreisleitung Wandsbek,

Hamburg-Wandsbek,
Schillerstr. 11

Ich überreiche Ihnen hiermit eine Meldung meines Blockleiters über das Benehmen des Studienrates H e r t l i n g, wohnhaft Volksdorf, Wulfsdorferweg, anlässlich einer Befragung, ob er bereits einen Antrag für seine Aufnahme in die Partei gestellt habe. Mir scheint, dass die Jugend, die von einem Studienrat mit einer solchen Einstellung unterrichtet wird, bestimmt nicht in nationalsozialistischen Sinne erzogen wird, und ich bitte Sie, falls Sie es für erforderlich halten, bei der vorgesetzten Behörde des Studienrates Hertling das Ihnen zweckmässig Erscheinende zu unternehmen.

Heil - Hitler !
Ortsgruppenleiter

1 Anlage.

(Amtsbezeichnung)

Landesunterrichtsbehörde
(Behörde bzw. Dienststelle)

Abb. 19: „. . . bestimmt nicht im nationalsozialistischen Sinne erzogen . . .“ (aus der Personalakte, Anlage 23)

Der Wortlaut des Berichts des Blockleiters BUDINER vom 4.6.1937 ist:

„Betr.: Parteiaufnahme HERTLING, Studienrat, Wulfsdorferweg. Auftragsgemäß sprach ich am 2. Juni bei HERTLING, Wulfsdorferweg 77, betr. Parteiaufnahme vor.

Sowohl meine Anfrage, ob H. bei seiner Behörde einen Antrag gestellt hat, als auch die Frage, ob H. beabsichtige, durch die Ortsgruppe in die Partei einzutreten, wurde von H. mit einem glatten ,Nein', ohne nähere Begründung und in einer Form, die eine weitere Unterhaltung nicht zuließ, beantwortet.

Ich habe mich daraufhin von H. sofort verabschiedet, da ich es meinerseits ablehnen muß, mit einem Vg. über die Aufnahme in die Partei zu reden, der anzugehören die Ehre eines jeden Deutschen sein müßte, vor allem aber eines Lehrers, der verpflichtet ist, unsere Jugend im nationalsozialistischen Sinne zu erziehen.

Heil Hitler! Hugo BUDINER; Blockleiter.

Auch mir erscheint es unverantwortlich, einem Manne dieser Art die Erziehung deutscher Jugend weiterhin anzuvertrauen. Heil Hitler! (Name (unleserlich), Zellenleiter."

Teil 3: Berichte von Schulleitern über den Lehrer HERTLING bzgl. seines Verhaltens (in Auszügen):

„Innerhalb des Lehrkörpers ist er niemals so recht warm geworden; ich persönlich kann über seine Art des Auftretens nicht klagen, habe aber niemals ein echtes Verhältnis zu ihm gewonnen, da er mir nicht den Eindruck machte, daß er seine wahre Einstellung zeigt."
(Schulleiter Bismarck-Schule vom 14.3.1939).

„Trotz dieses günstigen Eindrucks kann ich mich nicht entschließen, Herrn HERTLING seinem Wunsch entsprechend in diesem Zeitpunkt für die Walddörferschule anzufordern. Es ist mir nicht möglich, mich über eigene Bedenken, die sich auf die gefährliche Blindheit Herrn HERTLINGS für reale Bedingungen und Grenzen, hinwegzusetzen."
(Schulleiter Walddörfersschule vom 7.6.1939).

Teil 4: Gesprächsprotokoll mit der Tochter Gertraut HERTLING, Jg. 1922, vom 17.10.1986:

„Mein Vater war in seiner Jugendzeit in der Wandervogelbewegung und in der ,Akademischen Freischar' engagiert. Er studierte in Marburg. Dort hatte besonders Paul NATORP großen Eindruck auf ihn gemacht. 1914 bis 1918 war er Soldat; er kehrte sehr desillusioniert heim.

Ab 1920 war er dann Lehrer an der Oberrealschule Eimsbüttel am Kaiser-Friedrich-Ufer, später an der Alstertalschule in Hamburg-Fuhlsbüttel. Eine gewisse Zeit engagierte er sich in der sogenannten ,Menschheitspartei' einer kleinen pazifistischen Partei. Er war auch Mitglied in der Deutschen Friedensgesellschaft (DFG) und hatte zudem Kontakte zur USPD, ist aber dort nicht Mitglied gewesen.

1927 begann er hier in Volksdorf mit seinem Freund und Kollegen Alfred SCHÄR, der ja später von den Nazis ermordet wurde, eine ,Nach-

barschaftssiedlung' aufzubauen. Sie waren beide von der ,Bodenreform-Bewegung' begeistert. Ihr Plan war ein gemeinsames Wohnen in mehreren Doppelhäusern, mit Spielplatz und anderen Gemeinschaftseinrichtungen wie Waschhaus und gemeinsame Küche. Für die letzten Vorhaben bestand allerdings bei den anderen Nachbarn nur wenig Interesse. Es blieben: Ein kleiner privater Kindergarten und der Spielplatz, welcher im Laufe der Zeit viel und gerne – auch von allen anderen Kindern der Nachbarschaft – benutzt wurde. Später erregte er aber leider von NS-Seite Mißfallen, da z. B. 1937 bei einem Spielplatzfest keine Hakenkreuzfahne wehte und ein ,Freimaurer-Lied' gesungen wurde. Der Initiator des Kinderfestes Helmut HERTLING wurde daraufhin angezeigt. Einmal hieß es, es sollten am Hause SCHÄR-HERTLING die Fensterscheiben eingeschlagen werden, weil in den Schulferien jüdische Kinder bei uns gewohnt hatten. Dieses sei dann aber von einem uns wohlgesonnenen Parteigenossen verhindert worden. Zwischen 1933 und 1937 fanden zweimal Hausdurchsuchungen bei uns statt, die aber glimpflich verliefen, weil alle verdächtigen Schriften und Bücher vorsorglich versteckt worden waren.

Als 1933 im Curiohaus über die Gleichschaltung der Gewerkschaft der Lehrer Hamburgs – der ,Gesellschaft der Freunde' – abgestimmt wurde, stimmte mein Vater mit ganz wenigen Kollegen dagegen (vgl. STEENBOCK 1985, 14).

Er wurde kurz nach der ,Machtergreifung' dann das erste Mal versetzt – an die Emilie-Wüstenfeld-Schule. Dort gab es aber leider bald einen Konflikt: Vater war doch Biologielehrer und hatte dort über die schädigende Wirkung des Alkohols gelehrt. Dazu hatte er einen Abschnitt aus ,Im Westen nichts Neues' von REMARQUE vorgelesen, in dem neben der Sinnlosigkeit des Krieges die Auswirkung von Schnaps auf Soldaten drastisch geschildert wird. Ein Mädchen aus der Klasse hatte ihrem Vater, einem hohen Offizier, davon erzählt und der wiederum hatte sich empört bei der Schulbehörde beschwert. Mein Vater erhielt daraufhin von einem Tag zum anderen Schulverbot und anschließend eine Strafversetzung. So begann seine Odysee durch insgesamt 15 Schulen.

Nachdem er sich mehrmals geweigert hatte, trat er Ende 1937 doch in die NSDAP ein. Ihn hat dieser Schritt, auch später noch, immer wieder sehr bedrückt. 1949 schrieb Vater: ,Ich habe seither nie vergessen, daß durch ein derartiges Nachgeben, durch viele einzelne Versager die große Summe von Unheil möglich wurde und versuchte seitdem täglich weiter wiedergutzumachen' (aus seinem Antrag auf Wiedereinstellung in den Schuldienst, laut Personalakte Schulbehörde Hamburg).

Ab Mitte der 30er Jahre wurde Vater immer öfter krank: Rückenschmerzen, Nierensteine, Herzbeschwerden, alles mehr oder weniger psychosomatisch bedingt. Er wurde einfach nicht mehr froh in seinem Beruf. Ende 1942 wurde Vater dann im Alter von 52 Jahren vorzeitig in den Ruhe-

stand versetzt. Ein wohlgesonnener Schulrat beließ es bei den gesundheitlichen Gründen.

Nach 1945 wurde er schnell wieder gesund. Er ist auch später nie wieder so ernsthaft krank gewesen wie damals und hat trotzdem ein aktives Leben geführt. Sie sehen ja, heute ist er fast 96 Jahre alt und noch relativ rüstig."

2.3. Phase des Größenwahnsinns 1939 - 1942:

Triumpfgefühle . . .

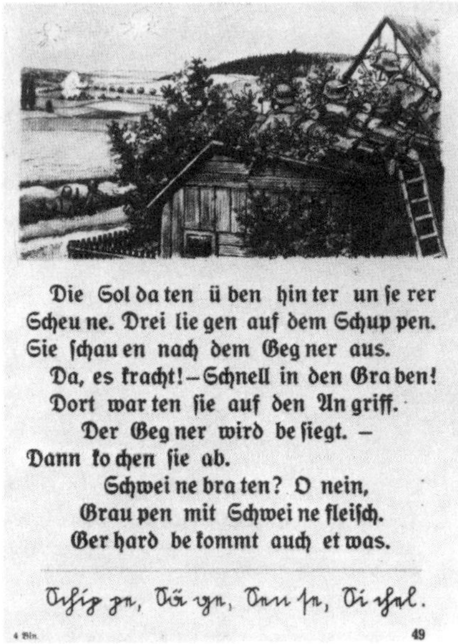

Die Sol da ten ü ben hin ter un se rer
Scheu ne. Drei lie gen auf dem Schup pen.
Sie schau en nach dem Geg ner aus.
Da, es kracht! – Schnell in den Gra ben!
Dort war ten sie auf den An griff.
Der Geg ner wird be siegt. –
Dann ko chen sie ab.
Schwei ne bra ten? O nein,
Grau pen mit Schwei ne fleisch.
Ger hard be kommt auch et was.

49

Abb. 20:
„Der Gegner wird besiegt.“ (Hirts Berliner Fibel 1939)

und Hoffnungslosigkeit

Abb. 21:
Der polnische Arzt und Pädagoge Janusz KORCZAK[35]) mit Kindern im KZ Treblinka, wo er 1942 ermordet wurde (Kinderzeichnung).

Allgemeinpolitische Daten

1939

15. März:	Besetzung der Tschechoslowakei (Errichtung des „Protektorats Böhmen und Mähren").
23. März:	Besetzung des Memelgebiets.
23. August:	Deutsch-sowjetischer Nichtangriffspakt („Hitler-Stalin-Pakt").
1. September:	Deutscher Angriff auf Polen. Beginn des 2. Weltkriegs.
3. September:	England und Frankreich erklären Deutschland den Krieg.
4. September:	„Kriegswirtschaftsordnung": Kriegsrecht im Arbeitsleben, kein Urlaub und Überstundenzuschlag.
Oktober:	Euthanasie-Befehl zur „Vernichtung unwerten Lebens". Bis 1945 Ermordung von 100-275 Tsd. kranken Menschen.

1940

9. April:	Angriff auf Dänemark und Norwegen.
10. Mai:	Angriff auf Holland, Belgien, Luxemburg und Frankreich. Kapitulation Holland (15.5.), Belgien (28.5.), Frankreich (22.6.).
20. Mai:	Errichtung des KZ Auschwitz.
16. Oktober:	Errichtung des Warschauer Ghettos.

1941

24. März:	Angriff in Nordafrika.
6. April:	Angriff auf Griechenland und Jugoslawien. Kapitulation Jugoslawien (17.4.), Griechenland (20.4.).
22. Juni:	Angriff auf die Sowjetunion.
1. September:	Einführung des „Judensterns" für alle Juden ab dem 6. Lebensjahr.
23. Oktober:	Auswanderungsverbot für Juden wegen der zu erwartenden „Endlösung der Judenfrage".
7. Dezember:	Japanischer Überfall auf Pearl Harbour (Hawaii/USA).
11. Dezember:	Deutschland und Italien erklären USA den Krieg.

---

35) KORCZAK, Janusz (1878/79–1942), 1898–1903 Studium der Medizin in Warschau, 1906–10 Kinderarzt in Warschau, Studienaufenthalte in Berlin, Paris und London, ab 1911 Leiter eines Warschauer Waisenhauses, 1919 Errichtung eines zweiten Hauses für benachteiligte Kinder und Jugendliche, Verfasser von Kinderbüchern, pädagogischen Schriften und besonders erfolgreich als pädagogischer Erzähler im polnischen Rundfunk, im 2. Weltkrieg aufopferungsvolle Tätigkeit im Warschauer Getto; obwohl ihm von den deutschen Besatzern Schonung angeboten wird, lehnt er dies ab und tritt mit etwa 200 jüdischen Kindern gemeinsam den Weg in das KZ Treblinka an, wo sich seine Spur verliert; 1972 wurde Janusz KORCZAK posthum mit dem Friedenspreis des Deutschen Buchhandels ausgezeichnet (vgl. auch KORCZAK 1970).

1942

20. Januar: „Wannsee-Konferenz" über die Ausrottung des Judentums („Endlösung").
30. Juni: Schließung aller jüdischen Schulen.
4. Juli: Beginn der Massenvergasungen im KZ Auschwitz.

Bildungspolitische Daten

(Auswahl aus Erlassen aus dem AMTSBLATT des Reichs- und Preußischen Ministeriums für Wissenschaft, Erziehung und Volksbildung und der Unterrichtsverwaltungen der anderen Länder 1939–1942)

1939

17. Januar: Merkblatt für den Eintritt als Freiwilliger in das Heer (Erlaß 43) und in die Luftwaffe (Erlaß 138).
3. April: Militärische Übungen der Lehrkräfte (Erlaß 202).
14. April: Englandaufenthalt für Lehrkräfte des Englischen (Erlaß 233).
14. August: Ausführungsanweisung (zum Reichsbürgergesetz): Bestimmungen zum Betrieb jüdischer Schulen (Erlaß 460).
15. November: Schulentlassung bei Einstellungen von Schülern in den Wehrdienst (Erlaß 593).

1940

5. Januar: Einstellung von Hilfskräften in den Volksschuldienst (Erlaß 77).
31. Mai: Zusammenarbeit zwischen Schule und Heer (Erlaß 326).
12. September: Bezug der Schrift „Dokumente britisch-französischer Grausamkeit" (Erlaß 521).
8. Oktober: Studienreisen in die besetzten Gebiete: . . . sind zur Zeit unerwünscht (Erlaß 581).

1941

21. Januar: Luftschutz in Schulen und Hochschulen (Erlaß 56,80).
12. März: Kinderlandverschickung (Erlaß 171).
16. April: Abordnung und Versetzung von Lehrkräften in die neuen Ostgebiete (Erlaß 244).
30. Mai: Einsatz der Lehrer während der Sommerferien (Erlaß 303).
10. Juni: Umgang mit Blindgängern (Erlaß 361).
13. Juni: Vorführung der Kriegswochenschauen in Schulen (Erlaß 336).
9. Oktober: Beurlaubung von Lehrkräften für die geistige Betreuung der Truppe (Erlaß 550).

1942

24. April: Kriegseinsatz der Jugend zur Sicherung der Ernährung (Erlaß 219, 318).
14. Mai: Besoldungsdienstalter der wiedereingestellten, seinerzeit nach § 4 des WBB entlassenen Volksschullehrer (Erlaß 268, vgl. auch 423, 424).

25. Juni: Vermerk über den Kriegseinsatz in Schulungszeugnissen (Erlaß 335).
2. Juli: Nichtzulassung jüdischer Mischlinge zum Schulbesuch (Erlaß 379, 526).
20. Juli: Erhöhung der Arbeitszeit ... der Lehrkräfte (Erlaß 418).
4. August: Gewinnung von Nachwuchs für die Wehrmacht (Erlaß 464).
6. August: Verhalten gegenüber Kriegsgefangenen (Erlaß 449).

Mit dem Wort „Größenwahnsinn" wird ein hier gesellschaftlicher Zustand gekennzeichnet, der sich mehrheitlich als eklatante Zuspitzung von Blindheit und Glücksgefühl darstellt, ja dessen grandiose Triumphgefühle nur möglich sind durch – zuweilen ausgesprochen schwieriges, aber gleichwohl umso rigider wirkendes – Wegsehen. „Wo der Staat seine Augen überall hat, haben die Leute meist keine mehr", beschreibt Peter BRÜCKNER (1980, 116) die Situation des ausgebauten Überwachungsstaates. Daß mit dem Ausbau an Überwachung , an organisierter Bespitzelung und bürokratischer Begeisterung nicht nur die anfänglich faktisch vorhandene Zustimmung für das „Neue", das „Ordnende nach dem Chaos" Risse erhält, ist auch für die Machthaber unübersehbar. Die „Geheimen Lageberichte des Sicherheitsdienstes (SD) der SS" konstatierten bereits ab Mitte 1939 wachsende Unwilligkeit gegen Arbeitssteigerungen in Betrieben, die nicht selten zur – wenn auch häufig indirekten – Erstarkung ehemaliger Widerstandsgruppen führen und schließlich auch zu „abweichenden und oppositionellen Tendenzen" bei dem Bevölkerungsteil, auf den die Nazis von Anfang an die größten Hoffnungen setzten – einer wenn auch noch kleinen, aber nicht mehr zu übersehenden und zunehmenden Minderheit von Jugendlichen.

„Aus Unterlagen des Reichsministers der Justiz und des Statistischen Reichsamtes geht hervor, daß die erfaßte Jugendkriminalität in den Kriegsjahren ständig anstieg. Im Jahre 1941 wurden im Reichsgebiet 37.853, im Jahre 1942 gar 52.426 jugendliche Personen rechtskräftig verurteilt. Die Kriminalitätsquote bei Jugendlichen lag damit ganz erheblich über der aus den Jahren vor 1939 bzw. vor 1933", faßt Arno KLÖNNE (1981, X) diese Tendenz zusammen. Er belegt dabei einen „erheblichen Anteil" dieser Zunahme durch jene Delikte, die aus jugendlicher Opposition gegenüber verschärfter Militarisierung der Lebens- und Arbeitsverhältnisse resultieren."

Ein Bericht des Reichssicherheitshauptamtes beschreibt diese jugendliche Opposition in Form spontaner Gruppenbildungen außerhalb der HJ so (nach KLÖNNE 1981, XIII):

„Im Frühjahr 1942 machten sich in der Öffentlichkeit Fahrtengruppen, bestehend aus männlichen und weiblichen Jugendlichen, bemerkbar, die durch betont lässige Kleidung und Haltung allenthalben auffielen und Anstoß erregten ... Zwischen den beiden Geschlechtern herrschte ein

Umgangston und eine Umgangsform, die jeglichen Anstands entbehrte. Vielfach lagerten und badeten die Jugendlichen beiderlei Geschlechts vollständig nackt zusammen.“

Doch, wie gesagt, es sind zunächst nicht mehr als Risse. Jeder „Sieg“ der Wehrmacht stärkt die Bereitschaft zur Blindheit und gerät zum Hohn für die „ewigen Nörgler“. Die kriegerische Formel, nach der – keineswegs auf irgendeinen Faschismus beschränkt – „Sieger“ immer Recht haben, wirft viele Reste humaner Orientierung über Bord.

Ein Großteil ehemals oppositioneller Lehrerinnen und Lehrer aus dem eher konserativen Lager läßt sich genau an dieser Stelle von nationaler Euphorie mit ergreifen (vgl. auch SOPADE 1937, 1236 sowie im folgenden die Erinnerung des Lehrers Walther U. (= UHLE), Jg. 1902, an eine konfessionelle Schule in Hannover, nach POPP 1981–83):

„Und dann kam der Knick – Kriegsbeginn – zwei Lehrer hatten wir an der evangelischen Mädchenschule, die waren durchaus nicht für Hitler, aber sie waren auch nicht für links. Aber als denn Hitler den Krieg begann, da schwenkten sie um:

‚Jetzt‘ müssen wir unser Vaterland verteidigen, ganz gleich was kommt!‘ Die haben nie begriffen, daß man gegen die eigene Regierung auch im Krieg sein darf, sein muß. Und als Hitler dann noch den Krieg gegen Rußland begann, nicht wahr, da war ja nun wirklich die Vaterlandsliebe deutsch-nationaler Art wieder erwacht.“

Für die verbleibenden oppositionellen Lehrerinnen und Lehrer wird es schwerer und einfacher im Sinne „klarer Fronten“ zugleich: Noch Einfluß nehmen zu können auf von der allgemeinen Kriegsbegeisterung angesteckte Schülerinnen und Schüler scheint ausichtsloser als je zuvor. Zwar ist der damit verbundene Grad der eigenen Gefährdung noch nicht so brisant wie in den letzten Kriegsjahren – aber sie werden schlicht nicht mehr gehört. Der ehemalige Schüler Dieter WELLERSHOFF, Jg. 1925, erinnert sich (nach REICH-RANICKI 1982, 141):

„Gegen diesen triumphierenden nationalen Allmachtstraum hatten Gegeninformationen wenig Chancen, gehört zu werden.

Ein Geschichtslehrer an unserer Schule hat versucht, uns Hitler als einen mörderischen Psychopathen kenntlich zu machen, indem er über die größenwahnsinnigen Tyrannen Nero und Caligula sprach . . . Niemand von uns hat diese Analogien verstanden. Erst nach dem Krieg kam mir blitzartig die Erkenntnis, wovon der Geschichtslehrer damals gesprochen hatte.“ (Vgl. auch Dokumente 35/36)

„Einfacher“ wurde demgegenüber die Wahrnehmung der wenigen verbliebenen oppositionellen Schüler und Lehrer untereinander. Aus keiner Phase erhielt ich soviele Rückmeldungen des als „zutiefst beglükkend erlebten Erkennens in einer ansonsten für die Minderheit immer hoffnungsloser werdenden Zeit“ (Erinnerung des Lehrers Peter O., Jg. 1908, Berlin, heute London, in einem Schreiben vom 15.3.1986), wie in jenen ersten Kriegsjahren (vgl. auch Dokument 37).

Ansonsten fällt für den Schulbereich selbst zunächst eine offensichtlich zunehmende Bedeutungslosigkeit auf. In sämtlichen SD-Berichten der SS der Jahre 1939 bis 1942 wird von keiner nenneswerten „Unruhe“ an Schulen in Deutschland berichtet. Die wenigen genannten Konfliktfelder bleiben marginal: Der „Lehrermangel“ wird wiederholt beklagt (November 1939, 494), einige Lehrer protestieren gegen ihre Abordnung in die „neuen Ostgebiete“ (April 1940, 1251); und schließlich gibt es einige Diskussionen über die „Herabsetzung des Lehrerbildes auch in der Öffentlichkeit von nationalsozialistischen Führerpersönlichkeiten“ (Januar 1942, 3180 ff.).

Peter BRÜCKNER (1980, 112 f.), Jg. 1922, schildert die Veränderungen in seiner Abiturklasse:

„Im Laufe des Jahres 1940, dem 2. Kriegsjahr veränderte sich der Schulalltag, Lehrer wurden einberufen, ihr Unterricht fiel meist ersatzlos aus. Ältere Schüler meldeten sich freiwillig zum Militär und verließen die Schule mit dem Notabitur. Die Abiturklassen schrumpften und wurden am Realgymnasium zu zwei Klassen, mit relativ wenigen Schülern, zusammengelegt. Zigaretten und Tee waren knapp. ... Wer war denn überhaupt in der Schule verblieben? ... Wer nichts auf sich hielt.“

Verheiratete Lehrerinnen, die ehemals als „Doppelverdiener“ entlassen wurden und bereits pensionierte Lehrer kehren noch einmal in den Schuldienst zurück. Mit Stecknadeln wird der „erfolgreiche Frontverlauf“ in vielen Schulklassen nach den „Siegesmeldungen“ neu abgesteckt.

Im Erlaß 525 (AMTSBLATT 1942, 358) bittet der Reichserziehungsminister darum, die zahlreich eingegangenen Anträge auf Benennung von Schulen nach Ritterkreuzträgern bzw. gefallenen Offizieren der Wehrmacht „bis nach Beendigung des Krieges zurückzustellen“. Wenige Monate später, im Mai 1943, fordert er im Erlaß 315 (AMTSBLATT 1943, 180), daß Schülerbriefe an führende Männer des Heeres, „in denen Schulkinder lediglich darum bitten, die Namensunterschriften zu erhalten“, zu unterlassen sind, „da gerade diese Männer ihre gesamte Kraft in dieser schweren Zeit in positiver Arbeit für das Vaterland einsetzen müssen.“ Die Schließung der letzten jüdischen Schulen in Deutschland am 30. Juni 1942 wird bereits nicht mehr als zum Aufgabenbereich des Reichserziehungsminister gehörig gewertet. Sie erfolgt auf Anweisung des Büros von Adolf EICHMANN und steht in unmittelbarem Zusammenhang mit der nun auch für die letzten jüdischen Schüler und Lehrer bevorstehenden Deportation.

Der Volksschullehrer B., Jg. 1910, aus Lippe/Westfalen, erinnert sich an seinen täglichen Schulweg (nach POPP 1981–83):

„Das war da so'ne schöne Villa, stand ein Lastwagen davor, viele SS-Leute. Ich blieb da stehen, um zu gucken. Und diesen Schulterstups, den mir da ein SS-Mann –, Weitergehen! Mensch!' – gab, den, den also spüre ich im Grunde heute noch. Ich sollte also nicht gucken, und das sah ich dann aber doch, daß da so welche aus dem Haus kamen mit Köfferchen und wurden dann so, so buxiert auf 'nen LKW, keinen Omnibus, einfach so'n Lastwagen, tja, was mit denen geschehen ist, nicht wahr ... Lehreralltag."

Das ist es: Wenn die Blindheit nur einen Moment durchbrochen ist, dann setzt nicht nur das Sehen, sondern auch das Empfinden des Menschen ein – „den Stups spüre ich im Grunde heute noch."

Die Menschen, die nicht mehr gesehen wurden, „Menschen ohne Schatten" (Leon BRANDT 1984), mußten selbst die Mauer durchbrechen, wollten sie überhaupt noch wahrgenommen werden.

Inwieweit es zuweilen wirklich nur noch um diese geringste Form der menschlichen Anteilnahme – die Wahrnehmung – ging und auf konkrete Hilfe gar nicht mehr gehofft wurde, schildert die Studienrätin Elisabeth FORCK, Jg. 1900, Bremen, in Erinnerung an ihre „halbjüdische" Schülerin Gisela:

„Es war an einem dunklen Winterabend, Anfang Februar 1942, als es bei uns klingelte. Es war Verdunklung – wer mochte uns jetzt noch besuchen? Als ich öffnete, fiel mir meine ehemalige jüdische Schülerin G. weinend um den Hals. G. hatte 1941 die Schule verlassen müssen, weil sie als ‚halbjüdisches' Mädchen nicht mehr die Oberstufe unserer Schule hatte besuchen dürfen.

Nun sah ich, daß sie den ‚Judenstern' trug. Mühsam konnte sie sich nur fassen und berichtete: ‚Heute nachmittag, wie ich nach Hause kam, stand ein SS-Mann vor der Tür unserer Wohnung. Als ich ihn fragte, wo meine Eltern seien, antwortete er: ‚Da, wo das Judenpack hingehört! Dein Vater nach Auschwitz, Deine Mutter nach Ravensbrück. Du hast Dich in der Juden-Sammelstelle zu melden und kommst morgen nach Theresienstadt!'

Und dann sagte sie das, was mich am meisten erschütterte: ‚Liebe Frau FORCK, ich weiß, daß ich nicht bei Ihnen bleiben kann. Bei Ihnen wird man mich ja zuerst suchen. Aber wissen Sie, ich wollte doch einmal noch einen Menschen sehen!'"

Doch auch für die unmittelbar selbst betroffenen jüdischen Lehrerinnen und Lehrer, die neben der Verantwortung für ihre eigene Familie und sich selbst die nahezu unvorstellbar schwere Aufgabe einer pädagogischen Betreuung der höchst gefährdeten jüdischen Schülerinnen und Schüler zu leisten hatten, die bis jetzt nicht hatten emigrieren können und deren Hoffnungen auf Auswanderung sich jeden Tag mehr dem Nullpunkt näherten, war das persönliche Verhalten des Einzelnen keineswegs genau definiert oder gar selbstverständlich.

Als der jüdische Lehrer und Schulleiter Jizchak SCHWERSENZ, Jg. 1915, Berlin, 1942 schließlich den auch für ihn „als preußisch erzogenem Beamten" schweren Entschluß faßte, sich der Deportation zu entziehen und im Untergrund zu leben, war dies keineswegs von der Jüdischen Gemeinde in Berlin akzeptiert. Als er sich gar gezielt um jüdische Jugendliche, die ebenfalls hatten fliehen können, zu kümmern begann, war auch dies höchst umstritten, da es zu den Grundpfeilern jüdischer Erziehung zählt, daß Kinder zu ihren Eltern halten und diese keineswegs allein in den „Arbeitseinsatz in den Osten" ziehen lassen dürften. Gerüchte über Massenhinrichtungen in diesen Lagern galten noch längst nicht als erhärtet. Die Massenvergasungen im KZ Auschwitz begannen fünf Tage nach dem Auflösungsbefehl für die jüdischen Schulen: Am 4. Juli 1942.

NONKONFORMITÄT

Dokument 35: „Ich bin traurig, tieftraurig" (1940)

Tagebucheintragung des hessischen Volksschullehrers Karl LEY (1973, 95), Jg. 1889, vom 14. Juni 1940:

„Paris ist gefallen. Jubel und Fahnen überall. Aber ich bin traurig, tieftraurig . . .

Als Lehrer habe ich mich heute schlecht aufgeführt. Schon lange hatte ich den Schülern einer Klasse in Eiserfeld versprochen, mit ihnen eine Grube zu besichtigen. Das sollte nun heute geschehen. Einige hatten gebeten, zu Hause ihr Fahrrad holen zu dürfen, damit sie nachher schneller nach Hause gelangen könnten. Wir anderen, die wir zu Fuß gingen, sahen uns bald von ihnen eingeholt.

Ganz aufgeregt kamen sie heran: ‚Herr Lehrer, Herr Lehrer! Paris ist gefallen', schrien sie alle durcheinander. Und obwohl ich den Fall der französischen Hauptstadt hatte kommen sehen, war ich doch bestürzt. Zudem ärgerte ich mich über die Begeisterung der Jungen über die Maßen, und so fuhr ich sie wütend an: ‚Haltet den Mund! Ich will nichts davon wissen. Das geht uns jetzt nichts an.'"

Dokument 36: „Wo war ein Rat, (der) half, reifer zu werden?" (1941)

Die ehemalige BDM-Pressereferentin in der Reichsjugendführung, Melita MASCHMANN, Jg. um 1915, erinnert sich an die einzige Lehrerin, die einzige Angehörige der älteren Generation, die ihr gegenüber kritische Äußerungen machte, mit denen sie jedoch damals nichts anzufangen wußte (MASCHMANN 1963, 81f.):

„Von allen Volksdeutschen, die ich im Wartheland kennengelernt habe, hat die Direktorin des deutschen Lodzer Gymnasium den stärksten Eindruck auf mich gemacht ...

Nie vorher und auch niemals nachher hatte ein Mensch, der die Dinge mit kritischem Abstand sah, den Mut gehabt, offen zu mir zu sprechen.

Ich gestehe, das es einige Angehörige älterer Jahrgänge gibt, denen ich diese ‚Unterlassungssünde' manchmal im stillen zum Vorwurf mache. Aber ich gebe dir recht, wenn du hier einwendest, daß es vielleicht ein lebensgefährliches Wagnis gewesen wäre, mir und meinesgleichen die Augen öffnen zu wollen. Selbst jemand, der mich näher gekannt und darauf vertraut hätte, daß ich menschlich nicht unanständig handeln würde, hätte allen Grund gehabt, vorsichtig zu sein. Es war nicht vorauszusehen, ob ich mich – trotz meiner persönlichen Sympathie – verpflichtet gefühlt hätte, jemanden, der sich mir als ein ‚Gegner des Nationalsozialismus' offenbart hätte, auch als einen solchen zu ‚brandmarken'.

Vermutlich hätte es eines sehr behutsamen und geduldigen Einflusses bedurft, um mich zu belehren, daß ich auf dem falschen Wege bin. Diese Möglichkeit bot sich jener Lodzer Direktorin nicht, oder sie suchte sie nicht. Ihre Tage waren wie die meinen von Arbeit überfüllt.

An dem Abend, von dem die Rede ist, gab sie mir zu verstehen, daß sie die Behandlung der Polen für falsch halte. Sie seien Menschen wie wir auch, und müßten als solche respektiert werden. Genauso gefährlich und unwürdig sei die Art, wie mit den Juden verfahren werde. Man könne sie nicht in Ghettos sperren, als ob das Mittelalter noch einmal heraufbeschworen werden solle.

Ich sehe die Frau vor mir, die den Mut hatte, an meine geistige und ethische Selbständigkeit zu appellieren: unter dem weißen Haar hatte sie ein junges, schmales, etwas kühles Gesicht, in dem ein Ausdruck von Kühnheit lag ...

Wahrscheinlich war sie selbst in schwere innere Konflikte verstrickt, denn daß sie zunächst glücklich gewesen war, jetzt in ihrer Heimat unangefochten als deutsche Erzieherin wirken zu können, empfand man deutlich. Ohne die Machtergreifung der Nationalsozialisten im Innern Deutschlands und ohne ihren kriegerischen Expansionsdrang hätten sich die Verhältnisse in Mittelpolen niemals geändert. Jetzt, da sie den

Nationalsozialismus aus der Nähe kennengelernt hat, mag sie erschrokken und tief enttäuscht gewesen sein . . .

Zu Herzen genommen habe ich mir ihre Warnung erst, als es zu spät war: nach dem Krieg. Damals – im Jahre 1941 – ging ich traurig von ihr fort . . . Der Gedanke, der mich vor allem traurig stimmte, bezog sich auf meine Freunde und mich, und er war nicht frei von Selbstmitleid: Wenn ein so ungewöhnlicher Mensch wie diese Frau uns nicht verstand, wer aus der Generation vor uns verstand uns dann überhaupt? Die vielen Funktionäre, die ein Geschäft aus ihrer Parteizugehörigkeit machten, waren uns widerlich . . . Aber wo war ein Rat, dessen menschliche und geistige Überlegenheit uns half, reifer zu werden? . . .

Kürzlich erfuhr ich, daß die Frau, für deren warnende Stimme ich damals taub war, auf der Flucht vor den Russen eine schreckliche Verletzung erlitten hat und schließlich im Wald liegengeblieben und erfroren ist."

VERWEIGERUNG

Dokument 37: „. . . durch Literatur die Augen geöffnet." (1939)

Erinnerung des ehemaligen Schülers Max von der GRÜN (1981, 161), Jg. 1926, an seinen Deutschlehrer:

„Eines Tages ging mein Deutschlehrer mit mir zusammen nach dem Unterricht nach Hause, da wir in der gleichen Straße wohnten. Vor unserem Haus gab er mir ein in Zeitungspapier gewickeltes Päckchen. Beschwörend sagte er mir, ich dürfe es niemandem zeigen, und mit niemanden darüber sprechen. Das Päckchen enthielt ein Buch. Stefan ZWEIGs ‚Sternstunden der Menschheit.'

Für mich war es die Sternstunde meines Lebens: Ich begann bewußt zu lesen. Ich fing an, mich für Geschichte zu interessieren, und das las sich alles ganz anders als das, was wir im Unterricht hörten. Mir wurden Zusammenhänge klarer, kurzum, ich begann die Geschichte der Besiegten zu lesen, nicht die der Sieger. Ich hatte zum ersten Mal Zugang zur Literatur gefunden.

Ich habe oft darüber nachgedacht, warum er gerade mir das Buch gegeben hat. Vielleicht weil er wußte, daß ich gerne las, aber seiner Meinung nach nicht die Bücher, die ich hätte lesen sollen. Und vielleicht auch, weil er wußte, daß mein Vater im KZ saß, und ich nicht ausplaudern würde, daß er mir verbotene Literatur gegeben hatte. Doch meine Mutter hatte mich gelehrt, besser ein Wort zu wenig als eines zuviel zu sagen.

Mein Deutschlehrer hat mir durch die Literatur die Augen geöffnet. Im Kohlenkeller hinter den Stößen des Winterholzes hatte er seine Bücher versteckt, die zu besitzen lebensgefährlich war. Mitte der fünfziger Jahre ist er in meiner fränkischen Heimat gestorben, ein alter ausgelaugter Mann. Als mich der Pfarrer, der mich konfirmiert hatte, erkannte, sprach er mich an. Er fragte, warum ich den weiten Weg gemacht hatte, und ob mir mein alter Lehrer denn soviel bedeutete?

‚Ja', antwortete ich, ‚für mich war er ein großer Mann.' Als ich sein erstauntes Gesicht sah, fügte ich hinzu: ‚In der Zeit damals, wo es schon den Tod bedeuten konnte, nicht zu jubeln, wenn jubeln befohlen wurde, da hat er nicht gejubelt.' Der Pfarrer verabschiedete sich. Ein Jahr später ist auch er gestorben. Zu seiner Beerdigung bin ich nicht gefahren. Er hatte mich einmal in der Kirche beim Konfirmandenunterricht geohrfeigt, weil ich ihn gefragt hatte, ob es Gottes Wille sei, daß mein Vater im KZ sitze."

PROTEST

Dokument 38: „Wir wären Ihnen zu großem Dank verpflichtet ..." (1941)

Seit der Reichspogromnacht („Kristallnacht") vom November 1938 waren jüdische Kinder praktisch zu „Freiwild" für andere Kinder und Jugendliche erklärt worden. Übergriffe auf jüdische Schülerinnen und Schüler, nicht selten auf dem Weg zu ihren Schulen, nahmen in einigen Gegenden solche Ausmaße an, daß sich die für diese Kinder verantwortlichen Pädagogen in einigen Fällen an die zuständigen Behörden mit der Bitte um Abhilfe wandten. Welcher Mut dazu bereits gehörte, ist u. a. auch daran erkennbar, daß Eltern geprügelter Kinder in der Regel nicht selbst mehr entsprechende Anzeigen tätigten, nicht zuletzt auch sicher deshalb, weil sie von deren Nutzlosigkeit überzeugt waren.

In nur einem Fall ist ein entsprechendes Vorgehen von einem nichtjüdischen Schulaufsichtsbeamten nach 1938 bekannt geworden, wobei sich entsprechende Unterlagen in der zuständigen Schulbehörde bedauerlicherweise nicht recherchieren ließen (Dokument 39).

Zunächst jedoch ein Schreiben zweier Frankfurter jüdischer Schulen (Israelitische Volksschule, Volksschule beim Philanthropin), das die jeweiligen Schulleiter gemeinsam an den Oberbürgermeister richteten (nach WALK 1976, 86):

„Frankfurt a/M, den 29. August 41.

An den Herrn Oberbürgermeister.

Wir unterzeichneten Schulleiter erlauben uns, Ihre Aufmerksamkeit auf die Tatsache zu lenken, daß unsere Schulkinder seit einiger Zeit auf den Wegen von und zu der Schule unerträglichen Belästigungen ausgesetzt sind. Ganze Trupps von Jungen lauern einzelnen auf, entreißen ihnen die Schulranzen und durchwühlen sie, versuchen ihnen Uhren, Füllfederhalter und dergleichen wegzunehmen und schlagen sie oft blutig.

Besonders gern besetzen sie die Zugangsstraßen zur Schule . . . und machen es so den Kindern oft unmöglich, ordnungsgemäß zur Schule oder nach Hause zu gehen, so daß sich hie und da auch Straßenpassanten helfend eingemischt haben. Meistens halten sich diese Trupps aber im Hinterhalt, bis niemand dabei ist.

Besonders auch bei der Altmaterialsammlung, die unsere Schulen ebenfalls durchzuführen haben, werden unsere Schüler ernstlich gestört und belästigt. Auf verschiedenen Straßen wurde das Altmaterial auf die Straße geworfen, und ein Handwagen umgeworfen. Bei einer Ablieferung auf dem Schulgrundstück wurden die Kinder in der vergangenen Woche aus der Nachbarschaft mit Steinen beworfen, ein Kind erlitt dabei eine Kopfverletzung.

Besonders gefährdet sind die Kinder nach Schluß des Vormittagsunterrichtes, 1 Uhr 15, vor Beginn des Nachmittagsunterrichtes 3–3 Uhr 30 und nach dessen Schluß 5 Uhr 10 oder 6 Uhr, um welche Zeit auch die Hortkinder entlassen werden.

Wir wären Ihnen zu großem Dank verpflichtet, wenn Sie veranlassen wollten, daß Maßnahmen getroffen werden, um diese Überfälle zu verhüten, da naturgemäß die Mehrzahl der Kinder es heute nicht einmal wagt, sich zu wehren. Wir erlauben uns, einen Durchschlag dieser Mitteilung unserem zuständigen Polizeirevier, Oberweg, zugehen zu lassen.“ (Konsequenzen aus diesem Vorgang in den Unterlagen des Schulamtes Frankfurt, K 21, nicht ersichtlich).

Dokument 39: „. . . so ist mir davon Meldung zu machen!“ (1941)

Der ehemalige Schüler N.N., Jg. 1920, wußte von einem Vorgang zu berichten, nach dem ein Hamburger Schulrat im Frühsommer 1941 ein Schreiben an die Schulleiter seines Aufsichtsbezirkes gerichtet habe – „Belästigungen jüdischer Schüler betreffend“. Der Schulrat sei kurz darauf in den Ruhestand versetzt worden. Da er über das Schriftstück nicht im Original verfüge, könne er den Namen des Schulrates nicht mehr erinnern, den Inhalt des Schreibens aber sinngemäß wiedergeben (nach schriftlicher Auskunft vom 12.4.1985):

„Landesunterrichtsbehörde Dammtorstraße. Hamburg (Datum) 1941.

Es sind mir in letzter Zeit verstärkt Übergriffe und Belästigungen jüdischer Schüler auf deren Schulweg zur Kenntnis gelangt. Ich fordere sie hiermit auf, derartige Einzelaktionen deutscher Schulkinder in Zukunft zu unterbinden.

Sollte es zu weiteren Zwischenfällen kommen, so ist mir davon Meldung zu machen."

Dokument 40: „... der Beichtvater der älteren Schüler" (1941/42)

Der ehemalige Schüler W.BÖHNER, Jg. 1930, erinnert sich an den Studienrat Dr. S. an der Oberschule für Jungen in Sondershausen/Thüringen, der sich besonders für mit der Gestapo in Konflikt geratene ältere Schüler einsetzte (nach Schreiben von Prof. W. BÖHNER; der selbst nicht Jude ist, aus Naharija/Israel, vom 18.10.1985):

„Studienrat S. nahm an der Sudetenlandbesetzung als Hauptmann teil. In einem Ort, der Name ist mir entfallen, erwischte er einen Parteibonzen bei den seinerzeit üblichen Übergriffen. Er stellte ihn zur Rede und als dieser frech wurde, scheuerte ihm Lehrer S. eine saftige Ohrfeige! Aufgrund dieses Vorfalls wurde er aus der Wehrmacht entlassen und kehrte wieder in den Schuldienst zurück. Er unterrichtete vornehmlich in den höheren Klassen.

In den 40er Jahren geschah es, daß einige ältere Schüler Ärger mit der Gestapo bekamen. Herr Dr. S. ging hin und besuchte sie in der Haft, um ihnen zu helfen. Mein leider schon 1944 verstorbener älterer Bruder, Jg. 1924, hatte ihn als Klassenlehrer. Er war bei allen heiklen Sachen der Beichtvater der älteren Schüler."

WIDERSTAND

Biographische Angaben zu dem kommunistischen Volksschullehrer Kurt STEFFELBAUER finden sich bereits in Band I (vgl. Namensregister). An dieser Stelle sollen einige Einzelheiten aus der konkreten Widerstandsarbeit Kurt STEFFELBAUERS dargestellt werden (nach HOHENDORF 1974, 298–309).

Dokument 41:„... das wird gut sein ..." (1933–1942)

„Ab Herbst 1933 mußte STEFFELBAUER seine Kräfte teilen. Er war aufgefordert worden, wieder zu unterrichten. Er und seine Freunde, mit denen er sich besprach, waren sich darüber klar, was die Nazis aus der Schule machen würden. Sollte er, der Antifaschist und Kriegsgegner, dabei mithelfen? Bald siegte jedoch eine andere Überlegung. Offensichtlich

waren den Nazis seine illegalen Beziehungen unbekannt. Das hieß: STEFFELBAUER war ihnen unverdächtig. Ging er in den Schuldienst zurück, so konnte er, ohne viel Aufsehen zu erregen, sich mit vielen Menschen treffen und in seinen Fächern, Deutsch und Erdkunde, gegen das chauvinistische und militaristische Gift angehen, das die Kinder eingeträufelt bekamen.

Im Frühsommer 1934 fand auf einer Waldwiese in der Nähe des märkischen Dörfchens Summt ein Treff der illegalen Gruppe ehemaliger Lehrer statt (vgl. auch Franz BECKER, der bereits den 1.5.1933 als Zeitpunkt angibt). Gemeinsam erörterten sie die Lage und besprachen bis zur letzten Kleinigkeit die Aufgaben, zum Beispiel die Aufnahme weiterer Verbindungen, vor allem zu sozialdemokratischen Lehrern, die materielle und moralische Unterstützung der Angehörigen von Verhafteten ...

In dieser Weise trafen sich von 1934 bis 1936 mehrmals acht bis zehn Illegale in der Umgebung von Summt ... Grundlage der Diskussion über die politische Entwicklung war gedrucktes Informationsmaterial, wie die ‚Internationale Korrespondenz', die ‚Rundschau' und die Braunbücher, die vom ZK der KPD herausgegeben worden waren. Die illegalen Lehrer erhielten das Material von anderen KPD- und Widerstandsorganisationen, zu denen sie Verbindung hatten. Diese reichten (von Berlin aus) bis nach Magdeburg und Sachsen, Bayern, Bielefeld und Hamburg. In der Hafenstadt hatte STEFFELBAUER zu den kommunistischen Lehrern Dietrich ROTHENBERG und Paul ZESS Verbindung ...

Obwohl STEFFELBAUER und andere aus seiner Lehrergruppe im Februar 1939 zu einem allerdings folgenlosen Verhör gerufen wurden, zögerten sie nicht, ihre ganze Kraft entsprechend den Beschlüssen gegen den drohenden Krieg einzusetzen ... Der ZK-Instrukteur (Arthur EMMERLICH) und der Pädagoge (Kurt STEFFELBAUER) kamen zweimal wöchentlich zusammen. In nächtlichen Diskussionen wurden die Aufgaben erörtert und entsprechende Schritte vorbereitet. Aus der Zusammenarbeit entstand faktisch die im ZK-Beschluß vom Dezember 1939 geforderte einheitliche Leitung ... (Sie) war der Vorläufer der späteren zentralen Leitung der KPD in Deutschland unter der Führung des ZK der KPD, die 1943 entstand und der unter anderem die Lehrer Dr. Theodor NEUBAUER (1890–1945) und Martin SCHWANTES (1904–1945) ... angehörten ...

(In einem Flugblatt von 1940 schrieb STEFFELBAUER):

‚Berliner! Berlinerinnen! Der wirkliche Krieg steht uns noch bevor – Vernichtung unserer Städte, Hunderttausende unter Trümmern – Vergiftung unserer Atemluft und unserer Haut mit den Gasen ... Wollt Ihr, daß dieser schreckliche Krieg unsere Heimat vernichten soll? Erhebt Eu-

re Stimme für den Frieden! Schluß mit diesem Krieg, der nur den Reichen nützt und den Armen schadet.' . . .

Seit März 1941 waren der Gestapo diese und andere Schriften in die Hände gefallen. Sie suchte fieberhaft nach den Urhebern, fand diese und konnte am 24. Mai 1941 zuschlagen. Sie verhaftete als ersten den ZK-Instrukteur in Hamburg . . . Kurz darauf erfolgte die Festnahme STEFFELBAUERS, am 28. Mai, 9.45 Uhr in der Schule . . . Am 9. Januar 1942 begann der Prozeß vor dem ,Volks'gerichtshof . . .

Die innere Ruhe, die (sein politisches) Bewußtsein ihm gab, spiegelte sich in einem Brief wieder, den er am 20. Mai 1942 vor der Hinrichtung schrieb:

,In Euren Herzen will ich fortleben, das wird gut sein, der Gedanke tut mir wohl in diesen schweren Stunden.'

Am nächsten Tag fiel der antifaschistische Lehrer unter dem faschistischen Henkerbeil."

Bekanntmachung.

Die am 10. Januar 1942 vom Volksgerichtshof wegen landesverräterischer Begünstigung des Feindes und Vorbereitung zum Hochverrat zum Tode und zum dauernden Verlust der bürgerlichen Ehrenrechte verurteilten

Arthur Emmerlich, 34 Jahre alt,

Kurt Steffelbauer, 52 Jahre alt, und

Alfred Grünberg, 41 Jahre alt,

sämtlich aus Berlin, sind heute hingerichtet worden.

Berlin, den 21. Mai 1942.

Der Oberreichsanwalt beim Volksgerichtshof.

Abb. 22: Öffentliche Bekanntmachung der Hinrichtung des Lehrers Kurt STEFFELBAUER

OPPOSITION AUFGRUND VON DENUNZIATION

Dokument 42: „Das ganze Kollegium war empört ...“ (1940)

Das sich ganze Kollegien in solidarischer Weise für bedrohte Kollegen aussprachen, ist nur in ganz wenigen Fällen für die Zeit zwischen 1933 und 1945 bekannt (vgl. Helene HEDDE; vgl. auch das Beispiel für Elternsolidarität bei Hildegard THATE). Die Volksschullehrerin Else KRAUSE; Jg. 1894, Berlin, erinnert sich an einen Vorfall aus dem Jahre 1940 (nach SCHONIG 1982, 57):

„Unser ganzes Kollegium war eigentlich recht gegen Hitler eingestellt, nur ein jüngerer Kollege entpuppte sich als wilder SA-Mann, in Saalschlachten erprobt ...

In einer Lehrerkonferenz (1940) hielt ein sehr geschätzter Kollege einen Vortrag über ein kulturelles Thema, in dem auch die Namen einiger jüdischer Gelehrter, Künstler, Dichter fielen. Plötzlich springt der SA-Mann auf, schreit: ‚Herr, wissen Sie nicht, daß das Juden waren?‘ –

‚Natürlich weiß ich das,‘ aber Sie werden doch nicht leugnen, daß diese Leute einen großen Einfluß auf unsere Kultur gehabt haben?‘ –

‚Das werden Sie bereuen! Ich werde Sie anzeigen.‘ –

Er tat es auch, denunzierte diesen hervorragenden Lehrer, der sofort entlassen wurde. Das ganze Kollegium war empört und beschloß, – der Chef an der Spitze – eine Eingabe zu machen, daß dieser untragbare Mann (der SA-Kollege) an eine andere Schule versetzt würde.

Er wurde versetzt, aber die Rache der höheren Instanz traf uns alle mit voller Wucht. Das Kollegium flog auf, jeder wurde an eine entlegene Stelle versetzt, wo man unerfreuliche Arbeit vorfand. Es war Krieg, 1940/41. Aber die Rache glimmte weiter. Eines Tages, im März 1940, bekam ich einen Brief vom Schulrat mit dem Befehl: ‚Sie haben sich umgehend zur Schularbeit an evakuierten Berliner Kindern in Buchwald zu melden.‘ – Ich konnte die Bosheit nicht fassen! Der Ort war auf keinem Atlas zu finden. – Es war ein Dorf an der polnischen Grenze, 800 Einwohner, 5 km von der nächsten Bahnstation Bernstadt, eine Stunde Kleinbahn nach Oels, dann eine Stunde Eilzug bis Breslau.

Ich erhob sofort Einspruch, da ich 40 Schüler vor dem Ostertermin zu betreuen hatte. Es nutzte nichts, ich mußte hin.“

2.4. Phase der Gebrochenheit 1942–1945:

Glauben . . .

Abb. 23:
„Überm Grabe mein . . .“
(Postkartenmotiv um 1942/43)

und Durchhalten

Abb. 24:
„Warum ich nie vergessen werde, wie unser Schulhaus in der Kernstraße bombardiert wurde . . .“
(Schülerzeichnung aus Nürnberg 1946)

Allgemeinpolitische Daten

1942

7. November:	Alliierte landen in Nordafrika.
22. November:	Beginn der sowjetischen Gegenoffensive.

1943

2. Februar:	6. deutsche Armee kapituliert bei Stalingrad.
18. Februar:	Goebbels verkündet den „totalen Krieg“.
April/Mai:	Bewaffneter Aufstand im Warschauer und anderen polnischen Ghettos.
15. Mai:	Kapitulation deutscher Truppen in Nordafrika.
11. Juni:	Befehl zur Liquidierung aller polnischen Ghettos.
19. Juni:	Goebbels erklärt Berlin für „judenfrei“.
13. Oktober:	Italien (8.9. Waffenstillstand mit den Alliierten) erklärt Deutschland den Krieg.
28. November:	Beginn der Konferenz von Teheran: USA, Sowjetunion und England planen die alliierte Invasion in Nordfrankreich.

1944

6. Juni:	Beginn der alliierten Invasion in der Normandie.
20. Juli:	Gescheitertes Attentat auf Hitler. In dessen Folge mehr als 1000 Verhaftungen und 400 Hinrichtungen. Befreiung des KZ Majdanek durch sowjetische Truppen.
25. August:	Befreiung von Paris.
1. September:	„Totaler Kriegseinsatz“ auch für die Schulen, im besonderen für Schuljungen ab 14. Jahre.
14. September:	Amerikanische Truppen an der deutschen Grenze.
18. Oktober:	Aufstellung des „Volkssturms“.
2. November:	Vergasungen im KZ Auschwitz werden eingestellt (am 26.11. werden die Gaskammern zerstört).

1945

27. Januar:	Befreiung des KZ Auschwitz durch sowjetische Truppen.
4. Februar:	Konferenz von Jalta: USA, Sowjetunion und England planen die Aufteilung Deutschlands in einem befreiten Europa.
19. März:	Hitler befiehlt die Zerstörung ganz Deutschlands („Verbrannte Erde“).
11. April:	Befreiung des KZ Buchenwald durch amerikanische Truppen.
23. April:	Sowjetische Truppen vor Berlin.
25. April:	Begegnung amerikanischer und sowjetischer Truppen an der Elbe.
30. April:	Selbstmord Hitlers.
8. Mai:	Bedingungslose Kapitulation Deutschlands.
17. Juli:	Beginn der Konferenz von Potsdam: USA, Sowjetunion und England legen fest: 1. Beseitigung von Nationalismus und Militarismus, 2. Aufteilung Deutschlands, 3. Einrichtung des Alliierten Kontrollrats, 4. Reparationen und Demontage.

6. August:	Erster Atombombenabwurf durch die USA auf Hiroshima (9.8. auf Nagasaki).

Bildungspolitische Daten

(Auswahl aus Erlassen aus dem AMTSBLATT des Reichs- und Preußischen Ministeriums für Wissenschaft, Erziehung und Volksbildung und der Unterrichtsverwaltungen der Länder 1942-1944; 1945 nicht mehr reichsweit erschienen)

1942

7. September:	Benennungen von Schulen nach Ritterkreuzträgern: ..sind grundsätzlich bis nach Beendigung des Krieges zurückzustellen (Erlaß 525).

1943

20. Februar:	Stillegung des Nationalsozialistischen Lehrerbundes (NSLB) im Zuge der totalen Kriegsführung (ohne Erlaß).
24. Februar:	Verhalten der Schulen bei öffentlicher Luftwarnung (Erlaß 148).
12. März:	Beteiligung der Schule bei der Verpflichtung der Jugend (Erlaß 133).
24. September:	Einberufung von Angehörigen der Lehrerbildungsanstalten (Erlaß 564).
15. Oktober:	Schulverlegungen (Erlaß 562).

1944

5. April:	Nachweis der deutschblütigen Abstammung bei der Aufnahme in Schulen (Erlaß 133).
15. April:	Weiterbildung von deutschen Kriegsgefangenen in England und den USA (Erlaß 177).
10. Juli:	Erläuterungen zur Kriegslage im Unterricht (Erlaß 273).
1. September:	Totaler Kriegseinsatz aller Schulen (Erlaß 376, 399, 370, 373, 425, 476 u. a.).
12. Oktober:	Lesebogen des Heeres: Vorwärts, ran an den Feind ! (Erlaß 453).
29. November:	Mißbräuchliche Benutzung des Fahrrades durch Jugendliche: Den Schülern ist die unberechtige Benutzung des Fahrrades zu verbieten . . . (sie soll) nur gestattet werden, soweit sie für den Schulweg (mehr als 3 km) geboten oder für den Dienst in der Hitler-Jugend auch unter Anlegung schärfsten Maßstabes notwendig ist (Erlaß 504).

In der vierten und letzten Phase der NS-Zeit – der Phase der Gebrochenheit – kristallisieren sich bereits all jene Wahrnehmungs- und Argumentationsmuster heraus, die bis in unsere Tage den miserablen Zustand mangelnder Urteilskraft bestimmen: Wo soviel gutes Wollen gewesen ist, kann doch nicht alles verkehrt gewesen sein; wo man im Kleinen bis zuletzt Anstand wahrte, kann im Großen doch nicht alles Unrecht gewesen sein; wo man selbst so viele Opfer auf dem Wege zum Heldentum brachte, kann einem nach der Niederlage möglicherweise das Heldentum genommen sein, dann bleibt aber wenigstens die grandiose Tragik des Opfers – Täter waren und bleiben die Anderen, die Ausgegrenzten, die Minderwertigen. Diese Setzung bleibt für die Wahrnehmung von Wirklichkeit konstitutiv – sie mildert den schroffen Übergang im Jahr 1945. Die gerade zu Opfern Gewordenen identifizieren sich lieber mit den neuen Siegern, die sie doch beinah selbst gewesen wären – jedoch um keinen Preis mit denjenigen Opfern, die sie selbst zu verantworten, zumindest mitzuverantworten haben.

Hier tritt das psychologische Merkmal einer Disposition zum blinden Glauben[1)] in eklatanter Weise hervor. Diese Disposition sperrt sich bei ernsthafter Bedrohung erst recht jeder aufklärerischen Möglichkeit und läßt als Ausweg nur die – dann frappierend leicht von der Hand gehende – Hinrichtung des Objekts des bisherigen Glaubens zu: Dann hat man sich eben doch in dem Hitler und seinen Nazis getäuscht, so wie dieser schließlich auch das deutsche Volk als seiner nicht würdig kurz vor dem eigenen Selbstmord entlarvt – aber der Glauben „als solcher" bleibt unangetastet. Die Konsequenzen sind fatal: Verantwortung, Rationalität, Aufklärung, Interessen, Politik, Konfliktfähigkeit – all das bleibt schmutzig, wird ferngehalten, nur mit spitzen Fingern angefaßt, um auf den Abfallhaufen der Geschichte geworfen zu werden. So schmutzig, abstoßend und unheimlich wie die Kriegsgefangenen in den letzten Kriegsjahren und die nach 1945 heimkehrenden KZ-Häftlinge.
Der ehemalige Schüler Peter BRÜCKNER (1980, 144 f.), Jg. 1922, erinnert sich an seine erste Begegnung mit russischen Kriegsgefangenen, die im Jahr 1943 am Straßenrand mit Erdarbeiten ausgebeutet wurden:

„Ich sah da einen Mann auf der Erde knien, zerlumpt, abgemagert, mit Glatze, blauen Flecken auf der Haut, tiefliegenden, zugleich blutunterlaufenden Augen, schwarzen Zähnen, Schrunden, Rissen überall, außerdem – für mich – ausdruckslose, ohne Psysiognomie, NICHTS MEHR DA ZUM ‚EINFÜHLEN' (Hervorhebung LvD).

Wie mit einem Schlag erschien vor meinem inneren Auge die Vorstellung der asiatischen Untermenschen; erschien die Vorstellung, daß es doch

---

1) Der Begriff des Glaubens darf hier keinesfalls mit jenem religiösen Verständnis identifiziert werden, das aus der tiefen Verantwortung gegenüber Gott aufgrund der daraus resultierenden Unabhängigkeit gegenüber weltlichen Instanzen durchaus kritisches Wahrnehmen von Wirklichkeit einschließt.

bei den Tartaren, hinter dem Ural, Russen, Leute gäbe, die überhaupt noch keine Kulturstufe erreicht hatten und deren antizivilisatorische Instinkte, deren Raubtierqualität sich im Bolschewismus hatte entfalten können.

Dieses Imago antibolschewistischer Propaganda des Nationalsozialismus steckte so tief und unbemerkt in mir, daß ich dem Kriegsgefangenen gegenüber Widerwillen und Angst empfand. Obwohl ich – oder vielleicht gerade weil ich glaubte, dergleichen Residuen des Faschismus bei mir nicht suchen zu müssen, hatten sie sich meiner Spontaneität bemächtigt.

Nun redete mich der Gefangene glücklicherweise an. Er sprach fließend deutsch. Es stellte sich heraus, daß er ein Filmregisseur aus Leningrad war. Man kann wohl sagen, daß ich Glück gehabt habe: daß er mich ansprach, und wie er das tat, durchbrach schlagartig den spontanen ‚Sekunden-Mechanismus' der Wahrnehmung. Ich hatte Glück ..., weil man eine solche Lehre nicht wieder vergißt.“

Und wieder die bittere Wahrheit: Die Opfer müssen die Mauern durchbrechen, wollen sie – wenigstens – wahrgenommen werden. Sie müssen stark sein, sie müssen riskieren, sie müssen sich einfühlen in die nichtwahrnehmende Mehrheit. Verständnis für ihre Lage fordern am lautesten die Täter, auch die Mittäter.

Anneliese REINELT, Jg. 1919, Lehrerin an einer Mütterschule in Norddeutschland, erinnert sich an Reaktionen der Bevölkerung auf einen Transport gerade befreiter KZ-Häftlinge kurz nach Kriegsende (nach Gesprächsprotokoll vom 16.10.1985):

„Nach den vielen Flüchtlingsströmen wurden dann auch die ehemaligen Häftlinge aus dem KZ Bergen-Belsen, die noch laufen konnten, zu einem großen Teil nach Stade geführt und dort in beschlagnahmten Villen untergebracht.

Ich habe damals gedacht: ‚Mein Gott, was sind das nur alles für Menschen? Das können doch nicht alles Verbrecher sein.' Naiv wie ich war, ging ich davon aus, daß die meisten Juden ja schließlich hatten auswandern dürfen.

Ich erinnere aber auch, daß manche sagten, als sie diese armen, elenden Menschen sahen: ‚Wegen denen haben wir den Krieg verloren.'“

Die Disposition zu jener beschriebenen antiaufklärerischen Art von Glauben korrespondiert mit einer ungezügelten Bereitschaft zur „heiligen Rache“. Mit dem Näherrücken des Endes des Allmachtsglaubens nahm der Wunsch nach Vernichtung all dessen, was sich den eigenen zutiefst unwirklichen Wünschen in den Weg stellte, noch einmal beträchtlich zu: Mobilisierung auch der letzten unmenschlichen Reserven – gegen sich und andere. Der eigene Spielraum für Denken und Handeln wird nun, ohnehin über Jahre eingeschränkt, auf einen Punkt reduziert: schwarz oder weiß, Sieg oder Untergang. Leise innere Zweifel werden zertreten wie glimmende Zigarettenstummel; die Ahnung ist da, daß man sich in einem knochentrockenen Wald am Ende des Hochsommers befindet.

Der ehemalige Schüler Dieter WELLERSHOFF (nach REICH-RANICKI 1982, 141), Jg. 1925, arbeitet dieses Umkippen des Allmachtsglaubens in den Jahren 1942–43 deutlich hervor:

„Wahrscheinlich waren solche Erkenntnissperren, die später als glaubwürdige Schutzbehauptungen erschienen, Ausdruck eines verborgenen Schuldgefühls. Wehe, wenn das schiefgeht, dachte man, während auf der Landkarte Europas, die überall hing, die Fähnchen, die die Grenzen des deutschen Machtbereichs markierten, immer noch weiter hinausgesteckt wurden und dadurch der Gedanke eines siegreichen Endes und einer Befriedung dieses riesigen Vielvölkergebiets immer unvorstellbarer wurde.

‚Genießt den Krieg, der Frieden wird fürchterlich', lautete ein geflüsterter zweideutiger Spruch, der damals aufkam. Das Propagandaministerium machte später ‚Sieg oder Sibirien' daraus. Doch schon, das es zur Idee des Sieges jetzt eine öffentlich formulierte Alternative gab, zeigte das Ende des Allmachtstraums."

Es ist bekannt, daß Schule in den letzten Kriegsjahren ein Raum war, dessen Nutzung schließlich uneingeschränkt militärischer Art war. Die Militarisierung der Schule war vollendet – Schule als eigenständig identifizierbarer Raum hatte aufgehört zu existieren. Schule war jetzt Getreidekammer, Sammelstelle, Notunterkunft, später auch zunehmend Lazarett.

Im Grunde erstaunlich, daß die Auflösung der Rollen als Lehrer und Schüler trotz Uniformierung und gemeinsamem Kriegseinsatz an der „Heimatfront" nicht in gleicher Weise vollkommen war. Lehrer wurden weiter als solche wahrgenommen, geachtet oder denunziert – und Schüler wurden weiter belehrt, gemahnt, selten behutsam, fast immer mit der Überzeugung des Mehrwissenden, wie immer in allen, auch skurrilen, Ausformungen. Fraglos nicht unbeeinflußt von der allgemeinen Glaubensatmosphäre.

Der ehemalige Schüler Max von der GRÜN (1981, 220 f.), Jg. 1926, schildert eine Begegnung mit einem seiner von der Front heimkehrenden Lehrer aus dem Jahre 1943:

„In diesem Jahr kehrte ein früherer Lehrer von mir nach Hause zurück. Obwohl er an Krücken ging, weil er sein rechtes Bein verloren hatte, hinkte er dennoch stolz in seiner Uniform durch die Stadt.

Einmal kam er mir auf der Hauptstraße entgegen, als ich vom Büro nach Hause kam. Er sah mich erstaunt an, ungläubig, hob den Arm zum Hitlergruß und sagte laut: ‚Heil Hitler!‘

Ich erwiderte: ‚Grüß Gott, Herr Lehrer:‘

‚Nanu, von der GRÜN, immer noch Drückeberger in der Heimat?‘

‚Immer noch‘, sagte ich, ‚aber nicht weil ich ein Drückeberger bin, sondern weil ich erst 17 Jahre alt bin.‘

Und dann sagte er etwas, worüber meine Mutter, der ich diese Begegnung erzählte, in schallendes Gelächter ausbrach:

‚Denk dran, von der GRÜN, jeder Tag ist ein Verlust für dich, an dem du nicht für den Führer kämpfen darfst!‘

Mein Gott, und solche Menschen hatten uns einmal unterrichtet!“

Da Schule nicht mehr Schule ist, kann sie auch nicht mehr als solche erinnert werden. Die wenigen Rituale, die noch lustlos exerziert werden, sind in Selbstauflösung begriffen. Als einzige ernstzunehmende pädagogische Aktion der letzten Kriegsjahre, in der viele Lehrerinnen und die wenigen verbliebenen Lehrer auch erstmalig wieder einen gewissen Umfang an Schulunterricht erteilen können, taucht in der Erinnerung ehemaliger Schüler und Lehrer die verordnete Kinderlandverschickung (KLV) auf.

Eine Beschreibung der Übergangszeit von Schule zu „KLV“ gibt der ehemalige Schüler Wolfram SIEBECK im folgenden (1982, 60; auch in HERRMANN 1985, 303–307), Jg. 1928. Dabei muß die positive Schilderung der KLV-Zeit sicher relativiert werden durch andere Erfahrungen negativer Art, die sich insgesamt sogar in einer eigenen Meldung des Sicherheitsdienstes (SD) der SS vom Februar 1944 niederschlagen, in der von einer zunehmenden Weigerung von Eltern in mehreren Landesteilen berichtet wird, ihre Kinder in KLV-Lager zu geben (SD-Berichte 1944, 6316 f.). Wolfram SIEBECK berichtet (1982, 60):

„Es fielen die ersten Bomben, die ersten Häuser brannten. Die nächtlichen Alarme waren ermüdend; überschritten sie eine gewisse Zeit, fiel am nächsten Morgen die erste Schulstunde aus.

Auf den Trümmern eines Hauses in der Nachbarschaft fand ich ein intaktes Koffergrammophon mit einigen Platten, ausschließlich englische Swingmusik . . . Von Stund hatte ich für deutsches Liedgut nur ein mitleidiges Lächeln übrig. Aus der Begeisterung und Überredungskunst, mit der ich meine Freunde für diese Art von Musik zu gewinnen trachtete, hätte sich zehn Jahre später eine Widerstandslegende zimmern lassen, die für ein hohes Staatsamt in der Bundesrepublik gut gewesen wäre.

Die zunehmenden Bombenangriffe brachten einen Hauch von Anarchie in unser Leben. Jeden Morgen hoffte ich, die Schule in Trümmern vor-

zufinden; Klassenarbeiten wurden unter unserem Jubel von Sirenengeheul verhindert ... Fliegeralarm bot immer einen Anlaß für eine Entschuldigung ...

1943 begannen die Behörden, die Schüler der Großstädte aufs Land zu evakuieren. ‚Kinderlandverschickung' lautete die offizielle Bezeichnung. Für mich war es die schönste Epoche meiner Kindheit.

Wir wurden nach Friedeberg in der Neumark (Pommern) geschickt, eine hübsche, friedliche Kleinstadt, in der vom Krieg nichts zu spüren war. Ich erinnere mich an einen herrlichen Sommer, an stille Seen, in denen wir badeten, an bunte Wiesen, auf denen wir träumten, an laue Mondnächte, in denen wir Mädchen küßten. Ich erinnere mich an die Herzlichkeit der Friedeberger Bevölkerung, die uns Kindern, wenn wir mit einer Lebensmittelkarte über 25 Gramm Fleisch in den Metzgerladen gingen, stets ein Stück Wurst vom dreifachen Gewicht in die Hand drückten; an Pflegemütter, die die ihnen anvertrauten Kinder verwöhnten, als wären es ihre eigenen ...

Nur an die Schule erinnere ich mich überhaupt nicht. In welchem Gebäude wir Unterricht hatten, bei welchen Lehrern, mit welchen Ergebnissen – ich weiß nichts davon.

Die Schule spielte keine Rolle mehr. Denn ich wußte: wenn nicht eines der Wunder geschähe, von denen Zarah LEANDER im ‚Wunschkonzert' sang, würden wir Fünfzehnjährigen Anfang des nächsten Jahres zur Flak müssen."

Und die Anderen? Gibt es für sie nicht endlich die Hoffnung auf ein absehbares Ende der NS-Herrschaft und auf einen radikalen Neuanfang, wenn auch möglicherweise unter klarer Diktion der Siegermächte?

Eine Hoffnungsstimmung scheint sich nur schwer ausbreiten zu können unter Lebensbedingungen, die für die sich als oppositionell verstehenden oder zu „Volksschädlingen" definierten mindestens noch einmal so schwer sind wie für die „normale Bevölkerung", die selbst unter dem Krieg im eigenen Land zu leiden hat.

Der Hoffnung sind da existentielle Grenzen gesetzt, wo sie sich in nicht wenigen Fällen auf die nüchterne Frage reduziert: Werde ich den Neuanfang überhaupt noch erleben? Reicht meine Kraft, reichen meine materiellen Möglichkeiten, um bis zum Schluß durchzuhalten?

Es ist mehr als perfide, daß diese existielle Bedrohung durch allgemeine Lebensumstände im Krieg für die „Ausgegrenzten" noch in den letzten reichsweit verbreiteten Erlassen des Reichserziehungsministers im Jahre 1944 spezifische Verschärfungen erfährt. Wo schon kaum mehr schulische Belange zu verwalten sind, wo sämtliche Schulen längst stolz für „judenfrei" erklärt wurden, tun sich den gewissenhaften Beamten immer noch „Lücken“ im System der Ausgrenzung auf, die es zu schließen gilt:

Ende 1943 kommt ein Erlaß heraus, der darauf hinweist, daß es „mit der Achtung und dem Vertrauen, die dem Beamten entgegengebracht werden sollen, nicht vereinbar“ ist, wenn dieser die Ehe mit einer „arischen“ Frau schließt, die früher einmal mit einem Juden verheiratet war („Dieser Runderlaß gilt für weibliche Beamte entsprechend“, Erlaß 560, AMTSBLATT 1943, 338).

Endgültig an den Kragen dagegen soll es jenen Ehepartnern gehen, die sich trotz aller Drohungen, trotz Entlassung und Strafen, immer noch nicht haben scheiden lassen (und damit den jüdischen Ehepartner der Deportation preisgegeben hätten). Ihnen wird nunmehr die gemeinsame Deportation angekündigt.

Der ehemalige Schüler Rudolf BANUSCHER, Jg. 1925, aus Hamburg, erinnert sich an die Probleme seiner Eltern, die nach NS-Vokabular eine „Mischehe“ führten (nach Gesprächsprotokoll vom 6.1.1986):

„Mein nichtjüdischer Vater, der bis zu seiner Entlassung 1934 Beamter gewesen war, hielt während der gesamten Nazi-Zeit zu meiner jüdischen Mutter und hatte dafür auch einiges auszuhalten:

1934 kam er das erste Mal für über 18 Monate in das KZ Fuhlsbüttel, aufgrund einer Denunziation, weil er angeblich gesagt hätte, das Buch ‚Mein Kampf‘ wäre nicht von Hitler geschrieben worden. Ihm wurde auch nach der Entlassung immer wieder nahegelegt, sich von meiner Mutter zu trennen.

1938 wurde meine kleine Schwester geboren. 1943 mußte mein Vater in der politischen Abteilung des Gefängnisses Altona noch einmal eine dreimonatige Haftstrafe antreten, dieses Mal wegen Äußerungen gegen das ‚System‘: Ihm wurde vorgeworfen, den Wunsch nach Auswanderung geäußert zu haben, weil es in Deutschland nicht besser werden würde.

Meine Mutter hatte in all den Jahren bereits die schlimmsten Diskriminierungen über sich ergehen lassen müssen: Sie mußte den gelben Stern tragen, durfte kein Verkehrsmittel mehr benutzen usw. Es war eine schlimme Zeit, ich litt sehr unter der vergifteten Atmosphäre und entsprechend schlecht waren meine Schulleistungen. Anfang 1944, als ein Erlaß herauskam, der verfügte, daß Mischehen nunmehr zu trennen seien bzw. andernfalls beide Eheleute nach Theresienstadt transportiert würden, konnte meine Mutter in einem Versteck bei einem meinem Vater bekannten Bauern am Stadtrand von Hamburg untergebracht werden. Ihr war dort auf dem Dachboden ein kleiner Verschlag eingerichtet worden, in dem sie sich tagsüber aufzuhalten hatte und den sie nur nachts verlassen konnte. Versorgt wurde sie mit Hilfe zweier russischer Kriegs-

gefangener. Ich durfte meine Mutter während der ganzen Zeit bis Kriegsende nicht sehen." (Zu Rudolf BANUSCHER vgl. auch Dokument 44).

Als sich der längst entlassene Studienrat H., Jg. 1897, in einer Stadt im Saargebiet, bei der zuständigen Hauptgestapostelle für seine inhaftierte jüdische Frau im Jahr 1944 einsetzt, bekommt er dort zu hören (nach POPP 1981–83):

„‚Sie als Studienrat müßten doch wissen, daß Sie schon 1941 gar kein Kind mehr in die Welt setzen durften' – 1941 war nämlich unsere kleine Tochter geboren worden – ... und also, das war da so eine furchtbare Atmosphäre, ich wünsche keinem, daß er das einmal erleben muß. Ich bin da schließlich freiwillig hingegangen, um meine Frau loszubringen, und nun drohte der mir da unentwegt. Als ich dann schließlich traurig wegging, dann sagte der zu mir in diesem Ton: ‚Sie sind vorläufig entlassen!'

Eine wunderbare Bemerkung zum Abschied, nicht? ... Ich will ja nicht besonders hervorheben, nicht, aber wir haben zusammengehalten, das war nicht einfach, nicht ..."

Als nächstes waren die Kinder aus den sogenannten „Mischehen" dran: War „jüdischen Mischlingen ersten Grades" (ein Elternteil jüdisch nach NS-Definition) bereits am 2. Juli 1942 der höhere Schulbesuch untersagt worden (AMTSBLATT 1942, 278), so regelten nun Erlaß 133 (AMTSBLATT 1944, 78) und Erlaß 178 (AMTSBLATT 1944, 115) erneut die schriftliche Nachweisführung über die „deutschblütige Abstammung bei der Aufnahme in Schulen" bzw. bei der „Zulassung zum wissenschaftlichen Studium ...". Lediglich die Volksschulen und die Pflichtklassen an den Berufsschulen blieben von diesen Sonderregelungen verschont.

Die besondere Situation jener als „halb-" oder „vierteljüdisch" bezeichneten Schülerinnen und Schüler hat in den letzten Jahren überhaupt erst eine eigene Berücksichtigung erfahren. Einen besonders eindrucksvollen Beitrag leisteten hierzu auch die biographischen Schilderungen von Ralph GIORDANO, Jg. 1923, („Die Bertinis", 1982) und von Ingeborg HECHT, Jg. 1921, („Als unsichtbare Mauern wuchsen", 1984).

Was das „Durchhalten" im Einzelfall bedeuten konnte, schildert Ralph GIORDANO anhand der Erfahrungen seiner Familie in ihrem Versteck während der letzten Tage vor der Befreiung durch die Engländer am 4. Mai 1945 in Hamburg (im Roman trägt die Familie literarisch verfremdet den Namen BERTINI; GIORDANO 1982, 636 f.):

„Alle BERTINIS wurden von den Ratten angenagt, an Armen und Beinen, Alf auch im Gesicht. In den kleinen, aber tiefen Wunden zeichneten sich deutlich die Hauer ab ... Obwohl die Schmerzen unerträglich waren, mußten die BERTINIS sie über sich ergehen lassen. Das mechani-

sche, hilflose Wedeln ihrer Hände schreckte die Ratten nicht ab. So konzentrierte sich ihr einziger Wunsch, eine gierige, allmächtige Sehnsucht, auf jenen Zustand, der allein ihnen Linderung verschaffen konnte und in dem sie nun die meiste Zeit dahindämmerten – Bewußtlosigkeit.

Dann . . . kroch die Eisenbahnerin (die sie bis dahin notdürftig in ihrem Versteck versorgt hatte, LvD) durch das Loch, leuchtete mit der Taschenlampe, stellte überall Kerzen auf und sagte, ohne Vorsicht, laut, mit ihrer eigentlichen Stimme:

‚Hamburg hat kapituliert. Seit zwei Stunden marschieren die Engländer von Süden her in die Stadt ein. Es besteht allgemeines Ausgehverbot.'

Keiner der BERTINIS wird später einen optischen Eindruck von diesem Augenblick rekonstruieren können. Er blieb Eltern und Söhnen für immer verschlossen, nicht ein einziges Bild drängte sich je klar in ihr Bewußtsein, als sie wieder frei denken konnten. Wohl aber haftete die entscheidende Minute ihres Lebens ihnen akustisch in Erinnerung. Denn gleich darauf sagte Erika (die Eisenbahnerin) im Tone trockener Feststellung jenen Anschlußsatz, den alle fünf, die da schmutzverkrustet, ohne Gewalt über sich selbst, mit geschlossenen Augen und geschlossenem Mund auf den Brettern lagen, für den Rest ihres Daseins behalten würden:

‚Die Scheiße hat also eine Ende!'"

Nonkonformität

Dokument 43: „Da war ich sehr verwirrt . . ." (1943)

Erinnerung der ehemaligen Schülerin Micha EVERS, Jg. 1925, an die Oberschule für Mädchen in Potsdam (Gesprächsprotokoll vom 19.2.1986):

„Einmal, als wir über die Katastrophe an der Ostfront redeten, so 1943 muß das gewesen sein, brachte meine Klassenlehrerin Hanna Z. zunächst die üblichen starken Sprüche über unsere heldenhaften Soldaten – aber dann fuhr sie in ironischem Tonfall fort:

‚Ja, wenn Ihr schon nicht mal mehr an den Endsieg des Führers glaubt, wo Ihr doch Deutschlands Zukunft seid . . .!'

Da war ich sehr verwirrt . . ." (Vgl. Dokument 22).

Dokument 44: „... meinem Schulleiter zu verdanken ..." (1943)

Erinnerung des ehemaligen Schülers Rudolf BANUSCHER, Jg. 1925, an die Schule am Stadtpark (Oberschule für Jungen) in Hamburg (Gesprächsprotokoll vom 6.1.1986):

„Es passierte mir als halbjüdischem Schüler nichts, obwohl spätestens 1942 alle mir bekannten halbjüdischen Schüler die deutschen Schulen hatten verlassen müssen.

Wie mir sehr bald klar wurde, hatte ich dieses besondere Glück meinem Schulleiter Dr. STUDT zu verdanken, der zu Führers Geburtstag die wildesten Nazi-Reden führte, ostentativ das Partei-Abzeichen trug – aber das Wissen um meinen halbjüdischen Status einfach nicht weitergegeben hatte.

Um mich zu schützen, schlug er mich sogar noch im Sommer 1943, nachdem ich durch meinen Einsatz bei der Brandwache das Ausbrennen der Schule verhindert hatte und dabei verletzt worden war, beim zuständigen Luftgau (= Oberste Luftschutzbehörde) zum ‚Kriegsverdienstkreuz mit Schwertern zweiter Klasse' vor. Da dort nicht nachgeforscht worden war aufgrund der Empfehlung des Schulleiters, bekam ich einige Zeit später tatsächlich diesen Orden!"

Verweigerung

Dokument 45: „Da hat sie gesagt: Ohne mich!" (1942–45)

Erinnerung von Jürgen M., Jg. 1922, an seine Mutter, die Volksschullehrerin Martha M., Jg. 1899, München (nach Schreiben vom 22.10.1986):

„Meine Mutter war eine zutiefst religiöse Frau, der das ganze Nazitum sehr zuwider war. Da sie aber als alleinstehende Frau uns 6 Kinder zu versorgen hatte, war sie doch 1935 in den NSLB eingetreten, um ihre Stelle nicht zu gefährden. Den Parteieintritt verweigerte sie bis zuletzt.

Als es nun aber in die KLV-Verschickung gehen sollte, hatte sie Angst, den Alltag dort unter der Ägide ihrer betont nazistischen Schulleiterin nun auch noch Tag und Nacht nicht durchzustehen. Zunächst versuchte sie ihren Wunsch nach Verbleib in der Großstadt mit der Fürsorge für die beiden kleinsten Geschwister zu begründen. Da ihr dann gesagt wurde, daß sie die selbstverständlich mitnehmen könne, hat sie gesagt: ‚Nun muß ich reinen Wein einschenken. Ich fahre da nicht mit. Ohne mich!'

Sie hat gekündigt, also um Entlassung gebeten als wiedereingestellte Beamtin, da hat es noch einigen Ärger mit ihrer Schuleiterin gegeben. Aber schließlich ging alles gut. Sie hat dann zwei alte Frauen in der Nachbarschaft versorgt, die ihr dafür etwas Geld gegeben haben." (Vgl. auch die ähnliche Verweigerung von Elisabeth FLÜGGE).

Protest

Dokument 46: „Das durften Sie nicht!" (1943/44)

Erinnerung der stellvertretenden Schulleiterin an der Bildungsanstalt für Frauenberufe, Therese KURKA, Jg. 1909, in Gleiwitz/Oberschlesien:

„Persönlich besonders empört war ich über das, was einer meiner Schülerinnen sozusagen vor meinen Augen zustieß . . .

Bärbel war eine kluge und engagierte Schülerin und hatte aufgrund ihrer Klassenarbeiten und nach der Zensurkonferenz eine 1 erhalten. Daraufhin erhielt ich einen Aufruf von dem oben schon erwähnten Oberregierungsrat, der wissen wollte, ob die Zensuren wirklich gerechtfertigt wären. Offensichtlich hatte sich da jemand beschwert. Ich sagte: ‚Ja, die hat sie verdient!'

Kurz darauf erhielt ich eine Vorladung zum Ministerialrat nach Kattowitz. Dort führte wieder mein Oberregierungsrat das Gespräch. Als ich ihn fragte, wie er denn Zensuren, die von der Konferenz verabschiedet worden seien, weiter anzweifeln könne, meinte er in Beziehung auf die 1 in Betragen: ‚Würden Sie auch einer Schülerin, die sechs silberne Löffel gestohlen hat, eine 1 geben?'

Damit spielte er wohl auf die Gesinnung von Bärbel an, die eben auch ihre eigene Meinung hatte. Es kam bei diesem Gespräch aber gar nichts raus, die Zensuren blieben so auf dem Zeugnis.

Es war offenbar, daß die Partei auf alle Angehörigen politisch ‚verdächtiger' Personen ein wachsames Auge hatte.

Das Schlimmste kam aber noch im Jahre 1944: In einem Pausengespräch mit anderen Schülerinnen, in dem das Thema ‚Polnische Partisanen' war, von denen einige in der Gegend verschiedentlich aufgespürt worden waren, hatte Bärbel gesagt:

‚Was wollt Ihr eigentlich? Das sind doch im Grunde auch Vaterlandsverteidiger!'

Daraufhin waren zwei Mädchen, wie mir eine Kollegin später berichtete, aus der Pause verschwunden und erst später wieder im Unterricht erschienen. Noch am gleichen Vormittag kam diese Kollegin plötzlich in meinen Unterricht in einer anderen Klasse und erzählte aufgeregt, daß gerade die Gestapo dagewesen wäre und Bärbel abgeholt hätte. Ich war außer mir, und wies sie empört zurecht, wieso sie dies zugelassen hätte, denn die Gestapo hätte sich zuerst bei der Schulleitung anmelden müssen. Ich weiß noch, wie ich sagte: ‚Das durften Sie nicht, das Mädchen einfach rausgeben!'

Am Abend waren die Eltern bei mir in der Wohnung, und wir bemühten uns gemeinsam am Telefon Bärbel freizubekommen ... Erst nach 11 Tagen wurde sie aus der Gestapo-Haft entlassen."

Widerstand

Biographische Angaben zu dem sozialdemokratischen Professor für Geschichte und Staatsbürgerkunde an der Pädagogischen Akademie in Halle (ab 1930) und dann nach seiner Strafversetzung als Dorfschullehrer (ab 1933) tätigem Adolf REICHWEIN finden sich bereits in Band I. Hier sollen einige Einzelheiten der Widerstandsarbeit Adolf REICHWEINS dargestellt werden (MILLER 1985, 27 ff.):

Dokument 47: „... ein Mann der bewußten Opposition" (1940–44)

„Wodurch und wann hat sich dieses Verharren in politischer Abstinenz (nach seiner Strafversetzung, LvD) gegenüber dem NS-Regime bei REICHWEIN geändert?

Offenbar hat zu dieser Veränderung sein neuer Wirkungskreis, die damit verbundenen Möglichkeiten der Wiederbegegnung mit alten Freunden und das Knüpfen neuer Beziehungen am meisten beigetragen. Im Mai 1939 wurde REICHWEIN Leiter der Abteilung Schule und Museum im Volkskundemuseum in Berlin. Er erneuerte nun seine Bekanntschaft mit Helmut James Graf von MOLTKE ...

Im Schutze seiner Diensträume im Prinzessinnenpalais konnte REICHWEIN Freunde empfangen, und sein Büro wurde ein Treffpunkt von Regimegegnern. Der Kreis derer, die dort zusammenkamen, erweiterte sich mehr und mehr. So wurde REICHWEIN in seinem Berliner Wirkungskreis zu Anfang des Zweiten Weltkrieges ein Mann der bewußten politischen Opposition.

Die politisch wichtigste Verbindung REICHWEINS war die mit dem Grafen von MOLTKE, dessen Gut Kreisau ein einzigartiges Zentrum des zivilen Widerstands in Deutschland bildete. Dort fanden in den Jahren 1940 bis 1944 fast fünfzig Besprechungen und drei größere Tagungen statt, bei denen so eingehend und systematisch, wie es die äußeren Bedingungen erlaubten, Möglichkeiten, das Regime zu stürzen, erwogen und

Pläne für die Zukunft entworfen wurden ... Als REICHWEINS Berliner Wohnung durch Bomben zerstört worden war, nahmen FREYA und Helmut von MOLTKE seine Familie in Kreisau auf.

Die Kreisauer Oppositionellen repräsentierten ein breites Spektrum politischer Meinungen und weltanschaulicher Bindungen. In Kreisau trafen sich mit den Angehörigen des preußischen Adels, die den Kern bildeten, Beamte aus der Verwaltung, Jesuitenpatres, evangelische Theologen, Hochschulprofessoren, ehemalige Mandatsträger der SPD und deren Freunde, und ehemals führende Gewerkschaftler ... Nur wenige Männer des Kreisauer Kreises sind der nationalsozialistischen Mordjustiz entgangen ...

(In einem 1942 diesem Kreis vorgelegten Dokument beschreibt REICHWEIN die Erziehungsaufgabe der Schule), ‚die sie gemeinsam mit Familie und Kirche zu erfüllen habe ...'

Über Unterrichtsstoff und -methoden wird nichts ausgesagt, und nur ein einziges Fach wird ausdrücklich erwähnt: ‚Die staatliche Schule ist eine christliche Schule mit Religionsunterricht beider Konfessionen als Pflichtfach. Der Unterricht wird im Auftrage der Kirchen nach Möglichkeit durch Geistliche ausgeübt.' (vgl. van ROON 1967, 542 f.)

Daß die programmatische Forderung, die Schule eng an die Kirche zu binden, im Gegensatz stand zu den Bestrebungen liberaler und sozialistischer Pädagogen und deren Umsetzung in der Weimarer Republik, brauche ich hier nicht weiter auszuführen.

REICHWEIN, der sich Anfang der zwanziger Jahre als religiösen Sozialisten bezeichnete, war ein betont christlicher geworden. Doch welche Erwägungen, Erfahrungen und inneren Erlebnisse dies bewirkt haben, darüber geben mir zugängliche Zeugnisse keinen Aufschluß... Erlaubt sei mir jedoch festzustellen, daß REICHWEIN in seinem Schulprogramm alle außerhalb der katholischen und protestantischen Kirche stehenden Gruppen unberücksichtigt gelassen hat. Juden werden in diesem Dokument überhaupt nicht erwähnt, die Existenz von Quäkern, freireligiösen Gemeinden und von Freidenkern – in der Weimarer Republik hatte der Freidenkerverband über eine halbe Million Mitglieder – wird ignoriert...

So verständlich es ist, daß REICHWEIN in jener heillosen Zeit auf eine spirituelle und sittliche Autorität bauen wollte und sie im Christentum fand, so sei doch kritisch angemerkt, daß das Verhalten der Kirchen in der Weimarer Republik und im Dritten Reich sein Vertrauen nicht rechtfertigte. Für REICHWEINS Absicht, den kirchlichen Einfluß auf politische Entscheidungen zu verstärken, ist es schon darum schwer, rationale Gründe zu finden, weil Äußerungen von ihm fehlen, die erkennen lassen, daß er eine moralische Erneuerung und politische Umorientierung der Kirchen forderte.

Die Distanz zu REICHWEINS programmatischen Konzeptionen mindert nicht den tiefen Respekt vor seiner moralischen und geistigen Struktur. Sie drückte sich aus in seinem Ringen um eine menschenwürdige Gesellschaft und in der Selbstlosigkeit, mit der er seinen Idealen diente.

Respekt ist auch geboten bei der Beurteilung des Entschlusses, den er gemeinsam mit Julius LEBER gefaßt hat, mit einer kommunistischen Gruppe Kontakt aufzunehmen. Dieser Schritt wurde beiden zum Verhängnis. Die Zusammenkunft wurde verraten, REICHWEIN und LEBER wurden (am 4. Juli 1944) verhaftet, gefoltert, verurteilt und hingerichtet (am 20. Oktober 1944). Nicht Sympathie mit den Kommunisten, sondern das Bestreben, der Opposition eine möglichst breite Basis zu verschaffen, war REICHWEINS Motiv, eine Verbindung mit ihnen zu suchen. Die Bedenken und Warnungen politischer Freunde konnten ihn nicht davon abbringen, das Wagnis zu unternehmen."

Abb. 25: Adolf REICHWEIN vor dem Volksgerichtshof unter dem Vorsitz Roland FREISLERS am 20. Oktober 1944; am Abend des gleichen Tages erfolgte die Hinrichtung.

Opposition aufgrund von Denunziation

Dokument 48: „Ob wir den Krieg gewinnen, wird sich noch zeigen." (1943)

Bereits zu Beginn des Krieges wurden die „Grundsätze der inneren Staatssicherheit während des Krieges" erlassen, in denen es u. a. hieß:

„Jeder Versuch, die Geschlossenheit und den Kampfeswillen des deutschen Volkes zu zersetzen, ist rücksichtslos zu unterdrücken. Insbesondere ist gegen jede Person sofort durch Festnahme einzuschreiten, die in ihren Äußerungen am Sieg des deutschen Volkes zweifelt ... da gegebenenfalls auf höhere Weisung brutale Liquidierung solcher Elemente erfolgen wird." (nach HOCH 1982, 19).

Diese interne Anweisung kam jedoch erst in der zweiten Kriegshälfte verstärkt zur Anwendung, als zweifelnde Bemerkungen nicht mehr lächelnd als unverbesserliche Nörgelei abgetan wurden, sondern als „wehrkraftzersetzende Äußerungen" zu einer bedrückenden Zunahme justiziabler Denunziationen führten.

Ihr Ausmaß gegenüber nonkonformen Äußerungen war so bestimmend, daß die spätere Rekonstruktion des tatsächlichen Verhaltens sowie die Reaktion auf die Denunziation durch die Betroffenen sich nur schwer recherchieren lassen. Insofern ist der Tatbestand „Opposition aufgrund von Denunziation" für diese Phase nicht ohne weiteres einlösbar.

Allein in Hamburg sind – allerdings erst in jüngster Zeit und vor allem durch das Engagement von Gerhard HOCH – die Fälle der Lehrer Gustav HOLLER (1887–1944), Dr. Bruno NEHMERT (1897–1945) und Hans LIEBER (1890–1944) bekannt geworden, die sämtlich aufgrund von Denunziation verhaftet worden sind und in der Folge der Haftbedingungen noch vor Kriegsende als Häftlinge starben (vgl. die Kurzbiographien von HOCH, in: HOCHMUTH/de LORENT 1985, LEHBERGER/de LORENT 1986).

Der Leidensweg des Volksschullehrers Hans LIEBER ist insofern besonders tragisch, als an seinem Anfang eine Denunziation durch die Schüler seiner eigenen Klasse steht, die er ab 1943 als Vertrauenslehrer in ihrer Flakstellung bei Harburg zu betreuen hat (nach HOCH 1982, 18 f.):

„Im Dezember 1943 geschah dann das Unglück. Während die deutschen Armeen langsam aber beständig in Richtung auf die eigenen Grenzen zurückgedrängt und die deutschen Städte systematisch zerbombt wurden, suchten die Sondermeldungen im Rundfunk und die Schlagzeilen in den Zeitungen den Glauben des Volkes an den Endsieg krampfhaft aufrecht zu erhalten.

Diesem Zweck sollten auch Plakate dienen, die in jenen Tagen in Sinstorf wie auch in der Flak-Stellung angebracht worden waren. Während Hans LIEBER mit seinen Jungen beim Kartoffelschälen saß, drängte man ihn, seine Meinung zu diesen Plakaten zu sagen. Und er tat es.

‚Ob wir den Krieg gewinnen, wird sich noch zeigen', meinte er. Und schlimmer noch: Ironisch fügte er hinzu: ‚Wenn die Engländer zurück-

gehen, ist das eine Niederlage; wenn wir zurückgehen, ist das eine Absetzbewegung.'

Bemerkungen wie die letztere wurden zwar vielfach gemacht, doch immer nur hinter der vorgehaltenen Hand und nur vor den Ohren Gleichgesinnter, denen man vertrauen konnte. Hier trafen sie auf junge Menschen, Kinder einer 5. Mittelschulklasse, die von klein auf den intensiven Einflüssen der nationalsozialistischen Gesellschaft unterworfen gewesen waren, die sich als junge Soldaten an den Flakgeschützen bewährt hatten. Nicht alle aus dieser Klasse konnten den Konflikt zwischen der Zuneigung zu ihrem sympathischen Lehrer und dem Glauben an Deutschland aushalten. LIEBERS Äußerungen wurden jedenfalls von Schülern einem Leutnant der Luftwaffe gemeldet, der sie an die Gestapo weitertrug. . .

Am 16. Dezember 1943 erschienen Beamte der Geheimen Staatspolizei . . . in der Flakstellung und holten Hans LIEBER ab. . . Was LIEBER in den Zellen der Gestapo erlebt hat, weiß man nicht. Die vielen Monate im Untersuchungsgefängnis Hamburg und später in Potsdam und Berlin haben ihm schwer zugesetzt. Er verlor stark an Gewicht und unternahm schließlich den Versuch, sich das Leben zu nehmen. . ."

Am 26. Juli 1944 wird der Lehrer Hans LIEBER vom Volksgerichtshof in Potsdam wegen „Wehrkraftzersetzung" zu vier Jahren Zuchthaus verurteilt. Am 20. Februar 1945 verstirbt Hans LIEBER im Zuchthaus Celle. Der Krankenbogen weist aus: *„Exitus an Kreislaufschwäche."*

Zusammenfassung

1. Die Interpretation oppositionellen Lehrerverhaltens 1933–45 hat zunächst wesentliche Einschränkungen in bezug auf ihre Materialbasis zu berücksichtigen, die zum einen aus dem späten Zeitpunkt der Untersuchung resultieren, zu dem ein Großteil der Zeitzeugen bereits verstorben ist, und zum anderen aus einschränkenden Archivbedingungen (mangelnde Aufschlüsselung der Bestände, gezielte Vernichtung von Beständen nach 1945, politische Rücksichtnahme auf NS-Täter und deren Angehörige bis heute).

2. Durch die historische Nähe der NS-Zeit ist es besonders notwendig, über Fakten hinaus die „atmosphärische Aufgeladenheit" der Jahre 1933–45 zu erspüren, durch unterschiedliche Aspekte damaliger „Normalität" anzureichern, um bei der Interpretation weder heutigen (Ver-)Urteilungsmustern noch scheinbar objektiv sachlogischen Erklärungen ausgeliefert zu sein, die beide allein nicht oder nur unzureichend damalige Deutungs- und Bewertungsmuster erschließen können.

3. Zwei Differenzierungen sind schließlich erforderlich, um die NS-Zeit sowohl in ihren unterschiedlichen Phasen selbst deutlich werden zu lassen als auch um das harte und gleichwohl unzutreffende entweder „Anpassung" – oder „Widerstand" aufzubrechen und präzisieren Wahrnehmungen zugänglich zu machen. Dies bedeutet für die zeitliche Interpretationsebene die Phasen der Gleichschaltung (1933–34), der Gewöhnung (1935–38), des Größenwahnsinns (1939–42) und der Gebrochenheit (1942–45). Es bedeutet für die psychologische Interpretationsebene die Ausdrucksformen oppositionellen Lehrerverhaltens in Nonkonformität, Verweigerung, Protest und Widerstand (sowie Opposition aufgrund von Denunziation).

4. Es läßt sich demgemäß feststellen, daß die Ausdrucksformen oppositionellen Lehrerverhaltens in den vier Phasen unterschiedliche Bedingungen, Ausprägungen und Konsequenzen aufweisen:

1933–34 (Gleichschaltung):

Oppositionelles Verhalten von Lehrerinnen und Lehrern in der Schule baut auf Orientierungen auf, die in der Regel in der Weimarer Republik entwikkelt und gestärkt wurden. Empörung und Protest einzelner Lehrerinnen und Lehrer vor allem gegenüber den zahllosen nun geforderten Anpassungsbeweisen artikulieren sich anfangs eher spontan, wobei sowohl die Konsequenzen für das eigene Verhalten noch nicht immer eingeschätzt werden als auch unterschiedlich große Irritation über das „Umfallen" ehemals nahestehender demokratisch orientierter Kolleginnen und Kollegen herrscht. Jede Opposition ist nicht nur von einem auf den anderen Tag kriminalisiert, sondern erlebt sich selbst als atomisierte Minderheit (in der

Minderheit der auch in der Weimarer Republik kritisch-demokratisch Orientierten).

Denunziationen werden zunächst vor allem zu propagandistischen „belehrenden" Zwecken genutzt. Ein Widerstand außerhalb der Schule ist in der Regel nur denen zugänglich, die bereits vor 1933 organisatorisch in derartige Gruppen eingebunden waren.

1935–38 (Gewöhnung):

Oppositionelles Verhalten von Lehrerinnen und Lehrern in der Schule entzündet sich nun zunehmend an Konfliktlinien des Alltags. Der orientierende Bezug zur Weimarer Republik geht in dem Maße verloren, in dem das NS-Regime Akzeptanz bei der breiten Mehrheit der Bevölkerung in jenen „schönen Jahren" vor dem Kriege erfährt. Konflikte und ihre Konsequenzen können nun bereits wesentlich besser eingeschätzt werden, umgekehrt hat auch der Staat sein Spitzelwesen systematisch ausgebaut.

Konfliktlinien des Alltags sind vor allem das gespannte Verhältnis zwischen Hitlerjugend und Schule, die verstärkten Aufforderungen an Lehrerinnen und Lehrer, sich durch Schulungen und Beitritte zu NS-Organisationen demonstrativ auf die Seite des NS-Staates zu stellen und schließlich – wenn auch sehr vereinzelt – Kritik an Maßnahmen gegenüber ausgegrenzten Schülern oder Kollegen.

Dabei sind die Möglichkeiten, diese Konfliktlinien, die z. T. auch zwischen NS-Instanzen bzw. deren Vertretern ausgetragen werden, für oppositionelles Verhalten zu nutzen, regional, ja selbst von Schule zu Schule sehr unterschiedlich. Von einem rechtsweiten Zwang beispielsweise des Eintritts für Lehrer in NS-Organisationen kann heute nicht mehr gesprochen werden.

1939–42 (Größenwahnsinn):

Oppositionelles Verhalten von Lehrerinnen und Lehrern in der Schule erfährt durch den Kriegsbeginn einschneidende Veränderungen seiner Bedingungen: Nahezu alle Lehrer im wehrfähigen Alter werden nach und nach zur Wehrmacht eingezogen oder melden sich freiwillig. Es bleiben zunächst die Lehrerinnen, zunehmend werden auch diese in die „neuen Ostgebiete" versetzt; Hilfskräfte und ehemals entlassene Lehrerinnen und Lehrer und bereits pensionierte Lehrer werden wieder eingestellt.

Durch die allgemeine „Siegesbegeisterung" und die Dienstbarmachung der Schule für militärische Aufgaben haben oppositionelle Lehrerinnen und Lehrer immer weniger die Chance, Schüler oder Kollegen noch zu beeinflussen. Andererseits ist das Erkennen der wenigen noch verbliebenen oppositionellen Lehrer und Schüler untereinander leichter geworden. Wer nicht im Widerstand außerhalb der Schule organisiert ist, versucht sich nicht selten auf unterscheidlichste Weise den militaristischen Zumutungen zu verweigern. Kritische Äußerungen werden weniger hart geahndet als „mangelnder Einsatz an der Heimatfront".

1942–45 (Gebrochenheit):

Oppositionelles Verhalten von Lehrerinnen und Lehrern findet in aller Regel nicht mehr in der Schule statt, sei es, weil diese als eigenständiger Raum aufgehört hat zu existieren (und nun als Getreidelager oder Lazarett dient) oder weil Schüler und Lehrer sich bei der Kinderlandverschickung (KLV) oder als Flakhelfer und Vertrauenslehrer wiederbegegnen. Obwohl ein Ende der NS-Herrschaft absehbar scheint, sind die Lebensbedingungen insgesamt so erschwert, daß es auch für oppositionelle Lehrerinnen und Lehrer zunehmend um die Sicherung des eigenen Überlebens geht, zumal der Terror des Regimes, einschließlich des Ausmaßes an Denunziationen in der Bevölkerung, noch einmal beträchtlich zunimmt und viele erfaßt, die bislang unbehelligt geblieben waren (vgl. z. B. die „Gewitteraktion"). Die Anlässe für Denunziationen werden immer geringfügiger und für keine Phase gilt so sehr die existienelle Gefährdung des Einzelnen durch das Regime selbst für beiläufigste Bemerkungen, die als „defaitistisch" gewertet werden konnten, wie für die letzten Kriegsjahre.

Vertiefende Interpretationen sind zwar in den einzelnen Kapiteln nachzulesen, sind andererseits jedoch keineswegs als abgeschlossen zu betrachten. Zum gegenwärtigen Zeitpunkt der Studie mußte die Abwägung zwischen Sicherung und Systematisierung von Dokumenten einerseits und deren Interpretation andererseits mehrfach zugunsten des ersten Anliegens entschieden werden, um sowohl die noch bestehenden Quellen auszuschöpfen als auch Perspektiven für weitere Projekte zu eröffnen, da die wissenschaftliche Erforschung mit dieser Studie keineswegs als beendet gelten darf.

Für das abschließende Kapitel wird es vor diesem Hintergrund der Interpretation der Bedingungen, Formen und Konsequenzen oppositionellen Verhaltens von Lehrerinnen und Lehrern vor allem um folgende Fragen gehen:

– Inwieweit wurden die wenigen Ausnahmen oppositionellen Lehrerverhaltens während der NS-Zeit nach 1945 aufgegriffen und bewertet? Welches positive Lehrerverhalten stand nach der Erfahrung des Faschismus in Deutschland überhaupt zur Diskussion und welche Folgen zeitigte dieser Umgang für die pädagogische Forschung und den schulischen Alltag seither?

– Gibt es Lektionen des Faschismus, die sich für unsere aktuelle Situation unter veränderten gesellschaftlichen Bedingungen von den wenigen oppositionellen Lehrerinnen und Lehrern der NS-Zeit lernen ließen? Gibt es eine „Ästhetik des aufrechten Gangs"?

3. Interpretation der Folgen: Fragen an uns

„Wenn man sich mit theoretischer Kritik
dort begnügt,
wo eine praktische Veränderung
in Reichweite gewesen wäre,
korrumpiert die Unterlassung
schließlich auch das kritische Denken.“

Horst Eberhard Richter (1978, 66)

„Was ich nicht jetzt tue, tue ich nie;
was ich nicht hier tue, tue ich nirgends;
wenn ich mich selbst nicht mit verändere,
verändere ich auch sonst
nichts und niemanden;
wenn ich meinem Partner nicht
konkret in der Situation helfe,
helfe ich ihm überhaupt nicht.
Jedes Ausweichen auf die höhere Ebene ...
ist unredlich und auch unwirksam.“

Heinrich Kupffer (1984, 16)

3.1 Erziehungswissenschaft, Schule und Faschismus: Schwamm drüber?

Wer aufmerksam die pädagogische Literatur der ersten zwei Jahrzehnte nach 1945 studiert, kommt zu einem eigenartigen Befund: Danach hat es eine Opposition, geschweige denn Widerstand von „einfachen“ Lehrerinnen und Lehrern überhaupt nicht gegeben, wobei vor jede denkbare Überprüfung dieser Aussage, die damals so präzise möglich gewesen wäre wie später nie wieder, bereits die Erklärung gesetzt wurde: „... weil es gar nicht möglich war.“

Ein (V)erklärungsmuster, das sich bis in neueste Veröffentlichungen behaupten konnte. So konstatiert Dieter ROSSMEISSL (1985) in seiner sonst durchaus differenzierten und kritischen Untersuchung „Zur politischen Erziehung in den Schulen des Dritten Reichs“ ohne jede weitere Erläuterung in seinem Kapitel „Chancen zur Kritik“ (ROSSMEISSL 1985, 106 f., vgl. ebenso SCHOLTZ 1985, 41):

> „Zivilcourage ist im Deutschen ein Fremdwort, dessen Übersetzung schwerfällt. Schon der Mut des Staatsbürgers, Standpunkte gegen seine ‚Obrigkeit' zu vertreten, entbehrt der muttersprachlichen Vokabel; um so mehr gilt dies für den Mut des Beamten gegenüber seinen Vorgesetzten. In einer Zeit, in der Disziplinarordnungen de facto abgelöst waren durch die Willkürgewalt vorgesetzter Parteifunktionäre, ist von offener Kritik an der Manipulation durch Gefühle kaum etwas zu spüren . . .
>
> Die Mehrheit paßte sich kritiklos an, nahm – auch als Schulleiter – die Störung des Schulbetriebs hin oder förderte sie gar im Interesse nationalsozialistischer Erziehung und bereitete so der herrschenden Ideologie den Weg nicht so sehr in die Köpfe als vielmehr in die Seelen der Kinder und Jugendlichen.“

Ohne Frage, so war das wohl bei der Mehrheit. Aber warum interessiert die Minderheit nicht?

Wenn eine Mehrheit sich irrt, falsch verhält oder gar Verbrechen begeht, so ist das nach herrschender Moral zwar bedauerlich, aber auch gleichzeitig nicht so schlimm, eben eher ein Irrtum. Die Bereitschaft zur Suche nach Erklärungen, Motiven, auch Entschuldigungen für das Verhalten von Mehrheiten ist ungleich größer als dies für Minderheiten der Fall ist – ungeachtet der Tatsache, wer sich tatsächlich menschlich verhielt. Es liegt auf verhängnisvolle Weise der Spruch auf der Zunge: „Man konnte wohl damals nicht anders!“

Zweifach ist dies verhängnisvoll: Einerseits verschleiert es die Situation des Einzelnen, auch und gerade des Einzelnen in der Mehrheit. Wenn doch fast alle so gehandelt haben, brauche ich über mich nicht mehr selbstkritisch oder analytisch nachzudenken. Ich gehe auf im großen, diffusen Irrtum. Und selbst wenn dieser Irrtum in zahllosen Untersuchungen von allen Richtungen her beleuchtet wird, bleibt es doch für den Einzelnen belanglos, solange die analytischen Scheinwerfer nicht das Dunkel des scheinbar monolithischen Blocks der Mehrheit durchdringen und die faktischen Bedingungen und Möglichkeiten des Einzelnen beleuchten. – Zum anderen ist die Verlängerung dieser verschleiernden Entlastungsstruktur in das Heute und Morgen implizit enthalten. Dies berührt sowohl das historische wie juristische Bewußtsein: Immer noch gilt ein Verständnis von Kriminalität, das diese sich nur an den Rändern der Gesellschaft vorstellen kann, ja geradezu darauf angewiesen ist, Minderheiten immer wieder zu kriminalisieren, weil nicht sein kann, was nicht sein darf:

Der Prototyp einer kriminellen Gesellschaft – wie z. B. der deutschen Gesellschaft während der NS-Zeit – ist in unserem Land bis heute unbegriffen. Damit einher geht ein entsetzlich hohler Demokratiebegriff: Demnach scheint es ein numerisches Recht von Mehrheiten ungeachtet ihrer moralischen Wertigkeit zu geben. Nicht selten wird dann der Ausgang einer Wahl zu Landtagen oder zum Bundestag selbst von engagierten Menschen bei allzu offensichtlichen Widersprüchen zwischen einsichtigen Forderungen und faktisch betriebener Politik mit der zynischen Bemerkung kommentiert: „Die wollen es ja nicht anders!"

„Die" – das ist dann die Mehrheit, die sich – „blöde genug" – auf das Demokratiespiel eingelassen hat und sich erneut auf die Rolle von Zuschauern reduzieren läßt, die zwar meckern und in der „Spielrunde" auch mal mitmachen dürfen, aber deren zaghafte Bereitschaft zur Verantwortungsübernahme umgehend lächerlich gemacht wird. Demokratie ohne humane Werte und deren beständige Erarbeitung und Umsetzung im alltäglichen Leben, auch deren geduldige Überprüfung ohne jede Selbstgerechtigkeit, ist überhaupt nichts. Unter Umständen wird sie zu einem gefährlichen Manipulationsinstrument.

Doch zurück zur pädagogischen Literatur und ihrer Wahrnehmung bzw. Nicht-Wahrnehmung von oppositionellem Lehrerverhalten. Es bleibt bis Ende der 60er Jahre fast ausschließlich einigen wenigen Kolleginnen und Kollegen, die entweder selbst betroffen waren oder unmittelbar Betroffene persönlich kannten, vorbehalten, mit bewundernswerter Unermüdlichkeit und nicht selten persönlichem Mut, von jener Minderheit aufrechter Pädagoginnen und Pädagogen zu sprechen. Mut nicht zuletzt deshalb, weil sie durch Ignoranz oder Ablehnung der großen Fachzeitschriften und -verlage in der Regel gezwungen sind, in kleinen Verbands- oder Vereinszeitungen, manchmal auch im Selbstverlag, zu veröffentlichen, sollen ihre Berichte nicht gänzlich dem Vergessen anheimfallen. Die mangelnde „Seriosität" dieser Berichte wird dann zur (Selbst-)Rechtfertigung der führenden Pädagogen und Erziehungswissenschaftler benutzt – und damit zur weiteren Ignoranz. Daß schließlich die pädagogische Wissenschaft der DDR sich immerhin der politisch engagierten – kommunistischen und sozialdemokratischen – Pädagoginnen und Pädagogen angenommen hat, diskrediert jedes weitere Nachdenken, besonders in der schlimmen Phase des kalten Krieges, endgültig.

So ist es nicht nur ein menschliches Verdienst, sondern auch für die Erziehungswissenschaft forschungsgeschichtlich ein Ereignis, als Karl Christoph LINGELBACH 1970 nicht nur erstmalig auf die „Vielzahl der meist sozialistischen oder betont christlichen Lehrer und Erzieher" hinweist, „die dem (NS-)Terror zum Opfer fielen" (und dabei selbstbewußt auf eine Quelle von Walther UHLE „Berlin (Ost)", vgl. UHLE

1966, verweist), sondern in seiner Studie „Erziehung und Erziehungstheorien im nationalsozialistischen Deutschland“ (vgl. auch die erweiterte Neuauflage 1987) auch den Zusammenhang zu hinter der vorherrschenden Ignoranz verborgenen Motiven und Zusammenhängen aufzeigt (LINGELBACH 1970, 253):

> „Die allzu selbstverständlich wieder an die Traditionen der ‚Pädagogischen Bewegung‘ anknüpfende erziehungswissenschaftliche Diskussion nach 1945 ließ aber nicht nur die Beispiele dieses von pädagogischer Verantwortung getragenen politischen Widerstands (einzelner Pädagoginnen und Pädagogen) weitgehend im Dunkel, sie verschleierte auch das nahezu vollständige Versagen zahlreicher pädagogischer Wissenschaftler während des ‚Dritten Reiches‘.
>
> Neuauflagen ihrer in der Zeit der braunen Diktatur publizierten Arbeiten erweckten den falschen Eindruck einer kontinuierlichen, durch gewisse Zugeständnisse an den jeweiligen ‚Zeitgeist‘ nur unwesentlich beeinflußten erziehungswissenschaftlichen Forschung.
>
> So wurde die notwendige Besinnung der wissenschaftlichen Pädagogik auf ihre gesellschaftlichen und politischen Grundlagen, zu der die historischen Ereignisse spätestens seit 1933 zwangen, bis heute kaum geleistet. Die geistig nicht bewältigte Vergangenheit aber hinterließ ein ‚Trauma‘, das in aggressiven Stellungnahmen gegen jene kritischen Ansätze zum Ausdruck kommt, die sich in jüngster Zeit darum bemühen, die reale gesellschaftliche und politische Position der deutschen Erziehungswissenschaft in den letzten fünfzig Jahren aufzudecken.“

Es ist durchaus beunruhigend, wenn diese Sätze von Karl Christoph LINGELBACH heute bereits wieder wie ein Ereignis wirken. Denn die von ihm skizzierte Aufgabe ist von der pädagogischen Disziplin nach wie vor nicht geleistet. Zwar wurden einzelne Aspekte pädagogischer Theorie und Praxis der NS-Zeit in zahlreichen Facetten bearbeitet, aber die fundamentale Frage nach der zentralen Lektion des Faschismus für die Pädagogik als Disziplin, ihr Verhältnis zu Herrschaft und zur gesellschaftlichen und politischen Wirklichkeit ihrer Zeit, blieb unbearbeitet, ja schlimmer noch – weitgehend unbegriffen. Ich werde auf diesen Aspekt des gezielten Unverständnisses zum Abschluß dieses Kapitels anhand der aktuellen erziehungswissenschaftlichen Diskussion noch einmal ausführlicher eingehen.

Hier soll zunächst interessieren, mit welchen Argumentationsmustern und welchem Selbstverständnis die herrschende Pädagogik ihr eigenes Verhalten während der NS-Zeit reflektierte – und damit gleichzeitig präzise Aussagen über ihr Verhältnis zu Herrschaft preisgab.

Dieses Selbstverständnis basiert zunächst auf ignoranten Grundannahmen, die gleichsam die Vorbedingungen für die dann durchaus sensible Eigendarstellung bilden: Dazu gehört die Ignoranz gegenüber dem mutigen Verhalten einzelner Lehrerinnen und Lehrer, insbesondere gegenüber jenen, die erlittene Verfolgung überlebt haben – und gleichzeitig das Herabspielen der eigenen Bedeutung und die feste Zuordnung zur „irrenden Mehrheit". Dieser trotz aller Verführungen doch recht vertraulich geschilderten „Mehrheit" können dann eigenartigerweise Nazis wie Widerstandskämpfer gleichermaßen als fremde Minderheiten gegenübergestellt werden. Vor diesem Hintergrund der befremdlich abstrakt geschilderten „Minderheiten" der Nazis und Widerstandskämpfer, die – welch Hohn – dadurch zu einer diffusen Gemeinschaft von Tätern werden, kann dann mit menschlicher Einfühlungskraft und inhaltlicher Differenziertheit die eigene Rolle als Opfer gegenübergestellt werden.

Leicht zugespitzt läßt sich formulieren: Je berühmter jemand vor 1933 war (und entsprechend bedeutsam im Mittun nach 1933, selbst in einer gewissen Unabhängigkeit von den faktischen Einflußmöglichkeiten im NS-Staat), umso beeindruckender wird jede kleine, auch kleinste Abweichung, jeder wissenschaftliche Dissens geschildert. All dies wird im Nachhinein zum echten Konflikt, zur persönlichen Tragik, zuweilen gar zum „wirklichen" Widerstand (in Abgrenzung zum „politisch-oberflächlichen" Widerstand, dessen Deutlichkeit auch nach 1945 noch als eher aufdringlich und „philosophisch undifferenziert" empfunden wird).

Bemerkenswert bleibt, daß all die mir aus der Literatur bekannten Beispiele jener berühmten Pädagogen, wenn es denn anders weitergegangen wäre mit dem Nationalsozialismus in Europa, auch leicht ganz anders hätten gedeutet werden können: als interessante Kontroverse, als bereichernder Dialog, der – und das gilt durchweg – niemals das Ganze in Frage gestellt hat. Dies wiederum können immerhin einige der ignorierten oppositionellen Lehrerinnen und Lehrer für sich in Anspruch nehmen.

Es ist zu betonen, daß es im begrenzten Rahmen dieser Arbeit nur um exemplarische Fälle unter ausgewählten Aspekten gehen kann: Gegenstand ist nicht eine Einschätzung ihres „Werkes"[1)], sondern ausschließlich die Frage nach ihrem konkreten Verhalten während der NS-Zeit und den Bewertungen, die sie selbst für jenes Verhalten nach 1945 artikulierten.

[1)] Eine ideengeschichtliche Betrachtung des Werkes der hier vorgestellten Pädagogen kann mittlerweile auch in kritischen – und nicht nur „würdigenden" – Untersuchungen nachgelesen werden: bzgl. SPRANGER vgl. u. a. LINGELBACH 1970, 154–161; WEBER 1979; – bzgl. WILHELM vgl. u. a. HOHMANN 1985, 15–74.

Ausgewählt wurden Eduard SPRANGER, Jg. 1882, als Vertreter der älteren, bereits vor 1933 zu Ansehen gekommenen Pädagogengeneration und Theodor WILHELM, Jg. 1906, als jüngerer Pädagoge, der erst ab 1933 eine echte Aufsteiger-Karriere beginnt. Sie werden im folgenden unter dem Aspekt „oppositionellen Verhaltens" vorgestellt, wie er als Maßstab auch bei den Biographien der Lehrerinnen und Lehrer im Teil I dieser Studie angelegt wurde.

Im Gegensatz zu vielen oppositionellen Lehrerinnen und Lehrern, die – sofern sie überlebt hatten – erneut zum Schweigen verurteilt waren, konnten beide – SPRANGER und WILHELM – nach 1945, der eine bruchlos, der andere mit geringer zeitlicher Verzögerung, ihre Karriere fortsetzen, festigen und ausbauen.

Kurz die beruflichen Eckdaten: Eduard SPRANGER studierte ab 1900 bei Wilhelm DILTHEY in Berlin Philosophie, Pädagogik, Geschichte und Literatur; ab 1912 ordentlicher Professor für Philosophie und Pädagogik an der Universität Leipzig; 1920 bis 1945 an der Universität Berlin; 1936 bis 1937 erster deutscher Austauschprofessor in Japan; 1939 Einberufung als Heerespsychologe; vom 8.9. bis 14.11.1944 in „Schutzhaft" wegen Mitgliedschaft in der Berliner „Mitttwochsgesellschaft" (vgl. I, 1.2.); Mai bis Oktober 1945 kommissarischer Rektor der Berliner Universität; 1946 bis fast zu seinem Tode Lehrtätigkeit als Professor für Philosophie und Pädagogik an der Universität Tübingen. 1933 ist Eduard SPRANGER 51 Jahre alt.

Theodor WILHELM war 1933 erst 27 Jahre alt. Er schloß in diesem Jahr seine juristische Dissertation „Die Idee des Berufsbeamtentums" ab, nachdem er zuvor – 1928/29 – als Austauschstudent in England gewesen war und danach als Mitarbeiter des Deutschen Akademischen Austauschdienstes (DAAD) mit Sitz in Berlin mehrere europäische Städte besuchen konnte; ab 1935 Schriftleiter der von dem NS-Pädagogen Alfred BAEUMLER herausgegebenen „Internationalen Zeitschrift für Erziehung"; 1937 bis 1942 Dozent an der Hochschule für Lehrerbildung in Oldenburg; danach Einberufung zur Wehrmacht; 1944/45 Offiziersschüler; ab 1951 Professor an der Pädagogischen Hochschule Flensburg; 1959 bis zur Emeritierung 1971 Professor für Philosophie und zeitweise Direktor des Instituts für Pädagogik an der Kieler Christian-Albrecht-Universität; bis Mitte der 50er Jahre veröffentlichte WILHELM noch unter dem Pseudonym „Friedrich OETINGER" (u. a. das Standardwerk der politischen Bildung in der jungen Bundesrepublik „Wendepunkt der politischen Erziehung – Partnerschaft als pädagogische Aufgabe"), ab 1954 auch erstmalig wieder unter seinem eigenen Namen (vgl. auch Seeliger 1964, 73).

Zunächst sollen die beiden in Selbstdarstellungen aus der Zeit nach 1945 zu Wort kommen.

1955 veröffentlicht Eduard SPRANGER einen bereits 1945 verfaßten Aufsatz mit dem Titel: „Mein Konflikt mit der nationalsozialistischen Regierung 1933“, in dem er die bereits erwähnten Kontroversen um sein Rücktrittsgesuch vom 25. April 1933 schildert (SPRANGER 1955², 461, 472 f.):

„In meinem Falle geschah dies durch die plötzliche Ernennung des Professors XY (damit ist BAEUMLER gemeint, LvD) zum Professor für politische Pädagogik und durch die Begründung eines Instituts für politische Pädagogik an der Universität Berlin, zwei Maßnahmen, von denen mir vorher keinerlei Andeutung gemacht wurde.

Ich selbst glaubte, dem wichtigen Zusammenhang zwischen Staat und Erziehung in meinen Schriften und Vorlesungen auf eine wissenschaftliche Weise erhebliche Aufmerksamkeit gewidmet zu haben, und ich durfte für mich in Anspruch nehmen, daß ich zugleich für die deutsche Gesinnung, also für das Nationale im Geiste eines gesunden Nationalismus ... eingetreten war. Solange es noch möglich war, Hitlers Absichten mit einer sittlichen Wiedergeburt des deutschen Volkes zu verwechseln, konnte also von ‚nationaler‘ Seite gegen mich kein Vorwurf erhoben werden ...

Am 31. Mai (1933) wurde mir vom Ministerialdirektor GERULLIS brieflich mitgeteilt, daß der Minister RUST bereit sei, mich zu empfangen. In den verflossenenen mehr als fünf Wochen waren natürlich die akuten Dinge, aus denen der Streit entstanden war, so abgekühlt, daß nun schon eine ganz andere Situation gegeben war.

Meinerseits hatte ich aus den eigenen und fremden Erfahrungen gelernt, daß der Einzelne gegen die Welle der Revolution nichts vermochte. Ein mir sehr wohlgesinnter Staatsrechtslehrer nannte das Vorgehen eines Einzelnen ‚geradezu Selbstmord‘ ...

Die Begegnung fand Anfang Juni (1933) im Kultusministerium statt. Der Minister ließ mich ziemlich lange warten... Der Minister hörte der Begründung meiner Beschwerde mit ziemlich nervösem Mienenspiel zu, das sich aber milderte, als er meinen Entschluß, das Abschiedsgesuch zurückzuziehen, vernahm. Sichtlich erleichtert, begann er mit den Worten: ‚Herr Professor, ich begrüße Sie.‘ ... Der Minister äußerte den Wunsch, daß ich mit einer öffentlichen Erklärung die Zurücknahme meines Gesuches motivierte... Sie lautete (vgl. Vossische Zeitung vom 13. Juni 1933):

‚Bei der Einreichung meines Rücktrittsgesuches vom 25. April d. J. kannte ich die Maßnahmen des Herrn Ministers zur Wiederherstellung des Vertrauensverhältnisses zwischen Studentenschaft und Professorenschaft nicht in vollem Umfange. Die Besorgnisse, die mich damals erfüllt haben, darf ich als nicht mehr begründet ansehen...‘“

Auf seine kurzfristige Inhaftierung 1944 geht SPRANGER an keiner Stelle seines Aufsatzes ein. Er schließt mit den Worten:

„Jedoch ließ man mich vom Winter 1934/35 an in Ruhe, und ich konnte meine Lehrtätigkeit fortsetzen, wobei ich allerdings einen Teil meiner Hauptgebiete dauernd ausschalten mußte.

Mit dem Beginn des Krieges kam eine neue Generation von Studenten empor, die mit mir im stillen Einverständnis war, und die Hörerzahl erreichte, gemessen an Kriegsverhältnissen, relativ die alte Höhe, obwohl jeder Student und Kandidat wissen mußte, daß es für ihn offiziell nicht vorteilhaft war, wenn man ihn mit mir in Verbindung fand."

Es soll an dieser Stelle unkommentiert bleiben, inwiefern SPRANGER die politische Wirkung seiner öffentlichen Erklärung zur Rücknahme seines Rücktrittsgesuchs angesichts einer Flut in die Emigration getriebener international anerkannter deutscher Wissenschaftler bewußt einkalkulierte – die Wertschätzung seiner Person durch die NS-Machthaber, hier in Gestalt von Erziehungsminister RUST, nimmt er unübersehbar mit Genugtuung zur Kenntnis.

Mehrfach äußert er sich in den folgenden Jahren auch ausgesprochen positiv zu den „Erfolgen und Verdiensten" des NS-Regimes und seines Führers Adolf Hitler, so wiederholt zur Notwendigkeit der „Wehrhaftmachung" der Jugend („Wehrhaftmachung der deutschen Jugend ist ein hohes, von allen Erziehungsinstanzen zu bejahendes Ziel.", in: „Die Erziehung", 1933, 406). Und 1938 bescheinigt er Hitler:

„Das schwerste Problem, das für Deutschland nach dem verlorenen Kriege bestand, lag in der Frage: Wie gelingt es, die marxistische, sehr stark unter fremdstämmigen Einfluß gelangte Arbeiterschaft wieder national zu machen? Diese beinahe unmöglich scheinende Leistung vollbracht zu haben, ist das wesentliche Verdienst Adolf Hitlers." (in: „Die Erziehung" 1938, 164; vgl. hierzu auch die weithin ignorierten kritischen Anmerkungen von HELLING 1968[2]).

Bei all dem soll nicht der falsche Schluß gezogen werden, daß SPRANGER mit solchen für die damalige Zeit noch vergleichsweise „harmlosen" Aussagen eine Vorreiterrolle unter NS-Ideologen eingenommen habe. Auch soll seine pädagogische Fähigkeit der Vermittlung „im platonischen Dialog und sokratischen Gespräch", wie sie ihm jüngst wieder einer seiner ehemaligen Studenten, der jeder profaschistischen Haltung unverdächtige Horst-Eberhard RICHTER in seiner Autobiographie (RICHTER, 1986 b, 41) anerkennend und dankbar bestätigt, unbestritten bleiben.

Und doch muß die Frage zulässig sein: Woher kommt der unübersehbare Mangel an Erkenntniskraft in bezug auf gesellschaftliche und politisch-aktuelle Entwicklungen bei all der vorhandenen „humanistischen Bildung"? Was macht so bedrückend anfällig gegenüber obrigkeitsstaatlicher Belobigung oder Kritik? Und schließlich zur Ausgangsfrage zurückkehrend: Inwieweit ist dieser offenkundige Mangel an Erkenntnis- und Urteilskraft bis heute begriffen und als Herausforderung angenommen worden?

Zur Zeit steht eher Gegenteiliges ins Haus: Zum 100. Geburtstag SPRANGERS im Jahre 1982 erscheint ein umfänglicher Sammelband, in dem keineswegs nur die bekannten Ewiggestrigen schreiben und dessen Intention von den Herausgebern mit der „zeitüberlegenen Bedeutung" (EISERMANN/MEYER/RÖHRS 1983, 9) der SPRANGER'schen Gedankenwelt umschrieben wird: *„Sie könnten für viele eine zuverlässige Hilfe werden in einer Zeit, in welcher es an maß-gebender Orientierung auf vielen Gebieten, vor allem dem der Erziehung, weithin fehlt."*

Da haben wir ihn also wieder, den zeitlosen pädagogischen Allmachtstraum: Wo Politik noch immer mit „Parteiengezänk" und ökonomische Interessen als „profane Bestechlichkeiten" identifiziert werden, bleibt die Pädagogik rein. Sie hat die zeitlosen Werte anzubieten; sie weiß angeblich noch in größter Not und Bedrohung, dem Menschen, vor allem dem jungen, den Weg zu weisen, ohne analysieren zu müssen – konkret und aktuell – wohin dieser Weg möglicherweise führt. Und für derlei Folgen gar die Verantwortung, auch die ganz persönliche, zu übernehmen, liegt diesem Ansatz schließlich grundsätzlich fern. Es geht um das „Wegweisen" als solches, um die vermeintliche Anerkennung, die mit dem Amte eines „Wegweisers" verbunden ist.

Da ist es dann kein Zufall, wenn im Einführungstext Otto Friedrich BOLLNOW, selbst Jg. 1903 und ab 1939 Professor für Philosophie und Pädagogik in Gießen (ab 1946 in Mainz, ab 1953 in Tübingen), sich – gestützt auf ein SPRANGER-Zitat aus dem Jahr 1933: ‚Das einsame Gewissen des einzelnen wird diesen Kampf führen müssen aus seiner Gottgebundenheit allein' – zu der Einschätzung versteigt (BOLLNOW 1983, 31): *„Das ist, schon zu Beginn der nationalsozialistischen Herrschaft, die Rechtfertigung des Widerstands... Wir sehen SPRANGER als Mahner in der dem Verhängnis entgegeneilenden Zeit."*

Nicht unerwähnt bleiben soll schließlich ein Hinweis, den die Herausgeber fairerweise, weil durchaus nicht üblich, im Vorwort ihres Buches aufgeführt haben: *„Außer den privaten Spendern aus dem Freundeskreis Eduard SPRANGERS gilt unser besonderer Dank dem Bundesministerium des Innern, das mit einem namhaften Druckkostenzuschuß an der Herstellung der Schrift beteiligt ist."*

Theodor WILHELM hat demgegenüber, ungeachtet breiter Anerkennung unter bundesdeutschen Pädagogen und Erziehungswissenschaftlern (die beispielsweise in Festschriften zu seinen Geburtstagen sich im

Spektrum von Hartmut von HENTIG bis zum ehemaligen bayrischen Kultusminister Hans MAIER verewigt haben) seine Verteidigung bis in unsere Tage selbst übernommen. Im Mai 1985 schreibt er über sein Verhalten im NS-Staat (nach HOHMANN 1985, 51 f.):

> „Für das, was im Krieg geschrieben worden ist, gilt ja wohl was Thomas MANN aus dem USA-Exil dem ganzen deutschen Volk zugute gehalten hat. Wir waren alle ‚Gefangene des nationalen Krieges'. Im übrigen ist heute Struktur und Steuerungsmechanismus der totalitären Regime hinreichend untersucht; man weiß, daß derjenige, der irgendwo ein bißchen Verantwortung trug und ein Anliegen durchbringen wollte, das nicht ganz auf der Parteilinie lag, an anderer Stelle sich übertrieben anpassen und sichtbare Opfer bringen mußte, um nicht unters Beil zu fallen. Ich habe als Mitarbeiter des Deutschen Akademischen Austauschdienstes in Berlin noch bis 1936 Studenten und Lehrer ins Ausland geschickt, die nicht Parteigenossen waren, bis ich dann genau darüber gestürzt worden bin. Und ich habe die ‚Internationale Zeitschrift für Erziehung', hinter der das Auswärtige Amt stand, den ganzen Krieg hindurch am Leben erhalten können, nur weil ich mich eben hinter anderen Loyalitäten verschanzte. Der Aufsatz von 1944, den mir die Gerechten noch heute aufs Butterbrot schmieren, ist ein solches Opfer gewesen."

Es sollen bei Theodor WILHELMS Argumentation ausschließlich die überprüfbaren Fakten zählen:

- Welche zentralen Aussagen enthält der erwähnte Aufsatz von 1944, den er – nach eigenen Angaben – nur widerwillig verfaßt hat?
- Wer stand hinter der „Internationalen Zeitschrift für Erziehung" und welche Bedeutung hatte sie? Welche Rolle spielte dabei Theodor WILHELM?
- Gibt es nachweisbare Personen, denen er über den „Akademiker-Austausch" zur Flucht ins Ausland verholfen hat?
- Worüber ist er gestürzt? Was meint er mit „gestürzt worden"?

In dem 1944 in der „Internationalen Zeitschrift für Erziehung" (IZfE, Heft 1/2) erschienenen Aufsatz „Die kulturelle Kraft Europas im Kriege" schreibt er angesichts eines ungeheueren und mittlerweile auch im eigenen Land unübersehbaren Ausmaßes an Zerstörung und Vernichtung:

> „Die europäische Front gegen das Judentum scheint damit (mit der deutschen Vormachtstellung, LvD) bis auf wenige Schönheitslücken, die rein politisch bedingt sind, geschlossen.
>
> Die gefährlichste Bastion einer nur zersetzenden, niederreißenden, in Frage stellenden, niemals aus der Tiefe des Blutes befruchteten und daher niemals fortzeugenden Intellektualität ist gefallen. Der europäische Geist ist auf seinem Weg zu sich selbst um ein Hindernis leichter geworden."

Die Erstellung dieses Aufsatzes angesichts einer „totalen Vernichtung des Judentums“, die 1944 ihren Höhepunkt erreichte, als persönliches „Opfer“ zu deklarieren, um – wie immer – noch Schlimmeres zu verhindern (was kann das „noch Schlimmere“ angesichts des Holocaust nur sein?), dazu gehört allerdings schon einiges. Tatsache bleibt indessen, daß es für diesen Aufsatz keinerlei nachweisbaren Zwang gegeben hat. Also war es dann wenigstens die von ihm als „Gegenleistung“ bezeichnete Tat, um dafür an anderer Stelle mutig sein zu können? Zum Beispiel um die „Internationale Zeitschrift für Erziehung“ zu erhalten?

Die Behauptung, daß an dieser Zeitschrift auch nur eine Seite erhaltenswert gewesen sei, kann wohl nur in einem Umfeld aufgestellt werden, dem dieses Periodikum gänzlich unbekannt ist. Die Anspielung auf das Auswärtige Amt, das „dahinter“ stehen würde, und das in einigen Kreisen durch einige positive Ausnahmen eine gewisse Sonderstellung genießt, auf die WILHELM hier anspielt, ist faktisch ebenfalls belanglos. Herausgeber der IZfE ist der ausgewiesene NS-Pädagoge Alfred BAEUMLER, dem er als Schriftleiter unmittelbar unterstellt war. Der „internationale Charakter“ dieser Zeitschrift war ab 1933 praktisch nicht mehr gegeben, da man fortan nur noch wissenschaftliche Einrichtungen, die zur Nennung ihres Namens im Impressum bereit waren, im Ausland finden konnte, die selbst faschistisch waren oder zumindest dem Faschismus nahe standen: Das „Ufficio di Legislazione Scolastica Comparata“ in Rom, das „Japan-Institut“ in Berlin und das „Institut San Jose de Calasanz“ in Madrid.

Die Artikel, die WILHELM selbst für die IZfE verfaßte, stellen eine einzige Glorifizierung und Rechtfertigung nazistischer Erziehungstheorien und -praktiken gegenüber dem Ausland dar. Titel seiner Aufsätze lauten u. a. „Deutschland wie es wirklich ist – Ein Wort an das Ausland“ (1934), „German Education Today“ (1937) oder „Scholars or Soldiers? Aims and Results of ‚Nazi‘ Education“ (Schüler oder Soldaten? Ziele und Ergebnisse der ‚Nazi‘-Erziehung, 1939).

Der „aufs Butterbrot“ geschmierte Aufsatz von 1944 ist dabei keineswegs besonders kompromittierend, sondern steht in deutlicher Kontinuität seit 1933.

Bis heute konnte Theodor WILHELM nicht eine Person namentlich benennen, der er durch seine Beziehungen zum DAAD zur Emigration verholfen hätte. Möglicherweise will er dies auch nur suggerieren, denn er schreibt wörtlich: „Ich habe . . . noch bis 1936 Studenten und Lehrer ins Ausland geschickt, die nicht Parteigenossen waren.“ Das heißt im Klartext erst mal nichts anderes, als daß er in der üblichen Austauscharbeit des DAAD auch bis 1936 Personen berücksichtigte, die nicht NSDAP-Mitglied waren. Wenn man weiter beachtet, daß selbst bis Sommer 1938 vom NS-Erziehungsministerium genehmigte deutsch-englische Lehrerferiengemeinschaften noch üblich waren, dann verliert sein konkretes Verhalten jeden Anschein der Opposition. Im Gegenteil ist die Frage zulässig: Schloß er gar eher als das NS-Erziehungsministerium Lehrer, die nicht in der NSDAP waren, von internationalen Austauschmöglichkeiten aus?

Daß diese Vermutung nicht völlig aus der Luft gegriffen ist, belegt ein Zitat über seine geäußerte Meinung zur Emigration deutscher Wissenschaftler, wie er sie 1934 in dem Aufsatz „Deutschland wie es wirklich ist" vorstellte:

> „Man sagt, der Nationalsozialismus habe hervorragende Gelehrte aus Deutschland vertrieben. Aber ist es nicht viel wichtiger zu fragen, warum diese Leute Deutschland verlassen haben? Denn man kann die wenigen Gelehrten unter den ‚Emigranten' doch nur dann als Beweis für das Ende der Geistesfreiheit in Deutschland betrachten, wenn sie um ihrer Wissenschaftlichkeit willen aus Deutschland vertrieben wurden!
>
> In Wirklichkeit aber sind sie um ihrer Persönlichkeit willen aus Deutschland vertrieben worden – und ein großer Teil derjenigen, an die hier gedacht ist, hat durch sein Verhalten im Ausland bewiesen, daß das Mißtrauen gegen ihre Persönlichkeit durchaus am Platze war.
>
> Wir sind der Überzeugung, daß man im Ausland im Laufe der Zeit volles Verständnis dafür haben wird, daß Deutschland keine Hochschullehrer dulden konnte, die die Freiheit der Wissenschaft für einen Freibrief hielten, die großen Gestalten der deutschen Geschichte von dem Lehrstuhl herab beschimpfen zu dürfen."

Bleibt schließlich die Behauptung, daß er wegen der Berücksichtigung von Nicht-Parteigenossen für die Auslandsarbeit des DAAD bis 1936 „gestürzt" worden sei. Ein solcher Umstand ist ebenfalls in keiner Weise in WILHELMS beruflicher Biographie nachweisbar, nicht einmal ein „Karriereknick". Im Gegenteil nimmt sein Einfluß auf die IZfE eher noch zu, ab 1937 wird er zusätzlich Dozent für Lehrerbildung. Joachim HOHMANN, der sich ausführlich, auch in persönlicher Korrespondenz, mit Theodor WILHELM beschäftigt hat, bestätigt mir dies noch einmal auf direkte Nachfrage (Schreiben vom 25.12.1986):

> „Ich denke mir, WILHELM gehört zu denen, die nach 1945 krampfhaft nach Alibis und Entschuldigungen gesucht haben. Er kam dabei auf sein ‚Heldentum', Studenten privilegiert zu haben, die nicht in der NSDAP waren. Das mag ihm eine – im übrigen nicht erweisliche – Rüge eingetragen haben, aber geschadet hat es ihm ebensowenig, als dies Tun wirklich heldenmütig war. . ."

Wie Eduard Spranger so hat auch Theodor WILHELM nach 1945 keinerlei Bewußtsein einer Mitverantwortung, gar Mitschuld, sondern meldet sich als kompetenter Pädagoge – wenn auch bis 1954 noch unter dem Decknamen „Friedrich OETINGER" – zu Wort. Nach Bekanntwerden seiner wahren Identität übernimmt er umgehend die Rolle eines „wie die Mehrheit zum Opfer gewordenen" Menschen, der – trotz dieser bedauernswerten Rolle – nichts Oppositionelles gegen das NS-Regime unversucht ließ. Daß er dabei die Grenzen nicht überschritt, die ihn „unters Fallbeil“ gebracht hätten, wird jeder verstehen. Von den führenden Pädagogen und Erziehungswissenschaftlern der 50er Jahre wird es nicht nur verstanden, sondern Theodor WILHELM wird seitdem wiederholt zum „der Gegenwart sich stets verpflichtet fühlenden, allen erzieherischen Fragen geistig und menschlich weit geöffneten, für Toleranz und Kompromiß unermüdlich eintretenden“ Pädagogen erklärt (vgl. u. a. BODE 1983, 400).

Sein Buch „Wendepunkt der politischen Erziehung – Partnerschaft als pädagogische Aufgabe“ (1951, 1953[2], 1956[3]) avanciert zum Standardwerk in der Bundesrepublik. Er, der noch 1944 die letzten Überlebensmöglichkeiten europäischer Juden als „Schönheitslücke“ bezeichnete, spricht bereits sieben Jahre später als „überzeugter Demokrat“ von Partnerschaft und Toleranz als den neuen Idealen. Im Vorwort der 3. Auflage schreibt er: „Es gibt heute in Deutschland nur eine Schuld, die unverzeihlich ist: aus dem Erlebten und Erfahrenen nichts gelernt zu haben.“

Pädagogik erneut als die Mahnerin für zeitlose Werte: *Nichts* zu lernen ist „unverzeihlich“ – aber *was* gelernt werden soll, wird nicht zur Diskussion gestellt, sondern als unangreifbare Haltung vorgestellt: Partnerschaft und Toleranz. Das Vokabular des Führertums ist verbraucht, nun kommt das partnerschaftliche Gewand – deshalb eben nur ein Gewand, weil erneut dahinter die bestehenden Interessen und Interessenkonflikte verborgen werden sollen. Und wenn dann all die alten Nazis auch wieder Partner sein dürfen und sollen, gut, dann können auch diese „modernen“ Vokabeln verkraftet werden.

So versteckt sind die toleranten Interessen bei Theodor WILHELM dann auch gar nicht. Man beachte in folgendem kleinen Abschnitt aus seinem „Partnerschafts“-Klassiker nur einmal, wer hier implizit für vernünftig bzw. unvernünftig oder – noch immer der biologistischen NS-Denkweise verhaftet – als gesund bzw. ungesund bezeichnet wird (OETINGER 1951, 27):

> „Kein vernünftiger Zeitgenosse wird es dieser Jugend verdenken, daß sie Hitler zulief. Gewiß waren da viele, die zögerten, zumal in den Reihen der Studenten der Universitäten und Hochschulen; aber sie zögerten zumeist, weil sie zuvor sich in anderen Parteien betätigt hatten und zu anständig waren, um nach der Auflösung derselben alsbald rechts- oder linksum zu machen, oder aber weil sie zu jenen beschaulichen Naturen gehörten, denen Politik überhaupt fernlag. Die Begeisterung für Gemeinschaft und Freiheit, für Einheit und nationale Selbstbestimmung – welcher gesunde junge Mann hätte sich ihr entziehen mögen?“

Und noch deutlicher (OETINGER 1951, 260):

„Gewiß, wir können nicht aus unserer Haut. Zweifellos fußt die Partnerschaft auf einer weniger problematischen Haltung zum Leben, als es gemeinhin deutsche Art ist. Aber haben wir nicht in den letzten zwanzig Jahren mit so vielem anderen, was uns unentbehrlich schein, auch ein Stück von unserer Kompliziertheit hinter uns gelassen? Vielleicht haben wir dadurch etwas von jener schönen Naivität wiedergewonnen, ohne die in der Tat die freudige Kooperation der Menschen ein Traum des Paradieses bleibt."

Pädagogik ohne Chance zur selbstkritischen Analyse? Was WILHELM hier vorschlägt, ist zweifelsohne Balsam für diejenigen, die doch zumindest in den letzten Kriegstagen und unmittelbar danach überzeugt waren, daß für all das, was sie mitangerichtet hatten, wohl oder übel eine fürchterliche Rache der Sieger folgen müsse: „Sieg oder Sibirien" – so lautete die Parole, die als letzte, noch nach der vom „totalen Krieg" ausgegeben worden war. Und nun? Balsam für Täter und Mittäter, Abdrängen und Ignoranz gegenüber den Opfern.

Und wieder – wie bereits nach dem 1. Weltkrieg – ist die herrschende Pädagogik zur Stelle, um zuzudecken, zu „heilen", mit Verbänden der ewigen Moral zuzukleistern, was so dringend nach präziser Ursachenforschung, nach der ungeschminkten Benennung eigener, auch persönlicher Mitverantwortung schreit. Die Pädagogik der Herrschenden bleibt unbefleckt – sie erhebt sich schlicht auf eine abstraktere Stufe der Moral.

Heinrich KUPFFER (1984, 49) interpretiert den Vorgang der Verdrängung und Selbstgerechtigkeit vor dem Hintergrund des obigen Zitats von WILHELM zutreffend:

„Wer diesen Krieg überlebt hat, braucht sich um sein ‚Gewissen' und seine Verantwortung keine Sorgen zu machen: Hat er doch eine neue ‚Naivität' gewonnen, die es ihm erlaubt, sich den Fängen der Geschichte zu entwinden und weiterzuleben, als sei nichts geschehen.

Auch das Gewissen geht den Weg des geringsten Widerstands. Die Frage, was am Nationalsozialismus böse war, kann jetzt als spezifische Frage an einzelne Personen gar nicht mehr auftauchen. Sie verfällt mit der endlich überwundenen ‚Kompliziertheit' dem Vergessen... Der Begriff der Partnerschaft, so vernünftig er auch zunächst klingen mag, kam dem Bedürfnis der Deutschen entgegen, über Krieg, Judenvernichtung und Gewalttaten Gras wachsen zu lassen. Das heißt in diesem Fall konkret: Auch die Täter in Ruhe zu lassen. Die Opfer des Faschismus, so weit sie noch leben, finden keine Ruhe, denn ihr Leben ist durch die schrecklichen Ereignisse, die sie durchstehen mußten, unüberholbar geprägt."

Es geht hierbei nicht um eine bruchlose Kontinuität von konservativen pädagogischen Kräften der Weimarer Republik über ausgewiesene NS-Pädagogen bis hin zu den vorherrschenden restaurativen erziehungswissenschaftlichen Strömungen in der jungen Bundesrepublik, *sondern um deren Wandlungen und Anpassungsvorgänge*.

Daß es sich hierbei auch personell nicht um Einzelphänomene handelt, belegen zahlreiche andere Biographien bekannter Pädagogen und Erziehungswissenschaftler der NS-Zeit, die weitgehend bruchlos nach 1945 erneut Karriere in diesem Feld machten und deren Wandel bzw. dessen Folgen noch überwiegend unaufgearbeitet und damit unbekannt sind. Ihr Einfluß auf ganze Pädagogengenerationen in den 50er und 60er Jahren, der bis heute nachwirkt, kann dabei nicht ernst genug eingeschätzt werden.

Wer weiß bei uns schon, daß der ehemalige Hamburger Schulsenator (1954–1957) Hans WENKE, in seiner 1940 abgeschlossenen Habilitationsschrift die „nationalsozialistische Neuordnung der deutschen Schule freudig" begrüßte (vgl. HOHMANN 1985, 43)?

Oder daß das 1947 neuaufgelegte Lehrbuch „Erziehungswissenschaft im Abriß" sowie der 1963 erschienene Band „Deutsche Erziehungswissenschaft" von Rudolf LOCHNER unübersehbar auf sein bereits 1934 veröffentlichtes Werk „Erziehungswissenschaft" zurückging – er selbst als Pädagogikprofessor bereits kurz nach 1945 bis zu seiner Emeritierung in Lüneburg tätig war (vgl. HOHMANN 1954, 44)?

Wer kennt nicht die Biologie-„Klassiker" von Professor Harry GARMS, ohne zu wissen, daß Parteigenosse GARMS seit 1934 zu den Aktivsten im Hamburger NSLB gehörte und während dieser Zeit unzählige Male als Referent im Institut für Lehrerfortbildung auftrat mit Vorträgen wie „Die erbbiologischen Grundlagen des Nationalsozialismus und ihre Bedeutung für die Erziehung" (vgl. de LORENT/LEHBERGER 1986, 198)?

Wer weiß, daß der bekannte Sonderpädagoge und erste Schriftleiter der Verbandszeitschrift des Verbandes deutscher Sonderschulen von 1949 bis 1967, Gustav LESEMANN, nach dem heute mehrere Sonderschulen in der Bundesrepublik benannt sind, sich während der NS-Zeit als Propagandist der „Rassenhygiene" hervortat und sich gezielt für eine Ausweitung der Auslesekriterien nach dem „Gesetz zur Verhütung erbkranken Nachwuchses" engagierte (vgl. PAPE/ROMEY 1986, 250)?

In der bisher einzigen systematischen Analyse des personellen Zusammenhangs von Erziehungswissenschaftlern vor und nach 1945 kommt Heinz-Elmar TENORTH (1986, 303) zu dem Befund, daß 1954 bereits wieder 49 der Pädagogen in Amt und Würden sind, die schon 1940 Lehrstühle innehatten. Dabei sind noch nicht eingerechnet jene Hochschullehrer, die während der NS-Zeit ihre erziehungswissenschaftliche Ausbildung erhielten und abschlossen. Bei einer Gesamtzahl von 149 Pädagogikhochschullehrern in der Bundesrepublik im Jahre 1950 (die im übrigen zahlenmäßig erst 1961 mit 279 Pädagogen in etwa den Stand von 1940 – 282 – erreichen) ist dies als ein mehr als beunruhigendes

Phänomen zu betrachten. Darauf, daß Heinz-Elmar TENORTH zu einer anderen Bewertung seines Zahlenmaterials kommt und mehrfach betont, daß es „nur“ so wenige gewesen seien, wird an anderer Stelle noch näher eingegangen.

Es ist heute nur zu offenkundig, daß mit dem Abtreten dieser Personen aus Altersgründen die Folgen keineswegs überwunden sind und – was noch schlimmer ist – erst recht noch nicht erkannt sind.

Im Gegenteil scheint das Benennen dieser Zusammenhänge, ohne deshalb alles schlicht gleichzusetzen (ein argumentativer „Pappkamerad“, der gern aufgestellt wird, um dann hinterher leicht erledigt zu werden), noch immer massive Irritation bis tiefste Empörung hervorzurufen. Und dies gilt selbst bei Erziehungswissenschaftlern, die keinesfalls als reaktionär bezeichnet werden dürfen, aber deren verteidigende Differenzierungen doch so problematisch sind, daß sie nicht unwidersprochen bleiben sollten.

Wenn kritische Pädagogen und Erziehungswissenschaftler wie Hildegard FEIDEL-MERTZ, Hans-Jochen GAMM, Wolfgang KEIM, Heinrich KUPFFER, Karl-Christoph LINGELBACH, Bernd WEBER u. a. sich um eine Aufarbeitung der ideologischen und personellen Zusammenhänge faschistisch gefärdeter bzw. faschistischer Pädagogik von der Weimarer Republik über die NS-Zeit bis heute bemühen, sind empörte Kritiker schnell auf dem Plan: Da darf die Weimarer Republik so hilflos, die NS-Zeit so barbarisch und die Bundesrepublik so demokratiebemüht in Selbstzeugnissen und Dokumenten dargestellt werden – nur eines nicht: Die Analyse faschistischer Gefährdungen – auch und gerade in Pädagogik und Erziehungswissenschaft – unter sich verändernden gesellschaftlichen Formationen.

Es ist mir sowohl forschungsgeschichtlich als auch moralisch unverständlich, mit welcher Vehemenz zum Beispiel Ulrich HERRMANN (1985) jedes Einlassen auf die gedankliche Herausforderung eines Heinrich KUPFFER (1984) abwehrt und stattdessen erneut alle entlastenden Details herunterbetet, die bereits seit 1945 wieder und wieder in der bundesdeutschen pädagogischen Literatur benannt worden sind (HERRMANN, 1985, 15 f.):

> „NOHL und SPRANGER einen ‚beschaulichen Nihilismus‘ zuzuschreiben, wie es KUPFFER (1984, 133) tut, ist irreführend und beleidigend zugleich.
>
> Übrigens wußten die Machthaber im Dritten Reich besser als KUPFFER, wes Geistes Kind diese Pädagogen wahren: Eduard SPRANGER reichte aus Protest gegen die Ernennung BAEUMLERS an der Berliner Universität sein Entlassungsgesuch ein (das er dann, als er sich mit diesem Schritt allein auf weiter Flur sah, wieder zurückzog; als Mitglied der Berliner Mittwochsgesellschaft wurde er nach dem 20. Juli 1944 inhaftiert).

> Daß die ‚herrschende' Pädagogik der 20er Jahre in Praxis und Theorie kaum Instrumente zeitgeschichtlicher, politisch-praktischer Analyse enthielt, mag man aufs Konto ihrer geschichtlichen Versäumnisse setzen. Aber daß sie deswegen den Nationalsozialismus als Doktrin und Herrschaftspraxis ‚mit ermöglicht' habe, verkennt dessen eigene Triebkräfte, ignoriert die politische Konstellation vor dem 30. Januar 1933 und verkehrt Unterlassung und Versagen in geistige Mittäterschaft."

Solcherlei Verharmlosungen gehen hinter einen Forschungsstand zurück, wie er bereits 1970 durch die Arbeit von Karl Christoph LINGELBACH erreicht war. In seinem Kapitel über die „nichtnationalsozialistischen Erziehungswissenschaftler an den Universitäten des ‚Dritten Reiches'" (LINGELBACH 1970, 154–158) faßt er unmißverständlich zusammen, daß eine Reihe geisteswissenschaftlicher Pädagogen wie Gerhard GIESE, Heinrich WEINSTOCK, Fritz BLÄTTNER und Peter PETERSEN zwar an ihren ursprünglichen „in das politische Geschehen der nationalsozialistischen Machteroberung hineininterpretierten utopischen Perspektiven" festhielten, jedoch den Nationalsozialismus als ein „historisches Gebilde von Dauer" betrachteten, das aus sich heraus die „negativen Erscheinungen" einer „Übergangszeit" überwinden werde.

LINGELBACH fährt fort:

> „So entstand eine pädagogische Literatur, die entschiedene Bekenntnisse zur nationalsozialistischen ‚Weltanschauung' – einschließlich der Rassenlehre – mit Elementen traditioneller erziehungswissenschaftlicher Konzeptionen – von reformpädagogischen Richtungen bis hin zur völkischen Neuauflage der ‚humanistischen' Gymnasialbildung – in oft brüchigen Synthesen verband. . ."

International bekannten Pädagogen wie Eduard SPRANGER, Hermann NOHL und Wilhelm FLITNER bescheinigt er den selbstgewählten Weg der „inneren Emigration", wobei nicht zu übersehen ist, daß die ursprünglich zu „positiver Mitarbeit" bereiten pädagogischen Hochschullehrer „allmählich in eine geistig kaum bewältigte Randsituation an ihren Hochschulen" gerieten.

Selbst Theodor LITTS mutige Abhandlung über „Die Stellung der Geisteswissenschaft im nationalsozialistischen Staat" (1933), „in der er die Freiheit der Lehre und Forschung verteidigt und die Banalität der offiziösen Rassenlehre aufdeckt, war" – so LINGELBACH – „keineswegs primär als politischer Angriff gegen das Regime, sondern als Plädoyer für eine ihrer spezifischen Funktion nach sinnvollen Eingliederung der Geisteswissenschaft in die gesellschaftliche Struktur des ‚Dritten Reiches' gemeint."

Wie Ulrich HERRMANN (1985) so attestiert auch Heinz-Elmar TENORTH (1986, 315) dem kritischen Pädagogen Heinrich KUPFFER „unverständliches" Tun. Er träfe sich mit seiner Arbeit – so TEN-

ORTH (1986, 299) – „in der scharfen Kritik der Erziehungswissenschaft“ mit der Analyse Hans-Jochen GAMMS.

TENORTH (1986, 300) fährt fort:

> *„Solche selbstkritischen Analysen stehen jeder Wissenschaft nach 1945 gut an. Aber zugleich zeigen eine problematische Faschismusanalyse, wie man sie bei GAMM (1985) findet, und die Fixierung auf wenige Segmente der Universitätspädagogik, daß die vor allem moralische Distanzierung von der eigenen Vergangenheit wissenschaftlichgeschichtlich allein nicht ausreicht.“*

Als wenn dies die bundesdeutsche Erziehungswissenschaft bisher vollzogen hätte! Statt „Distanzierung“ und analytischer Aufarbeitung des Gesamtkontextes einschließlich des aktuellen Bezugs sind nach wie vor immer neue „Differenzierungen“ die Regel, gegen die an sich nichts zu sagen wäre, wenn sie nicht in ihren Ergebnissen letztlich immer neue Legitimationen für unterschiedliche – zuweilen auch „überraschende“ – Entlastungen von wirklich substantieller Selbstkritik liefern würden.

TENORTH (1986, 300 f.) meint als Erziehungswissenschaftler nachweisen zu können, daß gerade die deutsche Erziehungswissenschaft „einen Bruch“ mit dem Beginn der NS-Zeit erfährt und nach 1945 erneut ein so klarer personeller, theoretischer und praktischer Bruch vollzogen wird, daß man von der NS-Wissenschaft als „historisch singulärer Figuration“ sprechen könne:

> „Mit den Ausführungen möchte ich im Ergebnis die – für mich selbst zunächst überraschende – These zumindest plausibel machen, daß die Erziehungswissenschaft in Deutschland nach 1933 sowohl nach ihrer sozialen Struktur wie nach den typischen Kennzeichen ihres pädagogischen Wissens wie ihres Wissenschaftsbegriffs eine historisch singuläre Figuration darstellt.“

Zwar konstatiert auch TENORTH (1986, 316) „ein Versagen“ der deutschen Pädagogik um 1933, jedoch:

> „Etiketten wie ‚nationalsozialistisch‘ oder ‚faschistisch‘ für das Erziehungsdenken in Deutschland sind im übrigen erst dann zu verwenden, wenn die vergleichende Forschung weiter vorangeschritten ist. Gegenwärtig wird dieses Desiderat historischer Forschung anscheinend noch von aktuellen Erwartungen politischer Pädagogik und von theoriepolitischen Konflikten in den Hintergrund gedrängt.“

Im Klartext: Die wissenschaftliche pädagogische Geschichtsforschung fühlt sich belästigt von aktuellen politischen Kontroversen. Überhaupt ist die Verbindung von Politik und Pädagogik sowie von Politik und Theoriebildung offenkundig für TENORTH – und da weiß er sich fraglos mit vielen Fachkollegen einig – seit der „politischen Pädagogik“ der NS-Zeit endgültig diskreditiert. Mehrfach erwähnt er in seinem Aufsatz die „explizite Politisierung wissenschaftlicher Pädagogik, für die es in Deutschland kein Vorbild gab“ (TENORTH 1986, 311), ohne auch nur an einer einzigen Stelle den politischen Gehalt der NS-Politisierung zu untersuchen. Daß mit der sogenannten NS-Politisierung genau das Gegenteil dessen betrieben wurde, was die Vokabel vorgab, nämlich eine Entpolitisierung der Bevölkerung durch systematische Abschaffung aller demokratischen Errungenschaften, durch Unterbindung selbständiger Informationsmöglichkeiten und eine gezielte Verblödung der Massen durch professionelle Agitation – dies wird von TENORTH nirgends thematisiert.

Man ist versucht, den Gedanken zuzulassen, welchen Bärendienst die Nazis ihren Nachfolgern erwiesen haben, indem sie Begrifflichkeiten, die zur späteren Analyse ihrer Verbrechen unumgänglich sind, bereits zu ihrer Zeit so nachhaltig korrumpiert haben, daß sie scheinbar auf Generationen hinaus unbrauchbar geworden sind. Nur – und das muß man sich allerdings klarmachen, könnte diese Wirkung keinesfalls zu solch starker Entfaltung gelangen, wenn sie nicht den bewußten oder unbewußten Interessen der Nachfolger entgegenkäme. Hierbei meine ich zunächst noch nicht einmal eine bestimmte „Nachfolge" im Sinne eindeutiger nazistischer Verstrickung, sondern – vermutlich viel bedrohlicher – die nichtangenommene Nachfolge im Sinne einer historischen Verantwortung, die nachfolgende Generationen zu bewältigen haben, wenn sie je die Chance erarbeiten wollen, widerständiger auf veränderte faschistische Gefährdungen zu reagieren und substantielle Veränderungen zu mehr Demokratie und Humanität durchzusetzen. Dann könnte nicht nur der Begriff der Politik wieder eine Stärkung in seinem ursprünglichen Sinne erhalten – nämlich als Menschen für die polis (gr.: Stadt, Gemeinwesen) gemeinsam Verantwortung zu tragen, sondern auch der Begriff der Bildung würde gegenüber seiner unzulässigen Aufsplitterung für kurzfristig verwertbare Interessen Anderer – von Elitebildung bis Computerführerschein – gefestigt und als stärkende und befreiende Kategorie dem einzelnen Menschen in die Hand gegeben. (vgl. zur Kritik an TENORTH auch BERNHARD 1986, GAMM 1987; zur Kritik an BERNHARD wiederum DUDEK 1987 sowie die neuerliche Entgegnung auf GAMM von TENORTH 1987.)

Inwieweit deshalb „notwendige Differenzierungen" und „wissenschaftliche Zurückhaltung gegenüber aktuellen gesellschaftlichen Herausforderungen" erneut in die Gefahr geraten, sich von persönlicher Verantwortung für Zustände, unter denen wir leben, zu dispensieren und dies gar noch wissenschaftlich zu legitimieren, ohne dessen antidemokratischen Gehalt zu erkennen, faßt Hans-Jochen GAMM so zusammen (GAMM 1983 a, 169, 99):

> „Denn damit wird das im 19. Jahrhundert von der deutschen Obrigkeit geprägte Wort bezüglich des ‚beschränkten Untertanenverstandes' lediglich objektiviert. Jetzt nämlich äußert sich nicht mehr irgendein bornierter preußischer Minister, über den die Zeit hinwegging, sondern es reden Spezialwissenschaftler und zahllose Experten, die von immer weniger immer mehr

wissen, warnen vor der ruchlosen Selbstüberhebung, jemand könne Politik, Wissenschaft und Gesellschaft in seinem Kopf noch als interdependantes System zusammendenken.

Solcher Sabotage am Begriff der Bildung muß im Namen der Pädagogik wie in dem eines demokratischen Selbstverständnisses scharf widersprochen werden...

Die Bannmeile einer neutralen und in sich versponnenen Pädagogik, die sich im Stande der politischen Unschuld wähnt, wird überwunden, sobald sich der erzieherisch Verantwortliche in Bewegung bringt, weil der Gedanke unvorhersehbare Kräfte auslöst und die reale intergenerative Abweichung wirksam wird. Was in pädagogischen Zusammenhängen je geäußert wurde, bleibt nicht unverändert; wer immer sich die Lernsequenz aneignet, verwandelt sie, schafft Individualität, eröffnet Geschichte."

3.2 Gibt es eine Ästhetik des aufrechten Gangs?

Gibt es Lektionen des Faschismus, die sich für unsere aktuelle Situation unter veränderten gesellschaftlichen Bedingungen von den wenigen oppositionellen Lehrerinnen und Lehrern der NS-Zeit lernen ließen? Gibt es eine „Ästhetik des aufrechten Gangs?“

Zunächst wiederum zwei Vorbemerkungen:

– Jede Ästhetik, die nicht wach ist für die Versuchung einer einsamen Stilisierung von vorbildhaftem Heldentum, von der Erbauung am nie Erreichbaren und dem erhebenden Gefühl, wenigstens von Idealen zu wissen, gar andere darüber zu belehren, wenn es denn schon kaum verwirklichbar scheint, steht in der großen Gefahr, eher das Gegenteil des gesetzten Ziels zu erreichen. Diese Gefahr besteht für Pädagoginnen und Pädagogen im besonderen, da die Versuchung wenigstens zu etwas hin zu erziehen, was weder bislang Realität ist noch von dem Belehrenden selbst gelebt wird, in dieser Profession gleichsam konstitutiv angelegt zu sein scheint – jedenfalls so lange sie sich mehrheitlich sperrt, ihre gesellschaftlichen Versuchungen, aber auch Verantwortlichkeiten selbstkritisch zu analysieren.

Vor diesem Hintergrund ist es um so mehr geboten, so nüchtern wie möglich, von den persönlichen und gesellschaftlichen Bedingungen und Möglichkeiten des Menschen auszugehen. Je weniger Illusionen in diese Analyse eingehen, desto größer werden die Chancen einer Realisierung ihrer Ergebnisse: Eine „Ästhetik des aufrechten Gangs“ hat auszugehen von dem Menschen als einem zerbrechlichen, irrenden und für Versuchungen anfälligen Wesen.

– Zum zweiten sind die veränderten gesellschaftlichen Bedingungen heute nicht nur sozioökonomisch und politikwissenschaftlich, sondern auch in ihren psychosozialen Auswirkungen im Hinblick auf eine „Ästhetik des aufrechten Gangs“ näher zu bestimmen. Vor allem wird zu fragen sein, welche unterschiedlichen Erschwernisse für den aufrechten Gang sich für den Einzelnen im Vergleich zwischen früher klar autoritär definierten und heute eher diffus (nicht zu verwechseln mit pluralistisch) strukturierten Herrschaftsprozessen ergeben.

Dialoge

1. *Manfred KIRCHHEIMER, Jg. 1931, geboren in Saarbrücken, emigrierte 1936 mit seinen Eltern in die USA.*

1985 interviewt er in einem Film[1] *seinen Vater, ob er sich vorstellen könnte, damals in der NS-Zeit als Nichtjude anderen bedrohten Menschen geholfen zu haben:*

Frage:	*Hättest du im umgekehrten Falle Juden versteckt, wie manche Christen das taten?*
Vater:	*Ich sagte dir schon, ich könnte das nicht. Ich würde es nicht tun, weil ich ein Feigling bin. Ich hätte das nie getan. Ich hatte zuviel Angst. Ich hätte es nie getan. Wegen der Gefahr, die damit verbunden war.*
Frage:	*Wie denkst du über Christen, die es taten?*
Vater:	*Großartig, wunderbar. Das sind wirkliche Helden, die so etwas taten.*
Frage:	*Du bist nie in so einer Situation gewesen. Woher willst du wissen, wie du reagiert hättest?*
Vater:	*Ich weiß es, ich würde es ablehnen, weil ich von Natur aus ein Feigling bin, ich habe vor allem Angst. Darum. Ich hätte so etwas nie getan. Ich dachte zuerst an meine Familie, um sie und meine Verwandten zu retten. Das war mein einziger Gedanke, aber andere Juden hätte ich nicht aufgenommen.*

2. *Willy BRANDT, Jg. 1913, während der NS-Zeit für die SAP (Sozialistische Arbeiterpartei) vor allem vom Exil aus aktiv, wird 1986 (BRANDT 1986, 23) befragt zu Feigheit während der NS-Zeit:*

Frage:	*War nicht auch Feigheit mit im Spiel? Julius LEBER schrieb aus dem Exil: „Man schwamm nicht gegen den Strom. Man stand erstaunt und hilflos am Ufer. Als der Damm brach, gab es nur noch kopflose Flut."*
BRANDT:	*Wo steht eigentlich geschrieben, daß Menschen gegen den Strom schwimmen müssen, nicht feige sein dürfen? Ich habe diese übertriebene Verachtung von Feigheit nie verstehen können.*
Frage:	*Mich wundert Ihre Sympathie für die Schwachen, zu denen Sie, wie Ihr Leben gezeigt hat, nicht gezählt haben.*
BRANDT:	*Habe ich nicht?* *Wenn es auch lange her ist, daß ich Diskriminierung und Hunger hinter mir lassen konnte. Aber zu Helden geschaffen sind die meisten von uns nicht. Es ist grundsätzlich doch ganz verständlich, wenn die Leute versuchen, durchzukommen.*

[1] Film „We were so beloved" (USA 1981–85) von Manfred KIRCHHEIMER (vorgeführt auf den 36. Internationalen Filmfestspielen in Berlin 1986).

Dabei geht es dann eben genau nicht zuerst um demokratische Rituale und Formalien, sondern um die Frage nach dem demokratischen Bewußtsein: Wie stabil erweist es sich in Konfliktsituationen und bei Mehrheiten der Bevölkerung? Wie sensibel erweist es sich bei Ungerechtigkeiten und Gefährdungen, auch bei solchen, die eher bunt, fröhlich und scheinbar modern daher kommen?

Die Lehrerin Lea FLEISCHMANN (1980) legte vor wenigen Jahren eine sozialpsychologische Studie zum Zustand unserer Republik vor, die weniger durch die radikale Konsequenz der Autorin erschütterte – nämlich dieses Land zu verlassen –, als vielmehr durch eine Vielzahl sensibler Beobachtungen im Detail, die nicht einfach von der Hand zu weisen sind (vgl. auch van DICK 1982) und die im besonderen Aus- und Nachwirkungen der faschistischen Vergangenheit unter demokratischen Verhältnissen aufzeigen.

Den Mangel an substantiellem Bewußtsein faßt sie in einer provokanten, aber zielsicheren Formulierung zusammen (FLEISCHMANN 1980, 92): „Es ist kein Wunder, daß aus diesen perfekten Faschisten perfekte Demokraten bei uns und perfekte Kommunisten in der DDR geworden sind, nur sind diese nicht demokratisch und jene nicht kommunistisch. Sie sind nur perfekt."

Damit ist gleichzeitig die zweite Vorbedingung charakterisiert, wenn es um die Frage nach einer „Ästhetik des aufrechten Gangs" geht: Vermeidung jeder Deklamation, jeder präambelhaften Beschwörung demokratischer Errungenschaften, wenn diese nicht wenigstens auch an reale Auswirkungen rückzukoppeln sind.

Genau dies meint die ursprüngliche Bedeutung des von A. G. BAUMGARTEN um 1750 eingeführten und von KANT übernommenen Begriffs der „Ästhetik": die philosophische Wissenschaft von der sinnlichen Erkenntnis – „als eine neue, erst auszubildende Wissenschaft." (vgl. Mannheim 1966; „Historisches Wörterbuch der Philosophie", Bd. 1, 555 f. Basel/Stuttgart 1971). Erst später wurde daraus die verklärte „Lehre vom Schönen und Guten."

Peter WEISS vollzieht mit seinem dreibändigen Werk „Die Ästhetik des Widerstands" (1975 bis 1981) in gleichermaßen historisch wie psychologisch präziser Weise eine filigrane Spurensuche im ursprünglich ästhetischen Sinne: Erkenntnis bleibt in unmittelbarer Weise an sinnliche Erfahrungen gebunden; jede, auch kleinste und scheinbar nebensächlichste Wahrnehmung hat allein bereits darin Bedeutung und Wert für Reflexion, weil sie wahrgenommen wurde; jeder Appell, jede Belehrung gegenüber anderen wird strikt vermieden – und es ist fraglos zulässig, dem Werk von Peter WEISS nicht zuletzt aufgrund dieser bewußten und präzisen Beschränkung eine ungemein pädagogische Bedeutung zuzusprechen.

Peter WEISS schildert in seinem Roman, der viele autobiographische Züge hat, die Situation einer kleinen Gruppe von Widerstandskämpfern im Zeitraum vom Beginn des spanischen Bürgerkrieges bis zum Ende des zweiten Weltkriegs. Die Kernfragen des Romans lauten (nach WEISER/WILMS 1986, 19; vgl. auch WEISER/WILMS 1987):

„Woher nahmen die Widerstandskämpfer und -kämpferinnen ihre Kraft? Welches waren die Motive ihres Handelns? Wie konnten sie ihre Handlungsfähigkeit selbst in existenzbedrohenden Situationen bewahren und erweitern?"

Die Hauptpersonen des Romans sind zwei junge Arbeiter (COPPI und der namenlos bleibende Ich-Erzähler) und der aus kleinbürgerlichen Verhältnissen stammende HEILMANN. Die Wahrnehmungen dieser drei aus unterschiedlichen Verhältnissen stammenden Menschen verdichten sich unter den schwierigen Bedingungen der NS-Zeit zu einem kollektiven Bewußtsein, das vor allem durch zwei Merkmale geprägt ist:

- Die Stärke des Kollektivs beruht in der ausgeprägten Individualität der Einzelnen, im unbeschränkten Einbringen und Austauschenkönnen selbst über unterschiedlichste Erlebnisse und deren sinnliche Wahrnehmung.

- Die Stärke ihres oppositionellen Bewußtseins gewinnt dadurch an Substanz und Fundament, indem die bedrohliche NS-Wirklichkeit nicht als monolithischer Block abgewehrt werden muß, sondern indem Widersprüche und Zusammenhänge mühsam erschlossen werden.

Die hohe Bedeutung, die Peter WEISS dabei der Auseinandersetzung mit Kunst und Kunstwerken (vor allem der Malerei) zuspricht, hat bei Kritikern wie Befürwortern seines Romans zu unterschiedlichen Bewertungen geführt: Mich hat vor allem das Moment der grenzenlosen Freiheit in Formen künstlerischer Darstellungen berührt, das wie ein belebender Luftstoß immer wieder in Verhärtungen der Wahrnehmung und damit auch des Denkens fahren kann; ein Umstand, der für die Erhaltung von Selbstkritik von großer Bedeutung ist.

Erst vor diesem Hintergrund ist der immer wieder geforderte Zusammenhang von Wissen und Handeln, von erkannter Verantwortung und praktischen Konsequenzen angemessen zu verstehen: Es geht nicht um schlichte Handlungsanweisungen, gar moralisch einzufordernde Verhaltensweisen, sondern um den unauflösbaren Zusammenhang zwischen (Selbst-)Bildung des Subjekts und seiner dadurch gestärkten Möglichkeit zur Auseinandersetzung mit objektiver Wirklichkeit.

In einer Romanpassage läßt Peter WEISS (Bd. I 1975, 74 f.), angeregt durch eine Bemerkung von COPPIS Mutter, diesen Zusammenhang historisch wie psychologisch entfalten:

„Doch was gehört nicht alles dazu, sagte COPPIS Mutter, um Kenntnisse umzusetzen in Handlung. Zweitausend Jahre brauchten wir, um eine wissenschaftliche Erklärung zu finden, warum wir immer wieder, bei allen Aufständen und Rebellionen, anderen als Trittbrettfahrer gedient hatten, warum es uns nie geglückt war, unsere eigne Macht zu errichten. Beim Einblick in unsre eigne Geschichte konnte es manchmal scheinen, als seien wir immer die Unterlegenen gewesen, als habe sich nichts geändert an den Gewalten, die uns gegenüberstanden, der Oktober dann aber war der Beweis dafür, daß sich in all den Anläufen eine Kraft aufgespeichert hatte, die mehr Gewicht besaß, als alles, was uns früher gebunden hatte.

In dem spiralförmigen Entwicklungsbild sahn wir uns zuweilen in unmittelbarer Nähe der Geschlagnen aus früheren Jahrhunderten, ihre Raserei und Lethargie wurden von uns nachvollzogen, doch dann war, anstatt der Ausweglosigkeit, der Ansatz zu einem neuen Vorgehn entstanden, und waren wir den Sklaven und Leibeigenen auch noch nah, so befanden wir uns doch jetzt in einem Zeitalter, in dem unsre Zielsetzungen sich zu verwirklichen begannen.

Wir standen nicht mehr in Gruppen, sondern als Klasse auf, die hinzugewonnenen Kenntnisse von der Vergangenheit hatten uns nicht nur Nöte früherer Generationen aufgebürdet, sondern uns auch die fortdauernde Unterdrückung in den unterentwickelten Ländern, den Kolonien bewußt gemacht.

Das Joch war überall gleich schwer gewesen, nicht ein Land hatten wir gemeinsam, sondern eine Verantwortung, an der wir alle trugen, und so war das Bewußtsein der Solidarität, des Internationalismus entstanden.

Vielleicht wirkte es paradox, solches in unserer Lage zu erwähnen, angesichts der Millionen von Arbeitenden in unsrem Land, die sich von ihren Aufgaben abbringen lassen? Wie konnte und kann es kommen, daß so vielen von uns das Widerspruchsvolle genommen wurde, wir es uns haben nehmen lassen und so viele leblose Stümpfe nur übrig sind?"

Zur weiteren Annäherung an eine Beantwortung dieser Fragen scheint mir ein Moment von Bedeutung, das zwar einen zentralen Stellenwert im Gesamtwerk von Peter WEISS hat, das aber in der Formulierung von der „Ästhetik des Widerstands" nur ungenügend zum Ausdruck kommt: Widerstand ist eine Handlungsdimension, die nicht einmalig erworben werden kann, sondern die eher am Ende eines Erfahrungsprozesses zur Ausbildung kommt und auch dann beständig neu erarbeitet und kritisch überprüft werden muß.

Dieses Prozeßhafte, auch die Möglichkeit und Notwendigkeit eigenständigen Erarbeitens und beständigen Lernens und Dazulernens, wird durch die weiterreichende Formulierung einer „Ästhetik des aufrechten Gangs" eher erfaßt und ausdrücklich auf gesellschaftliche Situationen bezogen, die nicht offensichtlich zum Widerstand herausfordern, wohl aber auf die Fähigkeiten zum aufrechten Gang angewiesen sind, wollen sie als solche bestehen bleiben.

In diesem Zusammenhang hat eine psychologische Studie hohe Bedeutung, deren Sensationswert zwar eine zeitlang Psychologen, Sozialwissenschaftler und Historiker in vielen Ländern beschäftigte, deren substantielle Aussagen jedoch bislang kaum zu den notwendigen Folgeforschungen, geschweige denn politischen und gesellschaftlichen Konsequenzen, geführt haben: Gemeint ist das nach seinem Leiter Stanley MILGRAM benannte MILGRAM-Experiment, in dem die Gehorsamsbereitschaft von Menschen gegenüber Autoritäten getestet wurde: In einer als „wissenschaftlicher Versuch" getarnten Testreihe, wurden die Versuchspersonen, denen der Status eines „Lehrers" verliehen worden war, aufgefordert, einen fiktiven „Schüler" mit Stromschlägen zum Lernen von sinnlosen Wortpaaren anzuhalten. Diese Stromschläge konnten abgestuft verabreicht werden, wobei die Skala bis 450 Volt ging, was das Risiko einer Tötung des „Schülers" bewußt in Kauf nehmen mußte. Das zunächst schockierende Ergebnis der Untersuchung lautete, daß drei Viertel der Versuchspersonen, die einen repräsentativen Bevölkerungsdurchschnitt der US-amerikanischen Stadt New Haven Anfang der 60er Jahre darstellen, ohne jeden äußeren Zwang, d. h. nur aufgrund der Anweisung des „wissenschaftlichen Leiters", der wiederholt die hohe wissenschaftliche Bedeutung des Lern-Versuchs betonte, bis zum äußersten zu gehen bereit waren und die „Tötung" mittels der Elektroschocks vollzogen.

Die besonderen Forschungsergebnisse erschließen sich jedoch erst durch eine differenzierte Kenntnis des gesamten Experiments. Zunächst zur Methodik der Untersuchung (MILGRAM 1974, 30 ff.):

Soll das Ausmaß an Gehorsam und seine Bedingungen untersucht werden, so muß ein zwingender Bezug zu einem Gegenfaktor hergestellt werden, der in Richtung Ungehorsam wirkt und dessen menschliche Bedeutung leicht begreifbar ist. So hat das Moralprinzip, demzufolge man einer hilflosen Person, die einem selbst weder Schaden zufügt noch sonst irgendwie bedrohlich ist, keine Schmerzen zufügen darf, eine weitgehend universelle Bedeutung.

Bei der Anordnung des Experiments ist dies die Grundkategorie: Die Versuchsperson erhält von einer mit Autorität ausgestatteten Person die Anweisung, eine andere, ihr unbekannte Person zu quälen. Es ist zu vermuten, daß von einem bestimmten Punkt der Steigerung des Quälens die Unmenschlichkeit und Sinnlosigkeit des ganzen Versuchs unterschiedlichen Menschen zwar zu verschiedenen Zeitpunkten, aber doch prinzipiell zunehmend bewußt wird und diese den Versuch abbrechen. Das Verhalten vor diesem Abbrechen wird als Gehorsam bezeichnet – der Punkt, an dem abgebrochen wird, wird als Akt des Ungehorsams verstanden.

Die genaue Art des Quälens hat dabei eine untergeordnete Bedeutung. Aus technischen Gründen wählten Stanley MILGRAM und seine Mitarbeiter die Verabreichung von Elektroschocks, weil den Versuchspersonen leicht klarzumachen war, daß man Schocks graduell an Intensität steigern kann, weil diese Art der Quälerei am ehesten mit der wissenschaftlichen Atmosphäre eines Labors assoziiert werden konnte und weil es schließlich relativ leicht war, die Verabreichung von Schocks zu simulieren.

Der überzeugenden Simulation kam beim gesamten Experiment eine wesentliche Bedeutung zu: So wurde die Rolle des „Versuchsleiters" („ein 31 Jahre alter Highschool-Biologielehrer, leidenschaftslos, etwas streng") ebenso gezielt besetzt und eingeübt wie die Rolle des „Schülers" („ein 47jähriger Buchhalter, freundliche und liebenswürdige Erscheinung").

Das Experiment wurde in einem Raum des eleganten „Instituts für zwischenmenschliche Beziehungen" der Yale-Universität in Connecticut/USA durchgeführt. Die Versuchspersonen wurden durch eine Anzeigenaktion geworben und ausgewählt, die in einem „Aufruf an die Öffentlichkeit" Personen zwischen 20 und 50 Jahren aus allen Berufen (außer Schüler und Studenten) für eine „Untersuchung über Gedächtnisleistung" suchte. Jedem Teilnehmer wurde für die einstündige Dauer des Experiments ein ansehnliches Entgelt sowie Fahrtkostenerstattung geboten.

Die Versuchsperson trifft am Tage des Experiments gemeinsam mit einer anderen „Versuchsperson" (dem späteren „Schüler") beim „Versuchsleiter" ein und wird zunächst grundsätzlich informiert. Die jeweils gleiche „Einführung" soll in ihren wichtigsten Abschnitten kurz zitiert werden (MILGRAM 1974, 35/35):

> „Die Psychologen haben mehrere Theorien entwickelt, die eine Erklärung für die Tatsache bieten, wie Menschen unterschiedliche Arten von Lernstoffen lernen.
>
> Einige der bekannteren Theorien werden in diesem Buch abgehandelt (Der Versuchsperson wird ein Buch über den Lehr-/Lernprozeß vorgelegt).
>
> Eine Theorie lautet, daß der Mensch etwas exakt lernt, wenn er für einen Fehler jedesmal bestraft wird . . .
>
> Wir wissen jedoch noch sehr wenig über den Einfluß von Strafe auf den Lernprozeß, weil es fast keine wirklich wissenschaftlichen Untersuchungen am Menschen darüber gibt . . .
>
> Deshalb versammeln wir für unser Experiment eine Anzahl von Erwachsenen mit verschiedenen Berufen und von unterschiedlichem Alter und bitten einen Teil von ihnen, Lehrer zu sein, einen anderen Teil, Schüler zu spielen . . .
>
> Deshalb werde ich jetzt einen von Ihnen bitten, hier heute den Lehrer darzustellen, den anderen, die Rolle des Schülers zu übernehmen. Zieht einer von Ihnen die eine oder andere Rolle vor? . . .

Also, ich glaube, es ist am fairsten, wenn ich auf zwei Zetteln die Wörter ‚Lehrer' und ‚Schüler' schreibe und Sie beide losen lasse. (Die Versuchsperson zieht zuerst . . .)

Nun, wer von Ihnen ist was?

Gut. Und jetzt müssen wir zuerst einmal den Schüler in eine Lage bringen, in der er irgendwie bestraft werden kann. Kommen Sie doch bitte mit ins Nebenzimmer."

Natürlich wurde bei der Verlosung gemogelt (auf beiden Zetteln stand „Lehrer"). Sofort nach der Verlosung wurden „Schüler" und Versuchsperson in das eigentliche „Labor" gebracht, wobei der „Schüler" an eine an einen elektrischen Stuhl erinnernde Apparatur geschnallt wurde. Dies wurde durch einige Kleinigkeiten besonders realistisch demonstriert, u. a. wurden dem „Schüler" Elektrodensalbe an den Handgelenken aufgetragen, „um Blasen und Verbrennungen zu vermeiden" und der „Versuchsleiter" gab zu verstehen, daß „obwohl die Schocks äußerst schmerzhaft sein können", sie keine bleibenden Gewebsschädigungen verursachen würden.

Der „Schüler" wurde dann in diesem kleineren Raum alleingelassen, und die Versuchsperson und der „Versuchsleiter" gingen in einen Nebenraum, in dem der „Schockgenerator" untergebracht war. Dieses Gerät durfte nun der „Lehrer" bedienen, wobei die Skala von 15 Volt („Leichter Schock") bis 450 Volt („Gefahr: Bedrohlicher Schock") reichte. Die Echtheit des Generators wurde durch einen „Probeschock" bestätigt, den die Versuchsperson in Höhe von 45 Volt sich selbst zufügen konnte. Damit ist das Prinzip des Experiments erläutert: Dem angeblichen „Schüler" wurden Wortpaare vorgelesen, die dieser auswendig zu lernen hatte. Machte er bei der Wiedergabe einen „Fehler", so wies der „Versuchsleiter" den „Lehrer" an, jeweils eine neue Stufe der Bestrafung in Form eines höheren Elektroschocks zu verabreichen.

Es bestand während der gesamten Versuchszeit keine optische Verbindung zwischen „Schüler" und „Lehrer", wohl aber eine akustische. So waren die Äußerungen des „Schülers" genau festgelegt: Bis zum 75-Volt-Schock gab er keine Äußerungen des Unbehagens von sich, dann folgten erste Unmutsäußerungen. Bei 120 Volt rief der „Schüler", daß die Schocks jetzt „schmerzhaft" würden. Bei 150 Volt schrie der „Schüler" laut auf: „Holen Sie mich hier raus! Ich will bei diesem Experiment nicht weiter mitmachen! Ich weigere mich, weiterzumachen!" Diese Schreie nehmen nun beständig zu. Bei 270 Volt erfolgt keine Antwort mehr, nur noch schmerzhaftes Brüllen. Beim ersten 315-Volt-Schock verstummt der „Schüler".

Nach dem Experiment wurden alle Versuchspersonen in einem ausführlichen Interview und Gespräch über die wirklichen Zusammenhänge des Versuchs aufgeklärt, bevor sie nach Hause gingen. Ihnen wurde die Möglichkeit zu weiteren Gesprächen zugesichert, zusätzlich wurden alle Versuchspersonen über die Forschungsergebnisse im nachhinein auch schriftlich ausführlich informiert sowie erneut zu einer Stellungnahme oder einem Gespräch geladen.

Das in der Tat beunruhigende Ergebnis dieser Versuchsreihe, die in zahlreichen Abwandlungen variiert (z. B. auch in anderen Ländern wiederholt, jedoch auch mit Abänderungen des Versuchsaufbaus selbst), ist bekannt und weist in den Kernaussagen nur geringfügige Abweichungen auf.

So ging Stanley MILGRAM z. B. bei einer Kontrollgruppe, die ausschließlich aus Frauen bestand, zunächst davon aus, daß Frauen möglicherweise mehr Gehorsamsbereitschaft als Männer zeigen würden, aber andererseits weniger aggressiv sein würden. Da diese beiden Faktoren genau gegeneinander wirken, war schwer vorherzusagen, ob es zu Abweichungen käme: Wenn auch das Niveau der erlebten Konflikte während der Gehorsamsphase im Ganzen höher lag als bei Männern, was auf ein stärkeres Einfühlen in die Situation des „Schülers" schließen lassen könnte, so war das Gehorsamsniveau, d. h. die faktische Bereitschaft, den Anweisungen nachzukommen und zu quälen, mit dem der Männer nahezu gleich. Die Identität war ebenfalls nicht stark genug ausgebildet, um sich den Anweisungen des „Versuchsleiters", wenn es darauf ankam, zu widersetzen.

Wenn auch von mehreren Wissenschaftlern das MILGRAM-Experiment später mit dem Namen „EICHMANN-Experiment" versehen wurde, so weist MILGRAM selbst auf die darin enthaltene Ausgrenzung und unzulässige Entlastung mit Recht hin (MILGRAM 1974, 206):

> „Wenn man sich ausschließlich auf die Nazis und ihre scheußlichen Taten konzentriert und meine Untersuchung als bedeutsam nur für die meistpubliziertesten verbrecherischen Scheußlichkeiten hält, dann geht man am Wesentlichen vollkommen vorbei. Denn meine Untersuchungen befassen sich hauptsächlich mit der gewöhnlichen und routinemäßigen Destruktion, die von Alltagstypen auf Befehl geleistet wird."

Dies soll beispielhaft an einer Hausfrau und Mutter, Mitte 40, illustriert werden, die ehrenamtlich als Sozialhelferin tätig ist und sich auf die Anzeige hin freiwillig für das Experiment gemeldet hat (MILGRAM 1974, 99 f.):

> *„Mrs. ROSENBLUM berichtet gern von ihren Lebensumständen: Sie machte vor mehr als zwanzig Jahren an der Universität von Wisconsin Examen, ihr Mann, ein Filmverleiher, besuchte Dartmouth. Sie arbeitet als freiwillige Sozialhelferin einmal in der Woche mit jugendlichen Straftätern und war aktiv in der örtlichen Pfadfinderorganisation und dem ‚Verein der Eltern und Lehrer' tätig. Ihre Ausdrucksweise ist flüssig und wortreich, sie produziert sich stark,*

weist häufig auf ihre gesellschaftlichen Erfolge hin. Sie versprüht bei aller Geschwätzigkeit einen angenehmen Charme.

Bei Beginn des Experiments behauptet sie, nichts über Elektrizität zu wissen, und ist vorsichtig beim Probeschock. Bei der Erfüllung ihrer Aufgabe versucht sie den Eindruck von Kompetenz und gesellschaftlicher Liebenswürdigkeit zu machen, doch wird sie rasch in den experimentellen Konflikt verwikkelt. Sie liest dem Schüler die Wortpaare beständig übertrieben korrekt, fast in autoritärem Ton vor, was ganz im Gegensatz steht zu den bläßlich mädchenhaften Kommentaren, die sie an den Versuchsleiter richtet. Sie drückt zunehmend Besorgnis aus, je höher sie auf der Voltskala steht. Bei 270 Volt signalisiert sie dem Schüler die richtige Antwort und unterstützt das noch wörtlich.

Während sie die Wortpaare weiter mit scheinbarer äußerlicher Festigkeit verliest, flüstert sie dem Versuchsleiter mit hilfsloser Stimme zu: ‚Muß ich denn weitermachen? Oh, ich mache mir Sorgen um ihn . . . Können wir denn nicht aufhören? Ich zittere. Ich zittere. Muß ich bis ganz dort oben hingehen?‘

Sie gewinnt zeitweilig die Fassung wieder, kann dann jedoch Anwandlungen von Betrübnis nicht kontrollieren. Sie murmelt in sich hinein: ‚Ich zittere ja richtig‘, doch in der Kommunikation mit dem Schüler behält sie weiterhin den offiziellen Ton bei. Es wirkt beinahe, als bestehe sie aus zwei verschiedenen Persönlichkeiten, einer, die sich in der Öffentlichkeit tadellos und tüchtig aufführt, und einer anderen, die als Frau innerlich leidet und ängstliche Äußerungen nicht zurückhalten kann. Sie geht bis ans Ende der Skala, verordnet den 450-Volt-Schock dreimal . . .“

In der nachfolgenden Interpretation ihres Verhaltens kommt Stanley MILGRAM zu folgenden Assoziationen, wobei er zusätzlich noch einige Aussagen von Mrs. ROSENBLUM aus einem späteren Interview anfügt:

„Sie war nervös, nicht weil dem Mann Schmerz zugefügt wurde, sondern weil sie dies tat. Auf ähnliche Weise bezeichnet sie ihre eigene Not als den Hauptgrund für den Abbruch des Experiments, obwohl sie weiterhin Schocks verabreicht . . .

Spontan liefert sie den folgenden Bericht über ihre freiwillige soziale Tätigkeit, und sie tut dies mit wahrer Begeisterung:

Mrs. ROSENBLUM: Ich arbeite an der Farrell High School mit Dropouts. Es sind alles mehr oder weniger Lederjackentypen. Sie sind meine Jungs. Ich versuche ihnen beizubringen, daß sie in der Schule bleiben sollen, und ich helfe ihnen bei ihrem Studium . . . aber ich mache das nicht mit Strafen, ich mache das mit Achtung und Liebe. Übrigens betrachten sie es mittlerweile als Vorzug, in meiner Gruppe sein zu dürfen . . .

Interviewer: Und was bringen sie ihnen bei?

Mrs. ROSENBLUM: Also zunächst einmal bringe ich ihnen Manieren bei. Das war das erste, was ich tun mußte; ihnen Respekt vor Leuten beibringen, Respekt vor älteren Menschen, Respekt vor den gleichaltrigen Mädchen, Respekt vor der Gesellschaft. Dies mußte ich als erstes tun, ehe ich ihnen etwas anderes beibringen konnte. Danach konnte ich ihnen dann beibringen, etwas aus sich zu machen und die sogenannten angenehmen Seiten des Lebens zu genießen.“

Dem Ziel der Integration in die Gesellschaft ordnet diese sozialengagierte Frau vieles unter, und sie reproduziert dies in selbstverständlicher Weise in ihrer pädagogischen Arbeit. Indem sie ihr eigenes Leiden ignoriert, wird sie erst gar nicht empfänglich für die Leiden anderer, von einem Verstehen der Bedeutung von Andersartigkeit für andre Menschen ganz zu schweigen.

Wenn dann zu einem späteren Zeitpunkt theoretische Reflexion möglich wird, dringt sie nicht weiter als bis zu den selbst empfundenen Leiden. Sie kann nicht tiefer dringen, weil sie andere Leiden in der Tat nicht wahrgenommen hat. Der britische Sozialwissenschaftler Arthur KOESTLER wies in seiner Analyse gesellschaftlicher Hierarchien mit vollem Recht darauf hin, „daß die egoistischen Triebe des Menschen eine bei weitem geringere Gefahr in der Geschichte darstellen als seine Neigung zur Integration“ (KOESTLER 1967, 246). Anpassung ist bedrohlicher für die Menschheit als Ungehorsam.

Doch wie sehen mögliche Schritte dahin aus? Ähnlich der in dieser Studie benutzten Abstufung von „Nonkonformität – Verweigerung – Protest – Widerstand“, beschreibt auch MILGRAM den Prozeß der Gehorsamsverweigerung in aufeinanderfolgenden Phasen: „Innerer Zweifel – Äußerung von Zweifel – Dissens – Drohung – Gehorsamsverweigerung“. Als Hauptgrund dafür, daß nur 25 % der Versuchspersonen in der Lage waren, diesen Weg im Rahmen des Experiments zu gehen, gibt MILRAM den gewaltigen „psychischen Aufwand“ an, der dafür notwendig ist.

Der Weg der Anpassung scheint zunächst immer der leichtere zu sein, unabhängig, wie hoch das Ausmaß der rational erkennbaren Zerstörung anderer (aber auch von sich selbst) ist. Dabei beobachtet MILGRAM eine wesentliche Unterscheidung, die für die „Ungehorsamen“ nicht zutrifft: Bei den gehorsamen Versuchspersonen findet in aller Regel nicht eine Leugnung der Geschehnisse, wohl aber eine Leugnung der eignen Verantwortlichkeit dafür statt (MILGRAM 1974, 190): „Während die gehorsame Versuchsperson die Verantwortung für die dem Schüler verabreichten Schocks dem Versuchsleiter zuschiebt, nehmen jene Versuchspersonen, die den Gehorsam verweigern, die Verantwortung für das Scheitern des Experiments auf sich.“

Den Prozeß harter psychischer Arbeit, der mit jeder Gehorsamsverweigerung als bewußt selbst verantworteter Entscheidung verbunden ist, schildert MILGRAM (1974, 189 f.) anhand seiner Auswertung des Verhaltens der 25 % aufrechten und sich verweigernden Versuchspersonen:

„Die Sequenz beginnt mit innerem Zweifel, einer Spannung, die anfangs eine innerliche Erfahrung ist, jedoch unweigerlich eine äußere Form annimmt, wenn die Versuchsperson dem Versuchsleiter von ihren Befürchtungen Kenntnis gibt oder ihn auf die Schmerzen des Opfers aufmerksam macht.

An einem gewissen Punkt erwarten sie, daß der Versuchsleiter aus diesen Fakten die gleiche Schlußfolgerung zieht wie sie: daß nämlich die Schocks nicht weiter fortgesetzt werden sollten. Wenn der Versuchsleiter dies nicht tut, geht die Kommunikation allmählich in Dissens über, bei dem die Versuchsperson die Autorität zu einer Änderung ihres Kurses zu überreden versucht. Ebenso wie die Schockserie aus einer stufenweisen Verstärkung des Schweregrads besteht, so erlaubt auch die Äußerung von Dissens eine stufenweise Bewegung in Richtung auf den Bruch mit dem Versuchsleiter.

Die erste Äußerung von Widerspruch, wie vorsichtig sie auch formuliert sein mag, bietet ein erhöhtes Plateau, von dem aus der nächste Widerspruch abgeschossen werden kann.

Im Geiste hätte die Versuchsperson gern, daß der Versuchsleiter sie davon entbindet, den Ablauf des Experiments ändert und damit die Notwendigkeit eines Bruchs mit der Autorität beseitigt. Wenn dies mißlingt, verwandelt sich Dissens in die Drohung, daß die Versuchsperson sich weigern würde, die Befehle der Autorität auszuführen.

Nachdem die Versuchsperson schließlich alle anderen Mittel erschöpft hat, glaubt sie nun zum Kern der Beziehung zum Versuchsleiter vorstoßen zu müssen, um zu verhindern, daß das Opfer noch Schocks erhält: Sie verweigert den Gehorsam."

Die Schilderung dieses Ablaufs hilft zweierlei zu verdeutlichen: Zum einen wird die psychische Anstrengung, die Spannung und ungeheure Kraft zum Aushalten von Verunsicherungen deutlich, die notwendig ist, um den aufrechten Gang zu lernen. Man bekommt ihn nicht geschenkt: Weder allein durch intellektuelle Erkenntnis noch durch einen einmaligen Akt des Aufbegehrens.

Zum anderen ist jedoch bedeutsam, wie dieser beschwerliche Weg eines Einfühlens in andere und einer bewußten Verantwortungsübernahme für das eigene Handeln von denen, die bereits wirkliche erste Erfahrungen in dieser Richtung gesammelt haben, erlebt wird: Das ermutigende Gefühl einer Stärkung der eigenen Identität, der sinnlichen Erfahrung des eigenen mutigen Aufbegehrens charakterisiert Peter BRÜCKNER (1980, 30) in einer schönen Formulierung:
„Mut ist die Gesinnung der Freiheit, und das Ergebnis von Freiheit überwältigt den Mutigen, weil es ihn überrascht – es ist nämlich Glück."

Demgegenüber beschreibt Stanley MILGRAM (1974, 12) seine Gefühle beim Anblick gehorsamer Menschen, denen es nicht gelingt, den Konflikt zwischen Unterordnung und Verantwortung selbstbestimmt zu lösen: *„... nichts ist so trostlos wie der Anblick eines Menschen, der* *in einer für ihn bedeutsamen Situation die Kontrolle über sein eigenes Handeln erringen will und es immer nur beinahe schafft.“*

Fraglos lassen sich in einer experimentellen Laborsituation zentrale Faktoren in anderer Weise bestimmen, gleichsam „herauspräparieren“, als dies bei einer eher offen strukturierten Befragung vor Ort der Fall sein kann. Andererseits eröffnet eine Befragung, wie sie beispielsweise bei den für diese Studie interviewten oppositionellen Lehrerinnen und Lehrern durchgeführt wurde, in ganz anderer Weise einen Blick für die Vielfalt von Einflüssen, die auf ein Individuum in einer konkreten historischen Situation wirken.

Auch MILGRAM (1984, 28) selbst betont mehrfach, daß das Problem von Gehorsam und bewußter Gehorsamsverweigerung „nicht ausschließlich psychologisch“ zu sehen ist, sondern daß „die Form und Gestalt der Gesellschaft und ihre Entwicklungstendenzen ... ebenfalls eine große Rolle“ spielen.

Besonders interessant ist in diesem Kontext eine Variation seiner Versuchsreihe, in der die Versuchsperson nicht allein dem „Versuchsleiter“ gegenübersteht, sondern von zwei anderen „Lehrern“ assistiert wird, die – bereits vorher abgesprochen – an einer bestimmten Stelle des Experiments die Fortsetzung verweigern, während der „Versuchsleiter“ genau wie in der sonst üblichen Abfolge gegenüber der Versuchsperson weiter auf Einhaltung seiner Anweisungen drängt. Das Ergebnis ist frappierend: Nun sind plötzlich 90% der Versuchspersonen in der Lage, den Gehorsam zu verweigern, obwohl Aussagen und Rolle des „Versuchsleiters“ unverändert waren. Jedoch allein die Erfahrung, daß andere etwas einfach tun, wovor man selbst noch zurückschreckt, obwohl man eigentlich möchte, scheint den Bann der Unterwürfigkeit zu brechen: Die Autorität ist keineswegs so mächtig, wie man sich eingebildet hat, und in dieser Erfahrung ist bereits der Keim zu dem Gedanken angelegt, daß sie möglicherweise auch gar nicht so kompetent ist, wie vorgegeben. Zumindest scheint die eigene Urteilskraft gefordert und sinnvoll zu sein.

Damit ist keinesfalls die Rolle sozialer Gruppen idealisiert, denn um deren repressiven Charakter auf den Einzelnen zeugen all jene gesellschaftlichen Beispiele von Lynchjustiz bis fanatisierten Volksmassen, die dem Individuum genauso Einfühlungsvermögen und Verantwortungsbewußtsein absprechen, wie dies einzelne Autoritäten tun können. Andererseits ist damit aber auch genau das Merkmal befreiender Gruppenerfahrungen beschrieben: Aufbrechen der Isoliertheit des Einzelnen, Möglichkeiten der solidarischen Orientierung und Ermutigung, Stärkung gegenüber den entmündigenden Ansprüchen herrschender gesellschaftlicher Einflüsse. Stanley MILGRAM (1974, 143) drückt dies so aus: *„Der gegenseitige Halt, den Menschen einander bieten, ist das stärkste Bollwerk gegen Auswüchse der Autorität, das wir besitzen.“*

In einer ersten Diskussionswelle des MILGRAM-Experiments Mitte der 70er Jahre war eine häufig zu hörende Reaktion – und dies nicht nur in pädagogischen Seminaren –, daß man nun doch unbedingt daran arbeiten müßte, den Menschen so zu verändern, zu erziehen, zu bilden, zu betreuen, daß er weniger anfällig für Unterwürfigkeit und unkritische Anpassung an inhumane Ansprüche würde.

Meines Erachtens ignoriert diese Reaktion die zentrale Aussage des gesamten Experiments: Es ist eben nicht ein Mangel an etwas, das an die Menschen nur noch herangetragen werden müßte, sondern es ist zuerst einmal als Tatsache auszuhalten und in aller Tragweite zu begreifen, daß die psychische Konstitution des Menschen prinzipiell anfällig ist für Versuchungen der Anpassung – und dafür auch Dinge zu tun oder in Kauf zu nehmen bereit ist, die aller sonst postulierten Moral konträr gegenüberstehen können.

Das heißt keineswegs, daß wir diesen Versuchungen nun hilflos ausgeliefert bleiben müssen und lediglich hoffen dürfen, daß weitere Menschheitskatastrophen ausbleiben. Zum einen gibt es nur wenig, was zu dieser Hoffnung ernsthaft berechtigen könnte; zum anderen geht es eben eher genau um das Gegenteil der geschilderten ersten Reaktion: Nicht die moralische Empörung über den sittlichen Zustand der Menschheit im Ganzen, nicht ein Katalog von erstrebenswerten Verhaltensweisen für andere ist gefordert. Statt Abwehr und Verpanzerung der eigenen Persönlichkeit geht es vielmehr um eine nüchterne Analyse meiner eigenen Fähigkeiten, auch meiner Möglichkeiten zur Erweiterung und zum Dazulernen, zum Verwirklichen der von mir als wichtig erfahrenen Ansprüche an ein menschenwürdiges Leben für mich und andere – und um eine Auseinandersetzung mit den politischen und gesellschaftlichen Strukturen, die dies erschweren oder verhindern.

Auch im pädagogischen Kontext scheint mir dies redlicher und erfolgversprechender als alle vorhandenen Lernzielkataloge zusammengenommen, die in aller Regel zum Schutze der Daseinsberechtigung des Pädagogen mehr versprechen, als sie je in der Lage zu halten sind – was im übrigen kein Geheimnis ist.

Pädagoginnen und Pädagogen, die sich in ihrer Freizeit für ihre Ideale engagieren, sind meist wirkungsvoller als Lehrerinnen und Lehrer, die „zur Notwendigkeit politischen Engagements in einer Demokratie" umfassende Unterrichtseinheiten durchpauken.

Es ist kein Zufall, daß sich die meisten Schülerinnen und Schüler für wenig so sehr interessieren, wie für das außerschulische Leben eines Pädagogen, den sie neu kennenlernen. Das ist dann nicht zuerst indiskrete Neugierde, sondern auch die spannende Frage: Ist der oder die echt? Steht die oder der hinter dem, was er oder sie uns hier erzählt?

Kann man sich auf diesen Vertreter der Erwachsenengeneration verlassen – oder ist er auch nur einer aus dem Heer der Schwätzer?

Ich habe einiges von der Insistenz, vom präzisen Nachbohren und der Bedeutung, die eine solche „Erforschung" für den Aufbau von Vertrauen und arbeitsfähigen Beziehungen in der Tat hat, von meinen Schülerinnen und Schülern lernen können.

Für eine „Ästhetik des aufrechten Gangs" gilt im besonderen, was Heinrich KUPFFER (1984, 16) als „reellen Austausch" bezeichnet: *„Ich kann nicht mehr erreichen und erwarten, als ich selbst gebe; und ich kann nichts durch Lehre vermitteln, was über meine eigene Reflexion hinausgeht."*

So eine nüchterne und geduldige Bestandsaufnahme der persönlichen Bedingungen ist Voraussetzung für eine Analyse der gesellschaftlichen Faktoren, die um die Gefahren resignativer Überflutungen angesichts von Isolation und psychischem Elend, angesichts von alltäglichem Hungermord und Naturzerstörung und gleichzeitig fröhlich-bunter Verharmlosung und Desinformation, Zerstreuung für die vielen und Disziplinierung für die wenigen weiß und diese Wahrheit auszuhalten bemüht ist.

Dieses Bewußtsein von den realen Bedrohungen – dem Aufwachsen mittlerweile einer gesamten jungen Generation unter den Bedingungen des öffentlich verhandelten Untergangs – ist nicht ohne Einfluß auf die politische Kultur geblieben. Doch nicht die Einsicht in die umfassende Information und die möglichst breit gestreute Mitverantwortung der Bürger hat bei den meisten Politikern zugenommen, sondern einige der „Aufgeschlosseneren" legen sich nun selbst zunehmend die Psychotherapeuten-Pose zu. Jörg BOPP (1986 b, 41) schreibt zutreffend:

„Sie erklären betulich, daß sie die Ängste der Bürger ‚ganz, ganz ernst nehmen'. Sie scheinen es für einen außergewöhnlichen Vorzug zu halten, Wähler ernst zu nehmen. Gleichzeitig verkünden sie die Fortsetzung der bisherigen Atompolitik."

Andere scheuen nicht davor zurück, angesichts tiefgreifender Verunsicherungen nun ihrerseits zu einer Art von „aufrechtem Gang" aufzufordern, der auf die Korruption dieses Begriffs setzt, indem darunter das Gegenteil von Einfühlungsvermögen (Empathie) und Verantwortungsbereitschaft (Identität) gefaßt wird – „aufrechter Gang" als Ausdruck eines neuen Nationalstolzes, mit dem man sich endlich aus dem Schatten der deutschen Vergangenheit verabschieden möchte, um ohne Mitgefühl für heutige wie ehemalige Opfer eine „Endlagerung des Faschismus" und eine „Wiederaufbereitung des Nationalismus" (vgl. HABERMAS 1986) betreiben zu können:

„Es ist jetzt höchste Zeit, daß wir aus dem Schatten des Dritten Reiches und aus dem Dunstkreis Hitlers heraustreten und wieder eine normale Nation werden . . .

Und deshalb, meine Damen und Herren, brauchen wir hier – ich sage das nicht überheblich – mehr aufrechten Gang.

Man kann nicht die deutsche Geschichte verkürzen auf die 12 Jahre Adolf Hitler, oder höchstens auf die Jahre von 1914 bis 1945. Man kann nicht die deutsche Geschichte als eine endlose Kette von Fehlern und Verbrechen darstellen und damit der Jugend die Möglichkeit nehmen, ein echtes Rückgrat wieder innerhalb unseres Volkes und draußen zu erhalten."

(Aus einer Rede von Franz Josef STRAUSS vom 11.1.1987, ARD-Live-Mitschnitt; zitiert nach der Mitschrift seines persönlichen Referenten nach Schreiben vom 15.1.1987).

Es ist hier nicht der Ort, um die unter dem Stichwort „Historikerstreit" jüngst entbrannte Debatte zu entfalten: Jürgen HABERMAS (1986), Hans MOMMSEN (1986), Dorothee SÖLLE (1986) u. a. haben bereits deutliche Antworten für jene gefunden, die wie Ernst NOLTE (1986) eine „Vergangenheit" beklagen, „die nicht vergehen will" oder die, wie Hans-Peter SCHWARZ (1985), die „Machtvergessenheit" der Deutschen als Hauptübel auf dem Weg zu einer Großmacht Bundesrepublik identifizieren (vgl. diesbezüglich auch HILLGRUBER 1986[2], FEST 1986). Auf den zentralen neokonservativen Begriff der „nationalen Identität" und seinen Pseudo-Gehalt bin ich bereits an anderer Stelle eingegangen.

Was SCHWARZ als „Machtvergessenheit" anprangert, läßt sich freilich auch als eine durchaus bedeutsame Entwicklung werten: Jugendstudien kommen mehrheitlich zu dem Befund, daß heutige Jugendliche in der Bundesrepublik weniger anfällig sind gegenüber autoritären Zumutungen, als dies beispielsweise noch für die Nachkriegsgeneration galt (vgl. PREUSS-LAUSITZ 1983, ROLFF/ZIMMERMANN 1985).

Andererseits wird aber auch ein höheres Maß an Isolation des Einzelnen und Aufgespaltenheit in zahlreiche kleinere Subgruppen konstatiert, die untereinander kaum Kontakt haben oder sich auch ausgesprochen feindlich gegenüberstehen. Die gesellschaftliche Wirklichkeit wird insgesamt zunehmend diffus-undurchschaubar empfunden.

Dieser Zustand der Atomisierung in isolierte Individuen erschwert nicht nur die intellektuelle Analyse und begriffliche Präzision, sondern auch die Identifizierung von anderen Menschen, mit denen mich ähnliche Interessen verbinden und mit denen sich die Isolation überwinden und Solidarität erfahren ließe.

Es gibt kein Programm für eine „Ästhetik des aufrechten Gangs". Wohl aber gibt es Ermutigungen, die wir uns selbst durch historische Spurensuche erarbeiten und mit anderen Menschen in ähnlicher Situation erproben können. Und es gibt gesellschaftliche Bedingungen, um die wir – im Sinne der aufrechten Anstrengungen von Menschen vorhergehender Generationen und in anderen Ländern auf dieser Erde – heute und bei uns politisch ringen und kämpfen müssen.

„Deutschland ist ein gespaltenes Land", schrieb Kurt TUCHOLSKY 1929 (TUCHOLSKY 1965, 499). „Ein Teil von ihm sind wir."

Es ist ja nicht wahr, daß jene, die sich ‚national' nennen und nichts sind als bürgerlich-militaristisch, dieses Land und seine Sprache für sich gepachtet haben. Weder der Regierungsvertreter im Gehrock, noch der Oberstudienrat, noch die Herren und Damen des Stahlhelms allein sind Deutschland. Wir sind auch noch da.

Sie reißen den Mund auf und rufen: „Im Namen Deutschlands ...!" Sie rufen: „Wir lieben dieses Land, nur wir lieben es." Es ist nicht wahr.

Im Patriotismus lassen wir uns von jedem übertreffen – wir fühlen international. In der Heimatliebe von niemand – nicht einmal von jenen, auf deren Namen das Land grundbuchlich eingetragen ist. Unser ist es.

Und so widerwärtig mir jene sind, die – umgekehrte Nationalisten – nun überhaupt nichts mehr Gutes an diesem Lande lassen, kein gutes Haar, keinen Wald, keinen Himmel, keine Welle – so scharf verwahren wir uns dagegen, nun etwa ins Vaterländische umzufallen. Wir pfeifen auf die Fahnen – aber wir lieben dieses Land. Und so wie die nationalen Verbände über die Wege trommeln – mit dem gleichen Recht, mit genau demselben Recht nehmen wir, wir, die wir hier geboren sind, wir, die wir besser deutsch schreiben und sprechen als die Mehrzahl der nationalen Esel – mit genau demselben Recht nehmen wir Fluß und Wald in Beschlag, Strand und Haus, Lichtung und Wiese: Es ist unser Land. Wir haben das Recht, Deutschland zu hassen – weil wir es lieben. Man hat uns zu berücksichtigen, wenn man von Deutschland spricht, uns: Kommunisten, junge Sozialisten, Pazifisten, Freiheitsliebende aller Grade; man hat uns mitzudenken, wenn ‚Deutschland' gedacht wird ...

Deutschland ist ein gespaltenes Land. Ein Teil von ihm sind wir.

Kurt TUCHOLSKY: Heimat (1929)

Zusammenfassung
Vier Thesen zu einer „Ästhetik des aufrechten Gangs"

1. Die Traditionen eines Bewußtseins von den Anstrengungen vorhergehender Generationen für aufrechten Gang sind in unserem Land weitgehend verschüttet.

Dies beruht zum einen auf bewußter Ignoranz derjenigen, die als herrschende Strömungen die Änderung der formalen Struktur der politischen Systeme relativ unbeschadet, zum Teil auch gestärkt, überdauert haben und den Vergleich zu den selbst abgegebenen Distanzierungen und Schilderungen eigener „Widerstandsakte" scheuen, weil er eindeutig zu ihren Ungunsten ausfällt.

Es beruht zum anderen auf Modernisierungsschüben innerhalb von Gesellschaften, deren Herrschaftsstrukturen sich, statt wie früher autoritär-hierarchisch, nun zunehmend diffus-undurchschaubar auf die Mehrheit ihrer Mitglieder auswirken. Dabei ist die wachsende Geschichtslosigkeit eine Kategorie innerhalb des Prozesses der Isolation des Einzelnen, einer Zerstörung seiner Identität als eines handlungsfähigen sozialen Wesens hin zu einem atomisierten Funktionsteil.

2. Unter einer „Ästhetik" des aufrechten Gangs wird die Bindung aller Anstrengungen des Menschen nach Empathie und Identität an die „sinnliche Erkenntnis" des Einzelnen verstanden:

Er darf von anderen nicht mehr erwarten, als er selbst einzubringen in der Lage ist, und er muß Sensibilität und Geduld für das Prozeßhafte jeder Bemühung um aufrechten Gang bei sich und anderen aufbringen.

Eine nüchterne Analyse der eigenen Möglichkeiten erleichtert eine ebenso nüchterne Auseinandersetzung mit den politischen und gesellschaftlichen Strukturen, die dies bislang erschweren oder verhindern und schafft Raum für Entwürfe von Bedingungen, die dies erleichtern und stärken können.

Die Erfahrung des aufrechten Gangs ist nicht ohne die Bereitschaft zu psychischer Mehrarbeit, zum Teil zum Ertragen großer psychischer Spannungszustände zu erhalten – die Glückserfahrung einer gestärkten eigenen Identität allerdings auch nicht.

3. Orientierende Merkmale innerhalb des Prozesses einer Stärkung der Fähigkeit zum aufrechten Gang sind wachsende

- Empathie: die Fähigkeit zum Einfühlen in sich und andere; das Aushalten selbst von verunsichernden Erfahrungen des Andersseins anderer Menschen, ohne auf eine wie auch immer geartete eigene Höherwertigkeit setzen zu müssen; das Zulassen von Erfahrungen von kultureller Vielfalt als tatsächlichem menschlichen Reichtum; und
- Identität: die Fähigkeit zur Verantwortungsübernahme für eigenes Denken und Handeln; das rationale Erkennen unterschiedlicher persönlicher und gesellschaftlicher Interessen und die bewußte Entscheidung für ein parteiliches Engagement gegen Unterdrückung, Isolation und Ungerechtigkeiten.

Eine Ästhetik des aufrechten Gangs geht von dem Menschen als einem zerbrechlichen, irrenden und für Versuchungen anfälligen Wesen aus. Sie vermeidet jede Illusion der Schaffung eines „ganz neuen Menschen“, so wie sie andererseits zum Ausmessen seiner faktischen Möglichkeiten im Rahmen des jeweils Vorstellbaren herausfordert.

4. Stärkende Erfahrungen auf dem Weg zum aufrechten Gang sind weniger durch Belehrung zu erlangen als durch Selbstbildungsprozesse des Subjekts und seine dadurch gestärkten Möglichkeiten zur Auseinandersetzung mit objektiver Wirklichkeit. Die Erfahrung (vor-)gelebten aufrechten Gangs anderer in realen Konflikten ist eine ungleich größere Ermutigung und Anregung für noch Unsichere als ein Appell dazu, der sich stets fragen lassen muß, ob in der zuerst moralisch begründeten Aufforderung nicht der Ersatz für die eigene Unterlassung verborgen ist.

Epilog II

Abb. 26

Am Montag, dem 7. Februar 1944, starb plötzlich und unerwartet unser lieber, guter Junge

Ulrich van Dick

ᛉ 24. 4. 1930 ᛣ 7. 2. 1944

durch Feindeinwirkung, im Alter von noch nicht ganz 14 Jahren.

Dieses zeigen tiefbetrübt und in großem Schmerz an

Else Herzmann, geb. van Dick
Franz Herzmann, als Eltern
Brüderchen Günter
seine überalles geliebte treusorgende Oma
Elise van Dick, geb. Klein
nebst allen Verwandten

Berlin N 58, den 11. Februar 1944
Dunkerstr. 14

Die Beerdigung findet statt am Montag, dem 14. Februar 1944, 10 ½ Uhr, auf dem St. Georgen-Friedhof in Bln.-Weißensee, Roelckestr. 142-150.

Abb. 27

Lieber Uli,

eigentlich gibt es gar kein Foto mehr von Dir. Aber so ähnlich habe ich mir Dein Ende viele Jahre vorgestellt. Bis zuletzt überzeugt, mit ein bißchen Angst vielleicht, aber nur einem bißchen, weil doch fast alle in Deinem Alter so dachten.

Ob Du ein Held sein wolltest? Schwer zu sagen. Vorbilder dieser Art gab es keine in Deiner Familie. Eher mitgeschwommen im Strom, nach jahrelanger Arbeitslosigkeit war das schon etwas. Gar nicht mal nur Fähnchen in den Wind, der jüdischen Nachbarsfamilie trotzdem weiter Karten nach Südamerika geschickt. Aber auch nicht gegen den Strom. Woher sollte das auch kommen?

Mitschwimmen und den Kopf über Wasser halten. Bei den Pimpfen warst Du gern, da brauchte man nie hinterher sein.
Und Du warst wenigstens von der Straße. In unserer Gegend war das für Eltern auch eine Beruhigung. Hat man ja hinterher gesehen ...

Denn es war schließlich an einem Vormittag, an dem nichts bei den Pimpfen lief, Schule war schon lange nicht mehr. Da hast Du Dich mal wieder in den Ruinen rumgetrieben, wie oft ist Dir das verboten worden. Krieg habt Ihr da gespielt, als ob nicht schon genug Krieg überall herum gewesen wäre. Manchmal auch Schatzsuche; gut, das muß ich zugeben, da hast Du zuweilen auch ganz vernünftige Sachen mit nach Hause gebracht.

Aber das Ding, das Du am 7. Februar gefunden hast, das war eine Stabbrandbombe. Komm', erzähl' mir nichts, das hast Du genau gewußt, was das war. Mußtest unbedingt damit 'rumspielen ...

Ich habe das erst vor wenigen Jahren erfahren, Ulli. Der in einer Ruine gefundene Blindgänger – das war die „Feindeinwirkung". In einem „Runderlaß des Reichsministers für Wissenschaft, Erziehung und Volksbildung" (Nr. 348 vom 10.6.1943) gibt dieser an alle Unterrichtsverwaltungen eine Anweisung des Oberkommandos der Wehrmacht mit dem Hinweis bekannt, alle Lehrer und Eltern entsprechend zu informieren. Er lautet:

> „Da die Opfer von Luftangriffen unter der Zivilbevölkerung ebenso wie die Soldaten an der Front für Deutschlands Größe verwundet werden oder fallen, ist auch für Zivilpersonen (statt der bisher verwandten Ausdrücke ‚verletzt' oder ‚getötet', LvD) die Bezeichnung ‚verwundet' oder ‚gefallen' anzuwenden."

Es waren nicht nur Deine Eltern, die die Sinnlosigkeit Deines Todes nicht wahrhaben wollten. Die an das Unwirkliche glaubten, je mehr sich die Wirklichkeit auch für sie zu erkennen gab. Die schließlich nicht einmal mehr ihre tiefe Trauer um Deinen Tod aushalten konnten, sondern selbst dieses wichtige und ernste Gefühl zertrümmern und in Haß auf einen „Feind“ wenden mußten.

Trauer und Ohnmacht aushalten zu lernen, Zerbrechlichkeit und Verführbarkeit erkennen und gesellschaftliche Widersprüche zum engagierten Handeln nutzen zu lernen – ist das überhaupt ein mögliches Schlußwort?

„Gerade im Eifer des Änderungswillens (wird) allzuleicht verdrängt . . ., daß Versuche, in irgendeinem partikularen Bereich unsere Welt wirklich eingreifend zu ändern, sofort der überwältigenden Kraft des Bestehenden ausgesetzt und zur Ohnmacht verurteilt erscheinen,“ sagt ADORNO (1982[8], 147) wenige Wochen vor seinem Tod am 6. August 1969:

„Wer ändern will, kann es wahrscheinlich überhaupt nur, indem er diese Ohnmacht selber und seine eigene Ohnmacht zu einem Moment dessen macht, was er denkt und vielleicht auch was er tut.“

Anhang

Literatur

ADLER, H. G. 1974: Der verwaltete Mensch – Studien zur Deportation der Juden aus Deutschland, Tübingen.

ADORNO, Theodor W. et al. 1950: The Authoritarian Personality, New York.

ADORNO, Theodor W. 1970: Zum Verhältnis von Soziologie und Psychologie; in: ders.: Aufsätze zur Gesellschaftstheorie und Methodologie, Frankfurt/M.

ADORNO, Theodor W. 1982^{8}: Erziehung zur Mündigkeit. Vorträge und Gespräche mit Hellmut BECKER 1959–1969, Frankfurt/M.

ALBRECHT, Franz 1971: Das schulpolitische und pädagogische Wirken Fritz AUSLÄNDERS in der Weimarer Zeit (Diss.), Berlin/DDR.

ALLPORT, Gordon W. 1947^{2} (1942): The Use of Personal Documents in Psychological Science, New York.

ALLPORT, Gordon W. et al. 1949^{2} (1941): Personality under Social Catastrophe – Ninety Life-Histories of the Nazi Revolution; in: KLUCKHOHN, CLYDE/MURRAY Henry A (Eds.): Personality in Nature, Society and Culture, New York.

ALT, Robert 1971: Bilderatlas zur Schul- und Erziehungsgeschichte, Bd. 2, Berlin/DDR.

ANDERS, Günther 1980: Die Antiquiertheit des Menschen, Bd. I/II, München.

ANDRICH, Matthias/MARTIN, Guido 1983: Schule im 3. Reich – Die Musterschule. Ein Frankfurter Gymnasium 1933–1939, Frankfurt/M.

ANGRESS, Werner T. 1985: Generation zwischen Furcht und Hoffnung. Jüdische Jugend im Dritten Reich, Hamburg.

ANTIFASCHISTISCHE LEHRER IM WIDERSTANDSKAMPF 1967 (Lebensbilder großer Pädagogen), Berlin/DDR.

ARBEITSGRUPPE Geschichte der Lehrerbewegung (Hrsg.) 1973: Materialien zur Geschichte der politischen Lehrerbewegung I (1789–1933), Offenbach.

ARBEITSGRUPPE Pädagogisches Museum (Hrsg.) 1982: Berliner Lehrerinnenleben 1900–1982 (Mitteilungen und Materialien Nr. 17/18), Berlin.

ARBEITSGRUPPE Pädagogisches Museum (Hrsg.) 1983: Heil Hitler, Herr Lehrer – Volksschule 1933–1945. Das Beispiel Berlin; Reinbek bei Hamburg.

ARBEITSKREIS LICHTWARKSCHULE (Hrsg.) 1979: Die Lichtwarkschule – Idee und Gestalt, Hamburg.

ARENDT, Hannah 1974: Über die Revolution, München.

ARENDT, Hannah 1978^{2} (1964): Eichmann in Jerusalem. Ein Bericht über die Banalität des Bösen, Reinbek bei Hamburg.

ASSEL, H.-G. 1969: Die Perversion der politischen Pädagogik im Nationalsozialismus, München.
BAACKE, Dieter 1979: Ausschnitt und Ganzes – Theoretische und methodologische Probleme bei der Erschließung von Geschichten; in: BAACKE/SCHULZE 1979.
BAACKE, Dieter/SCHULZE, Theodor (Hrsg.) 1979: Aus Geschichten lernen – Zur Einübung pädagogischen Verstehens, München.
BAACKE, Dieter/SCHULZE, Theodor (Hrsg.) 1985: Pädagogische Biographieforschung – Orientierungen, Probleme, Beispiele, Weinheim/Basel.
BÄR, Curt 1981² (1979): Von Göttingen über Osleb nach Godesberg – Politische Erinnerungen eines Hamburger Pädagogen 1919–1945, Hamburg.
BALL-KADURI, Kurt Jacob 1967: Vor der Katastrophe – Juden in Deutschland 1934–1939, Tel Aviv.
BASTIAN, Johannes 1983: Und dennoch: Solange die Vergangenheit nicht zum Problem derer geworden ist, die auf ihr parken; in: Westermanns Pädagogische Beiträge 1/1983.
BECK, Johannes/BOEHNCKE, Heiner/HEINZ, Werner/VINNAI, Gerhard (Hrsg.) 1980: Terror und Hoffnung in Deutschland 1933–1945. Leben im Faschismus, Reinbek bei Hamburg.
BECKER, Franz 1985: Vom Berliner Hinterhof zur Storkower Kommendatura, Berlin/DDR.
BECKER, Gerold/BECKER, Hellmut/HUBER, Ludwig (Hrsg.) 1985: Ordnung und Unordnung – Ein Buch für Hartmut von Hentig (zum 60. Geburtstag), Weinheim/Basel.
BEGOV, Lucie 1983: Mit meinen Augen – Botschaft einer Auschwitz-Überlebenden, Stuttgart.
BEHNKEN, Klaus (Hrsg.) 1980: Deutschland-Berichte der Sozialdemokratischen Partei Deutschlands (Sopade) 1934–1940, Band I–VII, Frankfurt/M.
BEHR, Klaus 1980: Gymnasialer Deutschunterricht in der Weimarer Republik und im Dritten Reich. Eine empirische Untersuchung unter ideologiekritischem Aspekt, Weinheim/Basel.
BERGER, Manfred 1986: Vorschulerziehung im Nationalsozialismus, Weinheim.
BERGMANN, Klaus/SCHÖRKEN, Rolf (Hrsg.) 1982: Geschichte im Alltag – Alltag in der Geschichte, Düsseldorf.
BERNER, Hanspeter 1984/85: Behindertenpädagogik und Faschismus; in: Behindertenpädagogik Hefte 4/1984 und 1/1985.
BERNETT, Hajo 1985: Sportunterricht an der nationalsozialistischen Schule (Schriften der Deutschen Sporthochschule Köln Bd. 15), Sankt Augustin.
BERNFELD, Siegfried 1926: Sozialismus und Psychoanalyse, Berlin.
BERNFELD, Siegfried (1925) 1971²: Sisyphos – oder die Grenzen der Erziehung, Frankfurt/M.
BERNHARD, Armin 1986: Pädagogische Betriebsunfälle (Eine Antwort auf Heinz-Elmar Tenorth); in: päd. extra 12/1986.
BITTNER, Günther 1979: Zur psychoanalytischen Situation biographischer Erzählungen; in: BAACKE/SCHULZE 1979.
BLOCH, Ernst 1961: Naturrecht und menschliche Würde, Frankfurt/M.
BLOCH, Ernst 1968: Widerstand und Friede – Aufsätze zur Politik, Frankfurt/M.
BLOCH, Ernst 1971: Pädagogica, Frankfurt/M.

BOBERACH, Heinz (Hrsg.) 1984: Meldungen aus dem Reich. Die geheimen Lageberichte des Sicherheitsdienstes der SS 1938–1945, Band I–XVII, Hersching.

BODE, Hans 1983: Horizonte der Erziehung (Rezension der gleichnamigen Festschrift zu Theodor Wilhelms 75. Geburtstag, hrsg. von Günther GROTH, Stuttgart 1981); in: die höhere Schule 12/1983.

BÖLLING, Rainer 1978: Volksschullehrer und Politik. Der Deutsche Lehrerverein 1918–1933, Göttingen.

BOHN, Jörg 1982: Dr. Kurt Adams – Lehrer und Bürgerschaftsabgeordneter in Hamburg (hrsg. vom Amt für Schule), Hamburg.

du BOIS-REYMOND, Manuela/SCHONIG, Bruno (Hrsg.) 1982: Lehrerlebensgeschichten, Weinheim/Basel.

BOLLNOW, Otto Friedrich 1983: Eduard Spranger zum hundertsten Geburtstag; in: EISERMANN/MEYER/RÖHRS 1983.

BONSS, Wolfgang 1980: Kritische Theorie und empirische Sozialforschung. Anmerkungen zu einem Fallbeispiel, in: FROMM 1980.

BOPP, Jörg 1986 a: Die Härte von hohen Idealen; in: Westermanns Pädagogische Beiträge 9/1986.

BOPP, Jörg 1986 b: Katastrophenstimmung; in: Westermanns Pädagogische Beiträge 12/1986.

von BORRIES, Bodo 1980: Problemorientierter Geschichtsunterricht? Stuttgart.

von BORRIES, Bodo 1985: Zur Mikroanalyse historischer Lernprozesse in und neben der Schule; in: Geschichtsdidaktik 10 Jg., 1985.

BOSCH, Manfred 1984: Hermann Venedey – Gymnasiallehrer in Konstanz; in: BOSCH/NIESS 1984.

BOSCH, Michael/NIESS, Wolfgang (Hrsg.) 1984: Der Widerstand im deutschen Südwesten, Stuttgart.

BOSCH, Manfred 1985: Hermann Venedey (1904–1980): „Unbeugsam in der Wahrung dessen, was ich als recht ansah . . .“; in: ALLMENDE 19/1985, Sigmaringen.

BOSSMANN, Dieter (Hrsg.) 1977: „Was ich über Adolf Hitler gehört habe . . .“ – Folgen eines Tabus: Auszüge aus Schüleraufsätzen heute, Frankfurt/M.

BRACHER, Karl Dietrich/FUNKE, Manfred/JACOBSEN, Hans-Adolph (Hrsg.) 1983: Nationalsozialistische Diktatur 1933–1945 – Eine Bilanz; Schriftenreihe der Bundeszentrale für politische Bildung, Bd. 192, Bonn.

BRÄMER, Rainer/KREMER, Armin 1980: Physikunterricht im Dritten Reich, Marburg/Lahn.

BRANDT, Leon 1984: Menschen ohne Schatten – Juden zwischen Untergang und Untergrund 1938 bis 1945, Berlin.

BRANDT, Willy 1986: „Wir sind nicht zu Helden geboren“ (Interview von Birgit KRAATZ; in: Zeitschrift WIENER 9/1986.

BREYVOGEL, Wilfried 1974: Lehrer zwischen Weimarer Republik und Faschismus. Die Lehrerschaft des Hessischen Volksschullehrervereins in den Jahren 1930 bis 1933 (Geschichte der Lehrerbewegung II), Offenbach.

BREYVOGEL, Wilfried 1979: Die soziale Lage und das politische Bewußtsein der Volksschullehrer 1927–1933. Eine Studie zur Gewerkschaftsfrage in der Volksschullehrerschaft (Vorwort von Wolfgang KLAFKI), Königstein Ts.

BREYVOGEL, Wilfried/LOHMANN, Thomas 1985: Schulalltag im Nationalsozialismus; in: HERRMANN 1985.
BROSZAT, Martin (Hrsg.) 1963: Kommandant in Auschwitz – Autobiographische Aufzeichnungen des Rudolf HÖSS, München.
BROSZAT, Martin/FRÖHLICH, Elke (Hrsg.) 1983: Bayern in der NS-Zeit (Bd. I–V), München/Wien.
BRÜCKNER, Peter 1980: Das Abseits als sicherer Ort – Kindheit und Jugend zwischen 1933 und 1945, Berlin.
BUDDE, Peter 1986: Schulportrait: Die Internationale Quäkerschule in Holland; in: betrifft: erziehung 2/1986.
BUNDESZENTRALE FÜR POLITISCHE BILDUNG (Hrsg.) 1985: Widerstand und Exil 1933–1945 (Schriftenreihe Bd. 223), Bonn.
BURGARD, Edith/DIERCKS, Herbert/ZAHRNDT, Rose-Marie 1982: Rudolf KLUG – Ein Lehrer paßt sich nicht an (Hrsg. von VVN-BdA), Hamburg.
BURGARD, Edith 1985: Magda THÜREY: „... und lehren, den Krieg zu verabscheuen“; in: HOCHMUTH/de LORENT 1985.
CLOER, Ernst (Hrsg.) 1983: Das Dritte Reich im Jugendbuch, Braunschweig.
DABEL, Gerhard (Hrsg.) 1981: KLV. Die erweiterte Kinder-Land-Verschikkung, Freiburg.
DAHMER, Helmut 1973: Libido und Gesellschaft – Studien über Freud und Freudsche Linke, Frankfurt/M.
DEUTSCHE GESELLSCHAFT FÜR ERZIEHUNGSWISSENSCHAFT (Hrsg.) o. J. (1986): Standards erziehungswissenschaftlicher Forschung (Resolution der DGfE), Regensburg.
DEUTSCHER KOORDINATIONSRAT DER GESELLSCHAFT FÜR CHRISTLICH-JÜDISCHE ZUSAMMENARBEIT (Hrsg.) 1969: ... die dem Gewissen gehorchten, Frankfurt/M.
DEUTSCHKRON, Inge 1985^2 (1978): Ich trug den gelben Stern, München.
van DICK, Lutz 1979: Alternativschulen – Praxislose Theorie der Kritiker, in: betrifft: erziehung 7–8/1979.
van DICK, Lutz 1982: Ein Gespräch mit Lea Fleischmann; in: päd. extra 9/1982.
van DICK, Lutz (Hrsg.) 1984 (1987^2): Lernen in der Friedensbewegung – Verantwortung von Pädagogen, Weinheim/Basel.
van DICK, Lutz/KEESE-PHILIPPS, Henning/PREUSS-LAUSITZ, Ulf (Hrsg.) 1986: Ideen für grüne Bildungspolitik, Weinheim/Basel.
van DICK, Lutz/HANSEN, Georg (Hrsg.) 1987: „Heute noch!“ – Carl-Heinz EVERS. Eine politisch-pädagogische Biographie, Weinheim/Basel.
DICKOPP, K.-H. 1971: Systemanalyse nationalsozialistischer Erziehung, Ratingen.
DIEL, Alex 1969: Die Kunsterziehung im Dritten Reich – Geschichte und Analyse, München.
DKP 1984 (Hrsg.): Wilhelm HAMMANN – Landrat, Lehrer, Kommunist, Widerstandskämpfer – Eine Dokumentation, Groß-Gerau.
DONAT, Helmut 1987: Friedrich Wilhelm FOERSTER (1869–1966) – Friedenssicherung als religiös-sittliches und ethisch-politisches Programm; in: RAJEWSKY/RIESENBERGER 1987.
DREWITZ, Ingeborg 1980: Gestern war Heute – Hundert Jahre Gegenwart (Roman), München.

DUDEK, Peter 1987: Pädagogik 1933–1945. Anmerkungen zu Armin Bernhards pädagogischen Betriebsunfall in päd. extra 12/86; in: päd. extra 2–3/1987.
EBERHARD, Fritz 1981² (1974): Illegal in Deutschland – Erinnerungen an den Widerstand gegen das Dritte Reich; in: PEUKERT/REULECKE 1981.
EGGERT, Heinz-Ulrich (Hrsg.) 1984: Der Krieg frißt eine Schule. Die Geschichte der Oberschule für Jungen am Wasserturm in Münster 1935–1945, Münster.
EICKELS, Klaus van 1982: Das Collegium Augustinum Gaesdonck in der NS-Zeit 1933–1942, Kleve.
EIERDANZ, Jürgen 1987: „Wir wollen gehorchen lernen!" – Peter Petersen und der „Jean-Plan"; in: Demokratische Erziehung 3/1987.
EILERS, Rolf 1963: Die nationalsozialistische Schulpolitik. Eine Studie zur Funktion der Erziehung im totalitären Staat, Köln.
EISERMANN, Walter/MEYER, Hermann J./RÖHRS, Hermann (Hrsg.) 1983: Maßstäbe – Perspektiven des Denkens von Eduard Spranger, Düsseldorf.
ELLGER-RÜTTGARDT, Sieglind 1986: Frieda Stoppenbrink-Buchholz: Eine Hamburger Heilpädagogin; in: LEHBERGER/de LORENT 1986.
ESH, Shaul 1969: Historische Einführung; in: SCHWERSENZ/WOLFF 1969.
EVERS, Carl-Heinz 1984 (1987²): Generationen lernen Frieden; in: van DICK 1984 (1987²).
EVERS, Carl-Heinz 1987: Kindheit und Jugend im Nationalsozialismus; in: van DICK/HANSEN 1987.
FALTER, Jürgen W. 1979: Wer verhalf der NSDAP zum Sieg? Neuere Forschungsergebnisse zum parteipolitischen und sozialen Hintergrund der NSDAP-Wähler 1924–1933; in: aus politik und zeitgeschichte 28–29/1979.
FEIDEL-MERTZ, Hildegard/SCHNORBACH, Hermann 1981: Lehrer in der Emigration, Weinheim/Basel.
FEIDEL-MERTZ, Hildegard (Hrsg.) 1983: Schulen im Exil – die verdrängte Pädagogik nach 1933, Reinbek bei Hamburg.
FEITEN, Willi 1981: Der Nationalsozialistische Lehrerbund, Weinheim/Basel.
FEST, Joachim C. 1986: Die geschuldete Erinnerung; in: Frankfurter Allgemeine Zeitung vom 29.08.1986.
FIEGE, Hartwig 1986: Fritz Köhne – Ein großer Hamburger Schulmann 1879–1956 (Verein für Hamburgische Geschichte Bd. 28), Neumünster.
FISCHER, G. 1981: Erwachsenenbildung im Faschismus. Eine historisch-kritische Untersuchung über die Stellung und Funktion der Erwachsenenbildung zwischen 1930 und 1945, Bensheim.
FLEISCHMANN, Lea 1980: Dies ist nicht mein Land – Eine Jüdin verläßt die Bundesrepublik, Hamburg.
FLESSAU, Kurt-Ingo 1977: Schule der Diktatur – Lehrpläne und Schulbücher des Nationalsozialismus, München.
FLESSAU, Kurt-Ingo/NYSSEN, Elke/PÄTZOLD, Günter (Hrsg.) 1987: Erziehung im Nationalsozialismus – „. . . und sie werden nicht mehr frei ihr ganzes Leben!", Köln/Wien.
FLIEDNER, Hans-Joachim 1971: Die Judenverfolgung in Mannheim 1933–1945, (bes. Kapitel 3: Die Schule im Dritten Reich), Stuttgart/Berlin/Köln/Mainz.

FOCKE, Harald/REIMER, Uwe (Hrsg.) 1979: Alltag unterm Hakenkreuz. Wie die Nazis das Leben der Deutschen veränderten, Reinbek bei Hamburg.

FRANK, Horst-Joachim 1975: Geschichte des Deutschunterrichts. Von den Anfängen bis 1945, München.

FRICKE, Dieter u. a. (Hrsg.) 1980^2 (1979): Für Eures Volkes Zukunft nehmt Partei – Nichtproletarische Demokraten auf der Seite des Fortschritts 1830–1945, Köln.

FRICKE, K. 1974: Die Pädagogik Adolf Reichweins. Ihre systematische Grundlegung und praktische Verwirklichung als Sozialerziehung, Bern/ Frankfurt/M.

FRIEDRICH, Ernst (1924) 1980: Krieg dem Kriege, Frankfurt/M.

FRIESE, Gernot 1973: Anspruch und Wirklichkeit des Sports im Dritten Reich. Studien zum System nationalsozialistischer Leibeserziehung (Phil. Diss.), Münster.

FRISCH, Max 1964: Mein Name sei Gantenbein (Roman), Frankfurt/M.

FROMM, Erich 1980: Arbeiter und Angestellte am Vorabend des Dritten Reiches. Eine sozialpsychologische Untersuchung (hrsg. von Wolfgang BONSS), Stuttgart.

FROMM, Erich 1982: Über den Ungehorsam (und andere Essays), Stuttgart.

FUCHS, Werner 1979: Zur Reflexivität der biographischen Methode, Hagen.

FUCHS, Werner 1984: Biographische Forschung. Eine Einführung in Praxis und Methoden, Opladen.

FUCHS, Werner 1985^2 (1980): Möglichkeiten der biographischen Methode; in: NIETHAMMER 1985^2.

FÜHR, Christoph 1972: Zur Schulpolitik der Weimarer Republik – Darstellung und Quellen, Weinheim.

FÜLBERTH, Georg/HARRER, Jürgen 1974: Die deutsche Sozialdemokratie 1890–1933, Darmstadt/Neuwied.

FURCK, Carl-Ludwig 1965: Das unzeitgemäße Gymnasium, Weinheim.

GÄRTNER, Hans 1956: Problems of Jewish Schools in Germany during the Hitler Regime; in: Yearbook I Leo-Baeck-Institute, London (Auszug in deutscher Übersetzung auch in: SCHNORBACH 1983).

GALINSKI, Dieter/HERBERT, U./LACHAUER, U. (Hrsg.) 1982: Nazis und Nachbarn – Schüler erforschen den Alltag im Nationalsozialismus, Reinbek bei Hamburg.

GAMM, Hans-Jochen 1967: Zur Frage einer pädagogischen Kasuistik; in: Bildung und Erziehung 20/1967.

GAMM, Hans-Jochen 1975: Dreißig Jahre Befreiung vom Faschismus und die bundesdeutsche Erziehungswissenschaft; in: Demokratische Erziehung 3/ 1975.

GAMM, Hans-Jochen 1979: Die Verdrängung des Faschismus in der bundesdeutschen Pädagogik; in: Jahrbuch für Lehrer 5, Reinbek bei Hamburg.

GAMM, Hans-Jochen 1982: Friedenserziehung als pädagogisches Problem – Anmerkungen zur bundesdeutschen Friedensbewegung; in: Demokratische Erziehung 1/1982.

GAMM, Hans-Jochen 1983 a: Materialistisches Denken und pädagogisches Handeln, Frankfurt/New York.

GAMM, Hans-Jochen 1983 b: Der gewöhnliche Faschismus. Über die Bedrohlichkeit von Stereotypen und die Rolle der Bildung; in: Neue Praxis. Kritische Zeitschrift für Sozialarbeit und Sozialpädagogik 4/1983.

GAMM, Hans-Jochen 1984² (1964): Führung und Verführung – Pädagogik des Nationalsozialismus, Frankfurt/New York.
GAMM, Hans-Jochen 1984: Von der faschistischen Erziehung zur Pädagogik des Widerstands; in: van DICK 1984.
GAMM, Hans-Jochen 1985: Antifaschismus als Auftrag einer humanistischen Pädagogik; in: Demokratische Erziehung 4/1985.
GAMM, Hans-Jochen 1987: Kontinuität der Kathederpädagogik oder: Differenzen über faschistische Pädagogik; in: Demokratische Erziehung 2/1987.
GENSCHEL, Helmut 1980: Politische Erziehung durch Geschichtsunterricht. Der Beitrag der Geschichtsdidaktik und des Geschichtsunterrichts zur politischen Erziehung im Nationalsozialismus, Frankfurt/M.
GEUDTNER, Otto/HENGSBACH, Hans/WESTERKAMP, Sybille 1985: „Ich bin katholisch getauft und Arier." Aus der Geschichte eines Kölner Gymnasiums, Köln.
GIORDANO, Ralph 1982: Die Bertinis (Roman), Frankfurt/M.
GIORDANO, Ralph 1984: Vorwort; in: Hecht 1984.
GIORDANO, Ralph 1985² (1984): Der Widerstand und seine Widersacher. Die Ursachen des Verlustes an humaner Orientierung; in: Bundeszentrale für politische Bildung 1985.
GIORDANO, Ralph 1987: Die zweite Schuld oder Von der Last ein Deutscher zu sein, Hamburg.
GLEIM, Bernhard 1980: Wilhelm Lamszus; in: Jahrbuch für Lehrer 5, Reinbek bei Hamburg.
GÖBEL, W. 1984: Abiturwissen – Die Weimarer Republik, Stuttgart.
GÖKEN, Johannes 1948: Der Kampf um das Kreuz in der Schule. Eine Volkserhebung in Südoldenburg im Jahre 1936, Osnabrück.
GROLLE, Joist 1985 a: Diese Vergangenheit wird niemals bewältigt sein (Redetext); in: Hamburger Lehrerzeitung 6/1985.
GROLLE, Joist 1985 b: Protokoll der Hamburger Bürgerschaft vom 4.9.1985 („Aktuelle Stunde"), Hamburg.
GROSSMANN, Kurt R. 1961² (1957): Die unbesungenen Helden. Menschen in Deutschlands dunkelsten Tagen, Berlin.
von der GRÜN, Max 1979: Wie war das eigentlich? Kindheit und Jugend im Dritten Reich, Darmstadt/Neuwied.
GUDJONS, Herbert 1983: Erzogene über Erziehung – Neue Wege in der Biographieforschung; in: Westermanns Pädagogische Beiträge 12/1983.
GUDJONS, Herbert 1985: „Ich gehöre zur Generation der . . ." – Anmerkungen zum Generationsbegriff; in: Westermanns Pädagogische Beiträge 9/1985.
GUDJONS, Herbert/PIEPER, Marianne/WAGENER, Birgit 1986: Auf meinen Spuren. Das Entdecken der eigenen Lebensgeschichte. Vorschläge und Übungen für pädagogische Arbeit und Selbsterfahrung, Reinbek bei Hamburg.
GÜNTHER, U. 1967: Die Schulmusikerziehung von der Kestenberg-Reform bis zum Ende des Dritten Reiches, Darmstadt.
GUTTE, Rolf 1980: Horst-Wessel-Schule. Vorarbeiten zur Beschreibung einer Schulzeit unterm Faschismus; in: BECK/BOEHNCKE/HEINZ/VINNAI 1980.
HABERMAS, Jürgen 1986: Eine Art Schadensabwicklung; in: DIE ZEIT vom 11.7.1986.

HAGENER, Caesar 1985: Fritz Köhne – Mythos und Wirklichkeit; in: HOCHMUTH/de LORENT 1985.
HALLE, Anna Sabine 1982[2] (1980): „Die Gedanken sind frei ...“ – Eine Jugendgruppe der Berliner Quäker 1935–1941 (Beiträge zum Thema Widerstand 14, hrsg. von der Gedenk- und Bildungsstätte Stauffenbergstraße), Berlin.
HALLE, Anna Sabine 1984: „Alle Menschen sind Brüder ...“ – Über Quäkerhaltung und Quäkerarbeit 1933–1941; in: TRIBÜNE-Zeitschrift zum Verständnis des Judentums 90/1984.
HALLE, Anna Sabine 1985 a: „Alle Menschen sind Brüder ...“ – Nahezu unbekannter religiöser Widerstand im „Dritten Reich“; in: Bundeszentrale für politische Bildung 1985.
HALLE, Anna Sabine 1985 b: Als Zeitzeuge im Wissenschaftsbetrieb – Über Versuche eines Dialogs (unveröff. Manuskript), Berlin.
HAMBURGER, Franz 1974: Lehrer zwischen Kaiser und Führer. Der deutsche Philologenverband in der Weimarer Republik. Eine Untersuchung zur Sozialgeschichte der Lehrerorganisation (Diss.), Heidelberg.
HAMBURGER, Franz 1977: Pädagogische und politische Orientierung im Selbstverständnis des Deutschen Philologenverbandes in der Weimarer Republik; in: HEINEMANN 1977.
HASUBEK, Peter 1972: Das deutsche Lesebuch in der Zeit des Nationalsozialismus. Ein Beitrag zur Literaturpädagogik zwischen 1933 und 1945, Hannover/Berlin/Darmstadt.
HECHT, Ingeborg 1984: Als unsichtbare Mauern wuchsen. Eine deutsche Familie unter den Nürnberger Rassegesetzen, Hamburg.
HECKMANN, Gustav 1966: Sieg ohne Waffen. Bericht über den norwegischen Widerstand gegen die deutsche Besatzungsmacht; in: Neue Sammlung 1/1966.
HEER, Hannes (Hrsg.) 1980: Als ich 9 Jahre alt war, kam der Krieg – Schüleraufsätze 1946, Köln.
HEINEMANN, Manfred (Hrsg.) 1977: Der Lehrer und seine Organisation, Stuttgart.
HEINEMANN, Manfred (Hrsg.) 1980: Erziehung und Schule im Dritten Reich, Bd. 1: Kindergarten, Schule, Jugend, Berufserziehung; Bd. 2: Hochschule, Erwachsenenbildung, Stuttgart.
HEINZE, Thomas (Hrsg.) 1984: Hermeneutisch-lebensgeschichtliche Forschung, Bd. 1: Theoretische und methodologische Konzepte, Hagen.
HEITHER, Dietrich/MATTHÄUS, Wolfgang/PIEPER, Bernd 1984: Als jüdische Schülerin entlassen. Erinnerungen und Dokumente zur Geschichte der Heinrich-Schütz-Schule in Kassel, Kassel.
von HELLFELD, Matthias/KLÖNNE, Arno 1985: Die betrogene Generation – Jugend im Faschismus, Köln.
HELLING, Fritz 1958: Schulreform in der Zeitenwende. Eine Auswahl aus Reden und Aufsätzen aus der Zeit von 1926 bis 1958, Schwelm.
HELLING, Fritz 1968[2] (1966): Eduard Sprangers Weg zu Hitler; in: ders. (Hrsg.): Neue Politik – Neue Pädagogik. Lehren für uns Deutsche, Schwelm.
HENDERSEN, J. L. 1958: Adolf Reichwein. Eine politisch-pädagogische Biographie (hrsg. von Helmut LINDEMANN), Stuttgart.

HENNINGSEN, Jürgen 1962: Autobiographie und Erziehungswissenschaft. Eine methodologische Erörterung; in: Neue Sammlung 1962 (überarbeitete Auflage in: neue pädagogische bemühungen 87, Essen 1981).
HENNINGSEN, Jürgen 1963: Bildsamkeit, Sprache und Nationalsozialismus (neue pädagogische bemühungen 7), Essen.
HENNINGSEN, Jürgen 1985² (1982): Vielleicht bin ich heute noch ein Nazi; in: HERRMANN 1985 (zuerst in: Zeitschrift für Pädagogik 28/1982).
von HENTIG, Hartmut 1983: Aufgeräumte Erfahrung. Texte zur eigenen Person, München.
HERRMANN, Ulrich (Hrsg.) 1985: „Die Formung des Volksgenossen" – Der „Erziehungsstaat" des Dritten Reiches, Weinheim/Basel.
HERRMANN, Ulrich 1987: Biographische Konstruktionen und das gelebte Leben. Prolegomena zu einer Biographie- und Lebenslaufforschung in pädagogischer Absicht; in: Zeitschrift für Pädagogik 3/1987.
HERZER, Manfred 1985: „Am Beischlaf wird aber nicht gespart" – Max Hodann; in: Sonderheft Konkret Sexualität 1985, Hamburg.
HEYDORN, Heinz-Joachim 1979²: Über den Widerspruch von Bildung und Herrschaft, Bildungstheoretische Schriften Bd. 2, Frankfurt/M.
HEYDORN, Heinz-Joachim 1980²: Ungleichheit für alle – Zur Neufassung des Bildungsbegriffs, Bildungstheoretische Schriften Bd. 3, Frankfurt/M.
HILLGRUBER, Andreas 1986²: Zweierlei Untergang. Die Zerschlagung des Deutschen Reiches und der Untergang des europäischen Judentums, Berlin.
HOCH, Gerhard 1982: Hans Lieber – ein Hamburger Lehrerschicksal (hrsg. vom Amt für Schule), Hamburg.
HOCH, Gerhard 1985: Lehrer zwischen Widerstand und Unterwerfung; in: Westermanns Pädagogische Beiträge 9/1985.
HOCHHUTH, Maili 1985: Schulzeit auf dem Lande 1933–1945, Kassel.
HOCHMUTH, Ursel/MEYER, Gertrud 1980² (1969): Streiflichter aus dem Hamburger Widerstand 1933–1945, Frankfurt/M.
HOCHMUTH, Ursel/de LORENT, Hans-Peter (Hrsg.) 1985: Hamburg – Schule unterm Hakenkreuz, Hamburg.
HÖCK, Manfred 1979: Die Hilfsschule im Dritten Reich, Berlin.
HOFFMANN, Volker 1980: Nachwort; in: WILHELM 1980².
HOHENDORF, Gerd u. a. (Hrsg.) 1974: Lehrer im antifaschistischen Widerstandskampf der Völker. Studien und Materialien (Monumenta Paedagogica Bd. XV), Berlin/DDR.
HOHMANN, Joachim 1985: Vom Elend politischer Bildung – Konservatismus, Nationalismus und Faschismus als Quellen staatsbürgerlicher Erziehung in westdeutschen Schulen, Köln.
HOHMANN, Joachim 1986: Frauen und Mädchen in faschistischen Lesebüchern und Fibeln. Quellen zur Geschichte des Deutschunterrichts Bd. 1, Köln.
HOPP, John 1985: Kurt Adams: „Hiermit fängt unser Ende an"; in: HOCHMUTH/de LORENT 1985.
HOPSTER, Norbert/NASSEN, Ulrich 1983: Literatur und Nationalsozialismus, Paderborn.
HORBACH, Michael 1979² (1964): So überlebten sie den Holocaust. Zeugnisse der Menschlichkeit 1933–1945, München.
HORNUNG, Gabriele 1985: Schrimm, Schroda, Bòmst . . . Kein Roman, Hessisch-Lichtenau.

von HORVATH, Ödön 1970[2] (1937): Jugend ohne Gott (Roman), Frankfurt/M.
HUBER, W./KREBS, A. (Hrsg.) 1981: Adolf Reichwein 1898–1944. Erinnerungen, Forschungen, Impulse, Paderborn/München.
IHLAU, Olaf 1969: Die roten Kämpfer. Ein Beitrag zur Geschichte der Arbeiterbewegung in der Weimarer Republik und im Dritten Reich (Marburger Abhandlungen zur Politischen Wissenschaft Bd. 14), Meisenheim a. G.
ITALIAANDER, Rolf (Hrsg.) 1964: Peter Martin LAMPEL, Hamburg.
JAHNKE, Karl-Heinz 1970: Entscheidungen. Jugend im Widerstand 1933–1945, Frankfurt/M.
JASPER, Gotthard (Hrsg.) 1968: Von Weimar zu Hitler 1930–1933, Köln.
JEISMANN, Karl-Ernst 1985: Geschichte als Horizont der Gegenwart, Paderborn.
JENS, Walter 1982: Mein Lehrer Ernst Fritz; in: REICH-RANICKI 1982.
JENS, Walter 1985 a: Ernst Fritz: „Schließt die Augen, Jungs"; in: HOCHMUTH/de LORENT 1985.
JENS, Walter 1985 b: Zum Tode von Heinrich Böll; in: Hamburger Rundschau vom 18.7.1985.
JENS, Walter 1986: „Mit einer Unverfrorenheit ohnegleichen marschieren die Rechten nach vorn" – Interview in der Hamburger Rundschau vom 3.1.1986.
JENSSEN, Otto (Hrsg.) 1924: Der lebendige Marxismus – Festgabe zum 70. Geburtstag von Karl KAUTSKY, Jena.
JENSSEN, Otto 1926: Sozialpsychologische Marxkritik oder marxistische Sozialpsychologie?; in: Der Kampf – Sozialdemokratische Monatszeitschrift XIX/1926, Wien.
JOHANSEN, Erna M. 1986: „Ich wollt', ich wär' nie geboren" – Kinder im Krieg, Frankfurt/M.
JUNG, Horst-W./von STAEHR, Gerda 1983: Historisches Lernen. Didaktik der Geschichte, Köln.
JUNG, Horst-W./von STAEHR, Gerda 1985: Historisches Lernen II. Methodik der Geschichte, Köln.
JUNG, Wolfgang 1979: „Der rote Wander" (1803–1879); in: Jahrbuch für Lehrer 4, Reinbek bei Hamburg.
KÄSTNER, Erich 1985[2] (1954): Von der deutschen Vergeßlichkeit; in: Amt für Schule (Hrsg.) 1985: Zum 8. Mai 1945 – Kurze Prosa und Gedichte für den Deutschunterricht, Hamburg.
KAISER, Andreas/von WIMMERSPERG, Laura (Hrsg.) 1985: Demokratie und Frieden, Berlin.
KANT, Immanuel (W VI) 1964: Beantwortung der Frage: Was ist Aufklärung?; in: Weischedel, W. (Hrsg.): Werke VI, Frankfurt/M.
KAWERAU, Siegfried 1922: Der Bund entschiedener Schulreformer – Werden und Wesen, Berlin.
KEIM, Anton M. (Hrsg.) 1983: Yad Vashem – Die Judenretter aus Deutschland, München.
KEIM, H./URBACH, D. 1976: Volksbildung in Deutschland 1933 bis 1945. Einführung und Dokumente, Braunschweig.
KEIM, Wolfgang 1986: Verfolgte Pädagogen und verdrängte Reformpädagogik. Ein Literaturbericht; in: Zeitschrift für Pädagogik 3/1986.
KEIM, Wolfgang 1987: Paul OESTREICH (1878–1959). Friede durch kulturelle Erneuerung; in: RAJEWSKY/RIESENBERGER 1987.

KERSHAW, Ian 1981: Alltägliches und Außeralltägliches: ihre Bedeutung für die Volksmeinung 1933–1939; in: PEUKERT/REULECKE 1981.
KERSTING, Claudia 1985: Das Problem einer „Geschichte von unten“; in: päd. extra 4/1985.
KETTEL, A. 1981: Volksbibliothekare und Nationalsozialismus. Zum Verhalten führender Berufsvertreter während der nationalsozialistischen Machtübernahme, Köln.

KLAFKI, Wolfgang 1982: Die Pädagogik Theodor Litts: Eine kritische Vergegenwärtigung, Königstein/Ts.
KLAFKI, Wolfgang 1983: Zwischen Führerglauben und Distanzierung – Kindheit und Jugend unter dem Nationalsozialismus; in: Westermanns Pädagogische Beiträge 12/1983. Zuerst in: BREYVOGEL, W./WENZEL, H. (Hrsg.) 1983: Subjektivität und Schule. Pädagogisches Handeln zwischen subjektivem Sinn und institutioneller Macht, Essen. Auch in: HERRMANN 1985.
KLAFKI, Wolfgang 1985: Neue Studien zur Bildungstheorie und Didaktik, Weinheim/Basel.
KLATTENHOFF, Klaus/WISSMANN, Friedrich 1985: Lehrer und Schule im Jahre 1933 – dargestellt an den Ereignissen im Oldenburger Land und in Ostfriesland, Oldenburg.
KLAUS, M. 1980: Mädchen in der Hitler-Jugend, Köln.
KLEIN, Helmut/REISCHOCK, Wolfgang 1962: Polytechnische Bildung und Erziehung in der DDR, Reinbek bei Hamburg.
KLEWITZ, Marion 1987: Lehrersein im Dritten Reich. Analysen lebensgeschichtlicher Erzählungen zum beruflichen Selbstverständnis, Weinheim/München.
KLÖNNE, Arno (Hrsg.) 1981: Jugendkriminalität und Jugendopposition im NS-Staat (Nachdruck der Ausgabe von 1941), Münster.
KLÖNNE, Arno 1982: Jugend im Dritten Reich. Die Hitler-Jugend und ihre Gegner, Düsseldorf.

KÖHLER, Jochen 1981[2] (1979): Klettern in der Großstadt – Volkstümliche Geschichten vom Überleben in Berlin 1933–1945, Berlin.
KÖHLER, Manfred 1985: Die Volksschule Harsum im Dritten Reich. Widerstand und Anpassung einer katholischen Dorfschule, Hildesheim.
KOESTLER, Arthur 1967: The Gost in the Machine, New York.
KOGON, Eugen 1983[13] (1974): Der SS-Staat – Das System der deutschen Konzentrationslager, München.
KOHLI, Martin (Hrsg.) 1978: Soziologie des Lebenslaufs, Darmstadt/Neuwied.
KOPITZSCH, Wolfgang 1983: Gewerkschaft Erziehung und Wissenschaft (GEW) 1947–1975. Grundzüge ihrer Geschichte, Hamburg.
KORCZAK, Janusz 1970: Das Recht des Kindes auf Achtung (hrgs. von Elisabeth HEIMPEL und Hans ROOS), Göttingen/Zürich.

KRAFT, Heike (Hrsg.) 1977: Schulgeschichte(n), Lahn-Gießen.
KRAPPMANN, Lothar 1971: Soziologische Dimensionen der Identität, Stuttgart.
KRAUSE-VILMAR, Dietfried (Hrsg.) 1978: Lehrerschaft, Republik und Faschismus 1918–1933, Köln.
KRAUSNICK, Helmut 1963: Stationen der Gleichschaltung: Der Weg in die Diktatur 1919–1933, München.

KRUPP, Manfred/LINDNER, Wolf 1985: „Eher werde ich sterben ..." – Wilhelm HAMMANN: Lehrer, Kommunist, Widerstandskämpfer (Sendemanuskript des Hessischen Rundfunks), Frankfurt/M.

KÜHNL, Reinhard 1977: Texte zur Faschismusdiskussion 1 – Positionen und Kontroversen, Reinbek bei Hamburg.

KÜHNL, Reinhard 1979: Faschismustheorien – Texte zur Faschismusdiskussion 2. Ein Leitfaden, Reinbek bei Hamburg.

KUPFFER, Heinrich 1984: Der Faschismus und das Menschenbild in der deutschen Pädagogik, Frankfurt/M.

KUNDERA, Milan 1981² (1980): „Motto" zitiert in: SEMPRUN, Jorge: Was für ein schöner Sonntag! (Roman), Frankfurt/M. (Paris).

LAMSZUS, Wilhelm 1980² (1912): Das Menschenschlachthaus (Roman), München.

LARASS, Claus 1983: Der Zug der Kinder – Kinderlandverschickung, München.

LARSEN, Egon (Hrsg.) 1985: „Und doch gefällt mir das Leben" – Die Briefe der Clara GRUNWALD 1941–1943, Buchholz.

LAUBACH, H.-C. 1977: Die Politik des Philologenverbandes im Reich und in Preußen während der Weimarer Republik; in: HEINEMANN 1977.

LAZARSFELD, Paul/JAHODA, Marie/ZEISEL, Hans 1960² (1930): Die Arbeitslosen von Marienthal, Allensbach/Bonn (Leipzig).

LEBER, Stefan/LEIST, Manfred 1983: Waldorfschule im „Dritten Reich"; in: Erziehungskunst – Monatszeitschrift zur Pädagogik Rudolf Steiners 6/1983.

LEHBERGER, Reiner/de LORENT, Hans-Peter (Hrsg.) 1986: Die Fahne hoch – Schulpolitik und Schulalltag in Hamburg unterm Hakenkreuz, Hamburg.

LEHBERGER, Reiner 1986: Englischunterricht im Nationalsozialismus, Tübingen.

LESCHINSKY, Achim 1983: Waldorfschulen im Nationalsozialismus; in: Neue Sammlung 23/1983.

LEUNER, H. W. 1967² (1966): Als Mitleid ein Verbrechen war – Deutschlands stille Helden, Wiesbaden (London).

LEY, Karl 1973: Wir glauben Ihnen – Tagebuchaufzeichnungen und Erinnerungen eines Lehrers aus dunkler Zeit, Siegen-Volnsberg.

LIEBKNECHT, Karl 1966: Gesammelte Reden und Schriften, Bd. VIII, Berlin/DDR.

LIETZ, Barbara 1985: Walsdorf im 2. Weltkrieg: Chronik der Volksschule Walsdorf 1939–45 (hrsg. v. Helmut LEICHTFUSS und Gerhard BUCK), Bad Camberg.

LINGELBACH, Karl Christoph 1970: Erziehung und Erziehungstheorien im nationalsozialistischen Deutschland, Weinheim/Berlin/Basel. Überarbeitete und erweiterte 2. Auflage (Bd. 6 der sozialistischen Untersuchungen zur Reformpädagogik und Erwachsenenbildung), Frankfurt/M. 1987.

LIPSET, Seymour Martin 1968: Nationalsozialismus – ein Faschismus der Mitte; in: JASPER 1968.

LITT, Theodor 1934 (als Broschüre 1933): Die Geisteswissenschaften im nationalsozialistischen Staat; in: Die Erziehung 1934 (S. 12 ff.).

de LORENT, Hans-Peter 1985: Dietrich ROTHENBERG: „Ich tat, was nötig war"; in: HOCHMUTH/de LORENT 1985.

de LORENT, Hans-Peter 1986: Mitglieder der Interessengemeinschaft oppositioneller Lehrer. Portraits (Walter FLACKE, Wilhelm und Paul ZESS, Carl PESTLIN, Fritz KIEHNE); in: LEHBERGER/de LORENT 1986.
LOSCHÜTZ, Gert (Hrsg.) 1982: Von deutscher Art. Was in den Köpfen derer steckte, die sich einen Führer wünschten. Ein Familienalbum vom Dachboden. Darmstadt/Neuwied.
LOWENTHAL, E. G. 1966[2] (1965): Bewährung im Untergang, Stuttgart.
LOWENTHAL, E. G. 1981: Juden in Preußen – Ein biographisches Verzeichnis, Berlin.

MANN, Erika 1986[2] (1983): Zehn Millionen Kinder. Die Erziehung der Jugend im Dritten Reich (Engl.: School for Barbarians. Education under the Nazis), München (Amsterdam).
MANN, Heinrich 1914: Der Untertan (Roman), Berlin.
MARKMANN, Hans-Joachim 1984: Der deutsche Widerstand gegen den Nationalsozialismus 1933–1945. Modelle für den Unterricht, Mainz.
MASCHMANN, Melita 1963: Fazit – Kein Rechtfertigungsversuch, Stuttgart (Neuauflge: München 1983).
MATT, Alphons 1980: Hat es sich gelohnt? Gespräche und Dokumente über den Widerstand in Europa von 1930 bis 1945, Zürich/München.
MAX-TRAEGER-STIFTUNG (Hrsg.) 1985: Schafft eine lebendige Schule – Adolf Reichwein 1898–1944, Heidelberg.
MEIER, Kurt 1968: Kirche und Judentum. Die Haltung der evangelischen Kirche zur Judenpolitik des Dritten Reiches, Göttingen.
MEVIUS, Ludolf 1982: Zur Geschichte der Lehrerarbeitslosigkeit in Hamburg 1870–1970 (hrsg. von der GEW), Hamburg.
MEVIUS, Ludolf (Red.) 1980: 175 Jahre Gesellschaft der Freunde des vaterländischen Schul- und Erziehungswesens (hrsg. von der GEW), Hamburg.
MEVIUS, Ludolf 1985 a/b: Anna Siemsen. Eine sozialistische Berufspädagogin; Max ZELCK: „Vorkämpfer eines landesverräterischen Pazifismus“; in: HOCHMUTH/de LORENT 1985.
MEYER-ZOLLITSCH, Almuth 1984: Nationalsozialismus und evangelische Kirche in Bremen, (Staatsarchiv) Bremen.
MILGRAM, Stanley 1982[2] (1974): Das Milgram-Experiment. Zur Gehorsamsbereitschaft gegenüber Autorität, Reinbek bei Hamburg.
MILLER, Susanne/POTTHOFF, Heinrich 1981: Kleine Geschichte der SPD. Darstellung und Dokumentation 1848–1980, Bonn.
MILLER, Susanne 1985: Adolf Reichwein – seine Bedeutung im antifaschistischen Widerstand; in: MAX-TRAEGER-STIFTUNG: Forschungsberichte 18, Frankfurt/Heidelberg.
MITSCHERLICH, Alexander und Margarete 1967: Die Unfähigkeit zu trauern, München (Neuauflage 1977).
MITZENHEIM, Paul 1968: Zum Kampf der demokratischen Kräfte gegen die Faschisierung des Thüringer Schulwesens vor 1933; in: Jahrbuch für Erziehungs- und Schulgeschichte, Berlin/DDR.
MOMMSEN, Hans 1986: Neues Geschichtsbewußtsein und Relativierung des Nationalsozialismus; in: Blätter für deutsche und internationale Politik 10/ 1986.
MÜLLER, G. 1978: Ernst Krieck und die nationalsozialistische Wissenschaftsreform. Motive und Tendenzen einer Wissenschaftslehre und Hochschulreform im Dritten Reich, Weinheim.

MÜNSTER, Arno (Hrsg.) 1977: Tagträume vom aufrechten Gang. Sechs Interviews mit Ernst BLOCH, Frankfurt/M.

NATH, Axel 1981: Der Studienassessor im Dritten Reich. Eine sozialhistorische Studie zur „Überfüllungskrise" des höheren Lehramts in Preußen 1932–1942; in: Zeitschrift für Pädagogik (27) 1981.

NAUJOKS, Rainer 1973: Lehrer im Widerstand während der Zeit des Nationalsozialismus (Erziehungswiss. Hausarbeit), Hamburg.

NEDELMANN, Carl 1986: Turning a blind eye: ein Auge zudrücken; in: Informationsdienst Wissenschaft und Frieden 1/1986.

NEGT, Oskar 1978: Vorwort; in: RABE, Bernd 1978: Der sozialdemokratische Charakter. Drei Generationen aktiver Parteimitglieder in einem Arbeiterviertel, Frankfurt/New York.

NEGT, Oskar 1985: Zukunft der Arbeit, Erziehung zur Arbeitslosigkeit; in: ENGHOLM, Björn (Hrsg.) 1985: Demokratie fängt in der Schule an, Frankfurt/M.

NIETHAMMER, Lutz (Hrsg.) 1983: „Die Jahre weiß man nicht, wo man die heute hinsetzen soll" – Faschismuserfahrungen im Ruhrgebiet Bd. 1, Berlin/Bonn.

NIETHAMMER, Lutz (Hrsg.) 1983: „Hinterher merkt man, daß es richtig war, daß es schiefgegangen ist" – Nachkriegserfahrungen im Ruhrgebiet Bd. 2, Berlin/Bonn.

NIETHAMMER, Lutz (Hrsg.) 1985[2] (1980): Lebenserfahrung und kollektives Gedächtnis. Die Praxis der „Oral History", Frankfurt/M.

NIXDORF, Bärbel 1980: Politisierte Schule? Zusammenfassung einiger Ergebnisse einer Fallstudie zum Lehrerverhalten in der NS-Zeit; in: Informationen zur erziehungs- und bildungshistorischen Forschung 14/1980.

NOLTE, Ernst 1986: Vergangenheit, die nicht vergehen will; in: Frankfurter Allgemeine Zeitung vom 6.6.1986.

NYSSEN, Elke 1979: Schule im Nationalsozialismus, Heidelberg.

OELKERS, Jürgen 1987: Subjektivität, Autobiographie und Erziehung; in: Zeitschrift für Pädagogik 3/1987.

OETINGER, Friedrich (alias: Theodor WILHELM) 1951: Wendepunkt der politischen Erziehung – Partnerschaft als pädagogische Aufgabe, Stuttgart (die Auflagen 1953 und 1956 erschienen unter verändertem Titel: Partnerschaft – Die Aufgabe der politischen Bildung).

OTTWEILER, Ottwilm 1979: Die Volksschule im Nationalsozialismus, Weinheim.

PAPE, Peter/ROMEY, Stefan 1986: „Einer, der gleichsam äußerlich mitmachte, um zu retten, was zu retten war?" – Anmerkungen zu Hermann Maeße, nach 1945 Schulleiter der Hamburger Gehörlosenschule; in: LEHBERGER/de LORENT 1986.

PAUL, Gerhard 1985: Die jüdische Volksschule in Saarbrücken (1934 bis 1939); in: Zeitschrift für die Geschichte der Saargegend XXXIII/1985.

PAUL, Gernot 1985: Lehrerbildung und Politik. Eine Analyse der Auseinandersetzungen während der Weimarer Republik, Hamburg.

de PELLEGRINI, Ludwig 1984: Denn sie wissen wohl, was sie tun – Erinnerungen und zeitgenössische Publikationen eines Lehrers und Freidenkers, München.

PEUKERT, Detlev/REULECKE, Jürgen (Hrsg.) 1981: Die Reihen fast geschlossen. Beiträge zur Geschichte des Alltags unterm Nationalsozialismus, Wuppertal.

PEUKERT, Detlev 1985[2] (1981): Alltag unterm Nationalsozialismus; in: HERRMANN 1985.
PLATNER, Geert u. a. (Hrsg.) 1983: Schule im Dritten Reich – Erziehung zum Tod? Eine Dokumentation, München.
POPP, Wolfgang u. a. 1981–83: Lehrerbefragung zur NS-Zeit (Projekt am FB Sprach- und Literaturwissenschaft der Universität/Gesamthochschule Siegen – unveröff. Manuskripte), Siegen.
POPP, Wolfgang 1984: Verbotene Literatur im Bücherschrank – Wie Lehrer die nationalsozialistische Bücherverbrennung verarbeitet haben; in: betrifft: erziehung 4/1984.
POPPLOW, Ulrich 1980: Schulalltag im Dritten Reich. Fallstudie über ein Göttinger Gymnasium, in: aus politik und zeitgeschichte 18/1980.
PRANGE, Klaus 1987: Lebensgeschichte und pädagogische Reflexion; in: Zeitschrift für Pädagogik 3/1987.
PREUSS-LAUSITZ, Ulf et al. 1983: Kriegskinder, Konsumkinder, Krisenkinder. Zur Sozialisationsgeschichte seit dem Zweiten Weltkrieg, Weinheim/Basel.
PREUSS-LAUSITZ, Ulf 1986: Bildungspolitische Perspektiven für die neunziger Jahre: Grundlagen eines grünen Bildungsbegriffs; in: van DICK/KEESE-PHILIPPS/PREUSS-LAUSITZ 1986.

RADDE, Gerd 1973: Fritz Karsen – Ein Berliner Schulreformer der Weimarer Zeit, Berlin.
RADDE, Gerd 1983: Zur Auflösung der Berliner Reformschulen durch das NS-Regime 1933 (unveröff. Manuskript), Berlin.
RAJEWSKY, Christiane/RIESENBERGER, Dieter (Hrsg.) 1987: Wider den Krieg – Große Pazifisten von Kant bis Böll, München 1987.
RANDT, Ursula 1984: Carolinenstraße 35 – Geschichte der Mädchenschule der Deutsch-Israelitischen Gemeinde in Hamburg 1884–1942, Hamburg.
REICH-RANICKI, Marcel (Hrsg.) 1982: Meine Schulzeit im Dritten Reich. Erinnerungen deutscher Schriftsteller, Köln.
REICHWEIN, Adolf 1974: Ein Lebensbild aus Briefen und Dokumenten (ausgewählt von Rosemarie REICHWEIN unter Mitwirkung von Hans BOHNENKAMP, hrsg. und kommentiert von Ursula SCHULZ), München.
REICHWEIN, Adolf 1978: Ausgewählte pädagogische Schriften (besorgt von Herbert E. RUPPERT und Horst E. WITTIG), Paderborn.
RICHTER, Horst-Eberhard 1978: zitiert in: van DICK 1979.
RICHTER, Horst-Eberhard 1982: Zur Psychologie des Friedens, Reinbek bei Hamburg.
RICHTER, Horst-Eberhard 1986 a: Persönlichkeit und politisches Bewußtsein; in: STEINMETZ 1986.
RICHTER, Horst-Eberhard 1986 b: Die Chance des Gewissens. Erinnerungen und Assoziationen, Hamburg.
RODENSTEIN, Heinrich 1974: 25 Jahre GEW; in: Die Deutsche Schule 66/1974.
RODENSTEIN, Heinrich 1979: Rückblenden – Fünf Reden zur Lehrerschaft in der Geschichte, Frankfurt/M.
ROLFF, Hans-G./ZIMMERMANN, Peter 1985: Kindheit im Wandel, Weinheim/Basel.

van ROON, Ger 1967: Neuordnung im Widerstand. Der Kreisauer Kreis innerhalb der deutschen Widerstandsbewegung, München.
ROSSMEISSL, Dieter 1985: „Ganz Deutschland wird zum Führer halten ..." – Zur politischen Erziehung in den Schulen des Dritten Reiches, Frankfurt/M.
ROTHENBERG, Dietrich 1932: Unsere Schule in Gefahr; in: Schulgemeinde Telemannstraße 5/1932.
ROTHENBERG, Dietrich 1933: Luftschutzpropaganda in den Schulen bedeutet Erziehung zum Krieg; in: Hamburger Lehrerzeitung 8/1933.
ROTHENBERG, Dietrich 1967: Opfergang Hamburger Lehrer; in: Schule und Nation 3/1967.
ROTHENBERG, Dietrich 1985 a–e: Berichte über die Lehrer Albrecht BADEKOW, Emma CARSTENSEN, Margarete HOEFER, Rudolf KLUG, Anna RIEPER; in: HOCHMUTH/de LORENT 1985.
ROTHENBERG, Dietrich 1986: Oppositionelle Lehrer. Die Bedeutung der IOL (Interessengemeinschaft oppositioneller Lehrer) im Kampf gegen Notverordnungen, schulpolitischen Abbau und drohenden Faschismus; in: LEHBERGER/de LORENT 1986.
RUDNICK, Martin 1985: Behinderte im Nationalsozialismus. Von der Ausgrenzung und der Zwangssterilisation zur „Euthanasie", Weinheim/Basel.

SCHACHNE, Lucie 1986: Erziehung zum geistigen Widerstand – Das jüdischee Landschulheim Herrlingen 1933–1939, Frankfurt/M.
SCHIRATZKI, Selma 1960: The Rykestrasse School in Berlin (1922–44) – A Jewish Elementary School during the Hitler Period; in: Year Book V Leo-Baeck-Institute, London.
SCHNORBACH, Hermann 1974: Umfang und Bedeutung des Anteils von Lehrern am antifaschistischen Widerstandskampf (Erziehungswiss. Hausarbeit), Frankfurt.
SCHNORBACH, Hermann (Hrsg.) 1983: Lehrer und Schule unterm Hakenkreuz – Dokumente des Widerstands von 1930 bis 1945, Königstein/Ts.
SCHNURRE, Wolfdietrich 1982: Gelernt ist gelernt; in: REICH-RANICKI 1982.
SCHOLTZ, Harald 1973: Nationalsozialistische Ausleseschulen – Internatsschulen als Herrschaftsmittel des Führerstaates, Göttingen.
SCHOLTZ, Harald 1985: Erziehung und Unterricht unterm Hakenkreuz, Göttingen.
SCHONIG, Bruno 1973: Irrationalismus als pädagogische Tradition: Die Darstellung der Reformpädagogik in der pädagogischen Geschichtsschreibung, Weinheim/Basel.
SCHONIG, Bruno u. a. 1979–82: Projekt Lehrerlebensläufe an der PH Berlin/ Institut für Sozialpädagogik/TU Berlin (unveröff. Manuskripte), Berlin.
SCHONIG, Bruno u. a. 1980, 1981, 1982, 1986: Lehrerlebensgeschichten 1–7 (Hans PAECH, Elise F., Fritz SAAGER, Harry KLEEMANN, Dorothea MAIKATH u. a.; hrsg. von der GEW), Berlin.
SCHOPP, Georg Michael 1985: Die Zukunft gestalten – die Vergangenheit vergessen? 100 Jahre Deutscher Philologenverband; in: Demokratische Erziehung 11/1985.
SCHROTH, Karl 1977: Und immer für die Freiheit, Pforzheim.
SCHÜTZE, Fritz 1977: Die Technik des narrativen Interviews in Interaktionsfeldstudien – dargestellt an einem Projekt zur Erforschung von kommunalen

Machtstrukturen; in: Arbeitsgruppe Bielefelder Soziologen (Hrsg.): Kommunikative Sozialforschung, München.
SCHÜTZE, Fritz 1982: Narrative Repräsentation kollektiver Schicksalsbetroffenheit; in: LÄMMERT, Eberhard (Hrsg.): Erzählforschung. Ein Symposion, Stuttgart.
SCHULZE, Theodor 1979: Autobiographie und Lebensgeschichte; in: BAACKE/SCHULZE 1979.
SCHULZE, Theodor 1985: Lebenslauf und Lebensgeschichte. Zwei unterschiedliche Sichtweisen und Gestaltungsprinzipien biographischer Prozesse; in: BAACKE/SCHULZE 1985.

SCHWARZ, Hans-Peter 1985: Die gezähmten Deutschen. Von der Machtbesessenheit zur Machtvergessenheit, Stuttgart.
SCHWERSENZ, Jizchak/WOLFF, Edith 1969: Jüdische Jugend im Untergrund; in: Bulletin 45 des Leo-Baeck-Instituts, Tel Aviv.
SCHWERSENZ, Jizchak/WOLFF, Edith 1981: Jüdische Jugend im Untergrund; in: aus politik und zeitgeschichte, Bonn 15–16/1981.
SEELIGER, Rolf (Hrsg.) 1964: Braune Universität. Deutsche Hochschullehrer gestern und heute (Heft 1), München.
SELMEIER, Franz 1970: Das nationalsozialistische Geschichtsbild und der Geschichtsunterricht 1933–45 (Diss.), München.
SEUBERT, R. 1977: Berufserziehung und Nationalsozialismus. Das berufspädagogische Erbe und seine Betreuer, Weinheim.
SIEBECK, Wolfram 1982: Ein Hauch von Anarchie. Als sich die Disziplin zu lockern begann – meine Kindheit unter dem Hakenkreuz; in: DIE ZEIT 8/1982 (auch in: HERRMANN 1985).
SIEGEL, Elisabeth 1981: Dafür und dagegen: Ein Leben für die Sozialpädagogik, Stuttgart.
SIEMSEN, Anna 1924: Psychologische Voraussetzungen des Sozialismus; in: JENSSEN 1924.
SÖLLE, Dorothee 1986: „Ein Volk ohne Vision geht zugrunde“ – Anmerkungen zur deutschen Gegenwart und zur nationalen Identität, Wuppertal.
SONNENBERGER, Franz 1983: Der neue „Kulturkampf“. Die Gemeinschaftsschule und ihre historischen Voraussetzungen; in: BROSZAT/FRÖHLICH 1983 (Bd. III, 235–328).
SPRANGER, Eduard 1973^2 (1953): Ein Professorenleben im 20. Jahrhundert; in: ders.: Gesammelte Schriften Bd. X, Heidelberg.
SPRANGER, Eduard 1955^2 (1945): Mein Konflikt mit der nationalsozialistischen Regierung 1933; in: Universitas 10/1955.
STEENBOCK, Kristina 1985: Die Gewerkschaft der Lehrer wird gleichgeschaltet; in: HOCHMUTH/de LORENT 1985.
STEINHAUS, Hubert 1981: Hitlers pädagogische Maximen: „Mein Kampf“ und die Destruktion der Erziehung im Nationalsozialismus (Studien zur Pädagogik der Schule Bd. 3), Frankfurt/Bern.
STEINMETZ, Rudolf (Hrsg.) 1986: Das Erbe des Sokrates. Wissenschaftler im Dialog über die Befriedung der Welt, München.
STERN, Carola 1982: Hitlerlieder singend zogen wir durchs Dorf; in: REICH-RANICKI 1982.
STÖHR, Wolfgang 1978: Lehrer und Arbeiterbewegung: Entstehung und Politik der ersten Gewerkschaftsorganisation der Lehrer in Deutschland 1920 bis 1923 (Bd. 1 und 2), Marburg.

STRAUSS, Herbert A./RÖDER, Werner (Hrsg.) 1983: Biographisches Handbuch der deutschsprachigen Emigration nach 1933 (Bd. I–III), München/New York/London/Paris.
STRÖBINGER, Rudolf 1984: Der Mord in der „Villa Edelweiß". So starb 1933 der emigrierte Philosoph Theodor Lessing; in: TRIBÜNE – Zeitschrift zum Verständnis des Judentums 91/1984.
SZCZEPANSKI, Jan 1974[3] (1962): Die biographische Methode; in: KÖNIG, René (Hrsg.): Handbuch der empirischen Sozialforschung (Bd. 4), Stuttgart.

TENORTH, Heinz-Elmar 1985: Zur deutschen Bildungsgeschichte 1918–1945. Probleme, Analysen und politisch-pädagogische Perspektiven, Köln.
TENORTH, Heinz-Elmar 1986: Deutsche Erziehungswissenschaft 1930 bis 1945. Aspekte ihres Strukturwandels; in: Zeitschrift für Pädagogik 3/1986.
TENORTH, Heinz-Elmar 1987: Falsche Fronten – Über das Elend kritischer Pädagogik angesichts der Geschichte der Erziehungswissenschaft; in: Demokratische Erziehung 7–8/1987.
TEWS, Johannes 1921: Sozialdemokratie und öffentliches Bildungswesen, Langensalza.
THIELE, Fritz 1954: Der rote Wander und seine Zeit, Darmstadt.
THOMAS, William/ZNANIECKI, Florian 1958[2] (1928): The Polish Peasant in Europe and America (Bd. I und II); New York.
THOMPSEN, Paul 1981: Life Histories and the Analysis of Social Change; in: BERTAUX, Daniel (Ed.): Biography and Society – The Life History Approach in the Social Sciences, London/Beverly Hills.
van TIJN, Gertrude 1969: „Werkdorp Nieuweshuis"; in: Year Book XIV Leo-Baeck-Institute, London.
TORHORST, Marie 1986: Erinnerungen – Pfarrerstochter, Pädagogin, Kommunistin, Berlin/DDR.
TUCHOLSKY, Kurt 1962: Ausgewählte Briefe 1913–1935, Reinbek bei Hamburg.
TUCHOLSKY, Kurt 1965 (1929): Heimat in: ders. Ausgewählte Werke, Bd. 1, Reinbek bei Hamburg.
TUCHOLSKY, Kurt 1978: Die Q-Tagebücher 1934–35, Reinbek bei Hamburg.

UHLE, Walther 1966: Lehrer im Widerstandskampf; in: Schule und Nation 3/1966.
UHLE, Walther 1969: Faschismus-Lehrerschaft-Widerstand; in: Schule und Nation 4/1969.
UNVERHAU, Dagmar 1983: Nationalsozialistische Machtergreifung und Gleichschaltung am Beispiel der Schleswiger Domschule dargestellt; in: Zeitschrift der Gesellschaft für Schleswig-Holsteinische Geschichte (Bd. 108), Neumünster.
VEREIN KATHOLISCHER DEUTSCHER LEHRERINNEN (Hrsg.) 1985: Der Zeit gestellt – 100 Jahre Verein katholischer deutscher Lehrerinnen, Essen.
WALK, Joseph 1976: Die Erziehung des jüdischen Kindes in Nazi-Deutschland, Jerusalem.
WALK, Joseph 1980: Jüdische Kinderaufsätze und Kinderbriefe im Nazi-Deutschland; in: Bildung und Erziehung 4/1980.

WALK, Joseph 1981: Das Sonderrecht für die Juden im NS-Staat, Heidelberg/Karlsruhe.
WALK, Joseph 1983: Das Ende des jüdischen Jugend- und Lehrheims Wolzig (1933); in: Bulletin 66 des Leo-Baeck-Instituts, Jerusalem.
WALK, Joseph 1984: Das jüdische Schulwesen in Köln bis 1942; in: Festschrift Germania Judaica 1959–1984, Köln.
WEBER, Bernd 1979: Pädagogik und Politik vom Kaiserreich zum Faschismus. Zur Analyse politischer Optionen von Pädagogikhochschullehrern von 1914–1933, Königstein/Ts.
WEISER, Manfred/WILMS, Wolf-Rüdiger 1986: „Unser Studium war von Anfang an Auflehnung" – Peter WEISS: Die Ästhetik des Widerstands. Für die Aneignung des Romanberichts unter bildungstheoretischem Aspekt; in: Demokratische Erziehung 2/1986.
WEISER, Manfred/WILMS, Wolf-Rüdiger 1987: Peter WEISS: Die Ästhetik des Widerstands – Eine Herausforderung für Pädagogen; in: van DICK 1987^2.
WEISS, Peter 1975, 1978, 1981: Die Ästhetik des Widerstands (Bd. I–III), Frankfurt/M.
WENNING, Norbert 1984: Quantitative Veränderungen in höheren Schulen und Hochschulen während der NS-Zeit (Erziehungswiss. Hausarbeit), Münster.
WIESENTHAL, Simon 1983: Nachwort; in: Begov 1983.
WILHELM, Friedrich 1980^2 (1925): Fritz Wilde – der Junglehrer, Bensheim (Berlin).
WILHELM-GYMNASIUM (Hrsg.) 1981: Wilhelm-Gymnasium Hamburg 1881–1981, Hamburg.
WILHELM, Theodor 1934: Deutschland wie es wirklich ist. Ein Wort an das Ausland, Berlin.
WILHELM, Theodor 1939: Scholars or Soldiers? Aims and Results of „Nazi"-Education; in: IZfE 1/1939.
WILHELM, Theodor 1944: Die kulturelle Kraft Europas im Kriege; in: IZfE 1–2/1944.
WILHELM, Theodor 1985: Ordnungsbemühen eines Unpolitischen. Wiederaufnahme des Themas: Thomas Mann und die Deutschen; in: BECKER/BECKER/HUBER 1985.
WOLSING, Theo 1977: Untersuchungen zur Berufsbildung im Dritten Reich, Ratingen/Kastellaun/Düsseldorf.
ZENTNER, Christian 1983: Geschichte des Dritten Reiches, München.
ZENTNER, Christian/BEDÜRFTIG, Friedemann (Hrsg.) 1985: Das große Lexikon des Dritten Reiches, München.
ZIEHE, Thomas/STUBENRAUCH, Herbert 1982: Plädoyer für ungewöhnliches Lernen. Ideen zur Jugendsituation, Reinbek bei Hamburg.
ZINNECKER, Jürgen 1984: Einige forschungstheoretische Überlegungen zum Typus hermeneutisch-lebensgeschichtlicher Untersuchungen; in: HEINZE 1984.
ZMARZLIK, Hans-Günther 1970: Politische Biologie im Dritten Reich. Die ideologische Umrüstung der Höheren Schule; in: ders. 1970: Wieviel Zukunft hat unsere Vergangenheit, München.
ZNANIECKI, Florian 1969: On Humanistic Sociologie, Chicago/London.
ZORN, Gerda 1965: Stadt im Widerstand (Hannover), Frankfurt/M.

Abbildungsnachweis

Teil I

1 : Helene HEDDE, Hamburg
2 : Lutz van DICK, Hamburg
3– 4 : Personalakte Helene HEDDE/Amt für Schule, Hamburg
5– 9 : Peter GILLIES, London
10–12 : Jizchak SCHWERSENZ, Haifa
13 : Lutz van DICK, Hamburg
14–18 : Charlotte HIRSCH, Melbourne
19 : Leo-Baeck-Institut, Jerusalem (auch in: WALK 1983, 16–17)
20 : Charlotte HIRSCH, Melbourne
21–23 : Maria HOLST, Hamburg
24–26 : Personalakte Elisabeth FLÜGGE/Amt für Schule, Hamburg
27 : Elisabeth FORCK, Bremen
28 : Lutz van DICK, Hamburg
29 a/b : Archiv der evangelischen Kirche, Bremen
30–32 : Therese KURKA, Düsseldorf
33 : Archiv des Vereins katholischer deutscher Lehrerinnen, Essen (auch in: Dokumentation des VkdL 1985, 94)
34–35 : Katharina PROVINZKI, Berlin/West
36 : Lutz van DICK, Hamburg
37 : Hildegard THATE/Suse STILLER, Hamburg
38 : Lutz van DICK, Hamburg
39 : Personalakte Hildegard THATE/Amt für Schule, Hamburg
40–41 : Walter UHLE, Hannover
42–43 : Archiv der sozialen Demokratie, Bonn
44–45 : Staatsarchiv, Hannover
46 : Dietrich und Gerda ROTHENBERG, Hamburg
47 : Lutz van DICK, Hamburg
48 : Dietrich ROTHENBERG, Hamburg
49 : Archiv der GEW-Bibliothek, Hamburg
50–51 : Ludolf MEVIUS, Hamburg
52 : Lutz van DICK, Hamburg
53 : Ludwig de PELLEGRINI, München
54 : Lutz van DICK, Hamburg
55 : Bruno LAUB, Berlin/DDR
56 : Lutz van DICK, Hamburg

Teil II

1 : National Union of Teachers Library, London
2 : Aus: ZENTNER 1983, 162/1; München
3 : Aus: ZENTNER 1983, 162/2; München
4 : Aus: KRAFT 1977, 144; Lahn-Gießen
5 : Aus: Arbeitsgruppe Pädagogisches Museum 1983, 57; Reinbek b. Hamburg
6 : Archiv der GEW-Bibliothek, Hamburg
7 : Aus: FRIEDRICH 1980^2, 51; Frankfurt/M.
8 : Aus: Arbeitsgruppe Pädagogisches Museum 1983, 25; Reinbek b. Hamburg
9 : Aus: PEUKERT 1985^2, Weinheim und Basel
10 : Aus: Arbeitsgruppe Pädagogisches Museum 1983, 81; Reinbek b. Hamburg)
11 : Archiv der sozialen Demokratie, Bonn (auch in: Arbeitsgruppe Pädagogisches Museum 1983, 46; Reinbek b. Hamburg
12 : Ilse EDELMANN, Bergisch Gladbach
13 : Personalakte Kurt ADAMS/Amt für Schule, Hamburg
14–15 : Aus: Arbeitsgruppe Pädagogisches Museum 1983, 82; Reinbek b. Hamburg
17 : Aus: Arbeitsgruppe Pädagogisches Museum 1983, 77; Reinbek b. Hamburg
18 : Aus: SOPADE-Bericht 1936, 296; (Prag) Frankfurt/M.
19 : Personalakte Helmut HERTLING/Amt für Schule, Hamburg
20 : Aus: Arbeitsgruppe Pädagogisches Museum 1983, 187; Reinbek b. Hamburg
21 : Aus: JOHANSEN 1986, 194; Frankfurt/M.
22 : Aus: BECKER 1985, 224 f.; Berlin/DDR
23 : Aus: Arbeitsgruppe Pädagogisches Museum 1983, 192; Reinbek b. Hamburg
24 : Aus: HEER 1980, 87; Köln
25 : Aus: Max-Traeger-Stiftung 18/1985, 144; Frankfurt/M. und Heidelberg
26 : Aus: Arbeitsgruppe Pädagogisches Museum 1983, 222; Reinbek b. Hamburg
27 : Lutz van DICK, Hamburg

Namensregister*

A

Abegg, Elisabeth **130**, 229, 233
Abshagen, Robert 273, 294
Adams, Kurt 68, 431f., 482
Adenauer, Konrad 321
Adler, H. G. 103
Adorno, Theodor W. 18, 26, 33, 566
Albrecht, Franz 388
Allport, Gordon 50
Anders, Günther 27
André, Etkar 273
Andrich, Matthias 68
Angress, Werner T. 123
Arendt, Hannah 19, **123**
Assel, H.-G. 66
Ausländer, Fritz **387**

B

Baacke, Dieter 42, 44, 50
Badekow, Albert 270
von Baden, Max 308
Baeck, Leo **123**
Bär, Curt 294, 482
Bär-Thürey, Magda **294**
Bästlein, Bernhard 67, 273, 291, 294
Bäumer, Gertrud **92**, 182
Baeumler, Alfred 32, 530f., 535, 540
Ball-Kaduri, Kurt-J. 103
Banuscher, Rudolf 470, 512f., 515
Barth, Karl 185
Bastian, Johannes 69
Baudert, Hedwig 190
Baumgarten, A. G. 547
Beck, Johannes 59
Becker, Carl Heinrich 67, 310
Becker, Franz 65, 276, 421, **451**, 500
Beckmann, Emmy 182
Bedürftig, Friedemann 32, 181, 185, 187, 335, 356, 425, 463
Behnken, Klaus 415
Behr, Klaus 67
Bejerano, Esther 136
van den Berg, Georg 155
Berger, Manfred 67
Bergmann, Klaus 26
Berner, Hanspeter 67, 475
Bernett, Hajo 67
Bernfeld, Siegfried 366f.
Bernhard, Armin 543
Bieling, Erich 440
Bittner, Günther 46
Blättner, Fritz 541
Blanck, Werner 291
Bloch, Ernst 14f., 345, 348
Boberach, Heinz 411ff.
Bode, Hans 537
Bodelschwingh, Friedrich von **92**
Böhmcker, Heinrich 190, 195f.
Boehncke, Heiner 59
Böhner, W. 500
Böll, Heinrich 17f., 68
Bölling, Rainer 67, 182, 203, 251, 310, 372f., 375, 378ff., 381, 387, 391, 396, 403
Bohn, Jörg 68, 432
du Bois-Reymond, Manuela 70
Bollnow, Otto Friedrich 533
Bonhoeffer, Dietrich 185
Bonß, Wolfgang 363f., 367f.
Bopp, Jörg 17, 559
von Borris, Bodo 26
Bosch, Manfred 450f.
Bosch, Michael 450f.
Boßmann, Dieter 27
Brämer, Rainer 67
Brandt, Leon 103, 125, 260, 494
Brandt, Willy 360, 546
Brauer, Max 447
Breyvogel, Wilfried 311, 379, 392, 396, 440, 403, 435
Broszat, Martin 104
Brückner, Peter 69, 85, 469, 491, 493, 507, 556

* Die fett gedruckten Seitenzahlen weisen auf ausführlichere Angaben zur Person hin.

Brüning, Heinrich 202, 311, 394, 396ff.
Buchholz (Stoppenbrink-), Frieda 466
Budde, Peter 225
Bührer, Karl Otto 421, 479–481
Buek, Otto 377
Burgard, Edith 68, 273, 294
Busch, Wilhelm 446

C

Carstensen, Emma 270
Chones, Leopold (Poldi) 127ff.
Christiansen, ? (SPD-Schulrätin) 294
Cloer, Ernst 69
Cohn, Benno **121**
Cohn, Max 146
Cohn, Rosel 471
Comenius, Johann Amos 220, **221**
Cosslett, Ellis 277f.

D

Dabel, Gerhard 67
Dahmer, Helmut 365
Deutsch (verh. Edelmann), Ilse 428ff.
Deutschkron, Inge 471
Dibbern, Hans **279**, 280
van Dick, Lutz 7, 547
Dickopp, K.-H. 66
Diel, Alex 66
Diercks, Herbert 68
Dilthey, Wilhelm 530
Dittrich, Anneliese 190
Donat, Helmut 376
Drewitz, Ingeborg 25
Dudek, Peter 543

E

Eberhard, Fritz **452**, 453
Ebert, Friedrich **220**, **253**, 309, 388
Edelmann (geb. Deutsch), Ilse 428ff.
Eggert, Heinz-Ulrich 68
Ehrenfreund, Jakob 119f.
Ehrenfreund, Max 120
Eichmann, Adolf 125, 493, 553
van Eickels, Klaus 68
Eierdanz, Jürgen 271
Eilers, Rolf 66, 380, 431, 434
Einstein, Albert 377
Eisermann, Walter 533
Ellger-Rüttgardt, Sieglind 466
Emmerich, Marilone 64f., 215
Emmerlich, Arthur 501f.
Esh, Shaul 119
Evers, Carl-Heinz 69
Evers, Micha 473ff., 514

F

Falter, Jürgen W. 369f.
Feidel-Mertz, Hildegard 33, 36, 68, 225, 231, 297, 308, 360, 365, 405, 431, 540
Feiten, Willi 67, 403
Fest, Joachim C. 560
Fichte, Johann G. 306
Fiege, Hartwig 275
Fink (geb. Schär), Erika 481f.
Fischer, Aloys 376
Fischer, Ernst 296
Fischer, G. 67
Fischer, Herbert W. 189f., 195f.
Fisher, Inge **89**, 95f.
Fleischmann, Lea 547
Flessau, Kurt-Ingo 66, 68
Flitner, Wilhelm 541
Flügge, Elisabeth 9, 87, **163**–178, 352
Focke, Harald 68
Foerster, Friedrich Wilhelm **376**, 377
Forck, Bernhard 186
Forck, Elisabeth 9, 104, **179**–200, 350, 380, 494
Forck, Tusnelde 190
Franco, Francisco 459
Frank, Horst-Joachim 67
Freisler, Roland 519
Freud, Sigmund 364f.
Frick, Wilhelm **254**, 297, 425f.
Fricke, Dieter 377
Fricke, K. 68
Friedrich, Ernst 224, **402**
Friese, Gernot 67
Frisch, Max 48
Fritz, Ernst 474

Fröbel, Friedrich W. A. 170, 220, **221**
Fromm, Erich 11, 353, 355, 363ff., 390, 403, 405
Fuchs, Werner 40–42, 45, 47, 50f., 53, 55, 76f., 79
Führ, Christoph 426
Fülberth, Georg 293
Fürst, Paula **122**
Furck, Carl-Ludwig 380

G

Galen, Clemens August 92
Galinski, Dieter 69
Gärtner, Hans 123
Gamm, Hans-Jochen 30f., 44f., 67, 205, 254, 310, 376, 540, 542ff.
Garms, Harry 539
Genschel, Helmut 67
Gerhardt, Berta 130f., **131**
Gerstel-Rühle, Alice 272
Geudtner, Otto 68
Giese, Gerhard 541
Giese, Walter **276**
Gillies, Peter (geb. Ollendorff, Fritz) 9, **100**–114, 123, 186, 260, 351, 378
Giordano, Ralph 20f., 165, 473, 482, 513f.
Gleim, Bernhard 402
Godbersen, Martin 275, 278
Goebbels, Joseph 186, 203, 446, 474, 505
Göbel, W. 87, 100, 202
Göken, Johannes 215, 477
Göring, Hermann 256, 474
Goethe, Johann Wolfgang von 113
Gollwitzer, Helmut 452
Graßmann, Elisabeth 62
Greiffenhagen, Gustav **184**, 186, 188ff., 195f.
Greil, Max **251**, 254
Grimme, Adolf 225
Grolle, Joist 30
Grossmann, Kurt R. 65, 130
von der Grün, Max 69, 469, 497f., 509f.
Grumm, Ilse 291
Grunwald, Clara 68
Grynszpan, Zindel S. 260
Grynszpan, Herschel 123, 260, 459
Günther, Karl-Heinz 373, 383
Günther, U. 66
Gudjons, Herbert 41, 84

H

Habermas, Jürgen 559f.
Hagener, Caesar 275, 302
Hahn, Kurt 308
Halle, Anna Sabine 57f., 221f., 224ff., 231
Halle, Gerhard **222**
Hamburger, Franz 380
Hammann, Wilhelm 68, 426ff.
Hannes, Berthold 170
Harrer, Jürgen 293
Hasubek, Peter 67
Hecht, Ingeborg 165, 513
Heckmann, Gustav **360**, 361, 452
Hedde, Helene 9, 81f., **86**–99, 164, 176, 182, 503
Hedde, Marina 93, 97
Hegel, Georg F. W. 253
Heimann, Eli 124
Heine, Gustav 291
Heine, Heinrich 448
Heinemann, Manfred 67
Heinz, Werner 59
Heinzmann, ? (Schuldirektorin) 447
Heither, Dietrich 68
von Hellfeld, Matthias 67
Helling, Fritz 321, **385**, 532
Henderson, J. L. 68
Hengsbach, Hans 68
Henningsen, Jürgen 44, 60, 69, 416ff.
von Hentig, Hartmut 69, 534
Herbert, Ulrich 69
Herrmann, Ulrich 31–33, 67, 510, 540f.
Herodot 180
Hertling, Gertraut 247, 485–487
Hertling, Helmut 247, 433, 481, 482–487
Hertz, Heinrich 289, 291, 299
Herzberg, Abel 156, 160
Herzer, Manfred 152
Herzl, Theodor 122

Heuss-Knapp, Elly 201
Heydorn, Heinz-Joachim 24, 28
Heyn, ? (Professor) 181
Hillgruber, Andreas 560
Hindemith, Paul 257
von Hindenburg, Paul 115, 181, 253, 423
Hinderks, Hermann E. 291
Hirsch, Charlotte 139f., 156f., 161f.
Hirsch, Fritz 9, **138**–162, 351
Hirsch, Sonja 147, 157, 161f.
Hirschfeld, Magnus 152, 402
Hoch, Gerhard 35, 68, 520ff.
Hochfeld, Erna 291
Hochhuth, Maili 68, 456
Hochmuth, Ursel 68, 270, 276f., 279, 291, 299, 301, 385, 482, 520
Hodann, Max **152**, 153
Höck, Manfred 67
Höfer, Karl 374
Hoefer, Margarethe 270
Hoernle, Edwin **272**, 387
Höß, Rudolf **104**, 106
Hofbauer, Clemens M. 307
von Hoff, Richard **183**, 193
Hoffmann, Volker 393
Hofheinz, Oskar 310
Hofmann, Ernest 472
Hohendorf, Gerd 65, 276, 339
Hohmann, Joachim 65f., 529, 534, 536, 539
Holler, Gustav 520
Holst, Maria 164–178, 352
Homer 180
Hopp, John 432
Hopster, Norbert 67
Horbach, Michael
Horkheimer, Max 363
Hornung, Gabriele 68
von Horvath, Ödön 435–439
Huber, Kurt **171**
Huber, W. 68
Hugenberg, Alfred 100
von Humboldt, Wilhelm **252**

I

Ihlau, Olaf 333, 340
Italiaander, Rolf 140

J

Jacob, Franz 67, 273, 291
Jäger, Georg 291
Jahnke, Karl-Heinz 428
Jahoda, Marie 366
Jeismann, Karl-Ernst 26
Jenner, Harald 92
Jens, Walter 17, 68, 373, 469, 373f.
Jenssen, Otto 364
Jung, Horst-W. 26
Jung, Wolfgang 374

K

Kästner, Erich 20, 463
Kaiser, Andreas 450
Kanitz, Otto Felix 292
Kant, Immanuel 45, 306, 547
Kantorowski, Eva 468
Karsen, Fritz 329, **384**
Kattermann, Hildegard 472
Kawerau, Siegfried 383, **384**
Keim, Anton M. 65, 130, 165, 176
Keim, H. 67
Keim, Wolfgang 33, 67f., 383, 540
Kerschensteiner, Georg 378
Kershaw, Ian 463ff.
Kersting, Claudia 56
Kettel, A. 67
Kirchheimer, Manfred 545f.
Kirchheimer, Bert 546
Kisch, Guido 110
Klafki, Wolfgang 42, 69
Klattenhoff, Klaus 68
Klaus, M. 67
Klein, Helmut 338
Klewitz, Marion 69
Klönne, Arno 67, 491
Klug, Rudolf 68, 270, **273**, 279, 428
Knick, Reinhold 448
Koch, Hedwig 223f.
Köhler, Jochen 39, 61f., 76, 390, 441, 466, 470
Köhler, Manfred 68, 477
Köhne, Fritz **275**, 302
Köppen, Maria 189
Koestler, Arthur 555
Kötting, Elsbeth 390, 441
Kogon, Eugen 105
Kohl, Helmut 28

Kohli, Martin 44
Kollwitz, Käthe 403
Kopitzsch, Wolfgang 251
Korczak, Janusz 488, **489**
Krappmann, Lothar 18
Krause, Else 443, 503
Krause-Schmitt, Ursula 266
Krause-Vilmar, Dietfried 251, 379ff., 385ff., 389
Krausnick, Helmut 425
Krebs, A. 68
Kremer, Armin 67
Krieck, Ernst 291, **310**, 311
Kroh, Ferdinand 134
Krüger, Fritz 468
Krüger, Pitt 231
Krull, Karl 428
Krupp, Manfred 426f.
Kubicki (verh. Klug), Margarethe 273
Kühnl, Reinhard 81
Kundera, Milan 26
Kunert, Günter 68
Kuntze, Karl 340, 449
Kupffer, Heinrich 28, 65, 376, 525, 538, 540f., 559
Kurka, Therese 10, **201**–217, 320, 516f.
Kurz, ? (Dr.) 191

L

Laakmann, Tamar 134, 197
Labryga, Bärbel 209f.
Labryga, Maria 208f.
Lachauer, Ulla 69
Lampel, Peter Martin **140**
Lamszus, Wilhelm **401**
Landahl, Heinrich 291
Lange, Helene 86, **182**
Larass, Claus 67
Larsen, Egon 68
Laub, Bruno 10, **327**–343, 351, 421, 449
Laubach, H.-C. 380
Laubhardt-Rosenthal, Hilde 124f.
Lazarsfeld, Paul 366
Leander, Zarah 511
Leber, Julius 519
Leber, Stefan 67f.
Leibe, Fritz 472
Lehberger, Reiner 67f., 270, 411, 475, 539
Lehmann, Albert 426f.
Lehmann, Fritz 466f.
Leist, Manfred 67f.
Lenin, Wladimir 334f.
Lenz, Siegfried 68
Leschinsky, Achim 67f.
Lesemann, Gustav 539
Lessing, Theodor 181f.
Leuner, H. W. 447
Levisohn, Rolf W. 291
Ley, Karl 441, 461, 495
Ley, Robert **187**
Lichtwark, Alfred 235, 290f.
Lieber, Hans 68, 520f.
Liebknecht, Karl **220**, **254**, 263, 328
Lietz, Barbara 68
Lindner, Bruno **333**, 421
Lindner, Wolf 426f.
Lingelbach, Karl Christoph 66, 376, 527ff., 540f.
Lipset, Seymor M. 370
Litt, Theodor 541
Lochner, Rudolf 539
Löwenstein, Kurt **388**, 422
Lohmann, Thomas 435
de Lorent, Hans-Peter 68, 270, 277, 285, 291, 299, 301, 385, 411, 475, 520, 539
Loschütz, Gert 60
Lowenthal, E. G. 121ff.
Lubinski, Georg (Lotan, Giora) **144**
Luther, Martin 243
Luxemburg, Rosa **254**, 256, 263

M

Maeder, Hans 291
Maier, Hans 534
Mann, Erika 261
Mann, Thomas 534
Markmann, Hans-Jochen 413
Martin, Guido 68
Marx, Karl 329, 339, 364f., 384
Maschmann, Melita 470f., 496f.
Matt, Alphons 170
Matthäus, Wolfgang 68
Meier, Kurt 196
Meinshausen, Johannes **117**, 132

Mennicke, August Carl 155
Messerschmidt, Kurt 125
Meumann, Ernst 376
Mevius, Ludolf 10, 235, 289–304, 449
Meyer, Gertrud 276, 279, 482
Meyer, Henry J. 447f.
Meyer, Hermann J. 533
Meyer-Zollitsch, Almuth 183f., 190, 197
Midgley, Eleonor **277**
Milgram, Stanley 52, 550–557
Miller, Susanne 293, 517ff.
Mitscherlich, Alexander und Margarete 13, 16f., 20, 31, 40, 355, 463
Mitzenheim, Paul 251
von Moltke, James Graf 517
von Moltke, Helmut und Freya 518
Mommsen, Hans 560
Montessori, Maria 122
Mühe, Theodor **88**, 484
Mühsam, Erich **153**
Müller, G. 67
Müller, Hermann 293
Müller, Ludwig 92, 185
Münster, Arno 15
Mussolini, Benito 335

N

Nägler, ? (Rektor) 477f.
Nassen, Ulrich 67
Natorp, Paul 376, 485
Naujoks, Rainer 266
Nedelmann, Carl 409
Negt, Oskar 29, 43
Nehmert, Bruno 520
Neubauer, Theodor 501
Nicolai, Georg F. 377
Niemöller, Martin **104**, 185f.
Niethammer, Lutz 43, 56, 363
Nohl, Hermann 376, 540f.
Nolte, Ernst 22, 560
Nyssen, Elke 68

O

Oestreich, Paul 148, **383**, 385
Ohser, Erich (pseud. Plauen, E. O.) 463
Ollendorf, Adolf 108
Ollendorf, Fritz (Gillies, Peter) 100–114
Ottweiler, Ottwilm 67, 434

P

Pätzold, Günter 68
van Pallandt, ? 225
Pape, Peter 482, 539
Paul, Gerhard 68
Paul, Gernot 251
de Pellegrini, Ludwig 10, 202, 301, **305**–326, 350f., 392, 410, 441, 454
Pestalozzi, Johann Heinrich 220, **221**
Petersen, Katharina **225**, 231
Petersen, Peter 271f., 289, 299, 541
Peukert, Detlev 352, 420f.
Pieper, Bernd 68
Pieper, Marianne 41
Platner, Geert 69, 427, 468
Plato 180
Popp, Wolfgang 30, 67, 70, 440ff., 462f., 468, 473, 476, 478, 493f., 513
Popplow, Ulrich 68
Potthoff, Heinrich 293
Prange, Klaus 349
Prawitt, Hans 291
Pretzel, Carl A. **382**
Preuss-Lausitz, Ulf 44, 560
Probst, Christoph 170, **171**
Provinzki, Katharina 10, 130, **218**–233
Putzrath, Heinz 301

Q

Quisling, Vidkun **356**, 357ff.

R

Radde, Gerd 383f.
Randt, Ursula 68
Rath, Ernst vom 123
Reich-Ranicki, Marcel 69, 448, 492, 509
Reichwein, Adolf **67**, 68, 266, 421, 517–519
Reimer, Uwe 68
Reinelt, Anneliese 61, 447, 508
Reischock, Wolfgang 328, 338ff., 445, 468

Remarque, Erich Maria 486
Reuter, Ernst **225**
Reuter, Hella 225
Ribbentrop, Joachim (von) 170
Richter, Horst-Eberhard 64, 525, 532
Rieper, Anna 270
Ringelnatz, Joachim 113
Rodenstein, Heinrich 33, 251, **405**
Röder, Werner 140, 155, 403
Röhm, Ernst 423
Röhrs, Hermann 533
Roessler, Karl Georg 472
Rolff, Hans-G. 560
Romey, Stefan 482, 539
van Roon, Ger 518
Rosenberg, Alfred **205**, 320
Rosenboom, Wiard 188
Rosenthal, Hugo 122
Rossmeissl, Dieter 66, 526
Rothe, Rudolf **92**
Rothenberg, Dietrich 10, 269–288, 398, 400, 421, 428, 431, 501
Rothenberg, Gerda 281, 285–288
Rüdiger, Ludwig **456**, 457
Rühle, Otto **272**
Rudnick, Martin 67, 475
Rust, Bernhard 214, 261, 264f., 318, 425, 432, 532

S

Saager, Fritz 440
Saefkow, Anton 67, 291
Schachne, Lucie 121, 134
Schär, Alfred 481f., 485f.
Scheidemann, Philipp **220**
Schemm, Hans 382, 401, 404
von Schiller, Friedrich 113
Schinke, Karl **257**
Schinke, ? (Schuldirektor) 448
Schiratzki, Selma 123
Schipper, Fritz 189
Schjelderup, Ferdinand 361
Schliebitz, ? (Schuldirektor) 447
Schmidt, Hans 483
Schmitz, Maria **208**, 211
Schnorbach, Hermann 33, 36, 63, 68, 123, 251, 266f., 403, 405, 426, 428, 431, 435
Schnurre, Wolfdietrich 68f., 449, 467
Schörken, Rolf 26
Scholl, Hans und Sophie **171**
Scholtz, Harald 66f., 352, 526
Schonig, Bruno 70, 345, 440, 442f., 445, 478, 503
Schoof, Hedwig 474f.
Schopenhauer, Arthur 306
Schopp, Georg Michael 380
Schröder, Maria 190
Schroth, Karl 481
Schütze, Fritz 53, 79
Schulz, Heinrich **386**, 391
Schulze, Theodor 44–46, 49, 53, 69
Schwantes, Martin 501
Schwarz, Hans-Peter 560
Schweitzer, Albert 226
Schwersenz, Jizchak 9, 103, **115**–137, 219, 229, 260, 378, 494
Seeliger, Rolf 530
Selmeier, Franz 67
Seubert, R. 67
Siebeck, Wolfram 510f.
Siefert, ? (Schuldirektor) 426
Siegel, Elisabeth 68, 92
Siemsen, Anna 296, **297**, 299, 302, 365
Sigel, Richard 324
Sölle, Dorothee 27, 560
Sohst, Hanna 75f., 470
Sonnenberger, Franz 477
Sonnenfeld, Rudi 125
Sophokles 180
Sothmann, Karl 339f.
Specht, Minna 360
Sperber, Manès 403
Sprague, Roland 120
Spranger, Eduard 32, 376, 378, 529–533, 540f.
von Staehr, Gerda 26
Stalin, Josef 170, 278
Steenbock, Kristina 486
Steffelbauer, Kurt **276**, 277, 339, 421, 451, 500–502
Steinhaus, Hubert 67
Stern, Carola 69, 347, 353
Steurer, Hermann 472
Strauss, Herbert A. 140, 155, 403

Strauß, Franz Josef 560
Strelow, Heinz 291
Stresemann, Gustav 87
Ströbinger, Rudolf 182
Stubenrauch, Herbert 40
Szczepanski, Jan 43

T

Tacitus 345
Tenorth, Heinz-Elmar 539ff.
Terboven, Josef 356, 359
Tews, Johannes 375
Tgahrt, Reinhard 155
Thate, Hildegard 10, **234**–249, 350f., 469, 503
Thiele, Fritz 373
Thimme, Magdalene **189**, 190ff.
Thomas, William 42f.
Thompson, Paul 53
Thürey, Paul 294
Tietz, Paul 62
van Tijn, Gertrude 156
Tillich, Paul 155
Tolstoi, Leo 181
Torhorst, Marie 65
Traeger, Max 68
Troplowitz, Lore 226
Tucholsky, Kurt 418, 561

U

Uhle, Walther 10, 103, 123, 215, 220, **250**–268, 388, 410, 431, 434, 454, 492, 527
Urbach, D. 67
Unverhau, Dagmar 68, 415f.

V

Venedey, Hermann 450f.
Venedey, Martin 450
Venedey, Michael 450
Vinnai, Gerhard 59

W

Wagener, Birgit 41
Walk, Joseph 68, 121, 134, 141, 144, 146, 161, 469, 498
Walz, Erwin 64, 301
Wander, Karl F. W. **373**
Wassermann, Jakob 113
Weber, Bernd 66, 376, 378, 529, 540
Weidemann, Heinrich 188f., 196
Weigelt, Fritz (pseud.: Wilhelm, Fritz) **392**, 393f., 397f.
Weinreich, Hilde 241
Weinstock, Heinrich 541
Weiser, Manfred 548
Weiss, Peter 28f., 152, 547–549
Wellershoff, Dieter 492, 509
Wenke, Hans 539
Wenning, Norbert 67
Westerkamp, Sybille 68
Wiesenthal, Simon 410
Wilhelm, Friedrich IV. (König) 373f.
Wilhelm II. (Kaiser) 116, 219, 374
Wilhelm, Theodor (pseud.: Oetinger, Friedrich) 529f., 533–538
Wilms, Wolf-Rüdiger 548
von Wimmersperg, Laura 450
Wirth, Joseph 202, **314**
Wirth, Ria 163, 165ff.
Wissmann, F. 68
Wolff, Edith 125, **127**, 133f., 137
Wolff, Georg **381**, 382
Wolff, Johannes 125
Wolfsberg, Ruth 118, 120
Wohlrabe, Willy 225
Wolsing, Theo 67
Wyneken, Gustav 365

Z

Zahrndt, Rose-Marie 68
Zastrow, Hermann **258**
Zeisel, Hans 366
Zelck, Max 299
Zentner, Christian 32, 181, 185, 187, 335, 356, 425, 463
Zeß, Paul 285, 501
Zeß, Wilhelm 285
Zetkin, Clara 387
Zickler, Artur 253, 263
Ziehe, Thomas 40
Zille, Heinrich 403
Zimmermann, Peter 560
Zindler, Erwin 291
Zinnecker, Jürgen 350
Zmarzlik, Hans-Günther 66
Znaniecki, Florian 42f.
Zorn, Gerda 257f.
Zweig, Stefan 497